*Literatura
polska*
1939–2009

Stanisław Burkot

Literatura polska

1939–2009

Projekt okładki i stron tytułowych
Grażyna Faltyn

Zdjęcie na okładce
Radosław Sławiński
Rekwizyt: Pracownia rzeźby i ceramiki Barbara i Piotr Lorek

Redaktor inicjujący
Monika Szewczyk

Redaktor trzeciego wydania
Anna Stankiewicz

Książka, którą nabyłeś, jest dziełem twórcy i wydawcy. Prosimy, abyś przestrzegał praw, jakie im przysługują. Jej zawartość możesz udostępnić nieodpłatnie osobom bliskim lub osobiście znanym. Ale nie publikuj jej w internecie. Jeśli cytujesz jej fragmenty, nie zmieniaj ich treści i koniecznie zaznacz, czyje to dzieło. A kopiując jej część, rób to jedynie na użytek osobisty.

Szanujmy cudzą własność i prawo
Więcej na www.legalnakultura.pl
Polska Izba Książki

Copyright © by Wydawnictwo Naukowe PWN SA
Warszawa 2002, 2006, 2010

ISBN 978-83-01-16289-4

Wydanie III zm. – 1 dodruk
Warszawa 2014

Wydawnictwo Naukowe PWN SA
02-460 Warszawa, ul. Gottlieba Daimlera 2
tel. 22 69 54 321; faks 22 69 54 288
infolinia 801 33 33 88
e-mail: pwn@pwn.com.pl; www.pwn.pl
Druk i oprawa: OSDW Azymut Sp. z o.o.

Spis treści

Wprowadzenie 7

I. Inter arma non silent Musae 17

Poezja w latach 1939–1945 22

Władysław Broniewski (25), Józef Łobodowski (29), Kazimierz Wierzyński (31), Stanisław Baliński (33), Czesław Miłosz (34), Krzysztof Kamil Baczyński, Tadeusz Gajcy (38), Tadeusz Borowski (44)

Dramat i teatr w czasie wojny 45
Proza okresu wojny i okupacji 47

Opowiadania Jarosława Iwaszkiewicza (50), *Srebrne orły* Teodora Parnickiego (51)

II. W cieniu Jałty 54

Realizm socjalistyczny (56), Spory i dyskusje (59), Literatura emigracyjna (65)

Poezja w latach 1945–1955 72

Leopold Staff (72), Kazimierz Wierzyński (74), Konstanty Ildefons Gałczyński (77), Czesław Miłosz, Tadeusz Różewicz (79)

Dramat i teatr w latach 1945–1955 87

Dwa teatry Jerzego Szaniawskiego (89), *Ślub* Witolda Gombrowicza (91), *Niemcy* Leona Kruczkowskiego (93)

Proza w latach 1945–1955 94

Medaliony Zofii Nałkowskiej (97), Opowiadania Tadeusza Borowskiego (99), *Inny świat* Gustawa Herlinga-Grudzińskiego (104), *Trans-Atlantyk* Witolda Gombrowicza (108), *Jezioro Bodeńskie* Stanisława Dygata (110), *Czarny potok* Leopolda Buczkowskiego (110), *Popiół i diament* Jerzego Andrzejewskiego (114)

III. „Nasza mała stabilizacja" 117

Poezja w latach 1955–1968 126

Julian Przyboś (128), Jarosław Iwaszkiewicz (130), Mieczysław Jastrun (132), Kazimierz Wierzyński (134), Czesław Miłosz (136), Przełom. Lata 1955–1957 (139), Poezja Tadeusza Różewicza (143), Miron Białoszewski (149), Wisława Szymborska (156), Zbigniew Herbert (160), „Bania z poezją" (163), Andrzej Bursa (166), Stanisław Grochowiak (167), Tadeusz Nowak (171), Inni poeci (175), Poeci emigracyjni (176)

Dramat i teatr w latach 1955-1968 178

    Dramat poetycki (180), Sławomir Mrożek (181), Dramaty Tadeusza Różewicza (184)

Proza w latach 1955-1968 188

    Nowe techniki narracyjne (193), Powieść historyczna (196), Nurt chłopski (197), „Kwestia żydowska" (201), Proza Jarosława Iwaszkiewicza (202), Powieści historyczne Teodora Parnickiego (205), Proza Stanisława Lema (207), Powieści Tadeusza Konwickiego (210), Proza Tadeusza Nowaka (212)

IV. Kryzysy, konflikty, schyłek 215

Poezja w latach 1969-1989 225

    Język i poetyka debiutów (227), Rafał Wojaczek (228), Ewa Lipska (228), Stanisław Barańczak, Ryszard Krynicki (229), Julian Kornhauser, Adam Zagajewski (238), Następcy Nowej Fali (244), Adam Ziemianin, Andrzej Warzecha, Józef Baran (245), „Starzy poeci" (248), Jarosław Iwaszkiewicz (250), Mieczysław Jastrun (253), Wiktor Woroszylski (254), Aleksander Wat (255), Poezja Jana Twardowskiego (256), Czesław Miłosz (258), Wisława Szymborska (262), Zbigniew Herbert (267)

Dramat i teatr w latach 1969-1989 270

    Helmut Kajzar (274), Słuchowiska radiowe (275), Sławomir Mrożek (278), Tadeusz Różewicz (279)

Proza w latach 1969-1989 281

    „Nurt chłopski" (283), Tadeusz Konwicki (290), Proza Mirona Białoszewskiego (292), Powieść historyczna (294), Andrzej Kuśniewicz (294), Julian Stryjkowski (296), Władysław Lech Terlecki (297), Parabole historyczne (300), Tadeusz Siejak (301)

V. Koniec XX i początek XXI wieku 306

Poezja w latach 1989-2009 316

    Kontynuacje poetyckie (316), Czesław Miłosz (317), Zbigniew Herbert (319), Wisława Szymborska (319), Tadeusz Różewicz (323), Nowa Fala – ciągi dalsze (329), Poezja i cienie polityki (335), Kontynuacje i debiuty (336), Marcin Świetlicki (339), Jacek Podsiadło (343), Urodzeni po 1960 roku (346), Młodsi i najmłodsi (351)

Dramat i teatr w latach 1989-2009 353

    Teatr pod koniec XX wieku (353), Różewicz, Mrożek (355), Poza historią (356), Teatr na początku XXI wieku (359), „Nowa fala" dramaturgów (361), Różewicz i Mrożek raz jeszcze (361), Groteska – Słobodzianek, Schaeffer (363), Literatura i film (365)

Proza w latach 1989-2009 366

    „Koniec wieku" w prozie (366), Nowa formuła regionalizmu (369), Wiesław Myśliwski (371), „Skandaliści" (374), Andrzej Stasiuk (378), Jerzy Pilch (381), Czas „czytadeł" (383), Fantastyka (384), Powieść historyczna i quasi-historyczna (387), Satyra społeczna (388), Subkultury i patologie (392), Manuela Gretkowska (392), Olga Tokarczuk (397), Wojciech Kuczok (404), Debiutanci (406)

Chronologiczne zestawienie utworów literackich, scenicznych realizacji dramatów, esejów, scenariuszy i adaptacji filmowych (wybór) 409

Indeks nazwisk (opracowała Barbara Gomulicka) 519

Wprowadzenie

Sam pomysł połączenia zawartości dwu książek *Literatury polskiej w latach 1939–1989* (1993) i *Literatury polskiej w latach 1986––1995* (1996, 1997) nie usprawiedliwiałby dostatecznie obecnego przedsięwzięcia. Nawet okazja dopełnienia przeglądu o ostatnie lata nie byłaby wystarczającym powodem. Ważniejsza dla autora stała się potrzeba dokonania różnego typu przesunięć i weryfikacji. W literaturze po 1989 roku zmieniło się wiele. Choć ciągle niejasne są kierunki dalszego jej rozwoju, nawet sam byt wydaje się niekiedy niepewny, zagrożony, to przecież spojrzenie wstecz uznać trzeba za konieczne dla zrozumienia teraźniejszości. Czy rzeczywiście wkraczamy w kulturze w fazę „bez historii", zerwania z tradycją, unieważnienia wszelkich hierarchii estetycznych, zrównania wartości prezentowanych w obiegu popularnym i wysokoartystycznym, likwidacji związków przyczynowo-skutkowych między faktami? Czy jest tak, że już nie możemy widzieć świata w całości, a tylko we fragmentach na tyle osobnych, autonomicznych i równoważnych, że ich suma nie poddaje się żadnym racjonalnym porządkom? Mamy gotowe magiczne zaklęcie: postmodernizm. Nad jego zdefiniowaniem biedzą się filozofowie, historycy sztuki i kultury, literaturoznawcy. Wiadomo tylko, że postmodernizm jest pewnym stanem świadomości społecznej, globalnym, obserwowanym w wielu krajach, w Ameryce i w Europie. Ale już źródła społeczne bywają różne. Jeśli uznać go za pochodną przemian cywilizacyjnych, totalnej komercjalizacji kultury, to nasza historia ostatnich lat siedemdziesięciu wydaje się jawnym zaprzeczeniem takiego wytłumaczenia. Opóźnienia cywilizacyjne spowodowane przez wielką totalitarną utopię i inne funkcje samej kultury w tamtym czasie, bo w niej zapisały się nie tylko świadectwa jej uległości i głębokich deformacji, ale także – a może przede wszystkim – mechanizmy samoobrony, narzucają konieczność analizy osobnej, przeczą prostym wyjaśnieniom. Owo rozkawałkowanie świata, niemożliwość stworzenia jego całościowego obrazu, zespołu mitów organizujących świadomość zbiorową, przynajmniej u nas, wydaje się pochodną wojny, okupacji, obozów koncentracyjnych i „łagrów". To wówczas kultura europejska zaprzeczyła samej sobie. Wielkie tradycje starożytnej Grecji i Rzymu, do których chętnie się odwołujemy, tradycje chrześcijaństwa, nie wystarczają, aby objaśnić to, co się stało. Zaraz po wojnie pisano wiele o kryzysie kultury europejskiej. Pytano, czy jest możliwa poezja po Oświęcimiu. Czy w ogóle jest możliwa sztuka? Rozszerzono nietzscheańską konstatację „umarł Bóg" – na „umarł poeta", „umarł artysta". Kim jest artysta w świecie współczesnym? Ani wieszczem, ani kodyfikatorem prawd duchowych narodu. Może tylko, jak to określił metaforycznie Tadeusz Różewicz, być tym, który stara się złożyć rozbite lustro, całościowy obraz świata, i wie, że „to się złożyć nie może", ale ponawia nieustannie próby złożenia. Dla zrozumienia przemian zachodzących w naszej literaturze, w sztuce, w kulturze w drugiej połowie XX wieku konieczne jest owo spojrzenie wstecz, za siebie – w miarę obiektywne, uwolnione od błędów krótkowzroczności. Bo jesteśmy krótkowzroczni: oceniamy wszystko z perspektywy doświadczeń bieżących, różnego typu idei, haseł i programów społecznych. Literatura, sztuka nie tylko je zapisuje, lecz także weryfikuje i kwestionuje.

To, co jest, korzeniami swymi tkwi w przeszłości: nie można się jej wyrzec, nie można unieważnić. W kulturze, inaczej niż w historii politycznej czy gospodarczej, mniej jest zmian nagłych, mniej wielkich i gwałtownych przeobrażeń: modyfikacje mają charakter ewolucyjny i nie są bezpośrednio uchwytne. A przecież oczekujemy przełomów. Jest to stereotyp zadomowiony w naszym myśleniu, przejęty z XIX wieku, po części od romantyków, po części od Hegla, upowszechniony w XX wieku przez marksizm i jego totalitarne multiplikacje. Kluczowa stała się wiara w postęp we wszystkich dziedzinach życia ludzkiego. Był on zdumiewający w nauce, technice, w gospodarce. Dotyczył krajów wysoko rozwiniętych, ale nie obejmował wszystkich rejonów. Na czym miałby polegać postęp w sztuce, w literaturze – nie wiadomo. W kulturze po okresach bogatych, jasnych, intesywnego i wszechstronnego rozwoju, następują czasy regresu i upadku. Tak było w dalekiej przeszłości, tak było i w XX wieku. A jednak między tymi okresami istnieją różnego typu zależności i więzi: wytworzone i funkcjonujące w obiegu społecznym zespoły idei, norm i wartości ulegają zużyciu, w ich miejsce zjawiają się nowe, nie zawsze lepsze, niekiedy groźne i niszczące, zmieniają się w ideologie, które produkują na swój użytek mity, opanowują wyobraźnię zbiorową, stają się rzeczywistą siłą w życiu społecznym. Systemy totalitarne podporządkowywały wszystkie dziedziny życia ludzkiego obowiązującej ideologii: powstawała zbrodnicza utopia społeczna. Jedyną drogą wprowadzenia jej w życie były przemoc, dyktatura, terror. Gdyby kultura nie przechowywała poniechanych idei i wartości, nie porównywała nowych z dawnymi, niemożliwe byłoby samooczyszczenie. Kultura ma więc zawsze dwa punkty orientacyjne – dziś i jutro oraz wczoraj i dawniej. To jej podwójne zorientowanie odróżnia ją od linearnie i jednokierunkowo uporządkowanych zdarzeń historycznych, przemian cywilizacyjnych, działań społecznych. Do tego, co się stało, nie można realnie, a nie intencjonalnie, powrócić, niczego nie da się powtórzyć. W kulturze możliwe są nawiązania i powroty, oczywiście zawsze przy zachowaniu zasady *mutatis mutandis*.

Książka ta, jak i dwie poprzednie, nie zmierza do ujęć syntetycznych: stara się przywołać fakty, zwrócić uwagę na dzieła zdaniem autora znaczące zarówno ze względów estetycznych, jak i ideowych. Są one przecież świadectwem swojego czasu. Ich wartość nie zamyka się jednak w owym akcie „składania rozbitego lustra". Tworzą razem długi łańcuch następstw poświadczających dojrzałość naszej kultury. Nie była w całym tym okresie – jeśli brać pod uwagę naszą poezję, dramat, teatr, muzykę, film, plastykę – ubogą krewną w Europie. W książce, przyjmującej taki punkt widzenia, przeważają funkcje informacyjne nad interpretacyjnymi. Informacji służą zestawienia bibliograficzne na jej końcu. Nie da się dziś opisywać literatury bez stałego przywoływania, także tylko informacyjnego, zdarzeń i faktów z innych dziedzin sztuki. Pożyteczne okazało się także poszerzenie informacji o sporach i polemikach w krytyce literackiej i artystycznej. Książka obecna nie jest więc prostym scaleniem dwu poprzednich, została w istocie od nowa napisana, chociaż ma podstawowy układ poprzednich: krzyżują się w nim trzy sposoby ujęcia – koniecznego planu historycznego, następstwa zdarzeń w czasie; planu genologicznego (wyodrębnienia poezji, prozy oraz dramatu i teatru) i przybliżeń interpretacyjnych wybranych utworów bądź autorów. Wynikają stąd różnorakie niedogodności, przede wszystkim twórczość pisarzy ulega rozbiciu na różne części. Ale nie ma dobrych układów dla historyka literatury. Przeciwieństwem zaproponowanego porządku byłby zbiór sylwetek, uniemożliwiający czytelnikowi zarówno rozpoznanie związków między pisarzami (pokrewieństwa lub przeciwieństwa poetyk, wyborów tematycznych, stylistyk itd.), jak i zależności ich utworów od wydarzeń społecznych w czasie powstawania. Wydaje się także, że w obrębie literatury różne były wymagania oraz drogi rozwoju poezji, prozy i dramatu. Tych różnic nie da się wytłumaczyć większą lub mniejszą uległością gatunków literackich wobec doktryn estetycznych, politycznych czy ideologicznych. Każdy gatunek literacki ma swoją tradycję, swoją – nazwijmy to – „masę bezwładnościową", decydującą o większej czy mniejszej podatności na przemiany. Aby objaśnić to zjawisko, trzeba śledzić dzieje form artystycznych na przestrzeni dłuższego czasu. Od lat czterdziestych XIX wieku w krytyce literackiej przepowiadano upadek, kryzys, śmierć powieści. Tymczasem przetrwała do dziś – i powiedzieć można, że ma się nieźle, choć oczywiście jest inna niż przed stu pięćdziesięciu laty.

*

Siedemdziesiąt lat dziejów literatury polskiej, czas życia trzech, a nawet czterech pokoleń Polaków, wymaga ujęcia historycznego. To już nie tylko nasza teraźniejszość, „literatura współczesna" w jej enigmatycznym znaczeniu, lecz także przeszłość, w części zamknięta, wchodząca w zakres tradycji. Trudno wyznaczyć ścisłą granicę między tym, co jest jeszcze teraźniejsze, aktywne współcześnie, a tym co już tylko przywołane z przeszłości. Próby periodyzacji literatury XX wieku wywoływały i nadal wywoływać będą spory i dyskusje. Patrząc na całość pod koniec XX wieku – znaczące wydają się daty: 1918, 1939, 1945, 1989 wyprowadzone z naszej historii, które jednak nie muszą wyróżniać okresów zmian w kulturze, w sztuce, w literaturze, ułatwiają wszakże orientację w jej przemianach. Ze sporów i konfliktów, z bieżących doświadczeń kolejnych pokoleń wyłania się inny, bardziej szczegółowy porządek. Krytyka literacka utrwaliła dodatkowo znaczenie dat: 1949, 1956, 1968, 1976, 1989. Mają one znaczenie w przemianach naszej świadomości, w literaturze, w sztuce, wyznaczają ważne momenty, choć ich obiektywne znaczenie nie jest dziś jeszcze w pełni jednoznaczne. Czy rzeczywiście uchwały Zjazdu Związku Literatów Polskich w styczniu 1949 roku wywołały głęboką zmianę w naszej literaturze, kulturze, decydowały o przyszłości, czy też tworzyły naskórkową warstwę haseł i postulatów, nigdy w istocie do końca nie zrealizowanych? Czy w całym życiu społecznym ważniejsze były studenckie i inteligenckie manifestacje z marca 1968 roku, czy też krwawe pogromy robotników na Wybrzeżu w grudniu 1970 roku? Nie chodzi o kwestionowanie znaczenia tych doświadczeń, zwłaszcza w indywidualnych biografiach twórców. Co w nich jest jednak intencjonalne, subiektywne, a co głębokie i znaczące dla przyszłości? Może ważniejsze dla literatury było to, że w latach 1968–1970 wchodziło w życie społeczne pokolenie twórców urodzonych po wojnie, dla których sama wojna, czas zagłady i niewyobrażalnych zbrodni należały już do historii, podobnie zresztą jak doświadczenia stalinizmu?

Odzyskanie niepodległości w roku 1918, po długiej niewoli, było spełnieniem dążeń narodowych, proroctw i marzeń romantyków, uczestników powstań, tych, którzy oddawali w walkach życie, znaleźli się w więzieniach zaborców, na zesłaniach, zawiśli na szubienicach, opuszczali kraj, by wieść żywot emigrantów. Niepodległe państwo w 1918 roku dziedziczyło tę tradycję, ale zmiana, jaka wówczas zaszła, unieważniała ją niejako, wymagała głębokich przeobrażeń w kulturze, w świadomości zbiorowej. Zamknięcie się w obrębie tej tradycji mogło się okazać niebezpieczne dla siły i trwałości odzyskanego państwa. Rok 1918 jest ważny w dziejach kultury polskiej – w sztuce, w literaturze zachodziły wówczas gwałtowne zmiany, powstawały grupy literackie i artystyczne, ogłaszały swoje programy i manifesty, organizowały wystawy „nowej sztuki", powoływały do życia własne czasopisma, kluby i kawiarnie. Wielkie ożywienie życia kulturalnego obejmowało nie tylko twórców, lecz także odbiorców. Entuzjazm, euforia wolności powodowały, że nowe propozycje artystyczne znajdowały żywy odzew w kręgach ówczesnej inteligencji. Wywoływały – co oczywiste – nie tylko aprobatę, ale i gwałtowne protesty. Formiści i futuryści wpisywali wywoływanie estetycznego skandalu w swoją taktykę. „Ale ich wzięło" – cieszył się Tytus Czyżewski, kiedy po wieczorze poetyckim futurystów publiczność rozpoczęła bijatykę.

Do literatury wkraczało nowe pokolenie twórców. Niektórzy debiutowali jeszcze przed 1918 rokiem, ale faktem zasadniczym w ich biografiach było odzyskanie niepodległości. Zrzucali z siebie „płaszcze Konradów", chcieli „nie Polskę, lecz wiosnę zobaczyć", głosili wszechogarniającą radość życia, uwolnienie się od zobowiązań i powinności z czasów niewoli. Poeta-mędrzec w *Sokratesie tańczącym* Tuwima „wyśpiewa" te prawdy w prowokacyjnej i bluźnierczej tonacji:

> Zło! Dobro! – prawda? – Ludzie, bogi,
> Cnota i wieczność, czyn i słowo,
> I od początku – znów, na nowo,
> Bogi i ludzie, dobro, zło,
> Rzeczpospolita, słowa, czyny,
> Piękno – to, tamto, znowu to! – – –
> Mój drogi – kpiny!

Tę samą radość w innym języku wyrażali futuryści; rodziła u nich podziw i aprobatę dla nowej cywilizacji. Rekwizytami poetyckimi stawały się „kinematografy", „telegrafy", „semafory", „dynama". Witalizm, żywioł, „rytmy krwi" wyrugowały z języka poetyckiego niedawne „osmętnice" i „głębie nieodgadłe". Ale „radość z odzyskanego śmietnika", jak rzecz nazwał Juliusz Kaden-Bandrowski, była krótka. Rozpoczęła się ciężka, pełna konfliktów i tragicznych niekiedy wydarzeń, praca nad zagospodarowaniem niepodległości. Nie chodziło tylko o uruchomienie zniszczonej przez wojnę gospodarki, lecz także o scalenie odrębnych części odzyskanego państwa, które przez ponad sto lat trwały w różnicujących je porządkach państw zaborczych. Scalenie dokonać się musiało w kulturze. Służyły temu i uniwersalne w swej wymowie programy-manifesty młodych, i wielkie prace zmierzające do upowszechnienia oświaty, rozwoju nauki, i kulturalne ruchy społeczne, inicjowane niekiedy wcześniej, lecz w Dwudziestoleciu formujące ostatecznie swoje ideowe i organizacyjne zasady. Koncepcja regionalizmu, głoszona przez Orkana, zweryfikowana u progu niepodległości przez Żeromskiego, proponowała rozumienie kultury narodowej jako sumy odmian regionalnych, jako wspólnoty „małych wspólnot". Inną koncepcją, dyskutowaną żywo w Dwudziestoleciu, było powstawanie i wspieranie literatur i kultur „klasowych", między innymi literatury chłopskiej i robotniczej. Wiązało się to ściśle z ideologiami działających partii politycznych, ale miało i sens ogólniejszy. Chodziło o to, by kultura narodowa nie wyrażała interesów jednej klasy, nie była tylko szlachecka czy mieszczańska. Zasada jedności w wielości budowała zręby kultury demokratycznej. I jest to jedno z najważniejszych osiągnięć Dwudziestolecia. Oceniając ten okres w 1946 roku, Maria Dąbrowska pisała:

> Literatura 20-lecia kształtowała się pod wpływem wagi spraw społecznych i pod wpływem najnowszych odkryć psychoanalizy. Ten pierwszy wpływ potęgował w niej – od wieków zresztą naszej literaturze właściwy – przerost raczej niż niedosyt zagadnień społecznych. Uderzał przy tym paradoks, że cele za słabo uwzględniane i realizowane w życiu, tak dużo miejsca zajmowały w sztuce i literaturze [...]. Literatura polska była zawsze aż do znudzenia literaturą społeczno-wychowawczą, a z ducha swego aż do krańcowej lewicowości – demokratyczną (*Jak oceniam literaturę dwudziestolecia*, „Twórczość" 1946, nr 12, s. 102–103).

W przewadze funkcji społeczno-wychowawczych, w niedostatku refleksji psychologicznej i egzystencjalnej widziała Dąbrowska przyczynę niedorozwoju, „pośledniości" naszej literatury. Mówiła to jednak w 1946 roku, kiedy nad literaturą i sztuką krążyło już widmo nowego zniewolenia. Nie uwzględniła – w ocenie Dwudziestolecia – zasadniczej właściwości: wielkiego trudu unowocześnienia. Czas żywiołowego manifestowania się i kodyfikowania ruchów awangardowych w plastyce, w muzyce i w literaturze nie polegał tylko na wymianie tematów, na rozszerzaniu obszarów eksploracji. Równie ważne, a może nawet ważniejsze, było poszukiwanie nowych środków wyrazu. Ekspresjoniści, formiści, „kapiści" (od grupy malarzy zorganizowanych w Komitecie Paryskim), Grupa Krakowska (z właściwą jej skłonnością do abstrakcjonizmu i surrealizmu) poprzez poszukiwania warsztatowe rozszerzali pola ekspresji, budowali nowe środki wyrazu. Najważniejsza była ich różnorodność. To ona powodowała, że po wojnie doktryna realizmu socjalistycznego napotykała w środowisku plastyków na zasadnicze opory. Nie udało się jej uznać za jedyną i obowiązującą wszystkich.

Równie ważne na terenie literatury stało się przeobrażenie języka poezji. Bo poezja w takich momentach znaczących przeobrażeń odgrywa zwykle zasadniczą rolę w przemianach literatury. Dodać warto, że to przeobrażenie dokonywało się nie bez znaczącego wpływu awangard w plastyce. Ekspresjoniści skupieni wokół „Zdroju", futuryści przeszczepiający na nasz grunt idee antytradycjonalizmu burzyli obowiązujące reguły literackiej ekspresji, nie tylko te ukształtowane w okresie Młodej Polski, ale i głębiej – wynikające u nas z modelu poezji romantycznej. Niektórzy z nich, jak Stanisław Młodożeniec, podejmowali się karkołomnego trudu fundowania polskiego futuryzmu na wiejskich, chłopskich „wąkopach". Nie chodziło o bardzo popularne w epoce poprzedniej, tradycyjne „ludowienie", lecz o próbę zderzania dwóch języków – ludowego i nowoczesnego, sprawdzania efektów wynikających z takiego zderzenia. Nowym etapem w poszukiwaniach było sformułowanie programu Awangardy Krakowskiej. Eksperymenty jej nie zamykały się w samym burzeniu i kwestionowaniu zastanych stereotypów i konwencji. Refleksję nad językiem poezji poszerzyli o rozważania na temat metafory, konstrukcji wypowiedzi poetyckiej, jej kompozycji, kondensacji semantycznej, wreszcie – na zmianie reguł wersyfikacji. Niezależnie od sporów, jakie wywoływały propozycje Peipera i Przybosia, to oni – na długie lata – ustalili zasady nowoczesnego języka poetyckiego. Nie byli jednak jedynymi; wywołali na prawach polemiki i sporu zwrot ku wizyjnym i symbolicznym konstrukcjom poetyckim, wyrażającym katastroficzne przeczucia i niepokoje. Widoczne jest to w języku drugiej awangardy (żagaryści, Czechowicz). I ta różnorodność była zdobyczą i wartością literatury Dwudziestolecia, której nie dało się do końca zniweczyć w okresie stalinizmu. Literatura zapisuje swój czas, odtwarza rzeczywistość poprzez odrębny, sobie właściwy język.

Tę właściwość odnowienia środków ekspresji, widoczną w poezji, przypisać można także, choć w mniejszym stopniu, prozie Dwudziestolecia. W powieści popularnej dominowały wzorce prozy realistycznej XIX wieku, tradycyjnego romansu. Wielki autorytet Żeromskiego, poprzez jego *Przedwiośnie*, stwarzał pomost łączący nową powieść z tradycją gatunku, z jej wersją realistyczną i modernistyczną. Jednakże utwory Kadena-Bandrowskiego, Nałkowskiej i Dąbrowskiej, wyrastając z tej tradycji, poszerzały krąg tematów: kształtowały się odmiany gatunkowe powieści politycznej, psychologicznej i nowej wersji powieści społeczno-obyczajowej, zwanej powieścią-rzeką. Jednocześnie rozwijał się inny typ prozy, nazywanej często kreacyjną, w której zasada odwzorowania życia zastąpiona została kreowaniem fikcyjnych światów, rezygnujących z życiowego prawdopodobieństwa. Światami owymi, ich porządkiem i sensem, rządzą prawa psychologii, wyobraźni, marzeń sennych, bądź groteskowych deformacji. Autonomia owych światów, wyrażająca się w budowaniu fabuł na przekór rzeczywistości (szkoła w *Ferdydurke* Witolda Gombrowicza, w której edukacja polega nie na dodawaniu wiedzy uczniom, lecz na odejmowaniu jej dorosłym), bądź na pograniczu świata realnego, halucynacji, snu (*Sanatorium pod Klepsydrą* Brunona Schulza), uwalnia literaturę od obowiązku naśladowania natury, od mimesis w jej właściwościach zewnętrznych, skierowuje ku penetrowaniu sfery świadomości, tajemnic psychiki ludzkiej. Równocześnie elementem znaczącym staje się sama forma jako narzędzie i wyraz indywidualnej gry twórcy ze światem.

Ze współpracy Witkacego z formistami wynikały jego przemyślenia wyrażone w esejach *Nowe formy w malarstwie i wynikające stąd nieporozumienia, Teatr. Wstęp do teorii Czystej Formy w teatrze*. Choć założeń tych nie realizowała ściśle jego praktyka twórcza w dramatach i w powieściach, to wyrażone w nich idee odegrały wielką rolę w przeobrażeniach sztuki teatralnej – nie tyle jednak w Dwudziestoleciu, co w okresie powojennym. Działalność Leona Schillera, reżysera i teoretyka teatru, twórcy poetyckiego teatru monumentalnego i politycznego, lewicowego teatru współczesnego, miała swoje powojenne kontynuacje. Znaczące dla późniejszych przeobrażeń sztuki teatralnej były także poszukiwania Juliusza Osterwy i Mieczysława Limanowskiego w „Reducie", teatrze-laboratorium, kładącym nacisk na styl gry aktorskiej. Polska sztuka filmowa, choć w powijakach jeszcze, choć nie wydała arcydzieł, miała swój własny epizod awangardowy w postaci eksperymentalnych filmów Stefana Themersona, zachowanych tylko we fragmentach.

Dwudziestolecie międzywojenne, jeśli zsumować podjęte wówczas poszukiwania i dokonania, było okresem wyjątkowym w naszej kulturze i sztuce XX wieku. Wiele z tego, co zdarzyło się później, korzeniami swymi tkwi w tym okresie. Dlatego rozważania o literaturze po 1939 roku muszą uwzględniać Dwudziestolecie jako obowiązkowy układ odniesień, bez którego niezrozumiałe stają się późniejsze przemiany. Ale klęska wrześniowa spowodowała, że osiągnięcia w kulturze i sztuce uległy deprecjacji, poddane zostały ostrej krytyce już w czasie okupacji przez bezpośrednich następców, między innymi przez poetów związanych z konspiracyjnym czasopismem „Sztuka i Naród". Oskarżali oni literaturę i sztukę Dwudziestolecia o to, że zajęta eksperymentami artystycznymi, sporami estetyczymi, nie przygotowała Polaków do obrony niepodległości. Klęska wrześniowa ujawniła słabość państwa; była klęską polityków, pochodną ich złudzeń i błędów, ale przede wszystkim bezsiły i osamotnienia na arenie europejskiej. Nie była to klęska kultury. Jej przemiany w Dwudziestoleciu, przede wszystkim unowocześnienie za sprawą ruchów awangardowych i głęboka demokratyzacja, spowodowały, że byliśmy dobrze wyposażeni i przygotowani duchowo na zły czas wojny i powojennej stalinizacji kraju. Przekształcenie świadomości zbiorowej, jakie się wówczas dokonało, stało się podstawą późniejszego zbiorowego oporu przeciwko totalitarnym zniewoleniom.

Rok 1939, rozdarty na dwie nierówne części, zamyka okres Dwudziestolecia. W sztuce, w literaturze niewiele się w tym roku zdarzyło. Konflikty polityczne, zbliżająca się wojna zawładnęły wyobraźnią twórców. Przed wybuchem wojny jako charakterystyczny sygnał zmiany powstały wiersze-pobudki i wiersze-ostrzeżenia: *Na zwady dzień* Stanisława Młodożeńca i związany z nim *Bagnet na broń* Władysława Broniewskiego, a także *Wstążka z „Warszawianki"* Kazimierza Wierzyńskiego. Wszystkie ukazały się w prasie, niektóre w numerach datowanych na początek września 1939 roku. W przededniu wojny ukazała się jeszcze w wydaniu książkowym ważna powieść Zofii Nałkowskiej *Niecierpliwi*, której nakładu nie udało się rozprowadzić. W charakterze przywołanych tu wierszy i w losach książki jest już zapowiedź tego, co przynieść miała wojna w latach najbliższych.

I. Inter arma non silent Musae

Klęska wrześniowa spowodowała zmianę preferencji w literaturze i sztuce. Podstawowe stały się powinności wobec społeczeństwa, wobec narodu, mniej istotne zaś właściwości autonomiczne, poszukiwania i eksperymenty formalne. W sporach, wyraźnych w całym Dwudziestoleciu, między różnie zorientowanymi twórcami awangardy a zwolennikami programów i form wyprowadzanych z tradycji, w tym z tradycji romantycznej, historia, bieg wydarzeń politycznych rację zdawały się przyznawać tym ostatnim. Druga Awangarda z lat trzydziestych (Czechowicz, Miłosz, Zagórski), mniej radykalna pod względem formalnym, poszukująca nowych rozwiązań artystycznych pod przygniatającym ciężarem złych przeczuć, katastroficznych wizji, zwracała się wyraźnie ku sprawom społecznym, rozpoznawała stan zagrożenia przez zbliżającą się wojnę. Zrzucany wcześniej w geście wyzwolenia, „płaszcz Konrada" stał się znowu potrzebny. Wielogłosowość literatury i sztuki Dwudziestolecia uległa wyraźnemu ograniczeniu, znaczenia nabrały funkcje poznawczo-dokumentacyjne i perswazyjno-edukacyjne. Wiersze okupacyjne awangardzisty Przybosia (*Póki my żyjemy*, 1944), słuchowiska radiowe i widowiska żołnierskie futurysty Młodożeńca (*Grunwald, Miłość, Lajkonik w piramidach*, 1941), wojenno-żołnierskie wiersze rewolucjonisty Broniewskiego (*Bagnet na broń*, 1943), pacyfisty Słonimskiego (*Alarm*, 1940), wychodźców: Wierzyńskiego (*Ziemia-Wilczyca*, 1941; *Róża wiatrów*, 1942; *Krzyże i miecze*, 1946), Tuwima (*Kwiaty polskie*, powst. 1940–1944), a także poetów pokolenia wojennego, żyjących i tworzących w okupowanym kraju, jednoczy, przy wszystkich różnicach indywidualnych, owa nadrzędna powinność. Odnajdziemy ją także w wydanych konspiracyjnie *Wierszach* (1940) Czesława Miłosza i w przygotowanej przez niego antologii *Pieśń niepodległa* (1942). Obróciło się koło historii, powstawała znów, jak to nazwali romantycy, „duchowa ojczyzna Polaków". Główną rolę w jej kreowaniu odgrywała poezja. Nie jest ona jako całość prostą kontynuacją wcześniejszych poetyk, lecz raczej ich sprawdzaniem w warunkach szczególnych, ekstremalnych. Niektóre z zasad i formuł artystycznych wytrzymały próbę czasu, inne nie sprostały narastającym dramatom. Ruchy awangardowe z początku Dwudziestolecia wyrastały, w znacznej części, z zaufania do nowoczesnej cywilizacji, tworzyły jej mitologię. Hasło: Miasto, Masa, Maszyna było nie tylko synonimem nowoczesności, ale i początkiem wielkiej utopii; wyrażało wiarę w możliwość nowego, racjonalnego ładu w świecie, w możliwość nowej Arkadii. Wojna, jej rzezie, obozy koncentracyjne i „łagry", przyniosły głębokie zakwestionowanie tych mitów. Z dwóch światopoglądów poetyckich, łatwych do rozpoznania w Dwudziestoleciu, awangardowych i neoklasycystycznych, przewagę zdobywał ten ostatni. U Wierzyńskiego, Słonimskiego, Miłosza, a nawet u Broniewskiego odżywają motywy antyczne, w istocie ich uwspółcześnione wersje – Odys jest przede wszystkim tułaczem bądź żołnierzem-tułaczem, Troja – państwem zburzonym, Itaka – ojczyzną utraconą, przedmiotem nostalgicznych przypomnień, a jeśli Nike, to pogruchotana *Nike z Samotraki*. Te przywołania służyły przede wszystkim nazwaniu tragizmu historii, nawrotów zła i okrucieństwa, a także rozpoznaniu natury człowieka, ich sprawcy. Takie spożytkowanie motywów antycznych odnajdziemy wcześniej u Józefa Wittlina (*Elegia do Homera*), poety opisującego tragizm żołnierskich losów w pierwszej wojnie światowej, także później u Baczyńskiego i Gajcego, poetów powstania warszawskiego.

Okres wojny i okupacji nie jest więc prostą kontynuacją Dwudziestolecia międzywojennego, nie jest jednak także jego pełnym zanegowaniem. Z tej niejednoznaczności wynikają kłopoty periodyzacyjne historyka literatury. Czy literatura i sztuka okresu wojny i okupacji jest dalszym ciągiem Dwudziestolecia? Tworzona była przecież w przeważającej części przez pisarzy o ukształtowanych wcześniej warsztatach. Czy też jest otwarciem nowej fazy rozwojowej? Z Dwudziestoleciem łączy okres wojny i okupacji w literaturze głęboki rys katastrofizmu. Krytycy (Kazimierz Wyka), opisując tę zależność, mówią o fazie „przewidywanej" i „spełnionej" Apokalipsy. Ale równie istotny był powrót do tych zasad, które przypisywały literaturze, sztuce w ogóle, wyraźne powinności społeczne i narodowe. Nazwijmy je mobilizacyjno-edukacyjnymi. Była to powinność w okresie wojny i okupacji oczywista, nie podlegająca dyskusji. Prowokacyjne sformułowania Tuwima z *Sokratesa tańczącego*, Wierzyńskiego z *Wiosny i wina*, Lechonia z *Herostratesa*, mówiące o zwolnieniu literatury, po odzyskaniu niepodległości, od powinności i wierności ideom narodowo-wyzwoleńczym, byłyby teraz bluźnierstwem, podobnie jak młodzieńcze ataki Przybosia na uwięzienie literatury polskiej w tradycji romantycznej. Bo wraz z wybuchem wojny zamykała się karta historii, nie tylko naszej, europejskiej, lecz globalnej. Wyjściem z tych kłopotów periodyzacyjnych staje się wyodrębnienie okresu 1939–1945 jako osobnego w dziejach kultury. Jego odrębność wynika nie tylko z wydarzeń wojennych w ścisłym znaczeniu, lecz także ze zmian, wymuszonych przez okoliczności historyczne, w sposobach jej funkcjonowania. Literatura, sztuka, niezależnie od swoich form, istnieje w sensie społecznym jako przekaz informacji adresowany do odbiorcy. W wyniku wojny ten prosty układ uległ wielorakim komplikacjom. Literatura na tułactwie, tworzona przez wychodźców z kraju, adresowana była albo do żołnierzy armii polskich walczących na Zachodzie i na Wschodzie, albo do uchodźców, którzy opuścili kraj we wrześniu 1939 roku, albo do Polaków na dawnych ziemiach Rzeczpospolitej, zajętych przez Związek Radziecki. W tym ostatnim przypadku masowe wywózki Polaków w głąb Rosji, egzekucje i prześladowania zniszczyły dawne więzi społeczne, zlikwidowały możliwość bezpośredniego oddziaływania literatury. Ta, która powstawała w Związku Radzieckim, poddana ideologicznej indoktrynacji, pełniła przede wszystkim funkcje agitacyjne. Był to więc zakres z konieczności ograniczony i niejednolity. Jednakże jeśli zważyć, że do kraju w latach 1944–1946 powróciło ponad 5 milionów ludzi: z obozów koncentracyjnych, łagrów, z przymusowych robót, z armii polskich na Wschodzie i na Zachodzie, to wcześniej literatura na obczyźnie miała – przynajmniej hipotetycznie – w miarę szeroki krąg odbiorców. Dodać trzeba także tych, którzy pozostali na emigracji. Był to jednak krąg stawiający przed sztuką, przed literaturą, określone zadania – mobilizacji patriotycznej, konsolacji, zapobiegania narastającej nostalgii. Taki charakter mają czasopisma polskie powstające najpierw we Francji, później w Anglii („Wiadomości Polskie", „Tygodnik Polski", „Nowa Polska", „Myśl Polska", „Dziennik Polski", „Polska Walcząca", „Zielony Sztandar") i w Stanach Zjednoczonych („Świt", „Tygodnik Polski", „Tygodniowy Przegląd Literacki Koła Pisarzy z Polski"). Swoje czasopisma miała armia polska walcząca na Zachodzie („Orzeł Biały", „Dziennik Żołnierza", „Goniec Karpacki", „Skrzydła"). Powstawały amatorskie żołnierskie teatry, radiostacje nadające w języku polskim, wydawnictwa polskie itd. Na ziemiach zabranych po 17 września 1939 roku przez Związek Radziecki działały przez pewien czas teatry polskie (Wilno, Lwów), ukazywały się później czasopisma („Nowe Widnokręgi", „Czerwony Sztandar", „Wolna Polska"), wyraźnie podporządkowane radzieckiej propagandzie. Walczącym żołnierzom towarzyszył, powołany w 1943 roku, Teatr Wojska Polskiego.

Wojenne losy wielu twórców z Dwudziestolecia potwierdzają rozmiary katastrofy. W pierwszych dniach czy miesiącach wojny zginęli: Józef Czechowicz (w wyniku bombardowania), Bruno Schulz (zastrzelony przez Niemców w 1942 roku), Stanisław Ignacy Witkiewicz (samobójstwo w dniu wykroczenia Armii Czerwonej), w Katyniu zamordowani zostaną później Władysław Sebyła i Lech Piwowar, rozstrzelani przez Niemców – Tadeusz Boy-Żeleński i Halina Górska. W piekle więzień radzieckich i łagrów znajdą się: Aleksander Wat, Gustaw Herling-Grudziński, Władysław Broniewski, Tadeusz Peiper, Marian Czuchnowski, Herminia Naglerowa, Beata Obertyńska, Józef Czapski. Część z nich wydostała się ze Związku Radzieckiego wraz z armią Andersa i znalazła się na Zachodzie. W obozach niemieckich więzieni byli: Zofia Kossak-Szczucka, Tadeusz Hołuj. W obozach jenieckich zakończyli kampanię wrześniową 1939 roku Konstanty Ildefons Gałczyński i Leon Kruczkowski. Poza krajem, na tułactwie w Rumunii, Francji, Anglii i Ameryce, różnymi drogami i w różnym czasie znaleźli się: Kazimiera Iłłakowiczówna, Maria Jasnorzewska-Pawlikowska, Julian Tuwim, Kazimierz Wierzyński, Jan Lechoń, Antoni Słonimski, Witold Gombrowicz, Melchior Wańkowicz. W Związku Radzieckim szukali schronienia pisarze o lewicowych przekonaniach, m.in. Marian Czuchnowski, Lucjan Szenwald, Jerzy Putrament (niektórych nie ominęły więzienia); inni, jak Teodor Parnicki, których wojna zastała we Lwowie, zostali wywiezieni w głąb Rosji. To wyliczenie, niepełne, wskazuje, że struktury życia literackiego, które ukształtowały się w Dwudziestoleciu, zostały w wyniku wojny rozbite. Trudno mówić o bezpośredniej kontynuacji i trudno uważać czas wojny za zamknięcie okresu poprzedniego. W kraju, pod okupacją niemiecką, pozostała część pisarzy – m.in. Maria Dąbrowska, Zofia Nałkowska, Juliusz Kaden-Bandrowski, Jarosław Iwaszkiewicz, Jerzy Andrzejewski, Czesław Miłosz, Julian Przyboś, Jerzy Szaniawski. Współuczestniczyli oni w tworzeniu kultury w całkiem nowych, niezwykle trudnych i dramatycznych warunkach.

W kraju, wobec terroru okupanta, literatura, sztuka musiały zejść do podziemia, działać w konspiracji. Dotyczyło to całej kultury i instytucji jej upowszechnienia: uruchomiono podziemne szkolnictwo, rozpoczęły pracę konspiracyjne uniwersytety, szkoły wyższe, powstawały, działające nielegalnie, teatry, wydawnictwa, czasopisma społeczno-literackie („Droga", „Miesięcznik Literacki", „Sztuka i Naród"), ogłaszano w nich konkursy na nowe utwory, prowadzono dyskusje i polemiki itd. Oczywiście samo uczestnictwo w tych formach życia kulturalnego wiązało się z narażeniem życia. Ale nie tylko na frontach wojny, w ruchach partyzanckich, rozgrywała się walka o przetrwanie. To w tych działaniach wyraziła się najpełniej dojrzałość naszej kultury, ukształtowanej w Dwudziestoleciu. W konspiracyjnych przedstawieniach teatralnych ważną rolę odgrywał repertuar narodowy. Do dramatu romantycznego sięgali wówczas Tadeusz Kantor w założonym przez siebie w Krakowie Teatrze Niezależnym oraz Mieczysław Kotlarczyk w Teatrze Rapsodycznym (Teatrze Żywego Słowa). Czerpano także z repertuaru współczesnego (Teatr Jednoaktówek Wiesława Goreckiego). Leon Schiller przygotował wystawienie *Pastorałki*. Do realizacji tych dochodziło w miejscach szczególnych, nieprzystosowanych do potrzeb teatru, najczęściej w prywatnych mieszkaniach, w pomieszczeniach klasztornych itp. Te nienormalne warunki narzucały twórcom konieczność poszukiwania nowych form wyrazu (teatry Kantora i Kotlarczyka), wyboru sztuk krótkich, bądź prezentacji fragmentów. W repertuarach teatrów konspiracyjnych pojawiały się utwory Mickiewicza, Słowackiego, Norwida, Fredry, Wyspiańskiego. W układ działań podziemnych wchodzili nie tylko twórcy, reżyserzy i aktorzy, wchodziła także publiczność: najczęściej byli to przyjaciele, zaufani, znajomi. Teatry te spełniały ważne funkcje terapeutyczne – były formą oporu wobec terroru okupanta, kształciły także aktorów do pracy po zakończeniu wojny. Wielu z wykonawców było amatorami.

Rozległość i (choć ograniczona) wszechstronność działań konspiracyjnych w kulturze, wypracowanie odrębnych form, które nie mogły być kontynuowane bezpośrednio po zakończeniu wojny, skłaniają więc także do wyodrębnienia okresu wojny i okupacji jako osobnego w dziejach kultury i sztuki. W tym okresie ukształtowała się pewna właściwość o wielkim znaczeniu dla późniejszych przemian. Kultura i sztuka rozwijały się równolegle w kraju i na wychodźstwie. Nie był to jeszcze układ opozycyjny, lecz raczej równoległy, wzajemnie się dopełniający. Jednakże na wychodźstwie przeważały, wręcz petryfikowały się, postawy i zasady estetyczne wyniesione z kraju, będące bezpośrednią kontynuacją Dwudziestolecia. W kraju do literatury wkraczało nowe pokolenie twórców (pokolenie wojenne). Poddawało ono krytycznej ocenie i interpretacji niektóre idee i zasady estetyczne wypracowane w Dwudziestoleciu. Odrębność tego pokolenia polegała na tym, że młodzi nie czuli się odpowiedzialni za klęskę wrześniową, musieli natomiast podjąć walkę z okupantem. Wojna, której nie spowodowali, zabierała im młodość, zmuszała do największych ofiar. Tę odrębność świadomości generacyjnej wyraża poezja Krzysztofa Kamila Baczyńskiego, Tadeusza Gajcego, Tadeusza Różewicza, Tadeusza Borowskiego i innych. Różnicowanie się literatury krajowej i literatury na wychodźstwie nabierze ostrości po 1945 roku. Literatura na wychodźstwie zmieni się wówczas w literaturę emigracyjną.

Poezja w latach 1939–1945

Wojna zaczęła się dla nas od klęski wrześniowej, tym bardziej tragicznie przeżywanej, że nie byliśmy do niej psychicznie przygotowani. Mrzonki wielkomocarstwowe, wpajane przez propagandę przeświadczenie o sile naszej armii przed wrześniem 1939 roku wyostrzyły poczucie klęski. Zawiązane na drodze dyplomatycznej sojusze z Anglią i Francją zawiodły. Zachód także nie był przygotowany do wojny z Niemcami. Opór Polski, skazanej na przegraną, miał dać czas sojusznikom na pospieszne dozbrojenie armii i przestawienie gospodarki na potrzeby wojenne. Dodać tu trzeba, że to literatura w przededniu wojny podniosła alarm, ostrzegała przed niebezpiecznym biegiem wydarzeń. W marcu 1939 roku decydowały się losy Czechów, naszych południowych sąsiadów. Układ monachijski oddawał ich Hitlerowi; ksiądz Tiso ogłosił niepodległość Słowacji i oddał się pod protekcję Niemiec. Rząd nasz nawet w tych faktach nie dostrzegł narastającego zagrożenia. Pospiesznie, bo 16 marca 1939 roku, uznał nowy rząd słowacki, pochwalił zabór części Czechosłowacji przez Węgry. Sam zresztą wziął udział w „rozbiorze", rozpoczynając wojnę o Zaolzie. Wtedy to dwaj poeci, Stanisław Młodożeniec i Władysław Broniewski, napisali pierwsze wiersze „żołnierskie" – *Na zwady dzień* i *Bagnet na broń*. Wiersz Młodożeńca, napisany po podpisaniu kapitulacji przez prezydenta Czechosłowacji Hachę pod koniec marca 1939 roku, zaczynał się od słów:

> Pali się... W ogniu ta Europa!...
> Po wszystkich węgłach gore dom!...
> Złoczyńca skryty wśród wykopów
> pod cudze strzechy wsuwa lont...

Dialog poetycki z Młodożeńcem nawiązał Władysław Broniewski w głośnym wierszu *Bagnet na broń* (wiersz powstał 3 kwietnia 1939 roku). Wiersz Broniewskiego, poprzez obrazowanie i bezpośrednie wewnętrzne odwołania związany z utworem Młodożeńca, rozpoczął żywot osobny, stał się prawdziwą pobudką. Ogłoszony w prasie, miał przed wybuchem wojny siedemnaście przedruków. Wiersz Młodożeńca, choć ogłoszony w pierwszych dniach września, uległ zapomnieniu. W utworze Broniewskiego taki zapewne ma sens (niejasny bez wskazanego tu kontekstu) fragment:

> Ogniomistrzu i serc, i słów,
> poeto, nie w pieśni troska.
> Dzisiaj wiersz – to strzelecki rów,
> okrzyk i rozkaz:
> Bagnet na broń!

Warto dodać, że obaj poeci, i Broniewski, i Młodożeniec, związani byli z lewicą polityczną, z opozycją rządową. Ponad uprzedzenia polityczne wysunęli jednak żołnierski obowiązek obrony kraju. Poezja więc, nie pierwszy raz w naszych dziejach, wzywała do szeregów i do broni. Kończył się „sen o bezgrzesznej", kończyły się nadzieje, które przyniósł rok 1918. Za poetą należało jednak powtórzyć: „Ale krwi nie odmówi nikt". Taką samą deklarację składał Młodożeniec:

> Jeśli ta łapa polskich sadyb
> chciwa na łupy dotknie znów –
> Jezu Bożyce – jak pradziady
> z krzyżackiej pychy weźmiem łup!

Po różnych kolejach losu obaj poeci (Młodożeniec w sierpniu 1939, Broniewski w 1942 roku) zamienili pióra na karabiny, stali się żołnierzami.

Jeszcze sprzed wybuchu wojny, bo z 27 sierpnia, pochodzi wiersz *Wstążka z „Warszawianki"* Kazimierza Wierzyńskiego, umieszczony później w tomie *Ziemia-Wilczyca*. Poeta przewidywał – jak w *Warszawiance* Wyspiańskiego – ożywienie mitów romantycznych, ale i poprzez przywołanie Starego Wiarusa miał przeczucie klęski:

> Krwawa wstążka, z nią łatwiej umierać i słodziej,
> Stary wiarus, klawikord, dwa płaszcze Konradów
> Z krakowskiego dramatu i litewskich Dziadów,
> Kordian, któremu ktoś sztylet wbijał przez ucho,
> I mundur Sułkowskiego z krwią rozdartej rany,
> Chłopskie skrzypce Chochoła – świat zaczarowany,
> Ten cały nasz labirynt ponad sceną głuchą,
> Coś jak tragedia grecka, coś jak wieś spokojna...
> ...Patrzy na to i szepce:
>   Znowu będzie wojna.

Teatralności, wielkim gestom, przeciwstawiona zostaje tragiczna prawda Starego Wiarusa: „znowu będzie wojna", znowu śmierć i zniszczenie nadziei. Wiersz nie jest, jak poprzednie, ani pobudką, ani ostrzeżeniem. Mówi o „naszym labiryncie", o „głuchej scenie", o naiwnej sielskości, o nieprzygotowaniu do gry – ustawiono już rekwizyty, a za kulisami stoją główni aktorzy: historia ma już gotowy, tragiczny scenariusz.

Poetyckie zapisy dni klęski wrześniowej godne są osobnej uwagi, utrwalają się w nich bowiem pewne stereotypy, które później powtarzać się będą w sporach i dyskusjach. Jak po powstaniu listopadowym, winą za klęskę obarczono wodzów: generałom przeciwstawiono wierność i ofiarność prostych żołnierzy, którzy, jak w wierszu Konstantego Ildefonsa Gałczyńskiego, „prosto do nieba czwórkami szli". Wspomnieć tu warto, że *Pieśń o żołnierzach z Westerplatte* napisał Gałczyński 17 września 1939 roku w obozie jenieckim. Ci, którzy już nie walczyli, potrzebowali duchowego wsparcia w niewoli, potrzebowali pocieszenia.

W Rumunii, dokąd wycofał się rząd i gdzie przedarła się część naszej armii, Marian Hemar, żołnierz kampanii wrześniowej, wydał *Cztery wiersze* (1940). W jednym z nich sformułował wywołane rozpaczą najcięższe z oskarżeń. Wiersz, adresowany niejako w imieniu żołnierzy do marszałka Rydza-Śmigłego, wypowiada to, co przeżywało wówczas wielu:

> O polska tragedio plew,
> Które ziarnami łudzą.
> Jak łatwo powiedzieć „krew",
> Gdy chodzi o cudzą.
> Jak łatwo przywołać śmierć,
> Gdy chodzi o śmierć
> Owych ostatnich mężczyzn,
> Owych kobiet ostatnich,
> Którym pan dał słowo bez pokrycia.
> Wicher targa rumuńską nocą.
> Próżno oczy i uszy kryjesz –
> To upiory do okien łopocą –
> Generale! My polegli. Ty żyjesz.
> Niech pan oczy i uszy zasłoni.
> Niech pan w oknie zaciągnie firanki,
> Bo tam stoją żołnierze bez broni,
> Tak jak wyszli na niemieckie tanki.

Wiersz powstał w marcu 1940 roku. Nie pytajmy, czy jest sprawiedliwy. Utrwala nie tylko fakty, lecz także sposoby myślenia i przeżywania w dniach klęski. Mówi nie tylko o autorze, ale i o nastrojach całej rzeszy żołnierzy-tułaczy. To jedna z prawd o wojnie – gorycz klęski zmienia się w rozpacz i negację. Klęska była jednym z pierwszych doświadczeń zbiorowych, nie jedynym przecież. *Pieśń o żołnierzach z Westerplatte* mówiła o odwadze, determinacji i wierności. Nietrudno w tych wierszach odnaleźć repetycje z tradycji romantycznej: Westerplatte jest „redutą Ordona", a Rydz-Śmigły – Chłopickim z *Warszawianki*. Obydwie postawy, oskarżenie wodzów i pochwała dzielności zwykłych żołnierzy, powtarzają dyskusje, jakie toczono po klęsce naszych powstań, jakie utrwaliła *Warszawianka* Wyspiańskiego. Tradycja literacka podsuwała gotowe schematy ocen. Ale już w cytowanym wierszu Kazimierza Wierzyńskiego jest zapowiedź innych analogii: „coś jak grecka tragedia". Pośrednictwo Wyspiańskiego jest znów oczywiste. Była radość, była wolność – jest klęska. „Niedobra dla Polaków pora", zły los, fatum, są naszym przekleństwem. Nie można tego odmienić. Ujmowanie naszych dziejów w kategoriach greckiego tragizmu osłabiało wewnętrzne oskarżenia, przesuwało punkt ciężkości na fatalizm historii, na ową straszną prawdę: „Znowu będzie wojna". Toposy antyczne w wierszach wrześniowych są zastanawiające. Klęsce poświęcił cały tomik wierszy Józef Łobodowski. Tomik nosił znamienny tytuł, przejęty z tradycji romantycznej, znany z twórczości Kornela Ujejskiego – *Z dymem pożarów* (1940) W wierszu *Nike samotracka*, pochodzącym z tego tomiku, Łobodowski pisał:

> Nie runęłaś zawieją zwycięską na nasze rany,
> nie witaliśmy cię radosnym krzykiem,
> nie stanęłaś w szeregu obok,
> aleś wiernie szła śladem pokonanych,
> o, Nike,
> wlokąc skrzydła złamane za sobą.

Nike z Samotraki to znany topos poetycki, zadomowiony w literaturze polskiej, znaczący w twórczości Wyspiańskiego (*Noc listopadowa*); jest to bogini pokonanych, zapewne dlatego, że jej rzeźba, pogruchotana, odnaleziona została w ruinach bez głowy, rąk i stopy. W wierszu Łobodowskiego Nike idzie za wojskiem, za żołnierzami września, towarzyszy im na tułactwie. Ale żołnierze nie złożyli broni, chcą walczyć nadal: topos o rodowodzie antycznym łączy się z innym, znanym z naszej poezji ludowej, a spopularyzowanym przez Stefana Żeromskiego. Poetycki żołnierz-tułacz dźwiga w swoim plecaku całą naszą tradycję walk o niepodległość w XIX wieku: brał udział w wojnach napoleńskich, w walkach o zjednoczenie Włoch, na Węgrzech, w Turcji i w Grecji. Ten sam los przypadł mu w okresie II wojny światowej. Te odwołania do historii pełnią funkcję konsolacyjną: mówią o potrzebie odwagi, wierności i poświęcenia.

Władysław Broniewski

Władysław Broniewski w wydanym w Jerozolimie tomiku *Bagnet na broń* (1943; tytuł pochodzi od wiersza napisanego jeszcze przed wybuchem wojny) umieścił głośny później utwór *Żołnierz polski*. Cały tom, podobnie jak i następny: *Drzewo rozpaczające* (wydany już w Londynie w 1945 r.), jest swoistym pamiętnikiem lirycznym poety i żołnierza uwikłanego w historię i ideologie XX wieku. Biografia Broniewskiego jest świadectwem tych dramatycznych uwikłań. Uczestniczył on w pracach niepodległościowych drużyn strzeleckich. Jako osiemnastoletni chłopiec zaciągnął się do Legionów. Później wstąpił do wojska i walczył w wojnie polsko-bolszewickiej (odznaczony czterokrotnie Krzyżem Walecznych i Krzyżem Virtuti Militari). W 1921 roku w stopniu kapitana przeszedł do rezerwy, w latach następnych zbliżył się do lewicy. Poemat *Komuna Paryska* (1929) i *Elegia o śmierci Ludwika Waryńskiego* (1932) stworzyły pewien steterotyp odbioru jego twórczości jako poety rewolucyjnego. Pogłębiło to aresztowanie (wraz z całym zespołem redakcyjnym „Miesięcznika Literackiego") w 1931 roku, późniejszy udział w Zjeździe Pracowników Kultury we Lwowie. Po wybuchu wojny zgłosił się na ochotnika do wojska; aby się dostać do swej jednostki przejechał na rowerze z Warszawy do Tarnopola. Nie zdążył jednak wziąć udziału w walce: agresja radziecka 17 września 1939 uniemożliwiła dotarcie do Zbaraża, gdzie stacjonowała jego jednostka. Znalazł się we Lwowie i już 24 stycznia 1940 roku został aresztowany przez NKWD. W więzieniach przebywał we Lwowie, w Moskwie na Łubiance i w Saratowie. Powody aresztowania były w istocie te same, co w 1931 roku: przekonania rewolucyjne i podejrzenie o przynależność do Komunistycznej Partii Polski (fomalnie nie był jej członkiem). Komunistyczna Partia Polski, oskarżona przez Stalina o „odchylenie nacjonalistyczne", została rozwiązana w 1938 roku. Członkowie i sympatycy na ziemiach zabranych przez Związek Radziecki trafiali do więzień i łagrów. Taki był los Aleksandra Wata, Mariana Czuchnowskiego, Wojciecha Skuzy i wielu innych.

Wiersz *Żołnierz polski* odnotowuje doświadczenia osobiste Broniewskiego z pierwszych dni września. Był świadkiem klęski, chaosu, masowych ucieczek ludności cywilnej, zagubienia żołnierzy z rozbitych jednostek. Nie zawiera tych treści, które odnaleźć można w utworach Hemara i Łobodowskiego: nie chodzi o żołnierza-tułacza, nawet nie o żołnierza zdradzonego przez dowódców. To przede wszystkim żołnierz pokonany, uchodzący przed niewolą:

> Jego pułk rozbili pod Rawą,
> a on bił się, a on bił się krwawo,
> szedł z bagnetem na czołgi żelazne,
> ale przeszły, zdeptały na miazgę.

Żołnierz Broniewskiego „opłakuje i armię rozbitą, i złe losy, i Rzeczpospolitą...". Pozostaje w kraju, jest bezsilny i bezradny. To jeden z najpiękniejszych wierszy wojennych: jego treścią jest ból i rozpacz. Nie chodzi jednak tylko o osobiste przeżycia poety: bohaterem lirycznym wiersza staje się anonimowy żołnierz, jeden z tych, którym po I wojnie wzoszono w Europie paradne groby: zwykły człowiek w wielkiej machinie historii i polityki. Spojrzenie na bieg wydarzeń historycznych z perspektywy zwykłego człowieka wyraża się przede wszystkim w zespole użytych środków stylistycznych, nawiązujących bezpośrednio do poezji ludowej w obrazowaniu (paralelizm brzozy-płaczki i zrozpaczonego żołnierza) i w wersyfikacji (ludowe dystychy z niepełnymi rymami). Prostota tego wiersza – a prostota w sztuce jest zawsze rzeczą najtrudniejszą – scala w sobie tradycję starego gatunku lirycznego – żalu, trenu. Ta umiejętność scalenia, dotarcia do istoty poezji, jej esencji, dokonuje się u Broniewskiego zawsze przez uruchomienie i żywy związek z polską tradycją poetycką, zwłaszcza z liryką romantyczną. Nie jest to jednak zwykła gra z tradycją, ani próba podjęcia dawnych form i gatunków np. poematu dygresyjnego, jak w *Kwiatach polskich* (powst. w Rio de Janeiro i w Nowym Jorku w latach 1940––1944) Juliana Tuwima, lecz głęboka interioryzacja ducha poezji romantycznej, wchłonięcie tradycji i scalenie we własnym języku i stylu. Wiersz *Do poezji* z tomiku *Bagnet na broń* jest wyznaniem osobistym, ale jest równocześnie powtórzeniem romantycznego wzoru poety modulującego kształt świata, wiernego swojemu posłannictwu:

Do poezji

> Moje życie podobne lustru
> w którym zły przegląda się los:
> każde prawo i każdy ustrój
> w całopalny rzuca mnie stos.
> ....
> Potępiony w niebie i w piekle,
> słyszę tylko, kiedy mnie zwiesz,
> i nie rzucam za siebie przekleństw,
> tylko rzucam przed siebie wiersz.
>
> Wiele razy los mnie oszukał,
> ale tyś najwierniejsza z gwiazd,
> całe życie płynę i szukam
> w oceanie ludzi i miast,
>
> całe życie jestem na froncie,
> Ikarowy zacząwszy lot,
> jak samolot z tych nieb mnie strącisz,
> żebym spadł jak miażdżący młot,
>
> żebym runął sercem płonącym,
> jak przedwiecznej legendy ptak:
> obietnica umierającym,
> a walczącym – bojowy szlak.

Oba tomiki wojenne Broniewskiego scalają wątki osobiste, dramaty, rozpacze i zwątpienia, z publicznymi. Wiersze *List z więzienia*, *Co mi tam troski*, *A kiedy będę umierać*, *Persja*, *Damaszek*, *Róża Saronu*, *Mazurek Szopena* są zapisem trudnej drogi z radzieckich więzień przez Persję do Jerozolimy. Ale w każdym z nich utrwalony zostaje także los zbiorowy – dojmującej nostalgii tułaczy, determinacji, niepewnego jutra. Nad rzekami Babilonu, w Jerozolimie jest stale Polska: takiej metamorfozie podlega wszystko, co poeta spotyka po drodze. Takiej przemianie podlegają krajobrazy, przekraczane rzeki, spotykane zabytki, jak w wierszu *Ściana płaczu*:

> Kilka starych kamieni
> i płacz – przez tysiące lat...
> Gdybym mógł to zamienić
> na Wierzbową i Nowy Świat.

Nie tylko klęska wrześniowa i długa późniejsza tułaczka wyznaczają porządek liryków w tomikach *Bagnet na broń* i *Drzewo rozpaczające*, także rzadkie i dramatyczne wiadomości z kraju stają się źródłem intensywnych przeżyć i wierszy. Tom *Bagnet na broń* zamyka wiersz *Żydom polskim*, poświęcony walczącym w getcie, w tomie *Drzewo rozpaczające* umieścił poeta przejmujące „Ballady i romanse", niezwykły wiersz o zagładzie Żydów.

Plan osobisty, autobiograficzny, i plan zbiorowych doświadczeń wypełniają przestrzeń liryczną wierszy wojennych Broniewskiego. Ale jest w nich widoczna i treść głębsza – fundamentalne pytania o sens wydarzeń, o sens cierpień indywidualnych i zbiorowych. Uczestnikom pozostaje wiara, że po wojnie powstanie inny świat, lepszy, uwolniony od zła i cierpienia. Każda wojna rodzi takie nadzieje, bo uzasadniają one poświęcenie, konieczność ofiar. Czym jednak jest historia? Wojna jest złem społecznym, bo towarzyszy jej niszczenie dotychczasowego dorobku cywilizacyjnego, jest złem moralnym, bo niesie z sobą nienawiść i okrucieństwo. Wiersze wojenne Broniewskiego docierają do tragicznej materii świata, odkrywają paradoksalne porządki historii. Nieprzypadkowo w tomie *Bagnet na broń* umieścił poeta jako kolejne trzy wiersze: *List z więzienia*, *Co mi tam troski* i *Grób Tamerlana*. Pierwszy, adresowany do córki, pisany z więzienia radzieckiego, eksponuje dramat osobisty: oto „poeta rewolucyjny" znalazł się w więzieniu stworzonym przez rewolucję; drugi – przekracza granice tego paradoksu: „co mi tam obóz, więzienie, głód, poniewierka, szkorbut", pozostaje nadzieja powrotu do kraju i walki o ten powrót. Ale w wierszu *Grób Tamerlana* to przekroczenie granic paradoksu – nowy cel i nadzieja – zostaje opatrzone znakiem zwątpienia. Zwiedzanie zabytku architektury, grobowca-mauzoleum Tamerlana (Timura), który podbił Irak, Indie, Zakaukazie, Turcję, słynął z okrucieństw, ale i z wielkich budowli, z popierania sztuki, rodzi refleksję nad paradoksami historii: w jej rytmach powtarzają się stale antynomiczne właściwości natury ludzkiej:

> Człowiek jest dobry, mądry, spokojny,
> ufny w swój rozum, w myśl niepodległą,
> głodu, powietrza, ognia i wojny
> nie chce i stawia cegłą za cegłą.

Ten trud tworzenia zostaje zniszczony „ogniem i mieczem". Powtarzający się rytm historii, jej tragizm i paradoksy nie uwalniają człowieka od wierności życiu:

> Kroczy historia, coraz surowsza.
> Życie się sprawdza. Śmierć się nie sprawdza.
> Groby murszeją. Giną religie.
> Armie topnieją. Mrą ich wodzowie.
> Krew do podglebia wsiąka i stygnie –
> drzewo porasta nowym listowiem.

Tragizm i paradoksy historii nie rodzą zwątpienia i rezygnacji: przeciwstawia im poeta trudną odwagę, bo tylko ona nadaje sens życiu. Ironia widoczna w zderzaniu mitów kultury („człowiek jest dobry [...] ognia i wojny nie chce") i prawdy surowej historii, każe odczytywać wojenne wiersze Broniewskiego nie tylko jako rodzaj lirycznego pamiętnika, wezwania do walki, lecz także jako zapis przeżyć egzystencjalnych ludzi ciężko doświadczonych przez wojnę oraz zło świata. Ten sens uniwersalny realizuje się w wierszach Broniewskiego stale poprzez odwołania do tradycji poezji polskiej. Kluczowymi słowami są: „wygnaniec", „pielgrzym", „tułacz"; przejęte one zostały z poezji Mickiewicza i Słowackiego. W ten sposób wypełniały się w nowych doświadczeniach Polaków dawne wzorce. Zbieżności i spokrewnienia przyjmują często postać aluzji literackiej, swoistego dialogu poety współczesnego z poetami dawnymi. W *Grobie Tamerlana* takim ukrytym cytatem jest zwrot: „oto wstąpiłem w grób Tamerlana", przywołujący *Grób Agamemnona* (ósmą pieśń poematu *Podróż do Ziemi Świętej z Neapolu*). Ale u Broniewskiego nie pojawia się gorzka konfrontacja heroicznej przeszłości z małością współczesnych, nie pada pytanie, zwrócone do tych, którzy ponieśli klęskę: „A ilu was było?" Broniewski nie oskarża, jak Hemar, wodzów. Rydz-Śmigły opuścił kraj, kiedy jeszcze trwała walka, ale inni generałowie walczyli i ginęli. Nakaz walki w poezji Broniewskiego ma wymiar patriotyczny i moralny, jest koniecznością, bo tylko przez walkę prowadzi droga żołnierza-tułacza do ojczyzny.

Podobne treści odnaleźć można w wojennych wierszach Lechonia, Wierzyńskiego i wielu innych. Przejmująco brzmią strofy *Modlitwy* Józefa Łobodowskiego:

> Ziemię, na której były nam kołyski,
> ale nie wiemy, czy trumna postanie,
> gdy noc głęboka i świt nam niebliski,
> powróć nam Panie...
>
> Ziemię, co stopą wydeptana cudzą,
> a jednak patrzy w swoje zmartwychwstanie,
> jako ptakowie, co rankiem się budzą,
> powróć nam Panie...

Józef Łobodowski
Modlitwa

> Ziemię schyloną ku rankom i świtom,
> w hymn uroczysty i polne śpiewanie,
> sprawę najwyższą i rzecz pospolitą
> powróć nam Panie...

Modlitwa Łobodowskiego świadomie nawiązuje do *Hymnu* (*Smutno mi, Boże*) Słowackiego i do *Mojej piosnki (II)* Norwida. To nawiązanie do tradycji romantycznej, właściwość poezji wojennej powstającej na tułactwie, służy nazwaniu nostalgii nowych tułaczy, poczucia więzi z kulturą rodzimą, określa sferę obowiązków i powinności. Ożywienie tradycji romantycznej w poezji wojennej ma uzasadnienie w biografiach poetów, którzy musieli opuścić kraj, ale wyraża także prawdy głębsze: zwraca uwagę na tragiczne powtarzanie się w naszych dziejach wielkich zagrożeń, dotyka cierpień indywidualnych i zbiorowych. Poezja ta nie przywołuje jednak mesjanistycznych konsolacji, nie akcentuje martyrologii „narodu wybranego". To zrozumiałe: nasz los nie był wyjątkowy, wojna dotknęła wiele narodów. Poezja wojenna jest trzeźwa, wyraźnie wyznacza swoje funkcje mobilizujące i edukacyjne. Ale to właśnie, że cierpienia dotknęły wiele narodów, że wojna objęła prawie cały świat, stwarzało inną perspektywę – nie wyłącznie polską, lecz uniwersalną. Tym zapewne daje się wytłumaczyć zwrot do tradycji antycznej, widoczny w wojennych wierszach Józefa Łobodowskiego, Kazimierza Wierzyńskiego i Jana Lechonia. W zaktualizowaniu się tej tradycji swoją rolę odegrało także bezpośrednie zetknięcie żołnierzy-tułaczy na Bliskim Wschodzie z zabytkami kultury greckiej, perskiej, arabskiej, judajskiej. Ten bezpośredni kontakt weryfikował wyraźnie zmitologizowany Orient romantyków.

Poezja polska czasów wojny – i ta żołnierska, i ta tworzona przez wychodźców zżeranych przez nostalgię – stanowi podstawową część dorobku naszej literatury w tym okresie. Tomiki wierszy ukazywały się w wielu krajach i miastach: Tadeusza Fangrata *Kolczasta wolność* (1941) i Kazimiery Iłłakowiczówny *Wiersze bezlistne* (1942) w Budapeszcie; Wojciecha Kościelskiego *Grenadierskie strofy* (1942), Józefa Łobodowskiego *Z dymem pożarów* (1941), Kazimierza Wierzyńskiego *Barbakan warszawski* (1940), Aleksandra Janty-Połczyńskiego *Psalmy* (1943) w Nicei; Jerzego Pietrkiewicza *Znaki na niebie* (1940) i *Pokarm cierpki* (1943), Marii Pawlikowskiej-Jasnorzewskiej *Róża i lasy płonące* (1940) oraz *Gołąb ofiarny* (1943), Antoniego Słonimskiego *Alarm* (1940) oraz *Popiół i wiatr* (1942), Stanisława Balińskiego *Wielka podróż* (1941) i *Tamten brzeg nocy* (1943), Jana Lechonia *Lutnia po Bekwarku* (1942), Kazimierza Wierzyńskiego *Ziemia--Wilczyca* (1941) w Londynie; Kazimierza Wierzyńskiego *Róża wiatrów* (1941), Jana Lechonia *Aria z kurantem* (1945) w Nowym Jorku; Lucjana Szenwalda *Z ziemi gościnnej do Polski* (1944) w Moskwie.

Twórców tych, choć wywodzili się z różnych orientacji poetyckich Dwudziestolecia i w różnych okolicznościach znaleźli się na tułactwie, jednoczy ożywienie tradycji romantycznych, wyznaczenie poezji funkcji konsolacyjnych i dydaktycznych, porzucenie eksperymentów formalnych, charakterystycznych dla ruchów awangardowych przed wojną, głęboka nostalgia i poczucie tragizmu historii. Cechy te wykształciły się w poezji wojennej niejako niezależnie od wcześniejszych orientacji estetycznych i ideologicznych. Józef Łobodowski był wcześniej związany z kręgiem Józefa Czechowicza, Jerzy Pietrkiewicz – z grupą autentystów Stanisława Czernika, Marian Czuchnowski uchodził za ucznia Peipera, a Stefana Themersona, autora wojennego tomiku wierszy *Dno nieba* (1943), fascynowała sztuka surrealistów. Jednakże poezji żołnierskiej i tułaczej na Zachodzie ton nadawali twórcy bezpośrednio lub pośrednio związani z kręgiem skamandrytów. I oni wiedli wcześniej spór, mniej wyraźny niż przedstawiciele awangardy, z tradycją romantyczną, przede wszystkim z krępującą poezję polską ideą mesjanizmu. Wojna więc spowodowała w twórczości skamandrytów znaczące reinterpretacje. Zaczęły się one wcześniej, w przededniu wojny, co widać było już we wspomnianym wierszu Kazimierza Wierzyńskiego *Wstążka z „Warszawianki"*.

Tomiki *Ziemia-Wilczyca*, *Róża wiatrów*, a także *Krzyże i miecze* nie należą do najwybitniejszych w dorobku Wierzyńskiego. Jednakże obok wierszy Broniewskiego tworzą zespół utworów poetyckich, zapisujących dramat wrześniowych wydarzeń. Wierzyński po wybuchu wojny wydostał się przez Rumunię z kraju do Francji, później do Portugalii, skąd dotarł do Brazylii; od 1941 roku zamieszkał w Stanach Zjednoczonych. Ale miał za sobą żołnierskie doświadczenia z I wojny światowej: należał do niepodległościowych organizacji, z wybuchem wojny wstąpił do Legionu Wschodniego, po jego rozwiązaniu wcielony został do armii austrackiej. W 1915 roku dostał się do rosyjskiej niewoli i przez trzy lata przebywał w obozie w Riazaniu. Te doświadczenia miały wpływ na poetyckie ujęcia przeżyć II wojny światowej. Słowem-kluczem w jego poezji nie jest „żołnierz" ani Mickiewiczowski „pielgrzym", jak u Broniewskiego, lecz „tułacz", rodem z Homera, poszukujący wytrwale rodzinnej Itaki. Mówi o tym wiersz tytułowy z tomiku *Róża wiatrów*, choć powstał on, prawdopodobnie, jeszcze przed wybuchem wojny:

Kazimierz Wierzyński

> Podróżni po bezmiarach, w łodzi byle jakiej,
> Pod żaglem podniesionym, albo i bez żagla,
> Błądzimy niecierpliwie, śmierć wciąż nas ponagla
> A wybrzeża ojczystej nie widać Itaki.

Cóż nam z tych dróg i trudów, z upartej wędrówki,
Po której tylko w oczach natężonych boli?
Na mapie leży przestrzeń i mapa busoli,
Magnesem zaświatowym znaczone wskazówki.

Sprzyjaj nam różo wiatrów, twój znak niech nas chroni,
Odnotuj wschód i zachód i wszystkie podmuchy:
Pomóż mi znaleźć w nocy bezludnej i głuchej
Garść mej wyspy i wielki ocean koło niej.

Jeśli przyjąć, że jest w nim przewidywanie własnego przeznaczenia, to jest także przerażenie, swoisty fatalizm polskich losów. Wkoło Itaki jest tylko „noc bezludna i głucha". Dwa wiersze z tomiku *Róża wiatrów*: *Zstąp, duchu mocy* i *Ziemia* zapisują naiwną wiarę w zwycięstwo („Tę wojnę wygrać musimy / Tej jesieni, tej zimy / Albo za wiele lat"), rodem jeszcze z przedwojennej publicystyki i propagandy, ale i przerażenie rozmiarami klęski. Wówczas to, jak u romantyków, zjawiają się motywy mesjanistyczne („Nie wypuścimy z ręki / Sztandaru ludów"). Pobyt poety w Paryżu odnawia bezpośrednio te związki: wiersz *Sekwana* przywołuje wprost tych, którzy „przyszli z Warszawy, spod Nowogródka", a *Wróć nas do kraju* – podobnie jak cytowana *Modlitwa* Łobodowskiego – wznawia nutę Norwidowej *Mojej piosnki (II)*. W zakończeniu wiersza zjawia się rodzaj usprawiedliwienia z ożywiania przebrzmiałych motywów mesjanistycznych:

> Wróć nas do kraju, gdzie nikt Ci nie bluźni,
> Jeśli w bezradnej udręce się zbliża
> Do starych proroctw i prędzej czy później
> Losy ojczyzny porówna do krzyża.

W kręgu takich idei powstawał wiersz *Pielgrzymom 1940 roku*, pisany w dniach klęski Francji, która wyznaczała kolejny etap tułaczki polskich żołnierzy, ich ewakuację do Anglii. Sam poeta, przekraczając Pireneje, czuje się także pielgrzymem. Ale pociecha odnajdywana w analogiach nie chroniła przed rozpaczą: pogłębiały się samotność i zagubienie wychodźcy. Przypominanie kraju, domu rodzinnego, mieszkania w Warszawie, staje się obsesyjne: taki kształt przybiera zwykle choroba emigrantów – nostalgia. Przejmujący jest zwłaszcza wiersz z *Róży wiatrów*, zatytułowany *Ktokolwiek jesteś bez ojczyzny*:

Ktokolwiek jesteś bez ojczyzny

> Ktokolwiek jesteś bez ojczyzny,
> Wstąp tu, gdzie czekam po kryjomu:
> W ugornej pustce jałowizny
> Będziemy razem nie mieć domu.
>
> Kto się zapatrzył w tamte strony,
> Gdzie dotąd niebo nocą ciemną

Od łuny drży nieugaszonej,
Niech w noc tę głębiej idzie ze mną.

Komu się śnią włóczone kości
Przez psy na polach, gdzie rozpaczą
Brzozy odarte jeszcze płaczą,
Niech mi to wyzna w samotności.

Do wojennych wierszy Wierzyńskiego należą także poematy *Ballada o Churchillu* (1944) i *Podzwonne za kaprala Szczapę* (1945); w tomie *Krzyże i miecze*, wydanym w 1946 roku, znalazły się utwory pisane w czasie trwania wojny. Znaczna część tych utworów, adresowanych często do żołnierzy, mieści się w powszechnym wówczas wzorze liryki apelu, mobilizacji sił, uzasadnień potrzeby wytrwałości. Ciekawsze wydają się liryki osobiste, jak *Wiersz z Rio de Janeiro*, *Droga do domu*, *Ktokolwiek jesteś bez ojczyzny*, w których odnaleźć już można zapowiedź późniejszej dojrzałej liryki emigracyjnej Wierzyńskiego, zwróconej ku uniwersalnym problemom egzystencji ludzkiej i poezji czystej, wyrażającej te problemy.

Mity narodowe i weryfikujące je mity starożytne czy śródziemnomorskie stają się dla poetów w czasie wojny miarą zdarzeń, odkrywają odwieczny porządek świata, w który wpisane są: nieusuwalne zło, cierpienie, nienawiść, wojna. Przywołania te służą objaśnieniu teraźniejszości, sensów kryjących się za zawieruchą, pożogą, zniszczeniem, tragicznych znaków nawrotu ciemnego koła dziejów. Poezja czasu wojny jest nie tyle zapisem wydarzeń, co prośbą o odnalezienie ładu w świecie, pytaniem, czy on w ogóle istnieje, bardziej modlitwą niż samym oczekiwaniem na spełnienie. Zwrot ku mitom romatycznym, antycznym, ku Biblii, odczytywać trzeba przede wszystkim jako postawienie nowych pytań o sens dziejów, lecz także – o sens egzystencji jednostkowej. Bo historia jest zawsze przeciwko jednostce. Jaki sens ma przelana krew, ofiara życia i cierpienie? Czy ocalają człowieczeństwo? Czy istnieje brzeg pewny po przepłynięciu „czarnej rzeki"? Czy chodzi tylko o poetycki topos Odysa, o nakaz wewnętrzny powrotu, o jego sens moralny? Czy w nim właśnie jest ocalenie, obrona jednostkowej egzystencji przed absurdem? Inaczej poezja byłaby tylko pustą zabawą, pięknym kłamstwem. Pytanie te przewijają się w wielu utworach poetyckich z okresu wojny. Odnajdziemy je w *Kwiatach polskich* Tuwima, w wierszach Broniewskiego i Wierzyńskiego.

Z tych dylematów intelektualnych wyrasta problematyka filozoficzna wierszy Czesława Miłosza pisanych w czasie wojny. Aby zrozumieć odmienność jego ujęcia, przywołajmy tu wiersz-odezwę Stanisława Balińskiego *Do poetów polskich*:

Stanisław Baliński
Do poetów polskich

Poeci, słów się strzeżcie, zabrano wam słowa,
Musicie zacząć pieśni jutrzejsze od nowa!
Słowa, co były niegdyś waszych natchnień tarczą,
Zabrali wam tyrani i pieśniami warczą,
Robiąc z nich broń tajemną, którejście nie znali,
Drapieżniejszą od ognia i twardszą od stali.

Bo jak nam mówić PRAWO, gdy je kat wymawia
Co godzina do więźniów ginących z bezprawia,
Jak nam szeptać MIŁOŚĆ i jak OCALENIE,
Kiedy tyran w ich imię wiedzie na stracenie.
I jak nam mówić WOLNOŚĆ, i jak mówić CZŁOWIEK,
Gdy je tyran wymawia bez zmrużenia powiek
I codzień, jak modlitwę, do mózgów nam wierci,
Pędząc po świecie ludzi od śmierci do śmierci.
. . . .
Poeci, wasza mowa już dziś nie ma siły,
Próżno sławicie przeszłość, wieńczycie mogiły
I próżno przyrzekacie świat bez nienawiści.
– Oni to zrobią za was zręczniej i soczyściej.

Ten nienajwyższych lotów wiersz, przypominający retorykę poetycką Asnyka, wyraża jednak pewne prawdy o poezji i literaturze, które stały się oczywiste w latach wojny. Sztuka, kultura, także religie, nie uchroniły świata przed katastrofą: poniosły klęskę. Pojęcia, fundamentalne wartości, utraciły zdolność nazywania, stały się, jak to powie później Różewicz, „tylko wyrazami". Pytania stawiane przez poetów w czasie wojny wykraczają znacznie poza doraźną problematykę – poza obowiązek utrwalenia zdarzeń, mobilizacji patriotycznej. Owe pytania zasadnicze dotyczą natury człowieka w ogóle, absurdów historii, zużycia się dotychczasowych konwencji w sztuce, bezradności twórców wobec rozszalałego zła. W czym może być ocalenie? To tragiczne i retoryczne wówczas pytanie organizować będzie świadomość twórców przez długie lata po wojnie.

Czesław Miłosz

W czasie okupacji powstaje w kraju cała grupa wierszy Czesława Miłosza, wydanych później w tomie *Ocalenie* (1945). Wiersz *W malignie 1939*, pisany w Warszawie 1940 roku, ustala dla przeżyć bezpośrednich, dla klęski wrześniowej, inną perspektywę – uniwersalną, wieczną. Metafora pochodu ludzkości, historii więc, niesie inne znaczenia niż wierszach Broniewskiego czy Wierzyńskiego: nie chodzi o okrucieństwo historii, jej absurdy, brak ładu moralnego, lecz o sens i jakość sztuki w takich czasach:

W malignie 1939

Za tysiąc lat, czy może za tysiącem mil,
Gdy barwy twoje zbladły, jakby obmyła je rzeka,
I fosforycznie świeci tylko wiązka żył,
Nagle dostrzegasz – człowieka.

Na nieistniejącym kamieniu siedzi pochylony,
Kałamarz ma na sznurku i gęsie pióro,
W stroju podróżnym, z brodą siwą na dłoni opartą.

I rozwija powoli pergaminu rulon,
Jakby na starym pomniku mędrzec w śnieżny ranek
Nad białą kartą.

Poeta winien, jak kronikarz, zapisywać wydarzenia, utrwalać je, ale także rozjaśniać ich znacznie – uznać, że zło nie jest jedyną wersją historii, zawsze jest „jakiś prosty biały stół / Na którym można piękne rzeczy tworzyć":

Pokój na wieki ludziom dobrej woli.
Wszystkim, co prawdę ziemi poznać chcą.
Aż, jako ziarno bywa od kąkolu,
Od dobra będzie oddzielone zło.

To oddzielenie dobra od zła dokonuje się tylko w sztuce, w poezji. Paradoksalnie – w poezji wojennej Miłosza dochodzi do jakiegoś niezwykłego przekroczenia jego wcześniejszego katastrofizmu. W wierszu *Miasto* (1940) przed powrześniowymi ruinami domów staje wędrowny grajek, „gołębi miga ćma", „nowy świat się rodzi". Życie silniejsze jest od śmierci. W tym stwierdzeniu nie ma naiwnego optymizmu, lecz głębokie przeświadczenie, że to co tragiczne nie mija bez echa: oczyszcza świat ze zła. Miłosza wiąże się najściślej z jego rozumieniem sztuki, która jako jedyna ocala, nie pozwala zapomnieć. Wiersz *Campo di Fiori*, poświęcony ofiarom palącego się getta, eksponujący na prawach tragicznego zderzenia – salvy za murami getta i skoczną muzykę towarzyszącą kręcącej się karuzeli, zwrócony jest ku przyszłości, ku czasom, w których to co teraźniejsze i tragiczne „będzie legendą":

Campo di Fiori

I wtedy po wielu latach
Na nowym Campo di Fiori
Bunt wznieci słowo poety.

Dwa wojenne cykle wierszy *Świat (Poema naiwne)* i *Głosy biednych ludzi* tworzą wzajemnie dopełniającą się całość: dzieciństwo poety, dom rodzinny, ojciec, tworzą razem zespół wartości elementarnych, ale dom był zbudowany „na ziarenku maku", przeminął w swej materialnej postaci. Wiara, nadzieja i miłość pozostają jednak na czas trwogi i zwątpienia. A pocieszenie, jak w *Trenach* Kochanowskiego matka, przynosi poecie ojciec:

Tu jestem. Skądże ten lęk nierozumny?
Noc zaraz minie, dzień wzejdzie niedługo.
Słyszycie: grają już pastusze surmy
I gwiazdy bledną nad różową smugą.

Piosenka o końcu świata

Piosenka o końcu świata, rozpoczynająca cykl *Głosy biednych ludzi*, wyraża w istocie tę samą wiarę w zwycięstwo życia nad śmiercią:

> Nie wierzę, że staje się już.
> Dopóki słońce i księżyc są w górze,
> Dopóki trzmiel nawiedza różę,
> Dopóki dzieci różowe się rodzą,
> Nikt nie wierzy, że staje się już.

Skąd owa nadzieja? W wierszu *Biedny poeta* pojawia się znaczące wyjaśnienie:

> Ale mnie dana jest nadzieja cyniczna,
> Bo odkąd otworzyłem oczy, nie widziałem nic oprócz łun i rzezi

Ład świata nie jest tylko „ładem człowieka", tworzonej przez niego historii, złej i tragicznej, lecz także ładem wyższym – danym nam, objawiającym się w całej naturze, w kosmosie. I ten ład właśnie, zawierający największą z tajemnic – tajemnicę życia, rodzi „cyniczną nadzieję", wręcz niewzruszoną pewność, którą ofiarować może poeta „biednym ludziom". Co jest chwilowe, a co jest wieczne? Metafizyka Miłosza otwierała inną perspektywę oceny wydarzeń. Stała się przyczyną jego sporu z młodymi poetami „pokolenia wojennego".

Wojna przynosiła bowiem nie tylko zniszczenia materialne i śmierć w niewyobrażalnym wcześniej wymiarze masowym, zniszczeniu ulegała także kultura duchowa, jej wzorce i normy, zwłaszcza kultura Europy, gdzie wcześniej zrodził się faszyzm i komunizm, gdzie powstały obozy koncentracyjne i łagry – fabryki śmierci XX wieku. W czym mogło być ocalenie, jeśli w ogóle było jeszcze możliwe. W powrocie i nawiązaniu do odwiecznych, ustalanych przez starożytnych Greków, wzorców piękna, jak przekonywali neoklasycy? Czy też w kreowaniu nowych wzorców, odpowiadających współczesnej cywilizacji, jak żądały tego ruchy awangardowe? Ale nowa cywilizacja, której chwałę głosili futuryści i Awangarda Krakowska, odkrywała swoje przerażające oblicze. Czy może w odrzuceniu kłamstw sztuki, uznaniu jej bezsilności wobec zła świata? Na te pytania brakowało odpowiedzi. Poezja, literatura, sztuka, traciły swe funkcje społeczne, stawały się sprawą prywatną twórców, ich obroną przed światem, przed historią. Bo z bezsilności i przerażenia utkana jest prośba-modlitwa do Muzy w wierszu Kazimierza Wierzyńskiego *Inter arma*:

> Powróć nam wiarę, iż echem dalekim
> Moc się z natchnienia w narody przemyka.

Pytania te łączyły poezję powstającą na wychodźstwie z poezją krajową. Odnaleźć je można w wierszach okupacyjnych Jarosława

Iwaszkiewicza, drukowanych później w *Ciemnych ścieżkach* (1957), w wydanych konspiracyjnie tomikach Juliana Przybosia (*Do ciebie o mnie*, 1944 i *Póki my żyjemy*, 1944) i Mieczysława Jastruna (*Godzina strzeżona*, 1944).

Piętno zasadnicze na poezji okupacyjnej wycisnęły jednak tomiki debiutantów. W czasie wojny wchodziło do literatury nowe pokolenie urodzonych na początku lat dwudziestych, kształtujących swą wczesną młodość, postawy ideowe i patriotyczne w niepodległym państwie, bezradnie przyglądające się wrześniowej klęsce. Byli za młodzi, by stać się żołnierzami września, za młodzi także, by czuć się odpowiedzialnymi za błędy polityków, za katastrofę. Przejęli na siebie główny ciężar walki z okupantem. Mieli poczucie swej odrębności generacyjnej. Pokolenie to historia podzieliła na tych, którzy zginęli w wyniku prześladowań okupanta, w powstaniu warszawskim, i tych, którzy przeżyli. Jest to, dodajmy, najciekawsze pokolenie literackie o dramatycznych losach. Niektórzy pierwsze utwory opublikowali jeszcze przed wybuchem wojny, inni dopiero po jej zakończeniu. Ale przeważnie debiutowali w wydawnictwach konspiracyjnych, drukowali swe tomiki w niskich nakładach, na powielaczach. Losy tej grupy debiutantów były różne: z rąk okupanta wcześniej bądź w powstaniu zginęli: Krzysztof Kamil Baczyński, Tadeusz Gajcy, Zdzisław Stroiński, Wacław Bojarski, Andrzej Trzebiński; po aresztowaniu do obozu koncentracyjnego w Oświęcimiu wywieziony został Tadeusz Borowski, w szeregach Armii Krajowej walczyli – Tadeusz Różewicz i Roman Bratny, w tajnym nauczaniu brała udział Anna Kamieńska, po przeżyciu powstania w Warszawie został wywieziony do obozu Lammsdorf Miron Białoszewski. Z tych losów indywidualnych złożyć można zbiorową biografię pokolenia, tworzącego zasadnicze zręby ruchu oporu we wszystkich jego formach i odmianach. Jeśli dodamy do tego nieco młodszych: Tadeusza Konwickiego, żołnierza akowskich oddziałów partyzanckich walczących z władzą radziecką na Wileńszczyźnie, Zbigniewa Herberta, „żywiciela wszy" w niemieckim instytucie produkującym szczepionki przeciw tyfusowi dla potrzeb armii we Lwowie, i Wisławę Szymborską, zdającą maturę na tajnych kompletach i pracującą jako urzędniczka na kolei w Krakowie, to owa zbiorowa biografia nabierze barw, stanie się reprezentatywna dla naszego życia w okupowanym kraju.

W czasie wojny wydali swe tomiki: Krzysztof Kamil Baczyński (*Dwie miłości*, 1940; *Zamknięty echem*, 1940; *Wiersze wybrane*, 1942 i *Arkusz poetycki nr 1* – „Droga" 1944), Tadeusz Gajcy (*Widma*, 1943; *Grom powszedni*, 1944), Tadeusz Borowski (*Gdziekolwiek ziemia*, 1942; *Arkusz poetycki nr 2* – „Droga" 1944), Tadeusz Różewicz (*Echa leśne*, 1944, wiersze i proza), Roman Bratny (*Pogarda*, 1944), Zdzisław Stroiński (*Okno*, 1943), Tadeusz Kubiak (*Eskadra. Gałązka rozmarynu*, 1944). Inni ogłaszali wiersze w konspiracyjnych czasopismach (m.in. na łamach „Sztuki i Narodu" czy „Miesięcznika Literackiego") i w antologiach. Samo wydanie tomiku miało najczęściej znaczenie symboliczne – było to niekiedy kilkanaście egzemplarzy, powielonych lub przepisanych ręcznie, rozprowadzanych wśród przyjaciół i znajomych.

Nie byli do siebie podobni. Różnili się nie tylko typem wyobraźni, ale i poglądami politycznymi. Trudno te poglądy dzisiaj ściśle definiować. Grupa młodych ludzi skupionych wokół „Sztuki i Narodu" dziedziczyła niektóre postawy i idee opozycyjnej w Dwudziestoleciu narodowej demokracji. W wypowiedziach krytycznych, publikowanych na łamach tego czasopisma, pojawiały się ostre oskarżenia przedwojennego rządu o nieudolność, zlekceważenie grożącego ze strony Niemiec i Związku Radzieckiego niebezpieczeństwa; oskarżano także literaturę i sztukę, że zajęte artystycznymi eksperymentami zlekceważyły podstawowy obowiązek przygotowania narodu do obrony niepodległości. Wokół „Drogi", z którą związany był Baczyński, skupili się młodzi o mniej jednoznacznych przekonaniach, sympatyzujący raczej z przedwojenną Polską Partią Socjalistyczną. Ku tej orientacji popychała Krzysztofa Kamila Baczyńskiego tradycja domowa – osobowość ojca, Stanisława, wybitnego krytyka w Dwudziestoleciu. Niezależnie od tych różnic Baczyński i Gajcy podjęli obowiązek walki z okupantem. Na czas młodości w ich biografiach nałożył się, za sprawą historii, czas śmierci. Wyobraźnia, świadomość tych poetów – jak to nazwali krytycy – porażonych historią, nie znajdowała pewnego oparcia w odwołaniu się do całej tradycji Dwudziestolecia. Nie kontynuowali bezpośrednio ani neoklasycystycznych norm umiaru i ładu, gry z odwiecznymi wzorcami piękna, ani też awangardowych marzeń o kreowaniu nowej wrażliwości, wyrażającej przemiany cywilizacyjne XX wieku. Odrębność generacyjna wyrażała się w sposobach formułowania pytań o sens historii, zawsze w stałej konfrontacji z refleksją nad egzystencją jednostkową. Rozumieli dobrze, że od historii, od bolesnych ciosów nie można się uchylić, uniezależnić się od niszczących sił, znaleźć się poza jej oddziaływaniem. Fatalizm dziejów, w pełni uświadomiony, zmuszał do dokonywania koniecznych wyborów niejako wbrew własnym interesom, wbrew prawom natury, która młodości wyznacza inne cele niż śmierć. Umieranie wpisane jest w porządek świata, ale historia powoduje, że przychodzi w niezgodzie z tym porządkiem. Każdy człowiek staje w takich okolicznościach ostatecznych przed koniecznością wyboru. W wierszu *Z głową na karabinie*

Baczyński dotyka tych właśnie problemów, które decydowały o odrębności generacyjnego światopoglądu:

> Obskoczony przez zdarzeń zamęt,
> kręgiem ostrym rozdarty na pół,
> głowę rzucę pod wiatr jak granat,
> piersi zgniecie czas czarną łapą;
>
> bo to była życia nieśmiałość,
> a odwaga, gdy śmiercią niosło.
> Umrzeć przyjdzie, gdy się kochało
> wielkie sprawy głupią miłością.

W przywołanym wierszu zwraca uwagę opozycja między historią, „czarną łapą czasu", a sytuacją jednostki, bezskutecznie poszukującej sensu w „zamęcie zdarzeń". Opozycją jest także zderzenie między zniszczonym ciałem („rozdarty na pół", „głowę rzucę") a sferą psychiki i etyki („odwaga", „nieśmiałość", „miłość"). Nigdy wcześniej uczucia patriotyczne, do których apelowała poezja w czasach wojny, nie uzyskały tak drastycznego określenia – „głupia miłość". Ale określenie to znajduje swe objaśnienie w sytuacji młodych, „rozdartych na pół", zawieszonych między naturalnymi celami młodości, a nakazami historii. Dlatego ważne stają się słowa: „zamęt" i „obskoczony". Oznaczają konieczność tragicznego wyboru. Obie strony rozbudowanej opozycji stanowią układ równorzędny – pragnienie przetrwania, zachowania życia, zderza się stale z nakazem obowiązku, z koniecznością historycznego spełnienia.

Ten sam dylemat tragicznego wyboru odnaleźć można w *Drodze tajemnic* Tadeusza Gajcego, ujęty w ciąg opozycyjnie ukształtowanych katastroficznych wizji poetyckich:

Droga tajemnic

> Łasi się grom i ciemność
> do twych stóp: skuś się tylko i poddaj,
> a zarośniesz jak liściem – ziemią
> i zaleje cię ogień i woda.
>
> Usta w lęku zwiotczałe jak gąbka
> schylisz, poznasz: misterny znak
> pisze w oczach ręka jak lotka,
> który kości umarłych zna.
>
> Będzie syczeć wapno i fosfor,
> każdy ślad twój pokryje węgiel,
> ale gwiazdy w kopule nocy
> wzejdą bliskie i jakże piękne.

Wiersze Baczyńskiego i Gajcego nie zapisują bezpośrednio wydarzeń okupacyjnych, tworzą natomiast ich historiozoficzny i poetycki ekwiwalent. W obrazach-wizjach, w metaforyce, powtarza się podwójna perspektywa – nieba, gwiazd, kosmosu, Ziemi, natury, z ich odwiecznym ładem i pięknem, oraz historii – tworzonej przez człowieka, pełnej okrucieństwa, kości, czaszek, ciemności, „gęstej trwogi". „Czarna łapa czasu", historia, układa się na wzór *Apokalipsy* św. Jana. Czas zjawia się w personifikacjach i animizacjach, traci swój naturalny rytm, staje się czymś dotykalnym, odbieranym bezpośrednio. Towarzyszy mu słowo „widzę", określające bezpośredniego świadka i uczestnika wydarzeń. Ale nie chodzi tylko o jednostkowe doświadczenia. W poemacie Gajcego *Do potomnego* te opozycje stają się podstawą gwałtownych zderzeń, surrealistycznej wymiany znaczeń:

Do potomnego

> Jestem jak ty zapewne: nisko,
> a jeszcze niżej źdźbło i kret.
> ....
> .... Są godziny,
> że martwe palce cicho leżą
> jak gdyby śpiąc, uwierzyć trzeba,
> że obraz ten to na powietrzu
> odbicie ptaka albo drzewa
> i tylko cień spłowiały z wierzchu
> przemawia za mnie. Oto świat,
> w którym struchlałym krokiem mierzę
> ziemię kulistą ponoć. Maszt
> gwiaździsty nocą skrzypi rzewnie
> i w górze jest jak czujne zwierzę,
> co martwym okiem liczy czas.

„Kret", „źdźbło", „zwierzę" oznaczają tu wpisanie podmiotu lirycznego w porządek natury; ciało człowieka („martwe palce") jest „odbiciem ptaka albo drzewa", ale „czujne zwierzę" „liczy czas", tworzy historię. I nie jest to już wyłącznie właściwość jednostki. W *Kantyczce wołania pełnej* dialogowa struktura, a ściślej – rozszerzenie jednostkowego doświadczenia na doświadczenie zbiorowe, generacyjne – przyjmuje postać dawnej alegoryzacji: podmiot liryczny staje się anonimowym „każdym": wyznacza go zaimek „który", odnoszący się i do poety („który daleki niebu / znaki tajemne kładę") i do kogoś, do którego zwrócona jest wypowiedź („Który ognistą koronę / na czoło sczerniałe kładziesz"). To przenikanie się liryki apelu i liryki wyznania skupia się wokół najgłębszego zwątpienia i rozpaczy: „nie buduj domu", „nie schylaj nieba ku ziemi", „nie wódź nas dźwiękiem i rzeczą", „zabierz mi snów kwiecistość", „w węgiel zamień mą pracę". Ale wołanie do potomnych, by pamiętali, by nie zapomnieli, jest nie tylko przestrogą, nadaje dramatowi, który się spełnia, sens moralny. I jest to jedyna wartość, w którą trzeba wierzyć w czasach spełniającej się Apokalipsy.

W wierszu Baczyńskiego *Miserere* – pieśni pokutnej, wizja zagłady świata oglądana jest z zewnątrz, z kosmosu. Ta kosmiczna perspektywa pozwala dostrzec nie kawałek ziemi, lecz całość – kulę ziemską, w momencie ostatecznej katastrofy, zagłady naszego gatunku. Jest to przede wszystkim – samozagłada: „Rzuć się ostatni kainie na ostatniego abla, dław!". Odwołanie do Biblii pozwala poecie na ujęcie metaforyczne rozmiarów i moralnego sensu katastrofy. Nie narusza ona odwiecznego porządku kosmosu i natury. Nad martwą ziemią, jak po potopie, wzleci ptak – nie gołąb, lecz skowronek – tylko on bowiem jest wolny od historii. Zło wprowadza w świat człowiek, chcąc przekroczyć prawa natury i kosmosu:

Miserere

> Widzę: czas przerosły kitami dymów,
> widzę czas: akropol zarosły puszczami traw.

Historia – suma działań człowieka – napiętnowana jest destrukcją, powtarzającymi się paroksyzmami nienawiści i zniszczenia: to co pozostaje, jest pobojowiskiem idei, marzeń i snów. W wizjach Baczyńskiego, obejmujących całość dziejów ludzkich, od jaskiniowych początków do współczesności, powtarzają się stale marzenia o ładzie, budowanie z „marzeń i snów", i zagłada, zniszczenie. Historia jest ciemna i absurdalna. Przywołajmy tu fragment wiersza zaczynającego się od słów „Spełnia się brzemię kataklicznych nocy":

Spełnia się brzemię...

> Ze ścian schodzą dawne rysunki,
> ich kontury białe – po nocach błądząc – drżą.
> Nie są już płaczem ani dudniącym buntem,
> są podobne wszystkich epok – postępu snom.
> ....
> Gruzy jak kości rozrąbane dymią.
> Ciągną związane w supły pochody dnem dolin –
> niosą maleńkie cienie jak mrówki bez imion
> kamień pod nowy babilon niewoli.

Młodzi poeci z generacji wojennej odbierali swój czas inaczej niż Baliński, Wierzyński, Lechoń czy Tuwim. Ich wiersze wykazują wyraźne pokrewieństwo z podobnymi ujęciami katastrofistów z lat trzydziestych. Widać to zwłaszcza w sposobie budowania obrazów poetyckich, w ich wizyjności, zderzaniu urody, łagodności pejzaży z turpistycznym eksponowaniem rozpadu ciała ludzkiego, w kosmicznej i akwatycznej metaforyce (płynące wody, obłoki). Pokrewne są także odwołania do Biblii, zwłaszcza do *Apokalipsy*, do mitologii greckiej (u Baczyńskiego – „kain", „abel", „babilon", „akropol", „iliada", u Gajcego – Homer). Nie chodzi jednak o odnalezienie w tych kulturowych archetypach, jak u neoklasyków, wzoru i oparcia. Przeszłość jest tylko świadectwem niezmiennej natury ludzkiej, zła, które tkwi w człowieku. W wizjach tych „konie jeźdźców Apokalipsy" tratują i niszczą wszystko, „statki zmurszałe wszystkich odysów" nie dobijają do stałych brzegów. Rumowiska, kości ludzkie, „rozrąbane i spopielone", znaczą szlak historii. W ten sposób wyznaczona zostaje podstawowa opozycja: cywilizacji, krwawej, spełniającej się w okrucieństwie, wojnie i zniszczeniu oraz kultury ludzkiej, która jest tylko bezsilną sumą „marzeń i snów". Ta opozycja znajduje swoje dopowiedzenie w innym przeciwstawieniu: historii i natury. Naturze przypisany zostaje ład, istnienie wiecznych praw; nawet śmierć, jeśli przychodzi w właściwym rytmie przemian życia na ziemi, nie budzi sprzeciwu. Człowiek, buntujący się przeciwko prawom natury, jest sprawcą zła i cierpienia, dąży do samozagłady. Prawem natury jest przemijanie, przemiana, „płynięcie", prawem historii – gwałtowne zniszczenie. Ta właśnie opozycja wypełnia obrazy-wizje w wierszu Baczyńskiego *Pokolenie*:

Pokolenie

> Ziemia owoców pełna po brzegi
> kipi sytością jak pełna misa.
> Tylko ze świerków na polu zwisa
> głowa obcięta strasząc jak krzyk.
>
> Kwiaty to krople miodu – tryskają
> ściśnięte ziemią, co tak nabrzmiała,
> pod tym jak korzeń skręcone ciała,
> żywcem wtłoczone pod ciemny strop.

Rozpoznanie absurdów historii jest najistotniejszym elementem świadomości pokolenia wojennego. Odrzuciło ono przekonanie, wywiedzione z XIX-wiecznej filozofii Hegla, o ładzie w historii i stałym postępie. Istotą historii jest chaos i absurd, a marzenie o postępie tylko snem, który nigdy się nie spełnia.

Często porównywano poezję Baczyńskiego z poezją Słowackiego. Podobieństwa są jednak czysto zewnętrzne – dotyczą wizyjności obrazowania. Nie ma u Baczyńskiego ironii, tak charakterystycznej dla pierwszej fazy twórczości Słowackiego, inna jest przede wszystkim interpretacja dziejów: Słowacki w okresie mistycznym buduje wizje poetyckie według innego porządku: światem, historią rządzi wyższa, boska myśl; cierpienie, zagłada i śmierć są koniecznymi etapami na drogach postępu ducha:

> A nikt z mogił nie korzysta
> Jeno wszczynający ruch,
> Wieczny Rewolucjonista,
> Pod męką ciał – leżący Duch!

Jest to w istocie wizja optymistyczna. Spojrzenie młodych poetów okresu wojny okazuje się odmienne. Można mówić nawet o sporze z romantyczną interpretacją historii. Nie ma w dziejach ładu moralnego, jest porażający absurd, źródło egzystencjalnego lęku jednostki. Młodzi więc w rozumieniu historii bliżsi są swym bezpośrednim poprzednikom – katastrofistom. Ich wyobraźnia utrwala niepokoje generacji, a opozycje natura – cywilizacja i historia – kultura demaskują naiwne rozumienie świata i sensu dziejów. Fatalizm dziejów i tragizm wpisania jednostki w historię nie unieważnia jednak ani sensu samej sztuki, ani obowiązku dokonywania tragicznych nawet wyborów. Skazani jesteśmy na przemijanie, bo jest ono wpisane w porządek natury. Ale zakłócenie naturalnego, jednostajnego rytmu, odwiecznego ładu, czego sprawcą jest zawsze człowiek, rodzi pytania o sens jego działań. W wierszu Baczyńskiego *Mazowsze* dwa porządki, natury i historii, przenikają się wzajemnie; upływ czasu unieważnia ludzkie dążenia – bunt, cierpienie, poświęcenie, wierność, odwagę:

Mazowsze

> Mazowsze. Piasek, Wisła i las.
> Mazowsze moje. Płasko, daleko –
> pod potokami szumiących gwiazd,
> pod sosen rzeką.
>
> Jeszcze tu wczoraj słyszałem trzask:
> salwa jak poklask wielkiej dłoni.
> Był las. Pochłonął znowu las
> kaski wysokie, kości i konie.

Od historii nie można się uwolnić: jesteśmy wpisani w jej tragiczne porządki, w jej absurdy. Musimy wybierać. *Mazowsze* przywołuje losy uczestników powstań narodowych. Poczucie wspólnoty z nimi stwarza nakaz moralny – wyznacza granice obowiązku. Jest w tym Conradowska zasada wierności, także – wierności samemu sobie. To tragiczny wybór, wbrew marzeniom i pragnieniom. Inny świat jest tylko w bajce. Ale bajka zmienia się w bajkę okrutną, a sielanka – w niemożliwą. Podobne konstrukcje odnaleźć można w twórczości Józefa Czechowicza, Jerzego Zagórskiego i we wczesnej twórczości Czesława Miłosza. W *Bajce* Baczyńskiego wielka podróż przez dzieje, praca i trud żeglarzy, sadzących las na wydmach, ma swoją gorzką pointę:

> No, i stolarz schylał z wolna głowę
> i wyciosał przez czas niedługi
> dla nich wonne trumny dębowe,
> a dla synów ich dębowe maczugi.

Bajka

Ten sam temat „bajki" odmiennie został zrealizowany przez Gajcego. Jego świat, porażony absurdem, przypomina wizje surrealistów. Przywołajmy tu fragment *Legendy o Homerze*:

> Tańczyła sól. Wiatry krzepły,
> ptaki zaczęły płonąć,

> wielkie łodzie pękały jak miażdżone orzechy
> i zsuwała się ziemia ku domom.
>
> Ptak uderzał o wodę, gdzie Odys
> wracał wsparty plecami o maszt,
> a już wtedy płonęła młodość
> i żałosny lament wśród miast.
>
> Wrzask obłoków krążył nad głową,
> falowało powietrze, kamień,
> bursztyn w rzęsach sosen pionowo
> spadał hucząc i trawy łamał.

U Gajcego, inaczej niż u Baczyńskiego, cały świat, w tym także natura, dotknięty został szaleństwem. Właściwy efekt okrutnej bajki czy czarnej legendy uzyskał poeta przez spiętrzenie oksymoronicznie nacechowanych metafor, ich gwałtowne następowanie po sobie, zwielokrotnienie. Zaciera to wyrazistość obrazu, ale potęguje emocjonalne napięcia. „Bajkom" tworzonym przez literaturę, sztukę, przeciwstawili poeci tragizm rzeczywistych wyborów. Obaj, Baczyński i Gajcy, zginęli w powstaniu. Młodzi poeci, którzy debiutowali w czasie wojny, inaczej przeżywali swój czas: nie towarzyszyła im, jak starszym, wiara w „powrót do Itaki", do świata znanego, uporządkowanego. Ich twórczość jest tylko częścią, choć bardzo ważną, znacznie obszerniejszej całości – reakcji literatury, kultury polskiej na wojnę.

Tadeusz Borowski

Baczyński i Gajcy doknęli tragizmu historii, odkryli uwikłanie jednostki w jej absurdy. Wiersze Tadeusza Borowskiego, pisane i wydane jeszcze przed aresztowaniem, wywiezieniem do Oświęcimia, jak i powstające pod wpływem obozowych doświadczeń utrwalają inną prawdę o czasach okupacji – mówią o upodleniu, o degradacji człowieczeństwa zarówno u zwycięzców, jak i u pokonanych. „Żelazny krok barbarzyńcy" nie tylko niszczy miasta:

Czasy pogardy

> Spod brwi, zmarszczonych boleśnie, oczy człowiecze patrzą:
> oto są miast ulice, szczelnie kamieniem wybite.
> Miarowy żelazny krok i sytych gardzieli śmiech
> przerzyna wysoki pisk kobiet i spazm, i miłosny szloch.

Wojna wyzwala najgorsze, zwierzęce instynkty, niesie z sobą pogardę dla życia i dla śmierci; strach współtworzy mentalność niewolników:

> [...] bladzi, przeżarci głodem, padają dozorcom do nóg
> i skomląc o chleba okruchy pod świstem bata mrą.
> *(Czasy pogardy)*

Pieśń

Wiersz wcześniejszy, *Pieśń*, stawia pytania o sens koniecznych wyborów:

Nad nami noc. W obliczu gwiazd
ogłuchłych od bitewnych krzyków,
jakiż zwycięzców przyszły czas
i nas odpomni – niewolników?

....

Niepróżno z piersi ciecze krew,
pobladłe usta, skrzepłe twarze;
wołanie znów, pariasów śpiew
i kupiec towar będzie ważył.

Nad nami – noc. Goreją gwiazdy,
dławiący, trupi nieba fiolet.
Zostanie po nas złom żelazny
I głuchy, drwiący śmiech pokoleń.

Ta wizja poetycka, przy ekspresjonistycznie wzmocnionych środkach wyrazu, niesie przeświadczenie o zagładzie moralnego ładu świata, o niemożliwości jego odbudowy.

Dramat i teatr w czasie wojny

Dramatów w czasie wojny powstało niewiele. Ten rodzaj literacki, wraz ze swymi odmianami gatunkowymi, ściśle związany i uzależniony jest od teatru, bo w nim się realizuje najpełniej. Teatr jako instytucja kulturalna pośredniczy w przekazywaniu tekstu, literatury – odbiorcy (widzowi). Ale nie jest, jak druk w przypadku książki, biernym pośrednikiem. Ma swoje skodyfikowane środki przekazu, które pozwalają na uwyraźnienie treści, niekiedy na daleko idącą ich modyfikację. Tylko w okresie romantyzmu rozwijał się u nas dramat „do czytania", bo przeszkody cenzuralne, ustanawiane przez zaborców, a także warunki techniczne ówczesnych teatrów uniemożliwiały realizację utworów na scenach. Znaczna część teatrów w okupowanym kraju została zamknięta: tym nielicznym, które działały za zgodą okupantów, arbitralnie wyznaczono ramy repertuarowe – służyć miały interesom swych mocodawców i były bojkotowane przez publiczność. Teatry konspiracyjne z natury rzeczy miały ograniczone możliwości techniczne. O prawdziwym teatrze ze sceną, widownią, oświetleniem i plastyką teatralną nie można było nawet marzyć. Zastępcze pomieszczenia, często mieszkania prywatne, ograniczały możliwości realizacyjne, a także zorganizowanie normalnej widowni. Teatry konspiracyjne nie stwarzały więc większego zapotrzebowania na nowe dramaty. Dominowały w nich utwory z klasyki repertuarowej i to najczęściej realizowane w wyborze, we fragmentach tylko. Poszukiwano jednak nowych form wyrazu teatralnego. Ograniczone możliwości realizacyjne spowodowały, że Mieczysław Kotlarczyk powołał do życia Teatr Słowa, przemianowany w 1942 roku na Teatr Rapsodyczny, w którym zlikwidowana została gra aktorska w tradycyjnym znaczeniu, ograniczono do minimum scenografię, najważniejsze stawało się słowo, znakomicie wypowiadane. Kształcenie dykcji, nośnej wypowiedzi scenicznej aktora, doprowadzonej do perfekcji, wyróżniało aktorów--amatorów Kotlarczyka, kiedy po wojnie znaleźli się na deskach teatrów. Studio Iwo Galla w Warszawie czy Zespół „Adrema" w Poznaniu miały swoje plany repertuarowe. Nie chodziło w nich jednak o pełne realizacje dramatów, lecz o kształcenie gry aktorskiej; stawały się więc szkołami kształcącymi młodych aktorów. Teatr Wyobraźni Ireny i Tadeusza Byrskich w Warszawie, bliski Teatrowi Kotlarczyka, nawiązywał do przedwojennych słuchowisk radiowych, w których odbiorca dopełniał swoją wyobraźnią to, co sugerował głos aktora.

W repertuarze Teatru Rapsodycznego dominowały wielkie poematy romantyczne: *Król-Duch* Słowackiego (realizacja w 1941 r.), *Pan Tadeusz* Mickiewicza (realizacja w 1942 r.), *Hymny* Kasprowicza (realizacja w 1942 r.). Organizowano także wieczory poezji Wyspiańskiego i Norwida, na które składały się rapsodyczne realizacje całych tekstów lub ich fragmentów. Pełniejsze w sensie artystycznym teatralne realizacje przygotowywano w Studio Iwo Galla, wybitnego scenografa, reżysera i pedagoga. Głównym celem było kształcenie aktorów, stąd też ograniczano się do fragmentów sztuk z repertuaru narodowego, ale specjalnie wybieranych. Na takich zasadach doszło do inscenizacji *Akropolis* Wyspiańskiego (1944). W Niezależnym Teatrze Plastyków w Krakowie Tadeusz Kantor wystawił *Balladynę* Słowackiego (1943) i *Powrót Odysa* Wyspiańskiego (1944); jak łatwo się domyślić dominującym tworzywem teatralnym był jednak nie sam tekst, i nie gra aktorów, lecz znaki plastyczne. Był to teatr eksperymentalny, a z jego poszukiwań wyrósł później Cricot II. W repertuarach teatrów konspiracyjnych dominował dramat romantyczny: wystawiono *Irydiona* Krasińskiego (Teatr Tajny w Warszawie, 1943, reż. Mariana Wyrzykowskiego), *Dziady* Mickiewicza (Zespół „Adrema" w Poznaniu, 1944), *Miłość czystą u kąpieli morskich* Norwida (Teatr Jednoaktówek w Krakowie, 1944). W repertuarach znalazł się także Fredro z *Zemstą* i *Ślubami panieńskimi* (Zespół „Adrema" w Poznaniu, 1943) i *Wesele* Wyspiańskiego (Teatr Podziemny w Krakowie, 1941, reż. Tadeusz Kwiatkowski). W Pławowicach, dworku znanego dramaturga Hieronima Morstina, wybitny reżyser, Arnold Szyfman, wystawił fragmenty *Balladyny* (Teatr Domowy Morstinów, 1943).

Na wychodźstwie osobną rolę spełniały teatry żołnierskie, związane z polskimi formacjami wojskowymi: na Bliskim Wschodzie – Teatr

Żołnierski Samodzielnej Brygady Strzelców Karpackich; Teatr Polowy Armii Polskiej na Wschodzie (Irak, Palestyna); Teatr Objazdowy na Środkowym Wschodzie (Palestyna); Teatr Dramatyczny II Korpusu (Irak, Palestyna, Egipt, Włochy); Teatr Dramatyczny I Armii Wojska Polskiego (ZSRR, Polska). Zespoły teatralne, w znacznej części amatorskie, powstawały na szlakach wojennych, a także w obozach jenieckich i oflagach, m.in. w Dorsten, Grossborn, Murnau. W repertuarach przeważały sztuki popularne, komediowe, bądź teksty okolicznościowo-propagandowe, pisane przez żołnierzy i dla żołnierzy, jak widowisko *Lajkonik w piramidach* (1941) Stanisława Młodożeńca. Warto tu przypomnieć, że w uruchomionej w Kairze polskiej radiostacji nadane zostały słuchowiska (m.in. *Grunwald* Stanisława Młodożeńca, 1941).

Dramaty, które zostały napisane w czasie wojny, rzadko trafiały na sceny. Wymienić można zaledwie kilka realizacji – w Teatrze Domowym Morstinów Szyfman zrealizował *Penelopę* (1943) Morstina; w Henrykowie, zakładzie sióstr samarytanek, Leon Schiller wznowił swoją *Pastorałkę* (1942); w Teatrze Wyobraźni w Warszawie zrealizowano *Masława* (1943) Jerzego Zawieyskiego. Na wychodźstwie, w Stanach Zjednoczonych, Antoni Cwojdziński zorganizował objazdowy Polski Teatr Artystów i wystawił w nim swoje sztuki: *Piąta kolumna w Warszawie* (1942), *Polska podziemna* (1943), *W Warszawie* (1943), *Niemiec* (1944). W jenieckim oflagu Arnswalde Stefan Flukowski wystawił swą komedię *Tęsknota za Julią* (1940), a w Woldenbergu *Jajko Kolumba* (1941). Z dramatów, które powstały w czasie wojny, choć nie doczekały się wówczas realizacji ani druku wymienić warto *Domek z kart* (1940) Emila Zegadłowicza, *Dzień sądu* (1944) Jerzego Zawieyskiego, *Rycerzy Antychrysta* (1943) Ludwika Hieronima Morstina, *Hioba* (1940) i *Jeremiasza* (1940) Karola Wojtyły, pierwszą wersję *Orfeusza* (1943) Anny Świrszczyńskiej, a przede wszystkim *Homera i Orchideę* (1943) i *Misterium niedzielne. 4 widowiska z intermedium* (1943) Tadeusza Gajcego. Dramaty z okresu wojny i okupacji, dziś w znacznej części zapomniane, nie mają tej siły i nośności, co poezja tamtego czasu. Konwencje, jakie niósł z sobą ten rodzaj literacki, wyraźnie nie sprostały tragizmowi wydarzeń.

Proza okresu wojny i okupacji

Proza wojenna

Podobnie jak dramat bezradne wobec wydarzeń okazały się tradycyjne gatunki prozy fabularnej. Dotyczy to zwłaszcza powieści, której – co wynikało z tradycji gatunku – przypisywano zdolność do utrwalania wielkich obszarów życia społecznego, tworzenia syntez, obrazów fikcyjnych, lecz wiernych rzeczywistości. Wielkie wydarzenia historyczne kusiły twórców do ujęć epickich. Wymagały one jednak w konstruowaniu fabuł wyróżnienia wielkich bohaterów, sprawców wydarzeń. Tak było w *Iliadzie* Homera, w *Wojnie i pokoju* Tołstoja, w *Trylogii* Sienkiewicza. Tymczasem wojny totalne XX wieku uniemożliwiały takie ujęcie. Bohaterzy stawali się anonimowi, decyzje zapadały w sztabach, z dala od linii frontu, gdzie walczyły i ginęły masy żołnierskie. Śmierć była także anonimowa: żołnierz umierał nie widząc niekiedy twarzy wroga – ginął od bomb, min, stratowany przez pojazdy pancerne. Wojna totalna zwracała się przeciwko cywilom, polegała na burzeniu nie tylko fortyfikacji, lecz całej struktury gospodarczej. Cywilów ginęło więcej niż żołnierzy. W strategię wojenną wpisane zostały represje wobec ludności zdobytych ziem – powstawały „fabryki śmierci", dla potrzeb wojny pracowały obozy koncentracyjne i łagry. Nie doczekała się wielkich ujęć epickich pierwsza wojna światowa, bezradna była literatura wobec rozmiarów i jakości zbrodni drugiej wojny. Bluźnierstwem i obelgą wobec niewinnych ofiar wydawało się układanie fikcyjnych fabuł, wyróżnianie herosów, najbardziej sprawnych wykonawców zagłady i zniszczenia. Owo poszukiwanie pojedynczego człowieka w wojnie totalnej wyodrębniło, w sensie literackim, lotników, walczących sam na sam w pojedynkach powietrznych, kapitanów okrętów wojennych, i później – już na prawach mitu i legendy – dowódców oddziałów partyzanckich. Ale to nie oni wyłącznie decydowali o losach wojny. Weszli do powieści popularnej, powstającej w czasie wojny i po wojnie. Wystarczy tu przypomnieć powieści Arkadego Fiedlera *Dywizjon 303* (Londyn 1942), *Dziękuję ci, kapitanie* (Letchworth 1944), z innych powodów wymienić tu można także powieść o młodzieży i dla młodzieży walczącej Aleksandra Kamińskiego *Kamienie na szaniec* (Warszawa 1943).

Owa niemożliwość wielkiego epickiego ujęcia, przy braku koniecznego dystansu i różnorodności objawów wojny, wyznaczyła szczególną rolę opowiadaniom i nowelom. Pozwalały one na przedstawienie fragmentu, nawet pojedynczego zdarzenia, na nadanie takiemu ujęciu szerszego, metaforycznego znaczenia. Opowiadania układano niekiedy w cykle, tematycznie pokrewne; istotne było także ich osadzenie w przeżyciach osobistych autora. Taki charakter mają, powstające na wychodźstwie, opowiadania Herminii Naglerowej, więźniarki łagru Burma w Kazachstanie, z tomu *Ludzie sponiewierani* (Rzym 1945). Pierwsze z cyklu, *Cięciwa,* dotyczy września 1939 roku, ewakuacyjnych pociągów, przyjazdu do Lwowa, następne – aresztowania przez NKWD, okrutnych przesłuchań (*Śledztwo*), pobytu w celi (*Obłęd i polityka*, *Dunia*), pobytu w łagrze, wyniszczającej pracy, choroby itd. Z doświadczeń osobistych powstał także cykl obrazków więzienno--łagrowych Beaty Obertyńskiej *W domu niewoli* (Rzym 1946), z relacji ocalałej osoby – opowieść Melchiora Wańkowicza o losach polskich zesłańców w ZSSR *Dzieje rodziny Korzeniewskich* (Nowy Jork 1944). Utwory te, choć traktować je można jako dzieła literackie, mają wartość dokumentacyjną. Najwcześniej, niejako natychmiast, przynosiły informacje o zbrodniach stalinizmu. Jest to zasługa literatury polskiej, która na wiele lat przed Sołżenicynem dotykała prawdy o systemie stalinowskim, prawdy niewygodnej dla Zachodu w czasie wojny. Wystarczy przypomnieć, że wydanie opowieści Wańkowicza uległo konfiskacie w Stanach Zjednoczonych, że później *Na nieludzkiej ziemi* Józefa Czapskiego (Paryż 1949) i *Inny świat* Gustawa Herlinga--Grudzińskiego (Londyn 1951) zostały przyjęte z niedowierzaniem.

Opowiadania, ze względu na warunki techniczne wydawnictw konspiracyjnych dysponujących głównie powielaczami, rzadko drukowane były w kraju. Powstające w czasie wojny albo ukazywały się w prasie polskiej poza krajem, albo też wchodziły do tomów wydawanych po wojnie. Niektóre opowiadania Ksawerego Pruszyńskiego z powojennego tomu *Trzynaście opowieści* (Warszawa 1946), m.in. *Człowiek z rokokowego kościoła*, *Madonna Mikulińska*, *Cosas de Polonia* ukazały się wcześniej w latach 1942–1943 w czasopiśmie "Nowa Polska"; opowiadania Adolfa Rudnickiego *Koń* i *Józefów* ukazały się w ZSSR w "Nowych Widnokręgach". Opowiadania wojenne Jerzego Andrzejewskiego *Apel* (powst. 1942) i *Wielki Tydzień* (powst. 1943) drukiem ukazały się dopiero po 1945 roku. Podobny był los opowiadań Jarosława Iwaszkiewicza – *Matki Joanny od Aniołów* (powst. 1943), *Starej cegielni* (powst. 1943) i *Bitwy na równinie Sedgemoor* (powst. 1942). Weszły one do powojennego tomu *Nowa miłość i inne opowiadania* (1945) bądź drukowane były osobno (*Stara cegielnia* wydana wspólnie z *Młynem nad Lutynią* w 1946).

Opowiadania Adrzejewskiego *Przed sądem*, *Apel* i *Wielki Tydzień* podejmują tematy związane z życiem w okupowanym kraju. W *Apelu* poznajemy dramatyczne zmagania grupy więźniów w obozie koncentracyjnym o zachowanie godności ludzkiej, wbrew okrucieństwu oprawców; w *Przed sądem* – dramat maltretowanego więźnia, który, aby nie umierać samotnie, wydaje swojego przyjaciela; w *Wielkim Tygodniu* – zachowania Polaków wobec dramatu płonącego getta. Opowiadania te, ważne w dorobku pisarza, związane jeszcze z zasadami światopoglądowymi, jakie wyznawał przed wojną, odkrywają niewydolność tych zasad i konwencji w nowych warunkach. Obozowy *Apel* w porównaniu z opowiadaniami Borowskiego wykazuje niewielką

Opowiadania Jarosława Iwaszkiewicza

wiedzę o postawach i psychice ludzi w ekstremalnych warunkach; rozmyślania wewnętrzne bohatera *Przed sądem* w chwili bicia i maltretowania wydają się – w znaczeniu psychologicznym – nieprawdopodobne. Ani psychologizm z Dwudziestolecia, ani postawa pisarza--moralisty nie gwarantowały dotarcia do istoty zła.

Inaczej postąpił Jarosław Iwaszkiewicz. Wprawdzie jego *Stara cegielnia* pozornie jest podobna do ujęć Andrzejewskiego, ale w pozostałych opowiadaniach – w *Matce Joannie od Aniołów* i *Bitwie na równinie Sedgemoor* – stawia inne pytania: chodzi o samo rozumienie historii, o sens wpisania jednostkowego losu w jej porządek. *Stara cegielnia* w planie dosłownym, realistycznym, przedstawia zwykły dzień naszego życia w czasie okupacji, dodajmy: zwykły dzień życia na prowincji, w podmiejskiej osadzie. Bohaterzy także są zwyczajni: stróż-inwalida pilnujący zrujnowanej cegielni, drobny rzezimieszek, kobieta wątpliwej reputacji. Ważną rolę w kreowaniu owej prowincjonalnej codzienności odgrywa pejzaż – stawy-glinianki, ruiny cegielni, podmiejska kolejka. Spokój i nuda przygotowują dramat, który ma nagle wybuchnąć. Ci zwykli ludzie staną się zdolni zarówno do czynów podłych, do zdrady, jak i do bohaterstwa, do ofiary własnego życia. I nie pytają wówczas czy ta ofiara ma sens, czy ci, których ratują, są od nich lepsi, czy swą śmiercią wpłyną na bieg wydarzeń. Krytyka nazwała opowiadania wojenne Iwaszkiewicza bezwzględnym aż do okrucieństwa zaglądnięciem za kurtynę historii, rozpoznawaniem jej mechanizmów. I ten temat właśnie łączy *Starą cegielnię* z opowiadaniami *Matka Joanna od Aniołów* i *Bitwa na równinie Sedgemoor*. Powtarza się w nich bezinteresowna ofiara, próba ratowania innych w momencie najwyższego zagrożenia. Ale biegu historii nie zmienia ani jednostkowe poświęcenie, ani jednostkowe bohaterstwo: historia jest zimna i okrutna, głucha na odosobniony krzyk człowieka. Tę prawdę dotyczącą przecież czasów okupacyjnych, młodzieży działającej w konspiracji i w ruchu oporu, objaśnia Iwaszkiewicz w opowiadaniach, których wydarzenia umieszcza w przeszłości. W *Bitwie na równinie Sedgemoor* młoda dziewczyna przypadkowo dowiaduje się o zasadzce przygotowywanej na księcia, któremu sprzyja, przedziera się przez obóz przeciwników, zostaje pojmana i zgwałcona przez żołdaków, nie udaje się jej dotrzeć na czas z ostrzeżeniem: w bitwie jednak spiskowcy ponoszą klęskę. Historia zakpiła z jej poświęcenia. W *Matce Joannie od Aniołów* ojciec Suryn, spowiednik, pragnie uwolnić zakonnicę od zła, od demonów, które zawładnęły jej duszą. Nie pomagają modły, egzorcyzmy. To co wiąże spowiednika z opętaną, nie jest jednoznaczne: czy to posługa religijna, czy zwykła miłość. Ojciec Suryn, by ratować matkę Joannę, przejmuje na siebie zło, popełnia najcięższy grzech, zostaje oskarżony i ukarany. Czyn ten niczego jednak nie zmienia – matka Joanna po latach powraca do zdrowia. Współczucie i poświęcenie nie mają wpływu na bieg wydarzeń. Oba przywołane tu opowiadania nazwać można parabolami historycznymi. Inaczej jednak niż w parabolach, gdzie tło historyczne bywa zatarte, konturowe, Iwaszkiewicz obudował opowiedziane fabuły gęstą siecią drobnych szczegółów – historycznych, obyczajowych i psychologicznych. Tworzą one ciemną atmosferę tych opowiadań. Dopiero za nią kryją się owe pytania zasadnicze o sens historii. Unieważnia ona normy etyczne, najwyższe ofiary, bohaterstwo, poświęcenie. *Bitwa na równinie Sedgemoor* i *Matka Joanna od Aniołów* powstały przed wybuchem powstania warszawskiego. Jeśli pamiętać o powojennych losach młodzieży akowskiej, to w opowiadaniach Iwaszkiewicza jest ich wręcz przeczucie. W istocie były to jednak prawdy, które dostrzegł, zaglądając za kurtynę historii.

Najwybitniejszą powieścią, napisaną w czasie wojny, są *Srebrne orły* Teodora Parnickiego. Powieść powstawała w czasie pobytu pisarza w Kujbyszewie i w Jerozolimie w latach 1942–1943, wydana została w Jerozolimie w latach 1944–1945. Przywołanie tych dat jest ważne dla wyjaśnienia sensu i artystycznego kształtu tej powieści. Parnicki już w Dwudziestoleciu wiódł spór o kształt nowej powieści historycznej. Przed wojną, w czasie wojny i w latach późniejszych budował zasady, poetykę gatunku w opozycji do tradycji Sienkiewiczowskiej. Dodać tu trzeba, że okoliczności, w jakich powstawały *Srebrne orły*, uniemożliwiały przeprowadzenie rzetelnych studiów źródłowych, koniecznego warunku powstania powieści historycznej. W wypowiedziach krytycznych Parnickiego na temat nowej powieści historycznej, publikowanych jeszcze przed wojną, można odnaleźć przekonanie o nowych możliwościach, jakie przy literackiej obróbce historii stwarzała psychoanaliza. Było to przekonanie zapewne przesadne, ale jego różnorakie ślady odnajdziemy w całym pisarstwie Parnickiego. Pisarz zrywa z tradycyjnym, przejętym od Waltera Scotta, sposobem budowania fabuły, kojarzącym model powieści przygodowej z historią, z wiernie wystudiowanym tłem epoki. Zmienia także zasady i sposoby budowania postaci, zwłaszcza historycznych, a nie fikcyjnych. Interesują go nie tyle fakty i zdarzenia, choć wspiera je zawsze na znakomitej znajomości źródeł, ile świadomość – sposoby myślenia i przeżywania w danej epoce. Aby uzyskać taki efekt opowiadania historii od wewnątrz, poprzez świadomość ludzi z odległych czasów, wprowadza często narratora personalnego. W *Srebrnych orłach* historię Bolesława Chrobrego opowiada Aron, młody mnich z Irlandii, późniejszy opat w Tyńcu. Jednakże określenie „opowiada" nie jest tu

Srebrne orły Teodora Parnickiego

ścisłe: główny bohater, Bolesław Chrobry, zjawia się Aronowi w snach, istnieje w jego rozmyślaniach. Wcześniejsze wędrówki mnicha po Europie, tajne misje do Rzymu, do cesarza i papieża Sylwestra II, pozwalają na zarysowanie polityki króla w szerokim kontekście europejskim. Na tym tle niezrozumiałe dla Arona stają się poczynania króla: odmawia on przyjęcia godności patrycjusza imperium rzymskiego (znakiem jego godności miały być tytułowe srebrne orły, wiezione w cesarskich paradach – złote oznaczały cesarza). Aron i inne postaci próbują zrozumieć to dziwne postępowanie, dotrzeć do ukrytych zamiarów władcy. Powoli odsłania się prawda, docieramy do niej przez gąszcz rozmów, rozmyślań, błędów i fałszywych sugestii. Zastosowanie nowych technik narracyjnych, znanych z powieści psychologicznej, oglądanie historii przez pryzmat indywidualnych przeżyć, w retrospekcjach i przypomnieniach, spowodowało, iż jest to nie tyle powieść o wydarzeniach z przeszłości, ile pytanie o to, jak istnieje historia. Źródła historyczne są zawsze zapisem czyjejś świadomości, subiektywnej, zniekształcającej lub pomijającej fakty. Prawda historyczna, o którą się spierano przy okazji powieści historycznych w XIX wieku, ale także przy interpretacji odczytywanych źródeł, nie istnieje obiektywnie, jest co najwyżej rodzajem śledztwa, dociekania, dochodzenia do prawdopodobnych ustaleń. W istocie więc historiozofia (refleksja nad charakterem myślenia historycznego), a nie historia w wąskim tego słowa znaczeniu, leży u podstaw teoretycznych pisarstwa Parnickiego. Bolesław Chrobry, główny bohater, prawie nie istnieje w powieści bezpośrednio: powoli jednak poznajemy jego myśl polityczną – ideę państwa narodowego, bo idea cesarza Ottona III, który zamierza przywrócić swojemu panowaniu świetność, właściwą czasom rzymskim, wydaje się fałszywa i przebrzmiała. Chrobry w swej polityce uwzględniał powolny, ale widoczny rozpad cesarstwa, idei jedności europejskiej, którą wytworzyło średniowiecze; dostrzegł nowe dążenia, które miały kształtować oblicze Europy w wiekach następnych. Nie pytajmy, czy to jest prawda, czy też nie, czy jest to właściwy portret króla. Ważna staje się kreacja artystyczna: objawia się nam wielkość króla nie poprzez jego strój, wygląd fizyczny (a był podobno potężnym mężczyzną, którego w ciężkiej zbroi trudno było posadzić na konia), lecz jego myśl polityczną.

Powieści historyczne powstają dla przypomnienia przeszłości. Nawet najwierniejsze wobec źródeł są także powieściami współczesnymi, rodzą się bowiem z duchowych potrzeb w czasach, kiedy powstają. Powieść historyczna o Bolesławie Chrobrym, pisana w czasie wojny z Hitlerem, ma oczywiste odesłania współczesne. Pisana była, by powtórzyć dewizę Sienkiewicza, „ku pokrzepieniu serc" tych, którzy walczyli.

Opowiadania Iwaszkiewicza, *Srebrne orły* Parnickiego nie potwierdzają przeświadczenia o niezdolności literatury do wielkich ujęć metaforycznych rozgrywających się wydarzeń. Niemniej przekonania o kryzysie literatury, zwłaszcza powieści, były wówczas dość powszechne. Wydawało się, że przyszłość jest przed literaturą dokumentalną, tworzącą w miarę wierne świadectwa epoki, że fabuły wspierać się winny na autentycznych zdarzeniach, na przeżyciach autorów. Ograniczeniu do minimum ulec winna fikcja w konstrukcjach fabularnych. Literatura wspomnieniowa i reportażowa stawała się pewną normą. Przedstawianie i opowiadanie spokrewniało te gatunki z dawną powieścią. Powstawały utwory z pogranicza (Kazimierz Wyka, wybitny krytyk tego czasu, nazwał je „pograniczem powieści"). Taki charakter mają „opowieści reportażowe" Janusza Meissnera o polskich lotnikach w bitwie o Anglię (*Żądło Genowefy*, 1943; *L jak Lucy*, 1945), Ksawerego Pruszyńskiego (*Droga wiodła przez Narvik*, 1941). Z tych przekonań wyrasta arcydzieło sztuki reportażowej – *Bitwa o Monte Cassino* (Rzym 1945–1947) Melchiora Wańkowicza, jego wcześniejsze reportaże i wywiady z tomu *Wrześniowym szlakiem*. Osobne miejsce zajmują *Wspomnienia starobielskie* Józefa Czapskiego (Rzym 1944), bezpośredniego świadka likwidacji obozu jenieckiego w Starobielsku, wywozu polskich żołnierzy do lasów w Katyniu, gdzie zostali zamordowani. *Wspomnienia starobielskie* w wieloletnich dążeniach do ujawnienia prawdy o sprawcach mordu katyńskiego odegrały ważną rolę, kwestionowały bowiem oficjalną wersję stalinowskiej propagandy, że mordu dokonali hitlerowcy, ustalały pewną jego datę, co wskazywało na właściwych sprawców. *Dzienniki czasu wojny* [1939–1945] Zofii Nałkowskiej stanowią ostatnią część prowadzonych przez nią zapisów od 1899 roku. Ukazały się drukiem dopiero w 1970. Należą jednak do literatury wojennej. Okupacja utrwalona w nich została jako doświadczenie osobiste pisarki z niezwykłym bogactwem szczegółów, nie są jednak, jak wiele zapisów dziennikowych, klasyczną sylwą, mieszaniną spraw ważnych i drugorzędnych. O odmienności i literackiej wartości decyduje rygor intelektualny, umiejętność widzenia całości poprzez zdarzenia pojedyncze, nawet przypadkowe.

II. W cieniu Jałty

W cieniu Jałty

Można się zastanawiać, czy za początek nowego okresu w przemianach literatury i sztuki uznać zakończenie wojny w Europie i bezwarunkową kapitulację Niemiec hitlerowskich (8 V 1945), czy też konferencję przywódców trzech mocarstw w Jałcie (4–11 II 1945), na której ustalono europejski porządek powojenny, określono strefy wpływów, stworzono podstawy pod późniejszy podział Europy na „wschodnią" i „zachodnią". Konsekwencją konferencji jałtańskiej była likwidacja niepodległości Litwy, Łotwy i Estonii, które stały się republikami Związku Radzieckiego. Nasze losy zostały wówczas także przesądzone na najbliższe czterdzieści cztery lata. Polska jako państwo należące do obozu socjalistycznego, strefy wpływów zwycięskiego Związku Radzieckiego, którego armia wraz z walczącym u jej boku wojskiem polskim, co należy podkreślić, wyzwalała ziemie między Bugiem i Odrą spod władzy Hitlera, była od początku państwem o ograniczonej suwerenności, zależnym i politycznie, i gospodarczo od wpływów wielkiego sąsiada. Wyzwolenie spod władzy niemieckiej przynosiło wolność, ale i nowe zniewolenie. Dramat, który się wówczas rozgrywał, nie daje się ująć w jednoznacznych ocenach. Zniszczony kraj, zburzona stolica wymagały odbudowy. Przemieszczenie wielkich mas ludności z terenów wschodnich, przejętych teraz przez Związek Radziecki, zagospodarowanie ziem zachodnich i północnych, przyznanych Polsce na konferencji w Poczdamie (17 VII–2 VIII 1945), rodziło rozgoryczenie, ale i nadzieje. Przeprowadzona reforma rolna, nacjonalizacja przemysłu, likwidacja analfabetyzmu, powszechna oświata – nie były to tylko hasła okazjonalne. Miały swoje wsparcie w dążeniach i programach społecznych formułowanych w Dwudziestoleciu. Trudno jest więc sądzić, że całe społeczeństwo odrzucało nowy porządek. Zresztą zaraz po wojnie, w momencie powołania Rządu Jedności Narodowej, tylko nieliczni mogli prawidłowo przewidywać dalszy bieg wydarzeń. Stalinizacja kraju dokonywała się małymi krokami. Upłynęły cztery lata terroru politycznego, bezwzględnego niszczenia opozycji, nim sam system stał się bardziej oczywisty. Tę fazę zamykało uchwalenie konstytucji w 1952 roku oraz przyjęcie nowej nazwy państwa – Polska Rzeczpospolita Ludowa. Ideologiczna ofensywa stalinizmu jako systemu totalitarnego, obejmowała wszystkie dziedziny życia, także kulturę, bo w niej tkwią zawsze najgłębsze pokłady odrębności i niezależności. Nieprzypadkowo totalitaryzm niemiecki ze szczególną bezwzględnością niszczył u nas dobra kultury narodowej, prześladował twórców, uniemożliwiał rozwój nauki, ograniczał oświatę do form elementarnych. Te same cele, choć realizowane innymi metodami, stawiał sobie stalinizm. Ujednolicenie kultury w krajach obozu socjalistycznego miało być najbardziej skuteczną formą podporządkowania. Podstawowe narzędzia i zasady taktyki zostały wypracowane i sprawdzone wcześniej, w latach trzydziestych w Związku Radzieckim, w okresie największego terroru; wtedy powstała doktryna „realizmu socjalistycznego". Kładła ona w Rosji kres różnorakim, ciekawym i niezwykle owocnym poszukiwaniom artystycznym lat dwudziestych. Doktryna realizmu socjalistycznego, kiedy stała się doktryną państwową, wszechobejmującą, traciła charakter hipotezy teoretycznej, metody twórczej, jednej z wielu współistniejących, dyskutowanych, przyjmowanych bądź odrzucanych, stawała się narzędziem w ręku władzy, skutecznym w wymuszaniu i podporządkowaniu. Wspierała się na reinterpretacjach podstawowych tez Marksa i na jego opisie społeczeństwa kapitalistycznego. Pojęcia „walki klasowej", a także „dyktatury proletariatu" funkcjonowały w niej na prawach dogmatu. W refleksji nad literaturą już wcześniej, między innymi u Anatolija Łunaczarskiego, choć był przeciwnikiem traktowania literatury i sztuki jako narzędzia propagandy, pojawia się przeświadczenie o klasowym charakterze sztuki (literatury). Jej ogólny charakter i wykształcone formy służą interesom klas panujących, wyrażają je pośrednio lub bezpośrednio. To stwierdzenie ogólne uległo w doktrynie realizmu socjalistycznego uproszczeniu i uszczegółowieniu: pozwalało na objęcie przeważającej części ruchów artystycznych, awangardowych i konserwatywnych, pejoratywnymi określeniami „sztuki burżuazyjnej", „sztuki gnijącego imperializmu". W ten sposób rewolucja społeczna rozstawała się z rewolucjami artystycznymi XX wieku. Dogmat o koniecznej po rewolucji dyktaturze proletariatu, znów w reinterpretacjach dotyczących kultury i sztuki, uzasadniał konieczność odrzucenia wszelkich eksperymentów artystycznych, stworzenia obowiązującego wzorca, wyrażającego interesy proletariatu. Były one w szczególny sposób rozumiane. Nie chodziło o wierne odtworzenie sytuacji społecznej robotników i chłopów, klas wcześniej upośledzonych, o przedstawienie warunków ich życia, kultury (takie koncepcje literatury klasowej znane były u nas w Dwudziestoleciu). Pisarz, twórca, wierny zasadom realizmu socjalistycznego, miał odtwarzać nie rzeczywisty kształt życia społecznego, lecz przede wszystkim to, co „postępowe" (zgodne z doktryną stalinowskiego komunizmu), co „ma szanse rozwoju" w przyszłości. Tak rozumiano typowość i reprezentatywność w literaturze i sztuce. Zwycięstwo nowej ideologii wynikało z praw rozwoju historycznego, było „koniecznością dziejową".

Doktryna realizmu socjalistycznego, jako narzędzie stalinowskiego zniewolenia, miała w Polsce swoje cechy odrębne: nigdy nie stała się obowiązującą, bo nie została zaaprobowana przez wszystkich twórców; jej oficjalne uchwalanie na zjazdach środowisk twórczych na przełomie 1948–1949 roku miało charakter deklaracji politycznych; próby wprowadzenia tych uchwał w życie przynosiły mierne rezultaty. Trudno powiedzieć, aby wydarzenia artystyczne w latach 1945–1948 były realizacją jej zasad. Wręcz przeciwnie: dyskusje i spory z tego czasu, dotyczące spraw artystycznych, są świadectwem oporu, nieufności i niechęci wobec narzucanych wzorców, a równocześnie poszukiwaniem nowych dróg rozwoju. U podłoża owych poszukiwań leżały doświadczenia wojenne, bezradność twórców wobec zniszczeń, materialnych i duchowych, nieufność do dotychczasowych konwencji, poczucie kryzysu całej kultury. To dojmujące poczucie kryzysu zwracało część twórców ku nowym ideom, ubieranym w szaty sprawiedliwości społecznej, racjonalizmu, „nowego humanizmu". Wnet jednak, bo już w 1956 roku, miało się okazać, że król jest nagi. Zła i krótka przygoda kultury polskiej z realizmem socjalistycznym uległa później, w polemikach i sporach ideowych, wyolbrzymieniu, stała się stereotypem, mitem literackim, synonimem komunistycznego zniewolenia. Doktryny tej w istocie nikt nie obalał w burzliwych latach 1955–1957, uległa samolikwidacji w momencie, kiedy przestali ją narzucać ideolodzy i politycy. Nie powstała znacząca literatura „obrachunkowa" bezpośrednio po 1956 roku. Ci twórcy, którzy zgrzeszyli nadgorliwością, starali się o tym zapomnieć, bądź też demonstrowali swoje nowe, rewizjonistyczne przekonania.

Realizm socjalistyczny

Czym była doktryna realizmu socjalistycznego w literaturze? Niewątpliwym – w sensie estetycznym – anachronizmem. W deklaracjach zwracała się bowiem do literatury mieszczańskiej XIX wieku, do kilku z jej odmian w obrębie powieści popularnej. Ale było to nawiązanie pozorne, pełne uproszczeń. Dyskutowano o realizmie krytycznym wieku poprzedniego, który, respektując zasadę wiernego odtwarzania rzeczywistości społecznej, poddawał całość życia wnikliwej analizie, przedstawiał indywidualne dramaty ludzkie wszechstronnie – w wymiarze społecznym, historycznym i psychologiczno-egzystencjalnym. Z tymi ujęciami doktryna realizmu socjalistycznego niewiele ma wspólnego, może tylko bezpośrednie uzależnienie samej literatury od przemian w życiu społecznym. Rezultatem w konstrukcji powieści było powołanie do życia „bohatera kolektywnego", a jeśli już jednostki, to żyjącej w grupie i charakteryzowanej poprzez grupę, rezygnującej z prywatności. W porządkach fabularnych dogmat „walki klasowej" podpowiadał przejęcie schematów powieści kryminalnej („wróg klasowy" zagrażał pracy „załogi", jego wykrycie i zdemaskowanie stawało się zadaniem partii, aktywistów, bądź „oddanych sprawie" pracowników bezpieczeństwa); klasa robotnicza „realizowała się" w zadaniach produkcyjnych, w „wyścigu pracy". „Powieść produkcyjna" jako wyraz i suma tych uproszczeń prezentowała nie tyle rzeczywistość społeczną, co papierową, zideologizowaną, propagandową konstrukcję, daleką od realiów i ich rzetelnej analizy. Cała grupa tego typu powieści wspiera się na wskazanym schemacie fabularnym. Wymienić można charakterystyczne tytuły: *Fundamenty* (1948) Jerzego Pytlakowskiego, *Na przykład Plewa* (1950) Bogdana Hamery, *Przy budowie* (1950) Tadeusza Konwickiego, *Nr 16 produkuje* (1949) Jana Wilczka, *Węgiel* (1950) Aleksandra Ścibora-Rylskiego, *Lewanty* (1952) Andrzeja Brauna.

Inną odmianą wpisującą się w model literatury socjalistycznej stała się powieść polityczna z wyraźną tezą, z jednoznacznym potępieniem przeciwników. Dotyczyła bądź teraźniejszości, bądź najbliższej przeszłości. W tej grupie wymienić można *Władzę* (1954) Tadeusza Konwickiego, *Obywateli* (1954) Kazimierza Brandysa, *Dni klęski* (1952) Wojciecha Żukrowskiego, *Ucztę Baltazara* (1952) Tadeusza Brezy. W grupie tej odrębne miejsce zajmuje także *Popiół i diament* Jerzego Andrzejewskiego. Osobną grupę stanowiły utwory o dojrzewaniu świadomości klasowej bohaterów ze środowiska robotniczego. Szczególną popularność zyskało *Stare i nowe* (t. I 1948, t. II 1950) Lucjana Rudnickiego, pamiętnik; przemawiały za nim zarówno gawędowa narracja, jak i znamię autentyku. Temat ten w wersji fikcyjnej przyniosła *Pamiątka z Celulozy* (1952) Igora Newerlego. Jej bohater, Szczęsny Bida, na długiej drodze przemian i błądzeń, zbliża się do ruchu rewolucyjnego, staje się świadomym działaczem robotniczym we włocławskiej fabryce papieru. Powieść została spopularyzowana przez ekranizację filmową Jerzego Kawalerowicza (1953-1954).

Przejawy uległości twórców wobec doktryny odnaleźć można w wielu utworach tego czasu. W sensie intelektualnym, jeśli brać pod uwagę doświadczenia literatury i sztuki XX wieku, doktryna realizmu socjalistycznego uderzała swoimi uproszczeniami, niekiedy wręcz prymitywizmem. Sensowne wydaje się czasem pytanie, czy jest to wynik naiwności jej twórców, czy też niekiedy podszyty ironią celowy zabieg?

Władzy niewątpliwie chodziło o sprawne zapanowanie nad sztuką i literaturą, uczynienie z niej posłusznego narzędzia ideologii i propagandy, lecz także o podporządkowanie i ubezwłasnowolnienie twórców. Ta druga funkcja wydaje się nawet zasadnicza: uproszczenia i symplifikacje z takim przeznaczeniem przestają być „wadą", stają się „zaletą", dobrym pretekstem do formułowania oskarżeń pod adresem twórców. Proste narzędzia są skuteczniejsze w czasach terroru. Lektura sporów krytycznych, zwłaszcza po 1949 roku, zwraca uwagę na specyficzny język wypowiedzi, na nowomowę tamtego czasu. Można to określić jako militaryzację wyobraźni zbiorowej. Podstawowe stawały się takie pojęcia, jak „walka o nowy kształt literatury i sztuki", „ofensywa na froncie literatury"; krytycy stawali się „oficerami kadrowymi", wykonującymi rozkazy „generałów" (ideologów). A twórcy? Byli, mówiąc ironicznie, co najwyżej ciurami obozowymi. To na nich skierowana została cała machina propagandowa. Nie była ona ani wynalazkiem rodzimym, ani nie powstała po wojnie. Została przeniesiona na nasz grunt, choć nie od razu w 1945 roku. Jej obcość i niewspółmierność z demokratycznym wzorcem naszej kultury, ukształtowanym w Dwudziestoleciu, wywoływała opór. Spory i dyskusje z lat 1945–1948 cechuje z jednej strony postawa obronna, krytyka uproszczeń w polityce kulturalnej, a z drugiej – poszukiwanie własnej drogi rozwojowej. Taki sens ma tocząca się zaraz po wojnie dyskusja nad potrzebą realizmu w literaturze i sztuce, inaczej jednak rozumianego niż w stalinowskiej doktrynie. Określenie „literatura Polski Ludowej" wymaga formalnego uściślenia. Oficjana nazwa Polska Rzeczpospolita Ludowa zjawia się, jak wiadomo, dopiero w konstytucji z 1952 roku. Wcześniej zachowywano niektóre nazwy i struktury ustrojowe z Dwudziestolecia. Taktyka „powolnych kroków" w stalinizacji kraju przybierała inne formy w życiu politycznym, gospodarczym, a inne w kulturze. Mówimy tu o okresie bezpośrednio powojennym, o latach 1945–1955. Okres ten nie jest jednolity. Znane od początku cele, wyznaczony kierunek przekształceń, napotykały na opór. Tym dają się wytłumaczyć opóźnienia, a także powstanie ciekawej i względnie niezależnej literatury i sztuki z lat 1945–1948. Doktrynę realizmu socjalistycznego uznano za obowiązującą dopiero w 1949 roku. Ciśnienie rodzimej tradycji powodowało, że konieczny stał się, znów ze względów taktycznych, okres przejściowy, czas „oczyszczenia pola". Literatura Polski Ludowej nie jest więc jednolita. Zwłaszcza okres bezpośrednio powojenny nie daje się zamknąć w jednej formule. W meandrach kultury Polski Ludowej znaczące stają się daty „przełomów politycznych". Określenie to ma znaczenie raczej iluzoryczne, nie dotyczy bowiem zmian ustrojowych, lecz wymian personalnych w ekipach władzy i cyklicznie powtarzających się kryzysów ekonomicznych. Datami znaczącymi w historii PRL są lata: 1945, 1956, 1968, 1976 i 1989. Daty wydarzeń politycznych nie określają jednak, automatycznie niejako, zmian w kulturze, w literaturze. Ich rytmy są inne: dominująca wydaje się być zasada ciągłości i ona inaczej modeluje wymiany idei i konwencji. Innymi słowy: nie wszystkie przełomy polityczne wywoływały przełomy literackie.

*

Byłoby błędem uważać cały okres przemian 1945–1955 za jednolity, naznaczony w kulturze wyłącznie jej niszczeniem. Na terenach wyzwalanych przez armię radziecką i współpracujące z nią formacje polskie powstawały natychmiast instytucje kulturalne – wydawnictwa, teatry, filharmonie; rozpoczynały pracę szkoły średnie i uniwersytety; muzea i biblioteki porządkowały swoje zdewastowane zbiory. Był to wielki wysiłek, w znacznej części podejmowany przez twórców, ludzi kultury, oświaty, nauki, ukształtowanych jeszcze w Dwudziestoleciu, głęboko przeświadczonych o sensie i potrzebie odbudowy życia kulturalnego w kraju. Powstają nowe czasopisma literackie i społeczno-kulturalne. Oprócz „Odrodzenia", powołanego jeszcze w Lublinie w 1944 roku, przeniesionego później do Krakowa, następnie do Warszawy, w 1945 ukazują się: w Poznaniu „Życie Literackie", redagowane przez Jarosława Iwaszkiewicza; w Krakowie „Tygodnik Powszechny", redagowany przez Jerzego Turowicza i „Twórczość", redagowana przez Kazimierza Wykę, a także „Teatr", redagowany przez Jana Nepomucena Millera; dla Ziem Odzyskanych powołano w Katowicach „Odrę" pod redakcją Wilhelma Szewczyka; w Łodzi powstaje „Kuźnica" pod redakcją Stefana Żółkiewskiego, określająca się jako czasopismo, którego podstawę stanowi z jednej strony „radykalizm polskiej myśli postępowej", a z drugiej – marksizm. W artykule programowym „Kuźnicy" zwracały uwagę enigmatyczne odwołania do tradycji europejskiego „realizmu humanistycznego", deklaracje o walce z „ukrytym czy jawnym wstecznictwem", ze „snobistyczną zależnością od wszystkiego, co już przebrzmiałe za granicą". W sformułowaniach tej deklaracji dostrzec można zapowiedź tego, co miało się później zdarzyć, ale nie pada w niej określenie „realizm socjalistyczny". Przyczyny były dość skomplikowane: jakąś rolę odgrywały zapewne intelektualne naiwności doktryny, na jej jawne wypowiedzenie było jeszcze za wcześnie; chęć przyciągania niezdecydowanych nakazywała ostroż-

Spory i dyskusje

ność, a polityczna mistyfikacja „jedności narodowej" – otwarcie na poglądy indywidualne, liberalne i niedogmatyczne. Na tej zasadzie w składzie redakcji znalazła się początkowo Zofia Nałkowska, jak się miało niebawem okazać, zdecydowana przeciwniczka i główny krytyk doktryny realizmu socjalistycznego.

Użyte w deklaracji pojęcie „realizmu humanistycznego" nawiązywało do określeń w dyskusjach na temat dróg rozwojowych literatury polskiej, powrotu w niej do realizmu na łamach „Odrodzenia" i „Tygodnika Powszechnego". I w tej dyskusji, toczącej się od marca 1945 roku, padają enigmatyczne określenia jak „nowy realizm", „realizm naszych czasów". W artykułach Jana Kotta (*Powrót do rzeczywistości w poezji*, *W stronę klasyków*, *O bohaterze*) znamienne były odwołania do tradycji realizmu europejskiego i polskiego. Jednakże jego *Mitologia i realizm* (1946) przeprowadzała dyskredytację nowych tendencji w literaturze XX wieku, wyrastających z tradycji realizmu. Szczególnie prowokacyjne były szkice *O laickim tragizmie (Conrad i Malraux)*, *Tragizm i maski tragizmu*, *Przeciwko heroizmowi*, *Historia miarą człowieka*. Kott, wywołując spór o Conrada, nawiązywał do szkicu Marii Dąbrowskiej *Tragizm Conrada* umieszczonego jako przedmowa do jego powieści *Smuga cienia*, wydanej w Bibliotece „Orła Białego" w Rzymie (1945). Postawie etycznej Conrada, wierności sobie przeciwstawiał Kott koncepcję „człowieka w historii", podporządkowanego jej prawom, zmiennego, zależnego od „konieczności dziejowej". Nie był to tylko spór o zasady etyczne w literaturze: dotyczył od początku tragizmu pokolenia wojennego, żołnierzy AK, którzy walczyli z okupantem, a po 1945 roku podlegali brutalnym represjom, dostawali się do więzień, oskarżani o zdradę interesów narodowych. Zasada wierności wyznawanym ideałom leżała u podstaw tragizmu tego pokolenia. Unieważnienie jej przez Kotta w imię „konieczności historycznej" wywołało jeden z najbardziej znaczących i długotrwałych sporów w naszej krytyce. *Szkice o Conradzie* (1959) Marii Dąbrowskiej stanowią jej podsumowanie.

Arcywzorem polskiej powieści realistycznej w powojennych dyskusjach o realizmie stała się *Lalka* Bolesława Prusa. W październiku 1945 roku na łamach „Twórczości" Kazimierz Wyka opublikował, ściśle z tą dyskusją związany, artykuł *Tragiczność, drwina i realizm*, w którym krytycznej ocenie poddane zostały postawy twórcze Dwudziestolecia. Tragiczność, widoczna w utworach młodszego pokolenia twórców, debiutujących w latach trzydziestych, m.in. Jerzego Andrzejewskiego, była reakcją na bieg wydarzeń politycznych i społecznych; drwina, analizowana na przykładzie *Ferdydurke* Witolda Gombrowicza, wynikała z tych samych przesłanek, choć była reakcją przeciwstawną, poddającą obraz rzeczywistości groteskowej deformacji. Artykuł nie był potępieniem Dwudziestolecia. „Obie te próby – dowodził krytyk, choć uznawał je za zamknięte i niemożliwe do wznowienia – nie były daremne". Z nich „kiełkować miał z wolna realizm", a „dwie składki" *Ferdydurke* zawierały więcej prawdy o epoce niż wszystkie powieści Poli Gojawiczyńskiej. Artykuł kończył krytyk głośnym wezwaniem do współczesnych twórców: „Realizm czeka na wszystkich".

Cała dyskusja o realizmie z 1945–1946 roku, objaśniana z późniejszej perspektywy, winna być odczytywana jako przejaw obawy przed tym, co miało się zdarzyć, przed nakazowym wprowadzeniem doktryny realizmu socjalistycznego, jego wąskich i prymitywnych reguł. Szerokie rozumienie realizmu, wskazanie jego europejskich i polskich korzeni, chronić miało przed inwazją obcych naszej kulturze zasad, przed ograniczeniem praw twórców do samodzielnych poszukiwań artystycznych. A były w 1945 roku i później ich znaczące zapowiedzi i przejawy. W czerwcu 1945 roku Grupa Młodych Plastyków (Tadeusz Brzozowski, Tadeusz Kantor, Jerzy Nowosielski, Jerzy Skarżyński) zorganizowała wystawę swoich prac, w której widoczne okazały się nawiązania do kubistów, Chagalla i Makowskiego, do abstrakcjonizmu i nadrealizmu. Podjęto próbę reaktywowania tzw. Grupy Kantora, powstałej w okresie okupacji (m.in. Nowosielski, Tchórzewski, Mikulski, Wróblewski, Maria Jarema, Stern, Brzozowski). Z tego samego środowiska, przy nieco tylko zmienionym składzie personalnym, wyszła inicjatywa zorganizowania I Wystawy Sztuki Nowoczesnej w Krakowie w 1948 roku. Było to jednak pożegnanie: wystawa, zorganizowana w grudniu, zamknięta została 1 stycznia 1949 roku, a twórców określono mianem „bezmyślnych awangardowych schyłkowców".

W repertuarach uruchomionych teatrów dominowała klasyka polska. Swą działalność otwierały teatry dramatami Żeromskiego (*Uciekła mi przepióreczka* w Teatrze im. J. Słowackiego w Krakowie i w Teatrze Polskim w Poznaniu), Wyspiańskiego (*Wesele* w Teatrze Wojska Polskiego w Łodzi), Fredry (*Damy i huzary* w Teatrze Ziemi Pomorskiej w Toruniu i *Zemsta* w Teatrze Miejskim w Jeleniej Górze), Mickiewicza (*Dziady* w Teatrze im. J. Słowackiego w Opolu), Bałuckiego (*Grube ryby* w Teatrze Małym w Szczecinie). Wystawiono *Krakowiaków i Górali* Bogusławskiego (Leon Schiller w 1946 w Łodzi), *Za kulisami* Norwida (Wilam Horzyca w 1946 w Toruniu), *Fantazego* Słowackiego (Edmund Wierciński w 1948 w Warszawie). Opera Wrocławska rozpoczęła swą działalność wystawieniem *Halki* Moniuszki. Z dramaturgii współczesnej głośne stały się prawie równoczesne realizacje sceniczne *Dwóch teatrów* Jerzego Szaniawskiego w Krakowie, Katowicach i w Warszawie. Z dramaturgów obcych odnotować warto, prócz wystawień Shawa, Szekspira i Giraudoux, prapremierę polską Sartre'a (*Drzwi zamknięte*, 1947, Teatr Mały w Warszawie, reż. Jerzy Kreczmar).

Ma swoją znaczącą kartę w historii tych lat także film polski. Wprawdzie Stefan Żółkiewski w „Kuźnicy" w 1945 roku zapowiadał, że produkcją filmową, organizowaną przez państwo, rządzić winny „wytyczne społeczno-wychowawcze", jednakże zarówno pierwszy pełnometrażowy film fabularny, *Zakazane piosenki* (reż. Leonard Buczkowski, 1947), jak i *Ostatni etap* (reż. Wanda Jakubowska, 1947) trudno uznać za zależne od tych nakazów.

Przywołane dotychczas fakty, wydarzenia artystyczne, spory i dyskusje, wskazują, że sztuka polska zdolna była do podjęcia nowych zadań po zakończeniu wojny. Literatura tego okresu prezentuje podobne właściwości. Będzie ona przedmiotem głównym w dalszych rozważaniach. Kultura, w miarę nowoczesna i demokratyczna, ukształtowana w Dwudziestoleciu międzywojennym, zderzając się z totalitaryzmami XX wieku, wykazywała swą odrębność i w głębokich pokładach – odporność. Zdolna była bowiem do wytworzenia mechanizmów obronnych. W opisach i interpretacjach wydarzeń z lat 1949–1955 zatrzymujemy się najczęściej na tym, co było powierzchniowe, co przejawiało się w deklaracjach, w zachowaniach publicznych części twórców, niekiedy żenujących, wręcz groteskowych, gdyby nie były równocześnie tragiczne. Ale jeśliby przyjąć, że ofensywa ideologiczna stalinizmu przekształciła głęboko naszą kulturę, to wówczas niezrozumiała stałaby się „odwilż" z lat 1955–1957, ani późniejsza literatura i sztuka z okresu, tak nazwanego, „naszej małej stabilizacji". Twórcy publicznie i otwarcie w latach 1945–1948 prezentowali swoje poglądy; strach, istotny czynnik postaw późniejszych, nie dotyczył osobistego zagrożenia, było ono jeszcze w tej pierwszej fazie nierozpoznawalne. Ale zdawali sobie sprawę z narastającego zagrożenia całej kultury, jej prymitywizacji i utraty odrębności narodowej.

W 1945 roku w artykule *Nowe żądania* Zofia Nałkowska pisała:

> Co do poezji to ta jest po dawnemu awangardowa, a jaka ma być – nie wiadomo. Wiadomo natomiast, że proza powieściowa, niezależnie od tego jaka jest, powinna być realistyczna i dostępna. Powinna być ponadto związana z rzeczywistością, wynikać z nurtu życia współczesnego i stanowić jego artystyczny wyraz. Na samym tedy progu nowej wolnej twórczości – literaturze stawia się żądania, krępujące od nowa jej tak dotkliwie hamowany rozrost i ograniczające zakres jej możliwych odmian. Dlaczego? By nie stała się niedostępna nowym czytelnikom i przynosiła pożytek społeczny [...]. Nie pozwólmy sobie wmówić, że potrzeba bardziej złożonych wrażeń estetycznych i zdolność doznawania wzruszeń intelektualnych jest snobizmem lub antyspołecznym uproszczeniem. Dążenie do osiągnięcia naj-

wyższych swych możliwości twórczych jest nie tylko najcenniejszym przywilejem pisarza. Jest nadto elementarnym społecznym obowiązkiem.

Proponowany przez „Kuźnicę" program literatury zrozumiałej przez „nowych czytelników" powiększy zapóźnienie naszej kultury w stosunku do kultury europejskiej; pisarka argumentowała to, powołując się na Norwida:

> W Polsce, gdzie Energia jest 100, a Inteligencja 3 i to jeszcze w zupełnie lokajskim poniżeniu, wydaje się rzeczą ryzykowną z najbardziej nawet leżących na sercu względów obniżać poziom literatury, stwarzając dla niej zewnętrzne otamowania, gdy zahamowań wewnętrznych jest aż nadto dosyć.

Podobnych argumentów w sporze o ocenę nowoczesnej plastyki użył Julian Przyboś. Powoływał się na popularność Matisse'a, Picassa i Bonnarda na Zachodzie i twierdził, że dopiero formiści i kapiści otworzyli „szerszej publiczności u nas oczy na to, co to jest malarstwo" („Odrodzenie" 1946, nr 27). Otwarty 20 czerwca 1946 roku I Ogólnopolski Salon ZPAP w Warszawie, na którym prezentowało swe dzieła 237 artystów, przekonywał niezbicie, że żądanie sztuki popularnej i zrozumiałej nie znajdzie w tym środowisku posłuchu. Postulat powrotu do realizmu, zgłaszany przez krytyków i niektórych twórców, częściowo, ale tylko częściowo, odpowiadał na te oczekiwania. Był to realizm „w ogóle", nie związany z doktryną stalinowską, wynikający w znacznej części z dyskusji, jaka się toczyła w Europie zachodniej na temat kryzysu jej kultury. To w Europie wybuchły dwie wojny światowe, powstały totalitarne ideologie faszyzmu i komunizmu, założono obozy śmierci. Był to kryzys kultury mieszczańskiej. Tak opisywał go Teofil Wojeński w 1945 roku:

> Najjaskrawszym przejawem tego kryzysu był widoczny już bezpośrednio przed wojną nawrót do irracjonalizmu (nietzscheanizm, bergsonizm, freudyzm). Popularność tych teorii wśród inteligencji europejskiej po [pierwszej] wojnie może być miarą nawrotu do irracjonalizmu [...]. Rozwój tej kultury, rozpoczęty od apoteozy rozumu i nauki jako dźwigni postępu [...], kończył się oto pełnym sceptycyzmem, brakiem wiary w wartość rozumowego opanowania rzeczywistości, przyznaniem wyższości ślepym instynktom nad intelektem. Tak w tragicznym błędnym kole zamykał się rozwój kultury mieszczańskiej (*Światopoglądowe podstawy literatury przedwojennej*, „Lewy Tor" 1945, nr 2, s. 20).

Wojeński powtarzał opinie znane na Zachodzie, głównie we Francji; u podłoża tych opinii leżała „zdrada" mieszczaństwa, kłopotliwa sprawa współpracy Francuzów, po przegranej wojnie, z Hitlerem. Jerzy Andrzejewski, powołując się zresztą na Juliena Bendę i jego *Exercice d'un enterré vif*, pisał w tym samym roku:

> Kryterium samotnego subiektywnego poznania zawiodło [...]. Człowiek doby obecnej [...] tęskni za ładem, porządkiem, komunikatywnością. Zwrot od norm osob-

niczych do norm społecznych, wyrywających człowieka z samotności, jest pozytywną zdobyczą wojny (*Propozycje teraźniejszości*, „Odrodzenie" 1945, nr 45).

Rzecz charakterystyczna, że to przeświadczenie o kryzysie kultury europejskiej znalazło się w deklaracji programowej emigracyjnej „Kultury", zakładanej w 1947 w Rzymie przez Jerzego Giedroycia, Józefa Czapskiego i Gustawa Herlinga-Grudzińskiego. W samym kryzysie widzieli twórcy główną przyczynę osłabienia więzi kultury polskiej z Zachodem, a nie tylko w politycznej zależności od Związku Radzieckiego.

Powrót do realizmu, jako postulat, wiązał się z nadzieją na odbudowę racjonalnego porządku w świecie, a przede wszystkim z potrzebą zrozumienia, oceny i upamiętnienia tego, co się stało. Proza dokumentarna jako wierny i bezpośredni zapis rzeczywistości, choć w swych celach minimalistyczna, zaspokajała potrzebę utrwalenia i pamięci. Dać świadectwo prawdzie, opisać wielką katastrofę mogła, zdaniem Kazimierza Wyki, tylko powieść realistyczna. Z tym przekonaniem podjęła polemikę Zofia Nałkowska. Postawiła fundamentalne pytania dotyczące charakteru i źródeł naszej wiedzy o świecie. Proza dokumentarna zapisywała rzeczywistość w jednostkowym doświadczeniu, nie dawała więc całej prawdy. I jest to ułomność każdego poznania:

> Poznajemy rzeczywistość – pisała w *Zwierzeniach* – tylko w naszym zasięgu biograficznym – dość ograniczonym. Dopełnia jej opowiadanie innych, a także gazeta, książka, nauka, ogłoszenia, ustawy, propaganda. To wszystko składa się na świat taki, jaki jest – świat w połowie pisany i mówiony, świat w znacznej części doznany przez innych (*Zwierzenia*, w: *Widzenie bliskie i dalekie*, Warszawa 1957, s. 74).

W literaturze nie istnieje obiektywna, a równocześnie jednostkowa prawda o epoce. Z tych powodów realizm nie wyczerpuje możliwości literatury. Nie wolno, przekonywała, odcinać się od Witkacego, Schulza i Gombrowicza, należy popularyzować ich dorobek przez nowe edycje; poświadczałyby one naszą obecność w kulturze europejskiej XX wieku. Dyskusja o realizmie, o kryzysie kultury europejskiej, o literaturze i sztuce zrozumiałej, adresowanej do szerokiego kręgu odbiorców, z perspektywy publicystów „Kuźnicy" mogła być traktowana jako oczyszczenie pola pod socjalistyczny zasiew, w wystąpieniach Wyki, Nałkowskiej, Malewskiej, Parandowskiego przeważała obawa zasadnicza przed obniżeniem poziomu artystycznego, zlekceważeniem formy i stylu. Parandowski w *Tajemnicach rzemiosła*, polemizując z Adamem Ważykiem, z jego szkicem *Majak estetyki* („Odrodzenie" 1947, nr 17), dopuszczającym powstawanie arcydzieł przy braku świadomości twórcy, wyrobienia warsztatowego, pisał rozzłoszczony:

I jeśli są dość zuchwali, powołują się na takich samych nieuków, którzy już gdzieś i kiedyś stworzyli arcydzieła, nie obarczając się kłopotami lingwistycznymi („Odrodzenie" 1948, nr 15).

Dyskusje i spory, jakie toczyły się w kraju w latach 1945–1948, ich względna swoboda, wywoływały ogólne wrażenie normalizacji. Wracali twórcy z wojennej tułaczki: w 1945 roku m.in. Władysław Broniewski, Leon Kruczkowski, Ksawery Pruszyński i Leon Schiller; w 1946 Konstanty Ildefons Gałczyński, Julian Tuwim, Tadeusz Borowski, Gustaw Morcinek, Aleksander Wat; w 1947 Kazimiera Iłłakowiczówna, Stanisław Zieliński, Irena Eichlerówna. Wracali z tułaczki, z armii, z obozów jenieckich, obozów koncentracyjnych i z łagrów. Wielu jednak twórców, nie aprobując zmian zachodzących w kraju, pozostało w swoich dotychczasowych miejscach schronienia: Witold Gombrowicz w Argentynie; Teodor Parnicki w Meksyku; Kazimierz Wierzyński, Jan Lechoń, Józef Wittlin, Aleksander Janta Połczyński (po wcześniejszych próbach osiedlenia się w Europie), Zygmunt Haupt, Antoni Cwojdziński – w Stanach Zjednoczonych; Stanisław Baliński, Czesław Bednarczyk, Krystyna Bednarczykowa, Marian Czuchnowski, Maria Danilewicz-Zielińska, Ferdynad Goetel, Wacław Grubiński, Mieczysław Grydzewski, Marian Hemar, Zofia Kossak-Szczucka (wyjechała z kraju w 1945 roku), Maria Kuncewiczowa (do 1956 roku), Stanisław Młodożeniec, Adam Jerzy Niemojowski, Zygmunt Nowakowski, Beata Obertyńska, Jerzy Pietrkiewicz, Florian Śmieja, Bolesław Taborski, Tymon Terlecki, Stefan Themerson, Herminia Naglerowa, Adam Czerniawski, Janusz Jasieńczyk (Stanisław Poray-Biernacki) – w Anglii; Stanisław Vincenz, Zofia Romanowiczowa, Artur Międzyrzecki, Józef Czapski, Andrzej Chciuk, Andrzej Bobkowski – we Francji; Gustaw Herling-Grudziński, przez pewien czas także Melchior Wańkowicz i Konstanty Jeleński – we Włoszech; Leo Lipski – w Izraelu, Józef Łobodowski – w Hiszpanii; Tadeusz Nowakowski – w Niemczech; Marian Pankowski – w Belgii; Jerzy Stempowski – w Szwajcarii; Michał Choromański i nieco później także Wacław Iwaniuk – w Kanadzie. W środowisku londyńskim debiutowali młodsi, nie należący w istocie do pokolenia wojennych emigrantów, jak Adam Czerniawski.

Konsekwencją pojałtańskiego porządku w Europie było rozbicie jednolitych kultur narodowych na literatury i kultury krajowe oraz emigracyjne. Nie jest to wyłącznie sprawa polska; w mniejszym lub większym stopniu dotyczy wszystkich krajów, które znalazły się w strefie wpływów, a właściwie dominacji Związku Radzieckiego. Wojenni wychodźcy podejmowali najtrudniejsze decyzje: nie mogli lub nie chcieli wrócić do kraju. Warto dodać, że wielu nie miało złudzeń:

Literatura emigracyjna

znaczna część z nich znalazła się w czasie wojny na zesłaniu, w łagrach i więzieniach, poznała bezpośrednio to, co się działo „na nieludzkiej ziemi". Najliczniejszymi skupiskami polskich emigrantów po wojnie stały się Stany Zjednoczone i Anglia. W Stanach Zjednoczonych pisarze polscy, którzy wybrali los emigrantów, mieli, przynajmniej teoretycznie, swoje zaplecze, potencjalnych odbiorców, w licznej Polonii, potomkach emigrantów zarobkowych z przełomu XIX i XX wieku; w Anglii osiedliła się grupa żołnierzy, walczących w formacjach polskich na Zachodzie, a także polityków, działających w okresie Dwudziestolecia. Decydowało to o odrębności środowiska, o postawach w stosunku do wydarzeń w kraju. W 1946 roku ukazał się pierwszy numer „Wiadomości", czasopisma nawiązującego do przedwojennych „Wiadomości Literackich" (także przez osobę redaktora – Mieczysława Grydzewskiego). Pod koniec 1945 roku powstaje w Londynie Związek Pisarzy Polskich na Obczyźnie, który w 1947 roku podejmuje uchwałę o niepublikowaniu utworów w kraju. Był to początek narastającego z latami konfliktu i wzajemnej izolacji dwu części literatury polskiej. Przestrzegała przed tym „Kultura"; w pierwszym, jeszcze rzymskim numerze, pojawiły się ważne stwierdzenia, którym czasopismo i jego redaktor, Jerzy Giedroyc, pozostali wierni:

> Nie ma dwóch kultur polskich, są tylko uczeni, pisarze i artyści polscy, którzy pracują dla jednej i tej samej kultury w miarę swoich sił, umiejętności i możliwości. „Kultura" pragnie wykorzystać swoją wolność od ucisku i skrępowania politycznego nie po to, żeby służyć ghettu polskiemu na emigracji, ale po to, aby przełamać jego izolację zarówno w stosunku do Europy, jak i w stosunku do kraju.

W 1950 roku w Anglii Krystyna i Czesław Bednarczykowie założyli wydawnictwo „Oficyna Poetów i Malarzy", w którym do 1984 roku ukazało się ponad 600 tytułów. W 1953 roku Jerzy Giedroyc powołuje do życia Bibliotekę „Kultury", w której ukazywały się utwory nie tylko pisarzy emigracyjnych, lecz także krajowych.

 Bardzo wcześnie w okresie powojennym zaczęła powstawać „żelazna kurtyna" uniemożliwiająca swobodne związki między literaturą krajową i emigracyjną. Izolacja literatury emigracyjnej, jeden z przejawów stalinizacji kraju, przeprowadzana bezwzględnie, należała do podstawowych zasad polityki kulturalnej władz komunistycznych. Po 1949 roku wszelkie kontakty bezpośrednie i pośrednie uznawane były przez władze za zdradę i przestępstwo. Spowodowało to także zmiany w postawach pisarzy emigracyjnych. Ich ostre oceny twórczości i postaw pisarzy w zniewolonym kraju były uzasadnione, ale ograniczone pole odbioru, zamknięte w obrębie zróżnicowanych środowisk emigracyjnych, przynosiło samoizolację i spory wewnętrzne. Poznali ciśnienie tych mechanizmów – Witold Gombrowicz i Czesław Miłosz, kiedy podjął decyzję o zerwaniu z krajem. Zakaz publikowania w wydawnictwach i czasopismach emigracyjnych pisarzy krajowych, choć nieformalny, obowiązywał do przełomu lat siedemdziesiątych i osiemdziesiątych. Wraz z powstaniem „obiegu niezależnego" został najpierw rozluźniony, a następnie unieważniony. Nie była to zasługa władz, lecz twórców – po prostu przestali się z nim liczyć. Jego istnienie nie przerwało jednak nieoficjalnych związków między literaturą krajową i emigracyjną. Rola tej ostatniej wzrastała zawsze w momentach nasilenia się obostrzeń i represji, zwłaszcza cenzuralnych. Jeśli władzom w kraju, zwłaszcza do 1955 roku, zależało na izolacji, to nigdy nie doszło do pełnego zrealizowania tych dążeń. Warto przypomnieć rolę radiostacji „Wolna Europa" i „Głosu Ameryki"; na antenie radiowej występowali w nich pisarze emigracyjni, prezentowali swoje utwory; krytycy i publicyści dokonywali oceny utworów krajowych, jak i wydawanych poza krajem. Można więc mówić o wzajemnym dopełnianiu się tych części literatury. W najczarniejszym okresie literatury krajowej, w latach 1949–1955, powstawały ważne dzieła literatury polskiej na emigracji, były zaprzeczeniem totalitarnego zniewolenia. Literatura emigracyjna ma wprawdzie zawsze ograniczony krąg bezpośrednich odbiorców, ale powstaje z myślą o odbiorze powszechnym. Decyduje o tym język, w którym jest tworzona.

Z pierwszymi oznakami przygotowań do „ofensywy ideologicznej" w kulturze spotykamy się już w 1948 roku. Zlikwidowano niektóre czasopisma, jak „Nowiny Literackie", redagowane w latach 1947–1948 przez Jarosława Iwaszkiewicza, zmieniono redaktora „Odrodzenia" (Karola Kuryluka na Jerzego Borejszę), zaatakowano założenia artystyczne Teatru Rapsodycznego w Krakowie, przygotowano się do wymiany dyrektorów teatrów: rozpoczęło się kwestionowanie polityki repertuarowej Arnolda Szyfmana, Leona Schillera, Iwo Galla, Wilama Horzycy. Ciągle nieposłuszni byli plastycy: w 1947 roku powstała Grupa 4 F + R (Forma, Farba, Faktura, Fantazja + Realizm), założona przez Alfreda Lenicę i Feliksa Nowowiejskiego, która nawiązywała do kubizmu, abstrakcjonizmu i surrealizmu. Ostatnia wystawa malarstwa Grupy w Poznaniu została zorganizowana w marcu 1949 roku już po zjeździe plastyków w Nieborowie, na którym żądanie realizmu wywołało sprzeciw m.in. Tadeusza Kantora, Eugeniusza Eibischa i Marii Jaremianki.

Zmiany były już jednak widoczne. W związku ze śmiercią Andrieja Żdanowa, kodyfikatora doktryny realizmu socjalistycznego, ukazał się w „Kuźnicy" artykuł Leona Gomolickiego, w którym zasług zmarłego „jako teoretyka i propagatora marksizmu w dziedzinach

„Ofensywa ideologiczna"

nauki, filozofii, sztuki i szczególnie literatury" nie wiązano już wyłącznie z „wewnętrzną polityką kulturalną Związku Radzieckiego". Andriej Żdanow stawał się teoretykiem ustalającym zasady realizmu socjalistycznego także dla literatur krajów zależnych. Literatura radziecka, „przodująca na świecie", stawała się wzorcem do naśladowania. Dotyczyło to nie tylko literatury, lecz także plastyki i sztuki teatru.

IV Walny Zjazd Związku Zawodowego Literatów Polskich w Szczecinie (21–23 stycznia 1949 roku) był jednym z serii zjazdów związków twórczych. Wspomniany już Zjazd Plastyków w Nieborowie odbył się 12–13 lutego tego roku. III Walny Zjazd Związku Kompozytorów Polskich zorganizowany został jeszcze w 1948 roku (21–22 listopada).

Ofensywę ideologiczną poprzedziły: aresztowanie Władysława Gomułki za „prawicowo-nacjonalistyczne odchylenie w partii"; kongres zjednoczeniowy PPR i PPS (15–21 grudnia 1948 roku). Wydarzenia te otwierają nową fazę stalinizacji kraju. Pochodną dokonanych zmian politycznych były kongresy związków twórczych i zgłoszone na nich postulaty uznania doktryny realizmu socjalistycznego za jedyną i powszechnie obowiązującą zasadę. Oderwaniu kultury polskiej od kierunków i prądów „zgniłego Zachodu" służyć miało upowszechnienie „przodującej sztuki radzieckiej". Obowiązki te spadły na wydawnictwa (20–33% wydanych dzieł to tłumaczenia z literatury radzieckiej), na dyrektorów teatrów (obowiązek umieszczania w repertuarze sztuk radzieckich, festiwale sztuk radzieckich), na krytykę literacką i artystyczną. Krytycy, nazywani „oficerami kadrowymi na froncie literatury", winni walczyć o jej „marksistowskie, postępowe oblicze". Wyodrębniła się oczywiście „czołówka" zaangażowanych pisarzy, artystów, ale jako całość nie budzili oni zaufania. Byli niepewni ideologicznie, przeżywali inteligenckie rozdarcia. Dla zapoznania z życiem, z klasą robotniczą, wożono ich do zakładów pracy, postulowano podjęcie tematyki produkcyjnej. Miało to sprzyjać dokonaniu przełomów w postawach i twórczości. Najbardziej żałosnym i poniżającym był obowiązek składania publicznej samokrytyki. Takie samokrytyki składali: Jerzy Andrzejewski, który swą twórczość przedwojenną nazwał „moralnym bełkotem", a *Popiół i diament* „dziełem pisanym przez mańkuta"; Tadeusz Borowski oskarżał się o to, że pierwsze opowiadania pisał pod wpływem literatury amerykańskiej, „uległ literaturze Zachodu", znał lepiej literaturę angielską i amerykańską niż radziecką, nie umiał „klasowo podzielić obozu" i przez to skończył „na obiektywnym przymierzu z ideologią faszystowską"; Konstanty Ildefons Gałczyński wstydził się, że razem z Broniewskim i Wygodzkim „nie łamał się chlebem więziennym w faszystowskiej Polsce". Takie samokrytyki składało wielu pisarzy. Nagonki w prasie na twórców, na plastyków, ludzi teatru, pisarzy, powodowały głębokie frustracje, zamilknięcia, niekiedy tragiczne decyzje, jak samobójcza śmierć Tadeusza Borowskiego. Te okoliczności spowodowały decyzję Czesława Miłosza o pozostaniu na Zachodzie, opuszczenie kraju przez kompozytora Andrzeja Panufnika i innych. Artykuł *Nie* Miłosza w „Kulturze" (paryskiej) w 1951 roku, uzasadniający decyzję pozostania na Zachodzie, spotkał się z ostrymi atakami nie tylko w kraju, gdzie starano się raczej przemilczeć sam fakt, lecz także w prasie emigracyjnej, zwłaszcza w londyńskich „Wiadomościach". Oskarżano poetę o wcześniejszą współpracę z komunistami, odmawiano prawa do publicznego protestu. Tę sytuację zaostrzenia się konfliktów między literaturą krajową i emigracyjną nazwał później ironicznie Melchior Wańkowicz: w kraju dominować począł „soc-realizm", na emigracji „polit-realizm".

Niemniej jednak w najciemniejszym okresie w naszych powojennych dziejach literatura emigracyjna przejęła na siebie obowiązek ratowania kultury, obrony jej wartości i znaczenia. W 1951 roku „Kultura" (paryska) rozpoczęła druk *Trans-Atlantyku* Witolda Gombrowicza, jednej z najważniejszych powieści tego czasu; w Londynie ukazał się w tym samym roku *Inny świat* Gustawa Herlinga-Grudzińskiego (wersja angielska), w 1953 *Zniewolony umysł*, w 1955 *Dolina Issy* Czesława Miłosza i *Koniec Zgody Narodów* Teodora Parnickiego. W 1953 roku ukazał się w Paryżu *Ślub* Witolda Gombrowicza.

W kraju trwały nadal coraz głębsze ingerencje polityczne w życie kulturalne. Już w 1950 roku zamknięto część czasopism literackich. Zlikwidowano „Odrodzenie", „Orkę" (katowicką), „Kuźnicę", w 1953 katolicki „Tygodnik Powszechny". Powołano w to miejsce „Nową Kulturę" i nieco później, w 1951 roku, w Krakowie „Życie Literackie". Od początku nie było wiadomo, na czym ma polegać „realizm socjalistyczny" w poezji. Część młodych poetów pojęła go jako jawne i demonstracyjne, wyrażane środkami publicystycznymi, zaangażowanie się w „walkę klasową" i „budowę socjalizmu". Wczesne wiersze Wiktora Woroszylskiego (*Noc komunarda*, *Śmierci nie ma!*, *Świt nad Nową Hutą*), Witolda Wirpszy (*Stocznia*, *Polemiki i pieśni*, *Pisane w kraju*) mogą być przykładem tego typu tendencji, degradujących poezję, sprowadzających ją do funkcji agitacyjnych. Te tendencje w młodej poezji ocenił krytycznie już w 1950 roku Czesław Miłosz w szkicu *O stanie polskiej poezji* („Kuźnica" 1950, nr 4); podkreślił niski poziom artystyczny, deklaratywność, ułatwiającą publikacje. Wystarczy „włożyć czapkę robotniczą", „splunąć przez zęby i w ogóle zachowywać się w sposób surowy i pełen krzepy", używać „zwrotów szczególnie brutalnych, wyzwisk, burknięć", aby stać się „realistą". I inni pisarze ostrzegali przed skutkami „deklaratywności politycznej", powodującej obniżenie poziomu literatury. Jako usprawiedliwienie pojawiły się w tej wczesnej fazie sugestie, iż najpierw trzeba zabezpieczyć w literaturze właściwe postawy ideologiczne, a w następnym etapie dbać o podnoszenie jej poziomu. Przeciwko tej upowszechnionej opinii zaprotestował Julian Przyboś, który w 1954 roku pisał:

> Jest to fałszywe rozumowanie. Myślenie „etapowe" doprowadzić może w sztuce – i doprowadziło – do obniżenia poziomu i do obniżenia samokontroli artystów [...]. Od artysty trzeba wymagać już na pierwszym „etapie" od razu wszystkiego! Trzeba żądać od razu n a j w i ę c e j – ażeby chociaż coś osiągnąć. Bo sztuka jest szalenie trudną, tak trudną, że niemal szaloną. Jeśli tylko – choć na chwilę – zgodzimy się na obniżenie poziomu sztuki, sztuka przestanie być sztuką [...]. I etapy będą etapami marszu wstecz (*Pisarze wobec dziesięciolecia*, „Nowa Kultura" 1954, nr 18).

Takich wypowiedzi, poddających krytycznej analizie skutki wprowadzania stalinowskiej doktryny w kulturze, było wiele. Fałszywy byłby sąd, że wszyscy twórcy ulegli, stracili zdrowy rozsądek, wyparli się swoich przekonań. Andrzej Braun już w 1952 roku w *Pamflecie na rówieśników czyli o tchórzostwie* („Nowa Kultura", nr 9) podkreślał, że w prozie króluje schematyzm, pisarze operują „gotowymi formułkami", „frazes niszczy literaturę i wyjaławia", „administrowanie" zaszczepia w twórcach cynizm. Jest to „rak, który musi zniszczyć literaturę od wewnątrz". „Przeciętność – dowodził Ludwik Flaszen w głośnym artykule *Zoilowe diagnozy i proroctwa* („Życie Literackie" 1953, nr 50) – jest równoznaczna z klęską". Artykuły Flaszena spowodowały długą dyskusję o schematyzmie w konstruowaniu konfliktów powieściowych, o „papierowych" postaciach, pozbawionych życia wewnętrznego i prawdopodobieństwa.

Nie da się stworzyć prawdziwego obrazu literatury i kultury w latach 1949–1955 na podstawie odwołań do deklaracji ideologicznych ówczesnych władz, uchwał różnego typu zjazdów, „samokrytyk" niektórych pisarzy, nawet zawartości powieści i wierszy zgodnych ze stalinowską doktryną. Prawda kryje się w oporze, w zakamuflowanych dyskusjach, w jawnej i niejawnej niezgodzie, w obronie resztek niezależności. Była to walka uporczywa, wymagała uników i przemilczeń. Pola Gojawiczyńska ubolewała w 1949 roku:

> Dlaczego nam jest trudno pisać? Wydaje się, że my, pisarze polscy, stanęliśmy w jakimś niewłaściwym miejscu i przyjęliśmy niedogodną postawę, a teraz jest nam ciasno i trudno. Pozwoliliśmy, aby nas pouczano i monitowano ze wszystkich stron, jak mamy pisać, i mówiono nam ze wszystkich stron, że źle piszemy (*O współczesności w tworzywie literackim*, „Odrodzenie" 1949, nr 47).

Podobnych sformułowań użył nieco wcześniej Aleksander Wat w artykule *Antyzoil albo rekolekcje na zakończenie roku* („Kuźnica" 1948, nr 6, 7). Brutalnie na te uwagi odpowiedziała Melania Kierczyńska, przywołując pisarzy do porządku i wskazując im ich właściwe miejsce:

Sądzę, że na dnie tego rodzaju skarg na „pouczenia" leży w jakiejś mierze burżuazyjna „teoria", że intelektualiści, twórcy – jeśli nie do nich należy rządzenie światem i wytyczanie dróg – powinni być „niezależni" w twórczości swojej. Każdy marksista wie dobrze, w czyim interesie rodzą się takie teorie (*Źródła natchnienia twórczego*, „Kuźnica" 1950, nr 6).

Odwzorowanie życia społecznego, jedna z zasad realizmu w ogóle, nie było celem w doktrynie. Powstawała „rzeczywistość" utopijna, postulowana, naruszająca elementarne zasady etyki pisarskiej. Rodziła cynizm, zrywała kontakt twórców z odbiorcami, bo nie byli oni przecież dość naiwni, aby przyjąć mistyfikację za prawdę. Spustoszenie, jakiego dokonała doktryna realizmu socjalistycznego w kulturze, nie sprowadza się do pewnej liczby dzieł, które wówczas powstały. Znalazły się dość szybko na cmentarzysku, uległy zapomnieniu. Spustoszenie to dotknęło pokładów najgłębszych – zdolności sztuki do dialogu ze społeczeństwem, z odbiorcą. Nie udało się już nigdy powtórzyć tego typu relacji, które widoczne były w Dwudziestoleciu. Ale ukształtowany wówczas charakter naszej kultury powodował, że niemożliwe było u nas także zaszczepienie totalitarnego wzorca kultury. Wymiany postaw estetycznych i konwencji artystycznych dokonują się zawsze za sprawą twórców; realizm socjalistyczny nie był jednak dziełem twórców, lecz polityków. Potwierdzają to wydarzenia z lat 1955––1956. Doktryna realizmu socjalistycznego nie została wówczas obalona, ona się po prostu rozpadła. Pozostał niektórym jej ochotnikom i przymusowym zwolennikom wstyd. Nazywał rzecz dosadnie głośny artykuł Ludwika Flaszena *O trudnym kunszcie womitowania* („Życie Literackie" 1955, nr 44). Pisarze, twórcy wyszli z tego złego czasu okaleczeni, niektórzy przeżyli dramatycznie krótszą lub dłuższą fazę nieobecności, „śmierci cywilnej", ale kultura i sztuka, jako całość, zachowała zdolność do samoodrodzenia. Owa zdolność leży u źródeł przemian, które zaczęły się w 1955 roku. Gorzki wiersz Różewicza *Bez przesady* z tomu *Srebrny kłos* (1955) jest nie tylko usprawiedliwieniem, ale i oceną całego okresu:

Co tam składasz
co dźwigasz
krwią umazany
Składam słowa
dźwigam swój czas

Poezja w latach 1945-1955

Poezja 1945-1955

Poezja tego okresu ma dwa oblicza. Z jednej strony o jej charakterze decydowały próby kontynuacji dawnych poetyk i postaw – zarówno w kraju, jak i na emigracji. Tworzyli przecież poeci należący do wcześniejszych generacji, o ukształtowanym światopoglądzie artystycznym. Ogłaszał swoje ostatnie tomiki Leopold Staff, świadek i współtwórca wydarzeń artystycznych Młodej Polski. Po zakończeniu II wojny światowej ukazały się jego wiersze wojenne i powojenne zebrane w tomikach *Martwa pogoda* (1945), *Wiklina* (1954) i *Dziewięć muz* (1957). Kontynuowali swą twórczość poeci należący do następnego pokolenia: Antoni Słonimski wydaje *Wiek klęski. Wiersze z lat 1939-1945* (1945), *Wybór poezji* (1946), *Poezje* (1951); Jan Lechoń *Arię z kurantem* (Nowy Jork 1945), Kazimierz Wierzyński, prócz *Krzyży i mieczy* (Londyn 1946), zawierających wiersze wojenne, publikuje *Korzec maku* (Londyn 1951) i *Siedem podków* (Nowy Jork 1954); Julian Tuwim ogłasza pisane w czasie wojny *Kwiaty polskie* (1949); Władysław Broniewski – *Słowo o Stalinie* (1950), *Nadzieję* (1951), *Mazowsze i inne wiersze* (1952); Julian Przyboś wznawia wydany wcześniej konspiracyjnie tomik *Póki my żyjemy* (1944), później drukuje *Rzut pionowy* (1952) i *Najmniej słów* (1955). Ukazuje się także tomik Miłosza *Ocalenie* (1945). Nie była to jednak nowa faza twórczości, charakteryzująca się ważnymi propozycjami artystycznymi w całym dorobku poetów. Przeważały bądź wydania utworów wcześniejszych (Tuwim), wyborów wierszy już publikowanych (Słonimski, Przyboś), bądź też żenująco deklaratywnych, jak poemat *Słowo o Stalinie* Władysława Broniewskiego. Odrębną formułę poetycką zapowiadał tomik Zbigniewa Bieńkowskiego *Sprawa wyobraźni* (1945), wybitnego później krytyka. Tomik ten, wznowiony i rozszerzony w 1960 roku, inicjował niejako dyskusję o istocie języka poetyckiego. Z drugiej strony – do literatury wkracza pokolenie wojenne o wyraźnie odrębnej wyobraźni i świadomości pokoleniowej.

Leopold Staff

Różnice postaw między poetami starszymi, młodszymi oraz najmłodszymi dotyczyły przede wszystkim stosunku do przeżyć wojennych. Dla starszych zakończenie wojny wiązało się z nadzieją na powrót do dawnych wartości, utrwaleniem się ładu społecznego – przede wszystkim w sensie moralnym. Zło przeminęło. W wojennym jeszcze wierszu Leopolda Staffa *Pierwsza przechadzka*, umieszczonym w tomiku *Martwa pogoda*, nadzieja takiego powrotu wiąże się z poetyckim „odzyskaniem domu" i „ogrodu", horacjańskiej *mediocritas* – umiarkowania, spokoju:

Będziemy znowu mieszkać w swoim domu,
Będziemy stąpać po swych własnych schodach.
Nikt o tym jeszcze nie mówi nikomu,
Lecz wiatr już o tym szepce po ogrodach.

Wiersze powojenne Leopolda Staffa charakteryzuje wyraźna dychotomia: wyrażają one, jak *Pierwsza przechadzka*, *Pogoda późnej jesieni*, *Przeczucie skowrona*, *Wiosna* czy *Wenus z Samotraki* (inaczej interpretowana niż u Łobodowskiego), nadzieję, oczekiwanie ładu, wspartego na wzorcach antycznego piękna, ale też, jak *Święty Sebastian*, *Znad ciemnej rzeki*, *Wieczór*, *Ciężka noc*, *Felix culpa*, *Serce*, zapisują czas wojny w obrazach ciemnych, pełnych zwątpienia i rozpaczy. I wtedy obrazy i metafory Staffa upodobniają się do obrazów i metafor Krzysztofa Kamila Baczyńskiego. Przywołajmy tu wiersz *Nędza przedwiośnia*. Przedwiośnie w metaforyce poetyckiej wiązało się zawsze z nadzieją, z wychodzeniem ze stanu śmierci, narodzinami życia. Tytuł wiersza wyznacza inny krąg skojarzeń:

Nędza przedwiośnia

Pod niebem martwem i sinem,
Nad pól zimowym całunem,
Wiatr pijany sobą jak winem,
Leci odwilży zwiastunem.

Suche, umarłe badyle,
Obrazy nędzy ostatniej,
Chwieją się w drętwej bezsile,
Chcąc z śmierci wyrwać się matni.

Tający śnieg w ziemi rdzawej
Ruń kiełkującą obnaża
I każde blade źdźbło trawy
Jest jak wskrzeszenie Łazarza.

W tej grupie wierszy, wyrażających zwątpienie, dominują barwy ciemne – obrazy nocy, burzy, chaosu, bezsensu. Wiersz *Zły pejzaż* z tomiku *Wiklina* owo zwątpienie w ład świata wyraża symboliką barw – całość określa „powietrzna pustka szarosina":

Zły pejzaż

Którą z rozmachem przekreśla poziomo
Kilka ciemniejszych, grubych smug.
Jak gdyby stary malarz, Bóg,
Widząc barw całe ubóstwo i nędzę,
Znudzony,
Wytarł o płótno nieba pędzel
I rzucił obraz nie skończony.

Podstawowa antynomia, widoczna w powojennych wierszach Staffa, znajduje jednak swe przezwyciężenie w antycznym micie eleuzyjskim: po nocy następuje dzień, po burzy pogoda, po śmierci – odrodzenie życia. Te wymiany, zamknięte w micie o Demeter i Korze, budują

Burza nocna

podstawowy sens światopoglądowy w wierszu *Burza nocna* z tomiku *Martwa pogoda*:

> Potem wszystko ucichło. Gdy świtem wychodzę,
> Jest pusto i bezludnie. I tylko na drodze,
> Śladami po odpartych, rozgromionych zbiegach,
> Lśnią kałuże, jak tarcze o szczerbatych brzegach.

W kulturze więc, w jej mitach, poszukuje Staff nadziei na powrót do ładu spraw ludzkich, odwiecznych wartości – dobra i piękna. Najgłębsze zwątpienie nie uwalnia od uznania tej potrzeby. Wyraża to dobitnie wiersz *Nadzieja* z tomiku *Wiklina*:

Nadzieja

> Zostawiłem drzwi moje otworem,
> Bo mam w duszy pewność tajemniczą:
> Radość przyjdzie z winogron słodyczą,
> Przyjdzie późną jesienią, wieczorem.

Kazimierz Wierzyński

W emigracyjnych wierszach Kazimierza Wierzyńskiego z tomików *Korzec maku* i *Siedem podków* nie ma nadziei. Nowe wiersze rozwijają wątki widoczne w utworach z czasów wojny – nostalgii, poczucia osamotnienia, niepokoju o losy bliskich pozostawionych w kraju. Wyciszeniu ulegają te, których przeznaczeniem była mobilizacja do walki z wrogiem, z okupantem. Nie nasilają się jednak wątki polityczne, charakterystyczne dla części literatury i publicystyki emigracyjnej. Wierzyński tworzy własny świat, szczególny azyl – autonomiczną krainę poezji. Motywem podstawowym, prócz samotności i nostalgii, staje się sama poezja jako odrębna forma świadomości, refleksji filozoficznej, jako zapis jednostkowej egzystencji, wreszcie – jako sprawa porządku językowego, jego jakości estetycznej, a także pojemności i nośności semantycznej. Sytuacja emigranta, uznającego niemożliwość powrotu do kraju, przebudowała świat poetycki Wierzyńskiego. W obrazach znikają barwy jasne, podszyte niekiedy ironią. „Ciemność", „noc", „śmierć", „zniszczenie", „gruzy" budują pejzaż liryczny, pełen niepokoju i przerażenia. Nie ma, jak u Staffa, wiary, że „przyjdzie radość", nawet „późną jesienią". Obroną przed złem świata, przed ciemną historią, staje się więc sama poezja; rzec by się chciało: poezja czysta, uwolniona od innych powinności poza zapisem dramatu egzystencji ludzkiej, uwikłanej w absurdy historii, w obcą, wrogą jednostce cywilizację. W wierszu *Muzy*, który jest rodzajem inwokacji otwierającej tomik *Korzec maku*, odnajdujemy przejmujący zapis stanu ducha poety:

Muzy

> Nie przekroczę tej nocy,
> Ciemność jest twarda
> I zegar zmęczony i senny.
> Zapalcie u progu

Zorzę pomocy,
Świecznik dziewięcioramienny.
. . . .
Wyprowadźcie mnie stąd, lutnistę
Ciemnego czasu i losu,
Wyprowadźcie ze zbrodni i zdrad.
Waszych chcę dotknąć włosów
I waszej skrzydlatej głowy,
Wasze światło jest czyste,
Wasza prawda prawdziwa,
Wasze sny rzeczywiste,
I poza zgubą
Jedyny zaiste
Jest Orfeuszowy
Świat.

Poezja jako jedyny azyl emigranta pozwala przekraczać granice doświadczenia, przynosi poznanie żywe, inne niż w nauce. Domeną poezji nie jest bowiem rzeczywistość, lecz słowo i, jak w wierszu *Zaślepieni*, „sens spoza sensu, zza śmierci i życia", „widzenie wśród ciemności". Poznanie poetyckie, poprzez słowo, pozwala w ciemności odnajdywać prawdę o życiu w jego elementarnych, najprostszych przejawach. Na ciemnym tle historii świeci „żółty owies", znaczy swą barwę „kora brzozowa", oczy radują „zioła", „paprocie w zielniku", „puszyste mlecze". Owe elementy, drobiny pejzażu, nie tyle obserwowanego w Ameryce, co rekonstruowanego w pamięci, na prawach *pars pro toto* stają się substytutem opuszczonego kraju. Dosadnie i wprost tę nostalgiczną grę z naturą wyraża wiersz *Zapach*:

Zapach

Wszystko wam oddam tylko nie te trawy
Łąk pokoszonych i cień pod modrzewiem.
Szuwarem pachną zamulone stawy
I coś gadają. Co takiego? Nie wiem.

Cały dzień chodzę, przysiadam w tym cieniu
I to, co widzę, powtarzam bez związku:
Piasek, zielone kamyki w strumieniu,
Łąki i stawy – i znów od początku.

Dopiero nocą, gdy idziemy skrajem
Rzęs ponadwodnych w blady księżyc z wosku,
Zgaduję nagle, że idę mym krajem
I trawy pachną i więdną po polsku.

Wierzyński w tomikach *Korzec maku* i *Siedem podków*, szukając schronienia w poezji, wytrwale buduje jej egzystencjalny, prywatny charakter. Emigracyjną pustkę, także na prawach odwołań do przeszłości, wypełniają przypomnienia opuszczonej Europy, nie tyle jej historii, co kultury (wiersze: *Europa*, *Alviano*, *Van Gogh*, *Cézanne*, *Ballada o Haydnie*, *Malarstwo*). Sztuka, a jest w tym daleki ślad filozofii Schopenhauera, wypełnia pustkę życia, staje się jedynym godziwym, choć tylko zastępczym, celem egzystencji. Cała cywilizacja, jak w wierszu *Memento*, jest bowiem rezultatem lęku egzystencjanego:

> Wymyśliliśmy wszystko, by umniejszyć cierpienia,
> Wymyśliliśmy wszystko, by zapomnieć o śmierci.

Tajemnica egzystencji ludzkiej, której celów nie umiemy rozpoznać i nazwać, utrwala się w języku, w tym co mówimy i jak mówimy.

Słowa Wiersz *Słowa* z tomiku *Siedem podków* wyznacza jeszcze jedną cechę emigracyjnej poezji Wierzyńskiego – jego niezwykłą wrażliwość na jakość i brzmienie słowa, a równocześnie na precyzję jego użycia:

> Składamy się ze słów,
> Ze słów dzieciństwa i kolęd czułych jak matka,
> Ze słów skrzydlatych i niesprawiedliwych jak młodość,
> Ze słów bezradnych a zacietrzewionych jak starość,
> Ze słów cichych i drżących jak całowane rzęsy,
> Ze słów utkwionych w gardle jak wymarsz na wojnę,
> Ze słów oczekiwanych w pustce jak pukania więzienne,
> Ze słów z innego świata, tajemniczych jak groby.

Z katastrofy i pogromu Wierzyński stara się ocalić przede wszystkim poezję w jej czystej postaci. W niej zapisuje się pamięć o urodzie opuszczonego świata, tragizm doświadczeń historycznych, samotność i bezradność jednostki, ciemne, metafizyczne treści egzystencji. Poezja jako forma poznania sięga głębiej w tajemnice świata niż rozum i nauka.

Jakość i odmienność twórczości Wierzyńskiego dają się rozpoznać przez jej konfrontację wypowiedziami rówieśników (Tuwima, Słonimskiego), a także z nowymi tendencjami w poezji krajowej, z preferowanym modelem języka agitacji politycznej, widocznym w utworach niektórych debiutantów, ogarniętych „socrealistycznym" entuzjazmem. O ich języku pisał dosadnie Czesław Miłosz we wspomnianym szkicu *O stanie polskiej poezji*.

Wydarzenia w kraju pogłębiały nie tylko dramaty poetów emigracyjnych. Zwątpienie rodziło kryzysy twórcze. Po powrocie do kraju Tuwim właściwie zamilkł jako poeta, niewiele pisał Antoni Słonimski, Jarosław Iwaszkiewicz w 1948 roku wydał *Ody olimpijskie*, a w wyborze *Wiersze z różnych epok 1912–1952* (1952) umieścił znaczący cykl utworów *Ciemne ścieżki*, które powstawały w czasie wojny i po wojnie. Kryzys przeżywali także ci twórcy, którzy związani byli wcześniej z ruchami awangardowymi. Zmarł w pierwszych dniach powojennych Tytus Czyżewski, zamilkł jako poeta, pogrążając się w chorobie, Tadeusz Peiper, ku prozie i folklorystycznym stylizacjom zwrócił się Jalu Kurek (*Zraniony ptak*, 1947; *Płomień nad Wisłą*, 1950).

Adam Ważyk po powrocie ze Związku Radzieckiego zmienił się z poety w politycznego doktrynera: stał się jednym z głównych aktorów w rozgrywającej się farsie „walki o realizm socjalistyczny". Już zresztą wiersze pisane w czasie wojny (*Serce granatu*, Moskwa 1943) zawierały liczne dowody porażenia doktryną stalinowską. Aleksander Wat po długim pobycie w więzieniu, w szpitalach radzieckich, i późnej repatriacji do kraju kilkoma wierszami zaledwie przerwał długie wcześniejsze milczenie. Teraz milczenie wytłumaczyć się dawało rozwijającą się chorobą, ale i faktem, że był przeciwnikiem doktryny realizmu socjalistycznego. Inny jej przeciwnik, Julian Przyboś, wydał tomik *Miejsce na ziemi* (1945), ale był on wyborem wierszy przedwojennych, przedrukiem tomików konspiracyjnych (*Do ciebie o mnie*, *Póki my żyjemy*). W późniejszym *Rzucie pionowym* (1952) przeważały także przedruki, choć zjawiły się nowe wiersze zgrupowane w cyklu *Linią powietrzną*. Trochę nowych wierszy, oprócz przedruków, zawierał także tomik *Najmniej słów* (1955). Przedruki były próbą obrony własnej poetyki, uporczywą i beznadziejną. Nowe wiersze, choć kontynuowały podstawowe zasady, poziomem swym odbiegały znacznie od wierszy wcześniejszych.

Najdobitniej przestrzeń prywatnej wolności wyznaczył wówczas Konstanty Ildefons Gałczyński. Po wyjściu z niemieckiego obozu dla jeńców wojennych, krótkim pobycie na Zachodzie, powrócił do kraju w 1946 roku. W Dwudziestoleciu ukształtował swój wizerunek poety-cygana, kpiarza, jeśli wiążącego się z orientacjami politycznymi, to trochę nie na serio, półżartem. Odcinał się od poezji wieszczej, uległej wobec powinności społecznych i ideologicznych. Przyzwyczaił odbiorców do swojej postawy. Chciał uchodzić za sprawnego rzemieślnika: w tej strategii kryły się niebezpieczeństwa. Jako „rzemieślnik" oczekiwał na „zamówienia", uznawano go więc za poetę „felietonowego", wieszcza „Przekroju", z którym współpracował, poetę piszącego na zadane tematy. Mimo ostrych przygan krytyki nikt nie oczekiwał od niego „przełomów ideologicznych". Prasowe ataki na Gałczyńskiego w latach 1949–1953 skłoniły go do podjęcia prób różnego typu przystosowań. Dotyczy to jednak jego wierszy okolicznościowych, pisanych zgodnie z ironicznie sformułowaną dewizą w *Balladzie o mrówkojadzie*: „Czy za te parę kawałków mam zaraz panu napisać *Księgi Narodu i Pielgrzymstwa*?". Postawa kpiarza i ironisty wyznaczała przestrzeń wolności osobistej. Wydany po śmieci poety tom *Satyra, groteska, żart liryczny* (1955), cykl publikowanych w „Przekroju" felietonów poetyckich *Listy z fiołkiem*, a także miniatury teatralne z *Teatrzyku „Zielona Gęś"*, czytane po latach, stają się przewrotnym zapisem rozrastającej się w kraju bzdury i głupoty.

Konstanty Ildefons Gałczyński

Obok twórczości okolicznościowej istnieje głębszy nurt twórczości lirycznej Gałczyńskiego. Tworzą go tomiki *Zaczarowana dorożka* (1948), *Ślubne obrączki* (1949), *Wiersze liryczne* (1942), *Pieśni* (1953), a także poematy *Niobe* (1951) i *Wit Stwosz* (1952). I w nich odnajdziemy wielkie materii pomieszanie: groteska wyraża postawę wobec świata („wszystko jest jak sen wariata śniony nieprzytomnie"), niezgodę na jego absurdy, niemożność pełnej z nim identyfikacji; liryzm, który wydaje się niemożliwy w połączeniu z groteską, wyznacza przestrzeń prywatnego azylu, ściśle chronionego. W tym prywatnym świecie istnieją wartości niepodważalne – miłość, muzyka i poezja. Umiejętność scalania groteski i liryki jest tajemnicą sztuki poetyckiej Gałczyńskiego, niekiedy, jak w poemacie *Niobe*, dochodzi do granic prawie niemożliwych – tragizm i groteska wzajemnie się przecież wykluczają. W poezji Gałczyńskiego groteska służy często do wydobycia i uwydatnienia tragizmu. Żart i groteska podważały obowiązujący w doktrynie realizmu socjalistycznego wizerunek poety-trybuna porywającego za sobą masy, kwestionowały wiele schematów i mitów, zadomowionych w całej naszej kulturze. Ujawnianie nonsensów jest czynnością głęboko racjonalną, dlatego też bliższe było Gałczyńskiemu klasycystyczne rozumienie poezji jako wolnej od romantycznych zamgleń i mistycznych uniesień.

Charakterystyczne wydaje się to, że młodzi poeci w kraju, debiutujący w latach 1955–1957, poszukując swoich związków z najbliższą tradycją, z obcym im duchowo czasem i nieciekawą w swych skrajnych przejawach poezją, odwoływali się najczęściej do Gałczyńskiego. W jego postawie odnajdywali swoje własne sposoby nie tylko na zaistnienie w literaturze, lecz także na wyznaczenie pola wolności i niezależności. Wiele ze spraw, o których pisał Gałczyński, już przeminęło: wiersze okolicznościowe, jego satyry, wymagają dziś szczegółowych komentarzy. To co było w nich okazjonalne, obumarło, ale zachowała się w całej pełni inna sfera znaczeń: śmieszność, głupota, bzdura, absurd są nieśmiertelne. Ujawnienie ich może być uznane za całkiem serio potraktowany obowiązek sztuki. Groteska jako pewna postawa wobec świata, sposób jego interpretacji, a także jako technika twórcza, będąc zaprzeczeniem totalnej ideologizacji kultury, rozbijała skostniałą skorupę doktryny realizmu socjalistycznego, zadomowiła się na długie lata w literaturze i sztuce krajowej po 1956 roku. Całą niezwykłość poezji Gałczyńskiego zrozumieć można, jeśli zestawimy ją z poezją debiutantów zauroczonych wskazaniami obowiązującej doktryny – z wierszami z tego czasu Witolda Wirpszy (*Stocznia*, 1949; *Polemiki i pieśni*, 1951; *Pisane w kraju 1950–1951*, 1952); Wiktora Woroszylskiego (*Noc komunarda*, 1949; *Śmierci nie ma!*, 1949). Byłoby jednak uproszczeniem sądzić, że przesiąknięte deklaracjami politycznymi wiersze, niezdarnie naśladujące Majakowskiego, swoista wierszowana publicystyka, stanowią rzeczywisty obraz całej poezji krajowej. Prawdziwe jej oblicze kształtowało się w innych przestrzeniach.

Pozornie nieuzasadnione może się wydawać zestawienie tych poetów, różnych przecież nie tylko metrykalnie, lecz także pod względem poetyk i światopoglądów artystycznych. Ale warto tu przypomnieć i inny paradoks: wśród zafascynowanych twórczością młodego Różewicza-debiutanta, oprócz Miłosza, był Leopold Staff. Dzieliły ich jeszcze głębiej epoki literackie i poetyki; jednak Staffa i Miłosza w stosunku do Różewicza łączyło jedno: odczucie niezwykłości tego debiutu. W tomiku *Światło dzienne* (Paryż 1953) umieścił Miłosz wiersz *Do Tadeusza Różewicza, poety* napisany w 1948 roku:

> Chwała stronie świata która wydaje poetę!
> Wieść o tym biegnie po wodach przybrzeżnych
> Gdzie na tafli we mgłach śpiąc pływają mewy
> I dalej, tam gdzie wznoszą się i opadają okręty.
> Wieść o tym biegnie pod górskim księżycem
> I ukazuje poetę za stołem
> W zimnym pokoju, w mało znanym mieście
> Kiedy zegar na wieży wybija godzinę.

Czesław Miłosz, Tadeusz Różewicz

Patetyczny ton tego wiersza przypomina barokowy panegiryk i jest całkowicie przeciwstawny ascetycznej poetyce Różewicza. Nie jest jednak polemiką poetycką, bo pochwała nie została podszyta ironią, ukrytą negacją. Odmienność poetyki, tak ostro zaznaczoną przez Miłosza, uznać trzeba za zaproszenie do dialogu. Ale ten dialog zawiązał się już wcześniej. Tadeusz Różewicz wydał konspiracyjnie w czasie wojny tomik wierszy i opowiadań *Echa leśne* (1944); za właściwy jednak debiut uznajemy jego tomik *Niepokój* (1947), poprzedzony drukiem zawartych w nich wierszy w prasie literackiej. Także drugi tomik, *Czerwona rękawiczka* (1948), ustalał opinię o niezwykłości tego debiutu. Tomik Miłosza *Ocalenie* (1945) zawierał wiersze przedwojenne i wojenne, był jednak ważny w sensie estetycznym i światopoglądowym. Czesław Miłosz już w czasie wojny prowadził spór z pokoleniem Baczyńskiego i Gajcego. Ten spór widoczny jest także w tomiku *Światło dzienne* (1953), wydanym już na emigracji w Paryżu. Dodajmy, że Miłosz przeżył okupację w kraju, w znacznej części w Warszawie, niejako obok Baczyńskiego i Gajcego. Można wiersze Miłosza z tomiku *Ocalenie*, takie jak *Miasto, Rzeka, Równina, Baśń wigilijna*, zestawiać z utworami Baczyńskiego i Gajcego. Jest w nich pokrewny typ metaforyki, podobny obrazowy, wizyjny zapis spełniającej się zagłady. O odmienności w języku poetyckim decyduje szacunek dla konkretu, poety zawsze wiernego naturze, w jej przejawach rozpoznającego tajemnice życia. Z tej właśnie postawy wynikała jego moralna niezgoda na poddanie się losowi, wypełnienie fatalistycznych przeznaczeń zagłady. Podstawowym obowiązkiem sztuki, jej prawem, jest obrona życia. Mówiły o tym wojenne cykle wierszy Miłosza *Świat (Poema naiwne)* i *Głosy biednych ludzi*. Dojmujące uczucie przemijania, tak wyraźne u Baczyńskiego, uzyskuje u Miłosza inną wykładnię: cierpienie, zło i okrucieństwo są częścią natury i historii ludzkiej, nie zaś wynikiem zewnętrznych sił, abstrakcyjnego fatum. Przekonania ogólne, właściwe generacji poetów wojennych, wyraża dobitnie wspomniany już wiersz Baczyńskiego *Miserere*:

> Oto stoimy nad ziemią tragiczną.
> Pobojowisko dymi odwarem strzaskanych wspomnień i snów.
> Lepkimi krwią pytaniami
> zdejmujemy hełmy przyrosłe do głów.
> Głowy – czerwone róże przypniemy hełmom pokoleń.
> Widzę: czas przerosły kitami dymów,
> widzę czas: akropol zarosły puszczami traw.
> Rzuć się, ostatni kainie, na ostatniego abla,
> dław!

Rzeka Wizja Miłosza w *Rzece*, choć pokrewna, zawierająca nawet bezpośrednie przytoczenia, odwołuje się do innej topiki i zmierza w innym kierunku:

> Otośmy na tej ziemi
> Płaskiej, potratowanej. Widnokrąg zasnuty
> Dymem czy ludzkim smutkiem. Wronich gromad nuty
> Ciągną nad rżyskami i wozy wojenne
> Warczą na pustej szosie. W okna ruin ciemne
> Wiatr niesie piasek. Tylko z głośnym sykiem
> Trze się o wiatr, krzycząca nieznanym językiem
> Czerwono-czarna flaga. Cisza, wielka cisza,
> Tylko to, na czerwieni, drapieżnego krzyża
> Łopotanie, jak głownia w kole krwawych iskier,
> Na znak, że bój pożarem, ład – pogorzeliskiem.

Znak zagłady, faszystowska flaga niemiecka, symbol jej sprawcy, jest tu jednoznacznie określony. Nie fatalizm, odwieczny porządek świata, lecz konkretna ideologia przynosi zagładę. Jej obraz, nasycony realnością wozów, ruin, piasku, znaków bojowych, dymami, gromadami wron na pobojowisku, pożarami, uzupełnia pochód – nie pokoleń i nie ludzkości, jak u Baczyńskiego, lecz więźniów z łopatami, prowadzonych przez strażników za druty kolczaste:

> Przywykłe do kaźni
> Ciało ich rzeźwość chwyta. Kończą dzień – powszedni.
> Nie dla nich żar przyszłości ani przepowiedni
> Astrologów na chmurach palące się zgłoski.
> Niebiosa głuche, martwe, żaden sygnał boski

Nie spadnie błyskawicą na schylone głowy,
Ani im własnej nędzy wspominać – wiekowej,
Ni dochodzić, dlaczego karki im przygina
Siła władcy, skąd kara ani czym jest wina.
Tak mijają.

Spór, o którym mowa, toczył się w 1941 roku, i dotyczył postaw młodzieży, jej gotowości do ofiary życia, świadomego wyboru śmierci, tragicznego heroizmu. To przeciwko tym postawom, wywiedzionym z tradycji romantycznej, buduje Miłosz obraz pochodu nędzarzy z łopatami na plecach, prowadzonych za druty kolczaste. Nie buntują się, przemijają, bo nie mają siły i szansy na bunt skuteczny. I nikt nie ma prawa wymagać od nich heroizmu. Ważniejsze od śmierci jest życie: śmierć zamyka wszystko, niczego nie otwiera. Ocalenie życia nie jest tchórzostwem, lecz obowiązkiem, oczywiście jeśli nie przekracza elementarnych norm moralnych. Mówi o tym najdobitniej wiersz *Podróż*, pisany w 1942 roku. Scala on wyznanie osobiste z refleksją intelektualną nad sensem wydarzeń:

Podróż

Najpierw złorzeczyłem niemądrze losowi,
Że małe moje życie wplątał w takie dziwa,
Potem rad byłem, że tak nagle się odkrywa
To, co dotychczas leżało ukryte.
Że burza, choć zabija jednych, innych uczy,
Jak szukać miar i właściwych kluczy,
Jak życie ludzkie myślami otwierać
I co żyć znaczy, co znaczy umierać.

Innymi słowy: wartością nadrzędną jest samo życie, nawet w jego nędznych, zdegradowanych formach – w rumowisku miasta słychać gramofon, w zniszczonych bramach oszuści zabawiają naiwnych grą „w trzy karty":

I wtedy zrozumiałem, czy są rzeczywiste
Te rozpostarte dokoła obrazy,
Czy też jest źródło bardziej czyste,
Które przesącza blask jak kryształ ciemny.
Małe źródło – a starczy tylko ręką skinąć,
A będą z niego rosnąć i płynąć, i płynąć
Miasta, całe krainy, dzieje – takie same
Jak tamte – a prawdziwsze, bo w rzece ujrzane.

W środku okupacyjnej nocy Czesław Miłosz, w którego przedwojennej twórczości odnaleźć można wyraźne piętno katastroficznych niepokojów, buduje swój nowy światopogląd, przezwyciężający tragizm zagłady, zwrócony ku życiu. Owo poszukiwanie „miar właściwych i właściwych kluczy" wiąże się z trudną sztuką wyciągania intelektualnych wniosków („Jak życie ludzkie myślami otwierać") z tragicznych doświadczeń, odnajdywania „czystego źródła", z którego rodzić się będzie nowe życie.

Ten wielki spór ideowy z lat 1941-1942 nabrał gorzkiego smaku po klęsce powstania warszawskiego, po zburzeniu miasta. Jeszcze w wierszu *Ranek*, pisanym już po wojnie, Miłosz, wierny swoim przekonaniom, składał deklarację wierności życiu:

> Tak, tak poeto. Kto w tym kraju został,
> Kto za pomyślność nie płacił tęsknotą,
> Najcięższym dniom niech teraz umie sprostać,
> Jeżeli zostać chciał – to chyba po to.

Ale ta miara wierności życiu i sobie miała się okazać w najbliższych latach niewystarczająca, przerosło jej możliwości stalinowskie zniewolenie kraju. Jednakże w 1945 roku, kiedy ukazał się tomik *Ocalenie*, i jeszcze w 1948, kiedy powstał wiersz *Do Tadeusza Różewicza, poety* – możliwy był dialog. Różewicz jest rówieśnikiem Baczyńskiego i Gajcego, żołnierzem leśnych oddziałów AK, należy do grupy ocalonych z pokolenia wojennego. Podjął pytania o sens wydarzeń, postawione przez Miłosza; udzielając odpowiedzi także w imieniu tych, którzy zginęli, sformułował ją jednak inaczej: nie pytał o sens śmierci, lecz o to, co ocalało. Jednym z najważniejszych jego wierszy w tomiku *Niepokój* jest *Ocalony*. Już w samym tytule przekazane zostają dwie informacje: ocalenie ma tu wymiar dosłowny, biologiczny, oznacza ocalenie samego życia. Takie ujęcie wyodrębnia podmiot liryczny z większej grupy – tych, którzy zginęli. Tytuł odsyła także do tomiku wierszy Miłosza; Różewicz podejmuje dialog na temat samego ocalenia. Przyznaje, że w śmierci nie ma żadnej wyższej wartości: „widziałem: furgony porąbanych ludzi którzy nie zostaną zbawieni". Poeta wyraża tę elementarną prawdę w niepoetycki sposób: rezygnuje z wizyjnych obrazów, nazywa rzecz konkretnie, bezpośrednio. Jest w tym nawet wyraźna bezwzględność, okrucieństwo. Zrezygnowanie z możliwości, jakie daje poezja, otoczenia śmierci ozdobnymi metaforami, doborem słów rzadkich i wyszukanych, jest tu zabiegiem celowym. Wiersz zbudowany został z tworzywa językowego i reguł wewnętrznych demonstracyjnie niepoetyckich. Tajemnica jego formy, tego właśnie, że jest wierszem, kryje się w celowej konstrukcji, w budowie. Jest w tej zasadzie, którą przyjmuje Różewicz, wyraźny ślad awangardowego konstruktywizmu, ale nie ma, jak u Peipera i Przybosia, wyszukanych metafor, „zdań pięknych", kojarzenia słów i pojęć odległych i towarzyszącego tej czynności zdziwienia. Przywołajmy tu, aby wyjaśnić reguły poetyki Różewicza, cały wiersz i przyjrzyjmy się jego budowie:

Ocalony

Mam dwadzieścia cztery lata [I]
ocalałem
prowadzony na rzeź.

To są nazwy puste i jednoznaczne: [II]
człowiek i zwierzę [a]
miłość i nienawiść
wróg i przyjaciel
ciemność i światło.

Człowieka tak się zabija jak zwierzę [III] [a]
widziałem:
furgony porąbanych ludzi
którzy nie zostaną zbawieni.

Pojęcia są tylko wyrazami: [IV]
cnota i występek [b]
prawda i kłamstwo
piękno i brzydota
męstwo i tchórzostwo.

Jednako waży cnota i występek [V] [b]
widziałem:
człowieka który był jeden
występny i cnotliwy.

Szukam nauczyciela i mistrza [VI]
niech przywróci mi wzrok słuch i mowę
niech jeszcze raz nazwie rzeczy i pojęcia
niech oddzieli światło od ciemności

Mam dwadzieścia cztery lata [I]
ocalałem
prowadzony na rzeź.

Oznaczenie wyróżnionych fragmentów i wersów nie jest właściwością tekstu, wynika z potrzeb analizy i interpretacji. Sam podział całej wypowiedzi na fragmenty pochodzi od Różewicza. Owa segmentacja na fragmenty i wersy jest zasadniczą wskazówką, mówiącą o tym, że mamy do czynienia z wierszem nienumerycznym i bezrymowym, wyrastającym z tradycji awangardy. Powtórzenie tego samego fragmentu na początku i końcu tworzy klamrę kompozycyjną. Inne całostki, wyróżnione graficznie, ze względu na właściwości swej budowy, układają się wyraźnie w pary, jednakże nie bezpośrednie, lecz przeplatane (II i IV, III i V). Istnieją jeszcze inne powiązania tekstu, oparte o zasadę powtarzalności, między bezpośrednio po sobie następującymi fragmentami: fragment III rozwija i powtarza zawartość drugiego wersu fragmentu poprzedniego (II) i analogicznie fragment

V rozwija wers drugi (b) fragmentu IV. Ponadto we fragmentach III i V identyczny jest wers drugi. Powtórzenia, podobieństwa, analogie konstrukcyjne różnią ten tekst od wypowiedzi ciągłej (prozatorskiej), wskazują na jego celowe uporządkowanie. Powtórzenia organizują jego rytmikę wewnętrzną, opartą na zasadzie intonacji, akcentów logicznych zdania. Powtarzanie tego samego słowa („widziałem") akcentuje doświadczenie świadka i uczestnika, wyliczenia podkreślają różnorodność tych doświadczeń. Jednakże i tu czeka nas semantyczna niespodzianka: słowa w wyliczeniach ułożone zostały w pary o przeciwstawnych znaczeniach; połączono je jednak, na przekór znaczeniu, spójnikiem wskazującym na tożsamość („i"), a nie przeciwieństwo („lub", „albo"). W tym pozornym błędzie mieści się zasadniczy sens wiersza: w wyniku wojny pojęcia z zakresu etyki i estetyki utraciły zdolność nazywania i rozróżniania, zostało tylko brzmienie słów: „To są nazwy puste i jednoznaczne". W konstrukcji wiersza, opartej na wyróżnianiu jego segmentów, na powtarzaniu podobnych układów i fragmentów, zasugerowany został pewien porządek. Złamanie tego porządku, wprowadzenie fragmentu, który się w nim nie mieści, pozwala na zaakcentowanie zasadniczej idei utworu. Wiersz mówi nie tyle o rozmiarach katastrofy, o zniszczeniach i śmierci, ile o pustce, przed którą stanęli ocaleni, o ich potrzebie odbudowy ładu moralnego i estetycznego, o oczekiwaniu – jak w Biblii – na „nauczyciela i mistrza", który na prawach cudu „przywróci wzrok słuch i mowę". Stworzenie świata od nowa wymaga, jak to uczynił Jahwe, oddzielenia światła od ciemności. Wiersz ten jest zwrócony nie ku śmierci, lecz ku życiu. Podejmuje więc Miłoszowy wątek; ale dialog jest także sporem: wszystkie dotychczasowe wartości uległy zagładzie. Ci, którzy ocaleli, zastali „dom zburzony", nie ma w nich już wiary i nadziei, nie ma także mistrza. Pozostaje niepokój jako jedyna postawa światopoglądowa:

Z mojego domu

> Z mojego domu
> kamień na kamieniu
> kwiatek na tapecie
> ptaszek i gałązka
>
> Próg który rozdziela pustkę i gruz
> na progu podkowa
>
> tego szczęścia nie przekroczę
> teraz i zawsze
> (*Z mojego domu* z tomiku *Niepokój*)

Różewicz mówi w imieniu swej generacji: z rówieśnikami dzieli katastroficzny światopogląd, a równocześnie zbliża się niejako do

Miłosza w konkretności języka, w trudnej, unikającej łatwych umuzycznień dykcji. Niezwykłość debiutu Różewicza polegała na tym, że nie tylko podjął dialog ze swymi bezpośrednimi poprzednikami, ale zaproponował także nowy porządek wypowiedzi poetyckiej, określił własną poetykę. U jej podstaw leży „odpoetyzowanie" słowa, powrót do konkretu, znamienna asceza wypowiedzi. Sensy mieszczą się nie tylko w słowach, lecz także w konstrukcji wiersza, w jego wnętrzu. Teraz Różewicz przejmuje inicjatywę w dialogu międzypokoleniowym, który prowadził wcześniej Miłosz. Te wzajemne powiązania dają się zauważyć przy zestawieniu *Campo di Fiori* Miłosza i *Maski* Różewicza. Dodajmy jedno wyjaśnienie: Campo di Fiori to plac, na którym został spalony Giordano Bruno:

Campo di Fiori

> Wspomniałem Campo di Fiori
> W Warszawie przy karuzeli,
> W pogodny wieczór wiosenny
> Przy dźwiękach skocznej muzyki.
> Salwy za murem getta
> Głuszyła skoczna melodia
> I wzlatywały pary
> Wysoko w pogodne niebo.
>
> Czasem wiatr z domów płonących
> Przynosił czarne latawce,
> Łapali płatki w powietrzu
> Jadący na karuzeli.
> Rozwiewał suknie dziewczynom
> Ten wiatr od domów płonących,
> Śmiały się tłumy wesołe
> W czas pięknej warszawskiej niedzieli.

Wiersz mówi o ludzkiej obojętności, o samotności umierających, ale i o sile owego skierowania człowieka ku życiu. Kiedy fakt przekształci się w legendę, jak śmierć Giordana Bruna, może stać się siłą: „bunt wznieci słowo poety". Zdaniem Różewicza słowa nie mają tej mocy:

Maska

> Wykopaliska w moim kraju mają małe czarne
> głowy zaklejone gipsem okrutne uśmiechy
> ale i u nas wiruje pstra karuzela
> i dziewczyna w czarnych pończochach wabi
> słonia dwa lwy niebieskie z malinowym językiem
> i łapie w locie obrączkę ślubną.

Różewicz dotyka spraw najgłębszych: po wojnie dobro i piękno nie może ocalać, bo go nie ma, są jedynie jego tandetne namiastki. Czy możliwe jest więc odbudowanie wartości? Co ocalało? Pozostał wynikający z natury, z biologii – instynkt życia. Człowiek po wojnie stanął wewnętrznie pusty wobec ruin i zniszczeń – nagi i pozbawiony dawnej wiary i wartości. Chciał żyć, wszystko inne podporządkował tej elementarnej potrzebie:

> Ciała nasze krnąbrne i nieskore do żałoby
> nasze podniebienia smakują leguminę
> popraw papierowe wstęgi wieńce
> pochyl się tak: biodro niech dotyka biodra
> twoje uda są żywe
> uciekajmy uciekajmy

Połączenie rekwizytów cmentarnych z erotyzmem jest niezwykłe i bluźniercze, ale u Różewicza to właśnie określa podstawową prawdę o ocaleniu. Nie ocala dawna sztuka, nie ocala samo piękno. Różewicz prowadzi swój spór nie tylko z Miłoszem, lecz także z wcześniejszym zaufaniem awangardy poetyckiej do nowej cywilizacji: „wykopaliska w moim kraju mają małe czarne głowy zaklejone gipsem". „Wykopaliska" są tu nie tylko przywołaniem antycznego rodowodu kultury włoskiej, kraju Giordana Bruna, lecz także odesłaniem do Borowskiego i Baczyńskiego, do ich pytań: Co po nas zostanie? Jak oceniać będą nas następcy. W wierszu *Do umarłego* wypowie Różewicz wprost swą niezgodę na takie interpretowanie wydarzeń. „Moje sprawy są sprawami żywych". To prawda, że u podstaw światopoglądu Różewicza leży zagłada i katastrofa, prawdą jest także, że w swych poszukiwaniach artystycznych nawiązywał do Awangardy. Ale awangardowy optymizm byłby po wojnie bluźnierstwem. Synonimem epoki jest brzydota i śmietnik. Metonimiczny znak śmietnika pojawiać się będzie w całej późniejszej twórczości Różewicza. Jest już gotowy w wierszu *Szerokie czerwone usta* z tomiku *Niepokój*:

Szerokie czerwone usta

> w miasteczku gdzie pijany szewc
> zakreślił niepewny widnokrąg
> i różowym ryjem wierci dziurę
> w śmietniku a małe niebo wiruje
> jak kapelusz na lasce franta:
>
> horyzonty nie rozwijają się
> jak sztandary.

Ten fragment wiersza, w którym domyślać się można polemiki z Przybosiem, warto zderzyć z *Rankiem* Miłosza:

Ranek

> O wy, pieśniarze zapadłych ulic,
> Smutek ludu niosący obcym czasom,
> Wy, coście nie umieli ze skarg się wyzwolić,
> Ty, Syrokomla jakiś czy Niekrasow.
>
> Jakże rozumiem was! Jak pieśń się łamie,
> Gdy na niej ciąży rozpacz ludzi ciemnych!

I niezatarte widzisz na niej znamię,
I mądrych nie ma słów ni myśli cennych.

Ale cóż warta ciemność, co się trwoży,
I w trudnych latach miary nie utrzyma?
Jak złota kula wiersz niech się otworzy
I wyjdzie stamtąd w blasku ziemia inna.

Dwie postawy twórcze, Miłosza i Różewicza, mają swoje dalsze ciągi. Są nie tylko dialogiem czy sporem dwóch wybitnych poetów, lecz także wyrazem ogólniejszych tendencji w poezji powojennej, jej dwu odmienych orientacji – postawangardowej i neoklasycystycznej. Ta właściwość jej jest cechą głęboką, ważniejszą od wszelkiego typu manifestów i deklaracji, zapisujących potrzeby chwili. W planie zasadniczym spór czy dialog między Miłoszem i Różewiczem nie dotyczy urazów czy niechęci osobistych, jest sporem o sens i znaczenie poezji w życiu społeczeństw i narodów. W wierszu *Do Tadeusza Różewicza, poety* pada najbliższe dla tej prawdy określenie:

Szczęśliwy naród który ma poetę
I w trudach swoich nie kroczy w milczeniu

Dramat i teatr w latach 1945–1955

Teatry po wojnie zostały dość szybko uruchomione; te, które uległy zniszczeniu, czekały na swoją odbudowę. Dotyczy to zwłaszcza zniszczonej Warszawy; niektóre oficjalnie warszawskie zespoły teatralne, jak towarzyszący wcześniej naszej armii walczącej na Wschodzie Teatr Wojska Polskiego, miały swoje tymczasowe siedziby w Łodzi. Ambicje społeczności lokalnych doprowadzały do otwierania teatrów w miastach, w których ich dotychczas nie było. Repatriacje zespołów teatralnych z Wilna (do Torunia) i ze Lwowa (do Katowic), otwarcie polskich teatrów na Ziemiach Odzyskanych – we Wrocławiu, Opolu, Zielonej Górze i Szczecinie było świadectwem żywotności teatralnych środowisk twórczych i w znacznej części także zasługą teatrów konspiracyjnych, które kształciły aktorów, wypracowały nowe koncepcje inscenizacyjne.

Ciągłość tradycji teatralnej, a nie została ona przerwana w czasie wojny, miała zaraz po wojnie i inny wymiar. W teatrach podjęli pracę wybitni twórcy Dwudziestolecia – aktorzy, reżyserzy i scenografowie, jak Leon Schiller, reżyser i teoretyk teatru, Juliusz Osterwa, twórca Reduty (na krótko, bo zmarł w 1947 roku), jego bliski współpracownik przed wojną Edmund Wierciński, poza tym Iwo Gall, Teofil Trzciński, Karol Adwentowicz, Wilam Horzyca, Karol Frycz. Powrócili na scenę aktorzy, którzy tworzyli już legendę teatru polskiego – Ludwik Solski (debiutował w 1876 r.), Mieczysława Ćwiklińska (debiutowała w 1900 r.), Wanda Siemaszkowa (debiutowała w 1887 r.), Aleksander Zelwerowicz (debiutował w 1896 r.). Straty wojenne teatru polskiego, choć wielkie, nie spowodowały przerwy i pustki. Zagrożenie przyszło jednak z innej strony. Jeśli w literaturze jej stalinizacja, napotykając na opory, zaczynała się z pewnym opóźnieniem, jeśli w plastyce nigdy nie udało się zniweczyć jej związków z wcześniejszymi, rodzimymi i zachodnimi ruchami awangardowymi, to sztuka teatru od początku – mówiąc językiem ówczesnej krytyki – znalazła się „na pierwszej linii walki". Powołanie przez ministra kultury i sztuki Rady Teatralnej w kwietniu 1946 roku, złożonej z wybitnych twórców, pisarzy i ludzi teatru, upoważnionej do opiniowania rządowych projektów reformy życia teatralnego, było próbą stworzenia pozorów działań demokratycznych. Już ankieta w czasopisie „Teatr" *O repertuar teatrów polskich* z tego roku wskazywała na rzeczywiste zagrożenia. Wykluczono możliwość grania *Zemsty* Fredry, sztuki o „pasożytniczych darmozjadach", *Nie-Boskiej* i *Irydiona* Krasińskiego; w 1947 roku minister kultury i sztuki zabronił wystawienia *Kordiana* w Krakowie, „sztuki rewizjonistycznej" (zapewne z powodu planowanego zabójstwa cara!). „Rewizjonistyczne" stały się także *Dziady* Mickiewicza, niemożliwy do wystawiania Wyspiański. Naiwne pomysły, by wprowadzić do repertuarów teatralnych *Kniazia Potiomkina* Micińskiego (propozycja Iwaszkiewicza), dramaty Witkacego, wynikały z niezrozumienia tego, co się zaczęło. Rada Teatralna zakończyła swój krótki żywot już w czerwcu 1946 roku. Pozpoczęły się bezpośrednie ingerencje w programy repertuarowe; zlikwidowano działającą przy Teatrze Wojska Polskiego w Łodzi Scenę Poetycką, bo to „laboratorium mistyki" „naprzykrzało się robotniczej Łodzi". Premiera *Dwóch teatrów*, nowej sztuki Jerzego Szaniawskiego, w Krakowie w lutym 1946 roku w Teatrze Powszechnym (ze scenografią Tadeusza Kantora) stała się początkiem bezwzględnego ataku na pisarza, w istocie najwybitniejszego wówczas dramaturga. Znaczący był zwłaszcza atak Melanii Kierczyńskiej w „Kuźnicy" (1947, nr 18), przeprowadzony „w imieniu marksistów". Sytuacja, jaka się wówczas wytworzyła, była paradoksalna: powstawały nowe teatry, zawiązywały się zespoły – nie było repertuaru. Na krótko można się było ratować zorganizowaniem festiwalu sztuk Szekspira (władze nie odważyły się kwestionować jego wielkości), próbami wystawiania Sartre'a, Giraudoux, Shawa, ale i te możliwości uległy ograniczeniu.

Teatr od początku, w wyobrażeniach nowej władzy, był przede wszystkim instytucją państwową (uchwała o likwidacji teatrów prywatnych), przeznaczoną do szerzenia nowej ideologii. Miał być „teatrem dla mas" z celową organizacją widowni (rozpoczęło się rozprowadzanie biletów przez związki zawodowe), ze zrozumiałym repertuarem. Ale sztuk takich nie było: popularnością cieszyły się dawne i nowe wodewile, grzeszące żałosnymi naiwnościami. Większe szanse sięgania po repertuar bardziej ambitny miały teatry prowincjonalne. Na tej zasadzie wystawiono w Opolu *Dziady* Mickiewicza, utrzymywał wysoki poziom swojego teatru w Toruniu Wilam Horzyca (wystawił m.in. *Za kulisami* Norwida, 1946), w Teatrze Wybrzeże Iwo Gall wprowadził na scenę *Homera i Orchideę* (1946) Gajcego. Do głośnych i znaczących należały przedstawienia *Krakowiaków i Górali* Bogusławskiego w reżyserii Leona Schillera (Warszawa 1946), *Lilii Wenedy* Słowackiego (Warszawa 1946) i dramatu Żeromskiego *Uciekła mi przepióreczka* (Kraków 1945) w reżyserii Juliusza Osterwy. Były to ostatnie przejawy związków teatru powojennego z teatrem przedwojennym.

Sytuacja w teatrze miała bezpośredni wpływ na stan twórczości dramatycznej. Powstawały oczywiście nowe utwory, niewielką miały jednak szansę znalezienia się na scenie, zagoszczenia na niej na dłużej. Stefan Flukowski napisał *Gwiazdę dwóch horyzontów* i *Chwilę królewskiej niemocy* (wyd. w tomie *Horyzont Afrodyty*, 1947), Ludwik Hieronim Morstin *Penelopę* (wyst. w Krakowie w 1945 r.), Roman Brandstaetter *Powrót syna marnotrawnego* (pisany jeszcze w Jerozolimie w 1944, wyst. w Krakowie w 1947), Jerzy Zawieyski *Dzień sądu* (sztuka powstała w 1944, pierwsza nagroda na konkursie konspiracyjnym, druk w „Tygodniku Powszechnym" w 1947 r.), *Męża doskonałego* (wyst. Kraków 1945) i *Ocalenie Jakuba* (wyst. Kraków 1947). W grupie dramatów wojenno-powojennych wymienić trzeba także *Święto Winkelrida* Jerzego Andrzejewskiego i Jerzego Zagórskiego (powst. 1944–1946, druk w „Twórczości" 1946, wyst. Łódź 1956). Niewiele z tych dramatów przetrwało w repertuarach teatralnych, niektóre, jak pisany na emigracji *Ślub* Witolda Gombrowicza (powstawał w latach 1944–1947, wyd. w Paryżu w 1953, w kraju – ze zmianami w 1957), długo czekały na realizacje sceniczne.

Dramat Szaniawskiego, w którym znalazło się napisane jeszcze w 1937 r. słuchowisko radiowe *Matka* (wcześniejszy tytuł: *W lesie*), a także jednoaktówka *Powódź*, był w sensie artystycznym utworem wybitnym. Szybko doczekał się w kraju kilku realizacji, m.in. w Krakowie, Katowicach, Warszawie, Wrocławiu. Doczekał się również nieco później przekładów na język czeski, serbsko-chorwacki, francuski, rosyjski, niemiecki, i realizacji poza krajem. Miał w sobie wszystkie cechy wcześniejszych dramatów autora, zwłaszcza powstających

Dwa teatry
Jerzego
Szaniawskiego

w aurze dyskusji o sztuce teatralnej, prowadzonych w Reducie Juliusza Osterwy. Do tych cech należała umiejętność budowania specyficznego nastroju, narastającego napięcia, wywołanego przeżyciami psychicznymi postaci, operowanie niedopowiedzeniem, delikatnymi sugestiami, a nie ostrą, opartą na działaniach scenicznych akcją. Widz winien współuczestniczyć w przeżywaniu wątpliwości moralnych i niejednoznaczności stanów psychicznych bohaterów. Tajemnice wnętrza ludzkiego nigdy nie zostają do końca wyjaśnione, nie stają się jednoznaczne. Paradoksy natury ludzkiej bywają różnorakie: w dramacie Dyrektor Teatru Małego Zwierciadła (a pierwowzorem był zapewne Juliusz Osterwa), zwolennik teatru realistycznego, jest równocześnie namiętnym badaczem snów, zwolennikiem psychoanalizy Freuda, jego symbolicznych interpretacji całej nieświadomej sfery życia wewnętrznego. Odrzuca jednak wizyjne sztuki poetyckie Chłopca z Deszczu jako niemożliwe do realizacji w jego teatrze (*Dziewczyna z gałązką kwitnącej jabłoni* i *Krucjata dziecięca*). Drugi Dyrektor Teatru Snów, uznając konwencję snu za podstawową, ulega jednak tragizmowi wydarzeń wojennych: w jego „sny" wdziera się rzeczywistość – dramat czasów okupacyjnych i tragedia młodzieży powstania warszawskiego. Innymi słowy, oba teatry wzajemnie się dopełniają, a nie wykluczają. Ta idea utworu staje się lepiej zrozumiała na tle dyskusji o realizmie, toczonej w 1945 roku; *Dwa teatry* traktować więc można jako osobny głos w dyskusji, ostrzegający jednak przed absolutyzowaniem jednej metody twórczej. Wspomniany atak Melanii Kierczyńskiej na *Dwa teatry*, oskarżenie autora o upowszechnianie irracjonalizmu, wywołany był jednak przede wszystkim przez odwołania do powstania warszawskiego, w *Krucjacie dziecięcej* dopatrzyła się autorka apoteozy młodzieży akowskiej.

Dramat ma bardzo skomplikowaną budowę: akt I rozgrywa się jeszcze przed wybuchem wojny, składa się z realistycznych scen przedstawiających życie teatru i jego dyrektora. Akt II ma inny charakter: utrzymany w konwencji „teatru w teatrze" przedstawia pracę nad wystawieniem *Matki* i *Powodzi*, sztuk, których tematem są konflikty moralne oraz konieczność dokonania wyborów w sytuacjach krańcowych. Rozstrzygnięcia nie likwidują konfliktu – mają swoje „ciągi dalsze", już utajnione, niewypowiedziane, trwające w psychice bohaterów. Akt drugi w finale otwiera się ku dopowiedzeniom wizyjnym. Akt trzeci, rozgrywający się w czasie okupacji, jest w istocie obrazem klęski idei Teatru Małego Zwierciadła – działalność teatru została zawieszona, ludzie z nim związani rozproszyli się lub zginęli, sam Dyrektor, chory, utracił wiarę w sens swej sztuki. Historia przerosła jej możliwości. Może większe szanse otwierają się przed Dyrektorem

Teatru Snów – dodajmy: złych snów. Pozostaje jednak tylko domysł, a nie rozstrzygnięcie.

O losach *Dwóch teatrów*, sztuki niezwykłej, zadecydował ów krótki okres powojenny bezwzględnej walki o podporządkowanie teatru ideologii, o uczynienie zeń narzędzia propagandowego oddziaływania na masy. Sztuka przy całym swym skomplikowaniu artystycznym, zawartości myślowej, nie mogła zmieścić się w planowanym i z góry „zadekretowanym" repertuarze. Rzecz znamienna jednak, że żadna z jej realizacji późniejszych, po 1956 roku, nie stała się wydarzeniem teatralnym. Teatr się zmienił czy też zmieniła się publiczność? *Dwa teatry* istniały więc przez długie lata jako obowiązkowa lektura szkolna.

Ślub pisał Gombrowicz w latach 1944–1947 w Buenos Aires w Argentynie, gdzie przebywał do 1963 roku. Był już autorem napisanej w latach 1934–1935, a wydanej w 1938 roku *Iwony, księżniczki Burgunda*, której prapremiera teatralna odbyła się w Warszawie w Teatrze Domu Wojska Polskiego w 1957 roku. W tym też roku, jak już zostało wspomniane, w kraju ukazał się drukiem *Ślub*. Do prapremiery *Ślubu* w Teatrze im. S. Żeromskiego w Kielcach, także w tym roku, nie doszło wskutek braku zgody autora. Wystawienie w Teatrze Studenckim w Gliwicach w 1960 roku (w reżyserii Jerzego Jarockiego, ze scenografią Krystyny Zachwatowicz) było w istocie „korsarskie", nielegalne. Na deskach teatru zawodowego znalazł się *Ślub* dopiero w 1974 roku w Teatrze Dramatycznym w Warszawie, pięć lat po śmierci pisarza. Był już jednak wcześniej przełożony na wiele języków i wystawiany we Francji, Niemczech, Holandii, USA, Szwecji, Włoszech itd. Niezgoda na wystawienie w Kielcach, teatrze – zdaniem Gombrowicza – prowincjonalnym, wynikała z wagi, jaką przywiązywał Gombrowicz do tego dramatu. Zaopatrzył go we własny komentarz – w przedstawieniu *Idei dramatu* pisał:

> Człowiek jest poddany temu, co tworzy się „między" ludźmi i nie ma dla niego innej boskości jak tylko ta, która z ludzi się rodzi. Taki jest właśnie ten „kościół ziemski", który objawia się Henrykowi we śnie. Tu ludzie łączą się w jakieś kształty Bólu, Strachu, Śmieszności lub Tajemnicy, w nieprzewidziane melodie albo rytmy, w absurdalne związki i sytuacje i, poddając się im, są stwarzani przez to co stworzyli [...]. Ale to wszystko dokonywa się przez Formę: to znaczy, że ludzie, łącząc się między sobą, narzucają sobie nawzajem taki czy inny sposób bycia, działania ... i każdy zniekształca innych, będąc zarazem przez nich zniekształcony.

Ten wykład ogólnej filozofii Gombrowicza ma swoje „ucieleśnienia" w dramacie. Chodzi przede wszystkim poszukiwanie innej formuły dramatu, niż ta, jaką przekazywała tradycja elżbietańska, później tradycja dramatu mieszczańskiego, którego zasadą konstrukcyjną była akcja, ciąg następujących po sobie wydarzeń, zmierzający do wyraźnie zaznaczonego finału. Ten bieg wydarzeń zatrzymywał uwagę widzów,

Ślub
Witolda
Gombrowicza

utrudniał docieranie do nich treści głębszych, wywoływanie, jak to nazywał Witkacy, przeżyć metafizycznych. Na Witkacego powołuje się zresztą Gombrowicz w swojej sugestii interpretacyjnej dramatu. Pojęcie Formy, kluczowe w estetyce Gombrowicza, rodzącej się z nieustannej gry między ludźmi, z narzucania swoich sądów innym i ulegania sądom innych, wiązało się ściśle z pojęciami autentyczności i nieautentyczności: człowiek jest nieustannie aktorem, gra różne role wobec innych. Zasady i przyczyny tej gry nie dają się racjonalnie określić: „Jedno słowo – wyjaśniał autor – wywołuje drugie... jedna sytuacja inną... nieraz jakiś szczegół pęcznieje, albo, przez powtarzanie, zdania nabierają niezmiernego znaczenia...".

Tak określony porządek wewnętrzny dziania się w dramacie zawiesza tradycyjne pojęcie akcji, następstwo wydarzeń, w rozumieniu autora, układać się winno w porządek muzyczny – wynikania i kontrastowania tematów, znaczących pauz, zwolnień i przyspieszeń rytmu, unieważnienia tradycyjnie rozumianego porządku przyczynowo-skutkowego. Pomysłem scalającym było umieszczenie całości we śnie. Punktem wyjścia jest pierwsze zdanie z didaskaliów: „We śnie ukazuje się Henrykowi – żołnierzowi we Francji podczas ostatniej wojny – jego dom w Polsce i rodzice". Od tego momentu wszystko rozgrywa się w wymiarze snu, gdzie wydarzenia nie muszą być realne, rzeczywiste, gdzie postaci podlegać mogą różnorakim transformacjom: układa się to w absurdalny, a może tylko intencjonalny, bo wywołany uczuciami i marzeniami bohatera, porządek gier interpersonalnych. Z troski wygnańca o najbliższych, z wyobrażeń o ich poniżeniu (ojciec poniżony staje się karczmarzem, Mania, narzeczona Henryka, pomywaczką, zagrażają im Pijacy, a znakiem upodlenia jest „dotknięcie palcem") rodzi się potrzeba uwznioślenia. Zmianę „biegu wydarzeń", jak we śnie, wywołuje okrzyk ojca: „Jestem nietykalny", powtórzony przez Pijaków – „Nietykalny jak król!" W ten sposób dokonuje się metamorfoza karczmarza w króla. Ale zmiana ta ma swoje natychmiastowe konsekwencje w grze interpersonalnej: królowi syn winien złożyć hołd, co wiąże się z „upodleniem" hołdownika, rodzi więc myśl o buncie, o obaleniu ojca, przejęciu władzy itd. Porządek następujących po sobie zmian sytuacji, wywiedziony ze snu, unieważnia tradycyjną akcję, przesuwa znaczenia z samych wydarzeń na ich sensy metaforyczne. Henryk, jak wyjaśnia autor, „nie wie, czy wszystko «jest prawdą, czy nie jest prawdą». Widzi się wobec świata fikcji, snu, kłamstwa, świata Formy. A jednak ten świat odpowiada jakiejś rzeczywistości, coś wyraża".

Na pytanie, co wyraża, odpowiadali reżyserzy. Pojemność znaczeniowa dramatu, „oscylującego między Mądrością i Głupotą, kapłaństwem i szaleństwem", „zagrożonego elementem tandety, śmieszności, idiotyzmu", staje się wielką metaforą współczesności, „kościoła ziemskiego", naszej cywilizacji. Rytuały społeczne, jako skostniałe Formy (w dramacie rytuały dworu), kształtują zachowania zbiorowe i jednostkowe; władza, także jako Forma, może prowadzić do zbrodni, uzasadniać konieczność zabijania, zmieniać się w dyktaturę, w system totalitarny. Trywialność zmienia się we wzniosłość, głupota staje się mądrością. Ta pojemność znaczeniowa tekstu, otwarcie się dramatu na wiele możliwych interpretacji decyduje o jego znaczeniu. *Ślub* jest tekstem stale kłopotliwym, nie tylko dla ideologii i władzy po 1945 roku. Sformułowane zostały w nim zasady sztuki niemimetycznej, kreacjonistycznej, co nie przesądzało jednak o pojemności poznawczej utworu. Może być odczytywany w interpretacjach jako wykład filozofii pisarza – „walki z Formą", poszukiwania i obrony jednostkowej niezależności, także jako rozpoznanie mechanizmów życia zbiorowego – zniewoleń, narzucania Formy innym, prowadzącego do przemocy i zbrodni. Stąd wynika jego znaczenie w całej literaturze powojennej.

Leon Kruczkowki, autor głośnej przed wojną powieści *Kordian i cham*, własnej adaptacji teatralnej tej powieści, wystawionej w 1935, widowiska teatralnego *Bohater naszych czasów*, wystawionego także w tym roku, wojnę spędził w obozach jenieckich na Pomorzu. Po wojnie pełnił funkcję wiceministra kultury i sztuki i był w znacznym stopniu odpowiedzialny za sytuację w teatrach. W 1948 roku wystawił w Warszawie swój dramat *Odwety*, wielokrotnie później przerabiany, dostosowywany do nowych sytuacji politycznych. W 1949 roku odbyła się w Krakowie prapremiera jego nowej sztuki, *Niemców*. Premiera zbiegła się z utworzeniem z radzieckiej strefy okupacyjnej Niemieckiej Republiki Demokratycznej. Ta zbieżność nie jest przypadkowa: w zamyśle i w intencjach był to więc dramat polityczny, powstający niejako na zamówienie. Ale premiera krakowska była rzetelnym sukcesem teatralnym. W istocie bowiem był to nie tylko utwór o bieżącej polityce: dotykał urazów zadomowionych w naszym społeczeństwie, ukształtowanych stereotypów Niemca-faszysty, okrutnika, zbrodniarza, przedstawianego najczęściej w mundurze SS, wyobrażanego przez zbrodnie, których świadectwa pozostały na naszych ziemiach. Kruczkowski przedstawił Niemców w życiu prywatnym, w domu rodzinnym. Wybrał środowisko intelektualisty, profesora Sonnenbrucha. Jego rodzina – żona Berta, syn Willi, córka Ruth, synowa Liesel, on sam, a także woźny z zakładu – tworzą razem zbiorowy portret Niemców. Profesor, potępiając faszyzm, wierzy, że praca naukowa, niezaangażowanie polityczne, uchroni jego reputację „uczci-

Niemcy Leona Kruczkowskiego

wego Niemca"; syn jest faszystą, oficerem SS, Ruth – pianistką podróżującą z koncertami po „niemieckiej" Europie, woźny, który przyjechał na jubileusz profesora – żandarmem w Generalnej Guberni, Liesel – ofiarą wojny, bo utraciła męża na froncie, a dzieci w czasie bombardowania. Ten portret, w którym każda z postaci prezentuje inną postawę, rozbija jednowymiarowy stereotyp. Istotnym elementem w konstrukcji akcji dramatycznej jest pojawienie się w domu profesora jego ucznia, Joachima Petersa, antyfaszysty, ściganego przez policję. Jego dyskusja z profesorem uświadamia sens postawy „emigracji wewnętrznej", pozornej apolityczności, prowadzi w momencie aresztowania Petersa do jednoznacznego określenia postaw innych uczestników rodzinnego jubileuszu. Sama fabuła ma jednoznacznie polityczny charakter, ale w dramacie uderzają znakomicie napisane role dla aktorów, zwłaszcza – profesora Sonnenbrucha i jego żony. Dramat był wielokrotnie grany w teatrach, także poza krajem.

Kruczkowski sięgnął w *Niemcach* do tradycji dramatu politycznego, także dramatu idei. U nas arcywzorem tego typu dramatu była *Uciekła mi przepióreczka* Stefana Żeromskiego, ale najgłośniejsze w Europie – dramaty Bertolta Brechta. *Niemcy*, choć są pod wieloma względami wzorcową realizacją wskazań doktryny realizmu socjalistycznego, to jednak przekraczają równocześnie jej ograniczenia. Dotyczy to zwłaszcza sposobu budowania postaci, przynajmniej trzech – profesora Sonnenbrucha, jego żony Berty i córki Ruth. Nie są to postacie jednowymiarowe, ilustrujące, jak Peters, określone postawy i idee; w ich reakcjach i zachowaniach znaczącą rolę odgrywają motywacje psychologiczne. Ten typ motywacji zostaje przez Kruczkowskiego nawet rozszerzony w innym głośnym jego dramacie – *Pierwszym dniu wolności* (1959), przedstawiającym przeżycia i postawy polskich jeńców wojennych, wychodzących z obozów niemieckich.

Proza w latach 1945–1955

W prozie bezpośrednio powojennej, rozwijającej się w kraju, dostrzec można trzy współistniejące lub następujące po sobie tendencje. Były to jednak raczej zapowiedzi niż szersze spełnienia. Proza narracyjna z natury rzeczy bierze na siebie inne zadania niż liryka czy dramat. Jej zasadą i celem jest opowiedzenie świata, stworzenie jego, w miarę adekwatnego, całościowego obrazu. Fabuły, fikcyjne konstrukcje, tylko wówczas zdolne są do udźwignięcia ciężaru doświadczeń, jeśli ich nie trywializują, nie zamieniają w schematy, znane z tradycji literackiej (np. powieści przygodowej, kryminalnej, obyczajowej, romansu itd.). Ujęcie wydarzeń wojennych, doświadczeń z obozów koncentracyjnych i z łagrów, codziennego życia w okupowanym kraju w konwencjach epickich okazywało się niemożliwe. Można było nawet mówić o niewydolności tradycyjnego gatunku powieściowego, o jego kryzysie. Potwierdzeniem mogą tu być artystyczne niedostatki pisanych w czasie wojny *Dziejów rodziny Korzeniewskich* Melchiora Wańkowicza, powieści o stalinowskich zbrodniach, masowych mordach Polaków w ZSRR, przetwarzającej relacje ocalałego świadka. Obrazu całościowego nie dawało się stworzyć, można było jedynie utrwalać dramatyczne, wstrząsające fragmenty. Ale i tak przejawy spotęgowanego okrucieństwa, utrwalane w mini-fabułach, robiły wrażenie niewiarygodnych. Fabuły wymagały dodatkowych potwierdzeń. Już w opowiadaniach z czasów wojny, w utworach Beaty Obertyńskiej, Herminii Naglerowej, we *Wspomnieniach starobielskich* Józefa Czapskiego, w *Listach z Bliskiego Wschodu [Cofniętym czasie]* Mariana Czuchnowskiego obserwować możemy bądź rezygnację z fikcyjnych fabuł, sięgnięcie do literatury afikcjonalnej (wspomnienia, listy, eseje, reportaże), bądź też ścisłe powiązanie opowiadania z doświadczeniami osobistymi autora. Autobiografizm jako element konstrukcji utworów uwiarygodniał fabuły, zbliżał utwory do modelu prozy dokumentalnej. Było to, z konieczności, wypełnienie dyskutowanego w Dwudziestoleciu wzoru prozy ograniczającej fikcję na rzecz wiernego „zapisu rzeczywistości", prozy dokumentalnej, spokrewnionej z reportażem. Te kontynuacje widoczne są w *Bitwie o Monte Cassino* Melchiora Wańkowicza, w utworach Ksawerego Pruszyńskiego, w esejach Jerzego Stempowskiego z tomu *Dziennik podróży do Austrii i Niemiec* (Rzym 1946), także w powieści Mariana Czuchnowskiego *Tyfus, teraz słowiki* (Londyn 1951) i w *Innym świecie* (powst. 1949––1950, wyd. Londyn 1953) Gustawa Herlinga-Grudzińskiego.

W takim kontekście w literaturze krajowej dają się opisać opowiadania Tadeusza Borowskiego z tomów *Byliśmy w Oświęcimiu* (Monachium 1946), *Kamienny świat* (1948) i *Pożegnanie z Marią* (1948); *Medaliony* (1946) Zofii Nałkowskiej; *Dymy nad Birkenau* (1945) Seweryny Szmaglewskiej; *Z otchłani* (1946) Zofii Kossak-Szczuckiej; opowiadania o życiu w obozach jenieckich z *Dna miski* (1949) i *Przed świtem* (1949) Stanisława Zielińskiego, *Z kraju milczenia* (1946) Wojciecha Żukrowskiego, a także – ważny w dziejach polskiej sztuki filmowej *Ostatni etap* (1948) Wandy Jakubowskiej.

Różne odmiany prozy dokumentalnej, dominujące bezpośrednio po wojnie, wywołały jednak dość wcześnie reakcje krytyczne. Już w 1945 roku Hanna Malewska pisała:

Odczuwam dreszcze przerażenia na myśl o jakiś nowych, bardziej jeszcze „autentyczniejszych" od pierwowzoru Rougon-Maquartach naszych czasów. I żywię silne podejrzenie – a raczej nadzieję – że proza autentystyczna lub ledwie zbeletryzowana na tematy wojenne, która będzie długo jeszcze płynąć szeroką falą, wywoła jako reakcję głód, jeśli nie fantastyki, to potężnej, samorodnej inwencji w literaturze (*Dokument a beletrystyka*, „Tygodnik Powszechny" 1945, nr 38).

Oczywiście identyfikowanie wojennej i powojennej pozy dokumentarnej z naturalizmem, z powieściami Zoli, było raczej uproszczeniem i przesadą. Z obroną jej sensów moralnych wystąpił Adolf Rudnicki w opowiadaniu *Piękna sztuka pisania*:

> Ludzie umierali w katowniach, konali w tysięczny sposób. Ich niemym testamentem, ich ostatnią nadzieją była ta, że słowo będzie im poświęcone [...]. Wierzyli w nie zarówno ci, którzy szli z granatem na ulicę, by mścić się, jak i ci, którzy w obozach dogorywali z głodu trzeźwo i długo. W dniach najcięższej klęski narodowej i osobistej człowiek jasno pojmował sens sumienia, sumienia pisarza.

Inną możliwość rozwoju prozy, bliższą postawie Hanny Malewskiej, sugerował, wspomniany już, głośny artykuł Kazimierza Wyki *Tragiczność, drwina i realizm* („Twórczość" 1945, nr 3). Tylko powieść realistyczna – twierdził krytyk – zmierzająca do wielkiej syntezy epickiej, jest zdolna wypełnić zadanie samopoznania społecznego. Spór, jaki wywołał ten esej, miał liczne odgałęzienia. Krytycy poszukiwali wzorców takiej powieści w literaturze europejskiej XVIII i XIX wieku, u nas odnaleźli je przede wszystkim w *Lalce* Bolesawa Prusa. Była to także znacząca inspiracja dla twórców, która przyniosła raczej mierne rezultaty. Ale takie intencje przyświecały Kazimierzowi Brandysowi przy tworzeniu cyklu powieściowego *Między wojnami* (*Samson*, 1948; *Antygona*, 1948; *Troja, miasto otwarte*, 1949; *Człowiek nie umiera*, 1951); Tadeuszowi Brezie w stanowiących także cykl powieściach *Mury Jerycha* (1946) oraz *Niebo i ziemia* (1949–1950); Kornelowi Filipowiczowi w *Nauce o ziemi ojczystej* (*Księżyc nad Nidą*, 1950; *Błękitny zeszyt*, 1955) i *Niepokoju młodego serca* (*Ulica Gołębia*, 1955; *Jutro znów wojna*, 1958), w rozpoczęciu przez Iwaszkiewicza pisania *Sławy i chwały* (pierwszy tom powstał w 1949 roku). Charakterystyczne, że utwory te najczęściej odwoływały się do Dwudziestolecia (z wyjątkiem *Nauki o ziemi ojczystej* Filipowicza). Wydarzenia związane z II wojną światową były oczywiście „czasem epickim", ale przerastały możliwości literatury. Z tej inspiracji wyrasta także *Popiół i diament* Jerzego Andrzejewskiego. Zamiar Andrzejewskiego był prawdziwie ambitny – nie cofał się do Dwudziestolecia, nie zamykał w wydarzeniach wojennych, celem było epickie przedstawienie sytuacji w wyzwolonym kraju. Artystyczne niepowodzenie wszystkich tych prób polegało na wysunięciu na plan pierwszy „gotowych przedwstępnie" syntez historycznych: fabuły i postaci stawały się ilustracjami określonych tez i ocen. Powieści epickie zmieniały się w ten sposób w powieści polityczne. Spojrzenie od wewnątrz, poprzez niepełną, cząstkową wiedzę postaci, zwykłych ludzi zagubionych w labiryntach historii, otwierałoby inne możliwości rozwiązań artystycznych.

Ale za progiem niejako stała już wielka indoktrynacja. Doktryna realizmu socjalistycznego zapowiadała zwrócenie się ku teraźniejszości, wprzęgnięcie literatury w propagowanie przemian ustrojowych, podporządkowanie jej „interesom klasy robotniczej", objaśnianiu toczącej się walki klasowej itd. W ten sposób został odrzucony zarówno wzorzec prozy dokumentarnej, jak i wzorzec „wielkiej epiki". Obydwie zaznaczające się po wojnie możliwości zostały zaprzepaszczone. Jednakże w tym krótkim okresie powojennym powstały dzieła, których nie da się kojarzyć z doktryną realizmu socjalistycznego, pozostały na stałe w historii literatury i są świadectwem żywych, autentycznych, wywiedzionych z Dwudziestolecia poszukiwań artystycznych w naszej literaturze.

Medaliony Zofii Nałkowskiej

Zofia Nałkowska pracowała w 1945 roku w Komisji do Badania Zbrodni Niemieckich w Polsce. Nie była to komisja rządowa; w jej skład wchodzili intelektualiści i pisarze, a celem miało być rozpoznanie i opisanie popełnionych zbrodni. Z tych doświadczeń pisarki powstał cykl wstrząsających opowiadań. Można byłoby je kojarzyć z zasadami literatury dokumentalnej, afikcjonalnej, bo opowiedziane w nich wydarzenia wynikają z materiałów gromadzonych przez pisarkę w czasie pracy w Komisji. Są więc w samej narracji wyraźne ślady „wizji lokalnych", „przesłuchań świadków", rozmów prowadzonych z ofiarami zbrodni. Widoczne jest to także w stylu i języku. Autorka stara się zachować cechy mowy zarówno Polaka z Gdańska, który pracował w fabryce profesora Spannera przy produkcji mydła z tłuszczu ludzkiego (*Profesor Spanner*), jak bezradnego świadka zagłady getta (*Kobieta cmentarna*) czy ofiary eksperymentów lekarskich w obozie (*Dno*), która zniszczona rozmiarami swojego cierpienia nie umie znaleźć słów, by o tym opowiedzieć. Nie chodzi jednak o protokolarną wierność; te materiały poddane zostają artystycznej obróbce, istnieją we fragmentach, znaczących, ale nie samodzielnych, wplecione zostają w wypowiedź narratorki, która gospodarzy nimi, scala je i opatruje własnym, często jednak pośrednim, zawartym w konstrukcji komentarzem. Powstaje swoista wypowiedź zbiorowa – postaci i narratora. Język postaci, wraz z jego charakterystycznymi cechami, jest tu świadectwem takim samym jak zachowanie, mimika, gest, mówiącym o wewnętrznym, trudnym do wyjawienia i zrozumienia, stanie ofiar wojny.

Dokumentalny charakter opowiadań wymagał wyraźnego ograniczenia roli narratora, dopuszczenia do głosu innych – bezpośrednich świadków i ofiar. We wszystkich opowiadaniach wyraźnie jest zaznaczone źródło informacji – oględziny, przesłuchanie, rozmowa. *Medaliony* respektują więc założenia dokumentu, poświadczonej wiarygodności. Ale czy wynika stąd pełna prawda o wydarzeniach? Jak do niej docieramy? W części, ale tylko w części może ona być wynikiem bezpośredniej obserwacji, częściowo powstaje z relacji innych, czasem zaś wspiera się na naszej wiedzy ogólnej na temat charakteru wydarzeń. Jednostka poznaje świat w wyborze, tylko z ograniczonej własnej perspektywy. Dla człowieka to, że nie widział wszystkiego, może być niekiedy dobrodziejstwem: rzeczywistość – stwierdza narratorka w *Kobiecie cmentarnej* – jest do zniesienia, gdyż nie jest cała wiadoma. Dociera do nas w ułamku zdarzeń, w strzępach relacji.

Cała prawda o obozach, o łagrach, o wojnie i o człowieku, który tego doświadczył, jest nie do objęcia w jednym akcie poznania. Jednostka poprzez swoje doświadczenie poznaje tylko wycinek rzeczywistości. Jest to właściwość „widzenia bliskiego". To ono, w znaczeniu artystycznym, zbliżone do realizmu (weryzmu) przynosi prawdy cząstkowe. Próba poznania całości nie jest kwestią takiego widzenia, lecz kwestią intelektu. „Widzenie dalekie", scalające, staje się zadaniem sztuki, choć towarzyszy mu zawsze coś, co można by nazwać paradoksem poznania. Poznajemy naprawdę tylko to, czego nie widzimy, czego musimy się domyślać, dopowiedzieć sami sobie. Opowiadanie *Kobieta cmentarna* rozpoczyna długa – w sensie narracyjnym – sekwencja opisu drogi na cmentarz i spaceru alejami cmentarnymi przylegającymi do murów getta. Opis ten utkany zostaje refleksjami na temat sensu życia, utrzymany w konwencji literackich spacerów po cmentarzu. Wszystko to zostało podporządkowane grze, którą narratorka prowadzi z czytelnikiem i sama z sobą: broni się bowiem przed przekroczeniem muru, poznaniem tego, co działo się za murem, w likwidowanym przez Niemców getcie. Wyraża się w tym zawstydzenie i poczucie winy – przyszła za późno. „Ta rzeczywistość – wyjaśnia – daleka i zarazem rozgrywająca się o ścianę, nie jest prawdziwa. Dopiero myśl o niej usiłuje pozbierać ją, unieruchomić i zrozumieć". Bezradności poznawczej narratorki towarzyszy inna bezradność – świadków bezpośrednich i ofiar, tych którzy w morzu otaczającego zła zatracili zdolność etycznych kwalifikacji. Pracujący w instytucie profesora Spannera preparator, Polak, powie tylko, że początkowo „brzydził się" używać produkowanego z ludzi mydła, ale „dobrze się pieniło". Niemieccy koledzy profesora Spannera, intelektualiści, pytani, jak to było możliwe, wyjaśniają, że zważywszy na deficyt tłuszczu, potrzebnego do produkcji mydła, jaki przeżywała hitlerowska Rzesza, rozwiązanie Spannera było racjonalne... Myśl ludzka także porażona została zbrodnią. Twórcy pozostaje tylko zdziwienie, że „ludzie ludziom zgotowali ten los", oraz pisarskie rejestrowanie zachowań. Jest to wyraziście związane z zasadami psychologii behawiorystycznej: motywy wewnętrzne działań ludzkich są niepoznawalne; możemy się ich domyślać po jednostkowych zachowaniach. Są one zawsze reakcją na bodźce zewnętrzne. Behawioryzm rozwijający się w psychologii i w literaturze amerykańskiej w latach trzydziestych, zadomowiony także w literaturze europejskiej, stał się ważny przy próbach opisu rzeczywistości wojennej. Kluczem niewiarygodnym, jeśli chodzi o psychikę ludzką, okazała się psychoanaliza Freuda. Tłumaczyła mniej lub więcej wiarygodnie zachowania jednostkowe, nie tłumaczyła zachowań zbiorowych. Cała budowa opowiadania *Przy torach* wydaje się zależeć od koncepcji behawiorystycznych. Narrator, na początku, z pewnej odległości obserwuje grupę stojących i rozmawiających ludzi przy torach kolejowych; widzimy także kobietę leżącą na ziemi, która wyskoczyła z pociągu. Jest ranna, a po czarnych kręconych włosach domyślamy się, że jest Żydówką. Ludzie stojący ani nie spieszą jej z pomocą, ani nie odchodzą. Znów domyślamy się, że kieruje nimi strach, a może także chęć pomocy. W istocie więc wszystko zostało już powiedziane. Zbliżenie się narratora do grupy pozwala na zarejestrowanie prowadzonych rozmów, ale i one niczego nie dopowiadają, są tylko jednym z objawów „zachowania". Zastrzelenie kobiety przez mężczyznę z tej grupy nie pozwala rozstrzygnąć czy zrobił to z litości, bo i tak musiała zginąć z rąk Niemców, czy też sam był faszystą.

W *Medalionach*, oprócz ich warstwy dokumentalnej, istnieje inna, ważniejsza, a nawet zasadnicza: dotyczy ona sporu o granice poznania, a także o możliwości, a może raczej o bezradność literatury w wyjaśnieniu sensu przerażających wydarzeń.

Z podobnie skomplikowanymi zasadami porządku artystycznego spotykamy się w opowiadaniach Tadeusza Borowskiego, zgromadzonych w tomach *Kamienny świat* (1948) i *Pożegnanie z Marią* (1948). Ich podstawa jest nieco inna niż u Nałkowskiej: Borowski przeżył Oświęcim, był więźniem obozu, ofiarą faszystowskich zbrodni. Oczywisty dokumentaryzm tych opowiadań pogłębia stale podkreślana postawa autobiograficzna. Z tomu zbiorowego *Byliśmy w Oświęcimiu* (1946) pochodzą opowiadania *Dzień na Harmenzach*, *Proszę państwa do gazu*, *U nas w Auschwitzu*, *Ludzie, którzy szli*. Część dalsza opowiadań, które znalazły się później we wspomnianych tomach, m.in. *Śmierć powstańca*, *Bitwa pod Grunwaldem*, *Pożegnanie z Marią*, drukowana była wcześniej w czasopismach. Dodajmy, że poprzedzająca

Opowiadania Tadeusza Borowskiego

te utwory twórczość poetycka Borowskiego jest w przeważającej części zapisem przeżyć okupacyjnych sprzed aresztowania i wywiezienia do obozu. Związki między wypowiedzią liryczną i opowiadaniami są różnorakie, ale autobiograficzny aspekt przejawia się w nich inaczej. W opowiadaniach obserwujemy płynne przechodzenie od narracji prowadzonej w liczbie mnogiej (więźniarskie „my", jak u Szmaglewskiej) do „ja" (sugerującego subiektywny, pamiętnikarski charakter wypowiedzi) i trzecioosobowych form narratora obiektywnego. W tym ostatnim przypadku chodzi, jak się wydaje, o epickie przedstawienie zdarzeń i ich intelektualną interpretację. Wymienność tych form ma więc istotny sens artystyczny. Komplikacje dalsze, zmierzające od dokumentaryzmu ku literackości, polegają na tym, że narrator, występujący w roli świadka, uczestnika wydarzeń, współwięźnia – nie jest tożsamy z autorem, stanowi świadomą kreację artystyczną. Jest to zabieg znany od dawna w epice. Jednakże Borowski nadaje narratorowi swoje imię (Tadeusz), a także swoją funkcję obozową (Fleger – sanitariusz). Wspomnienia współwięźniów o Borowskim wskazują, że Tadeusz-narrator i bohater opowiadań jest w sensie psychicznym odmienny niż Borowski-więzień – bezradny, zagubiony, potrzebujący opieki innych. Wyposażył go pisarz w psychikę „człowieka zlagrowanego", nawykłego do patrzenia na śmierć i cierpienie, zobojętniałego, poznającego tajemnice „fabryki śmierci" i z tej wiedzy, z przystosowania do reguł obozowego życia, wyprowadzającego własne zasady postępowania. Zachowania bohatera są czasem niezrozumiałe, graniczące z cynizmem i zobojętnieniem na cudze cierpienie, znajdują jednak uzasadnienie w instynkcie samozachowawczym, szczególnie wyostrzonym w warunkach stałego zagrożenia. Taka kreacja artystyczna pozwalała na przedstawienie mechanizmów obozowych, całego systemu, którego celem była degradacja człowieka, zniszczenie jego induwidualności, urzeczowienie, zamiana w „numer obozowy". Narrator Borowskiego umieszczony zostaje w środku tej machiny, podlega jej działaniu; opowiada o niej i opisuje ją od wewnątrz. Na nim także „fabryka śmierci" wyciska swe piętno. I wówczas jest jednym z wielu. Stoi jednak i na zewnątrz całego układu, kiedy stara się rozpoznać składowe części hitlerowskiej machiny, sprawdzić jej działanie, zrozumieć to, co dzieje się z więźniami, z ich psychiką podlegającą powolnej degradacji, odczłowieczeniu. W tym dociekliwym rozpoznawaniu prawdy o obozach koncentracyjnych, o organizacji masowego zabijania, o katach i ich ofiarach, narrator przestaje być więźniem, staje się autorem opisującym wydarzenia.

Zadanie artystyczne, które postawił sobie Borowski, dotyczyło przedstawienia dwu ściśle ze sobą powiązanych sfer – funkcjonowania hitlerowskiego obozu zagłady i skutków jego oddziaływania widocznych w zachowaniu więźniów. Machina obozowa istnieje w opowiadaniach jako pewna oczywistość – są apele, wyjścia do pracy, powroty, „pracuje" stale krematorium, „pracuje" rampa, gdzie podjeżdżają pociągi naładowane „surowcem". Przeprowadza się selekcję tego „surowca": jedni idą do gazu, inni do pracy; segreguje się pozostawione walizki, odzież, przesiewa popiół krematoryjny, aby odzyskać złote zęby. W chwilach wolnych więźniowie grają w piłkę nożną obok pracujących komór gazowych. Wszystko działa sprawnie, ludzie przywykli do takiego porządku. W tej normalności, w pogodzeniu się, kryje się najstraszniejsza prawda o „fabrykach śmierci", także o tym, co może stać się z człowiekiem w określonych warunkach. Jaki jest człowiek? Na czym polega jego zdolność przystosowania się? Czy rzeczywiście jest, jak sądzili behawioryści, jednostką reaktywną, przystosowującą swoje zachowania do jakości bodźców zewnętrznych? Jakie są i czy istnieją granice etyczne tego przystosowania?

Borowski stworzył jedną z najbardziej wstrząsających wizji „człowieka zlagrowanego", zniszczonego przez system. Dotknął najtrudniejszej do określenia granicy między wolnością i zniewoleniem. Czy jest taka granica? Czy pojęcia te są relatywne, tracą swą jednoznaczność? „Wolność" w warunkach obozowych ma inny wymiar: jest chwilą szczęścia, kiedy więzień trafia do izby chorych, nie musi stawać na apelu, iść do pracy. Czuje się wolny, bo inni muszą...

> Rozkoszne dnie – relacjonuje narrator – bez apelów, bez obowiązków. Cały obóz staje na apelu, a my w oknie, współwychyleni widzowie z innego świata. Uśmiechają się do nas ludzie, my uśmiechamy się do ludzi [...]. Pejzaż z okna niewinny, kremo nie widać. Ludzie w Oświęcimiu są zakochani [...].

Z perspektywy więźniów, przebywających w izbie chorych, jest to relacja najprostsza, referująca pewną sytuację, pewien stan psychiczny narratora i grupy, która czuje się wolna. Z perspektywy autorskiej na ową relację nakłada się ironia, którą odczytywać trzeba jako intelektualny komentarz do przedstawionej sytuacji. Ironia nie rodzi się tu z poczucia wyższości autora, z przyznania sobie prawa do oceniania innych, staje się równocześnie autoironią: narrator jest bowiem jednym z więźniów, którym trafiła się chwila „wolności" obozowej, jest jednym z wyróżnionych, szczęśliwych, „zakochanych w Oświęcimiu". W refleksji nad literaturą mówimy o ironii tragicznej: powstaje ona z rozpoznania alogiczności świata, bezsiły intelektu wobec tragizmu wydarzeń. Trzy perspektywy narracyjne („ja", „my", „on"), stale przeplatające się w opowiadaniach Borowskiego, mają więc głębszy sens – pozwalają na przedstawienie świata obozowego w jego różnych aspektach – moralnym, psychologicznym, a także faktograficznym. „Szczęście" wolnych od obozowego przyzmusu jest moralnie dwuznaczne: rodzi się przecież ze złego uczucia – bo inni nie są wolni, bo inni muszą stać na apelu, iść do pracy, w każdej chwili narażać życie, podlegać terrorowi obozowych stróżów porządku. Granice między katem i ofiarą, nienawiścią i solidarnością, stale się zacierają.

Co działo się z ludźmi w Oświęcimiu? Borowski na plan pierwszy wysunął nie katów, lecz ofiary. Co działo się z nimi właśnie? Jakim podlegali przeobrażeniom? Jaką postać przyjmowało ich człowieczeństwo? Ale nasuwały się i inne pytania. Jak to wszystko opisać? Czy nadają się do tego tradycyjne techniki pisarskie? Wyjście z obozu w opowiadaniu *Dzień na Harmenzach* przynosi narratorowi posmak wolności. Znalazł się poza obozowymi drutami. Nowy krajobraz rodzi jego zachwyt:

> Cień kasztanów jest zielony i miękki. Kołysze się lekko po ziemi jeszcze wilgotnej, bo świeżo skopanej, i wznosi się nad głową seledynową kopułą pachnącą poranną rosą. Drzewa tworzą wzdłuż drogi wysoki szpaler, a czuby ich rozpływają się w kolorycie nieba. Odurzająca woń bagna ciągnie od stawów. Trawa zielona jak plusz srebrzy się jeszcze rosą, ale ziemia już paruje w słońcu. Będzie upał.
>
> Lecz cień kasztanów jest zielony i miękki. Nakryty cieniem siedzę w piasku i francuskim kluczem dokręcam złączenia wąskotorowej kolejki.

Ten opis w sensie artystycznym ma dwa uzasadnienia – malarski zachwyt narratora powstał z owego zwodniczego poczucia wolności, wyjścia z obozowych budynków. Jednakże „człowiek zlagrowany" szuka nie tyle piękna, ile korzyści. Cień kasztanów jest piękny, bo może chronić przed upałem. Powrót do obozu gasi te wzruszenia. Przeciwieństwem więc tego opisu jest inny, z opowiadania *U nas w Auschwitzu*: „Później szliśmy bardzo piękną drogą do Oświęcimia. Widzieliśmy kupę krajobrazu". Uwidoczni się w tym fragmencie podstawowa cecha psychiki „człowieka zlagrowanego": piękne jest tylko to, co użyteczne.

Borowski w przedstawieniu prawdy o człowieku jest aż do okrucieństwa bezwzględny, odrzuca „piękne kłamstwa sztuki", dociera do granicy, gdzie świadomość styka się z instynktem i biologią. Unika bezpośrednich ocen, moralizowania, chce być obiektywny, ścisły. W narracji rezygnuje z monologów wewnętrznych, z introspekcji. Liczą się tylko zachowania, sposoby reagowania na bodźce zewnętrzne. Takie właśnie zachowania więźniów, a nie sens ich słów, są świadectwem prawdy. Zachowania zależą bezpośrednio od sytuacji, od wyostrzonego w warunkach obozowych instynktu, od bodźców, które więzień odbiera z otaczającego świata, od pracującej machiny obozu. „Udany eksperyment" hitlerowski polegał na zredukowaniu oddziaływań na psychikę jednostkową całej sfery kultury, w której normalnie istniejemy (nakazów religii, potrzeby przeżyć estetycznych, więzów rodzinnych itd.): „człowiek zlagrowany", odarty ze wszystkiego, co wydaje się normalne, co poświadcza jego wrośnięcie w sferę wartości przechowywanych w kulturze, zostaje zredukowany do zachowań elementarnych. Na cenzurowanym postawił więc Borowski nie tylko jednostkę ludzką, naturę człowieka, ale i całą współczesną cywilizację. To ona stworzyła i wydoskonaliła „fabryki śmierci". We *Wspomnieniach* Borowski pisał:

> Dziś za pan brat z nieprawdopodobnym i mistycznym, mając na codzień krematorium, tysiącami flegmony i gruźlicę, poznawszy, co to jest deszcz i wiatr, i słońce, i chleb, i zupa z brukwi, i praca, aby nie podpaść, i niewolnictwo, i władza, będąc, że tak powiem, pod rękę z bestią – patrzę na nich z odrobiną pobłażania, jak uczony na laika, wtajemniczony na profana.
>
> Wysupłaj ze zdarzeń codziennych całą ich codzienność, odrzuć przerażenie i wstręt, i pogardę, i znajdź na to formułę filozoficzną. Na gaz i złoto, na apele i na puff, na cywila i na stary numer [...]. Słuchaj, masz milion ludzi albo dwa, albo trzy miliony, zabij ich tak, żeby nikt o tym nie wiedział, nawet oni, uwięź kilkaset tysięcy, złam ich solidarność, poszczuj człowieka na człowieka [...]. Jakże to jest, że nikt nie krzyknie, nie plunie w twarz, nie rzuci się na piersi?

Pytania te wynikają w opowiadaniach Borowskiego z opisu faktów, ale utrwala je nie dla nich samych, nie dla zachowania w pamięci, lecz dla owych pytań właśnie, na które nie starcza odpowiedzi. Jaki jest człowiek? Jak w literaturze docierać do prawdy o nim, o tym wszystkim, co jest ciemne i groźne? Oskarżano Borowskiego o cynizm, o brak współczucia, niechęć do usprawiedliwień, odrzucanie postaw heroicznych. Jego metodę twórczą, wspartą na obserwacji i rejestrowaniu zachowań, kojarzono słusznie z psychologią behawiorystyczną, z jej zasadą niedostępności i niepoznawalności życia wewnętrznego, którego możemy się tylko domyślać na podstawie zachowań jednostki reagującej na bodźce zewnętrzne. W istocie ta biologiczna w swym rodowodzie koncepcja, która powstała na początku XX wieku, choć korzeniami swymi tkwiła w naturalizmie, u Borowskiego spełnia nowe funkcje, dotyczy bowiem w równym stopniu jednostki, jak i zbiorowości, wiąże się z „inżynierią behawiorystyczną", socjotechniką sterowania zachowaniami grup, mas ludzkich. Inżynieria behawiorystyczna jako „teoria naukowa" stała się podstawą rządzenia w obu wielkich systemach totalitarnych – w faszyzmie i komunizmie. System kar i nagród (bodźców pozostających w rękach władzy) prowadził do powstania „człowieka zredukowanego", urzeczowionego. Hitlerowski „udany eksperyment" potwierdzał możliwość takiej redukcji, takiego zniewolenia, w którego wyniku ulega w człowieku zawieszeniu wszystko – z wyjątkiem samego instynktu życia. Bardziej człowieka upokorzyć nie można. Nie jest to jednak koncepcja aprobowana przez

Borowskiego. Z niej wyrasta jego poczucie tragizmu. Przywołajmy raz jeszcze fragment ze *Wspomnień*:

> Nie ma piękna, jeśli w nim leży krzywda człowieka. Nie ma prawdy, która tę krzywdę pomija. Nie ma dobra, które na nią pozwala [...]. Co będzie o nas wiedzieć świat, jeśli zwyciężą Niemcy? Powstaną olbrzymie budowle, autostrady, fabryki, niebotyczne pomniki. Pod każdą cegłą będą podłożone nasze ręce, na naszych barkach będą noszone podkłady kolejowe i płyty betonu. Wymordują nam rodziny, chorych, starców. Wymorują dzieci. I nikt o nas wiedzieć nie będzie. Zakrzyczą nas poeci, adwokaci, filozofowie, księża. Stworzą piękno, dobro i prawdę. Stworzą religię.

Ta zła wizja przyszłości, totalitarnego świata, mogła się zrealizować i w innej, stalinowskiej wersji.

Proza Borowskiego w swej warstwie znaczeń filozoficznych ma wymiar uniwersalny, wykraczający znacznie poza dokumentalny zapis doświadczeń obozowych. Wynika to z faktu stawiania uniwersalnych pytań, a także – z bezradności, z braku na nie odpowiedzi. Nie chodzi tylko o to, jaki jest człowiek, ale także – jaka jest cywilizacja. Pytania te mogły przekroczyć w przypadku Borowskiego granice jednostkowej wytrzymałości. Jego dramat polegał na wyjściu z jednego systemu totalitarnego i wejściu po 1949 roku – z zaangażowaniem – w inny, posługujący się podobnymi metodami. Jest to jedna z hipotez objaśniających tajemnicę jego samobójczej śmierci w 1951 roku.

Inny świat Gustawa Herlinga-Grudzińskiego

Polska literatura łagrowa już w czasie wojny przełamywała zmowę milczenia, które na Zachodzie obejmowało zbrodnie stalinowskie. Była już o tym mowa w rozdziale poprzednim. *Inny świat* Gustawa Herlinga-Grudzińskiego powstawał w latach 1949–1951; wydany był najpierw w przekładzie angielskim (1951), a w 1953 roku po polsku. Jak w przypadku Borowskiego, *Inny świat* zrodził się z doświadczeń osobistych pisarza, więźnia łagrów radzieckich. Silniej zaakcentowana została w nim płaszczyzna autobiograficzna, wspomnieniowa. W narracji nie ma owych wymian perspektyw, narracyjnego „ja" na „my" lub „on". Ma to istotne znaczenie w konstruowaniu podstawowych znaczeń, sensów utworu. Nie jest tak, że Herling-Grudziński opowiada tylko o sobie – kreśli też znakomite sylwetki współwięźniów, ofiar stalinowskiego terroru: uczonych, wysokich rangą oficerów, niekiedy współtwórców systemu, którzy w wyniku stalinowskich „czystek" z lat trzydziestych stali się ofiarami, wreszcie zwykłych ludzi, bezradnych, którzy nie mogli udowodnić swej niewinności. „Porządek" łagrowy był nawet bardziej wyniszczający, ponieważ nie rządziły nim żadne „prawa". Chaos i samowola oprawców powodowały, że więźniowie nie mieli szans na stworzenie własnych systemów obronnych, jakie opisywał Borowski: pracować należało, kiedy patrzył strażnik, jeśli nie – udawać pracę; złoto, cenne przedmioty sortowane na rampie należało oddawać Niemcom, ale produkty żywnościowe mogły służyć do zaspokojenia głodu, stać się „towarem" w specyficznym handlu obozowym. W łagrach więzień takich szans nie miał. „Socjalistyczny wyścig pracy", w który wpisani byli więźniowie, premiował najsilniejszych fizycznie, bo przekroczenie „normy" wiązało się z przyznawaniem większych porcji żywności, słabsi dostawali mniej, co skazywało ich na śmierć z wycieńczenia. Więźniowie trafiali do łagru najczęściej w wyniku fikcyjnych procesów, ale wyjście na wolność nie zależało od wyroku, lecz od woli oprawców. Skazani dobrze wiedzieli, że nie mają żadnych szans samoobrony: bierne poddanie się losowi, samounicestwienie, donosicielstwo składają się na obraz dna, najgłębszego ludzkiego upodlenia. Nieistotna jest wina, rzekoma czy rzeczywista, nieistotne jednostkowe cierpienie: nie chodzi już o urzeczowienie człowieka, lecz o jego unicestwienie.

O przeżyciach osobistych mówi Herling-Grudziński oszczędnie, lakonicznie; w relacjach o innych jest chłodny, unika komentarzy, bezpośrednich kwalifikacji moralnych zachowań wieźniów. Nieprzypadkowo mottem swojego utworu uczynił fragment *Zapisków z martwego domu* Fiodora Dostojewskiego. Z tego utworu pochodzi także tytuł dzieła Herlinga-Grudzińskiego. Przywołajmy to motto:

> Tu otwierał się inny, odrębny świat, do niczego nie podobny; tu panowały inne prawa, inne obyczaje, inne nawyki i odruchy; tu trwał martwy za życia dom, a w nim życie jak nigdzie i ludzie niezwykli. Ten oto zapomniany zakątek zamierzam opisać.

Słowa te objaśniają zamiar artystyczny Herlinga-Grudzińskiego, jego postawę wobec tematu. Obok Dostojewskiego z literatury rosyjskiej można przywołać także dramat Gorkiego *Na dnie*. Prawdziwym tematem *Innego świata* nie jest, jak u Borowskiego, opisanie mechanizmów „fabryki śmierci", lecz przedstawienie jednostkowych losów więźniów, którzy znaleźli się na dnie – egzystencja ludzka w „martwym domu", jej jakość w wymiarze indywidualnym, kiedy zawieszeniu ulegają wszelkie normy moralne, wszelkie więzi zbiorowości. Samotność, strach, bezradność wyzwolić mogą podłość w człowieku, ale także desperacki heroizm. Tematem *Innego świata* jest, chciałoby się powiedzieć, czysta egzystencja ludzka w warunkach ekstremalnych, bo wówczas dopiero docieramy do jej istoty, rozpoznajemy jej sensy biologiczne i metafizyczne. W łagrach, gdzie jedynym prawem było bezprawie, niemożliwe stawało się odróżnienie zła od dobra, szlachetności od podłości, okrucieństwa od bezmyślności. Wyrozumiałość i współczucie narratora nie oznacza jednak zgody na zło; jego sympatię zachowują tylko ci więźniowie, którzy „na dnie" zdolni są do rozpoznawania granicy, jakiej w upodleniu nie można przekroczyć. Cały utwór przesiąknięty jest współczuciem, czysto ludzką solidarnością. Ta postawa wyrozumiałości i współczucia, a zarazem moralnej niezgody na zło, różni *Inny świat* od opowiadań Borowskiego. Jeden szczegół w tym ujęciu wydaje się wątpliwy: wiąże się on ściśle ze wspomnieniową, autobiograficzną warstwą utworu: głodówka zorganizowana w łagrze przez grupę Polaków, która doprowadziła do ich uwolnienia, mogłaby być odczytana jako pochwała buntu, przezwyciężenie bierności, poddania się losowi. W istocie o uwolnieniu decydowało porozumienie władz radzieckich z Sikorskim. Bunt innych więźniów, Rosjan, był z góry skazany na klęskę. Po wyjściu Polaków zostawali oni ze swoim przeznaczeniem w „martwym domu". Ale w finale utworu zasadnicze staje się inne pytanie: czy „zrozumieć" oznacza równocześnie „wybaczyć"?

Literatura obozowa i łagrowa ma charakter dokumentalny, ale tylko wówczas, kiedy przekracza granice prostego zapisu, kiedy wiąże się z refleksją nad sensem i charakterem wydarzeń, nad tragicznymi doświadczeniami zbiorowymi w XX wieku, staje się znacząca. Niosła ona jednak z sobą niebezpieczeństwo różnego typu uproszczeń. Nieprawdą jest bowiem, że zbrodnicze systemy nie miały poparcia społeczeństw, w którym powstały, ale nieprawdą jest także, że wszyscy je popierali. Nie tylko o zbrodniach, ale i o ludzkim współczuciu w radzieckich łagrach mówi na przykład powieść Mariana Czuchnowskiego *Tyfus, teraz słowiki*. Ukazała się ona w Londynie w tym samym roku, co angielska wersja *Innego świata*. Powieść Czuchnowskiego, zbudowana na kanwie osobistych doświadczeń, przedstawia fragment ostatniej drogi więźnia – pobytu w szpitalu. Bohater, wycieńczony, umierający, został przywieziony z innymi więźniami ciężarówką i „wysypany" na dziedzińcu szpitalnym. Pielęgniarka i lekarz rozpoznają, że jest Polakiem, podejmują heroiczną walkę o uratowanie mu życia. Opowieść o ludzkim odruchu solidarności i współczucia, ponad narodowymi uprzedzeniami i wbrew rozkazom, dotyka kwestii istotnej: zło rodził system, ale nie obejmowało ono wszystkich ludzi. Gorzka jest pointa tej powieści: bohater, opuszczający Taszkient wraz z armią polską, odnaleźć mógł tylko grób pielęgniarki na miejscowym cmentarzu.

Literatura obozowa, ze wszystkimi jej dokumentalnymi podtekstami, stała się, w sensie literackim, pewną konwencją. Wynikało to z częstotliwości podejmowania tego typu tematów, z ilości zapisów pamiętnikarsko-wspomnieniowych, z ich wreszcie bezradności wobec rozmiarów spustoszenia i przejawów okrucieństwa. Ilość szczegółowych zapisów, którym nie można odmówić wiarygodności, nie zbliżała do zrozumienia i wyjaśnienia tego, co się stało. Żadna suma szczegółowych przypadków nie wyczerpuje całości. Na terenie literatury więc upomniała się o swe prawa, jeśli przywołać artykuł Kazimierza Wyki, nie tylko tragiczność, ale i jej przezwyciężenie. Choć ze względów etycznych niemożliwa była drwina, rodem wprost z *Ferdydurke* Gombrowicza, to powieści Stanisława Dygata *Jezioro Bodeńskie* (1946) i *Pożegania* (1948), opowiadania Stanisława Zielińskiego *Dno miski* i *Przed świtem* (1949), a także *Trans-Atlantyk* (powst. 1948–1950, wyd. Paryż 1953) przyniosą inne ujęcie klęski wrześniowej, postaw ludzkich w obozach, jednakże nie koncentracyjnych, lecz jenieckich, bądź też, jak w *Jeziorze Bodeńskim* Dygata, w obozie dla internowanych obcokrajowców. Były to oczywiście inne obozy o odrębnych regulaminach. Podstawową niedogodnością stawało się samo zamknięcie, wypełnianie pustki i nudy dyskusjami. W obozie jenieckim, przedstawianym w części opowiadań Stanisława Zielińskiego, źródłem groteskowych deformacji, obejmujących psychikę i zachowania byłych żołnierzy, jest regulamin wojskowy, oficerski kodeks honorowy, cały rytuał wojskowych zależności. Jeńcy, przede wszystkim oficerowie zawodowi, udają, że nic się nie stało, że wszystko, co było, co okazało się pozą i ułudą, trwa nadal. Równocześnie samo zamknięcie, ograniczona przestrzeń, przemienia dawne postawy w czystą groteskę. Absurdalność owych gier, oskarżeń, wyzwań na pojedynki, byłaby nierozpoznawalna, gdyby wśród jeńców nie było oficerów rezerwy, cywilów, którzy powołani zostali do służby wojskowej w ostatnich dniach sierpnia przed wybuchem wojny. Tylko oni są zdolni rozbić absurdalne trwanie wojskowego rytuału.

W *Jeziorze Bodeńskim* nie ma żołnierzy; są Francuzi, angielscy marynarze, jest stary Niemiec-strażnik i narrator, Polak, który znalazł się w obozie, bo miał obywatelstwo francuskie. Jest to przygoda samego Dygata, który był rzeczywiście internowany w obozie dla cudzoziemców w Konstancji na pograniczu niemiecko-szwajcarskim. Podobnie jak w opowiadaniach Zielińskiego niemieccy strażnicy obozu nie są sadystami, nie prześladują więźniów, pilnują tylko przestrzegania regulaminu. Takie ujęcie obozu wydawało się zaraz po wojnie, wobec podstawowych doświadczeń, wręcz nieprzyzwoite. Oskarżono Dygata o stanowisko filoniemieckie. W istocie była to powieść nie tyle o obozie, ile o polskich mitach, utrwalonych w świadomości zbiorowej przez literaturę piękną, zwłaszcza romantyczną. Główny bohater, inteligent wychowany na *Kordianie* i *Księgach Narodu i Pielgrzymstwa Polskiego*, chce wobec obcokrajowców grać rolę „prawdziwego Polaka" ze scenariusza stworzonego przez literaturę piękną. Jest to rola fałszywa, bo na początku i na końcu powieści umieszczone zostało, na prawach memento, zdanie prawdziwe: „Tymczasem wybuchła wojna i dostałem się do niewoli". I to jest prawda elementarna. Może wstyd właśnie wywołuje potrzebę wielkiego „udawania" przed obcokrajowcami. Narrator ma pełną świadomość swojego aktorstwa i fałszu, a równocześnie nie może się wyzwolić z krępującego stereotypu:

> Przestawiam kraj [Polskę] pełen romantycznej fantazji, miłości i poświęcenia, wiary w piękno i wolność, walki ze złem i szpetotą, kraj rozległych krajobrazów i rozległych przestrzeni duszy. W tym wszystkim dyskretnie ukazuję siebie jako nieodrodnego syna swej ojczyzny, jestem wzruszony i zachwycony swoją sylwetką Polaka [...].

Gra, zakładanie maski – to sytuacja z Gombrowicza rodem. Zbieżność nie jest tu przypadkowa. Dygat debiutował w 1938 roku opowiadaniem *Różowy kajecik*, w którym trudno nie dostrzec związków z *Pamiętnikiem z okresu dojrzewania* Gombrowicza. Ale *Jezioro Bodeńskie* ma swoją odrębną poetykę.

Trans-Atlantyk Witolda Gombrowicza

Związki ogólne między *Jeziorem Bodeńskim* i *Trans-Atlantykiem* są oczywiste. Jednakże chronologia powstania utworów wskazuje, że nie mogą być bezpośrednie. Dotyczą polskich stereotypów, ich niewydolności w nowych warunkach historycznych. Powieść Gombrowicza ma znacznie szerszy wymiar filozoficzny. Nie odnosi się bezpośrednio do problematyki wojny, okupacji, obozów koncentracyjnych, choć prowokacyjnie zostanie z nią połączona przez gest odmowy powrotu bohatera do ogarniętego wojną kraju. Z wojną wiąże się *Trans-Atlantyk* ściśle na innej zasadzie – dotyczy zachowań i postaw Polaków pozostających po 1939 roku poza krajem, także poza terenem działań wojennych. W takiej sytuacji znalazł się sam Gombrowicz we wrześniu 1939 roku w Argentynie. Bohater i narrator powieści nosi jego imię i nazwisko, choć okoliczności pozostania za granicą nie pokrywają się ściśle z okolicznościami, w jakich znalazł się sam pisarz. „Witold Gombrowicz" z *Trans-Atlantyku* jest więc kreacją artystyczną, stworzoną na użytek powieści. Wojna zaskoczyła pisarza w Argentynie, dalekiej od wojennych dramatów. Znalazł się w kręgu rodaków-emigrantów i obcych, zmuszony sytuacją do podobnej gry, jak bohater powieści Dygata. *Trans-Atlantyk* ma wszelkie cechy prowokacji artystycznej: dotyczy zachowań polskich emigrantów, pielęgnujących w sobie nasze tradycyjne rozumienie patriotyzmu, style myślenia, wzorce obyczajowe, które w konfrontacji z „młodą" i „niedojrzałą" kulturą argentyńską okazują swą archaiczność i śmieszność. Fabuła powieści, zbudowana na zasadzie burleski, skupia się na polskości, na naszej kulturze zdominowanej przez relikty szlachetczyzny, rytuały barokowych parad, potrząsanie szabelką w obronie honoru. Cały ten krąg zdarzeń powieściowych, quasi-fabuły, wiąże Gombrowicz z pojęciem ojczyzny na prawach językowej etymologii (ojciec → ojcowizna, ojczyzna), eksponującej zapatrzenie w przeszłość, powtarzanie wzorów dawnych, uwięzienie w takim modelu patriotyzmu, który nie dopuszcza do zmian, do koniecznych przystosowań. Szczególny więc jest zakres tego pojęcia – składa się nań wszystko, co skostniałe, co stare, co zmieniło się w kulturową skamielinę, co nie pozwala Polakom odnaleźć siebie, określić swojej tożsamości. Przeciwieństwem tak pojmowanej ojczyzny jest „synczyzna" – niedojrzała, dwuznaczna, w sensie kulturowym niska, a nawet trywialna. Ale jest młoda, wyzwolona, zwrócona ku przyszłości.

Aby wydobyć wszystkie sensy ukryte w tej opozycji, Gombrowicz sięga chętnie do starych chwytów literackich. Podobnie jak w *Ferdydurke* posługuje się trawestacją, aluzją literacką, parodystycznymi przywołaniami fabuł i stylu znanych utworów z naszej tradycji literackiej, stanowiących podstawę stereotypów kulturowych. Sięga więc do *Trylogii* Sienkiewicza, do *Pana Tadeusza* i do *Pamiętników* Jana Chryzostoma Paska. Cała powieść, ze względu na typ narracji i archaizującą stylizację, przypomina gawędę staroszlachecką. Złamanie zasady decorum, bo wydarzenia rozgrywają się na przełomie sierpnia i września 1939 roku, niestosowność wyboru gatunku (gawędy staroszlackiej) i języka (stylizacja archaizująca) wydobywa sensy filozoficzne i społeczne powieści, buduje groteskową wersję świata. To, co autor chce powiedzieć, nie sprowadza się do ironicznie potraktowanej fabuły: jest ona sumą zdarzeń banalnych (drobne intrygi i kłótnie Polaków przebywających w Argentynie, pozorowane działania naszych dyplomatów, prezentujących Majestat Rzeczpospolitej), a nawet trywialnych (przewrotnie potraktowany wątek romansowy). Degradacja fabuły powieściowej przesuwa uwagę czytelnika na jej formę. Niewspółmierność banalnego tematu i sztucznie wykreowanego wysokiego stylu (parafrazy dawnych oracji szlacheckich) uwydatnia groteskę, współtworzy ogólną postawę ironiczną autora. W tym środowisku bohater i narrator, noszący imię i nazwisko autora, nie jest sobą, lecz kimś, komu środowisko emigrantów, Polonusów, „przyprawiło gębę", narzuciło Formę. Może się z niej wyzwolić tylko przez sprowadzenie jej do groteski. Ironia jest więc także autoironią; bohater prowadzi wobec rodaków-emigrantów dwuznaczną grę, której celem jest kompromitacja „polskiej gęby", zdarcie zbiorowej maski – patriotycznych frazesów i zrutynizowanych patriarchalnych obyczajów. Powieściowy „Gombrowicz" nie jest identyczny z autorem: to tylko kreacja artystyczna, aktor w grze, bo wszystko w tej powieści jest grą. Za jej kulisami kryje się beznadziejność, emigracyjna nostalgia, pustka. *Trans-Atlantyk* nie został przyjęty na emigracji entuzjastycznie, zyskał aprobatę przede wszystkim w kręgu paryskiej „Kultury" Jerzego Giedroycia. Zrozumiano, że powieść jest gorzką rozprawą z archaicznymi formami polskiej mentalności.

Jezioro Bodeńskie Dygata, wcześniejsze, podejmowało ten temat, operowało pokrewnymi chwytami artystycznymi (trawestacja, aluzja literacka, parodia, groteska), ale nie miało tak totalnego charakteru. Zaliczone zostało przez krytykę do tzw. literatury rozrachunków inteligenckich (pojęcie stworzył Kazimierz Wyka), podejmujących krytykę mentalności polskiej, ukształtowanej w Dwudziestoleciu, jej niewydolności w nowych warunkach historycznych po II wojnie światowej. Określenie to obejmowało całą grupę utworów, m.in. także *Sprzysiężenie* (1947) Stefana Kisielewskiego, *Mury Jerycha* (1946) Tadeusza Brezy, *Rzeczywistość* (1947) Jerzego Putramenta, *Między wojnami* (część cyklu z lat 1948–1949) Kazimierza Brandysa, *Sedan* (1948) Pawła Hertza. Wydaje się jednak, że zarówno *Jezioro Bodeńskie*, jak i *Trans-Atlantyk* przekraczają ograniczenia tej formuły, wyrastają wprost, nie na prawach negacji, z tradycji Dwudziestolecia, z tradycji powieści drwiącej i groteskowej, rozbijającej stereotypy kulturowe, chroniącej przed skamielinami. A powojenna fala „prozy dokumentarnej", martyrologicznej, groziła nowymi skostnieniami. W tym sensie *Jezioro Bodeńskie* Dygata, opowiadania Stanisława Zielińskiego, *Trans-Atlantyk* Gombrowicza miały, choć w literaturze krajowej na krótko, ważne znaczenie literackie; chroniły literaturę przed jednostronnością ujęć, przekraczały granice wąsko pojmowanego dokumentaryzmu.

Innym przekroczeniem ograniczeń prozy dokumentalnej, określanej mianem „pogranicza powieści", jest *Czarny potok* (powst. w 1946, wyd. w 1954). Powieść sięga do wydarzeń wojennych, podejmuje temat największej zbrodni, do jakiej doszło w Europie za sprawą obłędnej ideologii, którą wydała jej kultura – holokaustu: planowej, założonej i przeprowadzonej zagłady Żydów. Literatura polska wcześnie, już w czasie wojny (*Wielki Tydzień* Jerzego Andrzejewskiego) dotknęła tego tematu. Znalazł się on także w utworach powojennych Zofii Nałkowskiej (*Kobieta cmentarna*, *Przy torach* z *Medalionów*), Kornela Filipowicza (*Krajobraz, który przeżył śmierć* z tomu *Krajobraz niewzruszony*), w opowiadaniach Adolfa Rudnickiego z tomu *Szekspir* (1948), niósł z sobą jednak kłopotliwe pytania o stosunek Polaków do rozgrywającego się dramatu. Sygnalizuje to dyskretnie opowiadanie *Przy torach* Zofii Nałkowskiej: grupa gapiów przyglądająca się tragedii rannej kobiety jest przerażona, bezradna, ale i obojętna. Nie chodzi o oskarżenie, ale o tragiczną niemożność przyjścia z pomocą. To właśnie owa niemożliwość prowadzi do wstrząsających wyznań narratora w *Krajobrazie, który przeżył śmierć*. Opowiadanie Filipowicza oparte jest na autentycznych losach Jonasza Sterna, malarza, członka Grupy Krakowskiej, który uratował się w momencie rozstrzeliwania Żydów; wydobył się nagi spod zwału ciał, znalazł pomoc Polaków, uszedł na Węgry. Pozostająca na wolności jego żona toczy uporczywą walkę o ocalenie. I przegrywa. Tak bywało, tak mogło się zdarzyć. Jeśli przenieść owo zdarzenie na płaszczyznę literatury, to mogłoby ono świadczyć o roli przypadku w losach ludzkich. Ale autor poszukuje innego porządku – etycznego sensu ludzkiej solidarności:

> Z jakimż wstydem przechowuję w pamięci te nieliczne fakty znane mi z życia jego żony wśród nas. Jej życie odbyło jakąś odwrotną drogę w porównaniu z jego życiem. Do miejsca, z którego on wyszedł, minąwszy kule, ona doszła tracąc punkt za punktem z życia; jakżeż nieludzko musiał walczyć o każdy z nich on, zdany tylko na siebie samego.
> Nie udało się jej uchronić od śmierci, tu na wolności, w warunkach, o których tylu ludzi zaledwie mogło marzyć w tych czasach! Czuję jakiś wstyd społeczny, rodzący się w chwili, gdy nic nie można zarzucić każdemu z osobna, a jednak odpowiedzialność zdajemy się ponosić wszyscy [...].

Czarny potok Leopolda Buczkowskiego inaczej ujmuje temat zagłady; wprowadza go w generalny porządek tragicznej materii świata i szuka adekwatnego artystycznego odpowiednika do jego ujęcia. Znaczenia wynikają nie tylko ze szczątkowych fabuł, ale także, a może nawet przede wszystkim – ze struktury utworu. Buczkowski zdał sobie sprawę, że dotychczasowe powieściowe konwencje nie mogą udźwignąć tego tematu, są niewystarczające i bezradne. Istotnym elementem w tym utworze staje się poszukiwanie nowej formuły powieściowej. Utwór więc winien być rozważany jako świadomie podjęty eksperyment artystyczny, związany korzeniami z tradycją awangard Dwudziestolecia. Prawda o epoce, o zbrodni, przenika wszystkie piętra struktury utworu – od jakości, konstrukcji fabuł, kreacji bohaterów, sposobów prowadzenia narracji, ewokowania czasu i przestrzeni, kompozycji, do języka i stylu. Buczkowski uchyla więc wcześniej przedstawiane dylematy fikcji czy autentyku. Ta opozycja stała się w *Czarnym potoku* nieistotna, zmieniła się w sensie estetycznym w pytanie: co winien zrobić pisarz, stwierdziwszy oczywistą niewydolność dawnych konwencji? Fabuła w sensie poznawczym jako twór wyobraźni i wiedzy jednostkowej jest zawsze uboższa od tego, co tworzy historia, także od jej prawdziwych potworności. Kolejność przedstawianych w utworach wydarzeń zawsze sugeruje jakiś ład świata, zmierzanie ku tragicznemu bądź optymistycznemu rozwiązaniu. Tymczasem wojna unicestwiała taki światopogląd.

W *Czarnym potoku* nie chodzi o utrwalanie faktów, pojedynczych zdarzeń, nawet masowych zbrodni, nie chodzi o cierpienie. Buczkowski pyta o to, co doprowadziło świat do katastrofy. Spór o sens zdarzeń toczy się w powieści nieustannie. Zagłada Szabasowej, żydowskiego miasteczka na kresach dawnej Rzeczpospolitej, tworzy temat wyodrębiony, ale uwolniony od wymogów dokumentaryzmu. Zamknięta przestrzeń – tylko to miasteczko i jego najbliższe okolice – przypomina płaszczyznę malowidła ograniczonego ramami. Tak wyznaczona przestrzeń pozbawiona zostaje głębi, jak w obrazach kubistów, efektu malarskiego zbieżnej perspektywy; jest wyraźnie „płaska", zamknięta. Nakładają się na siebie i wzajemnie przenikają zdarzenia, których nie porządkuje ani przestrzenny, ani czasowy porządek linearny. Dotyczy to także narracji, prowadzonej przez różne osoby, z różnych perspektyw. Daje to w efekcie, jak w utworze muzycznym, wariantowe powtarzanie się jednego tematu – zagłady. Ramy czasowe i przestrzenne, dane od razu, gotowe, ograniczają sam rozwój fabuły; oznaczają nieuchronność tego, co się musi zdarzyć. Czytelnik wie wszystko od początku, niczego nie oczekuje od samego rozwoju fabuły, zna prawdę podstawową.

Pytania o przyczyny i siły sprawcze zagłady na poziomie najprostszym, prefabularnym, dotyczą natury człowieka: jego chciwości, egoizmu, okrucieństwa. Wyraża to w powieści motyw poszukiwania legendarnego diamentu i jego właściciela. Mord staje się jedyną drogą łatwego zdobycia bogactwa, nie objaśnia jednak do końca samej zagłady. Z rąk oprawców ginie powoli całe miasto. Zło rodzi się w sferze najniższej – instynktów ludzkich. Jeden człowiek, jeśli ma władzę w ręku, może wyzwolić działanie niszczących sił: zawsze zjawi się gromada drobnych oprawców, szakali, niemieckich zbirów, współpracujących z nimi ukraińskich policjantów, szpiegów, żydowskich donosicieli. Z tych działań i zachowań powstają mechanizmy sprawcze zagłady – już bez widoków na zysk, niejako samoistne, wyabstrahowane ludzkie zło i okrucieństwo.

Dyskusja, jaką prowadzi w powieści ksiądz Bańczycki z Gailem, jednym z oprawców, zmierza nie tylko do odkrycia przyczyn zagłady. Sięga głębiej: jest próbą dotarcia do natury człowieka, tkwiących w nim ciemnych, niszczących sił, do ich przejawów w historii. Przywołajmy tu krótki fragment rozmowy między księdzem i oprawcą:

– Jezusie Nazareński! Kto rządzi światem?
– Stukanina.
– Powiada pan?
– Stukanina. Sam ksiądz chce mnie stuknąć jak psa.

Ta rozmowa ma swoją pointę fabularną: ksiądz Bańczycki zginie z rąk oprawcy, okryty przez niego żydowskim tałesem.

W *Czarnym potoku*, niezwykłym obrazie powieściowym, w którym nie rządzi zasada ciągłości fabuły, czasowego następstwa zdarzeń, słychać stale „stukaninę" – strzały karabinowe: to one wyznaczają rytm narracji i rytm świata, mówią o czyjejś śmierci, czasem o szczęśliwej ucieczce, która jednak nie ocala, bo z góry wiadomo, że zakończy się inną stukaniną. Poza ramy tego obrazu, ramy świata porządkowanego przez „stukaninę", nie ma wyjścia.

A prawda o zagładzie, niemożliwej do ujęcia, do zrozumienia? Składają się na nią relacje tych, którzy uciekają, i tych którzy pomagają w ucieczce. Relacje się powtarzają, nakładają na siebie, wykluczają. Ciemnemu porządkowi świata, rządzonego przez „stukaninę", odpowiada ciemny porządek narracyjny: chaos. Ów brak ładu w narracji, łamiący konwencje sztuki powieściowej, nacechowany jest znaczeniem: zagłady nie daje się opowiedzieć wprost, można się do jej tragizmu zbliżyć na drodze metaforycznej i symbolicznej, poprzez nową konstrukcję utworu. Powieść – zdaniem Buczkowskiego – jako gatunek literacki może istnieć, jeśli się odnowi, zmieni dotychczasowe reguły, odejdzie od dawnych sposobów odtwarzania rzeczywistości, jeśli swą zawartość zabuduje elementami realnymi i wyobrażonymi, danymi razem, w jednej chwili niejako, w intesywnym chaosie przenikań, stawania się na oczach czytelnika.

Tak oto – objaśnia swą koncepcję Buczkowski – wiedza o każdym wydarzeniu jest wypadkową setnych przetworzeń i zmyłek, a prawda zawiera się między widełkami prawdy obiektywnej i prawdy potocznej. A materialna prawda? Ten mówił, że tamten słyszał, że tamci widzieli [...]. Tego obrazu nie mogę zapisać linearnie, to byłoby nieszczęście[...]. Proza korzystająca z geometrii Euklidesowej to dziś anachronizm. Szukam czwartego wymiaru. No, cóż to jest powieść mieszczańska? To geometria. To nawet nie stereometria.

W *Czarnym potoku* i w późniejszych powieściach rozgrywa się pewien dramat: stale docieramy do jakiejś warstwy znaczeniowej, ważnej, jednakże nie ostatecznej. Za nią jest warstwa następna i następna; wnikamy coraz głębiej, aż do sensów najdalszych, ale nie przekraczamy nigdy granic tajemnicy. A może prawda jest znacznie prostsza, może daje się zamknąć w jednym aforyzmie? „Wiatr wieje – mówi jeden z bohaterów *Czarnego potoku* – a wdowa pszenicę sieje. Ty wiesz, Josie, że życie biednego człowieka trwa wiecznie. Tak jak bydlęta, co żyją w wiecznej biedzie".

Szczegółowe interpretacje utworów pozwalają na wyciągnięcie wniosków ogólnych: proza bezpośrednio powojenna, aż do roku 1948, zachowała podstawowe cechy wypracowane w Dwudziestoleciu –

przede wszystkim różnorodność poszukiwań i formuł artystycznych. Mogła rozwijać się w kilku, niekiedy przeciwstawnych, kierunkach: prozy dokumentalnej, ograniczającej prawa fikcji, prozy kreacjonistycznej, przynoszącej groteskowy obraz świata, prozy eksperymentalnej, jak w przypadku *Czarnego potoku* odwołującej się do refleksji estetycznej kubistów, Braque'a i Picassa, wreszcie – prozy realistycznej, podtrzymującej wiarę w możliwość stworzenia wielkiego, epickiego obrazu epoki. Bieg wydarzeń politycznych w kraju, jego stalinizacja, arbitralne narzucenie doktryny realizmu socjalistycznego eliminowało te możliwości. To, co stawało się z literaturą, zwłaszcza z prozą, z powieścią, daje się rozpoznać na przykładzie losów *Popiołu i diamentu* Jerzego Andrzejewskiego.

Popiół i diament Jerzego Andrzejewskiego

Podstawowy zamiar i źródło inspiracji w momencie pisania *Popiołu i diamentu* dają się rozpoznać w jego najwcześniejszej wersji, publikowanej w części na łamach „Odrodzenia" pod pierwotnym tytułem *Zaraz po wojnie* (1947). Druk został przerwany, nie wiadomo czy z intencji redakcji, czy też samego autora, który przeżywał wówczas przełom światopoglądowy – z przedwojennego pisarza katolickiego stawał się marksistą. Ale sama powieść w swym pierwotnym zarysie wyrastała z żarliwej dyskusji na temat epickości i realizmu, prowadzonej w 1945 roku. W 1946 roku, kiedy Andrzejewski przystępował do pracy nad powieścią, sprawa młodzieży akowskiej nie przedstawiała się tak jednoznacznie, jak później. Zmiany tekstu między pierwodrukiem a wydaniem książkowym z 1948 roku dotyczą przede wszystkim tego wątku; chodzi także o odpowiedzialność poszczególnych ludzi za postawy zajmowane w czasie wojny, zarówno Maćka Chełmickiego, jak i mecenasa Kosseckiego. Są to w pierwszych wersjach powieści wątki centralne; „odpowiedzialność" młodzieży akowskiej nie była tak sprecyzowana, jak w wersjach następnych, zwłaszcza w ostatniej, w której pisarz dokonywał zmian w wydaniu z 1954 roku. W wersji pierwszej autor nie prowadził dyskredytacji postaw Maćka Chemickiego i Andrzeja Kosseckiego, starał się ich usprawiedliwić, wyjaśniać źródła ich nieufności do nowego porządku. Obaj przecież nie wierzą w skuteczność i sens prowadzonej po wojnie walki, zmusza ich do niej poczucie żołnierskiego obowiązku, wierności sobie, honoru i koleżeńskiej solidarności. W pierwodruku te motywy działania nie zostają potępione, a sfera wartości, które niosą, podlega jeszcze dyskusji. Taki charakter mają spory i rozmowy, jakie toczą postaci powieściowe. Niewiele możemy powiedzieć o zmianach w obrębie drugiego wątku – zdrady, jakiej dopuścił się mecenas Kossecki w obozie koncentracyjnym – gdyż pierwodruk urywa się przed jego rozwiązaniem, to jest przed ostateczną rozmową między Kosseckim a sekretarzem Podgórskim. Przypuszczać należy, że układ był podobny, jak w wydaniu z 1948 roku: dramat „porządnego człowieka", który nie wytrzymał próby, jest motywowany psychologicznie, w wydaniu z 1954 roku – socjologicznie. Jest to już jednoznaczne „bankructwo drobnomieszczucha", niepewnego ideologicznie inteligenta. W rozważaniach o problemie winy tych, którzy współpracowali z Niemcami, a był to w 1946 roku problem rzeczywisty, Andrzejewski gromadzi okoliczności łagodzące – działanie pod wpływem strachu, przymusu, przerastającego siły ludzkie terroru. Te względy decydują, że ostateczna rozmowa między Podgórskim i Kosseckim w wydaniu z 1948 roku ma inny finał: odwrócony plecami do Kosseckiego Podgórski każe mu wyjść z gabinetu, zostawia go samego z dramatem jego sumienia. W wydaniu z 1954 roku osobiście pilnuje jego aresztowania.

Na prawach przykładu objaśniającego sens przeprowadzanych przez pisarza zmian przywołajmy tu fragment rozmowy, umieszczonej na początku powieści w pierwodruku: nie ma jej w wydaniach książkowych. Rozmowa toczy się między Podgórskim i Kosseckim, po pierwszym nieudanym zamachu na Szczukę, w którym zginęło dwóch niewinnych robotników:

> [...] Wraz z tą wolnością zjawili się ludzie, których nikt wcześniej nie znał i o których nie wiedziano na ogół nic więcej ponad to, że reprezentują politykę prosowiecką. Przeciętny Polak tego właśnie nie może przebaczyć, że swoją koncepcją polityczną przekreślili ten obraz Polski, który uczuciowo we wszystkich nadziejach i pragnieniach towarzyszył Polakom przez najcięższe lata wojny. Zapewniam pana, że tu nie o rewolucję chodzi [...]. To garstka. Ale magia wolności to inna sprawa.
> – Cóż pan chce? – odezwał się Kossecki. – Wojna toczyła się o wolność.
> – Tak – odparł Podgórski. – O wolność. Ale do świadomości Polaków jedna sprawa jeszcze nie dotarła [...]. Historia wyprzedziła nas. Żadne strzały z lasów nie odwrócą jej biegu [...]. Polska to smutny kraj, smutny i bardzo nieszczęśliwy. Nie lubię wprawdzie wielkich słów, nie lubię tych uczuć w sobie i mówię często z nienawiścią: głupi naród, durni Polacy. Ale zdaję sobie sprawę – to łatwo ostatecznie tak powiedzieć. Pogarda też bywa łatwa. Wiem, że popełniamy dużo błędów. Nie trzeba naszemu narodowi rzucać obelg, nie należy go poniżać. Nawet w jego szaleństwie i pomyłkach nie powinno się go ranić.

Usunięcie takich fragmentów z wydań późniejszych staje się zrozumiałe – niezależnie od tego czy działo się to za sprawą cenzury, czy też samego autora. Podgórski, przedstawiciel nowej władzy, nie jest jeszcze stalinowcem, jak w wydaniu z 1954 roku; nic nie wskazuje także, żeby jego partner w rozmowie był „przestępcą". *Popiół i diament*, przerabiany trzykrotnie, dojrzewał do realizmu socjalistycznego wraz z kolejnymi fazami przemian samego Andrzejewskiego. Ostatecznie liczy się jego wersja z 1954 roku, najbardziej jednoznaczna i prawomyślna dla tamtej epoki. W wersji ostatniej powstała powieść gorsza niż w pierwotnym zamiarze, ale zachowując stale znaczącą tkankę pierwotnego zamysłu, pozostaje dla historyka literatury ciągle powieścią ważną, wykraczającą znacznie poza ograniczenia widoczne w twórczości innych autorów, sezonowych uczniów w nowej szkole realizmu. *Popiół i diament*, zwłaszcza jego pierwotne wersje potwierdzają także, że żarliwa dyskusja na temat realizmu z lat 1945--1946 wynikała z innych źródeł niż późniejsze wskazania stalinowskiej doktryny.

Czym więc jest *Popiół i diament* ze swoimi przeobrażeniami? Dokumentem epoki – utrwala bowiem wszystko, co działo się z Andrzejewskim i literaturą, z formułami artystycznymi, wyniesionymi z Dwudziestolecia. *Zniewolony umysł* (1953), tom esejów czy analiz krytycznych pisarzy krajowych Czesława Miłosza, dawał diagnozę może trafną i sprawiedliwą, ale nie uwzględniał wszystkich dramatów, które stały się udziałem pisarzy w epoce stalinizmu. Tom esejów ma swych rzeczywistych bohaterów – m.in. Andrzejewskiego i Borowskiego, wciągniętych w mechanizmy totalitarnego systemu. Ślady jego oddziaływań są widoczne w twórczości wielu pisarzy, m.in. Iwaszkiewicza (*Wycieczka do Sandomierza*, 1953; *Ucieczka Felka Okonia*, 1954), Marii Dąbrowskiej (*Tu zaszła zmiana*, 1951; *Trzecia jesień*, 1954), Tadeusza Borowskiego (*Opowiadania z książek i gazet*, 1949; *Czerwony maj*, 1953), Wojciecha Żukrowskiego (*Mądre zioła*, 1951; *Dni klęski*, 1952), Tadeusza Konwickiego (*Przy budowie*, 1950; *Władza*, 1954–1955) i wielu innych. Nie zawsze były to świadectwa uległości, czasem dyktowała je konieczność życiowych kompromisów.

III. „Nasza mała stabilizacja"

Wyjaśnień wymaga wyodrębnienie okresu i jego nazwanie. Sama nazwa, przejęta z dramatu Tadeusza Różewicza (*Świadkowie, albo Nasza mała stabilizacja*, wyst. 1964), oznaczała cały zespół postaw i zachowań politycznych, a także społecznych, który ukształtował się po 1956 roku. Używana była w sporach i dyskusjach, także w krytyce literackiej, na określenie stagnacji, wyhamowania entuzjazmu i nadziei, jakie zrodziły wydarzenia polityczne z października 1956 roku. Miała więc podtekst ironiczny: w potocznym rozumieniu oznaczała – „zmieniało się i nic się nie zmieniło". Zmieniło się jednak wiele. Po śmierci Stalina w 1953 roku rozpadał się system terroru, bezpośrednich ingerencji w krajach, które na mocy decyzji ustalonych w Jałcie znalazły się w strefie wpływów Związku Radzieckiego. Krwawa i bezwzględna ingerencja Związku Radzieckiego na Węgrzech w czasie powstania w Budapeszcie w 1956 roku była nie tylko echem dawnego porządku, lecz także ważnym sygnałem oznaczającym granice, których państwa satelickie przekroczyć nie mogły. W Polsce, gdzie bunt rozpoczął się wcześniej, wydarzenia potoczyły się inaczej. Skończyły się rozstrzygnięciami kompromisowymi, a nie rzezią, choć możliwości ich krwawego przebiegu wówczas istniały.

Takim sygnałem-ostrzeżeniem w naszym kraju były wydarzenia poznańskie z czerwca 1956 roku: rozpoczęły się od strajku w zakładach pracy, pochodu ulicami miasta i wiecu, który zgromadził wielu ludzi. Rozkaz strzelania do manifestantów wydał, w obecności premiera Józefa Cyrankiewicza, generał Stanisław Popławski, Rosjanin (właściwe nazwisko: Iwan Gorochow), który, jak marszałek Konstanty Rokossowski, ubrany w polski mundur, „oddelegowany" został przez Stalina do służby w naszej armii. Zginęło wówczas około 100 osób, rannych było ponad 1000, aresztowanych około 200. Wydarzenia poznańskie udowodniły władzy, że dalsze trwanie systemu stalinowskiego, bez zmian, staje się niemożliwe. Napięcia społeczne groziły kolejnymi wybuchami. Wtedy to podjęto ryzykowne, ale i niezwykłe decyzje:

nowego przywódcę, Władysława Gomułkę, wyprowadzono wprost z więzienia. Był aresztowany w 1948 roku, usunięty ze stanowiska sekretarza generalnego Polskiej Partii Robotniczej, oskarżony o „odchylenie prawicowo-nacjonalistyczne w ruchu komunistycznym". Należał więc do ofiar terroru stalinowskiego. Objęcie przez niego funkcji I sekretarza poprzedziły ingerencje bezpośrednie Chruszczowa, Mikojana i Mołotowa w Warszawie, marsz pancernych dywizji radzieckich z Legnicy i Sulimowa na Warszawę, pojawienie się u wylotu Zatoki Gdańskiej radzieckiego krążownika, który nie został jednak wpuszczony do Zatoki, a także powstawanie w zakładach pracy, wobec zagrożeń radziecką ingerencją zbrojną, komitetów samoobrony. W czasie obrad VIII Plenum Komitetu Centralnego Polskiej Zjednoczonej Partii Robotniczej, na którym sekretarzem wybrano Władysława Gomułkę, zapadła jeszcze jedna znacząca decyzja, wcześniej niewyobrażalna: do Biura Politycznego nie wszedł marszałek Konstanty Rokossowski. Jedną z pierwszych decyzji nowych władz było uwolnienie z więzienia kardynała Stefana Wyszyńskiego, jego powrót do pełnienia funkcji prymasa Polski, a także usunięcie z armii generałów rosyjskich, w tym również marszałka Konstantego Rokossowskiego. Wiec poparcia dla Gomułki zgromadził 24 października w Warszawie około 400 000 uczestników. W przemówieniu Gomułka zapowiadał demokratyzację kraju i zbudowanie „najlepszego i odpowiadającego potrzebom naszego narodu modelu socjalizmu". Taki, w sensie politycznym, był początek „naszej małej stabilizacji".

Odziedziczyliśmy ogólne przeświadczenie, że zmiany, bardzo istotne w sztuce, w literaturze, w kulturze, zaczęły się po październiku 1956 roku. Jest to przeświadczenie, które należy poddać rewizji z kilku przynajmniej powodów. Kryje się w nim fundamentalna, znana z poprzedniego okresu, zasada prymarności ideologii, polityki przed innymi formami świadomości społecznej. W takim ujęciu przemiany w sztuce, w literaturze są pochodną i niejako rezultatem „dobrych polityków", którzy przejmują władzę. Sztuka, kultura jest całkowicie bierna, poddana ich łasce i dobrej woli. Mówiliśmy już, że wcześniej, w latach 1949–1954, nie udało się podporządkować naszej kultury bez reszty stalinowskiej doktrynie realizmu socjalistycznego, że znacznie ciekawsze od oficjalnych deklaracji, uchwał zjazdu pisarzy, były wszelkie przejawy nieposłuszeństwa, ujawniane publicznie w „ezopowym języku" tamtego czasu. Jednym z takich objawów była, podszyta ironią, krytyka schematyzmu w prozie, politycznej deklaratywności w poezji i ciągłe przypominanie w środowisku plastyków o znaczeniu odkryć sztuki awangardowej. Ukształtowały się wówczas dwa modele w krytyce artystycznej – jeden oficjalny, postulatywny („należy dokonać przełomu ideologicznego", „winno się wzmóc walkę klasową na froncie literatury"), pełen ogólników i frazesów; i drugi – fachowy, poddający ocenie budowę dzieła, jakość użytych środków ekspresji artystycznej, ich celowość i sens w obrębie utworu. Granice między tymi ujęciami i dwoma językami były niekiedy płynne, nieostre. Ale w roku 1955, kiedy rozpadała się doktryna, krytyka (nazywano ją wówczas „młodą krytyką") odeszła generalnie od wcześniejszej „nowomowy". W 1955 roku pisano więc o upadku literatury i sztuki, o panującym schematyzmie i deklaratywności. Sformułowania miały ostry, wyraźnie buntowniczy charakter. Ludwik Flaszen w artykule *O trudnym kunszcie womitowania* („Życie Literackie" 1955, nr 44) przypominał twórcom, którzy ulegli doktrynie realizmu socjalistycznego, że nie mogą uważać się za ofiary terroru, nie są bez winy – ponoszą moralną odpowiedzialność za własną klęskę. Stoi więc przed nimi potrzeba oczyszczenia, samo zażenowanie i zawstydzenie nie wystarcza. Jan Błoński we wcześniejszym artykule *Za pięć dwunasta* („Życie Literackie" 1955, nr 16–18) pisał o spustoszeniu, jakie doktryna wywołała w literaturze, zwłaszcza w poezji, a także o nieuchronnym jej odrzuceniu. Bardziej znaczące niż wypowiedzi krytyków były wydarzenia artystyczne bądź manifestaje „rewizjonistycznych" postaw światopoglądowych. Leszek Kołakowski w artykule *Światopogląd i krytyka* („Nowa Kultura" 1955, nr 4) zaatakował schematyzm i dogmatyzm ówczesnej „szkoły marksistowskiej" za redukcję zasobu kategorii filozoficznych, co powodowało zubożenie problematyki: spór rzeczywisty z idealizmem zamieniał się w przypinanie przeciwnikom gotowych etykiet. Byli najczęściej „sługusami burżuazji", „imperialistów", „wrogami robotników". W tym samym czasie na ekranach pojawia się *Pokolenie*, film Andrzeja Wajdy, który uznać można za ostrożną, jeszcze nieśmiałą zapowiedź narodzin „polskiej szkoły filmowej". Także w tym roku dochodzi do premiery innego znaczącego filmu – *Błękitnego krzyża* Andrzeja Munka. Na ekrany kin wchodzić poczęły filmy zachodnie, m.in. *Cena strachu*, *Czerwona oberża*, *Piękności nocy*. Filmy zachodnie stanowiły już jedną trzecią wszystkich wyświetlanych wówczas filmów, wypierały obowiązkowe dzieła „przodującej sztuki radzieckiej".

Wystawa Młodej Plastyki w warszawskim Arsenale miała jeszcze stary tytuł (*Przeciw wojnie, przeciw faszyzmowi*), ale stała się zapowiedzią nowych poszukiwań. Pojawiły się na niej obrazy i grafiki Andrzeja Wróblewskiego, Jana Tarasina, Jerzego Tchórzewskiego, Jana Lebensteina, Izaaka Celnikiera, Jana Lenicy, Franciszka Starowieyskiego i innych. Przeciwnicy zerwania z realizmem socjalistycznym oskarżali twórców o uleganie „ekspresjonizmowi", „naśladowanie awangardy" itd. Bardziej jednoznaczna w swych deklaracjach programowych była inna wystawa warszawskiej Grupy 55, której członkowie opowiadali się przeciwko realizmowi, bronili metafory jako podstawowej formy wypowiedzi plastycznej. *Wystawa Dziewięciu* w Krakowie (m.in. Tadeusz Brzozowski, Tadeusz Kantor, Maria Jaremianka, Jonasz Stern, Kazimierz Mikulski, Jerzy Nowosielski, Jerzy Skarżyński) nie miała charakteru „pokoleniowego", była w istocie kontynuacją wcześniejszych wystaw nowoczesnej sztuki z 1945 i 1948 roku. Ci sami twórcy prezentowali teraz swoją wierność wcześniejszym zasadom.

Z utworów literackich, które ukazały się w 1955 roku i odegrały pewną rolę w przemianach literatury, wymienić należy *Na wsi wesele* (cały tom opowiadań *Gwiazda zaranna*) Marii Dąbrowskiej, *Głosy w ciemności* Juliana Stryjkowskiego (druk w „Twórczości"), *Polską jesień* Jana Józefa Szczepańskiego, *Czarny potok* Leopolda Buczkowskiego, *Poemat dla dorosłych* Adama Ważyka (druk w „Nowej Kulturze"), tomy opowiadań *Złoty lis* Jerzego Andrzejewskiego i *Złote okna* Adolfa Rudnickiego, powieść *Zły* Leopolda Tyrmanda. W tym roku debiutuje fragmentem poematu *Słowa o nienawiści* Andrzej Kuśniewicz, ukazują się opowiadania Marka Hłaski, które weszły później do głośnego debiutanckiego tomu *Pierwszy krok w chmurach* (*Robotnicy*, *Okno*). Do najczęściej przywoływanych faktów należy *Prapremiera pięciu poetów* (Mirona Białoszewskiego, Zbigniewa Herberta, Jerzego Harasymowicza, Stanisława Czycza, Bohdana Drozdowskiego), których wiersze przedstawiali starsi krytycy i poeci („Życie Literackie" 1955, nr 51). Nie był to jednak debiut prasowy, wszyscy mieli za sobą wcześniejsze publikacje. Ale prezentacja grupowa oznaczała nadciąganie fali debiutów, zapowiedź „pokolenia 56", choć de facto ani Herbert, ani Białoszewski nie należeli do tego pokolenia. W 1955 roku ukazały się także utwory innych pisarzy, nie tylko Andrzejewskiego i Ważyka, wcześniej zaangażowanych w propagowanie doktryny realizmu socjalistycznego, teraz wyrażających swe rozczarowanie: wymienić tu można tomiki wierszy Mieczysława Jastruna (*Poezja i prawda*, także późniejszy, bo z 1956 roku, *Gorący popiół*) i Wiktora Woroszylskiego (*Z rozmów 1955*, 1956). W przypomnianych tu utworach trudno doszukiwać się wierności doktrynie realizmu socjalistycznego. Dają się odczytywać jako próby przekroczenia krępujących reguł, albo jako świadome manifestacje niezależności. Samo określenie „realizm socjalityczny" pojawia się jeszcze sporadycznie w wypowiedziach sfrustrowanych „dogmatyków", ale przestaje obowiązywać w toczonych dyskusjach. Prócz wspomnianych już artykułów Jana Błońskiego i Ludwika Flaszena przywołać trzeba esej Tadeusza Kantora *Teatr artystyczny* („Życie Literackie" 1955, nr 20), artykuły krytyczne w „Przeglądzie Kulturalnym" na temat nowej architektury, charakteryzującej się „abnegacją ekonomiczną, siostrą szturmowszczyzny" (Stanisław Staszewski, *Zapomniane sprawy architektury*), książkę krytyczną *Poeci trzech pokoleń* Artura Sandauera. W 1955 roku doszło do zasadniczej zmiany języka, sposobów objaśniania zjawisk artystycznych, prowadzenia sporów itd.

Ta zmiana widoczna staje się także w dyskusjach emigracyjnych: nieistnienie wolnego państwa, jak stwierdzono w czasie dyskusji na temat *Jedna czy dwie literatury* w Związku Pisarzy Polskich w Londynie, nie wyklucza istnienia narodu, jeśli zachowuje on swoją kulturę. Była to zapewne pośrednia reakcja na charakterystyczną akcję propagandową: otwarto w 1955 roku radiostację „Kraj", której celem było oddziaływanie na środowiska emigracyjne. Apel o powrót do kraju wystosowała grupa 48 intelektualistów i twórców, m.in. Maria Dąbrowska, Paweł Jasienica, Józef Chałasiński, Karol Estreicher, Karol Frycz, Julian Przyboś, Antoni Słonimski. Choć apel ten przyjęto podejrzliwie, potwierdzono ponownie niemożliwość współpracy z krajem w osobnej uchwale Związku Pisarzy Polskich na Obczyźnie w 1956 roku, to doszło jednak do powrotów w latach następnych. Powrócili do kraju: Stanisław Młodożeniec, Melchior Wańkowicz, Michał Choromański, Zofia Kossak-Szczucka, Jerzy Stanisław Sito; nieco później, po kilkakrotnych odwiedzinach, Teodor Parnicki i Maria Kuncewiczowa.

W 1955 roku ukazała się w Polsce powieść Ilji Erenburga *Odwilż*, której tytuł posłużył później do nazwania zachodzących zmian politycznych. Zamiast radzieckich powieści realizmu socjalistycznego wydano *Biednych ludzi* oraz *Zbrodnię i karę* Fiodora Dostojewskiego, nie wydawanego w Związku Radzieckim.

Ważną rolę w kontynuowaniu i pogłębianiu tych przemian odegrały czasopisma społeczno-literackie, zarówno istniejące wcześniej („Życie Literackie", „Nowa Kultura", „Przegląd Tygodniowy"), w których publikowano artykuły krytyczne, jak i odzyskujące swoją pierwotną niezależność („Tygodnik Powszechny"), zmieniające swój profil („Po prostu"). Szczególną rolę w toczonych sporach i dyskusjach odegrało „Po prostu": z czasopisma studenckiego zmieniło się w główny organ młodej inteligencji, podejmujący zasadniczą rewizję obowiązujących dotychczas stereotypów. Dotyczy to zwłaszcza oceny postaw i losów młodzieży akowskiej, uznawanej w okresie stalinowskim za wrogów i zdrajców. Były to dyskusje zasadnicze, które znalazły swe odbicie później w filmie (*Kanał*, 1957, *Popiół i diament*, 1958, Andrzeja Wajdy; *Eroica*, 1958, Andrzeja Munka) i w literaturze (*Kolumbowie. Rocznik 20*, 1957, Romana Bratnego).

Przeobrażenia w kulturze, widoczne w 1955 roku, wyprzedziły, a w znacznym stopniu także przyspieszyły zmiany w polityce. Nie oznacza to, że w październiku 1956 roku doszło do zasadniczej zmiany ustroju, że kraj odzyskał pełną niezależność gospodarczą i polityczną. Zamknęła się jednak epoka stalinizmu, rozpadła doktryna realizmu socjalistycznego; sztuka, literatura odzyskały część swej niezależności. Dotyczyło to przede wszystkim swobody w wyborze metod twórczych, prawa do eksperymentu artystycznego, a także – już w znacznie bardziej ograniczonym zakresie – do wyboru tematów. Nie wolno było kwestionować „przodującej roli partii" w życiu społecznym, podważać „sojuszy politycznych" (ze Związkiem Radzieckim i krajami „obozu socjalistycznego"). Lista zakazów, zwłaszcza w okresach napięć politycznych, ulegała często arbitralnym poszerzeniom. Ingerencje cenzury stawały się wówczas nagminne i nieprzewidywalne. Już w 1957 roku zakazano wystawienia *Nie-Boskiej komedii* Krasińskiego w Teatrze Polskim w Warszawie, *Szewców* Witkacego w Teatrze Wybrzeże w Gdańsku. Zamknięto „rewizjonistyczne" „Po prostu", zmieniono skład redakcji równie „rewizjonistycznej" „Nowej Kultury". Było to wyznaczenie granic, których nie należało przekraczać.

Ale kultura nasza w tych latach uległa gruntownym przemianom. O jej charakterze w tym czasie decydować poczęły nie tyle zakazy, co wymuszane przez twórców, niekiedy z wielkimi kłopotami, ustępstwa i zgody. W obrębie takiego układu funkcjonowała literatura, sztuka, krytyka literacka i artystyczna w latach 1955–1989; jednakże okres do 1968 roku uznać trzeba za bardziej liberalny, względnie stabilny. Określenie „nasza mała stabilizacja" miało u Różewicza, a także, w odniesieniu do polityki i gospodarki w latach 1956–1968 – znaczenie ironiczne: oznaczało stagnację, niespełnienie oczekiwań z 1956 roku, spowolniony postęp cywilizacyjny, „biedę" w gospodarce. Ale inaczej oceniać trzeba ten okres w kulturze. Jest niezwykły ze względu na zakres i jakość zachodzących przemian, które przerosły oczekiwania ideologów i polityków, poczęły kształtować świadomość zbiorową wbrew ich intencjom. W zmianach tego czasu tkwią korzenie powstającej później opozycji politycznej. W kulturze stabilizacja nie była ani „mała", ani nie da się jej traktować ironicznie. Dokonania tego czasu wyznaczały kulturze polskiej osobne miejsce w „obozie socjalistycznym", przyczyniły się do wzrastającego zainteresowania nią na Zachodzie, znacznie większego niż w przeszłości. To wówczas, poprzez kulturę, „wracaliśmy do Europy".

Nadzieje zrodzone w latach 1955–1957 przyniosły wielkie ożywienie w kraju. Przez krótki okres wydawało się nawet, że utwory pisarzy emigracyjnych będą mogły być drukowane bez ograniczeń, że dojdzie do scalenia literatury krajowej i emigracyjnej, zlikwidowana zostanie „żelazna kurtyna". W 1957 roku ukazały się: *Bakakaj*, *Ferdydurke*, *Trans-Atantyk* i *Ślub* Witolda Gombrowicza, *Zmowa nieobecnych* Marii Kuncewiczowej, *Koniec „Zgody Narodów"* Teodora Parni-ckiego i *Monte Cassino* Melchiora Wańkowicza. Ale w roku następnym byłoby to już niemożliwe. Były jednak i wydarzenia jednoznacznie pozytywne. Od 1956 roku trwała niezwykle ważna akcja wydawnicza – nawiązania zerwanych w okresie stalinowskim związków z tradycją Dwudziestolecia. Prócz wspomnianych już utworów Gombrowicza, wydano Brunona Schulza (*Sklepy cynamonowe*, *Sanatorium pod Klepsydrą*, *Kometę*), Witkacego (*Nienasycenie*), Brunona Jasieńskiego (*Palę Paryż*), Zbigniewa Uniłowskiego (*Wspólny pokój*), Emila Zegadłowicza (*Domek z kart*, już w 1954 roku). Równie ważne było nawiązanie zerwanych więzi z literaturą zachodnioeuropejską i amerykańską. Wydano w tłumaczeniach polskich powieści i opowiadania Caldwella, Hemingwaya, Steinbecka, Prousta, Vercorsa, Faulknera, Mauriaca, Sartre'a, Kafki, Manna; z literatury rosyjskiej i radzieckiej – Dostojewskiego, Ilfa i Pietrowa, Erenburga (wraz z głośnym *Burzliwym życiem Lejzorka Rojtszwańca*).

W znacznie lepszej sytuacji niż pisarze, plastycy, ludzie teatru, znaleźli się muzycy. Ich sztuka, z natury rzeczy abstrakcyjna, nie przedstawiająca, nie budziła „czujności ideologicznej" władz. Była uniwersalna, nie dała się zamknąć w granicach kraju. Międzynarodowy Festiwal Muzyki Współczesnej „Warszawska Jesień", organizowany od 1956 roku, stał się okazją do spotkania z muzyką światową i do prezentacji muzyki polskiej. Na Festiwalu debiutowali lub prezentowali swoje utwory: Kazimierz Serocki, Tadeusz Baird, Witold Lutosławski, Krzysztof Penderecki, Henryk Mikołaj Górecki, Bogusław Schaeffer. Ich utwory, wykonywane później na estradach całego świata, przyniosły uznanie i zainteresowanie współczesną muzyką polską. Ingerencje władz w tej dziedzinie sztuki spowodowały opuszczenie kraju przez niektórych wybitnych twórców, ale nie została rozbita podstawowa jedność muzyki polskiej, nie doszło do przeciwstawienia muzyki krajowej i emigracyjnej. Ujęcie całościowe kultury i sztuki polskiej, w tym także literatury, w latach 1955–1968 w kraju jest trudne, a może nawet niewykonalne. Poczynania władz, powołanych instytucji państwowych, zawierały w sobie elementy charakterystycznej ambiwalencji – z jednej strony państwowego mecenatu, finansowania i sprzyjania rozwojowi, a z drugiej – narzucania ograniczeń, interwencji bezpośredniej w repertuary teatralne (musiały być zatwierdzane przed nowym sezonem), w produkcję filmową (jej finansowanie, a następnie dopuszczenie do wyświetlania w kinach). Jednakże inną prawdę uzyskujemy, jeśli patrzymy nie z perspektywy władzy, lecz twórców, ich „walki o oddech", nieustannych prób przekraczania ograniczeń. To z tych stale powtarzających się, w różnej postaci, zderzeń rodził się w latach 1955-1968 znakomity, poszukujący i nowatorski teatr polski, rodziła się wielka muzyka, powoli odzyskująca swe znaczenie plastyka. Na terenie literatury – przede wszystkim nowoczesny dramat i wieloraka w swych formach poezja.

Wydarzenia z lat 1955-1958 w kraju odbiły się także w literaturze emigracyjnej. Już w lipcu 1956 roku Gustaw Heling-Grudziński w londyńskich „Wiadomościach" twierdził, iż „poważna rewolucja psychiczna", jaka się dokonała w kraju w okresie „odwilży", uniemożliwia powrót „zamordyzmu" (*Roztopy*, „Wiadomości" 1956, nr 33). Wprawdzie uchwała Związku Pisarzy Polskich na Obczyźnie z 1956 podtrzymywała stanowisko z poprzedniej uchwały z 1947 roku, zalecające nienawiązywanie współpracy z krajem, ale nawet w środowisku londyńskim budziła zasadnicze wątpliwości. Okazało się, że w rozpisanej przez paryską „Kulturę" ankiecie *Literatura emigracyjna a Kraj* 32 pisarzy (na 35) opowiedziało się za współpracą. W kraju „Po prostu" opublikowało w osobnej kolumnie *Młodzi poeci emigracyjni* wiersze Floriana Śmiei, Jerzego Stanisława Sity, Bogdana Czaykowskiego i innych. W 1959 roku powstał w Londynie miesięcznik społeczno-literacki „Kontynenty", w którym młodzi poeci emigracyjni opowiadali się za nawiązaniem kontaktów z rówieśnikami w kraju. Taką możliwość przekreśliły później decyzje władz. Już od 1959 roku między literaturą krajową a emigracyjną rozciągnięta została ponownie „żelazna kurtyna". Co prawda, nie była już tak szczelna, jak poprzednio. Niektórzy pisarze emigracyjni odwiedzali kraj (Parnicki, Kuncewiczowa), publikowali w nim swoje utwory, ale pisarzy krajowych nadal obowiązywał zakaz publikowania utworów w wydawnictwach emigracyjnych. Jeśli je ogłaszali, to albo anonimowo, albo pod pseudonimami.

Niemożliwość powrotu do pełnego „zamordyzmu" wynikała także z rozwoju, wręcz gwałtownego rozrostu ilościowego czasopism społeczno-literackich. Część z nich restytuowano na zasadzie ustępstw wobec środowisk katolickich („Tygodnik Powszechny"), inne z tych samych powodów powstawały od nowa („Więź" w 1958 roku pod redakcją Tadeusza Mazowieckiego). Obok „Twórczości", kontynuowanej, powstał „Dialog" przeznaczony dla druku nowych dramatów, później także „Poezja" (od 1965). Młodzi pisarze skupili się wokół

„Współczesności", ukazującej się od 1956 roku. Czasopisma dotychczasowe – „Nowa Kultura", „Przegląd Kulturalny" i „Życie Literackie" – utraciły swój monopol. Dodatkowo powstawać poczęły czasopisma „regionalne" – „Odra" (1957) w Opolu, później „Odra" (od 1958) we Wrocławiu, „Kontrasty" w Gdańsku, „Wyboje" w Poznaniu, „Nowe Sygnały" i „Poglądy" we Wrocławiu, „Przemiany" w Katowicach, „Od Nowa" w Warszawie, „Pod Wiatr" w Lublinie, „Zebra" w Krakowie, „Odgłosy" w Łodzi. Część z nich, zakładana w środowiskach studenckich, miała krótki żywot. Ale stały się miejscem debiutów młodych twórców, wymusiły także na czasopismach „centralnych" szersze otwarcie się na nową problematykę literacką. Niewiele zrobić mogły brutalne zmiany składów redakcji, zamykanie niektórych tytułów; „rynek wydawniczy" uległ zasadniczemu rozszerzeniu i zróżnicowaniu. Sprzyjało to prowadzeniu, nawet krępowanych przez ingerencje cenzury, merytorycznych, a nie tylko ideologicznych sporów i dyskusji. Krytyka literacka i artystyczna lat 1955–1968 ma swoją znaczącą kartę w dziejach naszej kultury. Ważne dla zachodzących przemian były książki Leszka Kołakowskiego (*Światopogląd i życie codzienne*, 1956), Andrzeja Kijowskiego (*Różowe i czarne*, 1957), Witolda Kuli (*Rozważania o historii*, 1958), Kazimierza Wyki (*Rzecz wyobraźni*, 1959), Artura Sandauera (*Poeci trzech pokoleń*, 1955; *Bez taryfy ulgowej*, 1959).

„Naszą małą stabilizacją" wstrząsnęły u jej końca wydarzenia polityczne. Za datę zamykającą względnie stabilny układ uznać można rok 1968, choć dramatyczny finał rozegrał się w grudniu 1970 roku w czasie manifestacji robotniczych i krwawego pogromu (17 XII) na Wybrzeżu. Wydarzenia marcowe 1968 roku, związane z manifestacjami studenckimi, poprzedzone zostały znamiennymi faktami literackimi: zawieszeniem przedstawień *Dziadów* (reżyseria Kazimierza Dejmka) w Teatrze Narodowym, które było bezpośrednim powodem manifestacji studenckich. Sztukę Ernesta Brylla, *Rzecz listopadowa*, odczytano jako atak na inteligencję i jej mity, wspierający rozprawę władzy z wichrzycielskimi nastrojami w tej grupie społecznej. Bojówki „robotnicze" rozbiły manifestacje studenckie. Za sprawców kontestacji uznano „syjonistów": rozpoczęła się oficjalna kampania antysemicka. Przy wyborze roku 1968, kończącego niechlubnie okres „naszej małej stabilizacji", ważniejsze wydają się głębsze źródła wystąpień studenckich. To wówczas do życia społecznego, do literatury i sztuki, wchodziło pokolenie „urodzonych po wojnie". Ich jedynym doświadczeniem, w sensie biograficznym, była rzeczywistość Polski Ludowej, a nawet ściślej – okresu „naszej małej stabilizacji". Stalinizm, z którym zetknęli się w dzieciństwie, należał już do historii. O wojnie, obozach koncentracyjnych uczyli się w szkole. Ale, jak to określił

Rafał Wojaczek, „to nie była nasza wojna". Nie organizowały ich wyobraźni i świadomości mity partyzanckie, martyrologiczne, powtarzane nieustannie opinie o zagrożeniu z Zachodu. To w imieniu tej generacji wypowiedziała się już w 1965 roku Ewa Lipska w głośnym wierszu *My*:

My – rocznik powojenny otwarty na oścież –
w pełnokomfortowym stanie swojego ciała
czytamy Sartre'a i książki telefoniczne.
Rozważamy uważnie wszelkie trzęsienia ziemi.
My. Rocznik powojenny ze spokojnych doniczek.
Wyprowadzony z bezspornych statystycznych wyliczeń.
Nie dosłyszany w hałasie początku.
Cierpiący na bezsenność i do ćmy podobny.
Powołany do koncentracji nad.

Do naszych dni prowadzą zardzewiałe drzwi.

Rozstawanie się duchowych potrzeb młodych z możliwościami społecznymi i politycznymi systemu, ukształtowanego po 1956 roku, uznać trzeba za zapowiedź zamknięcia okresu „naszej małej stabilizacji", krwawe wydarzenia na Wybrzeżu za historyczny jej koniec.

Poezja w latach 1955–1968

Poezja 1955–1968

Zła, choć krótka przygoda naszej literatury z doktryną realizmu socjalistycznego pozostawiła różnorakie ślady w biografiach twórców. Nie dotyczyła tylko tych spośród nich, którzy debiutowali po 1949 roku, wchodzili do literatury już pod sztandarami nowej ideologii, występowali jako jej zwolennicy. W poezji szczególnie jaskrawe były wystąpienia grupy debiutantów, nazywanych ironicznie „pokoleniem pryszczatych". Wiele mówią już same tytuły utworów i tomików wierszy z tego czasu Wiktora Woroszylskiego: *Noc komunarda. Poemat* (1949), *Śmierci nie ma! Poezje z lat 1945–1948* (1949), *Weekend mister Smitha. Satyry i fraszki* (1949), *Świt nad Nową Hutą* (1950), *Pierwsza linia pokoju. Poezje 1949–1950* (1950); Andrzeja Mandaliana: *Dzisiaj* (1951), *Słowa na codzień* (1953), *Płomienie* (1954); Andrzeja Brauna: *Szramy* (1948), *Reportaż serdeczny* (1951), *Młodość* (1954); Witolda Wirpszy: *Sonata* (1949), *Stocznia* (1949), *Pisane w kraju 1950–1951* (1952), *Dziennik Kożedo* (1952), *List do żony* (1953). Znaczący zwłaszcza był tytuł tomiku zbiorowego Andrzeja Brauna, Andrzeja Mandaliana i Wiktora Woroszylskiego: *Wiosna sześciolatki* (1951). Podobne ujęcia, pokrewne wybory tematów odnaleźć można także u rówieśników, których nie daje się zaliczyć bezpośrednio do „pryszczatych" – u Anny Kamieńskiej (*Wychowanie. Wiersze 1940–1948*, 1949; *O szczęściu*, 1952; *Bicie serca*, 1954), Tymoteusza Karpowicza (*Legendy pomorskie*, 1948; *Żywe wymiary*, 1948), Wisławy Szymborskiej (*Dlatego żyjemy*, 1952; *Pytania zadawane sobie*, 1954), a nawet u znacznie młodszego Tadeusza Nowaka (*Uczę się mówić*, 1953; *Porównania*, 1954). Podejmowanie pokrewnych tematów nie decydowało o zasadniczej tożsamości. Przywołany już artykuł Czesława Miłosza *O stanie polskiej poezji* z 1950 roku, ogłoszony w „Kuźnicy", dotyczył przede wszystkim deklaratywnej poezji „pryszczatych"; o debiucie decydowały nie wartości formalne ich wierszy, lecz delaracje polityczne. Wiersze Tymoteusza Karpowicza, Anny Kamieńskiej, Wisławy Szymborskiej, Tadeusza Nowaka są podobne w wyborach niektórych tematów, mają jednak pewien rys odrębny – nieśmiało, ale odwołują się źródeł wypowiedzi lirycznej: prywatności, osobistego przeżycia. „Pryszczaci" oskarżali „imperialistów", „wrogów klasowych", głosili chwałę odbudowy kraju, planów gospodarczych („trzylatek" i „sześciolatek"), byli cali „na zewnątrz". Odrębność Kamieńskiej, Szymborskiej czy Nowaka wyrażają owe „pytania zadawane sobie", trudne próby języka indywidualnego, wyprowadzania własnej wypowiedzi poetyckiej z doświadczeń osobistych, wojennych bądź środowiskowych. Te różnice okazywały się ważne po 1956 roku. Woroszylski, Mandalian, Braun, Wirpsza musieli zaczynać od nowa. W mniejszym lub większym stopniu przeszli przez fazę „trudnej sztuki womitowania" – uciekali ku prozie lub też przez lata dopracowywali się własnej poetyki. Kamieńska, Szymborska i Nowak, wychodząc z wyraźnie zaznaczonej w momencie debiutu prywatności, refleksyjności, nie musieli od początku niejako budować własnych warsztatów.

Inaczej reagowali poeci starszych generacji. Swoje postawy wobec doktryny realizmu socjalistycznego formułowali różnie. Jedni, jak Adam Ważyk, wypowiadali się nie tylko w poezji, lecz także w szkicach krytycznych. Tom jego szkiców *W stronę humanizmu* (1949) objaśnia wiersze z tomików *Serce granatu* (Moskwa 1943), *Piosenka na rok 1949* (1949), *Nowy wybór wierszy* (1950), *Widziałem Krainę Środka* (1953). Awangardowe idee sztuki, którym hołdował Ważyk w młodości, „uklasyczniały się" teraz w retoryce politycznej. Jednakże powstający w 1955 roku *Poemat dla dorosłych* („Nowa Kultura" 1955, nr 34) był już inny: Nowa Huta, pierwsze „socjalistyczne miasto", wielki zakład przemysłowy, wielekroć opiewany w „socrealistycznych" wierszach i w prozie, stała się tematem pamfletu, „przodująca klasa robotnicza" nazwana została „kaszą", „ludzką mierzwą", głęboko zdemoralizowaną. W warstwie poetyki przejście od apoteozy, uwznioślającej alegorii, widocznej także w „socrealistycznej" architekturze placów z kandelabrami, szerokich alei, monumentalnych fasad, do satyry świadczy o zasadniczej zmianie światopoglądu. Podobnym świadectwem jest także wiersz, który powstał jako reakcja na wydarzenia poznańskie z czerwca 1956 roku (opublikowany dopiero w 1981 w „Polityce"):

> Staruszka niesie pod chustką dwa chleby przebite kulami
> radio nadaje pęczek dźwięków
> geodezyjny sygnał
> którego nikt nie rozumie
> Tak być powinno
> słowa już się nie liczą
> tyle ich poległo
> czerwiec już się kończy
> jak ten wiersz
> milczeniem.

Istotne w opisie postawy Ważyka są tutaj daty; gdyby te utwory powstały po październiku 1956 roku, moglibyśmy je zaliczyć do „literatury obrachunkowej", wątpliwej w sensie moralnym, koniunkturalnej. Powstały wcześniej i z tej racji są przede wszystkim świadectwem zachodzących przemian, zaprzeczenia i odrzucenia obowiązującej doktryny.

Julian Przyboś

Julian Przyboś znalazł się po wojnie w podwójnie nietypowej sytuacji: w 1947 roku wysłany został na placówkę dyplomatyczną do Szwajcarii, gdzie przebywał do 1951 roku. Nie przeżył więc bezpośrednio (podobnie jak Czesław Miłosz, który od 1945 roku pozostawał w służbie dyplomatycznej w Nowym Jorku i w Waszyngtonie) najgorszych lat stalinowskiego terroru. Przedwojenny pobyt Przybosia we Francji, współpraca z Janem Brzękowskim, z „L'Art Contemporaine", a w kraju z Władysławem Strzemińskim, malarzem, grafikiem i teoretykiem nowoczesnej sztuki, przyniosły mu dobrą orientację w sztuce Zachodu, w jej awangardowych tendencjach. Doktrynę realizmu socjalistycznego uważał więc za nieporozumienie, niebezpieczną trywializację społecznych zadań sztuki. Równocześnie jednak jego wcześniejsze lewicowe przekonania, widoczne w wierszach z lat trzydziestych, a także młodzieńcze mity awangardowe, zamknięte w futurystycznym haśle Miasto, Masa, Maszyna, przynosiły rodzaj złudzenia, że oto rzeczywistość społeczna – reforma rolna, uprzemysłowienie kraju, edukacja powszechna, wielka migracja ludności wiejskiej do miast – realizuje wymarzony wzór nowej cywilizacji, w którą zresztą zwątpił w latach trzydziestych i w okresie wojny. Wydane po wojnie tomiki *Miejsce na ziemi* (1945) i *Rzut pionowy* (1952) były w znacznej części przedrukami utworów przedwojennych i wojennych; w *Rzucie pionowym* nowy był cykl wierszy *Linią powietrzną*, rejestrujący zniszczenia wojenne kraju (*Z popiołów*), ale i odrodzenie życia, ujęte w powtarzającym się u Przybosia motywie wiosny (*Wspomnienie*). Tę radość wyrażają także – stale obecne w metaforyce Przybosia – motywy lotu, panowania woli i wyobraźni twórczej człowieka nad światem. Wiersz *Wzdłuż Wisły* przynosi repetycję młodzieńczych fascynacji:

> Mówiłem – krajobrazami, marzenia powierzałem równinom,
> widok za widokiem niespełniony płynął...
>
> Dziś na mapie widzenia rysuję granice
> przelotnie, ściśle.
>
> Z samolotu – z utrwalonej w skrzydłach chwili –
> widzę:
> kraj od gór śląskich sam sobie się wyśnił,
> przechylił,
> wyłśnił Wisłą do morza.

Cała grupa „samolotowych wierszy" z *Linii powietrznej*, będąca restytucją awangardowych mitów młodości, dopełniona zostaje doznaniem „krajobrazów" szwajcarskich, przeżyciem gór, które, jak w wierszu *List ze Szwajcarii*, są „objawieniem planety". Ale owo objawienie, a warto pamiętać o wcześniejszych wierszach tatrzańskich Przybosia, dokonuje się teraz nie tylko za sprawą kontaktu z naturą, lecz także z kulturą, a ściślej – z poezją poprzedników: ze Słowackim i Mickiewiczem.

Powrót do kraju w 1951 roku był zapewne ciężkim przeżyciem – zderzeniem wyimaginowanowanej wizji poetyckiej z rzeczywistością: krytyka doktryny realizmu socjalistycznego, jego ograniczeń, nie sytuowała Przybosia na „pierwszej linii walki o nową literaturę"; oficjalne uznanie artystycznych ruchów awangardowych z Dwudziestolecia za przejaw „upadku" sztuki europejskiej czyniło jego propozycje artystyczne wyraźnie podejrznymi. Tom *Najmniej słów* (1955), zawierający wiersze z lat 1944–1954, lecz także eseje i komentarze, jako próba odnalezienia się w nowej rzeczywistości jest świadectwem wyraźnego zagubienia. Powroty we wspomnieniach do młodości, spojrzenie na własną drogę życiową rodzi smutek, poczucie niespełnienia. Wyraża to przejmująco wiersz *U szkolnej muzy*:

U szkolnej muzy

> To tu skrócik skrzydlatego konia,
> pasikonik,
> znikł.
> Dosiedliśmy go w dzieciństwie, „wzbitym w radość" podzieloną
> przez owo nic-a-nic smutku,
> a dziś – patrz! – w roziskrzonych puchach mlecza,
> w szczerym polu, w szczerym
> powietrzu

utonął?
(I życie mi na chwilach zbiegło?)

Ten pełen goryczy rachunek z całego życia, wyrażony w metaforycznej zamianie „skrzydlatego konia" (Pegaza) w „pasikonika", w znaku nietrwałości – „puchach mlecza", rodzi potrzebę wewnętrzną przezwyciężenia – nie buntu, lecz pogodzenia się z rzeczywistością. Z arsenału wcześniejszych tematów wybiera Przyboś aprobatę dla pracy, trudu zwykłych ludzi. Wiersz *List do brata na wieś* jest repetycją przedwojennego *Powrotu na wieś* z tomiku *Równanie serca*, potwierdzeniem emocjonalnego związku poety z klasą, z której wyszedł. Jako przedmiot pochwały w wierszu *Ręce sprzątaczek* wybiera poeta nie tylekroć opiewane przez „socrealistów", spopularyzowane przez plakaty propagandowe „ręce młode, mocne, twórcze", lecz „gruzowate, szorstkie od szorowania", „od codziennego grzebania w ziemi", ręce starych, biednych kobiet, przypominające „spękane ręce matki". Zbliżenie się Przybosia do zalecanych przez stalinowską doktrynę tematów nie jest więc równoznaczne z jej aprobatą. Dwuznaczność widoczna jest w wielu wierszach (m.in. w *Do malarki*, *Za siódmą rzeką*), ale obok nich istnieją świadectwa naiwności poety-marzyciela o wsiach murowanych, gdzie świecić będą na ścianach „napisy al fresco: «Ogrodniczo-kwiaciarska spółdzielnia imienia Jasia i Kasi»".

Późniejsze tomiki poetyckie: *Narzędzie ze światła* (1958), *Próba całości* (1961), *Więcej o manifest* (1962), *Na znak* (1965), *Kwiat nieznany* (1968) – uwolnione od socrealistycznych naiwności na plan pierwszy wysuwały przeświadczenie wewnętrzne poety o potrzebie i sensie unowocześnienia poezji, o wartości wzorców awangardowych. Wyrażał to Przyboś w wierszach polemicznych (*Oda do turpistów*, 1962), w esejach z tomów *Linia i gwar* (1963) i *Sens poetycki* (1967). Stał się strażnikiem zdobyczy awangardy; jego problem polegał na tym, że czas awangard po 1956 roku przemijał. Niemniej jednak rola Przybosia w całym powojennym życiu literackim była niezwykła – jako zwolennika ściśle określonych reguł poezji i sztuki nowoczesnej, jako wytrawnego polemisty, odkrywcy i propagatora nowych talentów, rzetelnego w ocenach nawet wówczas, kiedy nowe propozycje artystyczne nie zgadzały się z jego koncepcjami. Ważne były jego eseje i artykuły krytyczne, wysokie wymagania intelektualne stawiane przed twórcami.

Jarosław Iwaszkiewicz

Jarosław Iwaszkiewicz, w którego twórczości poetyckiej odnaleźć można także grupę wierszy „socrealistycznych" (w tomach *Wiersze z różnych epok*, 1952; *Sprawa pokoju. Wiersze i przemówienia*, 1952; *Warkocz jesieni*, 1955), nie stanowią jednak części osobnej, poprzedzonej „przełomem ideologicznym". Wprowadzone zostały w inny, całościowy porządek. U podstaw światopoglądu poetyckiego Iwaszkiewicza leży, wyprowadzone z filozofii Artura Schopenhaura, pesymistyczne przeświadczenie o „woli życia", tworzącej zło świata, wyznaczającej jednostce cele moralnie wątpliwe: bogacenie się ponad podstawowe potrzeby, chęć zdominowania i podporządkowania sobie innych itd. Ten typ aktywności człowieka nie prowadzi do „życia godziwego". Jedynie godną postawą wobec świata jest kontemplacja jego przejawów, a celem zastępczym – przeżywanie dzieł sztuki, odnajdywanie w nich różnorodnych objawów piękna. Jednostka, umieszczona w środku życia, jest więc bierna; doznawanie świata przynosi rozpoznanie dobra i zła, piękna i brzydoty. Postawa kontemplacyjna pozwala na dokonywanie wyborów, godziwych celów w bezcelowej egzystencji ludzkiej. Owo „w środku życia" wiąże się zawsze z cierpieniem, bólem egzystencji, z poczuciem przemijania. W wierszach Iwaszkiewicza nie ma obowiązkowego „socrealistycznego" entuzjazmu. Umieszczenie tego typu wierszy obok cyklu *Plejad*, *Ciemnych ścieżek*, utworów powstających w czasie wojny, obok klasycyzujących ód (m.in. *Ód olimpijskich*), elegijnego w swej tonacji *Warkocza jesieni*, wymieszanie ich z ważnymi cyklami *Album tatrzańskie I* i *Album tatrzańskie II*, nadaje wierszom „okolicznościowym" wymiar zabawy poetyckiej, podszytej delikatną ironią. Jawnie ten charakter „zabawy literackiej" ma poemat *Podróż do Patagonii* (powst. w 1949 r.), dedykowany Witoldowi Gombrowiczowi. Tomiki wierszy *Ciemne ścieżki* (1957), *Liryki* (1959), obok utworów nowych, zawierały przedruki wierszy wcześniejszych. Nowe wiersze przyniosły dopiero tomiki *Jutro żniwa* (1963) i *Krągły rok* (1967). Jest w nich swoisty powrót do postawy estetycznej, także do poetyki widocznej w twórczości przedwojennej: zmysłowemu, zachłannemu doznawaniu świata towarzyszy refleksja nad przemijaniem, śmiercią; piękno natury stanowi tło dla „ciemnych" przeżyć ludzkich. W tomiku *Jutro żniwa* osobne miejsce zajmuje cykl *Druga podróż zimowa*, nawiązująca do muzyki Schuberta, a także scalająca cały tom grupa wierszy „podróżniczych", związanych z odwiedzaniem miejsc budzących w młodości zauroczenie światem. Nowe podróże, jak wcześniej w opowiadaniu *Panny z Wilka*, przynoszą gorycz i zwątpienie. I sama sztuka, jak u Schopenhauera, jest tylko wypełnianiem pustki:

Druga podróż zimowa

*
Za tysiąc lat
wszystkie kopuły czas wyrówna
i nikt nie będzie znał naszych imion

dzisiaj na gwiazdy patrząc i na fale
oddech taimy przed świętym obrazem
ale już w naszym oddechu się czai
nicość

wstrzymany oddech to tylko jest próba
czasu gdy oddech w nas zaniknie wcale
i kiedy z lasem i gwiazdami razem
będziemy kroplą na skrzydle cheruba
śmierci

wszystko czym żyjesz – a podobno pięknem
żyjesz – tak mówią – nic nie będzie znaczyć
okowy wieczności pękną

więc póki jeszcze możesz na to patrzyć
na szafirowe głębokości nieba
to patrz ty próchno
– tylko tego ci trzeba

Antynomiczna struktura świata poetyckiego, zderzająca ze sobą przerażenie i zachwyt, brzydotę i piękno, ma cechę szczególną: antynomie się nie wykluczają, oznaczają „podwójność", dwa oblicza każdego zjawiska; obok dobra jest zło, obok piękna turpistyczne obrazy rozkładu, obok miłości – śmierć, obok szczęścia – cierpienie. Ta tonacja nasili się jeszcze w wierszach z ostatniego okresu twórczości – w *Xeniach i elegiach* (1970), *Śpiewniku włoskim* (1974), a zwłaszcza w *Mapie pogody* (1977) i *Muzyce wieczorem* (1980). „Podwójność" oznacza także w twórczości Iwaszkiewicza szczególne scalanie motywów wschodnich, wyprowadzanych z własnego dzieciństwa i z młodości, z zachodnimi, stale potwierdzanymi w licznych podróżach, zwłaszcza do Włoch.

Mieczysław Jastrun

Odrębna była droga poetycka Mieczysława Jastruna, w istocie od początku, od debiutu w 1929 roku tomikiem *Spotkanie w czasie*. Nie da się go wówczas powiązać ani z Awangardą, ani ze skamandrytami. W jego wczesnych wierszach odnaleźć można głęboko przetworzone ślady symbolizmu, wpływy Rilkego, lecz także wielkich romantyków, zwłaszcza Norwida. Chodzi tu o wyraźnie ukształtowaną od samego początku formułę poezji intelektualnej, poezji myśli, a nie emocji; dodajmy – raczej drugoplanową w polskiej tradycji literackiej. Poezja Mieczysława Jastruna ma swoją zamkniętą przestrzeń: jest, jak to często określano, „medytacyjna", obracająca się w kręgu tematów filozoficzno-egzystencjalnych. Jedno z jej skrzydeł otwiera się na kulturę, całą jej historię, na człowieka w wielkim, globalnym planie filozoficznym. W tym sensie wiązać można wiersze Jastruna z XX-wiecznym neoklasycyzmem. Drugie ze skrzydeł otwiera się na współczesność, na grozę przekształceń cywilizacyjnych. Dokumentują to wiersze z jego wojennego tomiku – *Godziny strzeżonej* (1944). W *Rzeczy ludzkiej* (1946) refleksja dotyczy sensu wojennych doświadczeń jednostkowych, ich przemijania, a także unieważnienia ich za odmianami czasu. Wiersz *Cień* to właśnie przemijanie czyni tematem głównym. Złych przeżyć, cierpienia, nie utrwala nawet poezja:

Cień

> I narodzony jeszcze raz,
> Z jaką radością, z jaką trwogą
> Ujrzę, jak ptak przecina blask,
> Jak wierzby chwieją się nad drogą...
>
> I tak w ojczystą wejdę mowę
> Zdrożony i okryty pyłem,
> Wiedząc, że tylko się zbudziłem,
> By znów podłożyć śmierć pod głowę.

Ze złego czasu, z katastrofy, niczego nie da się ocalić: ruiny i zgliszcza pokryje trawa; cmentarny krajobraz stanie się miejscem narodzin nowego życia. W wierszu *Ruiny katedry świętego Jana* na szczycie rumowiska słyszy poeta nie „śmierci dzwony", lecz „narodzin krzyk": „Kości zrastają się na nowo / Z chaosu ziemia się wynurza". W ten sposób już na początku powojennej twórczości Jastruna zjawia się nadzieja, „rzecz ludzka" i „nieobojętna". Tomiki wierszy *Rok urodzaju* (1950), *Barwy ziemi* (1951), *Poemat o mowie polskiej* (1952) przynoszą tak intelektualnie uzasadnioną aprobatę dla przeobrażeń w kraju. Zwrot do „mowy potocznej" wprowadza do dyskursu poetyckiego elementy retoryki politycznej. Tomikiem zapowiadającym tę zmianę jest *Poezja i prawda* (1955), utrwala ją i kodyfikuje tomik *Gorący popiół* (1956). Wiersz tytułowy z tomiku *Poezja i prawda* uznać można za usprawiedliwienie tego czasu, w którym słowa utraciły swą wartość podstawową:

Poezja i prawda

> Poezja, aby była sobą,
> Musi dialog toczyć z prawdą.
> A może jedną jest osobą,
> Piękną i nieco starodawną?
>
> Nie jest dla tych, co myśleć nie chcą
> (Dla nich gotowe słońca dnieją),
> I nie poddaje się pochlebcom,
> I nie wybacza kaznodziejom.
>
> Ty, co mnie dzisiaj sądzisz lekko
> Wzruszeniem pobłażliwych ramion,
> Nie wiesz, że jak kamienne wieko
> Ciążą mi słowa, które kłamią.

Po 1955 roku Jastrun powrócił do pierwotnych założeń swojej poezji. Tomiki *Genezy* (1959), *Większe od życia* (1960), *Intonacje* (1962), *Sterfa owoców* (1964), *W biały dzień* (1967) i *Godła pamięci* (1969) rozwijają model liryki medytacyjnej, dotyczącej egzystencji ludzkiej, przemijania, eleuzyjskich wymian narodzin i śmierci, chwytanych przez pamięć fragmentów świata, utrwalanej w dziełach sztuki potrzeby piękna. Ale to, co pozostaje, nie ocala:

> O krok od nieśmiertelności byłaby pamięć,
> Gdyby nie rozbijała czasu na
> Obrazy nie powiązane ze sobą.

„Strefa owoców", dojrzałej poezji Mieczysława Jastruna, coraz bardziej zamkniętej w kręgu refleksji egzystencjalnej, podlegała swoim własnym ograniczeniom: skupiała się na przeżyciach wewnętrznych poety, ich skostnieniu, zamieraniu. To świadomie wybierane odosobnienie oddalało go od następców.

Kazimierz Wierzyński

W innej sytuacji osobistej i w innym kontekście politycznym działo się to także z poezją Kazimierza Wierzyńskiego. Tomiki wojenne i bezpośrednio powojenne (*Róża wiatrów*, *Krzyże i miecze*, *Korzec maku*, *Siedem podków*) ustaliły pewien kanon emigracyjnych przeżyć – przerażenie rozmiarami katastrofy, pamięć o śmierci prawie całej rodziny w kraju w czasie wojny, nostalgia, doskwierające poczucie wyobcowania, samotność. Azylem, w którym chronił się poeta przed absurdami historii, była poezja – poezja sama dla siebie i sama w sobie, bo odcięta niejako od odbiorców, z trudem i niepewnie torująca sobie drogę do czytelników. *Siedem podków* (1954) od *Tkanki ziemi* (1960) oddziela sześć lat milczenia: między tymi tomikami nie ma żadnej przepaści, świadectwa zmiany poetyki, jest tylko wyostrzenie podstawowych wcześniejszych wątków, ich sublimacja, rozszerzenie na całościowo ujmowaną kondycję człowieka, na jego samotność w absurdach historii, w obcej duchowo cywilizacji, wręcz – w kosmosie.

Tkanka ziemi, *Kufer na plecach* (1964), *Czarny polonez* (1968) oraz *Sen mara* (1969) stanowią osobny rozdział w dziejach liryki polskiej. Gra poetycka toczy się stale między przywoływanymi z pamięci obrazami z przeszłości, z kraju, młodością, a odosobnieniem emigranta, jego teraźniejszością i przyszłością bez przyszłości. Głębokie zmiany zaszły jednak w samym języku poetyckim. W okresie zwątpień ukojenie przynosiła muzyka, czego zapisem i wyrazem była książka o Chopinie (wyd. ang. 1949). To doświadczenie, jak się wydaje, wpłynęło na przemiany w języku poetyckim Wierzyńskiego. Od *Tkanki ziemi* poczynając, wiersz numeryczny, regularny, ukształtowany w okresie skamandryckim zostaje zastąpiony wierszem wolnym, swobodnym, bezrymowym, w którym muzyczny porządek rodzi się i wynika niejako ze zmienności wewnętrznych napięć emocjonalnych, jest więc formą i treścią równocześnie. Sama poezja zyskuje status jedynego azylu – rzuca promyk ukojenia i spokoju na ciemny krąg życia. Podszyta autoironią *Ballada o kąciku za piecem* ma charakterystyczne zakończenie:

> Znajdź sobie teraz kącik za piecem,
> Rozłóż manatki i zapal świecę,
> Gazetę poczytaj. Czego ci brak?
> Chciałeś mieć własny kąt, mój nomado,
> Przystrój go sobie tą piękną balladą,
> Dobrze ci tak.

Jedynie poezja zastąpić może „dom", wypełnić pustkę. Będąc zapisem ludzkich „smutków, radości i nędzy", staje do „wyścigu ze śmiercią": „Kto prędzej, kto prędzej". Liryka Kazimierza Wierzyńskiego ma, podobnie jak Jastruna, przede wszystkim filozoficzno-egzystencjalne sensy, wyraża je nie tyle poprzez dyskurs, ciąg pojęć abstrakcyjnych, „argumentów", co poprzez niezwykle bogate obrazowanie, umiejętne przekształcanie drobnych zdarzeń, rzeczywistych czy wyobrażonych, przedmiotów z codziennego otoczenia, roślin i zwierząt, w metafory o wielkiej pojemności znaczeniowej. „Kącik za piecem" należy do metafor potocznych, zadomowionych w języku; obudowany przez poetę, stał się przejmującym określeniem jego samotności, a towarzysząca mu autoironia rozszerza jego zakres znaczeniowy na sferę wewnętrznych antynomii określających psychiczną kondycję emigranta. Stoicka zgoda na przemijanie w sensie biologicznym, na starzenie się, współistnieje z żywiołową aprobatą i podziwem dla wszelkich form życia, z magicznym kultem dla „matki-ziemi"; refleksje nad kulturą i sztuką wyznaczają szczególne miejsce poznaniu poetyckiemu, docierającemu głębiej, zdaniem Wierzyńskiego, do tajemnic świata i człowieka niż poznanie intelektualne. Dlatego też przywołuje on ponownie romantyczny w swym rodowodzie, choć znany i wcześniej, poetycki topos „lotu nad światem" i „poety-ptaka" (wiersze: *Ptak* z tomiku *Korzec maku* i *Piąta pora roku* z tomiku *Tkanka ziemi*). Jednakże nawet poezja, jedyne schronienie, nie ratuje przed nostalgią i dojmującym poczuciem pustki. Wyraża to najpełniej wiersz *Kufer* z tomu *Kufer na plecach*:

> Na strychu śpi mój powrót,
> Kufer blachą okuty, walizy,
> Cała moja ojczyzna,
> Paszporty, obywatelstwa,
> Emigracyjne wizy.

Kufer, mój wielki majątek,
Którego tutaj mam bronić,
Normalny nieszczęścia początek
I obłąkany koniec.

Kufer starych zjełczałych dzieci,
Gotowych dalej dziecinnieć i głupieć
I śród niezdarnych rupieci
Samotność dzika, gorycz nostalgii,
Najrozpaczliwszy rupieć.

Psie wycie za moją ziemią karpacką,
Spazm, do którego wstyd mi się przyznać –
I przeprowadzka za przeprowadzką,
Z Ameryki do Europy,
Z Europy do Ameryki,
Kufer na plecach,
Schodzone stopy,
Ojczyzna.

Taki jest bagaż. Taki wojaż,
Taki mój rozkład jazdy:
Wszystkie strony świata otwarte
A wyjścia z żadnej.

Precyzja i niezwykłość języka poetyckiego z ostatnich tomików Wierzyńskiego nie miała jednak w poezji polskiej po 1956 roku bezpośrednich kontynuacji. Była to także odmiana jego samotności.

Czesław Miłosz

Inna okazała się emigracyjna droga Czesława Miłosza. Decydował o tym jego temperament, energia, odporność na przeciwności losu. Decyzja o zerwaniu z krajem z 1951 roku nie spowodowała zamknięcia w emigracyjnym getcie. Zresztą miał do niego wstęp utrudniony jako wcześniej „reżimowy dyplomata". Droga, jaką wybrał, polegała na przełamaniu emigracyjnej izolacji, na zaznaczeniu swej obecności zarówno w Europie, jak i w Ameryce. Pozostawał wierny swojemu językowi rodzinnemu, a równocześnie zrywał z polskim partykularzem, otwierał się z ciekawością na inne kultury, zwłaszcza na kulturę amerykańską. Gdyby nie waśń z Gombrowiczem, można by powiedzieć, że realizował jego wskazania z *Trans-Atlantyku*. Kraj pożegnał *Traktatem moralnym* (druk w „Twórczości" 1948, z. 4). Tomik *Światło dzienne* (Paryż 1953) zawierał wiersze pisane wcześniej; emigracyjną twórczość poetycką rozpoczyna *Traktat poetycki* („Kultura", Paryż 1956–1957). Był wówczas przekonany o potrzebie poszukiwania „dykcji innej", przekraczającej ograniczenia poezji polskiej, ciągle pozostającej pod wpływem romantycznego emocjonalizmu. Owa „dykcja inna" zakładała zbliżenie poezji do wywodu intelektualnego, operującego argumentami, do trudnej sztuki dawnej retoryki. Taki sens miało wprowadzenie do tytułów dwóch poematów słowa „traktat", przejętego od dawnych retorów, oznaczającego wywód myślowy, uporządkowane przedstawienie wybranego tematu. Kolejne tomiki wierszy: *Król Popiel i inne wiersze* (Paryż 1962), *Gucio zaczarowany* (Paryż 1965), *Miasto bez imienia* (Paryż 1969), a także *Gdzie wschodzi słońce i kędy zapada* (1974) – rozszerzają tę wstępną formułę poszukiwania „dykcji innej". Dodać trzeba również, że poezji towarzyszy twórczość eseistyczna (*Rodzinna Europa*, *Widzenie nad zatoką San Francisco*, *Prywatne obowiązki*, *Ogród nauk*), która stanowi, w sensie myślowym, dopełnienie poezji, niekiedy staje się do niej autokomentarzem. *Zniewolony umysł* jest „traktatem politycznym" i dopowiada to, co wyrażone zostało w *Traktacie moralnym* i *Traktacie poetyckim*.

Podmiot liryczny w poezji Czesława Miłosza zostaje w szczególny sposób usytuowany: identyfikować go można z autorem w zasadzie tylko poprzez sam akt mówienia, stylistycznego ukształtowania wypowiedzi. Niechętnie mówi o własnych wewnętrznych przeżyciach, jest cały zwrócony na zewnątrz, na świat, na dziwowisko spraw ludzkich, odnajdywane w historii, w filozofii, w dziełach sztuki, lecz także na dziwowisko natury, która kryje w swych przejawach największą tajemnicę – tajemnicę bytu. Podmiot liryczny nie zmierza do stworzenia całościowego obrazu świata, jak znane systemy filozoficzne. Interesuje go nie całość, której nie ufa, bo każda całość jest spekulacją rozumu ludzkiego, obwieszczającą rozwiązanie zagadki bytu, lecz fascynują go poszczególne przejawy, ich wielość i nieograniczona wręcz różnorodność. Ta różnorodność właśnie uczy pokory wobec tajemnicy świata, umieszcza człowieka w jego środku: ważne jest odkrywanie tajemnicy, docieranie do niej, a nie jej wyjaśnienie. Dwa wiersze z tomiku *Król Popiel...* – *Heraklit* i *Portret grecki* – dotykają tych właśnie spraw poznania. Heraklitowi wydawało się, że rozwiązał tajemnicę bytu: jego *panta rhei* zamykało tajemnicę w jednym „ciemnym" zdaniu, ale jej nie wyjaśniało:

> Te palce w sandale,
> Pierś dziewczyny tak drobna pod ręką Artemis,
> Pot, oliwa na twarzy człowieka z okrętów
> Uczestniczą w Powszechnym, osobno istniejąc.
> Swoi we śnie i sobie już tylko oddani,
> Z miłością do zapachu zniszczalnego ciała,
> Do centralnego ciepła pod włosem pubicznym,
> Z kolanami pod brodą, wiemy, że jest Wszystko
> I tęsknimy daremnie. Swoi, więc zwierzęcy.
> Poszczególne istnienie odbiera nam światło
> (To zdanie da się czytać w obie strony).

Przypowieść o Heraklicie, który poznawszy prawdę o przemijaniu wszystkiego, zrozumiał jej bezużyteczność; znienawidził tych, nad którymi się litował.

W *Portrecie greckim* nietrudno odnaleźć wcielenie się podmiotu lirycznego w postać Sokratesa, tego, który powtarzał: „Wiem, że nic nie wiem", za cel poznania uznając dochodzenie do prawdy, zbijanie fałszywych argumentów – jest to portret Sokratesa i zarazem podszyty autoironią portret Miłosza:

Portret grecki

> Brodę mam gęstą, oczy przesłonięte
> Powieką, jak u tych, co znają cenę
> Rzeczy widzianych. Milczę jak przystoi
> Mężowi, który wie, że ludzkie serce
> Więcej pomieści niż mowa. Rodzinny
> Kraj, dom i urząd publiczny rzuciłem
> Nie żebym szukał zysku albo przygód.
> Nie jestem cudzoziemcem na okrętach.
> Twarz pospolita poborcy podatków,
> Kupca, żołnierza, nie różni mnie w tłumie.
> Ani się wzbraniam oddać cześć należną
> Miejscowym bóstwom. Jem to, co inni.
> Tyle wystarczy powiedzieć o sobie.

Ostrzec warto przed łatwymi interpretacjami: wiersz powstał w 1948 roku w Waszyngtonie, jeszcze przed podjęciem decyzji o zerwaniu z krajem. Jest co najwyżej jej zapowiedzią. Ważniejszy jednak wydaje się, w zestawieniu z wierszem *Heraklit*, wybór postawy wobec świata: owego dochodzenia do prawdy i zatrzymywania się przed ostatecznym rozstrzygnięciem.

Ta metoda dochodzenia do prawdy, przewrotnie, bo ironicznie zastosowana w wierszu *Król Popiel*, obala przejęty z legendy sąd: „Myszy zjadły Popiela", ale argument obalający opatrzony jest znakiem niepewności:

> Nie były to zapewne zbrodnie tak jak nasze.
> Chodziło o czółna drążone w pniu lipy
> I bobrowe skórki.

W wielu tomikach Miłosza odnaleźć można autoironiczne portrety, tworzone zawsze nie na zasadzie wyznania czy spowiedzi, lecz pośrednio, jak w *Portrecie greckim*, poprzez „wcielenia" w wizerunki cudze. Odnajdziemy je w takich wierszach, jak *Mistrz*, *Z chłopa król*, *Na ścięcie damy dworu*, *Gucio zaczarowany*. Cały ten proceder, gra kostiumowa, wiąże się ściśle z zasadą poznawania, dochodzenia do prawdy, także do prawdy o sobie. Miłosz odrzuca bowiem przeświadczenie potoczne o wyjątkowości poszczególnego istnienia: jesteśmy osobni, ale jest w nas zawsze i to, co wspólne, co należy do cech gatunku, wykształconych czy też danych przez naturę, wspólnych z innymi, nie tylko zwierzętami, lecz także roślinami. W tym wielkim uniwersum – w niezliczonych odmianach i przejawach – kryje się tajemnica życia. Śledzi ją Miłosz w roślinach, kwiatach, owocach, w zachowaniach zwierząt, także w biologicznych zachowaniach człowieka. Jest w opisach, w rejestracji faktów konkretny jak badacz, ścisły. Chroni to jego język przed ucieczką w stylizacyjne gry poetyckie, które nie prowadzą do poznania. Równocześnie jednak tylko człowiek wykształcił w sobie zdolność poznania świata i samego siebie – zbliżenia się do tajemnicy. Jest „zwierzęciem metafizycznym", zdolnym do tworzenia kultury – dobra, ale i zła, piękna, ale i brzydoty, także rozpoznawania czy raczej przeczuwania wyższego ładu, który nie podlega ludzkiemu poznaniu.

Odrębna w swej jakości i zawartości myślowej poezja Czesława Miłosza była jednak przez długie lata nieobecna w przekształceniach poezji w kraju. Ta nieobecność miała podwójne przynajmniej źródło: pewną rolę odegrała izolacja od kraju, szczególny status poety emigracyjnego. Ale równie ważny był jej charakter – owa konsekwentnie rozwijana „dykcja inna", nie znajdująca wystarczającego wsparcia w polskiej tradycji literackiej, nie oswojona więc w odbiorze czytelniczym.

To, co zdarzyło się w poezji polskiej w latach 1955–1957, jest zasługą młodszych generacji twórców. Starsi – Ważyk, Przyboś, Iwaszkiewicz, Jastrun – potrzebowali czasu, by wyzwolić się z uwikłań biograficznych i artystycznych spowodowanych przez stalinizm i doktrynę realizmu socjalistycznego. Stopień porażenia był różny, ale nawet w twórczości Przybosia, rozpoznającego zagrożenie uproszczeniami i trywializacją w sztuce, daje się zauważyć obniżenie poziomu jego wierszy, skostnienie wyobraźni i uproszczenie formy. Rozpad, swoista samolikwidacja doktryny, która się dokonała w tych latach, wiązała się z odzyskiwaniem przez twórców względnej niezależności, a w życiu społecznym – z poszerzaniem wolności. O przemianach w poezji decydowały postawy dwu formacji intelektualnych: wbrew oczekiwaniom w mniejszym nawet stopniu debiutantów właściwych, urodzonych na początku lat trzydziestych, których zwykliśmy nazywać „pokoleniem 1956 roku" lub „pokoleniem «Współczesności»", w większym – rówieśników Baczyńskiego i Gajcego, którzy ocaleli z wojennej hekatomby. Jeśli zestawimy nazwiska Różewicza, Szymborskiej, Herberta, Białoszewskiego, Karpowicza, Kamieńskiej, Pogonowskiej, a obok – Bursy, Nowaka, Grochowiaka, Harasymowicza, Czycza, Drozdowskiego, Brylla, Urszuli Kozioł, Jarosława Marka Rymkiewicza, to daje się zauważyć pewna niewspółmierność późniejszych

**Przełom.
Lata
1955–1957**

artystycznych dokonań. „Ocaleni", by posłużyć się tytułem znanego wiersza Różewicza z tomiku *Niepokój*, wnosili z sobą jako doświadczenie podstawowe przeżycie wojny, niekiedy obozów, udziału w ruchu oporu, w powstaniu warszawskim, a także w dramatach powojennej stalinizacji kraju. To była ich młodość i dojrzałość: byli nie tylko świadkami, ale i uczestnikami wydarzeń. Porażenie historią młodszych było inne: zły czas nałożył się na dzieciństwo, spowodował – być może – szczególne ukształtowanie wyobraźni, ale nie wyartykułował w pełni ich światopoglądów. Jeśli odwoływali się do wydarzeń wojennych, to był to dla nich „temat literacki", wybierany z doświadczenia zbiorowego. Wprawdzie wielu z nich publikowało swoje pierwsze wiersze jeszcze przed 1956 rokiem, ale i doświadczenia stalinizmu nie były ich podstawowym przeżyciem: wchodzili do literatury niejako bez historii i mieli kłopoty z określeniem własnej tożsamości. Poszukiwali jej albo w identyfikacjach z doświadczeniami starszych (tematy wojenne w twórczości Grochowiaka, Brylla i Nowaka), albo w tworzeniu własnej, indywidualnej mitologii, wyprowadzanej z doświadczeń rodzinnych, z grup społecznych, z których się wywodzili.

Podstawowym problemem dla grupy pierwszej, wyznaczonym u nas przez debiutanckie tomiki Różewicza (*Niepokój* i *Czerwoną rękawiczkę*) stawało się zdefiniowanie od nowa miejsca sztuki w życiu społecznym, rozpoznanie jej statusu i odpowiedź na podstawowe pytanie – czy sztuka po Oświęcimiu, po katastrofie, jest możliwa. Nietzsche zamykał wiek XIX stwierdzeniem „śmierci Boga"; II wojna światowa utwierdzała w przekonaniu o śmierci wszelkich wartości metafizycznych, utrwalanych i pielęgnowanych przez sztukę. Umierał więc także artysta, umierała poezja. Ani religie, ani prawa, ani sztuka nie uchroniły świata przed rozszalałą zbrodnią. Wiersz Różewicza *Ocalony* kończył się znamiennym wyznaniem: „Szukam nauczyciela i mistrza / niech przywróci mi wzrok słuch i mowę / niech jeszcze raz nazwie rzeczy i pojęcia". Dramat ocalonych polegał na tym, że zaraz po wojnie znalazł się u nas „nauczyciel i mistrz" fałszywy: mówił o nadziei, o nowym porządku świata; bezgranicznie, choć na krótko, zaufała mu część młodych (wśród poetów: Woroszylski, Mandalian, Wirpsza), także część starszych (Szenwald, Ważyk). Ale ślady presji „nowej wiary" odnaleźć można w twórczości prawie wszystkich, nawet tych, jak Iwaszkiewicz czy Przyboś, którzy nie zaufali bez reszty nowej doktrynie. Starsi w latach 1955–1957, odbudowując swój świat, powracali do wcześniejszych światopoglądów. Powrót jednak był trudny, bo założenia estetyczne, ukształtowane w Dwudziestoleniu, uległy w wyniku wojny głębokiej erozji, uznawane wartości stały się „nazwami pustymi i jednoznacznymi". Paradoksalnie – „ocaleni" z pokolenia wojennego byli w lepszej sytuacji: nie mieli do czego wracać. I oni jednak, w różnym stopniu, uwikłani zostali w nową totalitarną ideologię. Wiersze Różewicza z tomików *Pięć poematów* (1950), *Czas, który idzie* (1951), *Wiersze i obrazy* (1952) są świadectwem podwójnej świadomości – obok naiwnie deklaratywnych, upolitycznionych utworów są takie, które mogłyby znaleźć się w *Niepokoju* i *Czerwonej rękawiczce*. To z tych tomików przecież pochodzą takie wiersze, jak *Warkoczyk*, *Rzeź chłopców*, *Nowe słońce* i dedykowany Leopoldowi Staffowi *Karnawał 1949 Maskarada*:

> Ze szpilą światła w głowie tańczy
> tłum serpentyną powiązany
> błyskają lśniące ostrza śmiechu
> i otwierają rany

Tych słów nie pisał „socrealista", porwany euforią wiecowego entuzjazmu. Za słowami kryje się ironia i nieufność. W poemacie *Równina* (1954), w takich wierszach jak *Bez przesady*, *Moje usta*, *Nad wyraz* z tomu *Srebrny kłos* (1955) Różewicz „wraca do siebie", do swojej tragicznej wizji świata z tomiku *Niepokój*. U jej podstaw leży doświadczenie wojenne, ale i uświadomienie sobie fałszu, kryjącego się w nowej ideologii. Mówi o tym wiersz *Nad wyraz*:

> Co ty robisz
> wyszły z ciemności
> Czemu nie chcesz
> w pełnym świetle żyć
>
> Wojna się we mnie otwiera
> powieka
> miliona zapadłych lic
>
> Co tam składasz
> co dźwigasz
> krwią umazany
>
> Składam słowa
> dźwigam swój czas

Pokrewne próby odnalezienia się w powojennej rzeczywistości, podszyte jednak nieufnością, można rozpoznać w *Żywych wymiarach* (1948) Tymoteusza Karpowicza, w tomikach *Dlatego żyjemy* (1952) i *Pytania zadawane sobie* (1954) Wisławy Szymborskiej, w pojedynczych wierszach Zbigniewa Herberta, publikowanych przed 1955 rokiem w prasie. Jedynie Białoszewski schronienia szukał w milczeniu. Ale poeci pokolenia wojennego, wychodząc ze złego czasu, wracać mogli nie do porzuconych poetyk, lecz do doświadczeń wojny, które rodziły ich nieufność. Tymoteusz Karpowicz rozstawał się ze złudzeniami tomikami wierszy o znaczących tytułach – *Gorzkie źródła* (1957) i *Kamienna muzyka* (1958); Wisława Szymborska z *Pytań zadawanych sobie*, niewątpliwie kłopotliwych, choć przekraczających reguły poezji agitacyjnej, wyprowadzała swoje *Wołanie do Yeti* (1957), w śnieżną pustkę niezrozumiałego świata. Tylko Białoszewski, przyjmując świadomie postawę outsidera, prowadził swój prywatny spór z doktryną realizmu socjalistycznego: w 1952 roku powstały dwa jego wiersze – *Szare eminencje zachwytu* i *Zielony: więc jest*, zapowiadające niezwykłość jego debiutanckiego tomiku *Obroty rzeczy* (1956). Z doświadczeń wojennych „ocaleni" wyprowadzali swoje poetyki w latach 1955–1957. U podstaw leżała nieufność do konwencji poetyckich, które nie wytrzymały „próby ognia". Fundamentalne stawały się pytania o sens poezji, a także o jakość jej języka, który kłamał, nie mówił prawdy o człowieku, upiększał, tworzył złudzenie ładu etycznego i estetycznego. Z tej ogólnej postawy rodziły się nowe światopoglądy poetyckie w okresie przełomu lat 1955–1956. Różewicz domagał się odrzucenia wszelkich upiększeń w języku poetyckim, w tym metafory, powrotu do „nagich słów", mówienia bezpośredniego, bo tylko poezja odarta z ozdobności mogła u odbiorcy wywołać wstrząs moralny, spełnić się jako *katharsis* – oczyszczenie. Miron Białoszewski i Tymoteusz Karpowicz poszukiwali wyjaśnienia „kłamstw poezji" w rozpoznawaniu właściwości samego języka jako narzędzia poznania, w wieloznaczności słów (synonimy), w niejednoznaczności metafor potocznych (frazeologizmy), w zawikłaniach składni itd. Otwierali więc ważny w późniejszych przeobrażeniach poezji nurt lingwistyczny. Wisława Szymborska, wierna zasadzie „zadawania pytań" już nie tylko sobie, ale i światu, docierała do paradoksu jako ostatecznego rezultatu poznania, czy raczej niemożliwości poznania. Zbigniew Herbert z rozpoznania absurdów rzeczywistości, współczesnej cywilizacji, wyprowadzał swą propozycję odrzucenia awangardowych złudzeń, wielkiego powrotu do elementarnych wartości utrwalonych w kulturze, w tradycji.

Te propozycje, właśnie przez to, że były różnorodne, przywracały poezji, a także całej literaturze, jej demokratyczne zasady znane z Dwudziestolecia: współistnienia postaw i światopoglądów odrębnych, często przeciwstawnych. Różnorodność była, co oczywiste, najdalszym zaprzeczeniem jedynej metody twórczej i „jedynie słusznej" doktryny realizmu socjalistycznego. Młodsi – Bursa, Grochowiak, Bryll, Nowak, Rymkiewicz, Harasymowicz, Kozioł – poszerzali granice różnorodności, ale jak się wydaje, nie oni wyznaczali główne drogi późniejszych przeobrażeń. Opowiadali się za nawiązaniem dialogu z szeroko pojętą rodzimą tradycją literacką – od średniowiecza, baroku, przez romantyzm do rozwijającej się w Dwudziestoleciu postawy drwiącej, groteskowej; w momencie debiutu bliski był im Gałczyński. Chętnie podkreślali swoje związki z całą tradycją kultury śródziemnomorskiej. Dialog ten opierał się na grach stylizacyjnych, imitacjach dawnych wzorców, parafrazach, niekiedy parodiach, oczywiście zawsze zmodyfikowanych, służących wyrażaniu współczesności. Była w tym demonstracja nieufności do awangardowych mitów, protest przeciwko wpisaniu człowieka, jak zakładała doktryna stalinowska, w teraźniejszość, w utopię szczęśliwej przyszłości, ale było także ograniczenie wiary w znaczenie samej sztuki. I to dziedziczyli po bezpośrednich poprzednikach. Powrót do twórczości w latach sześćdziesiątych starszego pokolenia poetów, potwierdzony nowymi tomikami wierszy Iwaszkiewicza (*Krągły rok*, 1967), Jastruna (*Większe od życia*, 1960; *Intonacje*, 1962; *Strefa owoców*, 1964; *W biały dzień*, 1967; *Godła pamięci*, 1969), Przybosia (*Próba całości*, 1961; *Więcej o manifest*, 1962; *Na znak*, 1965; *Kwiat nieznany*, 1969), Ważyka (*Labirynt*, 1961; *Wagon*, 1963), Słonimskiego (*Nowe wiersze*, 1959; *Wiersze 1958–1963*, 1963), a także powolne przenikanie do kraju utworów Wierzyńskiego i Miłosza porządkowało całość poezji polskiej w właściwych jej dwu tendencjach, widocznych także w Dwudziestoleciu – rodzących się z inspiracji awangardowych i klasycyzujących. Każda z tych tendencji w latach sześćdziesiątych była wewnętrznie zróżnicowana, obie tworzyły strefy wzajemnych przenikań, dopełnień, czasem negacji. Najlepszym przykładem podwójnych uzależnień, także ich przezwyciężania, jest twórczość Wisławy Szymborskiej: pisała o sobie ironicznie, że jest „staroświecka jak przecinek" (poeci awangardowi rezygnowali często z interpunkcji), ale jej twórczości nie można zamknąć ani w formule szeroko rozumianego neoklasycyzmu, ani też powojennej, zmodyfikowanej i przetworzonej awangardy.

Nowe tomiki wierszy Różewicza – *Poemat otwarty* (1956), *Formy* (1958), *Rozmowa z księciem* (1960), *Głos Anonima* (1961), *Zielona róża* (1961), *Nic w płaszczu Prospera* (1962), *Twarz* (1964), *Twarz trzecia* (1968), *Regio* (1969) – nie są prostym nawiązaniem, ponad tomikami z początku lat pięćdziesiątych, do *Niepokoju* i *Czerwonej rękawiczki*. Debiut Różewicza, choć wyrażał zdruzgotanie świata „ocalonych", choć zwracał się ku „sprawom żywych", tkwił w całości w dramatach wojennych. Nowe tomiki wierszy rozszerzają znacznie zakres podejmowanych tematów i problemów; są nie tyle zapisem wojny, co jej konsekwencji w świadomości zbiorowej. Dotyczy to przede wszystkim weryfikacji i rewizji dotychczasowych, utrwalonych w kulturze przeświadczeń o naturze ludzkiej. Sprawdzeniu i zakwestionowaniu podlegają przede wszystkim metafizyczne koncepcje człowieka. Punktem

Poezja Tadeusza Różewicza

wyjścia niejako jest stwierdzenie z wiersza *Ocalony*: „widziałem: / furgony porąbanych ludzi / którzy nie zostaną zbawieni". Jeśli „człowieka tak się zabija, jak zwierzę", to refleksja nad jego naturą, nad jego bytem, cierpieniem, niepokojem, a także myślenie o etyce i estetyce, kulturze, wynikać musi z uznania biologii i instynktu za fundament jego egzystencji.

Nowe wiersze Różewicza rozszerzają zakres refleksji i mają wiele znaczeń. Wadą wierszy z początku lat pięćdziesiątych była jednoznaczność, niekiedy publicystyczna i deklaratywna. Nowe wiersze, przede wszystkim poprzez konstrukcję, poszerzają swą pojemność poznawczą, budują sugestię znaczeń przez niedopowiedzenia i przemilczenia. Dotyczą egzystencji ludzkiej, nierozwiązalnie związanej z biologią, z ciałem, procesami starzenia się, z chorobami, ale także z cierpieniem, pamięcią, z tkwiącym w nas egoizmem, złem itd. Ten drugi wymiar, społeczny, określa człowieka wpisanego w cywilizację, której jest twórcą, ale i jej niewolnikiem. Ze sfery biologii, instynktów – o czym mówi *List do ludożerców* z tomiku *Formy* – wyrasta nasz egoizm, agresja w stosunku do innych: „patrzymy wilkiem", „zgrzytamy zębami", „odwracamy się plecami", powtarzamy stale – „ja", „mnie", „mój", „moje". Jesteśmy jednak skazani na współżycie z innymi. Ze społecznej natury człowieka wynikają nakazy etyczne: „nie zajmujcie", „nie wykupujcie wszystkiego", „ustąpcie". Takie objaśnienie wiersza byłoby jednak jego uproszczeniem: owe nakazy i zakazy czyniłyby z poety moralistę, ideologa, retora. Różewicz odwołuje się nie do wzniosłych idei, znanych systemów etycznych, wyprowadza rozpoznanie z codzienności, z zachowań obserwowanych w sklepie, w pociągu, w życiu prywatnym. Status moralisty jest zawsze dwuznaczny: zwroty „nie patrzcie wilkiem", „nie zgrzytajcie zębami" są ukrytymi cytatami z listów świętego Pawła. Nie są to cytaty przypadkowe: budują formę wiersza, objaśniają jego tytuł, ale i dwuznaczność postawy moralisty; jeśli poucza, to wie, jak należy postępować, jest lepszy od tych, do których kieruje pouczenie. Tymczasem jako człowiek należy także do stada „zgrzytających zębami", bo ma ludzkie ciało, bo wpisany jest w biologię. W biografii św. Pawła, przed jego nawróceniem, dała znać o sobie ta druga strona natury ludzkiej. Paradoksy związane z „byciem moralistą" są właściwym tematem wiersza: wyraża je oksymoroniczne określenie adresatów listu („Kochani ludożercy"), ale i charakterystyczna zmiana „adresu" w zakończeniu wiersza: wcześniejsze „wy" („nie zgrzytajcie", „nie patrzcie") przechodzi w utożsamiające „my":

> Kochani ludożercy
> nie zjadajmy się Dobrze

bo nie zmartwychwstaniemy
Naprawdę

Czytanie formy okazuje się w tym przypadku ważne dla zrozumienia wiersza. Rezygnacja z interpunkcji, a równocześnie zaznaczenie początku wypowiedzenia poprzez dużą literę nie jest awangardową manierą. Odwołuje się nie tylko do graficznego zapisu tekstu, lecz także do jego wypowiedzenia, do intonacji. Można bowiem interpretować (w sensie recytacyjnym) poszczególne fragmenty albo perswazyjnie (tak mówimy zwracając się do dzieci), albo ironicznie: zjeść się „dobrze" oznaczać może „do końca", „do ostatka", co oczywiście uniemożliwi „prawdziwe zmartwychwstanie". Końcowy fragment wiersza, w którym współuczestniczące „my" zmienia „apostoła-moralistę" w członka „stada zgrzytającego zębami", wyznacza granice skuteczności moralistyki i poezji. Podmiot liryczny wiersza nie ma jednoznacznego statusu – jest łagodnym nauczycielem i wilkiem równocześnie, kieruje się współczuciem dla nędzy ludzkiej, lecz także odrazą i obrzydzeniem. Jest lepszy i nie jest lepszy od innych. Oksymoroniczna struktura rozrasta się od jednego zwrotu na cały wiersz. Wypowiedź zbudowana z frazeologizmów, ze słów odartych z wszelkich metaforycznych ozdób, z prozaicznych wyliczeń i powtórzeń, nabiera cech wielkiej metafory, obejmującej cały utwór. Jak to się dzieje? Jest to kwestia formy, porządku słów i zdań, następstwa fragmentów: powstaje poezja tworzona z „niepoetyckiego". Decyduje o niej nie dobór „pięknych", dodatnio nacechowanych słów, uderzających urodą metafor, lecz sama celowa, szczegółowo przemyślana konstrukcja. Jest to istota języka poetyckiego Różewicza, jego osobnego i niepowtarzalnego stylu. Elementy, które tworzą ten styl i język, są zwykłe, przejęte z rzeczywistości, ważne jest jednak ich nowe, zależne od tematu danego wiersza, połączenie – niekiedy na prawach zwykłego sąsiedztwa, innym razem ostrego zderzenia. Te połączenia właśnie tworzą znaczącą, metaforyczną czy raczej metonimiczną całość. Trudno nie dostrzec w tej praktyce związków Różewicza z pokrewnymi dążeniami w awangardowej i postawangardowej plastyce, z technikami collage'u, a nawet pop-artu.

W tomiku *Formy*, z którego pochodzi wiersz *List do ludożerców*, dokonuje się w twórczości Różewicza przekroczenie dwu granic: generacyjnego skupienia na przeżyciach wojennych i późniejszych błądzeń w poszukiwaniu nowego „nauczyciela i mistrza", który „raz jeszcze" nazwałby rzeczy i pojęcia. Z okresu stalinowskiego wychodził Różewicz z przeświadczeniem o niemożliwości odbudowy świata, ale także odbudowy poezji czystej. Wiersz *Nie mam odwagi* mówi o tym najwyraźniej:

Ten świat tak obcy
to przedmiot znaleziony w nocy
życie moje jest nieciekawe
z tego życia
jednak
krystalizuję nieczystą poezję

W zakończeniu wiersza pojawia się motyw, który rozrastać się będzie w utworach późniejszych:

o godzinie 22 przyszła
śmierć i mówi
nie pisz już tych słów
siedź prosto
odłóż pióro opuść ręce

Tak w zalążkowej formie wygląda „śmierć poezji": jest to śmierć „cielesna", bo powiązana z niepokojami egzystencjalnymi poety, z obsesją rozkładu form „dobrze ułożonych". Formy „wyłamały się i rozbiegły":

rzucają się na swego twórcę
rozdzierają go i wloką
długimi ulicami
po których już dawno przemaszerowały
wszystkie orkiestry szkoły procesje
            (*Formy*)

W świecie współczesnym, jak to określił sam Różewicz, wyschło podstawowe źródło sztuki – piękno: mogą powstawać tylko „brudne wiersze". Ale oprócz estetyki wyschło także, w co wierzył początkowo, drugie źródło – etyka. Wiersz *List do ludożerców* poświadcza załamanie się i tej wiary. Brudna jest poezja, bo brudny jest człowiek. Mówi o tym wiersz *Hiob 1957*:

Ziemia niebo ciało Hioba gnój
niebo gnój
oczy gnój
usta

to co zostało poczęte w miłości
co rosło dojrzewało
to co się weseliło
w gnój przemienione

ziemia niebo ciało Hioba
róża gnój
usta gnój
niebo

co osnute było pieszczotą
co odziane było w godność

co wzniosło się
upadło

po niebie po słońcu
po ciszy po ustach
chodzą muchy

Nie ma w całej naszej poezji po 1956 roku bardziej wstrząsającego wiersza rozrachunkowego – już nie tylko z wojną, ale i z okresem stalinowskim. Przez świat przemaszerowały „wszystkie orkiestry szkoły procesje", został „gnój". Nic dziwnego, że Julian Przyboś, który zaatakował w poezji młodych fascynację brzydotą, uznał Różewicza za głównego przedstawiciela turpizmu. W wersji Różewicza nie polega on jednak na epatowaniu czytelnika, zadziwianiu wprowadzeniem do poezji motywów sprzecznych z tradycyjnym jej rozumieniem. Ekspresjonistyczne w swym rodowodzie spotęgowanie brzydoty służy scaleniu światopoglądu poetyckiego, rozproszonego w wielu wierszach wcześniejszych: jego centrum stanowi odczucie tragizmu świata. Tytułowy poemat z tomiku *Rozmowa z księciem* nieprzypadkowo przywołuje bohatera tragedii Szekspira – Hamleta:

Rozmowa z księciem

Ziemię przebiły kły
nie spuszczajcie
psów
z jedwabnej nici

będą się zgryzały
wyjąc i piszcząc
czy nie słyszycie
bulgotu
w krtaniach

naprężone
do ostatnich
granic drżą
nasze dobrze ułożone
chęci

Spotęgowane zło świata zagarnia wszystko: otacza jednostkę, niszczy jej potrzebę ładu, unicestwia sztukę, czyni ją bezsensowną zabawą. Poeta współczesny nie może uzasadniać swej twórczości nadzieją, że czytać go będą potomni, bo przyjdą „potwory bez mózgu", adresować może swą wypowiedź tylko do tych, którzy go teraz nie czytają i nie potrzebują. Paradoks sztuki w świecie współczesnym, także paradoks artysty, polega na tym, że tworzy nie wiadomo po co i nie wiadomo dla kogo: jak w *Żarcie patetycznym* – „Oni mnie nie potrzebują / ale ja ich potrzebuję". Poezja, owo *Nic w płaszczu Prospera*, staje się *Głosem Anonima*, zapisem indywidualnej rozpaczy. Ale rozważania

Ślepa kiszka

o śmierci poezji, śmierci sztuki we współczesnym świecie, wyrażone najpełniej w niezwykłym poemacie *Et in Arcadia ego*, zamieszczonym w tomiku *Głos Anonima*, rozszerzają pole eksploracji poetyckich Różewicza – ich głównym tematem staje się duchowość współczesna, jej przemiany pod wpływem nowej cywilizacji, wytworzonej przez nią kultury masowej, wykreowanych w niej mitów. Jest w nich tylko pustka, wielkie rozrastające się „Nic". Charakterystyczny dla tego kręgu rozważań Różewicza wydaje się sarkastyczny wiersz *Ślepa kiszka* z tomiku *Zielona róża*:

> Metafizyka skonała
> powiedział Witkacy
> i odszedł
> w nic
>
> optymiści
> którzy go przetrwali
> biegają z formą
> z foremką
> do robienia wierszy
> z piasku
>
> oni wesołe wyrostki
> robaczkowe
> ślepej kiszki
> Europy

Jeśli poezja utraciła swoje dawne znaczenie, jeśli może być tylko „głosem Anonima", to zrównała się z innymi głosami świata, ze strzępami informacji gazetowych, reklam, głosów usłyszanych w radio, „gadających głów" w telewizji. Ta wielogłosowość świata, od tomiku *Zielona róża* poczynając, narasta w poezji Różewicza. Na prawach techniki collage'u poeta zderza ze sobą różnorodne teksty – na zasadzie kontrastu, dopełnienia, przenikania. Kakofonia tych głosów znaczy dopiero jako pewna świadomie zorganizowana konstrukcja, zdolna do wyrażenia tragizmu świata i zagubionego w nim człowieka. Dziś niemożliwa stała się całościowa wizja poetycka: świat dostępny jest nam tylko we fragmentach. Poematy i wiersze: *Świat 1906 – Collage*, *Fragmenty z dwudziestolecia* z *Zielonej róży*; *Et in Arcadia ego*, *Z dziennika żołnierza* z *Głosu Anonima*; *Opowiadanie dydaktyczne* z *Nic w płaszczu Pospera*; *Opowiadanie o starych kobietach*, *Spadanie*, *Non-stop-shows* z *Twarzy trzeciej* i tytułowy *Regio* z kolejnego tomiku prezentują już to, co stanie się zasadą konstrukcyjną w późniejszych tomikach *Zawsze fragment* (1996) i *Zawsze fragment: recycling* (1998).

Różewicz nie jest katastrofistą; jeśli wzmocnienie środków ekspresji w tomiku *Formy* można kojarzyć z ekspresjonizmem, to rodowód wierszy „wielogłosowych", identyfikowany często z nowymi tendencjami w plastyce, nawet z postmodernistycznymi technikami scalania heterogenicznych fragmentów, oznacza postawę odrębną. Tragiczny obraz świata nie jest, jak u katastrofistów, poetycką wizją, ciemną, zrodzoną z przerażenia, lecz diagnozą, okrutną i bezwzględną, podszytą ironią, niekiedy sarkazmem. Różewicz pozostaje wierny zasadzie „poetyckiego realizmu" – nie ufa zmyśleniom, tworom poetyckiej wyobraźni: „cytaty z rzeczywistości" (informacje gazetowe, reklamy, także tragiczne życiorysy artystów XX wieku), rejestrowane jako objawy choroby, podlegają artystycznej obróbce, bo razem upoważniają do postawienia diagnozy. Rzecz w tym, że Różewicz nie jest „apostołem-moralistą": sens kryje się nie „na powierzchni, lecz w środku" utworów, w ich budowie, w formie. Znaczące jest to, co nie zostało powiedziane, co jest milczeniem.

Miron Białoszewski należał do tego samego pokolenia, co Tadeusz Różewicz. Charakter ich twórczości jest całkiem odmienny, by nie powiedzieć – przeciwstawny. A jednak dostrzec można pewne punkty wspólne: obaj, choć każdy inaczej, wywodzili się z tradycji awangardowej Dwudziestolecia; obaj także u samego początku, w momencie debiutu, zamanifestowali swoją nieufność do zastanych konwencji, do ustalonych stereotypów języka poetyckiego. Różewicz, odrzucając metafory, „ozdoby poetyckie", z uporem zmierzał do przywrócenia znaczeń pierwszych, sensów jednoznacznych, szarych i prozaicznych; Białoszewski, utraciwszy wiarę w słowa, sprawdzać począł sam język, wynikające z jego struktury wieloznaczności. Łączy ich także skłonność do posługiwania się podobnym tworzywem: nie piękne słowa, lecz zwykłe, codzienne, szare, stają się budulcem, z którego powstają poetyckie konstrukcje. Prawdziwą manifestacją takiej postawy były w 1955 roku wiersze Białoszewskiego zaprezentowane w pierwszym programie Teatru na Tarczyńskiej. „Amfiteatr abstrakcji" miał wymiar szczególny, swoje role grały w nim rzeczy powszednie: solniczka, grzebień, palce dłoni; w utworach późniejszych także piec, łóżko żelazne, podłoga, stół, krzesło, pogrzebacz itd. Rzeczy wyrwane z rzeczywistości, z naturalnych związków, podlegały metamorfozom, rozrastały się, nabierały nowych sensów. Jeśli postawę Różewicza można określić jako zasadniczą wierność rzeczom, to postawę Białoszewskiego – jako grę z rzeczami. Z pierwszej rodziła się tragiczna ironia, z drugiej – sceptyczna groteska, zabawa nieco cygańska, pokrewna tej, którą uprawiał Gałczyński. Ale owa zabawa i gra miały u Białoszewskiego wyraźnie nakreślony cel poznawczy, który prowadził w inne rejony, niż u Różewicza.

Miron Białoszewski

Chrystus powstania

Z pierwszych wierszy Białoszewskiego, które uznać by można za jego debiut, znamy tylko tytuły (*Zmiażdżony*, *Oto mgła*), teksty się nie zachowały, choć krytyk, Zygmunt Lichniak, jego właśnie chwalił spośród młodych poetów, którzy w 1947 roku recytowali swoje wiersze na wieczorze poetyckim. Wiersz *Chrystus powstania* („Warszawa" 1947, nr 5) dać może ogólne wyobrażenie tej początkowej twórczości: jest w metaforyce prowokacyjnie bluźnierczy, ale nie zapowiada późniejszego Białoszewskiego:

> Na ramionach usnął ci ogień
> kołysze go w brąz płonące miasto
> dwa stosy masz zamiast powiek
> ale jest krzyż z gorących oddechów
>
> Idź przez mur do czerwonych arkad
> między popiół tłumu
> i przemieniaj na wargach
> ogromne liście płomieni w wino
>
> Barykady jak Góry Oliwne
> szumią okruchami kości –
> dłoń po dłoni wywlecz
> spod ziemi bruków i odpuść
>
> Wstąp w Jordan kanałów –
> w szlamie zielonym jak wieczność
> szukaj nieżywych włosów:
> w imię Ojca... i Ducha...

Można się dopatrzyć spokrewnień z poetyką Baczyńskiego, można także z Dwudziestolecia przywołać Czechowicza. To dobry i dojrzały wiersz. Jest w nim wszystko, co dostrzegł w pierwszych utworach Zygmunt Lichniak – „sugestywność stylu", „oszczędne nasycenie patosem", zgodność „łamanej strofy z falowaniem myśli" i „dążenie do wysokogatunkowych efektów artystycznych". Od tego miejsca mógł się zacząć inny Białoszewski – może podobny Czechowiczowi, może Miłoszowi. Dlaczego tak się nie stało? Wykluczyć trzeba, jeśli zważymy, że był to rok 1947, przymusy zewnętrzne. Na ich oddziaływanie było jeszcze za wcześnie. Identyfikacje z tradycją katastrofizmu Białoszewskiemu już nie wystarczały – w wierszu doprowadza poeta do zderzenia sacrum i wojennego profanum: „święta rzeka Jordan" zestawiona zostaje ze „szlamem zielonym" powstańczych kanałów, „Góry Oliwne" z ulicznymi barykadami, „płomienie" z wodą przemienianą w wino. Cud się nie zdarzy, nie da się „dłoń po dłoni" wywlec spod ziemi umarłych. U Białoszewskiego więc, podobnie jak u Różewicza, umarli nie zmartwychwstaną. Rozstanie z tradycją katastrofizmu było jedną z najważniejszych decyzji Białoszewskiego: między 1946 i 1947 rokiem, kiedy próbował debiutować, a wierszami pisanymi „do szuflady" w 1952 leżą kłopoty osobiste „nieprzystosowanego", który, nie mogąc zaaprobować doktryny realizmu socjalistycznego, nowych reguł politycznych, popadł w nędzę. W 1952 roku powstały dwa wiersze *Szare eminencje zachwytu* i *Zielony: więc jest*, które zapowiadają narodziny nowej poetyki, tak charakterystycznej dla całej późniejszej twórczości poety. Przywołajmy fragment pierwszego z nich:

> Jakże się cieszę
>   że jesteś niebem i kalejdoskopem
>   że masz tyle sztucznych gwiazd
>   że tak świecisz w monstrancji jasności
>   gdy podnieść twoje wydrążone
>   pół-globu
>   dokoła oczu,
>   pod powietrze.
> Jakże nieprzecedzona w bogactwie
> łyżko durszlakowa!

Szare eminencje zachwytu

O wierszu tym nie mógłby Lichniak powiedzieć, że należy do „wysokogatunkowych". Ale jego sens staje się czytelny na tle dyskusji o realizmie socjalistycznym. Celem sztuki nie jest utrwalanie rzeczy, lecz przemiana zwykłego w niezwykłe: łyżka durszlakowa może być „monstrancją", jeśli podniesiemy ją na wysokość oczu, może być także niebem z gwiazdami, jeśli patrzeć będziemy przez jej otwory. Innymi słowy: sztuka rodzi się z gry z rzeczywistością, z „rzeczami", a nie z jej „wiernego kopiowania". Obiektywnie nie istnieje „zielony", są tylko „zielone rzeczy", ale poeta (malarz) może powołać do życia zielony „od księżycowej glazury / pejzaż zimowy". Jak „wiernie" utrwalić zmierzch? Jak on istnieje? To problem filozoficzny i malarski. I zmierzch, i zieloność dają się wyrazić i zapisać poprzez rzeczy. Poprzez rzeczy można także wyrazić „najpiękniejszą część niepokoju". Zdolność rzeczy do przenoszenia i zapisywania emocji, do wzbogacania i zmiany równocześnie ich funkcji, jest istotą aktu tworzenia, istotą sztuki. Cytowane wiersze uznać można za przewrotne traktaty estetyczne, polemiczne wobec doktryny realizmu socjalistycznego, wskazujące równocześnie na prawdziwe źródło nowej inspiracji: było to w samym środku „socrealistycznego" obłędu sięgnięcie do założeń kubistów. Problematyka estetyczna omawianych wierszy w całej pełni rozwinięta została w tomiku debiutanckim – w *Obrotach rzeczy* (1956).

W późniejszych tomikach – w *Rachunku zachciankowym* (1959), *Mylnych wzruszeniach* (1961), *Było i było* (1965) Białoszewski przechodził od „obrotów rzeczy" do „obrotów słów", do gry z językiem, bo poezja powstaje nie z rzeczy, lecz ze słów, a więc ze znaków i symboli językowych. Gra z rzeczami jest sprawą malarzy, gra ze słowem – poetów. Zasady postępowania są podobne: „obracanie" słów, „krojenie", przesłanianie jednych przez inne, łączenie części odrębnych, tworzy „kubistyczną" przestrzeń tekstu, ale jak u kubistów, jest także poznawaniem istoty słowa, zbliżaniem się poprzez słowo do „metafizyki codzienności". Rzeczywistość staje się znacząca w sztuce tylko za sprawą gry artysty z jej wyrwanymi z całości elementami. Odrębność, „osobność" jest jedynym źródłem prawdziwej sztuki. Indywidualizm Białoszewskiego nie jest tylko pozą, grą, kreowaniem własnej mitologii, lecz przede wszystkim obroną artysty we współczesnym świecie. Tylko tak w epoce sztuki masowej może istnieć sztuka prawdziwa. Wiedział o tym Salvador Dali, wiedział Picasso. Sztuka zaczyna się tam, gdzie akt twórczy, gdzie dzieło jest tak indywidualne, że nie poddaje się łatwo skopiowaniu i powieleniu.

Sama osobność Białoszewskiego jest obca duchowi wcześniejszych awangardyzmów. W strategię działań awangardowych wpisane było działanie grupowe. Białoszewski, choć wywodzi się z tradycji awangardowej, prowadzi z nią spór: poeta nie chce i nie może być „wykrzyknikiem ulicy", jak pisał Przyboś. Umieszcza się świadomie poza społecznymi konsekwencjami kolektywnych działań. Taki podwójny sens: gry ze słowem, a równocześnie formułowanie własnego programu odnaleźć można w wierszu *Taniec na błędach ubezdźwięcznionych* z tomiku *Było i było*:

Taniec na błędach ubezdźwięcznionych

Uspokój się, Białoszewski,
byłeś dziś pierwszy szczęśliwy
(humor jak rumor
                         spadł! o
                         spokój
                         niepokój),
nie jesteś pierwszy nieszczęśliwy,
przed tobą, w czasie, po tobie
            miliony
        małpiliony
   takich
przeróż sobie
na inne, wyjdź z małpilionów
w małopilony
   albo jak dużo
pilonych
   to czymś dużym,
bo chcesz być duży,
więc przeróż

„Obroty słów" w tym wierszu stają się demonstracją odrębności sztuki słowa i próbą określenia jej istoty. Ważniejsze – i jest to jedna z jej właściwości – od widzenia jest słyszenie, bo taka jest natura słowa. Wiersze, jeśli są sumą dźwięków, można odtańczyć. Kształt graficzny wiersza zapisuje taniec (wyrównanie z lewej, wyrównanie z prawej, taki taniec „od ściany do ściany", „kroki w lewo", „kroki w prawo" itd.), ale można go odczytywać także jako parafrazę czy parodię wzorców wersyfikacyjnych (sylabotonik na początku, wiersz intonacyjno- -ekspresywny, odwrócone „schodkowanie Majakowskiego", pod koniec – wielki chaos). Już w tym graficznym kształcie wiersza rozgrywa się pewien dramat, rodzą się znaczenia, powstaje opowieść o niemożliwości dokonania wyboru, o stałych zmianach w życiu. Poeta, jeśli chce być „osobny", musi wyjść z „małpilionów" (wzajemnie się „małpujących", naśladujących), stać się kimś, komu się nie spieszy (kogo „nie przypiliło"). Dziwne słowo „przeróż" może oznaczać „bądź różny", ale może także oznaczać „patrzenie przez różowe okulary", przezwyciężenie zmiennych nastrojów, zachowanie postawy stoickiej. W całej skomplikowanej konstrukcji wiersza – pół-żartem, pół-serio – wyrażają się czy też przebijają się przez nią prawdy uniwersalne dotyczące miejsca jednostki w świecie, sensu sztuki, właściwości języka jako tworzywa artystycznego, ale także jako medium ludzkiego myślenia i poznania. Gra Białoszewskiego ze słowem, wzmocniona humorem, przynosząca konstrukcje groteskowe, nie jest celem, lecz tylko środkiem skomplikowanej budowli, wyrażającej światopogląd poety, jego główną fascynację – zainteresowanie tajemnicami życia.

Poezja Białoszewskiego jest trudna w odbiorze nie dlatego, że jej szyfr nie daje się odczytać. Trudność tkwi w czym innym – w intelektualizmie zamaskowanym „zabawą", w postawie analitycznej, w zacieraniu granicy między formą a treścią. Każdy wiersz staje się osobnym traktatem formalnym i myślowym. I tu znów da się dostrzec pewne podobieństwa z Różewiczem: u Różewicza chodzi stale o powrót do znaczeń pierwotnych słowa, do „mowy potocznej"; u Białoszewskiego odwołania do języka mówionego, do języka dziecka, wiążą się ze świadomym „popełnianiem" błędów – etymologicznych, słowotwórczych, fonetycznych, składniowych. Ale są to błędy niepolegające na naśladowaniu niechlujnej polszczyzny potocznej, lecz takie, które odkrywają w języku wieloznaczność. W wyniku tych zabiegów powstają konstrukcje niespotykane w społecznych użyciach języka, osobne i przez to właśnie poetyckie. Przywołajmy tu dwa przykłady. Pierwszy, *wywód jestem'u*, scala dwa systemy językowe – mowy potocznej i dyskursu filozoficznego. „Jestem sobie", „jestem głupi" – to zwroty przejęte z mowy potocznej. Ale podobny kształt językowy mają dwa fundamentalne pojęcia filozoficzne u Sartre'a: „byt w sobie" i „byt dla siebie". Skąd jednak skojarzenie z Sartre'em? W tytule wiersza istnieje wyraźny błąd fleksyjny: słowo posiłkowe „być" ulega odmianie przez przypadki, a nie przez osoby. W języku francuskim jeśli do czasownika dodajemy rodzajnik, staje się on rzeczownikiem: „être"

Wywód jestem'u

znaczy „być", ale „l'Etre" – „byt". Tytuł głównego dzieła francuskiego filozofa brzmi: *L'Etre et Néant* (*Byt i nicość*). Przedstawić skomplikowany system sartrowskiego egzystencjalizmu w języku potocznym to pomysł karkołomny, grożący zamianą wykładu w bełkot. Teraz możemy już przytoczyć sam wiersz:

> jestem sobie
> jestem głupi
> co mam robić
> a co mam robić
> jak nie wiedzieć
> a co ja wiem
> co ja jestem
> wiem że jestem
> taki jak jestem
> może niegłupi
> ale to może tylko dlatego że wiem
> że każdy dla siebie jest najważniejszy
> bo jak się na siebie nie godzi
> to i tak taki jest się jaki jest

Zderzenie języka filozofii z językiem potocznym (jego znakiem jest tu nadmiar zaimków, powtarzanie tych samych słów i zwrotów, zakłócony porządek składniowy) przynosi efekty parodystyczne. Czy jednak chodzi tylko o lingwistyczną zabawę? Podmiot mówiący ma kłopoty z „wyjęzyczeniem się", a więc i ze zrozumieniem. Bełkotliwość mowy nagle staje się oceną systemu filozoficznego, znakiem jego odrzucenia. Owo odrzucenie wyrażone zostaje wprost w poincie wiersza: „bo jak się na siebie nie godzi / to i tak jest się jaki jest". Stoicka zgoda Białoszewskiego na świat, zaprezentowana w wierszu *Taniec na błędach ubezdźwięcznionych*, nie została naruszona. Wiersz odczytać więc można jako przewrotną, ironiczną ocenę egzystencjalizmu Sartre'a.

Namuzowywanie

Drugi wiersz, *namuzowywanie*, zbudowany został na innej zasadzie. Nie odwołuje się do języka potocznego, lecz do reguł szkolnej analizy językowej, oczywiście reguł przewrotnie stosowanych, niepoprawnych:

> Muzo
> Natchniuzo
>   tak
>   ci
> końcówkuję
> z niepisaniowości
>
> natreść
>   mi
> ości
>   i
> uzo

Podstawa słowotwórcza, formant, temat, końcówka – wszystko się uczniowi pomieszało, została tylko pewność, że trzeba „ciąć" słowa, a potem je łączyć na nowo. Tak powstały dziwolągi: „uzo", „natchniuzo", „ości", i neologizmy – „końcówkuję", „natreść". Ale w tych zabiegach jest pewna logika. Po co aż dwa słowa na oznaczenie jednego desygnatu – „muza" i „natchnienie", czyż nie lepiej i oszczędniej scalić je w jeden? Taka jest racja dla powołania do życia słowa „natchniuzo". Jak z kolei nazwać proceder „odcinania" końcówek, czynności więc, a nie rzeczy czy stanu? Logiczne jest powołanie do życia czasownika „końcówkować". Co wreszcie zrobić z kawałkami słów, które zostały po dziecięcej zabawie? Nadmiar słowotwórczych możliwości, tkwiących w języku, odkrywa rodzina wyrazów: „pisać", „nie pisać", „niepisanie"; w tym ciągu logiczną konsekwencją jest „niepisaniowość" (permanentny stan niezdolności do pisania). W języku polskim dostrzega Białoszewski nadmiar rzeczowników utworzonych przez formant „-ość". Ale przecież ta cząstka, oderwana od słowa podstawowego, usamodzielnia się znaczeniowo; można powiedzieć, że nadmiar stanął poecie „ością w gardle". I „uzo", bezsensowna cząstka z „muzy", nabrać może znaczenia: w zwrocie łacińskim „ad usum" oznacza „ćwiczenie, pożytek, korzyść". „Niepisaniowość" może być potrzebna, a nawet korzystna: jest przygotowaniem psychiki poety do pisania, czymś więc analogicznym do „nawadniania", „nawożenia" – przygotowaniem gruntu pod uprawę. Jak to nazwać? To oczywiste: „namuzowywanie". Żart językowy zmienia się w traktat na temat tajemnic twórczości.

Kto tak bawi się językiem? Naiwny użytkownik mowy, „Nikifor języka", czy też wyrafinowany jego znawca, który bada, rozpoznaje, wyciąga wnioski? Cała twórczość Białoszewskiego podporządkowana została zasadzie eksperymentu artystycznego, sprawdzaniu i weryfikowaniu możliwości słowa. Warto wyznaczyć trzy fazy eksperymentowania: pierwszą, nazwijmy to umownie, określić jako „obroty rzeczy", wyraźnie inspirowaną przez nowoczesne malarstwo; drugą – jako „obroty słów" i trzecią – jako „obroty egzystencji ludzkiej". Ta ostatnia faza widoczna jest w późnych tomikach wierszy, w *Odczepić się* (1978), *Oho* (1985), w nowych wierszach dołącznych do wznowień i wyborów, a także w tomach prozy, bo pod koniec życia Białoszewski świadomie zacierał granicę między wierszami i prozą, zmierzał do całości, którą – za krytyką literacką – można nazwać „życiopisaniem". Eksperymenty artystyczne Białoszewskiego wywarły wielki wpływ na przemiany języka poetyckiego – bezpośredni można odnaleźć u „lingwistów" Nowej Fali, pośredni – u wielu twórców, którzy refleksję nad językiem wpisywali w swoją własną grę ze światem. Wyróżniono nawet osobny nurt poezji lingwistycznej: nie można go jednak definiować jako zajętego wyłącznie sprawdzaniem języka, zamkniętego w obrębie warsztatowej refleksji nad tworzywem. Poezja Białoszewskiego jest bowiem otwarta na otaczającą nas rzeczywistość, na naszą powszedniość, zwykłość, na – jak to sam nazwał – „metafizykę codzienności".

Nieufność do języka, widoczna u wielu poetów z pokolenia wojennego, zrodzona z utraty wiary w możliwość nazwania i wyjaśnienia tego, co się stało, jest zapewne źródłem lingwizmu w poezji, ale nie ma on jednej postaci. W wierszach Tymoteusza Karpowicza (*Gorzkie źródła*, 1957; *Kamienna muzyka*, 1958; *Znaki równania*, 1960; *W imię znaczenia*, 1962) punkt wyjścia jest podobny jak u Różewicza i Białoszewskiego: katastrofa wojenna spowodowała, że człowiek współczesny utracił zdolność nazywania i poznawania świata. Bo świat poznajemy za pomocą języka. Czy można poznać świat przez „nazwy puste i jednoznaczne"? Sprawdzanie języka u Karpowicza wiąże się najściślej z niepewnością ludzkiego poznania. Rzeczywistość (rzeczy, zjawiska, stany) i język tworzą dwa zbiory odrębne. Język ma swoje reguły i prawa gramatyczne, które nie porządkują rzeczywistości. Ta odmienność narzędzi poznania i przedmiotu poznania wyznacza granice rozumienia i objaśniania rzeczywistości.

Wisława Szymborska

W poezji Wisławy Szymborskiej nie odnajdziemy jawnie manifestowanej nieufności do języka – wręcz przeciwnie: jest on sprawnym narzędziem nie tylko opisywania świata, rozpoznawania jego absurdów i paradoksów, lecz także powoływania do życia „światów na niby", „wydań drugich, poprawionych". W takiej postawie wobec języka widzieć można zakorzenienie poetki w innej tradycji niż w przypadku Różewicza czy Białoszewskiego. Ale potrzebne jest natychmiast zastrzeżenie natury ogólnej: nie da się jej połączyć ani z manifestami poetyckimi Jarosława Marka Rymkiewicza, ani z praktyką „odwołań do przeszłości", czy też opisywania teraźniejszości poprzez przeszłość u Zbigniewa Herberta, ani z grami stylizacyjnymi u Grochowiaka. Jej język jest z jednej strony stale zorientowany na „tu i teraz", a z drugiej – na paradoksy samego poznania. Jeśli zjawiają się „cytaty" z przeszłości, to są zawsze starannie zamaskowane. Na prawach

Konkurs piękności męskiej

przykładu przywołajmy tu wiersz *Konkurs piękności męskiej* z tomiku *Sól*: jest to rodzaj sprawozdania z „zawodów sportowych" – konkursu kulturystycznego:

> Od szczęk do pięty wszedł napięty.
> Oliwne na nim firmamenty.
> Ten tylko może być wybrany,
> kto jest jak strucla zasupłany.

Z niedźwiedziem bierze się za bary,
groźnym (chociaż go wcale nie ma).
Trzy niewidzialne jaguary
padają pod ciosami trzema.

Rozkroku mistrz i przykucania.
Brzuch ma w dwudziestu pięciu minach.
Biją mu brawo, on się kłania
na odpowiednich witaminach.

W warstwie znaczeń najprostszych opowiedziane zostało banalne zdarzenie, ale jego bohater, nieświadom rzeczy, realizuje pewien wzór, znany z kultury antycznej. Kult ciała ludzkiego u starożytnych Greków, którzy wymyślili olimpiady, wiązał się ściśle z ich filozofią. Piękno i sprawność ciała były tylko zewnętrznym wyrazem piękna, harmonii i dzielności wewnętrznej, duchowej. *Khalos-kagathos* to tyle, co „piękny i dobry, dzielny", inny nieco sens, choć spokrewniony, miała rzymska zależność: *vir* (mąż, bohater) i *virtus* – „odwaga, siła, dzielność, stałość, cnota". Sprawności ciała towarzyszyły cechy duchowe – właściwości charakteru i woli. Dawny rytuał zawodów sportowych był więc nie tyle demonstracją cech fizycznych, co duchowych. Czym jest dziś powielanie tego wzoru? Przede wszystkim jego degradacją: góra mięśni trochę jak automat staje na podium, kłania się publiczności, która klaszcze i podziwia. Poetka, opowiadając to zdarzenie, przeprowadza dyskretną kompromitację rytuału, bohatera, ale i publiczności, która wie, że została oszukana (bohater „na odpowiednich witaminach"). Rytmika wiersza przypomina rytm melodii z aren cyrkowych: dawny rytuał zmienia się w tandetne widowisko. Co w wierszu nie zostało powiedziane, co zostało ukryte? Właśnie „cytat" z antyku. Szymborska zakłada, że jest on w pamięci czytelników, że sami dopowiedzą prawdziwy sens wiersza: nasze zadomowienie w kulturze antycznej, do której chętnie się przyznajemy, jest powierzchowne i tandentne, bo jesteśmy powierzchowni i tandetni. Tematem wiersza nie jest rekonstrukcja kultury antycznej, lecz dyskredytacja jednej z odmian współczesnej kultury masowej. Owa dyskredytacja dokonuje się na wielu płaszczyznach, także na płaszczyźnie językowej i wersyfikacyjnej. Do łask przywrócone zostają rymy, ale są to rymy tandetne, „częstochowskie", odpustowe. Jest ich zresztą za dużo: w dwóch wersach na początku są trzy rymy (tzw. rym wewnętrzny), co naprowadza na ślad XVIII-wiecznego rymopisa, księdza Baki, autora wiersza *Uwagi o śmierci niechybnej*: „Cny młodziku, migdaliku / Czerstwy rydzu, ślepowidzu / Śmierć kot wpadnie w lot"... To oczywiście żart poetycki, jak zwykle u Szymborskiej dyskretny, ukryty w anegdocie, w formie wiersza, w grze językowej. Ale jest to żart gorzki, rozpoznający charakter naszej kultury, duchowy model człowieka współczesnego. Konfrontacja teraźniejszości i przeszłości zjawia się często w wierszach klasycystycznych i neoklasycystycznych: u Szymborskiej nie jest jednak demonstracją erudycji, nie jest stylizacyjną imitacją; cytaty, aluzje literackie (przywołania dzieł innych autorów) nie leżą na powierzchni, lecz kryją się wewnątrz wiersza – wymagają od odbiorcy pewnego wysiłku. Bo Wisława Szymborska daleka jest od poezji emocjonalnej (poezji uczuć); szuka intelektualnego porozumienia z odbiorcą. Można się jednak zastanawiać czy też nie jest to ogólne podobieństwo do Norwidowej wersji poezji „domagającej się myśli".

Debiutowała wierszem *Szukam słowa* w 1945 roku w „Dzienniku Polskim". Tomiki *Dlatego żyjemy* (1952) i *Pytania zadawane sobie* (1954), choć przeważają w nich tematy polityczne, a ujęcia grzeszą publicystyczną dosłownością, mają już pewne cechy poetyckiej odrębności, charakterystycznej dla utworów późniejszych. Szymborska z upodobaniem rozpoczyna swoje wiersze od jakiegoś zdarzenia, rzeczy, konkretnego szczegółu. Obudowuje je minifabułą, trochę jak w paraboli, i zawsze zmierza do wyrazistej pointy. Są to jednak w zasadzie rozbudowane metafory. Wiersze z pierwszych dwóch tomików mają tę właśnie budowę, z tym że „fabuły" są zbyt dosłowne, jednoznaczne, a pointy naznaczone przesłaniem moralnym. Kolejne tomiki – *Wołanie do Yeti* (1957), *Sól* (1962), *Sto pociech* (1967) i *Wszelki wypadek* (1972) – charakteryzuje wyraźne przechodzenie od jednoznaczności i dosłowności do paraboli, niekiedy alegorii, czy wielkiej metafory. I znów można by powiedzieć, że zbliża to Szymborską do klasycyzmu. Ale w nowych wierszach zanika charakterystyczna dla paraboli i alegorii chęć jednoznacznie sformułowanego pouczenia. Pointa bywa najczęściej ironicznym komentarzem do opowiadanej fabuły, w istocie więc jej unieważnieniem. W takim układzie fabuła staje się pretekstem do formułowania pytań dotyczących sensu i celu ludzkiego bytu, zależności człowieka od biologii i historii. Pytania te są natury sokratycznej – oznaczają błędy rozumowania, naprowadzają odbiorcę na sens właściwy, choć nigdy go nie formułują ostatecznie. Jednostka jest bezbronna, słaba, niczego nie może przewidzieć, często się myli, miarą jej rozpoznania w świecie, zdolności do wydawania sądów, jest „tryb warunkowy". Ale Szymborska nie pisze satyr: jej ironia, także autoironia, i humor nie budują oskarżeń, wyrażają współczucie dla tych, którzy (tu posłużymy się określeniem Staffa) „są zbyt biedni, by mogli mieć cnoty". Nie jest to jednak repetycja znanej w poezji polskiej postawy franciszkańskiej. Człowiek, Jedermann, w poezji Szymborskiej jest przede wszystkim samotny – w kontaktach z innymi ludźmi, ze społeczeństwem, ale także w Kosmosie, bo „zdarzył się raz" i zapewne nigdzie więcej. Połączenie ironii ze współczuciem uznaliby klasycy za niemożliwe, wewnętrznie sprzeczne. Oksymoron może jednak uwydatniać ogólniejszą prawdę o człowieku i o świecie – paradoks istnienia. Taki zakres filozoficznej refleksji odnajdziemy w wierszu *Sto pociech*:

Sto pociech

> Zachciało mu się szczęścia,
> zachciało mu się prawdy,
> zachciało mu się wieczności,
> patrzcie go!
>
> Ledwie rozróżnił sen od jawy,
> ledwie domyślił się, że to on,
> ledwie wystrugał rękę z płetwy rodem
> krzesiwo i rakietę,
> łatwy do utopienia w łyżce oceanu,
> za mało nawet śmieszny, żeby pustkę śmieszyć,
> oczami tylko widzi,
> uszami tylko słyszy,
> rekordem jego mowy jest tryb warunkowy,
> rozumem gani rozum,
> słowem: prawie nikt,
> ale wolność mu w głowie, wszechwiedza i byt
> poza niemądrym mięsem,
> patrzcie go!
> ....

Czy z samotności rodzi się zachłanność: chęć zdobycia i poznania wszystkiego? Czy próbą przezwyciężenia samotności jest sztuka? Czy z tego samego źródła wywodzą się urojenia naszej wyobraźni? Filozoficzne pytania, które stawia Szymborska, niekiedy bardzo skomplikowane, są pytaniami właśnie. Poezja nie jest od rozwiązywania problemów. Refleksja filozoficzna w jej poezji ma, jak w tomiku z 1954 roku, postać „pytań zadawanych sobie". Każde z nich jest zasadne, choć bywają często wzajemnie sprzeczne – docierają do granicy paradoksu. Bo samo istnienie nie daje się racjonalnie wytłumaczyć: byt może budzić zdziwienie, ale pozostaje tajemnicą. To stwierdzenie dotyczy nie tylko człowieka, lecz także ryby (*W rzece Heraklita*), strzykwy (*Autotomia*), kamienia (*Rozmowa z kamieniem*), małpiatki australijskiej zwanej tarsjuszem (*Tarsjusz*). Dotyczy także dzieł sztuki. Tylko w nich bowiem zawieszeniu ulegają nieubłagane prawa biologii i historii, sama kruchość i nietrwałość bytu (*Radość pisania*). Świat powołany do życia przez twórcę jest lepszy, pozbawiony okrucieństwa i cierpienia. Ale jest tylko „zemstą ręki śmiertelnej".

Zbigniew Herbert

Wiersze późniejsze Wisławy Szymborskiej z tomików *Wielka liczba* (1976), *Ludzie na moście* (1986) oraz *Koniec i początek* (1993) rozszerzają krąg refleksji poetyckiej – obejmują cywilizację współczesną, dotykają konfliktów politycznych i społecznych. Wiek XX, oglądany w perspektywie jego końca, odkrywa swoje prawdziwe oblicze: awangardowe mity nowej cywilizacji nie spełniły swych zapowiedzi, zbrodnicze ideologie wyzwoliły niszczące siły nienawiści i okrucieństwa, głośnym sukcesom techniki i nauki towarzyszyły katastrofy i klęski. Pogłębiły one poczucie osamotnienia i bezradności jednostki, jej zagubienie w niezrozumiałym świecie.

Jeśli punktem wyjścia generacyjnej tożsamości pokolenia wojennego była katastrofa, załamanie się dotychczasowych norm i wartości, z których zostały tylko „nazwy puste i jednoznaczne", to odbudowa ludzkiego świata wymagała ich zweryfikowania i sprawdzenia. Dotyczyło to także sztuki, jej środków i konwencji, bo sztukę uważali twórcy nadal za „organizatorkę wyobraźni zbiorowej". Jedni, jak Różewicz, starali się uwolnić poezję od ozdób i upiększeń, przywrócić jej zdolność do oczyszczania człowieka z moralnych deprawacji, a słowu poetyckiemu bezpośredniość i jednoznaczność. Inni, jak Białoszewski i Karpowicz, nieufni wobec języka jako narzędzia porozumiewania się i poznania, także jako tworzywa artystycznego, poprzez rozpoznanie samego języka starali się dotrzeć do niejednoznaczności postaw ludzkich, do tajemnic otaczających nas rzeczy i zdarzeń. Inni wreszcie, jak Wisława Szymborska, po chwilowych złudzeniach, odkrywali paradoks jako ostateczną formułę filozoficzną, określającą bezradność poznawczą, bezsilność „myślącej trzciny". Zbigniew Herbert z przeżytej katastrofy wyprowadził swój światopogląd poetycki, który uniezależniał człowieka współczesnego od deformujących go mitów nieustannego postępu we wszystkich dziedzinach życia, także życia duchowego.

Naprzód pies

Tę postawę rozpoznać możemy w wierszu *Naprzód pies* z tomiku *Studium przedmiotu* (1961). Pretekstem było wysłanie na orbitę okołoziemską pierwszego sputnika z psem na pokładzie. Tak zaczynał się „podbój Kosmosu": sam fakt był kwintesencją cywilizacyjnych sukcesów XX wieku, także awangardowych mitów postępu w kulturze, otwierał bowiem nowe możliwości „marszu w przyszłość". Mity awangardowe odwracały człowieka od przeszłości, nakazywały aktywne przekształcanie świata zastanego, kreśliły przyszłościowe horyzonty. Poetycki komentarz Herberta do wydarzenia unieważnia ten światopogląd, poddaje go znaczącej dyskredytacji:

> Więc naprzód pójdzie dobry pies
> a potem świnia albo osioł
> wśród czarnych traw wydepczą ścieżkę

a po niej przemknie pierwszy człowiek
który żelazną ręką zdusi
na szklanym czole krople strachu

W wierszu człowiek, zdobywca kosmosu, traci swoje ludzkie cechy, staje się robotem („żelazna ręka", „szklane czoło"), niejasny jest także cel jego pędu („ciemne trawy", „ciemny eter", „biała laska astronautów"). Człowiek-robot nie rozpoznaje sensu swoich wysiłków, jest ślepcem poszukującym drogi, nie wie jednak, dokąd ona prowadzi. To z tych właśnie zwątpień, z odrzucenia ślepego marszu w przyszłość, rodzi się światopogląd poetycki Herberta:

wszystko co można w podróż wziąć
poprzez ciemnego świata zgorzel
imię człowieka zapach jabłka
orzeszek dźwięku ćwierć koloru
to trzeba wziąć ażeby wrócić
odnaleźć drogę jak najprędzej
kiedy prowadzi ślepy pies
na ziemię szczeka jak na księżyc

Wiersz, wychodząc od konkretnego zdarzenia, nabiera cech paraboli: to, co się stało, jest tylko pretekstem do wyraźnie zaznaczonego przesłania moralnego w zakończeniu. „Marsz w przyszłość", choć nie zakwestionowany do końca, zostaje dopełniony ideą powrotu, czy też zabrania w podróż podstawowych wartości, które stworzyła przeszłość. Człowiek zostaje określony przez trzy współistniejące kategorie: przeszłość, teraźniejszość i przyszłość. Zwrócenie się ku tradycji, poszanowanie dla istniejących w niej wartości, uznać można za wielką próbę przywrócenia człowiekowi współczesnemu pamięci, wpisania go w kulturę, w elementarny zespół norm etycznych, niezbywalnych wartości utrwalonych w sztuce. Trudno nie dostrzec pewnych zbieżności światopoglądu Herberta z wiarą Leopolda Staffa, wyrażoną w okupacyjnym wierszu *Pierwsza przechadzka*, a także z myślową zawartością wierszy Czesława Miłosza z tomiku *Ocalenie*. Miłosz jednak wyprowadzał z doświadczeń wojennych swą metafizyczną historiozofię: co złe – musi umrzeć, śmierć jest wpisana w porządek ocalenia, jest jego początkiem. Restytucja dawnych wartości nie może być zwykłym powrotem, musi być także ich reinterpretacją.

Zbigniew Herbert publikował swoje wiersze na łamach prasy od 1948 roku. Pierwszy tomik, *Struna światła* (1956), gromadził utwory pisane znacznie wcześniej, niektóre w czasie wojny. Myślową zawartość wierszy z tomików *Struna światła*, *Hermes, pies i gwiazda* (1957), *Studium przedmiotu* (1961) i *Napis* (1969) dopełnia tom esejów *Barbarzyńca w ogrodzie* (1962). Wspólne jest postawienie człowieka współczesnego przed koniecznością odczytywania i „zdobywania" dla swoich potrzeb duchowych szeroko rozumianej tradycji – zabytków architektury, które istnieją obok niego, dzieł sztuki zgromadzonych w muzeach, utworów literackich zapisujących dawne mity i wierzenia. Herbert nie stawia pytań czy owo zetknięcie człowieka współczesnego z przeszłością jest mu potrzebne: nie prowadzi sporu z koncepcjami futurtystów, z estetyką awangard. Uznaje ją niejako a priori za nieważną. Odrzuca współczesne malarstwo, współczesną muzykę – chce swój świat zbudować na wzorcach z przeszłości. Tomiki z lat sześćdziesiątych tej postawy nie wyrażają jeszcze tak jednoznacznie, jak utwory późniejsze. *Pan Cogito* (1974) rozpoczyna wyraźnie nową fazę twórczości Herberta.

Istotna w wierszach z pierwszych tomików była pewna równoległość elementów przejmowanych z teraźniejszości i z przeszłości, ich wzajemne przenikanie się i objaśnianie. Obok takich wierszy jak *Tren Fortynbrasa*, *Fragment* (ze *Studium przedmiotu*), *Nike która się waha*, *Wróżenie* (ze *Struny światła*) czy *U wrót doliny* (z tomiku *Hermes, pies i gwiazda*), *Apollo i Marsjasz*, *Dlaczego klasycy* (z tomiku *Napis*), w których mit, dzieło sztuki lub rytualna czynność są tematem poetyckiej reinterpretacji, a sama gra z tekstami kultury, z tradycją, staje się okazją do snucia refleksji nad naturą człowieka w ogóle; obok więc takich wierszy istnieją inne, podejmujące problemy całkowicie współczesne, a nawet osobiste, jak w *Rozważaniach o problemie narodu*, w *Pudełku zwanym wyobraźnią*, w *Stołku*, w *Uprawie filozofii* czy *Testamencie*. Wiersz *Stołek* ze *Struny światła* jest pochwałą nie mądrości mitów, lecz wagi realności:

> jak ci wyrazić moją wdzięczność podziw
> przychodzisz zawsze na wołanie oczu
> nieruchomością wielką tłumacząc na migi
> biednemu rozumowi: jesteśmy prawdziwi –
> na koniec wierność rzeczy otwiera nam oczy

Inny wiersz z tego tomu, *Dom*, przypominający pod wieloma względami *Z mojego domu* Tadeusza Różewicza, przywołuje wojenne doświadczenia:

> dom jest sześcianem dzieciństwa
> dom jest kostką wzruszenia
>
> skrzydło spalonej siostry
>
> liść umarłego drzewa

Czy od szeroko rozumianej teraźniejszości ucieczka w mit jest możliwa? Czy mit może oddać całe skomplikowanie sytuacji i kondycji człowieka współczesnego? Współistnienie realności i mitu w tomikach z lat pięćdziesiątych i sześćdziesiątych rozszerza pole refleksji, chroni ją przed uciążliwym niekiedy moralizatorstwem. Istotne jest i to, że ową dwoistą konstrukcję ożywia ironia, modyfikująca „przesłania moralne" wierszy. Nie metafora więc, choć ważna u Herberta, ani nie gra z językiem, odkrywczość w wersyfikacji, decydują o odmienności wierszy, lecz typ jego wyobraźni, zadomowionej w tradycji biblijnej, antycznej, w sztuce renesansu: z tych źródeł wywodzi się Herbertowa alegoria i parabola. Umiejętność przekształcania realnego w alegoryczne czy paraboliczne wydaje się wręcz nieograniczona. Co poeta może zrobić z kurą? Oto fragment prozy poetyckiej Herberta:

Kura

> Kura jest najlepszym przykładem, do czego doprowadza bliskie współżycie z ludźmi. Zatraciła zupełnie ptasią lekkość i wdzięk. Ogon sterczy nad wydatnym kuprem jak za duży kapelusz w złym guście. Jej rzadkie chwile uniesienia, kiedy staje na jednej nodze i zakleja okrągłe oczy błoniastymi powiekami, są wstrząsająco obrzydliwe. I w dodatku ta parodia śpiewu, poderżnięte suplikacje nad rzeczą niewypowiedzianie śmieszną: okrągłym białym, umazanym jajkiem.
> Kura przypomina niektórych poetów.

Mamy do czynienia z „prawie klasyczną" bajką: zabiegi antropomorfizacyjne, przygotowujące pointę, wydają się jednak nie z bajki rodem. Alegoria w bajce jest oszczędna, analogię buduje poprzez zaakcentowanie jakiejś jednej cechy dominującej. Herbert w swojej bajce, w opisie kury, jest realistą, znakomitym obserwatorem; sprawia wrażenie, że sam opis jest głównym jego celem. Pointa nie wynika z opisu: zjawia się nagle, na prawach zaskoczenia, jako rodzaj glossy złośliwego ironisty.

Wczesne tomiki wierszy Herberta są artystycznie bardziej zróżnicowane i przez to nawet ciekawsze. Tomik *Pan Cogito* ustala i kodyfikuje pewien wzór liryki pośredniej, zastygłej w swej formie, choć stale pomnażanej przez nowe „exempla" moralnych rozterek i wątpliwości.

To zabawnie dziś brzmiące określenie Mickiewicza, którego użył dla nazwania wzmożonej pracy twórczej w czasie pobytu w Dreźnie po upadku powstania, oddaje – na prawach trawestacji – niezwykłą sytuację w naszej literaturze w latach 1955–1959. Rzeczywiście rozbiła się wówczas prawdziwa „bania z poezją". Mówiliśmy dotychczas o postawach pisarzy starszych (Iwaszkiewicz, Przyboś, Wierzyński, Miłosz), o znaczeniu twórców należących do pokolenia wojennego, tych którzy „ocaleli" (Różewicz, Białoszewski, Szymborska, Herbert), ale obraz byłby niepełny bez przywołania twórców należących do „pokolenia 1956". Urodzeni prawie bez wyjątku po 1930 roku, młodsi od pokolenia wojennego o dziesięć lat, nie stanowili w istocie w pełni

„Bania z poezją"

wykrystalizowanej formacji intelektualnej. Ich świadomości nie ukształtowała wojna; byli zbyt młodzi, kiedy wybuchła i kiedy trwała, by uznać ją za główne przeżycie generacyjne. Jej koszmar co najwyżej skaził ich wyobraźnię, skomplikował dzieciństwo, które nie było „sielskie i anielskie". Ale wojenne tematy u Grochowiaka (*Trismus, Partita na instrument drewniany*), u Nowaka (*A jak królem, a jak katem będziesz...*), u Harasymowicza (*Pastorałki polskie*) uznać można za zapożyczone od bezpośrednich poprzedników. W dojrzałość wchodzili pod koniec okresu stalinowskiego; nie było powodu, aby w jakiś szczególny sposób dotknęły ich represje polityczne. Warto tu dodać, że w tym właśnie czasie wielu z nich drukowało swoje pierwsze wiersze na łamach prasy. Oczywiście jakoś tam musieli się „dostosować", ale od debiutantów nie żądano już deklaracji politycznych. Świadczą o tym tytuły ogłaszanych utworów. Stalinizm i realizm socjalistyczny nie były więc ich negatywnym przeżyciem generacyjnym. Wchodzili do literatury w gorącej atmosferze lat 1955–1957, manifestowali swój bunt, ale nie umieli go do końca wyartykułować i uzasadnić: wyrażał się w emocjach, a nie w intelektualnej refleksji. I tym właśnie różnili się od Różewicza, Białoszewskiego czy Szymborskiej.

„Bania z poezją" przyniosła nie tylko wielką ilość nowych tomików i nazwisk, lecz także nowych propozycji estetycznych, niewyobrażalnych w okresie poprzednim. Wymieńmy najpierw najważniejsze debiuty: Stanisław Grochowiak wydał *Balladę rycerską* (1956), *Menuet z pogrzebaczem* (1958) i *Rozbieranie do snu* (1959); Jerzy Harasymowicz – *Cuda* (1956), *Powrót do kraju łagodności* (1957), *Przejęcie kopii* (1958), *Wieżę melancholii* (1958), *Genealogię instrumentów* (1959); Stanisław Czycz – *Tła* (1957) i *Berenais* (1960); Ireneusz Iredyński – *Wszystko jest obok* (1959); Bohdan Drozdowski – *Jest takie drzewo* (1956); *Moją Polskę* (1957), *Południe i cień* (1960); Ernest Bryll – *Wigilie wariata* (1958), *Autoportret z bykiem* (1960); Jarosław Marek Rymkiewicz – *Konwencje* (1957), *Człowieka z głową jastrzębia* (1960); Tadeusz Nowak – *Prorocy już odchodzą* (1956), *Jasełkowe niebiosa* (1957), *Ślepe koła wyobraźni* (1958), *Psalmy na użytek domowy* (1959); Urszula Kozioł – *Gumowe klocki* (1957); Halina Poświatowska – *Hymn bałwochwalczy* (1958); Małgorzata Hillar – *Gliniany dzbanek* (1957), *Prośbę do macierzanki* (1959); Helena Raszka – *Okruchy bursztynu* (1958); Jerzy Stanisław Sito – *Wiozę swój czas na ośle* (1958); Józef Ratajczak – *Niepogodę* (1957); Tadeusz Kijonka – *Witraże* (1959); Stanisław Dąbrowski – *Jedyną miłość* (1956) oraz *Szyderstwa i trwogi* (1959); Ryszard Danecki – *Czarny sześcian ciszy* (1958). W 1958 roku, już po śmierci poety, ukazały się *Wiersze* Andrzeja Bursy.

To, co proponowali młodzi w swych debiutanckich tomikach, trudne było do scalającego ujęcia: formułę poręczną zaproponował Kazimierz Wyka – poezja jest „rzeczą wyobraźni" (*Rzecz wyobraźni*, 1959); różnorodność propozycji artystycznych uznać można było więc za naturalną pochodną odmiennych osobowości. Ale określenie to akcentowało, jako zasadniczą cechę poezji w ogóle, znaczenie „obrazowania poetyckiego", także więc bogatej metaforyki, wyrazistej wizualnej konstrukcji wypowiedzi poetyckiej. Śladami Wyki podążał także Jerzy Kwiatkowski (*Klucze do wyobraźni*, 1964 i *Remont pegazów*, 1969). Jego esej *Wizja przeciw równaniu* przeciwstawiał dwa modele poezji: będącej emanacją osobowości twórcy, jego intuicji i podświadomości, i poezji „myśli", poddanej regułom świadomej konstrukcji, odwołującej się nie do wyobraźni i emocji, lecz do intelektu odbiorcy. W formule „wizyjnej", wyobraźniowej, nie mieściła się twórczość Różewicza, Białoszewskiego ani Szymborskiej, a szerzej – typ poezji intelektualno-refleksyjnej, której jedną z wersji preferował wcześniej Julian Przyboś. Z biegiem lat różnice między „ocalonymi" z pokolenia wojennego a młodszymi, w części współdebiutantami z lat 1955–1959, stawały się widoczne, a nawet zasadnicze. Wyobraźnia jako źródło poezji wyznaczała odrębności debiutantów, niekiedy ich programowe deklaracje: Jerzy Harasymowicz zamieniał zasadę dadaistów („słowa na wolności") na inną formułę – „wyobraźnia na wolności"; Stanisław Grochowiak wprowadzał do poezji „widzenie malarskie", zauroczony sztuką starych mistrzów średniowiecza i baroku; Jarosław Marek Rymkiewicz widział źródło poezji w „archetypach", w powtarzaniu utrwalonych w kulturze odwiecznych wzorów; Tadeusz Nowak szukał swej odrębności w kulturze ludowej, eksponując swą chłopskość przede wszystkim poprzez odmienność konkretnego i mitycznego myślenia; Andrzej Bursa i Stanisław Czycz wypisali na swoich sztandarach bunt – wzmacniali siłę ekspresji poetyckiej przez brutalizację języka, przez ostre kontrastowanie obrazów.

Poezja młodych, i to było jej cechą charakterystyczną, na różnych drogach szukała związku z przeszłością, podejmowała dialog z tradycją antyczną, ze szczególnie bliską, niejako na nowo odkrywaną sztuką baroku, ale nie był to ten sam typ dialogu, co u Miłosza, Szymborskiej czy Herberta. Przywołanie wzorców z przeszłości dokonywało się przede wszystkim na płaszczyźnie językowej, poprzez stylizację własnej wypowiedzi „na antyk", „na barok", bądź też na konkretnych autorów z tych epok. Stylizacja poświadczała erudycję młodych, demonstrowała ich zadomowienie w kulturze, ale była to erudycja trochę na pokaz, wyrażająca się w umiejętności naśladowania starych form, ustalająca pewien zespół nowych konwencji poetyckich.

Niezależnie od wskazanych tu ograniczeń „poezja wyobraźni" przyniosła przezwyciężenie stereotypów zniewolonej świadomości z okresu stalinowskiego, wzbogaciła język o nowe sposoby kontaktowania się z tradycją, uwydatniła estetyczne, a nie tylko ideologiczne funkcje literatury. Istotne było także, zwłaszcza w fazie początkowej, przezwyciężenie „urzędowego" optymizmu literatury podporządkowanej ideologii i propagandzie. Brzydota, jako składowa cecha rzeczywistości, także jednostkowego doświadczenia ludzkiego – przeczyła naiwnej estetyzacji, kreowaniu utopii społecznej. Kwestionowała zarówno wzorce przyszłościowe bezkonfliktowego społeczeństwa komunistycznego, jak i arkadyjskie mity nowej cywilizacji, zapowiadanej przez futurystów i Awangardę Krakowską.

Andrzej Bursa

Dwie orientacje – postawangardowa i neoklasycystyczna – wiążą w sposób niejednolity debiutantów z lat 1955–1959 z tradycją, wyznaczają także kierunki rozwoju ich twórczości w latach następnych. Podział ten ma wiele wewnętrznych komplikacji: światopogląd poetycki nie przesądza o wyborze środków formalnych. W początkowej fazie w poezji debiutantów w wersyfikacji dominowała tradycja awangardowa wiersza wolnego, intonacyjno-ekspresywnego, niekiedy, jak u Urszuli Kozioł, w zmodyfikowanej wersji przejętego od Różewicza. Oba wzorce wiersza awangardowego i tradycyjnego, numerycznego, wyraźnie jednak sfunkcjonalizowane, podporządkowane sensom nadrzędnym, współistnieją w twórczości Andrzeja Bursy i Stanisława Czycza. Klasycyzującą formę w poemacie *Luiza*, demaskującym „kłamstwa poezji", zderza Bursa z brutalnością świata: horacjańska „sarenka" istnieje obok „wieprza", a piękno jest tylko „majaczeniem" neurastenika. Z buntu przeciwko „kłamstwom poezji", także w jej wersji

Miasteczko

socrealistycznej, rodzi się wiersz *Miasteczko*, w którym chodzi wyraźnie nie tylko o odkłamanie poezji, lecz także rzeczywistości społecznej, jej wersji wykreowanej przez propagandę:

> Kuternoga z wiatrakiem w rogu w karty trzaska
> Na policzkach kelnerki czerwonawe plamy
> Dostaniesz tylko piwo i suche kiełbaski
> W gospodzie lśniącej żółtym lakierem na ścianach
>
> Socjalizm napracował się w kamieniołomie
> I do budki odjechał na małej drezynie
> W uliczkach suche grzywy przesypują konie
> I chłopi końskie zdrowie przepijają w szynku
>
> Ej miasteczko chędogie butne rzeczywiste
> Z którego wszystkie drogi prowadzą do Rzymu
> Po tabakę zapałki i wodę ognistą
> Wiodą w dżdżyste wieczory grząskie koleiny

Tam gdzie brunatna broda grzyba na pułapie
Szczekające kominy blaski w szkankach błędne
I ludzie co godziny mielą jak wiatraki
Kiedy im przytupuje tłusty król żołędny

Wiersz powstał w 1956 roku. Prawda o życiu wyeksponowana zostaje poprzez motywy „małego miasteczka", prowincji i knajpy. Podobną funkcję „małe miasteczko" pełniło we wczesnych wierszach Różewicza – było synonimem brzydoty; jak niegdyś w głośnym obrazie Courbeta *Pogrzeb w Ornans* (1850), prowincja staje się pretekstem do jednoznacznej deklaracji artystycznej, u Bursy – prawdziwego, a nie zafałszowanego realizmu.

Jeszcze dobitniej owo odkłamanie świata już w planie jednostkowym, egzystencjalnym, wyraził Bursa w wierszu *Nauka chodzenia*:

Nauka chodzenia

Tyle miałem trudności
z przezwyciężeniem prawa ciążenia
myślałem że jak wreszcie stanę na nogach
uchylą przede mną czoła
a oni w mordę
nie wiem co jest
usiłuję po bohatersku zachować pionową postawę
i nic nie rozumiem
„głupiś" mówią mi życzliwi (najgorszy gatunek łajdaków)
„w życiu trzeba się czołgać czołgać"
więc kładę się na płask
z tyłkiem anielsko-głupio wypiętym w górę
i próbuję
od sandałka do kamaszka
od buciczka do trzewiczka
uczę się chodzić po świecie

To, co zapowiadała poezja Andrzeja Bursy, także Stanisława Czycza, nie spełniło się w latach późniejszych. Brzydota w poezji Grochowiaka, Brylla, Rymkiewicza, pełni inne funkcje – nie tyle społeczne, co estetyczne. Z tym wierszem Bursy, awangardowym w swej wersyfikacyjnej szacie, polemizować będzie Grochowiak w sonecie *Nauka chodzenia*. Właśnie w sonecie, co oznacza nie tylko powrót do form klasycznych, ale także zawieszenie buntu, skupienie się na problemach artystycznych i estetycznych.

Stanisław Grochowiak

Poezja Stanisława Grochowiaka zaczynała się także od buntu, wyrażanego jednak innymi środkami niż u Bursy. Kolejne tomiki wyznaczyły mu ważne miejsce w kręgu debiutantów, wiązało się to także ze współredagowaniem tygodnika „Współczesność" w latach 1958––1960, głównego literackiego czasopisma młodych. Wydał kolejno *Balladę rycerską* (1956), *Menuet z pogrzebaczem* (1958), *Rozbieranie do snu* (1959), *Agresty* (1963), *Kanon* (1965), *Nie było lata* (1969), *Polowanie na cietrzewie* (1972). Uprawiał także prozę (m.in. opowiadania

Lamentnice, 1958; powieści *Plebania z magnoliami*, 1956; *Trismus*, 1963), pisał dramaty i słuchowiska radiowe (*Rzeczy na głosy*, 1966). Ale dla współczesnych był przede wszystkim poetą, a w esejach i wypowiedziach publicystycznych chętnie wypowiadał się w imieniu całego pokolenia, co czyniło zeń przywódcę młodszej części debiutantów z 1956 roku. W twórczości Bursy i Czycza ważną rolę odgrywała kontestacja społeczna – bunt przeciwko mizerii, zakłamaniu i obłudzie w życiu publicznym. Bunt Grochowiaka (we wczesnej fazie twórczości) był innej natury: dotyczył wzorców estetycznych, propagowanych w literaturze lat 1949–1955, obowiązkowego optymizmu, skodyfikowanego „piękna" socjalistycznej architektury, obrazów głoszących pochwałę „trudu klas pracujących", „dymiących kominów" w pejzażach itd. Od *Ballady rycerskiej* poczynając, trwa w poezji Grochowiaka ważny spór o jakość, o estetyczny kształt poezji. Był to po części spór z niedobitkami stalinizmu, ale w planie znacznie szerszym – z tradycją Awangardy, z jej zasadami utożsamiania poezji ze stopniem metaforyzacji języka, z „układaniem pięknych zdań". Brzydota, twierdził Grochowiak, jest bliższa życiu, a konstruowanie piękna staje się kłamstwem, co najwyżej zwykłą retoryką. W momencie debiutu znalazł się więc Grochowiak blisko Różewicza, a także Białoszewskiego. Julian Przyboś w głośnym wierszu *Oda do turpistów* (1962) nazwał ich wielbicielami brzydoty. Jednakże Grochowiak nie zmierzał do odmetaforyzowania języka poezji, nie odkrywał „metafizyki codzienności": bliska była mu groteskowa deformacja (nie bez wpływu Gałczyńskiego), wzmacnianie ekspresji przez ostre kontrasty, zderzenia piękna i brzydoty, przede wszystkim jednak – osadzenie obrazów poetyckich w tradycji, w kulturze. Odnaleźć można w jego wierszach liczne odwołania do Gałczyńskiego, Leśmiana, Norwida, Baudelaire'a, Villona, do poetów barokowych, do średniowiecznych danses macabres. Chętnie podejmował tematy i motywy z malarstwa Pietera Breughla, Hieronima Boscha, z innych mistrzów niderlandzkich. Trudno w tej postawie widzieć wyłącznie rozrachunek z ciasnotą myślowych horyzontów realizmu socjalistycznego. Brzydota stawała się kategorią estetyczną, częścią nierozdzielnej antynomii: bez niej nie moglibyśmy rozpoznawać piękna. Turpizm u Grochowiaka staje się poetyckim światopoglądem: u jego postaw leży współczucie, etyczna solidarność ze wszystkim, co ubogie, udręczone, słabe. Tę postawę nazywał poeta mizerabilizmem. Już w tej wstępnej fazie jego bunt przeciwko rzeczywistości nabiera cech pokory, zgody na świat. Była w tym jakaś nowa wersja poetyckiego franciszkanizmu. Na prawach przykładu przywołajmy tu wiersz *Menuet* z tomiku *Menuet z pogrzebaczem*:

Menuet z pogrzebaczem

> Podaj mi rączkę, trumienko. Konik
> Wędzidło gryzie, chrapami świszcze.
> Już stangret wciska czaszkę na piszczel,
> Dziurawą trąbkę bierze do dłoni.
>
> A więc ruszymy na jednym kole,
> Pod poszarpanym w nic baldachimem,
> Ale wesoło. Mam mandolinę,
> Z której wygnamy oślepłe mole.
>
> He, he, trumienko, gdzieś jest cmentarzyk,
> Gdzie przykucniemy z wielką ochotą,
> Żeby przykryci spierzchłą kapotą
> Bardzo intymnie sobie pogwarzyć.
>
> Mysz nas nawiedzi, przyfrunie sowa,
> Szakal przyczłapie z obwisłą szczęką,
> Kornik zacyka do drzwi tak cienko,
> Jakby żałował czegoś, trumienko,
> Jakby żałował...

Jest w tym wierszu coś z atmosfery średniowiecza, ze starych obrazów: rekwizytornia znaków i symboli poetyckich („mysz", „sowa") pochodzi w równym stopniu z dawnych alegorii, jak i z ludowych wierzeń. Spoza naszego kręgu kulturowego zjawia się jednak „szakal z obwisłą szczęką" – padlinożerca (trochę jak z ilustracji ze szkolnego podręcznika biologii). Są to razem symbole śmierci; wzmacniają je: „czaszka", „piszczel", także „oślepłe mole" i piekielny, jak z Podkowińskiego, „konik". Wszystko naznaczone zostaje zniszczeniem – karawanowa trąbka jest „dziurawa", baldachim – „poszarpany", a pojazd ma tylko jedno koło. Jednakże makabra jest wyraźnie poetycką zabawą – makabreską. „Taniec śmierci" skojarzony zostaje z XVII-wiecznym menuetem, tańcem dworskim, rytualnym i paradnym. Główne rekwizyty – cmentarz i trumna – ulegają przekształceniom: zdrobnienia, jak w poezji sentymentalnej, otaczają je nie tyle czułością, co czułostkowością. To nałożenie na makabrę, na brzydotę, niezgodnej z tradycją warstwy stylizacyjnej wyraża zasadniczy sens utworu – chodzi o oswojenie śmierci, o akceptację tego, co nieuchronne. Elegijne zamknięcie wiersza zamienia bunt w rezygnację, przerażenie zmienia się w przyjacielską rozmowę, obrzydzenie – w czułość. Można w tym dostrzec repetycję barokowego konceptu – gry z brzydotą. Piękno i brzydota w tym wierszu nie tylko istnieją obok siebie, ale się wzajemnie przenikają.

Oswajanie brzydoty i cierpienia wymaga odwagi. Zgoda na nie jest trudniejsza niż bunt: brzydota i cierpienie, nieodłączne treści życia, nie wykluczają piękna, zachwytu i miłości. Postawie poety musi jednak towarzyszyć pokora, zgoda na to, co nieuchronne. Jest w tym zapewne także polemika z niezwykle popularną na przełomie lat pięćdziesiątych i sześćdziesiątych filozofią egzystencjalistów, zwłaszcza Sartre'a. Przypomnieć warto w tym miejscu polemikę Białoszewskiego w wierszu *wywód jestem'u*. Grochowiak prowadzi także spór z awangardowymi mitami sztuki kreującej wzniosłe piękno nowej cywilizacji, będącej nieustannym triumfem rozumu ludzkiego. W wierszu *Introdukcja*, przywołującym *Exegi monumentum...* Horacego, poeta czyni z zasady oswajania brzydoty nie tylko główną właściwość swojego programu poetyckiego, lecz także obowiązującą normę etyczną:

Introdukcja

> Nie cały minę Boć zostanie owo
> Kochanie ziemi w bajorku i w oście
> I przeświadczenie że śledź bywa w poście
> Zarówno piękny jak pod jesień owoc
>
> Bo kochać umiem kobietę i z rana
> Gdy leży cicha z odklejoną rzęsą
> A jak jest moja to jest całowana
> W puder i w słońce W zachwyt i w mięso
> . . . .
> Słabi powiedzą tyle że to smutno
> Mężni że słabych zatrzymuję w drodze
> A ja zbierałem tylko te owoce
> Co – że są krwawe – zbiera się przez płótno

Już w tomiku *Agresty* owa pokora i zgoda na świat prowadzi do pełnej aprobaty dla formuł neoklasycyzmu – nie buntu, lecz stoickiej zgody, nie eksperymentu artystycznego, lecz repetycji wypracowanych wcześniej norm i konwencji. W cyklu *Sonetów szarych* ważna jest zwłaszcza *Nauka chodzenia*. Nieprzypadkowo powtarza Grochowiak tytuł wiersza Andrzeja Bursy, bo sonet jest samousprawiedliwieniem, ale i polemiką z jego „buntem", wyrażonym nie tylko w *Nauce chodzenia*, lecz także w poemacie *Luiza*:

Nauka chodzenia

> A jesteś ziemia. Glina, ołów, sól –
> Jedwab popiołu, ciepła rozkosz bagien.
> A jesteś ogród. W tobie sarny nagie,
> Woły łagodne rozpęknięte w pół...
>
> Wszystko, co dźwigasz, uzbroiłaś w ból –
> To, co zakrywasz w posępną odwagę.
> A jesteś ogród. W tobie panny nagie,
> Twarze młodzianków rozpęknięte w pół...
>
> Tak ćwiczyć będę moje stopy obie,
> (Więc stopy wiersza – więc oblekłe w czucie)
> Że krok uczynię, a odbędę wieki.

I gdybym z nagła w inne ziemie uciekł,
Niech trwa nauka, że co kroczek zrobię,
Ten będzie płaski – już nigdy: daleki.

Tę postawę utwierdzają tomiki *Kanon* i *Nie było lata*, a także późniejsze – *Polowanie na cietrzewie*, *Bilard* (1975) i *Haiku-images* (1978). Na oskarżycielską *Odę do turpistów* Przybosia odpowiedział Grochowiak wierszami (*Introdukcja*, *Czyści*) i ważnym esejem *Turpizm – realizm – mistycyzm* („Współczesność" 1963, nr 2), w którym poddał krytyce nieprawdziwy, „mistyczny" obraz świata, stworzony przez Awangardę.

W „inne ziemie" uciekał także Tadeusz Nowak. W jego twórczości poetyckiej obowiązuje nie „marsz w przyszłość", lecz zasada powrotu. Wywodził się ze wsi, ze środowiska chłopskiego. Krytyka literacka zaliczyła go do „nurtu chłopskiego" w literaturze; znalazł się więc w specyficznym getcie literatury odrębnej, tworzonej przez inteligentów o chłopskim rodowodzie. Owa odrębność uwikłana została po II wojnie światowej w konteksty polityczne, kojarzona z partią chłopską współdziałającą w „budowie socjalizmu". Zapomina się jednak często, że naturalnym zapleczem debiutującego w 1953 roku Tadeusza Nowaka (*Uczę się mówić*, 1953; *Porównania*, 1954) nie była doktryna realizmu socjalistycznego, lecz chłopski ruch literacki, który rozwinął się w Dwudziestoleciu za sprawą radykalnych w sensie społecznym agrarystów, ideologii organizacji młodzieżowej „Wici", która szczególną pieczą otaczała kulturę wiejską. To wówczas jedną z wartości nadrzędnych stała się idea wejścia chłopów do współtworzenia nowej kultury w niepodległym państwie. I twórcy wywodzący się ze wsi współtworzyli ją rzeczywiście – znaleźli się w ruchach awangardowych; wystarczy przypomnieć Stanisława Młodożeńca wśród futurystów i Juliana Przybosia w kręgu Awangardy. Chłopski awans w kulturze dokonał się w pierwszej połowie XX wieku; Tadeusz Nowak, debiutując, odwoływał się do tej tradycji. Te wątki myślowe są wyraźne w wierszach z pierwszych dwóch tomików. Dla przykładu przywołajmy tu fragment *Bajki* z tomiku *Uczę się mówić*:

Tadeusz Nowak

Bajka

Byłbym pastuchem bez nazwiska
I grzałbym ręce u ogniska
Wpatrzony w ciemny pień wieczoru
I w białe noce dworu

Może bym składał wiersze ubogie
I odpustowe śpiewał piosenki,
I czekał u drzwi wysokich progów,
Aż spadnie z ganka grosik do ręki.

Kolęda

Trudno do wierszy „socrealistycznych" zaliczyć także *Kolędę* z tomiku *Porównania*. Jej temat był przecież podejrzany, bo „religiancki":

> Po żebrackiej kolędzie
> chodziliśmy z turoniem.
> Pochwalona niech będzie
> noc w baraniej czamarze,
> wiatr skostniały nad głową
> i sosnowe lichtarze.
>
> Chodziliśmy omackiem
> z dobrą gwiazdą u czoła,
> a za nami wiatr wołał
> i mróz wilkiem przed nami
> ciął ostrymi szczękami
> białe słupy zamieci.

Nowak witał więc nowe czasy jako spełnienie marzeń pokrzywdzonych, także jako swój awans społeczny. Tytuł tomiku *Uczę się mówić* nie jest przypadkowy – wiąże się ze zdobywaniem i budowaniem nowego języka w poezji. Chłopskość wcześniej (u Orkana i u Reymonta) manifestowała się w odmiennościach języka, w stylizacjach gwarowych. Przywołane wiersze zrywają z tą tradycją; znaczący staje się natomiast typ metafory – może jeszcze nie w pełni wykrystalizowany, ale już widoczny. Chłopskość jest więc „znakowana" poprzez metaforę i typ wyobraźni. Nowak od początku jest więc nie tylko „wpatrzony w ciemny pień wieczoru", zasłuchany w ludowe przyśpiewki, lecz świadomie ustala własne reguły gry poetyckiej. Jej istotą staje się wyprawa w przeszłość języka, do jego stanu pierwotnego, utrwalonego w mitach, wierzeniach, pieśniach i podaniach. Nie chodziło jednak o stylizacyjne naśladowanie, lecz o rekonstrukcję pierwotnej wyobraźni, znaczeń pierwszych, języka nie skażonego przez późniejsze poetyckie nadużycia. Ów stan pierwotny łączył konkretność z magią, jednoznaczność z przypisywaniem drzewom, roślinom, zwierzętom sił i mocy nadzwyczajnych. U Nowaka nie ma drzew w ogóle, są zawsze sosny, jawory, osiki, jabłonie (najczęściej „złote renety"); nie ma także zwierząt, są natomiast wilki, niedźwiedzie, zające, jaszczury, krety, sowy, ryby, sarny itd. Konkret niesie z sobą jednak znaczenia dodatkowe: wilk, niedźwiedź, jastrząb oznaczają krwiożerczość, okrucieństwo; lęk przed wężami i gadami cofa nas do nieokreślonej epoki „jaszczurów". Z takich znaczeń magiczno-mitycznych buduje Nowak swoje metafory. To, co można by w poezji Nowaka nazwać wyobraźnią chłopską, nie ma w późniejszych utworach wymiaru socjologicznego, lecz przede wszystkim – poetycki i egzystencjalny.

W takim kierunku rozwijała się twórczość poetycka Tadeusza Nowaka w okresie późniejszym. Kolejne tomiki – *Prorocy już odchodzą* (1956), *Jasełkowe niebiosa* (1957), *Ślepe koła wyobraźni* (1958), *Psalmy na użytek domowy* (1959), *Kolędy stręczyciela* (1962), *Ziarenko trawy* (1964), *W jutrzni* (1966) i *Psalmy* (1971) – przyniosły ostateczne ukształtowanie odrębnego języka poetyckiego, jednego z najciekawszych w sensie wyobraźniowym w całej poezji powojennej. Podstawę formalną stanowi wiersz klasyczny o wyrównanym metrum, przywracający do łask rymy, strofy, to wszystko, co skodyfikował w poezji polskiej Jan Kochanowski. W języku Nowaka ważniejsza od stylizacji gwarowej wydaje się dyskretna archaizacja; jest to rezultat rozpoznawania mowy chłopskiej, wyboru z niej słów, które przetrwały w gwarach, w polszczyźnie ogólnej nabrały patyny, wyszły z obiegu potocznego. Chodzi bowiem nie o ludowość, lecz o dawność, pierwotność. Tkwi ona, jak twierdzą psychoanalitycy i etnolodzy, w naszej wyobraźni, w sferze nieświadomości. Zapisała się także w języku.

Czy kultura dawna była uboższa od współczesnej? Czy człowiek z przeszłości, bliższy naturze, ukształtowany przez dawne wierzenia, uczestniczący w rytuałach grupowych, w którego wyobraźni kolejnymi warstwami osadzały się znaczenia przejęte z Biblii, z nauki Kościoła, był duchowo uboższy? Czy kultura dawna nie chroniła go, i to skuteczniej, przed niepokojem, dezintegracją osobowości? Co przyniosła nam współczesna cywilizacja? Przywołajmy tu wiersz *Mędrcy* z tomiku *Jasełkowe niebiosa*:

Mędrcy

> Mędrcy się uczą równowagi
> ognia i wody, dnia i nocy.
> Na piachu leży Dawid nagi
> z głową uciętą obok procy.
>
> W ogniste krzewy dmą kapłani,
> a wierni jedzą ich sandały.
> Zmarli są wapnem przysypani,
> żywym źrenice pociemniały.
>
> Pokorni wierzą w zmartwychwstanie,
> paloną skórą czuć powietrze.
> Archanioł przy nas nie przystanie,
> z wapna nam twarzy nie obetrze.
>
> Jak mnich się modli wiatrak w polu,
> psalm sypie się przez białe skrzydło.
> Nie zmyje wapna i karbolu
> z nas wytapiane mydło.
>
> Mędrcy nas uczą umierania.
> Jak siwy łabędź syczy rzeka.

Dziewczyna listkiem się zasłania,
spłoszony ptak ucieka.

„Dawid", „proca", „ognisty krzew", „archanioł", „zmartwychwstanie", „psalm" – to znaki i symbole przejęte z Biblii; „zmarli wapnem przysypani", „palona skóra", „karbol", „mydło" – to współczesna księga zła i cierpienia. Podstawowy sens wiersza wyraża ciąg pięknych metafor i porównań, oznaczających strach („Jak siwy łabędź syczy rzeka"), wstyd („Dziewczyna listkiem się zasłania") i przerażenie („spłoszony ptak ucieka"). Mądrość, która polegała dawniej na szukaniu zgody ze światem, jest dziś nieprzydatna: zwycięzcą zostaje nie słaby Dawid, lecz silny Goliat. Z „Mojżeszowego krzaka" nie ukazuje się nam Jahwe, archanioł przy nas nie przystaje, opuścił nas nad dołem egzekucyjnym. Zasadą jest tu konfrontacja mitu z historią; to poprzez Biblię rozpoznajemy okrucieństwo rzeczywistości, a także naturę człowieka, wpisane w nią zło. Mędrcy współcześni nie oswajają śmierci, nie „uczą umierania" – wystarczy dół, wapno i karbol. Bezsilna wobec zła jest kultura, nieskuteczne modlitwy. „Jaszczur" (smok) jest niezniszczalny, a walka z nim beznadziejna:

Jaszczur

> Pali się skóra, topi kość,
> z dolin do dolin siwy popiół
> wiatr przesypuje, wiatr i woda.
> Jaszczur u źródeł dysząc żłopie,
> śpi koń i święty Jerzy śpi.
> Na włóczni wsparta jest pogoda.
>
> Ciemne wiernych źrenice
> patrzą na niski brzeg.
> W popiół idą pszenice,
> świecą cuchnące brzuchy rzek.
>
> I nie ma dla nich zmiłowania.
> Patrzą w głąb siebie nachyleni,
> gdzie sierp nowiu dogania
> łeb kosmatej przestrzeni.
> (z tomiku *Jasełkowe niebiosa*)

Apokaliptyczna metaforyka dociera do sedna dramatów współczesnych – do naszych dramatów. Słowiańska łagodność jest dziś zwykłym kłamstwem: „w sadzie widać / oprawną w gałąź jabłonkową / mongolską twarz słowiańskiej zimy". Powrót do źródeł nie jest więc tylko próbą odbudowy pierwotnego języka, także mitycznego porządku. Wyjście z krainy mitu w historię spotęgowało zło i cierpienie. Konfrontacja dwóch światów – mitycznego i historycznego – widoczna w całej poezji Nowaka, nasila się w *Psalmach*, nabiera cech tragicznych w ostatnich wierszach z tomu *Pacierze i paciorki* (1988), w których utrwalone zostały przeżycia i wydarzenia z okresu stanu wojennego. Okazało się, że język poetycki Nowaka, niezwykły, określający jego indywidualność, nie wyczerpuje swych możliwości w grze z przeszłością, z mitami, z ludowością; zdolny jest, poprzez swój uniwersalizm, do rozpoznania tragizmu wydarzeń współczesnych. W *Pieśni o powrocie* z tomiku *Jasełkowe niebiosa*, w autoironicznej i bagatelizującej tonacji, kryła się być może niewiara w możliwość stworzenia takiego języka. Jeśli z uporem poeta nad nim pracował, to demonstrował równocześnie wierność środowisku i kulturze, z której wyszedł; nigdy nie wyparł się swoich korzeni, nie unieważnił związków ze wsią:

Pieśni o powrocie

> Co stać się musi, już się stało.
> pod frakiem chytry drzemie chłopek,
> gotów na oklep w każdej chwili,
> dudniąc w bok koński gołą piętą,
> jechać do ognisk miotających
> gwiazdy i lubczyk w gminne święto.

Nowak nie ma złudzeń: powrót na wieś, do dawnych form życia, do dawnej cywilizacji jest niemożliwy; „frak" podmiotu lirycznego oznacza zadomowienie w innym świecie – miejskim, inteligenckim. Ale wychodźcy ze wsi nie przychodzili do miasta z pustymi rękami: mieli swoją kulturę, odrębną wyobraźnię, utrwalony zespół wartości. W istocie jednak przegrali. Tadeusz Nowak ma poczucie niespełnienia: co mogło się zdarzyć, jednak się nie zdarzyło. Jest to przegrana jego pokolenia „wychodźców ze wsi", ale chyba także zmarnowanie szansy na ukonstytuowanie rzetelnych podstaw naszej tożsamości.

Pokrewną formułę poetycką odnajdujemy w twórczości Jerzego Harasymowicza. Jego tomiki z lat sześćdziesiątych – *Mit o świętym Jerzym* (1960), *Podsumowanie jesieni* (1964), *Budowanie lasu* (1965), *Pastorałki polskie* (1966) i *Madonny polskie* (1969) – zapisują jednak odrębną postawę wobec tradycji: był to nie tyle powrót do źródeł, co ucieczka przed współczesną cywilizacją w „krainy łagodności", w rejony opuszczone (Bieszczady), odcięte od świata, gdzie „pociąg zna się tylko z gwizdania" za górą (Krynickie), gdzie istnieje jeszcze kultura starych świątków, niszczejących po burzach historycznych cerkwi i madonn. Pejzaże górskie, wędrówki szlakami turystycznymi stają się źródłem poezji eksponującej sens ucieczki – ludzką potrzebę wolności i samotności. Wczesna formuła poetycka Harasymowicza – „wyobraźni na wolności" – jest źródłem jego siły, niezwykłości obrazów i metafor, ale i niedostatków: nadmiaru, łatwych kojarzeń, braku intelektualnej refleksji i konstrukcyjnej samokontroli. Nad niedostatkami przeważa jednak świeżość i siła samej wyobraźni.

Inni poeci

Zasługą poetów „neoklasycyzujących", opierających swą twórczość na zasadzie powrotu, nawiązania dialogu z tradycją, było przywracanie człowiekowi współczesnemu, ukształtowanemu przez mity awangardowe, pamięci, wpisywanie go w kulturę. Tak szeroko rozumiany neoklasycyzm rodził jednak niebezpieczeństwa nie tyle rzeczywistego powrotu, co poetyckiej gry z przeszłością: jej znakiem stawała się imitacja, naśladowanie, pastisz. Zgryźliwa uwaga Różewicza o poetach, „wyrostkach robaczkowych ślepej kiszki Europy", którzy „biegają z formą, foremką" do robienia wierszy, jest zapewne przesadna, ale dotyka pewnych właściwości poezji debiutantów z lat 1955–1958, nie tylko Harasymowicza, lecz także Jarosława Marka Rymkiewicza i Ernesta Brylla. Gra z formami dawnymi, nawet jeśli – jak u Brylla – przybierała postać sporu z tradycją romantyzmu, ograniczała możliwości poezji, świadczyła o szybkim wyczerpywaniu się odkrytych źródeł. Większą siłę miały formuły poetyckie starszych – Miłosza, Różewicza, Szymborskiej, Białoszewskiego, Herberta.

Poeci emigracyjni

Przemiany zachodzące w poezji krajowej w latach 1955–1968 miały pewien wpływ także na poezję emigracyjną. Pod koniec 1955 roku w dyskusjach emigracyjnych ustalono, że literatura powstająca poza krajem nie jest samowystarczalna. W Londynie, w środowisku najmniej skłonnym do współpracy z krajem, wokół czasopisma „Merkuriusz Polski" skupiła się grupa młodych poetów. Młodzi zaczęli wydawać czasopismo „Kontynenty". W skład grupy wchodzili: Florian Śmieja, Adam Czerniawski, Andrzej Busza, Bogdan Czaykowski, Janusz Ihnatowicz, Adam Jerzy Niemojowski, Bolesław Taborski, Jerzy Stanisław Sito, Danuta Bieńkowska. Nie wszyscy byli rówieśnikami debiutantów krajowych. Najstarszy – Jerzy Niemojowski – urodził się w 1918, najmłodszy – Andrzej Busza – w 1938 roku. Niemojowski i Śmieja wydali już wcześniej debiutanckie tomiki. Adam Czerniawski wydał *Polowanie na jednorożca* (Londyn 1956), *Topografię wnętrza* (Paryż 1962), *Sen. Cytadela. Gaj* (Paryż 1966); Bogdan Czaykowski – *Trzciny czcionek* (Londyn 1957), *Reductio ad absurdum i przezwyciężenie* (Londyn 1958), *Sura* (Londyn 1961), *Spór z granicami* (Paryż 1964); Jerzy Niemojowski – *Źrenice* (1956), *Koncert na głos kobiecy* (Londyn 1960, w kraju – 1967), *Epigramaty* (Londyn 1963); Florian Śmieja – *Czuwanie u drzwi* (Londyn 1953) i *Powikłane ścieżki* (Londyn 1964); Bolesław Taborski – *Czas mijania* (Londyn 1957), późniejsze tomiki (*Ziarna nocy*, 1958; *Przestępując granicę*, 1962; *Lekcja trwająca*, 1967; *Głos milczenia*, 1969) publikował w kraju. Jerzy Stanisław Sito także w kraju wydał swój debiutancki tomik *Wiozę swój czas na ośle* (1958); w rok później zamieszkał w Warszawie.

Doświadczenie tej grupy poetów jest inne niż ich rówieśników w kraju. Tylko w twórczości Adama Czerniawskiego dostrzec można pokrewne poszukiwania dialogu z tradycją. W utworach Czaykowskiego, Niemojowskiego, Taborskiego dominuje inna problematyka: wpisanie człowieka w prawa biologii i w kulturę równocześnie. Ta antynomia objaśnia kondycję człowieka, jego egzystencję, wyznacza granice refleksji filozoficznej, metafizyki. Jest w tym wyraźny wpływ poezji angielskiej.

Osobne miejsce zajmuje tomik wierszy *Światło dzienne* (1953) Czesława Miłosza. Gromadzi on utwory napisane wcześniej – w czasie okupacji, m.in. *Świat (Poema naiwne)*, bądź też po 1945 roku (*Traktat moralny*, drukowany w kraju w 1948 roku), wiersze i poematy powstające w Washingtonie (m.in. *Toast*, *Który skrzywdziłeś*, *Do Tadeusza Różewicza, poety*), utwory więc sprzed decyzji o pozostaniu na emigracji. Znaczące dla samej decyzji wydają się wiersze *Który skrzywdziłeś* i *Na śmierć Tadeusza Borowskiego* (1951). Dokonuje w nich Miłosz rozrachunku z krajem, z kłamstwami nowej ideologii. Za marzenie o „ocaleniu ludzi" płacili poeci poniżeniem; Borowski uciekł „tam gdzie mógł", w śmierć, „od gładkiej ściany Wschodu", zostawił za sobą także „mury polskie Ciemnogrodu". Ocena dramatu Borowskiego w tym wierszu jest inna niż w *Zniewolonym umyśl*; wydobyty został tragizm uwikłania pisarza w nowy system, rozpoznanie „sztyletu zatrutego", „jadu żmii". Śmierć Borowskiego weryfikowała ideologię, odkrywała jej kłamstwa. Tę prawdę wyraża już wiersz *Który skrzywdziłeś*. Zła jednak nie można pozostawić bezkarnie – jest to podstawowy obowiązek sztuki:

Nie bądź bezpieczny. Poeta pamięta
Możesz go zabić – narodzi się nowy.
Spisane będą czyny i rozmowy.

Lepszy dla ciebie byłby świt zimowy
I sznur i gałąź pod ciężarem zgięta.

Tomik *Światło dzienne* był ważny w dorobku Miłosza; wraz z *Traktatem moralnym* wyznaczał ostrą granicę kompromisu, której przekroczyć nie wolno. Na tle poezji emigracyjnej był jednak osobny, głębiej wnikał w dramaty rozgrywające się w kraju, tłumaczył także prywatne uwikłanie poety.

Stwierdzić jednak trzeba, że główne sprawy w poezji polskiej tego czasu rozgrywały się przede wszystkim w kraju.

Dramat i teatr w latach 1955–1968

Teatr polski wychodził z marazmu lat 1949–1955, wywołanego obowiązującą w nim doktryną realizmu socjalistycznego, znacznie wolniej niż literatura i plastyka. Najwcześniej dochodziło do zmian w repertuarach. Już w 1955 roku Aleksander Bardini wystawił w Teatrze Polskim w Warszawie *Dziady* Mickiewicza (nie obyło się jednak bez kompromisów: akcent położono na „realizm" utworu, wyciszono wymowę antycarską); powrócili na scenę Wyspiański (*Wesele* w Teatrze Domu Wojska Polskiego, 1955) i Bogusławski (*Krakowiacy i Górale*, 1955, na otwarcie Teatru Ludowego w Nowej Hucie).

Znaczące, jak się później miało okazać, było powstanie studenckich teatrów amatorskich, niezależnych od „polityki repertuarowej" państwa. Wymienić tu trzeba studenckie teatry w Gdańsku (Bim-Bom już w 1954), w Łodzi (Pstrąg), w Warszawie (STS) i w Krakowie (Teatr 38 na początku 1956), ale także, już nie studencki, Teatr na Tarczyńskiej, zorganizowany w prywatnym mieszkaniu Lecha Emfazego Stefańskiego, zmieniony później na Teatr Osobny w mieszkaniu Mirona Białoszewskiego. Teatr na Tarczyńskiej współtworzyli bądź współpracowali z nim plastycy i poeci (m.in. Lech Emfazy Stefański, Bogusław Choiński, Stanisław Swen Czachorowski, Miron Białoszewski), z Teatrem Osobnym Mirona Białoszewskiego – Ludwik Hering i Ludmiła Murawska. *Wiwisekcja*, część pierwszego programu w Teatrze na Tarczyńskiej była prezentacją wierszy Białoszewskiego, wyprzedzającą debiut książkowy. Sposobem odzyskiwania niezależności w sztuce teatralnej było zakładanie teatrów eksperymentalnych, które w założeniu nie przeznaczone dla szerokiego kręgu odbiorców, nie zagrażały „polityce państwa". Już w 1955 roku Tadeusz Kantor zakłada swój awangardowy teatr Cricot II (premiera w lutym 1956), w którym nawiązuje do swojego teatru okupacyjnego i teatru plastyków z Dwudziestolecia. Cricot II za sprawą osobowości i profesji twórcy łączył w sobie działania sceniczne z nowoczesnymi formami plastycznymi. W 1956 roku Henryk Tomaszewski założył we Wrocławiu Studio Pantomimy, a Jerzy Grotowski w 1957 roku – Teatr 13 Rzędów, od 1959 roku – Teatr Laboratorium, poświęcony doskonaleniu sztuki aktorskiej.

Przeobrażenia w całej kulturze w latach 1955–1958 okazały się głębokie. Zmieniały się szybko repertuary: powróciła do teatrów dramaturgia romantyczna. W 1956 wystawiono *Balladynę* (Teatr Ludowy w Nowej Hucie, w reżyserii Krystyny Skuszanki), której realizacja sceniczna potwierdziła niezwykłą nośność tekstu, możliwość wyrażania współczesnych problemów (dramat władzy, rola ludu w dziejach). W 1956 roku wystawiono *Kordiana* (Teatr Narodowy w Warszawie w reżyserii Erwina Axera i Teatr im. J. Słowackiego w Krakowie w reżyserii Bronisława Dąbrowskiego), w 1958 – *Irydiona* (Teatr Kameralny w Krakowie w reżyserii Jerzego Kreczmara), w 1959 – *Sen srebrny Salomei* (Teatr Ludowy w Nowej Hucie w reżyserii Krystyny Skuszanki). Wrócił także Wyspiański z *Nocą listopadową* (Teatr Nowy w Łodzi, 1956, w reżyserii Kazimierza Dejmka), z *Wyzwoleniem* (Teatr im. J. Słowackiego w Krakowie, 1957, w reżyserii Bronisława Dąbrowskiego) i *Nocą listopadową* (Teatr Nowy w Łodzi w reżyserii Kazimierza Dejmka). Kazimierz Dejmek w Teatrze Nowym w Łodzi wystawił w 1958 *Żywot Józefa* według Mikołaja Reja z zamiarem ustalenia repertuaru narodowego od początków naszej dramaturgii. Kolejną jego realizacją w tym samym teatrze była *Barbara Radziwiłłówna* (1958) Alojzego Felińskiego, a kontynuacją – *Historyja o chwalebnym Zmartwychwstaniu Pańskim* Mikołaja z Wilkowiecka (1961).

Do repertuarów powoli wracały także dramaty powstałe w Dwudziestoleciu. Tadeusz Kantor w Cricot II rozpoczął swą działalność od wystawienia *Mątwy* Witkacego. Jerzy Jarocki w Teatrze im. Wyspiańskiego w Katowicach wystawił (1957) *Bal manekinów* Brunona Jasieńskiego, a Halina Mikołajska w Teatrze Dramatycznym w Warszawie *Iwonę, księżniczkę Burgunda* (1957) Witolda Gombrowicza, w 1959 roku – *Wariata i zakonnicę* Witkacego.

Doszło także do wyraźnej reorientacji w zakresie wyborów repertuarowych z dramaturgii obcej; znikały z afiszów radzieckie sztuki „socrealistyczne", w ich miejsce prezentowana była klasyczna dramaturgia rosyjska (Ostrowski, Czechow, Gorki); w znacznie szerszym zakresie – dramaturgia zachodnia, nie tylko dawna, lecz także współczesna: prócz Szekspira (*Hamlet* w Starym Teatrze w Krakowie), sięgnięto do Steinbecka, Werfla, Ionesco, Sartre'a, Dürrenmatta, Brechta, Kafki, Becketta.

Nie obeszło się jednak bez ingerencji cenzury. W 1957 roku zakazano wystawienia *Nie-Boskiej komedii* Krasińskiego w Teatrze Polskim w Warszawie (wystawiono ją jednak w Teatrze Nowym w Łodzi w 1959 roku); zdjęto z afisza *Szewców* Witkiewicza w Teatrze Wybrzeże (1957, reżyseria Zygmunta Hübnera); w sezonie 1958/1959 zabroniono wystawienia *Ślubu* Gombrowicza, *Przygód Lejzorka Rojtszwańca* Erenburga, *Zamku* i *Procesu* Kafki, *Niepogrzebanych* Sartre'a „ze względu na dyskusyjny charakter ideowy", i z inną motywacją – *Dziadów* Mickiewicza.

Do teatru weszła na przełomie lat pięćdziesiątych i sześćdziesiątych liczna grupa młodych reżyserów, m.in. Konrad Swinarski, Jerzy Jarocki, Kazimierz Dejmek, Erwin Axer, Józef Szajna, Zygmunt Hübner, Krystyna Skuszanka, Jerzy Krasowski, Adam Hanuszkiewicz, którzy przez wiele lat następnych kształtowali oblicze teatru polskiego. W repertuarach ważne miejsce zajmowały dramaty polskie, nie tylko klasyczne, lecz coraz częściej także współczesne. Teatr przyczynił się znacznie do przełamania izolacji kultury polskiej od kultury Zachodu, tym bardziej że wysoki poziom artystyczny i nowoczesność rozwiązań formalnych spowodowały narastającą jego popularność w Europie. Przyczyniło się to do zainteresowania polską dramaturgią. Na wielu scenach europejskich i amerykańskich pojawiły się sztuki Witkacego, Gombrowicza, Różewicza, Mrożka. Towarzyszyło temu zapraszanie polskich reżyserów do realizacji scenicznych, zapraszanie także zespołów teatralnych do prezentacji własnego dorobku. Lata sześćdziesiąte są niewątpliwie „złotym okresem" w dziejach teatru polskiego: wiąże się to z ukształtowaniem wyraźnego oblicza indywidualnego teatrów, z powstaniem zwartych zespołów aktorskich, odrębnych koncepcji reżeserskich, ze wzrostem znaczenia plastyki teatralnej, wybitnych scenografów. Te właśnie przemiany otworzyły teatr na sztuki współczesne, wywołały zapotrzebowanie na nowe dramaty, pobudziły poszukiwania twórców.

Zastanawiająca jest przede wszystkim, już na terenie literatury, różnorodność tych poszukiwań. Z jednej strony Leon Kruczkowski w *Pierwszym dniu wolności* (1959) i *Śmierci gubernatora* (1961) kontynuuje, zaznaczony wyraźnie w *Niemcach*, typ „dramatu idei" – postaw moralnych i światopoglądowych, a z drugiej – znaczący staje się dramat poetycki, choć ściślej byłoby powiedzieć: dramat tworzony przez poetów. Ma on swoje cechy odrębne: akcentuje walory poetyckie słowa, apeluje do wyobraźni odbiorców. Nic dziwnego, że poeci adresowali swoje utwory do szczególnego typu teatru wyobraźni, jakim był odnoszący wielkie sukcesy „teatr radiowy". Taki charakter miały dramaty Stanisława Grochowiaka (*Szachy*, 1961; *Partita na instrument drewniany*, 1962; *Król IV*, 1963; *Chłopcy*, 1964; *Kaprysy Łazarza*, 1965), Zbigniewa Herberta (*Jaskinia filozofów*, 1956; *Drugi pokój*, 1958; *Lalek*, 1961), Ireneusza Iredyńskiego (*Męczeństwo z przymiarką*, 1960; *Jasełka-moderne*, 1962; *Żegnaj, Judaszu*, 1965). Rozwinęła się więc odrębna odmiana dramatu – słuchowisko radiowe, która zdominowała całą twórczość Ireneusza Iredyńskiego, ale dała znać o sobie w twórczości Bohdana Drozdowskiego (*Kondukt*, 1960; *Klatka czyli Zabawa rodzinna*, 1962), a także później w twórczości Sławomira Mrożka (*Rzeźnia*, 1973). Część z tych dramatów znalazła się na scenach teatrów, a także w „Teatrze Telewizji". Dla teatru telewizyjnego i dla estrady pisał swoje widowiska Ernest Bryll (*Żołnierze*, 1965; *Ballada wigilijna*, 1966; *Od Ostrowi świeci gwiazda*, 1966; *Po górach po chmurach...*, 1968), cechy słuchowiska poetyckiego ma jego *Rzecz listopadowa* (1968).

Z tradycją dramatu z Dwudziestolecia (dramatu psychologicznego i dramatu idei) wiązać można utwory Jerzego Zawieyskiego (*Wicher na pustyni*, 1959), Jarosława Iwaszkiewicza (*Wesele pana Balzaca*, 1959), Romana Brandstaettera (*Medea*, 1959); z młodszych – Jerzego Broszkiewicza (*Dziejowa rola Pigwy*, 1960; *Skandal w Hellbergu*, 1961; *Koniec księgi VI*, 1963), ale nie ugruntowały one na dłużej swojego miejsca w repertuarach teatralnych. Teatr zmierzał w innym kieunku.

Najważniejsze w twórczości dramatycznej po 1956 roku wydają się te poszukiwania, które scalają i kontynuują tradycję dramatu awangardowego, wyznaczoną przez Stanisława Ignacego Witkiewicza i Witolda Gombrowicza. Witkiewicz po próbach wprowadzenia go do repertuarów przez Kantora i Hübnera stał się w latach sześćdziesiątych i siedemdziesiątych najczęściej granym autorem w teatrach polskich, trafił także na sceny europejskie i amerykańskie. Do popularności w kraju przyczyniło się wydanie jego *Dramatów* (1962), ale także sukcesy awangardowego „teatru absurdu" w Europie. *Ślub*, najważniejszy dramat Gombrowicza, choć wydany w kraju, z woli autora długo czekać musiał na realizację sceniczną. Dopiero w 1974 trafił na deski teatru zawodowego (Teatr Dramatyczny w Warszawie). Tradycja rodzima i europejski „teatr absurdu" (Eugene Ionesco i Samuel Beckett pojawili się w naszym teatrze już w 1957 roku) leżą u podstaw poszukiwań artystycznych Sławomira Mrożka i Tadeusza Różewicza.

Sławomir Mrożek zadebiutował na scenach krajowych w 1958 roku *Policjantami* (inny tytuł: *Policja*) w Teatrze Dramatycznym w Warszawie. W latach następnych ukazały się kolejne jego dramaty: *Męczeństwo Piotra Oheya* (1959), *Indyk* (1960), *Karol* (1961), *Zabawa* (1962), *Śmierć porucznika* (1964) i *Tango* (1964). Nowością w dramaturgii Mrożka, odczuwaną szczególnie silnie w momencie debiutu, było zerwanie z zasadą realistycznej dosłowności w konstruowanych akcjach, a także z psychologiczną motywacją w działaniach postaci. Akcja dramatyczna skupiała się najczęściej wokół absurdalnego wydarzenia, niemożliwego w życiu, jednakże miała swoją wewnętrzną logikę, najczęściej opartą na zasadzie *continuatio ad absurdum*. W *Policji*, dramacie rozgrywającym się w anonimowym, abstrakcyjnym państwie, wydarzeniem centralnym staje się chęć podpisania aktu lojal-

Sławomir Mrożek

Policja

ności wobec władzy przez ostatniego więźnia politycznego. Ta deklaracja, paradoksalnie, wstrząsa podstawą państwa: niepotrzebni stają się sędziowie, policjanci, strażnicy więzienni itp. Warto tu dodać, że sam pomysł sprawdza zasadność głośnej tezy Stalina, że „państwo jako aparat ucisku w ustroju komunistycznym obumiera". Po odkryciach zbrodni Stalina przez Chruszczowa zdanie to nabierało szczególnego znaczenia. Mrożek nie przywołuje faktów historycznych, aby zdemaskować kłamstwo; sprawdza jego zawartość od strony logicznej, w sytuacji krańcowej. Nie pytajmy, o jakie państwo i o jaki ustrój chodzi: jest to państwo wszechogarniającej groteski i absurdu. Akcja rozwija się „logicznie" – w interesie własnym policja namawia więźnia, aby nie podpisywał aktu lojalności; kiedy jej perswazje nie odnoszą skutku, musi jednego spośród siebie „wydelegować" do dokonania zamachu na Regenta, za jego zresztą zgodą i wiedzą, bo sam czuje się zagrożony utratą władzy. Zamach jest nieudany, ale władza państwowa została ocalona i policja „ma pełne ręce roboty". Przewrotna logika działań postaci, biegu wydarzeń, służy wykryciu kłamstwa zawartego w cytowanym zdaniu, ale buduje określony, groteskowy świat – śmieszny i groźny równocześnie. Bo groteska rodzi się zwykle z utraty wiary w ład świata, z niezgody i przerażenia. W *Męczeństwie Piotra Oheya* zdarzeniem centralnym jest pojawienie się „tygrysa łazienkowego" w prywatnym mieszkaniu tytułowego bohatera: fakt ten niszczy jego dotychczasowe życie, tygrys przestaje być „prywatny", staje się własnością publiczną i nie wolno go samowolnie unicestwić. Przychodzą szkolne wycieczki, organizuje się polowanie zagranicznych myśliwych itd. W istocie jest to utwór o wszechwładzy systemu państwowego, który chce kontrolować wszystko, nawet prywatne życie jednostki. Oba dramaty, *Policja* i *Męczeństwo Piotra Oheya* – powstały na tle rozrachunków z okresem stalinowskim. Ich zawartość myślowa nie jest zbyt rozległa: mają w sobie wiele z estradowych skeczów, satyrycznych programów studenckich teatrów. Teatr absurdu Mrożka, inaczej niż Becketta czy Ionesco, wspiera się nie na filozofii egzystencjalnej, absurdzie egzystencji skierowanej ku śmierci, nicości, lecz jest osadzony w rzeczywistości społecznej i politycznej zniewolonego kraju.

Dramaty następne rozszerzają pole refleksji. Ich związek ze współczesnością, choć oczywisty, zachowuje zasadę parabolicznego czy alegorycznego mówienia, groteskowej deformacji, odkrywającej rejony czystego absurdu. W *Indyku* i *Śmierci porucznika* takim przetworzeniom podlegają stereotypy polskiej świadomości zbiorowej, utrwalone przez naszą literaturę, zwłaszcza przez literaturę romantyczną. Do cech narodowych zaliczone zostały: marzycielstwo i niechęć do

Męczeństwo Piotra Oheya

wysiłku, brak wytrwałości („polska niemożność"), skłonność do uniesień, teatralnych gestów, „słomianego zapału" i nieliczenie się z przeciwnościami. Warto dodać, że dramaty te powstały w okresie gorących sporów i dyskusji publicystycznych na temat „bohaterszczyzny" jako wady widocznej w życiu zbiorowym. *Karol* i *Zabawa* rozszerzają refleksję na temat przywództwa (idei „karolstwa"), uszczęśliwiającego „podwładnych" wbrew ich woli, i prymitywnych, chamskich potrzeb duchowych, dominujących w społeczeństwie.

Podsumowaniem i zamknięciem tego pierwszego etapu twórczości Sławomira Mrożka jest *Tango*, dramat porównywany często ze *Ślubem* Gombrowicza. Ideą sprawczą, punktem wyjścia niejako jest odczuwana powszechnie jako oczywistość potrzeba nowoczesności, wmówiona nam przez ideologie XX wieku. Kieruje ona wydarzeniami w dramacie, realizuje się w myśleniu i działaniu bohaterów. Jest rezultatem kolejnych negacji porządku społecznego, dążenia do wolności absolutnej. Przynosi w rezultacie marazm, rozpad wszelkich wartości. Stomil podnosił bunt przeciwko normom i konwencjom obyczajowym uznawanym przez poprzednie pokolenie, ale „zwycięstwo" przyniosło tylko rozpad i dezintegrację. Bunt syna, Artura, polega na próbie restytucji norm i wartości uznawanych przez dziadków. Ten bunt odbywa się także w imię „postępu", okazuje się jednak nieskuteczny. Ład wprowadzi dopiero Edek, lokaj, cham jakby żywcem przeniesiony z *Zabawy*. Jego recepta jest prosta – należy wszystkich „wziąć za mordę". Oczywiście i *Tango* ma swój kontekst współczesny z początku lat sześćdziesiątych: po euforii październikowych przemian z 1956 roku „władza" odzyskiwała przewagę, ograniczała swobodę wypowiedzi publicznych. Nie było jednak jeszcze Edka – istniał jako pewna społeczna możliwość.

W *Tangu*, podobnie jak w *Indyku* i *Śmierci porucznika*, odnajdziemy charakterystyczną grę ze stereotypami kulturowymi. Na prawach aluzji literackiej przywołuje Mrożek utwory Mickiewicza (*Reduta Ordona*, *Śmierć pułkownika*), Słowackiego (*Kordian*), Wyspiańskiego (chocholi taniec w *Tangu*). Ale *Tango* zapowiada przesunięcie zainteresowań Mrożka od spraw wewnętrznych, polskich, ku problemom uniwersalnym. Sygnałem istotnym jest przede wszystkim ujęta w konstrukcję groteskowego koła (powrotu do początku) idea „postępu" i „nowoczesności". Postaci w dramatach Mrożka z pierwszego okresu twórczości, podobnie jak u Witkacego i Gombrowicza, są bardziej typami, ilustrującymi określone idee, niż osobowościami, indywiduami ludzkimi. Ich służebność wobec idei mówi o podporządkowaniu, o zniewoleniu, o pozorach wolności i absurdach współczesnego świata. Można więc dostrzec wyraźne związki Mrożka z katastrofizmem

Dramaty Tadeusza Różewicza

Witkacego, z jego przekonaniem o zaniku uczuć wyższych, metafizycznych, we współczesnej kulturze, a także z Gombrowiczem, z jego zasadą gry interpersonalnej. „Teatr absurdu" Mrożka ma więc cechy indywidualne, odrębne od cech teatru absurdu Awangardy Paryskiej.

Z tradycji dramatu i teatru awangardowego wyprowadza swoją sztukę także Różewicz. Robi to jednak inaczej niż Mrożek. Przede wszystkim jego dramaty są silnie związane z wcześniejszymi koncepcjami poetyckimi. Wspólne jest stałe posługiwanie się elementami rzeczywistymi, powszednimi, zwykłymi. Dotyczy to w pierwszym rzędzie języka, oczyszczonego z metafor i symboli, ze stylizacji i aluzji literackich, zwróconego na nazywanie rzeczy i zjawisk zewnętrznych. To prawie realizm, choć elementy przejmowane z życia podlegają oczyszczeniu i ostrej selekcji, nim zostaną wprowadzone w „poetycki", a nie naturalny porządek, ulegają wyolbrzymieniu bądź zdeformowaniu. Nie chodzi jednak o groteskę, ani o wierność odtworzenia: konstrukcja staje się autonomiczna, jest świadomą kreacją, a elementy przejęte, inaczej połączone, wytwarzają nowe pola znaczeniowe. Całość więc odrywa się od rzeczywistości, staje się wielką metaforą. Różewicz rezultat swojego postępowania nazwał realizmem poetyckim. Łączy on poezję z jego dramatami, a także z prozą fabularną. Dramaty pisać począł już jako znany poeta i autor opowiadań; w druku bądź na scenie zaczęły się one ukazywać na początku lat sześćdziesiątych. Zainteresowanie dramatem i teatrem wyparło nawet, na pewien czas, poezję i prozę, stało się głównym polem jego twórczości.

W latach sześćdziesiątych powstała cała grupa dramatów; szybko trafiały na deski sceniczne, także do Teatru Telewizji. Są to: *Kartoteka* (1960), *Grupa Laokoona* (1961), *Świadkowie albo Nasza mała stabilizacja* (1962), *Spaghetti i miecz* (1963), *Wyszedł z domu* (1965), *Śmieszny staruszek* (1965), *Stara kobieta wysiaduje* (1968). Osobne miejsce zajmują: *Akt przerywany* (1964), *Przyrost naturalny. Biografia sztuki teatralnej* (1968) oraz inne minidramaty z tomu *Teatr niekonsekwencji* (1970). Najogólniej rzecz ujmując – krąg problemów, które interesują Różewicza w dramatach, daje się określić jako nieustanna konfrontacja dwu antynomicznie ułożonych kategorii: człowieka (jednostki) i świata współczesnego. Dramat rodzi się tylko w tej przestrzeni. Można by dostrzec w tym repetycję układu romantycznego, gdyby nie zasadnicze odwrócenie kierunku oddziaływania: bohater romantyczny buntował się, prowadził walkę ze światem, starał się go zmieniać, zmierzał do wyznaczonego celu, a nawet jeśli ponosił klęskę, to jego racje nie podlegały unieważnieniu. W dramacie, budowanym na takich założeniach, akcja (działania bohaterów) była najważniejszą zasadą konstrukcyjną. W dramatach Różewicza nie jednostka kształtuje świat, lecz świat jednostkę. Z tego filozoficznego założenia wynikają zmiany w konstrukcji bohaterów i w całej strukturze dramatu. Jeśli bohater nie wpływa na bieg wydarzeń, lecz podlega nieustannemu ciśnieniu zewnętrznemu, to zakwestionowana zostaje sama zasada akcji w dramacie, to jest uporządkowanego ciągu działań zmierzających do rozwiązania. Czy możliwy jest więc dramat i teatr bez akcji?

Bohaterzy w dramatach Różewicza rzeczywiście „nie działają": leżą w łóżku (*Kartoteka*), siedzą zwróceni plecami do siebie (*Świadkowie albo Nasza mała stabilizacja*), wspominają swoją przeszłość (*Spaghetti i miecz*), pozbawieni zdolności myślenia wegetują (*Wyszedł z domu*), w zamkniętym kręgu rodzinnym prowadzą niemądre rozmowy na temat sztuki, w której sens nie wierzą (*Grupa Laokoona*), bezsilni przyglądają się destrukcji świata (*Stara kobieta wysiaduje*). Najdalej owo sceniczne „niedziałanie" posunął Różewicz w *Akcie przerywanym*: głównego bohatera umieścił w łóżku (z nogą w gipsie) poza sceną i zażądał od teatru, aby na scenie przedstawił jego przeżycia. Z tej samej przekory wobec konwencji teatralnych zrodził się *Przyrost naturalny*, nie sztuka w tradycyjnym znaczeniu, lecz *Biografia sztuki teatralnej*. Jest w nim wyraźnie zaznaczona przestrzeń zamknięta, którą zaludnia coraz więcej ludzi, jest wywołane tym narastające napięcie, są mnożące się konflikty. Autor „zapomniał" napisać dialogów: pozostawił aktorom całkowitą swobodę improwizacji, byle ich kwestie były zgodne z zasadniczym założeniem utworu. *Akt przerywany* i *Przyrost naturalny* pozwalają na rozpoznanie ważnej warstwy znaczeń w dramatach Różewicza, współistniejącej z refleksją nad kondycją człowieka współczesnego, wpisanego w paradoksy i absurdy cywilizacji. Były w literaturze wiersze kwestionujące konwencje poezji, powieści rozpoznające właściwości gatunku, rzadziej – dramaty obnażające umowność i sztuczność w teatrze. Oczywiście trzeba pamiętać o *Sześciu postaciach w poszukiwaniu autora* Luigi Pirandella, o *Wstępie do teorii Czystej Formy w teatrze* Witkacego, o jawnie demonstrowanej umowności w dramatach Gombrowicza (zdanie z *Aktu przerywanego*: „Oddajmy co Witkacego Witkacemu, co Gombrowicza Witkacemu..."), ale w dramatach Różewicza trwa nieustanny spór z teatrem, z jego konwencjami. Jest to spór, który nie kwestionuje wartości sztuki teatralnej, zmusza natomiast do nowych poszukiwań, do stałego przezwyciężania utrwalonych konwencji. Pisarz stawia przed teatrem zadania pozornie niemożliwe do spełnienia: *Akt przerywany* jest ironicznie sformułowanym zadaniem „niemożliwym" – dramatem, którego bohater nie tylko nie działa, ale nie pojawia się na scenie.

Ta przekorna gra z konwencjami teatru widoczna jest już w *Kartotece*. Bohater reprezentuje pokolenie wojenne, ma jakąś przeszłość partyzancką, rodziców i krewnych, wspomnienia z dzieciństwa, pracuje, choć jego zawód nie jest jednoznacznie określony. Nie da się z tego stworzyć „biografii" pełnej, godnej „bohatera dramatu". Najważniejszym rekwizytem na scenie jest łóżko, realne „ale większe", przestrzeń sceniczna przedstawia sypialnię, ale po części poczekalnię dworcową, bo przewijają się przez nią postaci dramatu, zjawiające się nagle, bez zapowiedzi i uzasadnienia. Może więc wszystko, co się dzieje na scenie, jest jego snem, jak w *Ślubie* Gombrowicza? Ale nie mamy tej pewności: świat przedstawiony w utworze zostaje zawieszony między realnością a majakiem. Jeśli sen, to w następstwie wydarzeń byłby „porządek snu" z możliwością psychoanalitycznych interpretacji. Zdarzenia nie wiążą się ani na zasadzie przyczynowo-skutkowej, ani logiki sennej. Są tylko „kartoteką", izolowanymi zdarzeniami z życia, przywoływanymi przez pamięć. Tak pomyślany dramat konstytuuje sytuacja: wszystko przydarzyło się Bohaterowi wcześniej, ale to, co się przydarzyło, nie określa go, nie buduje jego osobowości. Jest „Żaden" – nie ma nawet imienia. W ten sposób powstał nowy porządek dramatu, którego zasadą jest niedziałanie. Wyeliminowanie akcji czy jej ograniczenie nabiera znaczenia: mówi bowiem o tym, jakie jest wnętrze człowieka współczesnego, który przeżył katastrofę wojenną, rozpad podstawowych wartości scalających życie ludzkie. W swojej „kartotece" przechowuje pojedyncze zdarzenia, osobne, wyizolowane, nie składające się w żadną sensowną całość. Pamięć określa sposób reagowania na wydarzenia współczesne: „leżenie" jest tu synonimem marazmu, wewnętrznej pustki.

Czy z pustki może powstać dramat? Czy świadomość i psychika człowieka współczesnego, stan jego destrukcji, wewnętrzna niespójność, rozpięcie między wczoraj i dzisiaj, mogą być przedstawione w dawnych konwencjach teatralnych? Jakie muszą być tego konsekwencje w sztuce – w dramacie i w teatrze? „Leżeniu" Bohatera towarzyszy dyskusja Starców. Tworzą oni, jak w dramacie antycznym, „chór", który komentuje działania Bohatera: znają przepisy na „dzieła dobrego smaku", zasady budowy dramatu. Komentarze Starców dotyczą nie tyle działań Bohatera, co tradycyjnie rozumianej poetyki gatunku. To, że Bohater śpi, wywołuje oburzenie Chóru: cóż to za bohater, jeśli nic nie robi? „Gadać mu się nie chce... Przecież on jest głównym bohaterem... A kto ma gadać". Kto więc jest winien rozpadu? Dlaczego tak się dzieje? Może, jak sądzi Starzec III, „czasy są niby duże, ludzie trochę mali"? Może w sztuce w ogóle przeżyły się dawne konwencje, umarł już dawny teatr, skończył się dramat jako gatunek literacki? Uczuciem dominującym w *Kartotece* jest nuda; nudzi się nawet, wobec zachowań Bohatera, Chór Starców: zabawia się wybieraniem ze słownika uporządowanych alfabetycznie wyrazów, śpiewaniem kołysanek. Sam Chór zdaje sobie sprawę, że jest w dramacie niepotrzebny – utracił rację bytu. Nie pomagają zachęty skierowane do Bohatera:

> Mów coś, rób coś
> posuwaj akcję
> w uchu chociaż dłub.
> . . . .
> Nic się nie dzieje.
> Co to znaczy?

Ostatnie pytanie, które stawiają strażnicy dawnych konwencji, ma więc podwójne znaczenie: dotyczy zachowań Bohatera, ale dotyczy także zasad dramatu współczesnego, którego tematem winno być „wypalone" wnętrze ludzi, dojmująca pustka i nuda. Paradoks teatru i dramatu współczesnego polega na tym, że to, co jest wynikiem rozpadu, stać się powinno „porządkiem" w sztuce. Chaos może być znaczący, podobnie jak „niedziałanie", „leżenie", „siedzenie".

Bohaterzy dramatów Różewicza najczęściej nie mają imion i nazwisk, określa ich w utworach rodzaj etykiety: On, Ona, Drugi, Trzeci, Ojciec, Kelner, Staruszek, Stara Kobieta. A jednak nie jest to redukcja osobowości, nie pojawiają się groteskowe marionetki, jak u Witkacego czy we wczesnej twórczości Mrożka. Są stale pod presją otaczającego ich świata, mają swoje odrębne rysy: nadmiar bodźców odbieranych z zewnątrz rodzi zamknięcie, izolację, osamotnienie.

Ów nadmiar bodźców określa sytuację wstępną w dramacie *Stara kobieta wysiaduje*. Cywilizacja współczesna produkuje tandetne wzorce zachowań. Kultura masowa tworzy nowe mity organizujące wyobraźnię zbiorową. Rozrasta się współczesny śmietnik jako wynik jej triumfalnego pochodu. W znaczeniu dosłownym w dramacie są to skrawki papieru, wycinki z gazet, które gromadzi z upodobaniem Kelner: owe gazetowe wycinki nie tylko zapełniają jego psychikę, tworząc bezsensowną papkę, ale także całą scenę, krajobraz. *Stara kobieta...* jest dramatem wieloznacznym: odczytanie jej jako dramatu o niszczeniu naturalnego środowiska byłoby jego trywializacją. Sensy głębsze kryją się w wyraźnych analogiach, w przywołaniach poprzez aluzje dawnych wzorów życia. O zgodności życia człowieka z prawami natury mówiły antyczne mity eleuzyjskie, przede wszystkim mit o Demeter i Korze, o cyklicznych powrotach i odejściach, o narodzinach i śmierci. Demeter, grecka bogini płodności, której Hades uprowadził córkę do krainy zmarłych, wyprosiła u Zeusa zgo-

Stara kobieta wysiaduje

dę, by Kora (Persefona) część roku spędzała z matką na ziemi, część zaś w królestwie Hadesa. Coroczne powroty Persefony oznaczały wiosnę, narodziny życia. Wyznaczały odwieczny porządek świata, rytm jego przemian. Stara Kobieta w dramacie Różewicza jest Matką ziemi, płodności. Towarzyszy jej, jak w micie antycznym, orszak: Dziewczyna (po grecku – Kora) i Młodzieniec. To jemu Demeter przekazuje ziarno, zawierające tajemnicę życia. Ale współczesna Demeter jest Starą Kobietą, bezradną, brudną, żarłoczną. Nie może rodzić, nie chce też rodzić Dziewczyna. Na wielkim śmietniku, gdzie trwają przygotowania do nowej wojny, Parki wiodą spór o życie Młodzieńca. W świecie współczesnym naruszony został odwieczny porządek, zapisany w micie o Demeter i Korze. Przywołajmy wyznanie Starej Kobiety:

> Wszystkiego się teraz boją. Głupcy. Cukrru, cukrru. Wszyscy powinni rodzić, i Greta Garbo, i Sartre, i Bertrand Russel, i kardynał Ottaviani, i Salvadore Dali, i Picasso, i generał de Gaulle, i Mao, i Rusk... wszyscy... wszyscy... bez względu na wiek, rangę, płeć i światopogląd.

Jest to moment w dramacie, w którym to, co realne, staje się alegorią czy metaforą. Stara Kobieta, współczesna Demeter, oznacza także naszą starą Europę, jej kulturę, która nie jest zdolna do wytworzenia nowych wzorców życia, może tylko „wysiadywać". Mądra Demeter jest bezradna: kultura masowa, ze swoimi mitami – mitem gwiazdy filmowej, wiecznej młodości, jednostronnie rozumianej miłości – przyczynia się do zatraty instynktu życia, rozumienia jego praw i reguł. Mity współczesnej kultury masowej powodują, że czujemy się bezradni w chwilach cierpienia, przerażeni przemijaniem i śmiercią.

Proza w latach 1955–1968

Proza dojrzewa wolniej, rodzi się nie z reakcji emocjonalnych, lecz z refleksji intelektualnej, jest ponadto ze swej natury niejako bliższa rzeczywistości, skazana na jej rozpoznanie. Przełom lat 1955–1958 nie ma w niej, zwłaszcza w rozwiązaniach artystycznych, tak wyrazistych cech, jak w poezji i dramacie. Uległa ona zresztą w okresie stalinowskim najgłębszym deformacjom, bo doktryna realizmu socjalistycznego dotyczyła bezpośrednio sposobów fabulacji świata. Stąd też jej skutki widoczne są najwyraźniej w powieściach, opowiadaniach i filmach. Nie bez znaczenia jest też to, że typ prozy realistycznej przeważał u nas w Dwudziestoleciu, a także bezpośrednio po wojnie. Proza eksperymentu artystycznego istniała oczywiście, ale w odbiorze społecznym wywoływała raczej zdziwienie niż zaciekawienie. Inaczej było w Europie i w Ameryce. Na prozę XX wieku oddziałały inspiracje psychologiczne w dwu przeciwstawnych formułach – psychoanalizy i behawioryzmu. Dały znać o sobie także u nas, ale nie naruszyły podstawowego wzorca powieści realistycznej, wywiedzionego z XIX wieku. Utrwaliła go dyskusja na temat realizmu w pierwszych latach powojennych. Ominęły więc nas gorące spory na temat czasu w powieści, toczące się we Francji w latach czterdziestych, istotne w rozumieniu relacji między rzeczywistością a światem przedstawionym w utworach, ominęły także – jako konsekwencja inspiracji psychoanalitycznych – eksperymenty w zakresie technik narracyjnych, których istotą było zakwestionowanie samej możliwości obiektywnego, a jak chcieli naturaliści – ścisłego, „naukowego" odtwarzania świata w utworze literackim, a także samego istnienia gatunku; dyskutowano bowiem o kryzysie powieści, o jej śmierci.

Proza polska w okresie przełomu lat 1955–1958 uwalniała się od dokryny realizmu socjalistycznego, miała jednak ograniczone możliwości odwołań i przeciwstawień. Widać to wyraźnie w twórczości pisarzy starszych, debiutujących jeszcze w Dwudziestoleciu (Jarosław Iwaszkiewicz, Jerzy Andrzejewski, Hanna Malewska, Tadeusz Breza), także – nieco młodszych, zaczynających swą twórczość zaraz po wojnie (Kazimierz Brandys, Stanisław Dygat, Stanisław Zieliński), a nawet należących do pokolenia wojennego (Tadeusz Konwicki, Jan Józef Szczepański, Stanisław Lem, Bohdan Czeszko, Roman Bratny, Leopold Tyrmand), i najmłodszych (Marek Hłasko, Władysław Lech Terlecki, Marek Nowakowski, Bogdan Wojdowski, Włodzimierz Odojewski, Aleksander Minkowski, Maciej Patkowski). Poza Leopoldem Buczkowskim (po *Czarnym potoku* wydał *Dorycki krużganek*, 1957; opowiadania *Młody poeta w zamku*, 1959; powieści: *Pierwsza świetność*, 1966; *Uroda na czasie*, 1970; *Kąpiele w Lucca*, 1974) nie było w prozie krajowej w tych latach twórców podejmujących samodzielny eksperyment artystyczny. Uwolnienie się od doktryny realizmu socjalistycznego dokonywało się więc na zasadzie poszukiwań „innego realizmu". W twórczości Iwaszkiewicza taką próbą była kontynuacja pracy nad *Sławą i chwałą*, której pierwszy tom powstał jeszcze w 1949 roku (wydany w 1956), wielką powieścią epicką, będącą w zamiarze autora kontynuacją obrazu polskiego społeczeństwa z *Nocy i dni* Marii Dąbrowskiej. Jerzy Andrzejewski w opowiadaniach z tomu *Złoty lis* (1955) i w opowieści *Ciemności kryją ziemię* (1957) próbował wracać do prozy psychologicznej, a równocześnie – niejako na przeciwnym biegunie – sprawdzał możliwości paraboli historycznej; w obu przypadkach nie było to jednak pełne zerwanie z tradycją prozy realistycznej.

W *Matce Królów* Kazimierz Brandys sprawdzał możliwości odrodzenia realizmu przez sięgnięcie do znaczącej w Dwudziestoleciu prozy środowiskowej, penetrującej życie najniższych warstw społeczeństwa. W krytyce literackiej tego czasu pojawiło się hasło: „Na Powiśle, literaturo!". Próba restytucji programu przedwojennej grupy Powiśla miała być rodzajem remedium na schorzenia realizmu w okresie stalinowskim. Wyjście z centrum na przedmieścia wiązało się z odkrywaniem nędzy ludzkiej, przeczyło obowiązkowemu optymizmowi „budów socjalizmu". Ta penetracja peryferii, nie tylko topograficznych, ale i społecznych, kwetionowała arkadyjskie wizje ideologów, podstawowe sensy socjalistycznej utopii społecznej. Zarówno *Zły* (1955) Leopolda Tyrmanda, jak opowiadania Marka Nowakowskiego z tomu *Ten stary złodziej* (1958), a także Marka Hłaski z tomu *Pierwszy krok w chmurach* (1956) wiążą się ściśle z wiarą w znaczenie prozy środowiskowej. Dopełnieniem byłaby proza afabularna, reportażowa, ale musiałoby w niej dojść do przekroczenia granic wyznaczonej wówczas swobody twórczej. Tom reportaży *Kocie łby* (1956) Władysława Lecha Terleckiego był pewnym, bardzo zresztą ostrożnym, wyjątkiem. „Peryferyjna prawda", naznaczona fikcją, okazywała się do przyjęcia.

Inną możliwość wyjścia z pułapki realizmu socjalistycznego otwierała groteska. Miała ona rzetelne osadzenie w tradycji literackiej Dwudziestolecia – nie tylko w prozie, lecz także w poezji i dramacie. Opowiadania Stanisława Zielińskiego z tomów *Kalejdoskop* (1955), *Stara szabla* (1957) i *Statek zezowatych* (1959) budują groteskę niejako w obrębie szeroko rozumianej formuły realizmu; przeważają w niej funkcje satyryczne, absurd nie wyklucza całkowicie życiowego prawdopodobieństwa. Inaczej jest w powieści satyrycznej Sławomira Mrożka *Maleńkie lato* (1956) i w opowiadaniach z tomów *Słoń* (1957) i *Wesele w Atomicach* (1959): groteska, będąca zawsze deformacją rzeczywistości, przeczy życiowemu prawdopodobieństwu, buduje świat irrealny, groźny w swej absurdalności. Groteska jest konwencją, sposobem budowania świata przedstawionego w utworze, ale i światopoglądem wyrażającym niezgodę twórcy na obowiązujący porządek społeczny. Elementy groteski, nie tak wyrazistej jak u Zielińskiego czy Mrożka, odnaleźć możemy w prozie Stanisława Dygata (*Słotne wieczory*, 1957; *Podróż*, 1958; *Disneyland*, 1965), zwłaszcza w jego opowiadaniach i felietonach. W latach sześćdziesiątych groteska, zmieniając swoje funkcje, staje się jedną z wyrazistych cech literatury polskiej. Kryje się w niej zapewne próba obejścia zakazów, które w przypadku bezpośredniego przetwarzania rzeczywistości w fabuły byłyby ostre, wręcz bezwzględne.

Najmniej ciekawa w latach 1955–1958 jest „proza obrachunkowa", dokonująca oceny nie całego systemu, lecz jego deformacji, skutków, jak rzecz enigmatycznie nazywano, „kultu jednostki". Proza tego typu nie przekraczała właściwości literatury doraźnej, użytkowej: nie mieliśmy naszej *Odwilży*, głośnej wówczas powieści Ilji Erenburga. „Rozrachunkowe" powieści Jerzego Putramenta (*Pasierbowie*, 1963; *Małowierni*, 1967; *Bołdyn*, 1969) zatrzymują się na wytykaniu wad ludzi z „aparatu władzy" (nieufność i podejrzliwość, oportunizm, karierowiczostwo, arbitralne podejmowanie decyzji, „kult jednostki"). Rozrachunkowa, głośna powieść Romana Bratnego – *Kolumbowie. Rocznik 20* (1957) – była utworem znaczącym ze względu na podjęcie wcześniej zakazanego tematu skomplikowanych losów pokolenia wojennego. Ale w późniejszych kontynuacjach (*Szczęśliwi torturowani*, 1959; *Śniegi płyną*, 1961; *Brulion*, 1962; *Nauka chodzenia*, 1965; *Życie raz jeszcze*, 1967; *Ile jest życia*, 1971; *Losy*, 1973) fabuły stają się coraz bardziej schematyczne, postaci pozbawione głębszej motywacji psychologicznej, konflikty mają swe uzasadnienia w grach politycznych, niepozbawionych elementów skandalu i sensacji. Model powieści popularnej tego czasu miał kilka odmian: powieść quasi-polityczną, powieść przygodowo-historyczną (niekiedy w dobrym wydaniu, jak w przypadku Karola Bunscha), a także fantastyczno-naukową. Z tą odmianą wiążą się wczesne próby powieściowe Stanisława Lema (*Człowiek z Marsa*, powieść pisana w czasie wojny, opublikowana w tygodniku „Nowy Świat Przygód", 1946, *Astronauci*, 1951). Tajemnicą Lema w późniejszej twórczości pozostaje przede wszystkim umiejętność przekroczenia ograniczeń powieści popularnej, jej horyzontów intelektualnych.

Nowatorstwo naszej prozy w okresie przełomu było więc wyraźnie ograniczone. Nie mogło się spełnić przez magiczne zaklęcia, widoczne zwłaszcza w twórczości Aleksandra Minkowskiego (*Błękitna miłość*, 1958; *Nigdy na świecie*, 1959; *Wahania*, 1959), Macieja Patkowskiego (*Skorpiony*, 1959; *Harmonijka*, 1959), Magdy Lei (*Umiejętność krzyku*, 1957; *Histeryczka*, 1959), Eugeniusza Kabatca (*Pijany anioł*, 1957; *Za dużo słońca*, 1959), odmieniające przez wszystkie przypadki słowo „nowoczesność". Młodzi nieszczęśliwi bohaterzy w tych utworach pragną się wyrwać ze swych środowisk, marzą o podróżach, o przeszklonych portach lotniczych, o wolności; buntują się, ale ich bunt ma uzasadnienie wyłącznie emocjonalne. Są sentymentalni i naiwni, jakby żywcem wyjęci z dawnego romansu.

Odmianą poszukiwań tematycznych były próby rewindykacyjne i reinterpretacyjne. Polegały one na ponownym podejmowaniu tematów, już wcześniej opracowanych, ujętych fałszywie, tendencyjnie zniekształconych. Dotyczyło to zwłaszcza trzech tematów – obrazu Dwudziestolecia w prozie powojennej, klęski wrześniowej i wojny oraz oceny młodzieży akowskiej i powstania warszawskiego. Odniesieniem właściwym była cała grupa wcześniejszych utworów, by wymienić tylko *Między wojnami* Kazimierza Brandysa, *Mury Jerycha* Tadeusza Brezy, *Pamiątkę z Celulozy* Igora Newerlego, *Wrzesień* Jerzego Putramenta, *Dni klęski* Wojciecha Żukrowskiego, *Popiół i diament* Jerzego Andrzejewskiego. Te próby rewindykacji i reinterpretacji widoczne są w podjęciu dalszej pracy nad *Sławą i chwałą* przez Jarosława Iwaszkiewicza, w *Polskiej jesieni* (1955) Jana Józefa Szczepańskiego, w *Kolumbach. Rocznik 20* Romana Bratnego i w innym już kontekście – w *Głosach w ciemności* (1956) Juliana Stryjkowskiego.

Poszukiwania twórców, jeśli zmierzalibyśmy do uogólnienia, skupiały się przede wszystkim na wynajdywaniu nowych tematów, uwolnieniu się od obowiązkowej „prozy produkcyjnej", od „bohatera kolektywnego" („załogi", „kolektywu"), od „konieczności dziejowej", uzasadniającej nieuchronność zwycięstwa komunizmu, a także od „walki klasowej" jako głównej siły sprawczej porządkującej fabuły powieściowe. To bardzo dużo. Ale równocześnie za mało, aby powstała proza prawdziwie nowoczesna. W jej model wpisany jest jako warunek konieczny – eksperyment artystyczny. Niszczące skutki doktryny realizmu socjalistycznego przejawiły się w ograniczeniu prawa twórcy do eksperymentu. Niewiele można było uzyskać przez odkrywanie nowych tematów. Powieści i opowiadania znacznej części debiutantów są równie schematyczne, jak ich poprzedników: ludzie dzielą się na złych i dobrych, charaktery na „czarne" i „białe", sytuacje są zawsze kontrastowe. Zmienia się tylko sama zasada wartościowania: co było dawniej „czarne", jest teraz „białe". Jest to widoczne nie tylko w *Złym* Tyrmanda, w opowiadaniach Marka Nowakowskiego, lecz także w opowiadaniach Marka Hłaski – również z tomów *Cmentarze* i *Następny do raju* (Paryż 1958). Proza debiutantów jest bezradna w przedstawianiu bardziej skomplikowanych przeżyć wewnętrznych postaci. Brakło im elementarnej wiedzy z psychologii. W tym zakresie opierali się na intuicji, na wiedzy potocznej. O człowieku i jego wnętrzu więcej wiedzieli realiści XIX wieku, choć wspierali się tylko na psychologii retrospektywnej, objaśniającej cudze reakcje na zasadzie analogii do własnych sposobów przeżywania.

Dodajmy i dalszą komplikację: proza emigracyjna, poza *Doliną Issy* (1955) Czesława Miłosza, *Obozem Wszystkich Świętych* (1957), *Synem zadżumionych* (1959) Tadeusza Nowakowskiego i *Końcem „Zgody Narodów"* (1955) Teodora Parnickiego, nie przyniosła w tych latach dzieł wybitnych, związanych z renowacją tradycyjnych gatunków prozy fikcjonanej. Rozwijała się natomiast proza afikcjonalna – wspomnienia, dzienniki, eseje, reportaże podróżnicze. W 1957 roku ukazuje się część I *Dziennika* Witolda Gombrowicza (drukowanego wcześniej od 1953 roku w nieco innej wersji na łamach paryskiej „Kultury"); Jerzy Stempowski wydaje *Eseje dla Kassandry* (Paryż 1961), Czesław Miłosz *Rodzinną Europę* (Paryż 1959), Zygmunt Haupt *Pierścień z papieru* (Paryż 1963), Andrzej Bobkowski *Szkice piórkiem* (Paryż 1957). Znaczące opowiadania i powieści ukazały się nieco później – już w latach sześćdziesiątych. Chodzi o opowiadania Gustawa Herlinga-Grudzińskiego (*Skrzydła ołtarza*, Paryż 1960; *Drugie przyjście oraz inne opowiadania i szkice*, Paryż 1963), o nowe powieści Witolda Gombrowicza (*Pornografia*, Paryż 1960; *Kosmos*, Paryż 1965).

W krytyce literackiej lat 1955–1958 trwa dyskusja na temat „kryzysu powieści", a szerzej – kryzysu prozy fikcjonalnej. Powodem było niespełnienie nadziei związanych z debiutami młodych twórców. I to nie oni kształtowali charakter naszej prozy w latach sześćdziesiątych, lecz pisarze starszych generacji: Iwaszkiewicz, Andrzejewski, Parnicki, Adolf Rudnicki, Kazimierz Brandys, Leopold Buczkowski, Stryjkowski, Konwicki. Z młodszych, nieco później, znacząca stała się proza Tadeusza Nowaka, Władysława Lecha Terleckiego i Włodzimierza Odojewskiego. Ale wcześniej dokonać się musiało jej wewnętrzne unowocześnienie. Stało się to jednak nie za sprawą samodzielnych eksperymentów artystycznych (wyjątkiem jest tu znów Leopold Buczkowski), lecz adaptacji technik pisarskich i koncepcji artystycznych wypracowanych wcześniej na Zachodzie. Adaptacja nie wykluczała prawdziwych zdobyczy warsztatowych, była zapewne koniecznością w przezwyciężaniu ograniczeń narzuconych przez doktrynę realizmu socjalistycznego, ale naznaczała naszą prozę fikcjonalną pewnym rysem wtórności. Z trudem, inaczej niż poezja i dramat, przekraczała granice polskiej osobności i izolacji.

Ważne były przede wszystkim zmiany technik narracyjnych: w miejsce wywiedzionej z realizmu dziewiętnastowiecznego narracji trzecioosobowej, obiektywizującej samo przedstawienie rzeczywistości, w realizmie socjalistyczym zdeformowanej obowiązkowym „zaangażowaniem" pisarza, odzyskiwała swe prawa narracja personalna. Niosła ona z sobą subiektywizację świata przedstawionego: w utworach nie chodziło już o „rzeczywistość jaka jest" (a raczej: jaka powinna być), lecz raczej o to „jak ja widzę rzeczywistość". Owa subiektywizacja świata przedstawionego, konsekwencja rozwoju prozy XX wieku, negowała postulaty realizmu socjalistycznego, unieważniała jednak także część sporów i dyskusji na temat realizmu, toczonych zaraz po wojnie. Szczególnym przypadkiem nałożenia się na siebie dwu sprzecz-

Nowe techniki narracyjne

nych tendencji – obiektywizacji i subiektywizacji – są *Rojsty* (1956) Tadeusza Konwickiego. Narracja pierwszoosobowa w tej powieści, wykorzystującej elementy autobiograficzne, ma postać szczególną: bohater – narrator nie mówi o swoich przeżyciach wewnętrznych, rejestruje przede wszystkim swoje zachowania, niejako „patrzy na siebie z zewnątrz", jest behawiorystą, obserwatorem. Warto przypomnieć, że powieść ta powstała w 1948 roku; w jej technice narracyjnej pozostają ślady marzeń o nowym realizmie. Opowiadania Kazimierza Brandysa *Wywiad z Ballmayerem* (1959), *Sobie i państwu* (1959), *Romantyczność* (1960), *Jak być kochaną* (1960) niosą z sobą, wyrażaną pośrednio, refleksję na temat różnych możliwości narracji personalnej: monologu wewnętrznego, konfrontowanego z wypowiedzią adresowaną do rozmówcy, w którym ujawniają się dwie prawdy o świecie: pomyślana, wewnętrzna, i wypowiedziana – modyfikowana ze względu na osobę rozmówcy. *Listy do pani Z.* (1958–1962), przekraczając granice prozy fikcjonalnej, w sensie gatunkowym bliskie esejowi czy szkicowi literackiemu, odwołują się do innej formy narracji zsubiektywizowanej – powieści epistolarnej.

Jarosław Iwaszkiewicz przyswoił literaturze polskiej w opowiadaniu *Wzlot* (1959) odmianę narracji personalnej, zwanej monologiem wypowiedzianym, przypisywanej Albertowi Camusowi. Opowiadanie ma wyraźne cechy dialogu czy sporu z *Upadkiem*. Przejmuje jednak jego technikę narracyjną: monolog narratora (i bohatera) jest adresowany do anonimowego i „niemego" słuchacza, który jednak swoim zachowaniem, gestami lub mimiką wpływa na sam tok wypowiedzi. Najważniejsza w tej strukturze jest wyraźnie zaznaczona sytuacja narracyjna: stan psychiczny bohatera, wyzwalający jego niekontrolowaną szczerość. Narracja pod wpływem napięć i emocji bywa chaotyczna, bezładna. Znaczące jest nie tylko to, co narrator mówi, ale i jak mówi: monolog wypowiedziany zachowuje więc cechy indywidualne języka postaci, a także właściwości języka mówionego. Dalszym krokiem w tym kierunku było w opowiadaniu *Kochankowie z Marony* (1961) – ukształtowanie całej narracji na wzór języka mówionego, w istocie slangu młodzieżowego. Ale Iwaszkiewicz nie tyle „unowocześnia" swoją prozę na tej drodze, co sprawdza możliwości nowych technik narracyjnych. W *Sławie i chwale* (1956–1962) pozostaje wierny tradycji wielkiej epiki powieściowej, modyfikuje jednak samą narrację poprzez zasadę opowiadania z perspektywy różnych postaci. Narrator wszechwiedzący rezygnuje z części swoich uprawnień, przyjmuje punkt widzenia bohaterów. Zasada ta ma swoje głębokie osadzenie w tradycji epickiej, była jednak „odnowieniem" narracji zdegenerowanej przez realizm socjalistyczny.

W prozie Konwickiego, po *Rojstach*, w *Dziurze w niebie* (1959), w *Senniku współczesnym* (1963) odświeżenie technik narracyjnych wiąże się ściśle z pewną grą – z zapisem reakcji bohaterów i narratorów, wyposażanych w pewne elementy biografii autora, oczywiście przetworzone, poddane prawom artystycznej kreacji. Na takiej zasadzie *Dziura w niebie* kreuje świat dzieciństwa, a *Sennik współczesny* scala doświadczenia partyzanckie bohatera z jego powojennymi losami. *Sennik współczesny*, jedna z najlepszych powieści Konwickiego, wprowadza w obręb utworu refleksję nad kategoriami podstawowymi gatunku – czasem i przestrzenią. Ich ukonstytuowaniu służy różnorodność i zmienność technik narracyjnych. Mamy bowiem w powieści narrację trzecioosobową i pierwszoosobową, a także narrację w drugiej osobie, prowadzoną w czasie przeszłym, teraźniejszym, a nawet przyszłym. To, co „teraźniejsze", bliskie momentowi rozpoczęcia opowiadania, przedstawione zostaje w czasie przeszłym; to, co przywołane zostaje z przeszłości, co stanowi główną treść życia wewnętrznego bohatera, sferę jego świadomości i podświadomości, opowiedziane zostaje w czasie teraźniejszym i „przyszłym". Taka stratyfikacja narracji, celowa, objaśnia podstawową ideę utworu – niemożliwość wyzwolenia się z przeszłości ludzi należących, jak sam Konwicki, do pokolenia wojennego.

Nowe techniki narracyjne, przyswajane naszej prozie w latach sześćdziesiątych, głęboko zmodyfikowały samo pojęcie realizmu: świat przedstawiony w utworach zależał od jednostkowej świadomości narratorów, także od świadomości postaci, które, wobec ograniczonej i subiektywnej wiedzy narratora, stawały się jego równorzędnymi partnerami. Narracja powieściowa z wypowiedzi monologowej narratora (dialogi były tylko przywołaniami, „cytatami") zmieniała się w wielogłosową. Istotne w tym zakresie było językowe ukształtowanie owej wielogłosowości. To, co w utworze fabularnym nazywamy kreacją artystyczną, a więc sama fabuła, postacie literackie, tło społeczne i historyczne wydarzeń, poszerzone zostało o kreowanie języków, odwołujących się do różnych odmian polszczyzny, głównie polszczyzny mówionej. Nie chodzi już tylko o archaizacje czy gwaryzacje, lecz o eksponowanie indywidualnych sposobów werbalizacji świata. W tym bowiem jak mówimy, a nie tylko – co mówimy, kryje się zawsze jakaś wersja rzeczywistości, rezultat subiektywnego poznania. Świat przedstawiony w utworze okazywał się w swej warstwie podstawowej – tworem językowym. Narrator nie mówił już językiem autora, nie mógł korzystać z jego autorytetu, tracił swoją przewagę nad współwystępującymi postaciami, musiał liczyć się z ich „językami". Z powieści i opowiadań znikała pewność i jednoznaczność wiedzy o świecie, znikała także sama możliwość ferowania ostatecznych wyroków.

Zdobyczą rzetelną prozy w latach 1955–1968 było przede wszystkim stałe poszerzanie eksploracji życia zbiorowego. Wspomnieliśmy już o utworach podejmujących ponownie tematykę wojenną – klęski wrześniowej, samej wojny, wojennych i powojennych losów żołnierzy AK. Utwory Jana Józefa Szczepańskiego (*Polska jesień*), Romana Bratnego (*Kolumbowie. Rocznik 20*), Tadeusza Konwickiego (*Rojsty*, *Sennik współczesny*), Bohdana Czeszki (*Tren*, 1961), Tadeusza Nowaka (*A jak królem, a jak katem będziesz*, 1968) przynosiły inne oświetlenie wydarzeń, negowały ich wcześniejsze zideologizowane i upolitycznione interpretacje. Oczywiście pozostawały nadal tematy „tabu" – zbrodnia katyńska, wojenne losy Polaków w Związku Radzieckim. Podstawowe ustalenia w tym zakresie przyniosła jednak wcześniej proza emigracyjna.

Powieść historyczna

Rewizjonizm, choć ograniczony, miał szersze znaczenie: wiązał literaturę z historią, wyznaczał jej powinności w kształtowaniu świadomości zbiorowej. Było to więc, podobnie jak w poezji, wpisywanie człowieka współczesnego w kulturę, w historię, a nie tylko wiązanie go z teraźniejszością, z jedną ideologią. To przywracanie pamięci przyniosło rozwój powieści historycznej w różnych jej odmianach. W twórczości Hanny Malewskiej (*Przemija postać świata*, 1954; *Sir Tomasz More odmawia*, 1956; *Opowieść o siedmiu mędrcach*, 1959; *Panowie Leszczyńscy*, 1961) szeroka analiza historii greckiej i rzymskiej, angielskiej i polskiej – zmierza do określenia roli jednostki w przemianach, zwłaszcza w momentach przełomowych, kiedy uzewnętrzniają się sensy etyczne postaw jednostkowych. Jej *Listy staropolskie z epoki Wazów* (1959) zdawały się zapowiadać rezygnację z fikcji literackiej na rzecz dokumentu, zaś *Labirynt. LLW, czyli Co się może wydarzyć jutro* (1970) otwiera inną możliwość – swoistej odmiany nadfikcji, wywiedzionej z przeszłości, pozwalającej przewidywać bieg przyszłych wydarzeń – w tej powieści chodzi o przyszłe losy cywilizacji śródziemnomorskiej. Inną wersję powieści historycznej, wyrastającej z tradycji Sienkiewicza, przynosi twórczość Karola Bunscha. Kontynuuje on od 1945 roku za pomocą powieści popularyzację historii (*Dzikowy skarb*, 1945; *Ojciec i syn*, 1946), adresuje swoje utwory do czytelników, których w fabułach interesują: przygoda, nagłe zmiany biegu wydarzeń, zwycięstwa szlachetnych i klęski złych ludzi. Jeśli bohaterowie ponoszą klęski, to po ich stronie jest zawsze zwycięstwo moralne. Taki charakter mają utwory powstające po 1956 roku: *O Zawiszy Czarnym* (1958), *Wywołańcy* (cz. II *Wawelskich wzgórz*, 1958), *Rok tysięczny* (1961).

Osobne miejsce w przemianach powieści historycznej zajmuje twórczość Teodora Parnickiego.

Brak zaufania do fikcji literackiej, kłopoty z pogodzeniem jej z prawdą historyczną, towarzyszyły tej odmianie gatunku w całym XIX wieku, kiedy konstytuowały się jego zasady. Z niemożliwości pogodzenia „prawdy" i „fikcji" rodziły się próby dokumentalnej powieści historycznej (taki charakter mają *Panowie Leszczyńscy* Hanny Malewskiej). Przekroczenie granic powieści przyniosły eseje historyczne. Różnią się one od rozpraw i prac historyków swobodą w stawianiu hipotez, niepełną lekcją krytyczną źródeł, przede wszystkim jednak artystycznie ukształtowaną narracją, operującą zasadami niespodzianki, wyraźnie zaznaczonymi wewnętrznymi pointami, analogiami w argumentowaniu, a w języku – porównaniami i metaforami. Z tych powodów eseje historyczne Pawła Jasienicy, nazywane opowieściami bądź esejami, należą do literatury pięknej. *Polska Piastów* (1960), *Myśli o dawnej Polsce* (1960), *Słowiański rodowód* (1961), *Polska Jagiellonów* (1963), *Trzej kronikarze* (1964), *Ostatnia z rodu* (1965), *Rzeczpospolita Obojga Narodów* (1967–1972) upowszechniły i uprawomocniły tę odmianę pisarstwa historycznego. Było to także zasługą Mariana Brandysa. Wychodził od reportażu, ale już tom *O królach i kapuście* (1959) dotyczący przeszłości i teraźniejszości miast i miasteczek polskich, zapowiadał zainteresowanie historią. Z pasji reportera wynikało nie tylko rozpoznawanie źródeł, lecz także poszukiwanie śladów przeszłości, istniejących współcześnie. Opowieści i eseje Brandysa mówią o postaciach i zdarzeniach z przeszłości, równocześnie jednak, już z perspektywy autorskiej, mówią także o samym powstawaniu utworów. Zainteresowania Mariana Brandysa skupiają się na czasach napoleńskich, a także na losach i postawach uczestników wydarzeń po klęsce zrodzonych wówczas nadziei. *Nieznany książę Poniatowski* (1960), *Oficer największych nadziei* (1964), *Kłopoty z panią Walewską* (1969) i dwa wielkie cykle *Kozietulski i inni* (1967) oraz *Koniec świata szwoleżerów* (1972–1979) składają się razem na barwny fresk historyczny, o poplątanych wątkach, dotykający jednak postaw polskich w wieku XIX, które korzeniami swymi tkwiły w klęskach i rozczarowaniach tamtego pokolenia.

Osobne miejsce w poszerzaniu kręgu tematów powieściowych przypada grupie pisarzy wywodzących się ze wsi, z klasy chłopskiej, określających swoją odmienność poprzez odwołania do kultury ludowej, a także do tradycji chłopskiego ruchu literackiego, wyraźnie zaznaczającego się w naszej literaturze już na przełomie XIX i XX wieku, w pełni ukształtowanego jako pewien typ ideologii literackiej w Dwudziestoleciu. Istniały wówczas chłopskie czasopisma literackie, rady-

Nurt chłopski

kalne i konserwatywne, powstawały grupy pisarzy wokół pism „Okolica Poetów", „Wieś, Jej Pieśń" i „Nowa Wieś". Współtwórcami programu literackiego byli m.in. Stanisław Młodożeniec, Stanisław Czernik i Marian Czuchnowski. „Nurt chłopski" w literaturze lat sześćdziesiątych (określenie Henryka Berezy) nie jest produktem bezpośrednim układu politycznego, w którym partia chłopska uchodziła za „współrządzącą". Pisarze tego nurtu nie tworzyli powieści politycznych, nie wyrażali bezpośrednio interesów ugrupowania, choć nie odżegnywali się od związków z chłopskim ruchem politycznym. Warto tu dodać, że po wojnie dość szybko zlikwidowano Oddział Wiejski Związku Zawodowego Literatów Polskich, a chłopscy pisarze z Dwudziestolecia, podejrzani o sympatie dla Mikołajczyka, przedwojennego Związku Młodzieży Wiejskiej „Wici", Solarza i agrarystów, nie znaleźli się „na pierwszej linii walki o socjalistyczną literaturę". Jedni, jak Wincenty Burek, zamilkli, inni, jak Stanisław Młodożeniec i Marian Czuchnowski, pozostali na emigracji; nie mogli odnaleźć swego miejsca w literaturze krajowej Stanisław Piętak i Stanisław Czernik. Nurt chłopski w literaturze lat sześćdziesiątych był więc pochodną określonej tradycji literackiej, głębokich procesów demokratyzacji naszej kultury, niezależnych od przemian ustrojowych, widocznych od końca XIX wieku, a także raczej nieprzewidywanym rezultatem powszechnej i masowej edukacji młodzieży wiejskiej. Bo „nurt chłopski" w literaturze nie jest w istocie nurtem chłopskim, lecz inteligenckim. Tworzyli go wychodźcy ze wsi, którzy nie w życiu, lecz w literaturze „powracali na wieś". Stawiali drażliwe pytania o cenę, jaką wypadło zapłacić za awans społeczny, rozpoznawali odmienność psychiki i wyobraźni chłopskiej, odnajdywali w zanikających resztkach kultury ludowej ciągle znaczące źródła kultury ogólnonarodowej. Różnili się zasadniczo od swych poprzedników z Dwudziestolecia: nie interesowały ich odmienności chłopskiej literatury klasowej, problemy krzywdy i upośledzenia społecznego, nie interesowała jako środek artystycznego wyrazu stylizacja gwarowa. Mieli pełną świadomość, że współtworzą literaturę narodową, a nie ludową – pisaną przez chłopów i dla chłopów.

Powieści i opowiadania Juliana Kawalca: *Ścieżki wśród ulic* (1957), *Ziemi przypisany* (1962), *Zwalony wiąz* (1962), *W słońcu* (1963), *Tańczący jastrząb* (1964), *Szukam domu* (1968), *Wezwanie* (1968), *Przepłyniesz rzekę* (1972) przynoszą przenikliwe studia psychiki chłopskiej, głównie ludzi starych, zagubionych w nowej rzeczywistości, a także tych, którzy wychodząc ze wsi, nie odnaleźli swojego miejsca w nowych środowiskach. Cechą szczególną opowiadań i powieści Kawalca jest specyficzna, niespieszna, drążąca w głąb narracja. Wielkie monologi jego bohaterów, pełne obsesyjnych powtórzeń, szczegółowych przypomnień miejsc i rzeczy opuszczonych, upartych powrotów do zdarzeń z przeszłości, do surowych reguł życia wiejskiego, utrwalonych w obyczajach, w relacjach rodzinnych, w samej zmienionej prawie w rytuał pracy, dalekie są od arkadyjskich mitów „wsi spokojnej". Ich prawda, często drapieżna i demaskatorska, rekonstruuje nie tylko jasne, ale i ciemne strony psychiki chłopskiej – ma wymiar egzystencjalny: los chłopski jest losem ludzkim równocześnie.

W innym kierunku podążał w swoich opowiadaniach i powieściach Tadeusz Nowak. Jego utwory, odrębne w swej poetyce, zajmują znaczące miejsce w prozie lat sześćdziesiątych. Wprawdzie pod koniec tego okresu „nurt chłopski" tracił swoją odrębność, ale z niego wyrasta, wyzwalając się od właściwych mu ograniczeń, twórczość Wiesława Myśliwskiego. Zapowiadały niezwykłość jego prozy wczesne powieści: *Nagi sad* (1967) i *Pałac* (1970). Nurt chłopski współtworzyli: z pisarzy starszych, prócz Czernika (*Wichura*, 1958; *Ręka*, 1963) i Piętaka (*Matnia*, 1962; *Odmieniec*, 1964; *Plama*, 1963) – Józef Morton (*Wielkie przygody małego ancykrysta*, 1959; *Mój drugi ożenek*, 1961; *Wielkie kochanie*, 1970), Henryk Worcell (*Najtrudniejszy język świata*, 1965; *Pan z prowincji*, 1973) i Wilhelm Mach (*Jaworowy dom*, 1954; *Życie duże i małe*, 1959); z młodszych – Marian Pilot (*Panny szczerbate*, 1962; *Sień*, 1965; *Majdan*, 1969), Zygmunt Trziszka (*Wielkie świniobicie*, 1965; *Żylasta ręka ojca*, 1967; *Dom nadodrzański*, 1968; *Romansoid*, 1969), Henryk Jachimowski (*Jaszczury*, 1966; *Skaza*, 1969), Zygmunt Wójcik (*Kochany*, 1968; *Mowy weselne*, 1970), Edward Redliński (*Listy z Rabarbaru*, 1967 i późniejsze: *Awans*, 1973 i *Konopielka*, 1973).

Pisarze „nurtu chłopskiego" odwoływali się w swych utworach do własnych doświadczeń społecznych, jednak nie chodziło o narcystycznie rozumiane autobiografie, lecz o cechy reprezentatywne dla świadomości i kultury chłopskiej, także te, które zrodziły się za sprawą wojny – wielkich przemieszczeń ludności z ziem wschodnich, osadnictwa i zagospodarowania ziem zachodnich, rozbicia dawnych wspólnot wiejskich, scalonych regionalnie zróżnicowaną, zachowującą formy archaiczne kulturą ludową. Te czynniki właśnie, a dodatkowo: oświata powszechna, otwarcie dróg kształcenia na poziomie średnim i wyższym dla młodzieży wiejskiej, industrializacja kraju, która pociągała za sobą masowe przenoszenie się ludzi ze wsi do miasta, powodowały, że odrębność kultury chłopskiej stawała się mitem literackim. Mity, jak zwykle, rozpoczynają swój żywot osobny, uniezależniają się od rzeczywistości społecznej, wpływają jednak na sposoby myślenia i przeżywania, kształtują wyobraźnię większej lub mniejszej grupy społecznej. Trudno byłoby w prozie nurtu chłopskiego szukać rzetelnego i pełnego obrazu życia wielkiej klasy społecznej: powieści i opowiadania Kawalca drążyły ciemne pokłady mentalności chłopskiej, ukształtowane przez wiejską biedę, wynikającą z niej zapobiegliwość posuniętą aż do okrucieństwa, bezwzględną walkę o ziemię niszczącą związki rodzinne i środowiskowe. Było w tym rozbijanie literackiego mitu „świętego" przywiązania chłopa do ziemi: nie metafizyka, lecz bieda kształtowała takie postawy. Powieści Edwarda Redlińskiego na prawach parodii i groteski zamykały spór ze wsią zmitologizowaną, wykreowaną przez literaturę, przez romantyczną i młodopolską ludomanię. Jednakże, o czym warto pamiętać, taki spór prowadzili już twórcy chłopskiego ruchu literackiego w Dwudziestoleciu: byli przeciwko „ludowieniu", „graniu na swojską nutę". Nurt chłopski w prozie (i poezji) lat sześćdziesiątych, eksploatując pokłady kultury chłopskiej, eksponując jej odrębności, był, co ważne, pewną próbą odnowienia języka literatury. Baśniowość, niezwykła „pierwotna" wyobraźnia Nowaka, nabierają znaczenia, jeśli pojmować ją będziemy jako ważną próbę przezwyciężenia zniszczeń wywołanych przez doktrynę realizmu socjalistycznego, narzuconego naszej kulturze. Nowak cofał się „do źródeł" nie dla samej baśni, lecz w poszukiwaniu odrębności kultury narodowej, z zamiarem określenia jej korzeni. Rewizjonistyczne rozpoznania mentalności chłopskiej przez Kawalca, wyprawy Nowaka w krainy pierwotnych znaczeń i symboli, utrwalonych w naszym języku, dramaty rozpadu i nowych scaleń wspólnot wiejskich na Ziemiach Odzyskanych w prozie Worcella i Trziszki, wreszcie – rozpoznanie złudzeń „awansu społecznego" wychodźców ze wsi w utworach wszystkich pisarzy tego nurtu, decydują o znaczeniu ich utworów w przeobrażeniach całej literatury.

Jednakże samo poszukiwanie nowych tematów nie tworzy jeszcze znaczącej literatury. Niekiedy wybory takie określają wyraźnie odrębność twórcy, budują jego legendę, są autokreacją. Jeśli po latach mówimy o Edwardzie Stachurze, to refleksja nad jego twórczością z trudem przebija się przez legendę właśnie – trampa, wędrowcy z plecakiem i gitarą, wolnego barda wielkiej miłości, nie zadomowionego w żadnym miejscu. Poezja (*Dużo ognia*, 1963; *Po ogrodzie niech hula szarańcza*, 1967; *Przystępuję do ciebie*, 1968) i proza (*Jeden dzień*, 1962; *Falując na wietrze*, 1966; *Cała jaskrawość*, 1969; *Siekierezada albo Zima leśnych ludzi*, 1970; *Się*, 1977) Stachury była zjawiskiem artystycznym eksponującym skrajny indywidualizm. Utożsamiał on pisanie z życiem i życie z pisaniem, ale w tej formule uwzględnić trzeba głęboką rozbieżność między pełnymi światła, pochwały wolności fabułami, nieco komiksowymi, przejmującymi stereotypy z literatury popularnej, z amerykańskich powieści i „filmów drogi", a samym życiem – zawikłanym, zakończonym tragiczną, samobójczą śmiercią. Stachura tworzył mit własny, oparty na starych formułach ucieczki z miasta, niechęci do urbanistycznej cywilizacji. W latach sześćdziesiątych mit ten uchodził za rodzaj kontestacji, fascynował zwłaszcza młodych czytelników, skupił liczne grono wielbicieli. Nie miał jednak poważniejszych i bardziej trwałych konsekwencji w literaturze. Nie zrodził młodzieżowej kultury alternatywnej.

Świadectwem zachodzących przemian w kulturze, dokonujących się za sprawą literatury, i to niezależnie od niejednoznacznych, niekiedy żenujących nacisków ideologicznych i politycznych, staje się „kwestia żydowska". Po Dwudziestoleciu, po antysemickich deklaracjach polityków ówczesnej opozycji – chadecji i endecji, po błędach rządu w stosunku do mniejszości narodowych, także po zbrodniach hitlerowskiego holokaustu – wychodziliśmy z wojny wyraźnie okaleczeni. Pogromy żydowskie po wojnie w kilku miastach Polski, nie tylko w Kielcach, były rezultatem głębokiego okaleczenia świadomości zbiorowej, a oficjalny, ideologicznie uzasadniany antysemityzm z marca 1968, odwoływał się do „podświadomości zbiorowej", przechowującej dawne idiosynkrazje. Literatura polska zaraz po II wojnie światowej nie stworzyła, nawet w obiegu popularnym (a było ich wiele w Dwudziestoleciu), utworów antysemickich. Holokaust był wstrząsem w naszej kulturze, a antysemityzm później jawnie lub w sposób zawoalowany zjawiał się głównie w publicystyce; był grą polityczną, absurdalną, bo pozbawioną oparcia w faktach społecznych. Z ponad 3 milionów Żydów, mieszkających przed wojną w Polsce, holokaust pochłonął 2 700 000 ofiar. Wielu Żydów przed wybuchem wojny opuściło kraj, także ta część, której udało się uniknąć zagłady w czasie wojny, znalazła się poza jego granicami. Antysemityzm u nas po wojnie, tracąc oparcie w faktach społecznych, uruchamiał złe resentymenty, stawał się pretekstem i ideologią grup walczących o władzę wewnątrz partii rządzącej. Literatura polska, poprzez wybory tematyczne, zaraz po wojnie podejmowała najtragiczniejszy w historii i w kulturze europejskiej problem, świadczący o jej skażeniu i degeneracji. Odrodzenie zależało od przedstawienia i rozpoznania źródeł degeneracji – nacjonalistycznych ideologii, rozwijających się w krajach europejskich od końca XIX wieku. Utwory Nałkowskiej, Borowskiego, Buczkowskiego, Kazimierza Brandysa, Andrzejewskiego, Adolfa Rudnickiego sprzed 1955 roku świadczą o głębokim wstrząsie, jakim był holokaust dla tych pisarzy.

Znacząca jest proza Henryka Grynberga, debiutującego tomem opowiadań *Ekipa „Antygona"* w 1963 roku, wówczas aktora Państwo-

„Kwestia żydowska"

wego Teatru Żydowskiego w Warszawie. Jego powieść *Żydowska wojna* (1965), wydana jeszcze w kraju (od 1967 przebywa na emigracji), rozpoczyna serię utworów (*Zwycięstwo*, Paryż 1969; *Życie ideologiczne*, Londyn 1975; *Życie osobiste*, Londyn 1979; *Życie codzienne i artystyczne*, 1980) przedstawiających losy osobiste i dramaty tych, którzy w 1968 roku musieli opuścić kraj, zachowując urazy wypędzonych, ale i nostalgiczne wspomnienia i związki z kulturą polską. Podstawowe jest dla Grynberga rozpoznawanie źródeł i przyczyn zagłady: nienawiści, która skaziła świadomość europejską, korzeniami swymi tkwiła głęboko w kulturze chrześcijańskiej, w jej stereotypach i idiosynkrazjach.

Najlepszą książką o warszawskim getcie, o jego zagładzie, jest powieść Bogdana Wojdowskiego *Chleb rzucony umarłym* (1971), oparta na przeżyciach dorastającego chłopca, poznającego w dzieciństwie sens zagłady – poniżenia, głodu, masowej śmierci, podejmującego upartą walkę o ocalenie życia, ostatniej wartości, jaka mu pozostała. Jest świadkiem okrucieństwa niewyobrażalnego, zła tkwiącego w człowieku, ale i gestów heroicznych, które niczego wprawdzie nie zmieniają, zachowują jednak swą wartość moralną, mogą chronić przed ostatecznym zwątpieniem.

Proza lat 1955–1968, choć brakło w niej wielkich eksperymentów artystycznych, jako całość poświadcza oczywiste i ostateczne przezwyciężenie ograniczeń narzuconych przez stalinizm. Rozszerzenie obserwacji życia społecznego, rewizje wcześniejszych ujęć, zwłaszcza stosunku do Dwudziestolecia, klęski wrześniowej, dramatów młodzieży akowskiej, pogłębienie motywacji psychologicznej w kreacjach bohaterów, refleksji egzystencjalnej – wszystko to skłania do oceny całego okresu jako znaczącego w literaturze polskiej. Były oczywiście ideologiczne i polityczne ograniczenia, interwencje cenzury, znacznie silniej jednak dały znać o sobie w latach siedemdziesiątych i osiemdziesiątych. Czas „naszej małej stabilizacji" nie jest okresem upadku polskiej prozy. To wówczas określone zostały pewne przestrzenie wolności twórczej, których później nie udało się już zlikwidować. Z tych doświadczeń rodziły się w okresie schyłkowym Polski Ludowej postawy opozycyjne – także w sensie ideowym i politycznym.

Proza Jarosława Iwaszkiewicza

Twórczość Jarosława Iwaszkiewicza jest zjawiskiem wybitnym i osobnym w całej literaturze XX wieku. Jego uwikłania w powojenne sytuacje polityczne, człowieka kompromisu, nie naruszają podstawowych zasad światopoglądu. Zarzucano mu estetyzm, pesymizm, konformizm, uznając to za podstawę jego estetyki. Ale właściwości te wynikały z szerszych koncepcji filozoficznych, ze sposobów rozumienia świata i człowieka, z antynomii jako podstawowej kategorii ontologicznej: nie istnieje piękno bez brzydoty, dobro bez zła, pasja życia bez myśli o śmierci, samotność bez uczestniczenia w dążeniach zbiorowych, teraźniejszość bez tradycji, swoboda bez rygoru itd. Antynomie nie są zwykłymi przeciwieństwami, formami konfliktu, lecz „podwójnością" wszelkich form bytu. Janusowe oblicze świata jest podstawowym źródłem tragizmu egzystencji ludzkiej. W istocie skazani jesteśmy, co akcentowali egzystencjaliści, na dokonywanie wyborów, ale nasze wybory nie mają wpływu na bieg wydarzeń. Tę prawdę demonstrowały opowiadania wojenne i powojenne Iwaszkiewicza (*Matka Joanna od Aniołów*, *Bitwa na równinie Sedgemoor*, *Stara cegielnia*). Nasz los indywidualny spełnia się w paradoksach świata, jesteśmy w nie wpisani, poddani nieobjaśnialnym sensom, ciemnym regułom. Paradoks samego Iwaszkiewicza polega na tym, że pisarz o takim światopoglądzie, wyrastającym z filozofii Artura Schopenhauera, był w czasach Polski Ludowej kokietowany przez marksitów. Ci zaś wywodzili się od Hegla, z którym Schopenhauer prowadził zapiekły spór, dotyczący zwłaszcza dialektyki jako metody dochodzenia do jednoznacznych objaśnień porządku historii i rzeczywistości. Z filozofii Schopenhauera wyprowadzić się daje zasada kontemplacji, pewnej bierności, doświadczania sobą życia, bycia w środku rzeki wydarzeń, niewiary w aktywne przekształcanie świata, a także sfera azylu – przepisu na życie godziwe: przeżywania piękna zamkniętego w dziełach sztuki. Ktoś, kto jest umocowany tylko w swej biologii, w ograniczających jego wolność układach społecznych, nie jest zdolny do poznania prawdziwego sensu czy bezsensu egzystencji.

Opowiadania z tomów *Dziewczyna i gołębie* (1955), *Tatarak i inne opowiadania* (1960), *Kochankowie z Marony* (1961), *Heydenreich. Cienie* (1964), *O psach, kotach i diabłach* (1968), *Opowiadania muzyczne* (1971), *Sny. Ogrody. Sérénité* (1974) podejmują podstawowe problemy artystyczne przedwojennej prozy Iwaszkiewicza. Można odnaleźć ogólne podobieństwa ujęć niektórych tematów (np. między *Brzeziną* i *Kochankami z Marony*, *Pannami z Wilka* i opowiadaniami z tomu *Tatarak*): zmysłowe doznawanie świata, jego urody, zderza się stale z dojmującym poczuciem przemijania, nietrwałości uczuć, niejednoznaczności naszych emocji: obok miłości jest śmierć, niespodziewana, często dotykająca ludzi młodych; obok marzenia jest twarda rzeczywistość. *Opowiadanie z psem*, *Opowiadanie z kotem*, *Wzlot*, *Kościół w Skaryszewie* eksponują w losach ludzkich faustyczny „kontrakt z diabłem", albo tak dosłownie, jak we *Wzlocie* czy w opowiadaniu *Kościół w Skaryszewie*, albo też w senno-wizyjnych konstrukcjach dwu pierwszych opowiadań. Paradoksy historii, zderzonej z dążeniami indywidualnymi, łączą opowiadania *Heydenreich*, *Noc czerwcowa* i *Za-*

rudzie z wcześniejszymi opowiadaniami historycznymi (*Matka Joanna od Aniołów*, *Bitwa na równinie Sedgemoor*), dotyczą tych samych pytań o sens poświęcenia, ofiary życia, o ich znaczenie w przebiegu wydarzeń.

> **Sława i chwała**

Historia, choć znacznie szerzej rozumiana, jest głównym tematem wielkiej powieści epickiej – *Sławy i chwały* (1956–1962). Zamysł tej powieści powstać miał jeszcze przed wojną, a pierwszy tom, według oświadczeń autora, ukończony został w 1949 roku (fragmenty drukowane były w czasopismach w 1948 i 1949). Niemożliwość druku zadecydowała o odłożeniu pisania. Gdyby powieść ukazała na przełomie lat czterdziestych i pięćdziesiątych, byłaby utworem ważnym, polemicznym wobec szerokiej, ideologicznej krytyki wszystkiego, co zdarzyło się w Dwudziestoleciu. Ukazała się za późno, aby wywołać żywsze reakcje. Nawiązywała ponadto do powojennej dyskusji na temat realizmu jako jedynej drogi zapewniającej rozwój prozy, pojmowanej jako dążenie do stworzenia wielkiej syntezy życia społecznego. I te przeświadczenia należały w 1956 roku do przeszłości. W samej koncepcji „wielkiej epiki" kryło się usytuowanie losów bohaterów powieściowych na tle historii. Iwaszkiewicz dokonał pewnej selekcji: chodziło mu o losy jednego pokolenia, które wchodziło w dojrzałość, w życie społeczne, na początku I wojny światowej, kształtowało swe postawy w Dwudziestoleciu, walczyło i umierało w czasie niemieckiej okupacji. Ich prawda duchowa nie powinna podlegać satyrycznemu, jak u Brezy czy Putramenta, zniekształceniu i zakwestionowaniu. To przesłanie powieści miało pewne znaczenie w latach 1956–1958, kiedy literatura nawiązywała zerwany kontakt z tradycją Dwudziestolecia, ale nie mogło starczyć na głębsze zainteresowanie krytyki i czytelników, bo czas wielkich powieści epickich przeminął. Nie bez znaczenia był błąd wewnętrzny samego Iwaszkiewicza, który w opowiadaniach historycznych przedstawiał na pierwszym planie tragiczne losy bohaterów i niejednoznaczne ich wybory moralne; to w nich spełniała się ironia dziejów. W *Sławie i chwale* historia tworzy plan pierwszy – jej bieg wyznaczają ważne daty i wydarzenia (uzyskanie niepodległości, wojna 1920 roku, kryzys ekonomiczny, dojście do władzy Hitlera, wojna w Hiszpanii, wybuch II wojny światowej, klęska wrześniowa, okupacja); losy bohaterów, należących do jednego pokolenia z wyraźnie zaznaczoną reprezentatywnością różnych środowisk, „ilustrują" historię. Klęskę ponoszą i ci, którzy wierzyli w możliwość zmiany biegu wydarzeń, i ci także, jak główny bohater powieści, którzy biernie czekali na spełnienie się przeznaczenia. Plan historii jest zbyt schematyczny i ogólny, by mógł sam z siebie przynieść spełnienie epickiej pełni, a losy bohaterów – za mało samodzielne, by stworzyć pełnokrwistą iluzję rzeczywistości, uruchomić warstwę znaczeń uniwersalnych – metaforycznych i symbolicznych. Niemniej jednak *Sława i chwała* jest najlepszą naszą powieścią o Dwudziestoleciu.

Teodor Parnicki debiutował powieścią *Trzy minuty po trzeciej*, ogłoszoną we „Lwoskim Kurierze Porannym" (1929–1930); druga z jego powieści, *Hrabia Julian i król Roderyk*, drukowana we fragmencie w „Sygnałach" (1934), w całości ukazała się dopiero w 1976 roku. Debiutem właściwym był *Aecjusz, ostatni Rzymianin* (1937). Poprzedzały go i towarzyszyły mu pierwsze wypowiedzi krytyczne i teoretyczne autora na temat powieści historycznej. Wielkie nadzieje wiązał wówczas Parnicki z rewelacjami psychoanalizy, dotyczącymi źródeł i charakteru przeżyć wewnętrznych jednostki. Sądził, że psychoanaliza zastosowana w badaniach historycznych przyczyni się do wyjaśnienia motywów działania wybitnych postaci, które wpływały na bieg dziejów. Ślady tych przekonań, głęboko później zmodyfikowanych, odnaleźć można w wielu utworach Parnickiego. Dotyczą jednak głównie technik narracyjnych (monolog-wyznanie głównego bohatera), powtarzających się motywów i wątków fabularnych („kompleks mieszańca", „bękarta", sny i halucynacyjne wizje). Twórczość ta naznaczona jest od początku poszukiwaniem nowej formuły powieści historycznej, co w naszej literaturze oznacza wejście w spór z tradycją Kraszewskiego i Sienkiewicza. Nasi powieściopisarze w XIX wieku skupiali swą twórczość na historii Polski (wyjątki: Kraszewski – *Capreä i Roma*, *Rzym za Nerona*; Sienkiewicz – *Quo vadis*; Prus – *Faraon*; Orzeszkowa – *Mirtala*); powieści Parnickiego uderzają rozległością czasową opisywanych wydarzeń (od pierwszego wieku naszej ery do współczesności), a także terytorialną (od Azji do Ameryki Południowej). Powieści te układają się w dwa cykle – wokół trylogii *Twarz księżyca* (1961–1967), ukazującej przenikanie się kultur Bliskiego i Środkowego Wschodu z kulturą łacińską; tradycji hellenistycznej i rzymskiej z pierwotnym chrześcijaństwem. Trylogia *Twarz księżyca* ma swoje odgałęzienia i dopełnienia – w jej kręgu tematycznym pozostają zarówno *Aecjusz, ostatni Rzymianin*, *Śmierć Aecjusza* (1966), *Koniec „Zgody Narodów"* (Paryż 1955), *Koła na piasku*. Drugi cykl powieściowy – *Nowa baśń* (1962–1970) jest jeszcze obszerniejszy; dotyczy wydarzeń późniejszych, poczynając od X wieku, od wypraw Wikingów odkrywających Amerykę przed Kolumbem. W *Nowej baśni* zjawiają się wydarzenia polskie, rzadko jednak, jak w *Srebrnych orłach*, samodzielnie – częściej na wielkim tle porównawczym. Źródłami w *Nowej baśni* bywają nie tylko zapiski kronikarskie, dokumenty historyczne, lecz także podania i legendy, a ściślej – ich porównawcze interpretacje. W *Labiryncie* (1964) ważną rolę odgrywa, rozwijany

Powieści historyczne Teodora Parnickiego

szerzej w utworach późniejszych, pewien chwyt pisarski, dotyczący „bocznych dróg historii" – zdarzeń rzeczywistych czy założonych, które nie mają swoich „dalszych ciągów". Zdarzenia te, gdyby się spełniły, mogłyby zmienić bieg historii. „Co by było, gdyby..." jako punkt wyjścia fabuły powieściowej otwiera możliwość fantazjotwórstwa w powieści historycznej, domysłów, przewidywań itd. *Zabij Kleopatrę* (1968), *Inne życie Kleopatry* (1969), *Tożsamość* (1970), *Muza dalekich podróży* (1970), *Przeobrażenia* (1973), *Staliśmy jak dwa sny* (1973) stanowią grupę powieści określanych przez autora jako „fantastyczno-historyczne" lub „futurystyczno-historyczne". Zawieszeniu czy wymieszaniu ulega w nich czas, zasadniczy przecież w powieści historycznej, zdarzenia powieściowe mogą przypominać zdarzenia rzeczywiste, mogą być wizjami bohaterów przewidującymi niekiedy odległą nawet przyszłość.

Odrębność światów powieściowych Parnickiego polega na tym, że ogranicza on, a niekiedy całkowicie wyrzuca tradycyjne wątki, wprowadzone przez Scotta i jego następców do powieści historycznej: nie ma opisów bitew i pojedynków, które pozwalały na pokazanie siły i dzielności bohaterów, nie ma historii romansowych, a jeśli tematem jest miłość, jak w *Tylko Beatrycze* (1962), to jej ujęcie jest raczej fantasmagorią, marzeniem, grą wyobraźni bohatera. Wykluczenie z powieści wątków przygodowych, przykuwających uwagę czytelników, stworzyło konieczność zastąpienia ich innymi o podobnych właściwościach i funkcjach – należy do nich dociekanie, dochodzenie do prawdy, rodzaj więc „śledztwa". Niekiedy jest to śledztwo szczególne, bo zmierzające do rozwikłania tajemnicy własnej psychiki przez bohaterów. Ważną rolę w dziejach przypisuje Parnicki postaciom wyjątkowym, aktywnym, narzucającym swą wolę innym, skrywającym w sobie jakąś tajemnicę: wynika to najczęściej z kompleksu mieszańca – „wśród obcych obcego", uparcie dążącego do zapanowania nad tymi, którzy nim pogardzają.

Wątki autotematyczne w powieściach Parnickiego, jawne, jak w *Zabij Kleopatrę*, i ukryte, jak w wielu innych utworach, stawiają nowe pytania o prawdę w powieści historycznej. W XIX wieku „prawdziwa" była powieść respektująca zapisy źródłowe; Parnicki wspiera swoje fabuły na źródłach, lecz także na podaniach i legendach, domysłach, niekiedy na założeniach świadomie fałszywych, fantastycznych. Usprawiedliwieniem jest założenie oczywiste, że wszystkie źródła były tworzone przez kogoś i dla kogoś, są więc skażone subiektywizmem, niekiedy tendencyjną nieprawdą. Pytanie: jak istnieje historia, przenosi nas na teren historiozofii. „Prawda" w powieściach historycznych Parnickiego unieważnia długi, toczony prawie przez cały wiek XIX spór o podstawowe zasady gatunku, ujmowany najczęściej w opozycji prawdy wspartej na źródłach i fikcji literackiej. Prawda historii, zawsze niepewna i daleka od obiektywizmu, zamyka się w samym dążeniu do poznania, w zbliżaniu się do tajemnicy, a nie w jednoznacznych rozstrzygnięciach.

Różnorodność rozwiązań fabularnych, sposobów traktowania historii, wydobywania na plan pierwszy nie zdarzeń, lecz sfery duchowej – kultury jako całości nadrzędnej, scalającej przeszłość z teraźniejszością, ważne eksperymenty z czasem powieściowym, z narracją, ze sposobami budowania postaci (aż do ich likwidacji, zastępowania alchemicznie traktowanymi pierwiastkami) wyznacza ważne miejsce Parnickiego w przemianach powieści polskiej: łączy on samo odtwarzanie przeszłości z eksperymentem artystycznym, z poszukiwaniem nowych form wypowiedzi.

Proza Stanisława Lema

Intelekt i wyobraźnia organizują świat powieściowy Stanisława Lema. Inspiracją bezpośrednią nie mógł być stan cywilizacyjny naszego kraju, rozwój nauki i techniki. We wczesnej fazie twórczości, zwłaszcza w *Astronautach* i w opowiadaniach z tomu *Sezam* (1954), można dostrzec oddziaływanie przyszłościowej utopii „skoku cywilizacyjnego", związanego z programem uprzemysłowienia kraju, rozwoju nauki itd. W utopii tej scalały się marzenia futurystów, poetyckie wizje krakowskiej Awangardy z propagandowymi wersjami „trzylatek" i „pięciolatek" – planów gospodarczych. Wyobraźnia Stanisława Lema, należącego do pokolenia wojennego, naznaczona była jednak katastrofą, co mieć będzie zasadnicze znaczenie w twórczości późniejszej. W *Astronautach*, *Edenie* (1959), *Powrocie z gwiazd* (1961) przeważa jeszcze ostrożnie wyrażane zaufanie do możliwości rozumu ludzkiego, przyszłościowych wynalazków, rozwiązań naukowych, możliwości techniki. Ale równolegle niejako zjawiają się wizje katastrof, zderzeń z innymi formami materii i świadomości, niemożliwymi do zrozumienia i opanowania, także z „buntem robotów", obdarzonych sztuczną świadomością, przeciwko ich twórcom. Te katastroficzne wizje, obecne już w *Obłoku Magellana* (1955), przeważają w późniejszej twórczości Lema.

Literatura *science fiction* należy do kręgu kultury popularnej. Utrwaliły się w niej stereotypowe ujęcia tematyczne, powtarzają się wątki i motywy, np. pojawienie się na naszej planecie przybyszów z Kosmosu, wojny gwiezdne, „bunty robotów", inne formy życia itd. Motywy te odnaleźć można w utworach Lema, podlegają jednak znaczącym reinterpretacjom. Tylko w pierwszych są celem narracji, w późniejszych – stają się najczęściej pretekstem. Przygodowość, jednocząca powieści *science fiction* z dawnymi powieściami podróżniczymi, zostaje przez Lema usunięta na plan dalszy; tematem głównym okazuje się nie tyle przygoda podróży, co ludzkiego rozumu, zdolność wyobrażenia sobie uwikłań człowieka w niezliczone przypadki, jakie stworzyć może postęp techniczny i cywilizacyjny. W biografię i świadomość Lema wpisany został przecież taki „przypadek": nauka i cudowna technika zaprezentowały swoje możliwości w czasie wojny – od rakiet do bomby atomowej.

Motywy zagrożenia człowieka przez siły, które sam wyzwolił, rozszerzają problematykę powieści *science fiction*, przesuwając punkt ciężkości z zagadnień naukowych i technicznych na zagadnienia humanistyczne. Refleksja pisarza dotyczy problematyki moralnej, psychologicznej i socjologicznej. Jaki będzie człowiek przyszłości? Jak przebiegać będzie jego ewolucja? Jakie są granice jego zdolności przystosowania do nowych warunków cywilizacyjnych? Na te pytania nie ma pewnych odpowiedzi. Nie wiemy, w jakim kierunku zmierza cywilizacja. Nauka nie daje odpowiedzi pewnych, ale sugerować je może wyobraźnia pisarza. Jej wytwory muszą jednak być opatrzone znakiem zapytania, ujęte w cudzysłów, sugerować rozwiązania alternatywne. Taką funkcję pełni w twórczości Lema gra z konwencjami gatunkowymi *science fiction*. Żartobliwe i groteskowe stylizacje w cyklach opowiadań i powieściach (*Dzienniki gwiazdowe*, 1957; *Księga robotów*, 1961; *Bajki robotów*, 1964; *Cyberiada*, 1965; *Opowieści o pilocie Pirxie*, 1968) przynoszą trawestacje odmian gatunkowych – alegorycznej bajki, powiastki filozoficznej, eposu itd. Utwory prezentują nie tyle „przyszłościową rzeczywistość", co swą literackość. Bo problemem językowym i literackim, przed którym staje pisarz *science fiction*, jest nie tylko wymyślanie i opis wynalazków technicznych, nowych cywilizacji, lecz także kreowanie adekwatnego języka. Wzorem może być „żargon" naukowy; czytelnik nie musi go rozumieć, winien odbierać jego nowość, po części tajemniczość. Literackość kryć się musi za powagą naukową, bo nazwać trzeba zjawiska, których jeszcze nie ma, wynalazki, których jeszcze nie zrealizowano, odkrycia naukowe, których nie dokonano. W prozie Lema neologizmy mają i tę właściwość. Rozległa wiedza pisarza z zakresu filozofii, fizyki, biologii, matematyki, techniki ułatwia kreację. Ale pisarz przekornie demaskuje tę powagę w konstrukcjach groteskowych, w neologizmach przekształcających słowa i frazeologizmy potoczne w nazwy quasi-naukowe, nawet jeśli w sensie słowotwórczym poprawne, to w rezultacie śmieszne i pokraczne. W ten sposób przyszłościowy świat fikcji pozbawiony zostaje naiwnie rozumianej prawdziwości, staje się zabawą literacką.

Gra z konwencjami gatunkowymi, swobodne posługiwanie się nowoczesnymi technikami narracyjnymi, żartobliwe stylizacje językowe powodują, że proza Stanisława Lema przekracza granice literatury popularnej, nabiera cech tzw. literatury wysokiej, której jedną z właściwości była zawsze refleksja nad miejscem człowieka w świecie, kruchością i ulotnością jego egzystencji, sensem wartości utrwalonych w kulturze, ale także jakość samego języka. Możliwość zetknięcia się z innymi, pozaludzkimi formami świadomości (*Niezwyciężony*, 1964; *Głos Pana*, 1968; *Maska*, 1976) pozwala na rozpoznanie granic ludzkiego poznania, określenie samotności człowieka w Kosmosie.

Filozoficzna refleksja nad naturą człowieka, jego samotnością, charakterem tworzonej przez niego cywilizacji, kosmiczna i przyszłościowa perspektywa – pozwalają Lemowi na komentowanie teraźniejszości. Wiele z naszych wmówień (nieograniczony postęp techniczny, arkadyjskie utopie społeczne) uzyskuje nowe oświetlenie: przyszłość jest stale niepewna, zagrożona katastrofą, błędem rozumu ludzkiego. Sceptycyzm poznawczy Lema wyraża się zarówno w jego specyficznym katastrofizmie, we wprowadzeniu do gatunku *science fiction* elementów groteski, jak i w ogólniejszym przeświadczeniu o ograniczonych możliwościach ludzkiego poznania. Ślepe tory ludzkiego myślenia, logiczne ciągi wyprowadzone z fałszywych założeń, paradoks jako nierozwiązywalna struktura twierdzeń przeciwstawnych, pozornie prawdziwych, mogą przynieść w przyszłości nieobliczalne skutki. Rozwoju nauki, cywilizacyjnego postępu nie da się zatrzymać, nie ma możliwości wygaszenia pasji poznawczych człowieka. Zagrożenia, jakie stwarza on sam sobie, wymuszają konieczność nieustannej refleksji humanistycznej.

O przemianach cywilizacji decyduje nie logika wydarzeń, lecz często przypadek. Szkice i eseje filozoficzne Lema (*Dialogi*, 1957; *Wejście na orbitę*, 1962; *Summa technologiae*, 1964) poddają analizie relacje między postępem cywilizacyjnym a ewolucją, także biologiczną człowieka. Są granice poznania naukowego. Ma także swoje ograniczenia literatura jako jedna z form świadomości (*Filozofia przypadku*, 1968). Wszystko, co człowiek tworzy, cały świat wartości, zamknięty jest w jego kręgu. Poza ten krąg, przez nas stworzony, nie możemy wyjść, nie możemy więc rozpoznać własnych błędów. Te ograniczenia budzić muszą niepokój.

Proza Stanisława Lema, popularna w kraju, upowszechniona także w licznych tłumaczeniach na języki obce, znalazła swe odbicia w twórczości innych pisarzy – w „przyszłościowych" powieściach historycznych Hanny Malewskiej, Teodora Parnickiego, w utworach, które uwalniały się od obowiązku kopiowania rzeczywistości, tworzyły potencjalne czy wirtualne światy (*Zwierzoczłekoupiór* Konwickiego, *Miazga* Andrzejewskiego, *Kosmos* Gombrowicza). Fikcja literacka

Powieści Tadeusza Konwickiego

uwalniała się od bezpośredniej reprezentatywności, stawała się grą w światy możliwe i niemożliwe.

W krytyce literackiej dość wcześnie utarło się określenie, że Konwicki pisze stale tę samą powieść; zmieniają się tylko jej wariantowe ujęcia. Główny temat dotyczy świadomości współczesnego człowieka uwikłanego w historię, którego pamięć, wyobraźnia, sposoby myślenia i przeżywania obciążone zostały tragicznymi doświadczeniami wojny i jej późniejszymi konsekwencjami. Ta tematyczna tożsamość ma jeszcze jedną cechę szczególną: Konwicki opowiada stale historię swojego pokolenia, a przynajmniej tej jego części, której losy uzależnione zostały od dwóch systemów totalitarnych – hitlerowskiego i stalinowskiego. Było to więc inne doświadczenie niż Borowskiego czy Bratnego. Konwicki nie przekracza jednak granic doświadczenia osobistego: nie ma w jego powieściach ani obozów koncentracyjnych, ani stalinowskich łagrów. Są za to skutki pośrednie obu systemów: bratobójcze walki, zniekształcające psychikę ludzi konflikty narodowościowe, dramaty wypędzonych, zmuszonych do opuszczenia swoich stron rodzinnych, bezskutecznie poszukujących nowego miejsca na ziemi, porażonych nostalgią. Autobiograficznie usadowione motywy Litwy, Wileńszczyzny, tak charakterystyczne dla całej twórczości Konwickiego, traktowane metaforycznie, opisują nie tylko urazy Wilniuków, lecz także tych wszystkich, którzy zmienić musieli status „ludzi osiadłych" na bytowanie „ludzi w drodze", znaleźli się poza swoim „krajem lat dziecinnych". Ich pamięć zmieniała wspomnienia w trwały w sensie psychicznym mit, a krain mitycznych opuścić nie można.

Granice autobiograficznego doświadczenia, przestrzegane ściśle przez Konwickiego, stwarzały pewne niebezpieczeństwo ujęć zbyt prywatnych, jednostkowych, subiektywnych, a przez to nie reprezentatywnych. Już w *Rojstach* ten dylemat autor rozwiązywał przez wewnętrznie sprzeczne połączenie narracji pierwszoosobowej, oczywistych odwołań w kreacji bohatera do własnej biografii, z prawie behawiorystyczną techniką opisu zewnętrznego, rejestracji zachowań, niechęci do monologów wewnętrznych. Autobiografia, czy raczej tylko jej wybrane elementy, była materiałem, niekiedy szkieletem nośnym, w konstrukcji fabuły fikcjonalnej. Ta gra między prywatnym, „moim", a wspólnym (w sensie generacyjnym), powszechnym, jest cechą scalającą wszystkie utwory Konwickiego – od powieści powstających w okresie stalinowskim, związanych z doktryną realizmu socjalistycznego (reportażowej *Przy budowie*, 1950; *Władzy*, 1954; po części także – *Z oblężonego miasta*, 1956), wyprzedzającego je debiutanckiego opowiadania *Kapral Koziołek i ja* (1947) do późniejszych quasi-dzienników: *Kalendarza i klepsydry* (1976), *Nowego Świata i okolic* (1986).

Dotyczy to także scenariuszy filmowych (*Zimowy zmierzch*, *Ostatni dzień lata*, *Zaduszki*) i zrealizowanych według nich autorskich filmów Konwickiego.

Powieści Konwickiego, choć powstawały w różnej kolejności, można ułożyć w porządku autobiograficznym: dzieciństwo przedstawia *Dziura w niebie* (1959), partyzanckiej młodości dotyczą *Rojsty*, powojennych losów w kraju po ucieczce z Wileńszczyzny – *Z oblężonego miasta*, późniejszych uwikłań politycznych i społecznych – *Sennik współczesny* (1963), *Wniebowstąpienie* (1967) i *Nic albo nic* (1971). Poza tym układem pozostaje tylko powieść-baśń *Zwierzoczłekoupiór* (1969), powiązana jednak wieloma wątkami z *Dziurą w niebie*. Późniejsze powieści: *Kronika wypadków miłosnych* (1974), *Kompleks polski* (1977), *Mała apokalipsa* (1979) dopełniają różne ogniwa tej autobiograficznej mozaiki, nie zmieniają jednak zasad podstawowych – wzajemnego przenikania się i nakładania konstrukcji fikcyjnych i autentycznych. Istotne są funkcje artystyczne tego typu form w prozie Konwickiego. Jest on pisarzem szczególnie wyczulonym na lekceważony przez wielu innych kontakt z czytelnikiem, z odbiorcą. Twórcy w latach sześćdziesiątych i później, broniąc swej wolności, prowadzili spór z władzą niejako ponad głowami czytelników: mogli oni uczestniczyć w tym sporze, ale nie byli bezpośrednio angażowani. Konwicki, uzewnętrzniając swoje kompleksy, urazy i dramaty, uruchamiał sferę „podświadomości zbiorowej", dotykał tego, co z powodów politycznych nie mogło być wypowiedziane publicznie, co tworzyło drugi, prywatny język i sposób myślenia ludzi, przeciwstawny językowi oficjalnemu. Powieści Konwickiego mają swoją wewnętrzną jakość emocjonalną – umiejętnie budują atmosferę nostalgii, smutku, niespełnień, drobnych rozpaczy, obsesyjnych powrotów do zdarzeń z przeszłości, egzystencjalnej refleksji, łagodzonych humorem i poetycką metaforą. Dotyczy to także jego gry z odmianami gatunku: chętnie sięga do tradycji romansu (*Godzina smutku*, 1954; *Kronika wypadków miłosnych*, 1974; *Bohiń*, 1987; *Czytadło*, 1992), do powieści o dzieciństwie (*Dziura w niebie*, *Zwierzoczłekoupiór*), ale zawsze przekracza ich utrwalone w tradycji ograniczenia, nadając opowieściom głębszy sens egzystencjalny i społeczny. Podobnie, o czym była już mowa, odnosi się do eksperymentów ze strukturą powieści – z czasem, przestrzenią, odmianami narracji, sposobami budowania postaci. Eksperymenty nie istnieją same dla siebie, służą zawsze uwyraźnieniu głównych idei utworu, a także zaciekawieniu odbiorcy. O stylu Konwickiego mówiono, że jest to realizm baśniowy – przemienia to, co osadzone w rzeczywistości, we własnej biografii, w senne, przekształcone przez aktywną wyobraźnię, nostalgiczne i liryczne równocześnie.

Nowak debiutował jako poeta i późno, po wyraźnym rozpoznaniu swojej odrębności, sięgnął do prozy. Jak sam wyjaśniał, chodziło mu o wypowiedzenie tego, czego ze względu na kondensację języka nie mogła unieść poezja. W 1962 roku ukazał się jego tom opowiadań *Przebudzenia*, w którym już tytuły niektórych utworów wskazywały na spokrewnienia z poezją (*Ballada złodziejska*, *Ballada pomylonego*, *Ballada Chrystusika*). Utwory późniejsze: *Obcoplemienna ballada* (1963), *W puchu alleluja* (1965), *Takie większe wesele* (1966), *A jak królem, a jak katem będziesz* (1968) są kontynuacją zapowiedzi z *Przebudzeń*, równocześnie jednak już wyraźnie formują odrębny model prozy, w którym scalone zostają żywioły przeciwstawne: z jednej strony charakterystyczna także dla poezji Nowaka konkretność języka, wyrażająca się w nazywaniu jednostkowym, niejako imiennym, rzeczy, sprzętów, drzew, roślin, zwierząt, „sąsiadów" najbliższych człowieka. Owo sąsiedztwo nadaje bohaterom wspólnotowe rysy zewnętrzne i wewnętrzne: żyją w określonym otoczeniu, są jego cząstką, poddają się oddziaływaniu tego otoczenia, a jeśli je kształtują, to zawsze w zgodzie z jego intuicyjnie odczuwanymi prawami. Określenie „intuicyjnie" jest tu zapewne niewłaściwe: dotyczy podstawowej tożsamości człowieka i otoczenia – jego bycia w środku, a nie ponad. Język konkretny nie zmierza jednak do weryzmu, bo opisywanie szczegółów uniemożliwiałoby identyfikację człowieka i otoczenia: konkret staje się składową częścią antropomorfizacyjnej metafory. Animizacja i personifikacja prowadzą od konkretu do baśniowości. Nie jest to jednak baśń w tradycyjnym znaczeniu: antropomorfizacja otoczenia nie uzyskuje nigdy tego stopnia, który oznaczałby pełną autonomię rzeczy, drzew, zwierząt. Usamodzielnienie się rozbijałoby wspólnotę, uniemożliwiało współbycie: u Nowaka człowiek rozpoznaje swoją naturę i kondycję na prawach odbicia w lustrze – podobieństwa i sąsiedztwa. Zasada podobieństwa („podobne rodzi podobne") i sąsiedztwa („dwie rzeczy, które się ze sobą zetknęły, pozostają na stałe w związku") stanowi podstawę „myślenia magicznego", to jest szczególnego kojarzenia i wyjaśniania związków między rzeczami i zjawiskami. Nietrudno więc o literacką formułę określającą istotę artystycznych poszukiwań Nowaka na terenie prozy: jego „realizm magiczny", bo o to chodzi, wyprzedza jednak fascynacje i naśladownictwa prozy iberoamerykańskiej w naszej literaturze, jest rezultatem samodzielnych poszukiwań; stoi za nim przede wszystkim głębokie rozpoznanie naszej kultury ludowej – zapisanych w niej rytuałów, obrzędów, zabiegów magicznych itd.

Związki Nowaka z „nurtem chłopskim" w literaturze są więc osobne: nie realizuje on wzorca dominującego w Dwudziestoleciu – chłopskiej literatury klasowej, ale nie realizuje także (widocznego u Piętaka, po części także u Kawalca i Worcella) wzorca prozy, który by można nazwać psycho-socjologicznym: chłopska odmienność w tym ujęciu ukształtowała się w ciągu wieków, weszła, mówiąc przesadnie, w geny; rozpoznać ją można w wyglądzie, w ruchach, po części także w języku. Nowak szuka owej odmienności przede wszystkim w kulturze, kształtującej wyobraźnię, a przez to – sposoby myślenia i przeżywania. Źródłem wiedzy o przeszłości, jednakże, co ważne, nie chłopskiej tylko, lecz może słowiańskiej, a szerzej, bo uwzględnić trzeba odwołania do Biblii, ludzkiej w ogóle, są z jednej strony zgromadzone zapisy pieśni ludowych, podań i legend, zarejestrowane obrzędy, kulturowa warstwa chrześcijaństwa, a z drugiej – tajemnice języka, bo słowa, przede wszystkim rzeczowniki, nazywają rzeczy i zjawiska, ale zachowują także znaczenia pierwotne wywodzące się z magii, z dawnych mitów, wierzeń i obrzędów. Jabłoń, jabłko, jawor, osika, kobyle mleko, kruk, sowa – kryją w sobie znaczenia dawne, cofające nas w prapoczątki, poza historię, w czas mitu. W tym czasie objawia się natura człowieka, niezmienna, należąca do owego prapoczątku – nasza biologia, związane z nią okrucieństwo, zwierzęcość, a także stała chęć wyrwania się z praw przyrody, przekroczenia jej nieuchronnych konieczności: kultura jest bowiem świadectwem i zapisem metafizycznych tęsknot człowieka.

Opowiadania z tomów *Przebudzenia*, *W puchu alleluja*, powieść *Takie większe wesele* należą do prozy inicjacyjnej, przedstawiającej wczesną młodość i wchodzenie w dojrzałość, przede wszystkim w kulturę wiejskich chłopców, w sferę nakazów i zakazów, dwuznacznych emocji związanych z „zabijaniem", „zdobywaniem", z pierwszymi przeżyciami erotycznymi itd. Ten świat jest jednolity, zamknięty, samowystarczalny. Ale wdziera się w niego historia: w *Obcoplemiennej balladzie* – pierwsza wojna światowa, w *A jak królem, a jak katem będziesz* – druga. Za sprawą historii owa pierwotna, samowystarczalna kultura ulega rozbiciu, stawia bohaterów przed koniecznością dokonywania tragicznych wyborów: „zabijanie" z rytuałów inicjacyjnych, zabiegów magicznych, staje się dosłowne. Bohater *A jak królem, a jak katem będziesz*, żołnierz kampanii wrześniowej, wykonawca wyroków wydawanych przez partyzanckie sądy wojenne na zdrajców, poznaje historyczny sens zabijania: nie jest to już „takie większe wesele", lecz czyn brudny, obciążający moralnie. Oczyszczenie – na prawach rytuału i zabiegu magicznego – jest próbą powrotu do dawnego porządku, ale kolejne powieści: *Diabły* (1971), *Dwunastu* (1974) i *Prorok* (1977), nawiązujące do wydarzeń powojennych, przedstawiają różne etapy postępującego rozpadu pierwotnej wiejskiej odrębności i tożsamości. Masowa edukacja młodzieży wiejskiej, wędrówka do miasta w poszukiwaniu pracy, a uprzemysłowienie kraju otwierało nieograniczone wręcz możliwości wejścia w środowisko robotnicze, rodziły dramaty wyobcowania z pierwotnej wspólnoty i nieprzystosowania do nowego środowiska i nowych warunków życia. Na innej drodze zbliża się Nowak do rozpoznań społecznych, jakie przyniosła proza nurtu chłopskiego: awans kulturalny i społeczny chłopów stał się kategorią niejednoznaczną – więcej w nim było spełnień czy klęsk? Wychodźcy stawali się, w sensie psychicznym i egzystencjalnym, „obcymi" zarówno we wsi, którą opuścili, jak i w mieście, z którym nie mogli się utożsamić. W wersji ironicznej i groteskowej ujął ich kondycję w znamiennej opozycji: „ja we fraku, ja boso".

Wspomniane zostało na początku, że proza polska w latach 1955––1968 z większymi oporami niż poezja i dramat dorabiała się swojej niezależności i odrębności. Żadnego z kierunków poszukiwań nie należy lekceważyć – ani poszukiwania nowych tematów, ani reinterpretacji tematów wojennych i okupacyjnych, ani przejmowania i przyswajania nowych technik narracyjnych. Była jednak w zasadniczy sposób zdominowana przez naszą historię. Stąd też jej niedostatkiem są wyraźne ograniczenia w budowie postaci i fabuł, motywacji psychologicznej, refleksji filozoficznej, eksperymentu artystycznego o fundamentalnym znaczeniu dla późniejszych przemian. W tym zakresie nie pojawiły się w niej nowe i trwałe rozwiązania.

IV. Kryzysy, konflikty, schyłek

Lata 1955–1968 miały swój odrębny charakter w dziejach kultury polskiej. Ograniczenia polityczne, choć istniały, nie zahamowały ogólnego rozwoju, wywołanego wielkim pobudzeniem z początku tego okresu. Wybitne osiągnięcia w wielu dziedzinach sztuki, podkreślmy tu dobitnie: osiągnięcia twórców, spowodowały, że kultura polska, po okresie stalinowskim, odzyskiwała do pewnego stopnia swą niezależność. Nie miała jej w tym czasie ani gospodarka, ani polityka. Na początku okresu, po 1956 roku, ustalono granice tej niezależności: tak zwana „polityka kulturalna" miała charakter restrykcyjny wobec środowisk twórczych – cenzura przed drukiem wykreślała z tekstów fragmenty uznane arbitralnie za „nieprawomyślne", wstrzymywała druk całości artykułów lub książek, nie dopuszczała do wyświetlania w kinach niektórych filmów (zakaz rozpowszechnienia). Pojawiły się także listy autorów, których nie tylko utwory, ale nawet nazwiska nie mogły pojawiać się w druku. Publikowali poza krajem i w kraju anonimowo, bądź też pod pseudonimami. Z nasileniem represji, zwłaszcza w momentach szczególnych napięć społecznych, kształtowały się różnego typu mechanizmy obronne. Ich ostateczną formą w latach siedemdziesiątych było powstanie „drugiego obiegu" literackiego – wydawnictw niezależnych, działających poza cenzurą.

Rok 1968, zamykający umownie okres „naszej małej stabilizacji", jest ważną datą w kulturze właśnie, a nie w historii politycznej: wydarzenia w Gdańsku z 14–17 grudnia 1970 mają bowiem inny, bardziej zasadniczy wymiar i zamykają ten okres ostatecznie. Strzały do robotników 17 grudnia, liczni zabici, stanowią najdalsze zaprzeczenie zapewnień z października 1956 roku o konsekwentnej „drodze demokratyzacji" i „budowie najlepszego modelu socjalizmu". Rozpadł się mit o „polskiej drodze do socjalizmu". Wydarzenia te poprzedziła decyzja o podwyżce cen na żywność i niektóre środki przemysłowe. Napięcia i konflikty z początku 1968 roku oraz działania ze strony władz miały inny charakter – były zwrócone przeciwko inteligencji

Rok 1968

(pierwsze aresztowania i procesy pracowników naukowych i twórców w Warszawie i Gdańsku, relegowanie studentów z uczelni); przyczyną bezpośrednią manifestacji studenckich stała się decyzja o zawieszeniu przedstawień *Dziadów* w Teatrze Narodowym. Przeciwko niej protestowali nie tylko studenci (protest podpisało ponad trzy tysiące studentów i pracowników Uniwersytetu Warszawskiego), lecz także ludzie teatru i pisarze. Przypominano o odchodzeniu od zdobyczy Października (Słonimski), o fałszerstwach dokonywanych na polskiej kulturze, o braku w niej Miłosza i Gombrowicza (Kisielewski), o podejrzliwości, dopatrywaniu się aluzji politycznych we wszystkich tekstach literackich (Kołakowski). Przed uczelniami, siedzibami związków twórczych pojawiły się bojówki pracowników Ministerstwa Spraw Wewnętrznych, określane jako grupy robotników występujących w obronie socjalizmu. Fala wieców studenckich objęła prawie wszystkie uczelnie. Z pracy byli zwalniani rodzice aresztowanych studentów. Zaatakowano imiennie pisarzy – m.in. Andrzejewskiego, Jasienicę, Słonimskiego, Kijowskiego, Kisielewskiego; zwolniono z pracy wielu profesorów. Rozpoczęła się kampania antysemicka. Na znak protestu przeciwko jej rozpętaniu zrezygnowali ze stanowisk w rządzie m.in. Adam Rapacki, Jerzy Sztachelski, Jerzy Albrecht, zrezygnował także ze stanowiska Przewodniczącego Rady Państwa Edward Ochab. Te właśnie wydarzenia ukazały w jaskrawym świetle prawdziwe oblicze systemu, pozory liberalizmu i granice demokratyzacji życia społecznego w kraju. Doszło wówczas do zasadniczej zmiany świadomości zbiorowej: między władzą i społeczeństwem zrodził się układ konfliktowy – wzajemna wrogość i dezaprobata. W świadomości potocznej dominujące stało się przeciwstawienie „my" (społeczeństwo) i „oni" (władza). Konflikty z 1968 podzieliły także komunistów – wyodrębniły się grupy „reformatorów" i „twardogłowych"; kryzys miał charakter polityczny, był epizodem toczącej się między nimi walki o władzę. Największe straty poniosła kultura; wielu twórców i uczonych opuściło Polskę, pogłębił się i skomplikował podział na kulturę krajową i emigracyjną.

Lata 1969–1989, schyłkowe w dziejach Polski Ludowej, są więc już inne. Nie udało się następcom Gomułki odbudować przyzwolenia społecznego z 1956 roku. Po krwawych wydarzeniach w Gdańsku uspokojenie miało charakter pragmatyczny: było chwilowym zawieszeniem broni, oczekiwaniem na skutki zapowiadanych zmian, przede wszystkim unowocześnienia gospodarki, przezwyciężenia stagnacji. Inwestycjom gospodarczym, z których wiele okazało się chybionych, nie towarzyszyło leczenie ran w świadomości zbiorowej. W kulturze tego czasu dostrzec można narastające procesy destrukcji, rozchwiania wcześniejszych zasad i konwencji, ograniczenia bądź wręcz likwidacji liberalnego charakteru mecenatu państwa. Cały ten schyłkowy okres jest jednolity przez powtarzające się cyklicznie, narastające w swojej sile, konflikty społeczne. Odtwórzmy ich czasowe następstwo: 22 stycznia 1971 strajk okupacyjny w Stoczni Szczecińskiej kończy słynny apel Edwarda Gierka: „Pomożecie? i odpowiedź strajkujących: „Pomożemy". Ale już w lutym dochodzi do strajku „kobiecego" w przemyśle tekstylnym w Łodzi, w maju – do manifestacji w Gdańsku i Gdyni. We wrześniu 1971 roku zwolniono z więzienia Karola Modzelewskiego i Jacka Kuronia, ale już w maju roku następnego doszło do rewizji i przesłuchań w Gdańsku i w Warszawie w sprawie organizacji „Wyzwolenie Narodu", a w listopadzie – do strajków na Wybrzeżu, w Łodzi i na Śląsku, gdzie aresztowano 30 górników. Nasilają się konflikty między władzą a intelektualistami i twórcami: w grudniu 1975 roku sformułowany został „Memoriał 59", skierowany do władz państwowych. Był protestem przeciwko proponowanym zmianom w konstytucji; sygnatariusze domagali się „wolności sumienia i wyznań religijnych", niezależnych związków zawodowych, prawa do strajków, zniesienia cenzury prewencyjnej, wolnych wyborów, niezależności sądów i rzeczywistej niezależności władzy ustawodawczej. „Memoriał 59" nie miał bezpośredniego wpływu na kształt przygotowywanych zmian w konstytucji, ale określał zakres podstawowych praw obywatelskich, których konstytucja nie zapewniała; wywołał całą serię memoriałów-protestów i listów otwartych („Memoriał 101", „Memoriał 25", listy m.in. Hanny Malewskiej, Antoniego Gołubiewa, Marii Kuncewiczowej). Protestujący objęci zostali zakazem publikacji; zaostrzeniu uległa cenzura. W czerwcu 1976 roku dochodzi do nowej fali strajków, m.in. w Radomiu, Ursusie i Płocku; zginęło ok. 17 osób, 373 zostały skazane w trybie przyspieszonym, 500 odpowiadało w procesach sądowych, ponad 2000 zatrzymano. Represje wobec strajkujących wywołały akcję pomocy rodzinom więźniów, która stała się początkiem działalności Komitetu Obrony Robotników, jawnej organizacji opozycyjnej. O jej powstaniu informował list Jerzego Andrzejewskiego do Sejmu.

W latach 1971–1989 nie ma więc spokoju społecznego, klasa robotnicza, w której imieniu przemawiali stale politycy, wystąpiła w obronie własnych interesów; intelektualiści, twórcy, kształtują postawy opozycyjne. Oczywiście nie wszyscy: są, jak zwykle, i niezaangażowani, i „obrońcy porządku". Konflikty polityczne polaryzują postawy, światopoglądy, co powoduje głębokie zmiany w kulturze. Nie chodzi o jej całkowitą niezależność od polityki, bo taka niezależność jest w istocie niemożliwa, ale o zmiany i deformacje wynikające z prób pragmatycznego jej traktowania, wykorzystywania w toczonych sporach. To zrozumiałe, że w takiej sytuacji zmieniała się także literatura. Ograniczeniu ulegają eksperymenty warsztatowe, drugorzędna staje się refleksja egzystencjalna, maleją funkcje terapeutyczne sztuki, maleje w ogóle znaczenie odbiorcy: twórcy adresują swoją wypowiedź albo w obronie władzy, albo przeciwko władzy. Zwykły odbiorca może uczestniczyć w grze tylko na prawach wyboru jednej opcji. Zostaje więc „ubezwłasnowolniony", albo też może zrezygnować z udziału w grze. Ale jego rezygnacja pociąga za sobą kryzys sztuki, ograniczenie jej znaczenia w życiu społecznym.

Na kulturę trzeba jednak patrzeć nie poprzez restrykcje, jakie narzucała jej władza, ale poprzez utrwaloną i przechowywaną w niej zdolność do sprzeciwu i oporu. W omawianym więc okresie aż do końca lat siedemdziesiątych ważne są kontynuacje zdobyczy „naszej małej stabilizacji" – widoczne jest to w teatrze, w filmie, także w literaturze. Kontunuacje nie są prostym przedłużaniem wcześniej wypracowanych konwencji, lecz głęboką niekiedy modyfikacją. Można jednak mówić wówczas o ich „uklasycznieniu", o ograniczeniu nowych poszukiwań. W latach siedemdziesiątych i osiemdziesiątych dokonuje się głęboka wymiana generacyjna: odchodzą twórcy, którzy kształtowali swoje warsztaty jeszcze w Dwudziestoleciu, uwikłali się bądź też zachowali niezależność w okresie stalinowskim, współtworzyli bądź uczestniczyli w przemianach po 1955 roku. Odchodzili także twórcy należący do pokolenia wojennego. Długa jest lista wówczas pożegnanych: Kazimierz Wierzyński (Londyn 1969), Witold Gombrowicz (Saint Paul de Cence, 1969), Jerzy Zawieyski (1969), Tadeusz Peiper (1969), Jerzy Szaniawski (1970), Tadeusz Breza (1970), Paweł Jasienica (1970), Julian Przyboś (1970), Stanisław Vincenz (Lozanna 1971), Stefan Flukowski (1972), Michał Choromański (1972), Melchior Wańkowicz (1974), Antoni Słonimski (1976), Stanisław Grochowiak (1976), Jarosław Iwaszkiewicz (1980), Mieczysław Jastrun (1983), Jerzy Andrzejewski (1983), Miron Białoszewski (1983), Anna Świrszczyńska (1984), Ireneusz Iredyński (1985), Anna Kamieńska (1986), Roman Brandstaetter (1987), Igor Newerly (1987), Bohdan Czeszko (1988), Teodor Parnicki (1988), Kornel Filipowicz (1990), Adolf Rudnicki (1990), Tadeusz Kantor (1990), Stefan Kisielewski (1991), Tadeusz Nowak (1991); z młodszych – Helmut Kajzar (1982), Andrzej Łuczeńczyk (1991) i Tadeusz Siejak (1994). Nie mogło to być bez znaczenia w samej przemianie literatury.

Czynnikiem równie ważnym stało się wejście na przełomie lat sześćdziesiątych i siedemdziesiątych nowego pokolenia twórców z odmiennej formacji intelektualnej: krytyka literacka i artystyczna (na terenie poezji) nazwała ich debiuty Nową Falą. Ale było to zjawisko dotyczące nie tylko literatury, także plastyki, ludzi teatru, nowych tendencji w filmie, w muzyce młodzieżowej: urodzeni po wojnie nie wpisywali w swój światopogląd tragicznych doświadczeń wojennych, niewielkie znaczenie w ich biografiach miał także okres stalinowski, przypadał na czas dzieciństwa. Generacyjną tożsamość ukształtował niesławny finał „naszej małej stabilizacji" – przede wszystkim wydarzenia z marca 1968 roku, czas kontestacji i manifestacji studenckich. Dodać trzeba, że nie były to kontestacje wyłącznie polskie. W Stanach Zjednoczonych, we Francji i w Niemczech manifestacje studenckie, powstające wówczas programy „kultury alternatywnej", były protestem przeciwko modelowi społeczeństwa konsumpcyjnego, także przeciwko wojnie w Wietnamie; w Polsce był to protest przeciwko stagnacji, powszechnej biedzie i brakowi perspektyw rozwojowych. Idee kultury alternatywnej, inaczej u nas rozumiane, w różnych przetworzeniach wpisywały się w nasze życie społeczne, dawały znać o sobie poprzez muzykę młodzieżową, grupy teatralne, happeningi uliczne, powstawanie organizacji o skrajnych, anarchistycznych programach. Nawet jeśli nie miały jasnego programu politycznego, wyrażały niezgodę i kształtowały postawy opozycyjne. Miały swoje przedłużenia aż do przełomu lat osiemdziesiątych i dziewięćdziesiątych.

Już w 1971 roku na łamach „Odry" toczy się żarliwa dyskusja na temat *Dylematów sztuki współczesnej*, określająca u nas jej zaściankowość, zamykanie się w kręgu starych mitów, nienowoczesność; w krakowskim „Studencie" ukazują się odpowiedzi na ankietę redakcji *Autoportret pokolenia* (m.in. Adama Zagajewskiego, Stanisława Stabry), powstaje poetycka grupa „Teraz"; ważny jest także artykuł redakcyjny w paryskiej „Kulturze" *Gwarancja praw*, w którym przypomina się o antyinteligenckiej kampanii z lat 1968–1970. Młodzi poeci, należący do pokolenia „urodzonych po wojnie" (debiutują na przełomie lat sześćdziesiątych i siedemdziesiątych), wchodząc do literatury pod znakami buntu, formułują swoje programy. Ich manifesty (Stanisława Barańczaka *Nieufni i zadufani*, 1971; *Ironia i harmonia*, 1973; Juliana Kornhausera i Adama Zagajewskiego *Świat nie przedstawiony*, 1974) wywołują długą dyskusję o potrzebie zmian w literaturze. Powstają czasopisma młodych (w Krakowie „Student", w Warszawie „Nowy Wyraz"). Znów znaczącą rolę odgrywają teatry studenckie (m.in. *Spadanie* i *Sennik polski* w Teatrze ST-u z Krakowa, *Jednym tchem* w Teatrze Ósmego Dnia z Poznania, *Koło czy tryptyk* w Teatrze 77 z Łodzi), które w imieniu nowego pokolenia atakują pustkę sloganów i haseł socjalistycznych w propagandzie, zagubienie i brak perspektyw w życiu zbiorowym. Ważnym ogniwem w atakach młodych była dyskredytacja pozorów "literatury niezaangażowanej" Orientacji "Hybrydy" i "literatury bezpiecznej" pokolenia 1956 roku, skupionej na grach stylizacyjnych, wyprawach w "krainy łagodności" – ludowych świątków, baśni itd. Młodzi oskarżali swoich bezpośrednich poprzedników o "kapitulację wobec rzeczywistości" (Stanisław Stabro, *Na ruinach wyboru*, "Student" 1971, nr 5–6), o brak odwagi i podwójne myślenie – oficjalne i prywatne (Adam Zagajewski, wypowiedź w ankiecie *Co się u ciebie zmieniło?* "Student" 1971, nr 5), o nieszczerość bądź podejmowanie nieważnych tematów (Stanisław Barańczak, *Życie literackie młodych, a życie młodej literatury* [...] "Agora" 1968, nr 24). Dyskusje te trwają jeszcze w 1972 roku, ale losy tego pokolenia zostały właściwie przesądzone: kontestacja nie mieściła się w wyobrażeniach pragmatycznie pojmowanej przez polityków kultury. Ci, którzy domagali się odnowy, wierzyli, że jest możliwa, stali się przedmiotem oficjalnych ataków, ingerencji cenzury – część z nich opuszczała kraj na początku lat osiemdziesiątych, ci, którzy pozostali, szukali prywatnych azylów, bądź też współtworzyli literaturę jednoznacznie opozycyjną.

Wydawnictwa niezależne

Narastanie napięć politycznych i rzeczywisty stan świadomości społecznej, zwłaszcza po 1976 roku, określić można z jednej strony jako stan permanentnego kryzysu całego systemu, a z drugiej – coraz szerszego przekonania, że system jest niereformowalny. Rodzajem ostrzeżenia przed zgodą, przystosowaniem, stał się film Krzysztofa Zanussiego *Barwy ochronne* (1977). Szczególnego znaczenia nabrał także wcześniejszy film Andrzeja Wajdy *Człowiek z marmuru* (1976), najpierw wstrzymany, następnie dopuszczony do wyświetlania w niektórych kinach. Dotyczył stalinizmu, ale tematem czynił nie "błędy i wypaczenia" minionego okresu, lecz cynizm w posługiwaniu się wzniosłymi hasłami przy bezwzględnym niszczeniu "inaczej myślących": dotyczył więc systemu, a nie przypadkowych patologii. W tym samym czasie ukazują się pierwsze czasopisma publikujące poza cenzurą: "Biuletyn Informacyjny" i "Zapis", czasopismo literackie. W kolejnych numerach ukazywały się w nim utwory Stanisława Barańczaka, Ryszarda Krynickiego, Kazimierza Brandysa, Jerzego Andrzejewskiego, Kazimierza Orłosia, Jacka Bocheńskiego i innych. W 1977 roku powstaje także niezależne wydawnictwo NOWa, wychodzić poczyna "Puls", nielegalnie wznawia swą działalność "Agora", ukazują się "Res Publica", "Kultura Niezależna", "Witryna", powstaje "Latający Uniwersytet". Nasilają się represje wobec opozycji, zakazem druku objęto ponad sto osób; nie mogło to już jednak zmienić biegu wydarzeń. Powstanie "drugiego obiegu" przemodelowało dotychczasowy układ informacyjny: zakwestionowało monopol państwa, dopuściło do głosu

„inaczej myślących", przyczyniło się do ujawnienia wielu spraw z historii najnowszej, o których nie wolno było mówić.

Wielu twórców na przełomie lat siedemdziesiątych i osiemdziesiątych opuściło kraj wraz z wielką falą emigracji. W wydawnictwach i czasopismach emigracyjnych poczęły się ukazywać utwory pisarzy pozostających w kraju, zaś w obiegu niezależnym utwory pisarzy emigracyjnych, m.in. Miłosza, Stempowskiego, Gombrowicza, Herlinga-Grudzińskiego. W ten sposób rozpadał się stale strzeżony przez władze podział na literaturę krajową i emigracyjną. Te procesy przybrały na sile po 1981 roku. W okresie stanu wojennego nie uległ likwidacji obieg niezależny, wręcz się nasilił. Walka z nim okazała się, wobec ilości druków, niemożliwa. W tej sytuacji wydawnictwa oficjalne, państwowe bądź związane z instytucjami działającymi legalnie, przystąpiły do wydawania pisarzy emigracyjnych. Za znaczące uznać można ukazanie się w kraju *Dzieł* Witolda Gombrowicza (od 1986, z ingerencją cenzury), utworów wybranych Czesława Miłosza (kilka wyborów po nagrodzie Nobla), Tadeusza Nowakowskiego, Kazimierza Wierzyńskiego, Stanisława Vincenza, Beaty Obertyńskiej i innych. Był to już przejaw rozpadu całego systemu; władza utraciła zdolność „sterowania" procesami zachodzącymi w kulturze.

Z tego przebiegu wydarzeń nie wynika, że w latach 1971–1989 doszło do całkowitego zanegowania pozytywnych zdobyczy z poprzedniego okresu. Trwa nadal, zwłaszcza w latach siedemdziesiątych, dobra passa teatrów polskich, niezależnie od nasilających się represji cenzuralnych. Warto przypomnieć te realizacje sceniczne, które na stałe weszły do dziejów teatru polskiego. Wśród nich *Dziady* Mickiewicza w reżyserii Konrada Swinarskiego w Starym Teatrze w Krakowie (1973), *Biesy* według Fiodora Dostojewskiego w reżyserii Andrzeja Wajdy w Starym Teatrze w Krakowie (1971), wystawienie *Szewców* Witkacego w reżyserii Jerzego Jarockiego w Starym Teatrze (1971), pierwsze wykonanie *Ślubu* Gombrowicza na scenie zawodowej w kraju w reżyserii Jerzego Jarockiego w Teatrze Dramatycznym w Warszawie (1974), *Wyzwolenie* Wyspiańskiego w reżyserii Konrada Swinarskiego w Starym Teatrze (1974). Reżyserzy i teatry sięgają do repertuaru już zadomowionego i znanego, uciekają od zgiełku politycznego. „Klasyka" pozwala oświetlać współczesne problemy z perspektywy szerszej, bardziej uniwersalnej. Ale obecna jest także dramaturgia współczesna: Kazimierz Dejmek wystawia nowe sztuki Sławomira Mrożka (*Vatzlava* w Teatrze Nowym w Łodzi, 1979 i *Portret* w Teatrze Polskim w Warszawie, 1987); Tadeusz Kantor *Umarłą klasę* (według Witkacego i Schulza, Cricot II, 1975), Helmut Kajzar

Emigracja końca lat 70.

swoją *Oborę* (Teatr Narodowy, 1981), Janusz Warmiński *Poloneza* Jerzego Stanisława Sity (Ateneum w Warszawie, 1981) itd.

Z filmów, które wówczas powstały, przypomnieć warto *Krajobraz po bitwie* (1970), *Wesele* (1973), *Ziemię obiecaną* (1975), *Człowieka z marmuru* (1976), *Panny z Wilka* (1979) i *Człowieka z żelaza* (1981) Andrzeja Wajdy; *Amatora* (1979) i *Dekalog* (1987–1989) Krzysztofa Kieślowskiego; *Rejs* (1970) Marka Piwowskiego; *Sól ziemi czarnej* (1970) Kazimierza Kutza; *Aktorów prowincjonalnych* (1979) Agnieszki Holland. Pod koniec okresu, w latach osiemdziesiątych, filmów nowych pojawiać się poczęło coraz mniej: ze swej natury sztuka filmowa ciąży ku teraźniejszości. Filmy podejmujące aktualną problematykę polityczną w „gorących czasach" grzeszą często publicystyczną jednostronnością, brakiem właściwych konstrukcji dramatycznych, zubożeniem środków wyrazu. Są znaczące w momencie powstawania i tracą na znaczeniu wraz z upływem czasu.

Ogólną cechą całej kultury, a w tym literatury i sztuki, w latach siedemdziesiątych nie jest więc upadek, lecz widoczna zmiana jej funkcji w całości życia społecznego. Wyczerpał się zapas energii wyzwolonej po 1956 roku i kruchego, zrodzonego wówczas optymizmu. Stagnacja to jeszcze nie kryzys, zaledwie jego zapowiedź czy tylko możliwość. O ostatecznym kryzysie, rozpadzie konwencji i zasad obowiązujących w Polsce Ludowej mówić można w latach osiemdziesiątych od wprowadzenia stanu wojennego. Najwcześniej niekorzystnym zmianom uległa wówczas krytyka literacka i artystyczna. Zacierały się hierarchie wartości, unieważnieniu ulegały aspekty estetyczne dzieł, liczyły się prawie wyłącznie ich funkcje ideologiczne, perswazyjno-agitacyjne. Ocenom podlegały nie tyle dzieła, co postawy twórców. Na tej zasadzie weryfikowano dawne hierarchie. Podporządkowanie literatury, sztuki, potrzebom walki politycznej uznać można z jednej strony za nieuchronne i niejako naturalne w ówczesnych warunkach, z drugiej jednak – za ograniczające jej cele i funkcje w całości życia społecznego. Kiedy na przełomie lat sześćdziesiątych i siedemdziesiątych, na początku omawianego okresu, do literatury i sztuki wchodziło nowe pokolenie twórców, wejściu towarzyszyła żywa dyskusja dotycząca charakteru literatury, wcale szeroko rozumianych jej funkcji społecznych. Charakterystyczne było i to, że młodzi, znakomicie przygotowani, prezentowali się nie tylko poprzez utwory: byli także krytykami objaśniającymi swoje decyzje. Tą wysoką samoświadomością charakteryzują się nie tylko poeci i prozaicy, lecz także młodzi reżyserzy wchodzący wówczas do teatrów: Jerzy Grzegorzewski, Helmut Kajzar, Bogdan Hussakowski. Dla nich sztuka jest nie tylko wyrazem określonych postaw światopoglądowych, lecz także świadomym wyborem rozwiązań formalnych, ich jakości estetycznych. Młodzi w swym myśleniu bliżsi byli Awangardzie z jej konstruktywizmem i rygoryzmem intelektualnym niż emocjonalizmowi, uwalniającemu od rygorów. Poeci wypracowali własną poetykę, własny język, nazywany później „nowofalowym". Ich następcy na przełomie lat siedemdziesiątych i osiemdziesiątych nie mają już wyraziście i całościowo określonego oblicza: liczy się miejsce druku (obieg niezależny, obieg oficjalny) i sposób manifestowania swoich przekonań politycznych. W „drugim obiegu" nie pojawiła się wielka poezja młodych. Zresztą do końca lat osiemdziesiątych w obiegu niezależnym przeważały reedycje wierszy Barańczaka, Krynickiego, Kornhausera, Zagajewskiego, Jaworskiego i innych. Młodsi z ich poezji wyczytywali przede wszystkim kontestacyjne postawy społeczne. Ale budziły one wątpliwości wcześniej u części rówieśników (Ewa Lipska, Adam Ziemianin, Andrzej Warzecha). Poeci Nowej Prywatności prowadzili już otwarte spory z poprzednikami. Następcy – Krzysztof Lisowski, Bronisław Maj, Tomasz Jastrun, Andrzej Kaliszewski, Antoni Pawlak, Jan Polkowski, Aleksander Jurewicz – nie potafili jednak w pełni wyartykułować swojego programu. Z jednej strony wciągały ich burzliwe wydarzenia, chcieli być nie tylko świadkami, ale i uczestnikami. Tomiki wierszy wydawane w drugim obiegu dokumentują to zaangażowanie. Równocześnie jednak poeci mają świadomość, że owo zaangażowanie niszczy autonomiczne sensy poezji, zmienia i upraszcza jej język. Na niebezpieczeństwo takich uproszczeń zwracali uwagę: Stanisław Barańczak (*Przed i po. Szkice o poezji krajowej lat siedemdziesiątych i osiemdziesiątych.* Londyn 1988) i Adam Zagajewski (*Solidarność i samotność.* Paryż 1986). Charakterystyczne stają się w ich twórczości wewnętrzne antynomie – współuczestnictwa i osobności, dokumentarnego zapisu i niewiary w tego typu poezję, języka konkretu i metafizycznych dopełnień.

Relacje między tymi poetami a ich poprzednikami, to jest Nową Falą, nie są jednoznaczne, zresztą Nowa Fala była od początku wielogłosowa: obok grup programowych „Teraz" i „Próby" istniała odrębna grupa „Tylicz". Poezja Nowej Prywatności, przyniosła znaczące w sensie artystycznym rozpoznanie niebezpieczeństw upolitycznienia poezji, ale nowe propozycje – negowanie sensu samej sztuki, ograniczenie jej możliwości do samopoznania twórców, w zderzeniu z burzliwymi wydarzeniami traciły wszelki sens. Kruchą odrębność następców unicestwiły wydarzenia z przełomu lat siedemdziesiątych i osiemdziesiątych. W twórczości Bronisława Maja, Jana Polkowskiego, Antoniego Pawlaka, Tomasza Jastruna wyraźny ślad zostawiły owe dylematy zaangażowania i prywatności.

Krytyka literacka, oficjalna i nieoficjalna, w latach osiemdziesiątych, upraszczając funkcje literatury, operowała najczęściej kontrastowymi zestawieniami: utrwalał się podział na „naszych" i „ich". Same utwory w takim ujęciu stawały się drugorzędne, liczyły się postawy ideowe twórców, ich publiczne deklarowanie. Nie brakło nawet otwartej samokrytyki, dokonywanej przez starszych, chociaż nie była już obowiązkowa, jak w okresie stalinizmu. Rozrachunek z przeszłością, nieuchronny w takich przełomowych momentach, mógłby być ważny, gdyby dotyczył dzieł, ich zawartości myślowej i jakości estetycznej. Krytyka rewizjonistyczna z początku lat osiemdziesiątych dokonywała znaczących przewartościowań światopoglądowych, kwestionowała obowiązujące stereotypy literackie i konwencje; jej część w skrajnych i głośnych przejawach skupiła się jednak na osobach, na biografiach twórców, wynajdywała różnego typu dowody „uległości", „współpracy" z komunistami, sięgała nawet do strefy intymnej życia twórców. Paszkwil i pamflet zastępował wówczas rzetelną analizę zjawisk. U schyłku okresu, kiedy pojawiać się poczęły debiuty najmłodszych, urodzonych już po 1960 roku, odrzucających modele literatury zaangażowanej wykształcone w okresie stanu wojennego, krytyka literacka, operująca uproszczonym zespołem środków, wobec nowych tendencji stawała bezradna: często przestawała pełnić swe funkcje objaśniające, prezentacyjne, nabierała narowów koteryjnych. Już niezauważone zostały przez nową krytykę ostatnie tomy opowiadań Kornela Filipowicza (*Między snem a snem*, *Koncert f-moll i inne opowiadania*, *Rozmowy na schodach*), utwory Jerzego Andrzejewskiego (*Nowe opowiadania*, *Miazga*, *Nikt*), powieści i opowiadania Władysława Lecha Terleckiego (*Cień karła, cień olbrzyma*, *Pismak*, *Lament*, *Wieniec dla sprawiedliwego*), Wiesława Myśliwskiego (*Kamień na kamieniu*), Andrzeja Kuśniewicza (*Witraż*, *Nawrócenie*), Leopolda Buczkowskiego (*Kąpiele w Lucca*, *Oficer na nieszporach*, *Kamień w pieluszkach*), Stanisława Czycza (*Nie wierz nikomu*, 1987). W niektórych z nich znaleźć dziś można zapowiedzi późniejszych poszukiwań. Ważniejsze okazywały się ze względu na swą jednoznaczność: *Cudowna melina* i *Przechowalnia* Kazimierza Orłosia, utwory emigracyjne Marka Nowakowskiego (*„Grisza, ja tiebie skażu"*, *Dwa dni z Aniołem*), ważniejsza *Mała apokalipsa* Tadeusza Konwickiego niż jego wcześniejsze, artystycznie o wiele bardziej znaczące utwory.

Poezja w latach 1969-1989

Odwróćmy historycznoliteracki porządek: na plan pierwszy wysuńmy debiutantów Nowej Fali, a nie twórczość poetów starszych generacji. Nie chodzi w tym zabiegu o wartościowanie, lecz o uwypuklenie zachodzących przemian. Wkraczała do literatury nowa formacja intelektualna, proponowała inną formułę poezji; dokonywała w momencie wejścia oceny swych poprzedników w wypowiedziach programowych. Jak zwykle w takich momentach nie brakło ocen wyjaskrawionych, nie zawsze sprawiedliwych. W latach sześćdziesiątych powstawało wiele grup literackich, niewiele było jednak grup programowych, o wyraźnie zaznaczonych konturach estetycznych i społecznych. Rytuały życia literackiego tego czasu zapisywały się w konkursach, festiwalach, wieczorach poetyckich, działaniach towarzysko-grupowych: niewiele z nich wynikało, stwarzało to pozory bogactwa. Ale znacząca poezja powstaje zawsze za sprawą wybitnych indywidualności bądź też wyraziście określonych grupowych propozycji artystycznych. Grupy poetyckie z początku lat sześćdziesiątych nie miały programów, które przeobrażałyby język poezji. Pozostawano w kręgu podstawowej opozycji – tradycji awangardowych i neoklasycystycznych w różnych ich odmianach. Ani Orientacja Poetycka „Hybrydy" (działająca od 1960 roku w Warszawie – m.in. Krzysztof Gąsiorowski, Zbigniew Jerzyna, Jarosław Markiewicz), ani późniejsze – Forum „Hybrydy" (od 1966, m.in. Krzysztof Gąsiorowski, Jerzy Górzański, Krzysztof Karasek, Piotr Matywiecki) nie stworzyły wyrazistego programu: zadowoliły się ogólnymi sformułowaniami o „potrzebie stabilizacji", utrwalania wartości estetycznych. Występująca we Wrocławiu „Grupa 66" (m.in. Ernest Dyczek, Jerzy Pluta, Bogusław Kierc), związana początkowo z czasopismem „Agora", negująca dorobek i program „hybrydowców", kwestionująca potrzebę metafory i „obrazowania" (poezję wyobraźni), nie umiała także wyraziście sformułować swoich intuicji. Ważniejsza, jak się wydaje, była dyskusja na łamach „Współczesności" na temat „pokolenia 56", niespełnionych nadziei, przewagi sukcesów formalnych nad merytorycznymi (Anna Bukowska, *Podzwonne pokoleniu.* „Współczesność" 1966); ważniejsza, być może, wystawa młodych plastyków w Krakowie z Grupy „Wprost" (m.in. Maciej Bieniarz, Leszek Sobocki, Jacek Waltoś), której członkowie domagali się mówienia wprost o rzeczywistości, zerwania „ze sztuką żonglującą stereotypami". W tych wystąpieniach powtarzają się, anonimowo, idee dobrze znane z twórczości Różewicza. Samo określenie „Nowa Fala" zjawiło się już w 1966 roku w rozważaniach na temat pożegnania polskiej szkoły filmowej (Zygmunt Kałużyński,

Nowa fala w filmie polskim. „Kino" 1966), odchodzenia od „społecznych urazów" ku filmom psychologicznym (*Walkower* i *Rysopis* Jerzego Skolimowskiego, później – *Żywot Mateusza* Witolda Leszczyńskiego, *Struktura kryształu* Krzysztofa Zanussiego).

Przywołanie tego kontekstu wydaje się konieczne dla objaśnienia programów poetyckich nie tylko krakowskiej grupy „Teraz": ważne w formułowaniu nowej świadomości stało się spotkanie młodych poetów i krytyków w Cieszynie (8–9 XI 1970), w którym wzięli udział nie tylko członkowie grupy (Julian Kornhauser, Jerzy Kronhold, Adam Zagajewski i inni), lecz także poeci związani z poznańską grupą „Próby", z redakcją „Nurtu" (Ryszard Krynicki, Stanisław Barańczak) i później z „Nowym Wyrazem" w Warszawie (Jarosław Markiewicz, Krzysztof Karasek). Od poezji, a szerzej – od literatury oczekiwali młodzi bliskiego związku z rzeczywistością, mówienia „wprost", bez posługiwania się aluzjami i niedopowiedzeniami, a równocześnie precyzji, wzmocnienia siły ekspresji, poezji myśli, a nie nastroju, barw ostrych, a nie pastelowych. „Zaangażowanie" rozumieli jako możliwość i konieczność wpływania poprzez literaturę na bieg spraw społecznych. Książki programowe, o których była już mowa (*Świat nie przedstawiony*, *Nieufni i zadufani*) formułowały wynikające z jednego źródła dwie odmienne postawy: grupa „Teraz" odwoływała się do ekspresjonizmu, akcentując wzmocnienie „siły wyrazu"; grupa poznańska – potrzebę „nowego romantyzmu" (buntu i odwagi w formułowaniu nowych zadań). Był to w stosunku do bezpośrednich poprzedników wyraźny zwrot od neoklasycystycznych gier z wzorcami z przeszłości do oczywiście zmodyfikowanych zasad poezji awangardowej. W fazie początkowej patronami byli Przyboś i Peiper. W grupie poznańskiej ukształtował się ostatecznie program „neolingwizmu" (nawiązanie do Przybosia i Białoszewskiego), w krakowskiej – „ekspresjonizmu III". Dodać warto, że w Łodzi powstała grupa „Centrum" (Jacek Bierezin, Andrzej Biskupski, Kazimierz Świegocki) o mniej wyrazistym programie antyestetyzmu i autentyzmu, a w Katowicach – grupa „Konteksty" (m.in. Stanisław Piskor, Andrzej Szuba) poddająca ironicznym trawestacjom stereotypy zadomowione w kulturze i w wyobraźni zbiorowej.

Cechą wspólną, łączącą wszystkich poetów Nowej Fali, niezależnie od manifestów i programów, było głównie to, że należeli do pierwszego powojennego pokolenia twórców. Nie wszyscy jednak z tego pokolenia związali się z powstającymi grupami. Poza nimi pozostawali Ewa Lipska i Rafał Wojaczek. W istocie to ich debiuty z połowy lat sześćdziesiątych były najwcześniejszą zapowiedzią nadciągających zmian. Nowe propozycje poetyckie wywołały postawy opozycyjne części rówieśników: w obronie prywatności w poezji wystąpiła krakowska grupa „Tylicz" (Adam Ziemianin, Andrzej Warzecha i bliski im Józef Baran). Początkowo, krocząc śladami Jerzego Harasymowicza, uciekali od zgiełku cywilizacyjnego wielkiego miasta, od konfliktów politycznych na prowincję; istotniejsze jednak okazywało się później rozpoznawanie codzienności, radości i smutków zwykłej egzystencji. Z twórcami grup programowych łączyła ich nie tylko metryka, także rozpoznawanie marazmu w życiu społecznym, szarości i beznadziejności. Istotniejsze wydaje się zanegowanie formuł poetyckich ukształtowanych po 1955 roku – ostry spór z tymi poprzednikami, którzy identyfikowali zadania poezji z grami stylizacyjnymi. Julian Kornhauser, współtwórca programu grupy „Teraz", upomniał się po latach o zaliczenie do Nowej Fali poetów, którzy zgłaszali propozycje odmienne (*Międzyepoka*, 1995, s. 72). Stanowisko to pozwala na historycznoliterackie traktowanie określenia Nowa Fala.

Niechęć do gier stylizacyjnych, do „zabawy" metaforą, do „wyobraźni na wolności", postulat „mówienia wprost" (bez posługiwania się aluzjami) o rzeczywistości społecznej, o „tu i teraz" – wyznacza pewną przestrzeń kreacji artystycznych, ogranicza możliwości wyboru określonej tradycji, aprobowanej bądź tylko formalnie przywoływanej. Dodać tu warto, że przewaga refleksji teoretycznej, widoczna w formułowaniu programów, ograniczała znaczenie poetyckiej intuicji, powstawała *poesia docta*: utwory „ilustrowały" wcześniejsze przemyślenia. Tak było w kontestacyjnej fazie rozwoju twórczości młodych, w której sprawą zasadniczą stawały się kłopoty z określeniem własnej tożsamości. Przywołajmy inny fragment z cytowanego już wiersza *My* Ewy Lipskiej:

**Język
i poetyka
debiutów**

**Ewa Lipska
*My***

> My zazdrościmy tym
> którzy w wysokich sznurowanych butach
> przeszli przez wojnę.
> Zazdrościmy
> nocy oszczędnie po małym kawałeczku
> rozdzielanych między hełmy znużone.
> Strzałów jak ognie sztuczne do ust podniesionych.
> Wulgarnych wzruszeń nagłego ocalenia.
> O tamtym świcie
> z miasta lęk wywożono na taczkach
> i wymiatano kule.
> ....
> Ale pamięć przestrzeloną dźwigamy
> już my.

Wiersz mówi o bezradności, jednak także o potrzebie samookreślenia. Doświadczenia wojenne i mity kombatanckie organizowały świadomość generacyjną poprzedników, ale przekazywane następcom

Rafał Wojaczek

stawały się obojętne bądź niszczące: było to bowiem przekazywanie pamięci o śmierci. Przejmująco mówił o tym w wierszu *Piosenka bohaterów II* z tomiku *Inna bajka* (1971) Rafał Wojaczek:

> „W czasach wielkich żyliśmy, wspaniałych..."
> Aż wreszcie śmierć stała się pospolitą rzeczą,
> jadalną, jak gruby chleb lekkostrawną,
> i w usta sobie braliśmy lekko
> ....
> Bo to nie była nasza śmierć tylko łaskawa
> jałmużna zazdroszczącego nam świata
> i wiedzieliśmy: kłamią nam w piśmie
> powszechnych gazet...

„Kłamią nam w piśmie powszechnych gazet" – to określenie wyznacza przestrzeń buntu, sposób kontaktowania się z rzeczywistością społeczną, a także poszukiwanie nowego języka, a ściślej – odkłamania języka literatury. Rzeczywistość, ta prawdziwa, kryła się za językiem oficjalnej propagandy, a w literaturze, w poezji – za grami stylizacyjnymi, metaforami, za kreowaniem „baśniowych krajów łagodności". Język poezji jest zawsze artystycznie zorganizowany: proste powtarzanie jego form ze społecznego obiegu grozi zamianą poezji w publicystykę lub w kolokwialne „gaworzenie". Można wyznaczyć trzy kierunki poszukiwań własnej formuły poetyckiej debiutantów. Jeden z nich wydaje się dominujący w twórczości Ewy Lipskiej: należała od początku do najwybitniejszych indywidualności w kręgu jej rówieśników, choć nie związała się z żadną z powstających grup poetyckich. Jej tomiki z lat siedemdziesiątych (*Wiersze*, 1967; *Drugi zbiór wierszy*, 1970; *Trzeci zbiór wierszy*, 1972; *Czwarty zbiór wierszy*, 1974; *Piąty zbiór wierszy*, 1978), a także późniejsze (*Przechowalnia ciemności*, 1985; *Strefa ograniczonego postoju*, 1990; *Stypendyści czasu*, 1994) prezentują odrębny sposób zagospodarowania języka potocznego i przetwarzania go w język poetycki. Główną rolę odgrywa przejmowanie z mowy żywej skostniałych form wypowiedzi (frazeologizmów), rozbijanie ich, poszerzanie pól semantycznych, wymiana elementów składowych prowadząca do powstania metafory. Przyjrzyjmy się tym zabiegom w wierszu *Przyszłość*, charakterystycznym – w sensie myślowym – dla wstępnego okresu jej twórczości:

Ewa Lipska

Przyszłość

> Wynajęłam sobie przyszłość
> i od jutra muszę się wprowadzić
> zmienić zamek po poprzednim lokatorze.
> Muszę sprawić sobie nowy krajobraz
> lustro i półkę na książki
> żeby móc pisać i rozpocząć
> samodzielne życie
> w peryferyjnej dzielnicy biosfery

do której nie docierają toasty
weselne urodzinowe i pogrzebowe.
Muszę sobie sprawić nowy krajobraz.

To kosztowna rzecz.

Jest w tym wierszu, podszytym dyskretną ironią, komentarz do krzątaniny młodych, którzy starali się „zmieniać zamki po poprzednich lokatorach", ale jest także, w warstwie językowej, zamiana potocznego w poetyckie: łatwo odnaleźć frazeologizm poddawany poetyckiemu przetworzeniu – w zwrocie „wynajęłam sobie mieszkanie" wymieniony zostaje jeden człon („mieszkanie" na „przyszłość"), co zmienia całkowicie sens kolejnych już nie przetwarzanych zdań. Ta sama zasada wymiany dotyczy „kapelusza" zastąpionego „krajobrazem". Podstawą poetyckich przetworzeń jest mowa potoczna, jednakże „prywatna", a nie publiczna; różni to Lipską od rówieśników. Nie oznacza jednak jej zamknięcia się w prywatności: z powszedniego buduje w utworach późniejszych swoje paradoksy, wyrażające narastanie przeczuć katastroficznych. Tę postawę określa już wiersz *Lęk* z *Trzeciego zbioru wierszy*:

Lęk

...Chętnie
nadlatywały nowe pobojowiska.
Ustalano miliardy praw. Kwadryliony
ustaw. W kwarantannie
zamknięto dwoje podejrzanych:
Adama i Ewę.
(Bóg patrzy na to wszystko
siedząc w kuchni
i nawijając na widelec spaghetti)

Naoczny świadek
powszechnej utraty wzroku
jestem niespokojna
o mój świat...

W innym kierunku zmierzały poszukiwania wrocławsko-poznańskiej orientacji lingwistów. Chodzi tu przede wszystkim o Stanisława Barańczaka i Ryszarda Krynickiego, lecz po części także o Jerzego Plutę i Ernesta Dyczka. Ich próbom tworzenia nowego języka poezji patronowała tradycja formistów, futurystów, Awangardy Krakowskiej, przede wszystkim jednak wcześniejsze rozwiązania Tymoteusza Karpowicza i Mirona Białoszewskiego. Jeśli jednak Białoszewski w swoich grach językowych zmierzał do określenia „metafizyki codzienności", odnalezienia w niej tajemnicy jednostkowej egzystencji, a Tymoteusz Karpowicz w polisemii językowej – ograniczeń ludzkiego poznania, to „drugie pokolenie lingwistów" inaczej wyznaczało cel swych eksperymentów. Przede wszystkim ich nieufność do języka

Stanisław Barańczak, Ryszard Krynicki

rodziła się z rozpoznań jego form zinstytucjonalizowanych, upowszechnianych poprzez środki masowego przekazu, narzucanych jednostce w wypełnianych ankietach, pisanych życiorysach, podpisywanych protokołach zeznań itd. Oficjalny język zamyka człowieka w schematach, ogranicza go, zniewala, uniemożliwia samodzielne myślenie, rozpoznawanie rzeczywistości. Znaczące staje się wówczas nie to, co mówimy, ale jak mówimy. Podmiot liryczny, współczesny *Quidam*, anonimowy, zamknięty w języku, zniewolony, nie może się z niego wyrwać, nawet w pełni wyartykułować swojej niezgody i buntu. Rozbijanie skorupy języka oficjalnego poprzez jego parodiowanie, a był to główny krąg poszukiwań i konstrukcji poetyckich Stanisława Barańczaka w początkowym okresie twórczości (w tomikach *Korekta twarzy*, 1968; *Jednym tchem*, 1970; *Dziennik poranny*, 1972), wiązało się ściśle ze zderzaniem różnego typu antynomii: tego, co fizyczne, fizjologiczne, z tym, co jest naszą świadomością, duchowością, co w języku symbolizuje rzeczywistość i co daje złudzenie jej poznania. Z tomiku *Jednym tchem* przywołajmy tu fragment wiersza tytułowego:

Jednym tchem

> Jednym tchem, jednym nawiasem tchu zamykającym zdanie,
> jednym nawiasem żeber wokół serca
> zamykającym się jak pięść, jak niewód
> wokół wąskich ryb wydechu, jednym tchem
> zamknąć wszystko i zamknąć się we wszystkim, jednym
> wiotkim piórem płomienia zestruganym z płuc
> osmalić ściany więzień i wciągnąć ich pożar
> za kostne kraty klatki piersiowej i w wieżę
> tchawicy, jednym tchem, nim się udławisz
> kneblem powietrza zgęstniałego od
> ostatniego oddechu rozstrzelanych ciał
> i tchnieniem luf gorących i obłoków
> z dymiącej jeszcze na betonie krwi...

Wiersz ten jest w sensie intonacyjnym i składniowym jednym wykrzyczanym zdaniem: przeważa w nim jednak pewien porządek ozdobny, przejęty z zasad retoryki – wyrażający narastanie napięcia emocjonalnego, aż do krzyku, do bólu związanego z fizjologią, z mówieniem przez „zaciśnięte zęby" („z kneblem powietrza zgęstniałego"). Ważne są upodobnienia – przepływanie znaczeń między różnymi sferami: z jednej strony mamy ciało ludzkie, jego części biorące udział w mowie – żebra, płuca, tchawica, także serce (nasze emocje), a z drugiej – język, mówienie, które sprawia ból (mowa – „płomień zestrugany z płuc", „dławienie się kneblem zgęstniałego powietrza"), wyraża gniew („zamykająca się pięść"). Niemożność wypowiedzenia, „ból mowy" wiąże się z poczuciem zamknięcia, uwięzienia („ryby w niewodzie", „kostne kraty klatki piersiowej", „wieża [strażnicza] tchawicy", „knebel", „rozstrzelane ciała", „dymiąca krew na betonie").

W tym barokowym, zagęszczonym ciągu metafor i metonimii scalone zostały różne sfery – czysto językowa („nawias zamykający zdanie"), biologiczna (cierpienie, ból związany z mówieniem) i więzienna (w ciele, w języku, także w celi). Język, sam z siebie, stwarza możliwość przepływu znaczeń. W wierszu potęgują niejednoznaczność i przepływ dwa różne porządki: gramatyczny porządek następujących po sobie cząstek wypowiedzenia i inny wynikający z wierszowej segmentacji (z podziału na wersy). Istotnym elementem w strukturze „nowofalowego" wiersza staje się przerzutnia, która w obrębie wersu (w klauzuli) sugeruje pewne znaczenie, zmienia go natomiast w otwarciu wersu następnego. Na prawach przykładu tej gry znaczeniami przywołajmy wiersz *Papier i popiół – dwa sprzeczne zeznania*:

Papier i popiół...

> Papier i popiół, dwa sprzeczne zeznania
> na ten sam ogień; powiedzą: *to jasne*
> *jak dzień, jak dziennik,* zmięty i zmierzwiony kłąb
> w kałuży, *nie, w zwierciadle wiadomości z kraju*
> *(dobrego) i ze świata (złego)*; spalić swój dziennik
> wśród nocy; *to bezsprzeczne,* powiedzą, *choć zmięty*
> lecz niezmienny, zmierzwiony, ale niezmierzony,
> *z mierzwy lecz wierzmy*; plączesz się w zeznaniach,
> w skręconych kartkach, tak czarnych, jak przedtem
> były czyste; powiedzą: *to proste*
> *jak drut,* kolczasty, *jak druk*, gazetowy;
> spal i splącz papier, płomień, popiół, północ
> w jednym błysku zwęglonym kroniki wypadków,
> poprawią ci otrucie gazem na otrucie
> gazet; *to logiczne*, powiedzą, *samobójca, sam siebie*
> *się bał*

Wiersz, choć scala monolog podmiotu lirycznego i „cudzą mowę", nie jest ani rozmową, ani przemówieniem „wykrzyczanym z kneblem w ustach", lecz pozorowanym zeznaniem w czasie przesłuchania, przekazywaniem wymuszonych informacji, przy którym nie chodzi o wypowiedzenie prawdy, lecz o jej ukrycie, a może o wynikającą z istoty języka niejednoznaczność. Sugeruje to porządkowanie słów nie na zasadzie ich znaczeń, lecz podobieństw brzmieniowych: „otrucie gazem" upodobni się do „otrucia (za sprawą) gazet", dziennik telewizyjny czy radiowy („wiadomości z kraju") upodobni się do „dziennika intymnego", ten zaś stanie się „dowodem rzeczowym" w śledztwie. W migotliwości i przepływie znaczeń ważną rolę odgrywa przerzutnia: potęguje i podkreśla polisemię.

Oczywiście cała skomplikowana struktura tych wierszy mieści się na antypodach zasady „mówienia wprost", głoszonej przez grupę „Teraz" – świadomego wzmocnienia środków wyrazu, jasnego formułowania myśli. Nie chodzi o jej wyrażenie, lecz ukrycie w zawiłościach gier językowych. W twórczości Ryszarda Krynickiego, najwybitniejszego poety Nowej Fali, od tomików początkowych (*Pęd pogoni, pęd ucieczki*, 1968; *Akt urodzenia*, 1969; *Organizm zbiorowy*, 1975) w podobnych grach językowych obecny jest jednak osobisty ton refleksji egzystencjalnej, określającej miejsce jednostki w obcym jej świecie. Tak jest w *Akcie urodzenia*:

Akt urodzenia

urodzonemu w transporcie
przypadło mi miejsce śmierci
kult jednostki
miar
i wag

jednostki wojskowej
paraliż postępowy
postęp paraliżujący
codziennie słucham
ostatnich wiadomości

żyję
na miejscu śmierci

Gra z językiem, komplikująca wypowiedź u Barańczaka, przybiera u Krynickiego inną postać – służy nie tyle opisaniu (czy też nazwaniu niemożliwości opisania) świata, który należy zmieniać, ile jednostki i jej dramatycznych uwikłań w historię, politykę i cywilizację. Podmiot liryczny, a ściślej – podmiot mówiący, był u Barańczaka „głosem publicznym", krył się za przywołaniami cudzej, urzędowej bądź potocznej, mowy, był kimś, kto utracił swą odrębność, stał się anonimową cząstką tłumu. Krynicki odbudowuje znaczenie osobowości ludzkiej, w wypowiedzi poetyckiej zaś – znaczenie podmiotu lirycznego. Każdej próbie zbliżenia się do innych ludzi towarzyszy uprzytomnienie sobie własnej odrębności. Między „innymi" właśnie i podmiotem lirycznym dochodzi do skomplikowanych interakcji, eksponujących niemożliwość pełnego porozumienia i jako właściwość podstawową egzystencji – samotność. Krynicki jest nie tyle kontestatorem, co człowiekiem osaczonym przez układy zewnętrzne, wytrwale broniącym swych prawd, poszukującym ładu moralnego w świecie, jednakże w rozpoznaniach – sceptycznym, przede wszystkim wiernym samemu sobie. Wyznaczanie granic ludzkiej osobności i samotności łączy wczesne jego tomiki z utworami późniejszymi, publikowanymi w „drugim obiegu", w wydaniach zagranicznych bądź krajowych (*Nasze życie rośnie*, Poznań 1977, Paryż 1978; *Niewiele więcej. Wiersze z notatnika 78–79*, 1981; *Ocalenie z nicości*, 1983; *Niepodlegli nicości*, 1989). W nowych wierszach dochodzi jednak do głębokiego przeobrażenia języka: retoryczna ozdobność ustępuje miejsca aforystycznej zwięzłości, celem staje się precyzja sformułowania. Przywołajmy, dla porównania, dwa wiersze: *Biorąc udział* z tomiku *Nasze życie rośnie* i *Choćbyście unicestwili* z tomiku *Niepodlegli nicości*:

Biorąc udział

„Biorąc udział w wielkiej loterii
Centrum Zdrowia Dziecka
czcisz pamięć 2.000.000 dzieci
poległych w walce i bestialsko
pomordowanych podczas II wojny światowej.
Niesiesz pomoc i ulgę
w cierpieniu tysiącom dzieci
dotkniętym kalectwem i chorobą.
Spełniasz swój szlachetny i zaszczytny
obowiązek obywatelski.
Uzyskujesz możliwość wygrania
wielu cennych nagród, takich jak
samochód Fiat-125p i 126p,
ciągniki C-330, telewizory,
radioaparaty, lodówki, maszyny do szycia,
pralki

i szereg innych atrakcyjnych przedmiotów".

*

Choćbyście unicestwili
wszystkie nasze świadectwa,
to nawet nieme słoje drzew,
to nawet nasze nieme kości powiedzą

w jakich żyliśmy czasach

Tekst pierwszy, ujęty w cudzysłów, jest „cytatem", mową obcą: może pochodzić z ogłoszenia gazetowego lub z ulotki reklamowej. „Akt tworzenia" wiersza polega na podziale wypowiedzi ciągłej na wersy, wydobyciu głupoty i okrucieństwa z bełkotu propagandowego: „szlachetny obowiązek obywatelski" miesza się z „cennymi nagrodami", „dzieci poległe w walce" – z „loterią", chęć zdobycia „pralki" utożsamiona zostaje z „zaszczytnym obowiązkiem obywatelskim". W języku oficjalnym utrwalają się więc cechy czasu – totalnej dehumanizacji. Wiersz drugi mówi to samo, ale w innym już języku.

Między powszechnym a jednostkowym kryje się tajemnica życia, między mówieniem a milczeniem – tajemnica poezji. Tych antynomii dotyczą wiersze z tomu *Niepodlegli nicości*, w których ton osobisty modyfikuje wcześniejsze retoryczne struktury, językowe paradoksy, parodie „mowy oficjalnej". Przywołajmy tu, na prawach przykładu, piękny erotyk *Do...*:

Do...

tkliwość dotkliwa jak pożegnanie
ty – nawet nie mówisz przez sen

> ja – nawet we śnie nie przestaję milczeć
> między nami nie miecz leży ale krew – poczęta
> między nami leży lęk
> gruchanie gołębi jedyne echo naszych rozmów
> (czy uniesie ten ciężar biały gołąb szeptu?)
> jakbyś i żoną była i moim jedynym dzieckiem
> krwią z mojej krwi
> śmiertelną chorobą
> wierszem białym
> rozmowa z tobą przybliża mi świat
> rozmowa z tobą świat oddala
> bliski jest świt

Elementem nowym w tym tomie wierszy staje się dialog z innymi poetami, nie tylko z twórcami tekstów użytkowych. Na prawach aluzji literackiej przywołane zostają nie całe wiersze, ale szczególnie piękne metafory czy obrazy poetyckie. W cytowanym erotyku od Słowackiego pochodzi „biały gołąb szeptu" („biały gołąb smutku"), od Herberta – „między nami leży lęk" („między nami miecz leży"); od Mickiewicza w wierszu *Kogo pocieszy* – „listek" i „ślimak"; od Miłosza w wierszu *Silniejsze od lęku* pytanie „Czym jest poezja, co ocala?", od Wisławy Szymborskiej cały wiersz *Będę o tym pamiętał* itd. Krąg tych przywołań rozszerzają dedykacje, nie tylko dla przyjaciół, lecz także dla „umarłych poetów" (m.in. Brunona Jasieńskiego, Juliana Przybosia). Rozszerzają one samo rozumienie poezji, jej przestrzeń uniwersalną, ponad generacyjnymi buntami i odmiennościami. Poezja Ryszarda Krynickiego jest z jednej strony wierna paradygmatom poetyki „nowofalowej", jej wersji lingwistycznej, a z drugiej – stale przekracza jej ograniczenia. Gra z językiem mass mediów (np. w wierszu *Nasz specjalny wysłannik donosi*) nie zatrzymuje się na poziomie parodii i wynikających z niej negacji politycznych. Znane z przełomu lat siedemdziesiątych i osiemdziesiątych hasło opozycji: „telewizja kłamie", „prasa kłamie" uzyskuje inną wykładnię w wierszu-odezwie *Obywatele świata*:

Obywatele świata

> Obywatele świata, nie czytajcie gazet,
> nie tylko dlatego, że gazety kłamią
> i nie warto porównywać ich kłamstw.
> Nie czytajcie gazet dla zabicia czasu,
> bo to nas niespostrzeżenie czas zabija,
> skraca nasze życie dając w zamian ochłapy
> urojonego życia innych ludzi

W wierszu tym istotne jest przesunięcie refleksji z płaszczyzny politycznej na filozoficzną, egzystencjalną. Poezji przystoi gra nie tyle z polityką, co z całym modelem współczesnej cywilizacji, z jego społeczno-moralnymi konsekwencjami. Tom *Niepodlegli nicości*, który ukazał się równocześnie w obiegu oficjalnym (z zaznaczonymi ingerencjami cenzury) i nieoficjalnym, zawierał przeredagowania wierszy dawnych i wiersze nowe. Można więc śledzić w nim zachodzącą przemianę i światopoglądu poetyckiego, i poetyki. Zmiany wydają się o tyle ważne, że w sumie przynoszą znaczącą próbę przekroczenia ograniczeń poetyki „nowofalowej". Przemianę tę można określić jako coraz głębsze przechodzenie w języku od struktur retorycznych, społeczno-politycznych, do refleksyjno-filozoficznych – od monologowego „przemówienia" do aforystycznego skrótu, operowania paradoksem i ironią. Ograniczeniu ulega dawna gra znaczeniami, parodystyczna zabawa w polisemię. W jej miejsce wchodzi precyzyjne formułowanie jakiejś myśli, wyraziste jej pointowanie. Zmienia się także temat czy przedmiot refleksji – coraz częstsze stają się pytania o sens samej poezji. Zwątpienia przyjmują postać pytań retorycznych, wypowiedź nabiera cech liryki gnomicznej. Przywołajmy kilka przykładów:

> Różni ludzie cytują Norwida.
> Norwidowi to już
> nie zaszkodzi
>   (*Nie szkodzi*)

> Moja córeczka, dotąd nieomylna,
> uczy się czytać i pisać
> i dopiero teraz zaczyna błądzić
>
> a ja swoje stare błędy ludzkości
> przeżywam od nowa.
>   (*Moja córeczka uczy się czytać*)

> Niepodlegli nicości, podajmy dalej
> niebotyczne pismo obłoków,
> podawajmy je z ust do ust.
>   (*Podajcie dalej*)

Przeobrażeniom, po wstępnym okresie eksperymentowania, podlega także język Stanisława Barańczaka. W wierszach z tomików *Ja wiem, że to niesłuszne* (Paryż 1977), *Sztuczne oddychanie* (Londyn 1978), *Tryptyk z betonu, zmęczenia i śniegu* (Paryż 1981), *Atlantyda i inne wiersze* (Londyn 19860), *Widokówka z tego świata i inne rymy z lat 1986–1988* (Paryż 1988) migotliwy przepływ znaczeń ustępuje miejsca jednoznaczności, wiersz ulega „uklasycznieniu", zjawiają się quasi-strofy, a nawet rymy. W zdanie wypowiedziane „jednym tchem", wykrzyczane, wkracza formalny porządek, który, jeśli zostaje naruszony, to dla podkreślenia zawartości myślowej, dla zaakcentowania sensu. W grze z wzorcami mowy potocznej i stereotypami propagandowej nowomowy miejsce parodii zajmuje ironia. Nowa wersja wiersza *Jednym tchem* ma w tomiku *Ja wiem, że to niesłuszne* inną już

Stanisław Barańczak

postać. Wiersz *Ugryź się w język* jest ironiczny, a może i autoironiczny:

> Nie pluj od razu wszystkim, co ci myśl
> na język przyniesie; zanim otworzysz usta,
> przełknij tę gorzką ślinę, zanim co powiesz, trzy razy
> się zastanów nad losem a) posady, b)
> posad świata, c) wszystkich
> posadzonych; bitych w twarz pięścią
> pieśni masowej, ugryź się czym prędzej w język,
> tak, mocno, jeszcze mocniej, nie rozwieraj szczęk,
> zaciśnij zęby, nie bój się, najwyżej
> język ci spuchnie tak korzystnie, że
> nie będziesz mógł już wybełkotać ani słowa
> i bez żadnych problemów uzyskasz czasowe
> zwolnienie z prawdy; a jeśli poczujesz
> na podniebieniu słony smak, nie przejmuj się:
> ten czerwony atrament gniewu i tak nie przejdzie ci przez usta

W tomikach z końca lat siedemdziesiątych i z lat osiemdziesiątych istnieją charakterystyczne dla wczesnych wierszy Barańczaka „monologii z kneblem w ustach" (*Te słowa*; *Daję ci słowo, że nie ma mowy* z tomiku *Ja wiem, że to niesłuszne*) sytuujące sferę znaczeń zarówno na płaszczyźnie języka, jego ograniczeń i niewydolności, jak i rzeczywistości społeczno-politycznej z jej patologiami i zbrodniami (*Zbiorowy entuzjazm*, *Określona epoka*, *Humanistyczne warunki*, *Trzej królowie* z tomiku *Ja wiem, że to niesłuszne*). Ale równocześnie pojawiają się wiersze autorefleksyjne (*Chciałbym się raz dowiedzieć, co właściwie*; *Łono przyrody*) bądź zmierzające do ogólnego nazwania nędzy ludzkiej egzystencji, jak w wierszu *Całe życie przed tobą*:

> Całe życie przed tobą, spójrz; cały świat czeka
> na ciebie tą poczekalnią, twarzą tego człowieka,
> który zasnął nad stołem z rozlaną kałużą piwa.
>
> nieogolony i zmięty; przed tobą całe i obce
> życie, na stos śpiącego ciała zwalone w poprzek
> twego spojrzenia – i jest; i żyje; i żyjąc – wzywa
>
> ciebie. Czy to jest właśnie to, czegoś się spodziewał?
> Czy rodząc się, mogłeś wiedzieć, żeś tylko w jedno się przedarł
> życie – że cała reszta czeka cię, obca i żywa?

Od problemów społeczno-politycznych przechodzi Barańczak ku refleksji egzystencjalnej. W tomiku *Tryptyk z betonu, zmęczenia i śniegu* są to już tematy dominujące: egzystencję ludzką wyznacza cywilizacja współczesna – smutne blokowiska „z betonu", „z błota i gliny", meble „z dykty, tektury, płyty paździerzowej", „najgrubsze rygle i najwymyślniejsze zamki" nie zapewniają bezpieczeństwa, nie chronią przed „zewnętrznym i wewnętrznym zamętem". Poezja Barańczaka wchodzi w „smugę cienia": weryfikacji podlega sposób wyrażania dawnej postawy kontestacyjnej (wiersz: *Skoro musisz krzyczeć, rób to cicho*), po części więc – wcześniejsza poetyka. Migotliwe przepływy znaczeń w językowej strukturze wiersza ustępują miejsca zironizowanemu mówieniu „wprost", często na prawach palinodii (pochwały, która jest przyganą i przygany, która jest pochwałą). Zapisuje w nich Barańczak swoją sytuację osobistą. Wiersz *Mieszkać* z wydanego w drugim obiegu tomiku *Tryptyk z betonu, zmęczenia i śniegu* (KOS, 1980) powstał po zwolnieniu poety z pracy na Uniwersytecie Poznańskim:

Mieszkać

> Mieszkać kątem u siebie (cztery kąty a
> szpieg piąty, sufit, z góry przejrzy moje
> sny), we własnych czterech
> cienkich ścianach (każda z nich pusta,
> a podłoga szósta oddolnie napiętnuje
> każdy mój krok), własnych śmieciach,
> do własnej śmierci (masz jamę w betonie,
> więc pomyśl o siódmym,
> o zgonie,
> ósmy cudzie świata, człowieku).

Poprzez struktury liryki maski, liryki apelu, tak charakterystyczne dla języka nowofalowego, przebija się podmiotowe „ja", sytuacja osobista poety. Coraz częściej także, jak w przywołanym wierszu *Całe życie przed tobą* dochodzi do próby ujęcia współczesnego tematu w formach wiersza klasycznego (strofy, rymy niedokładne). Tego typu próby gry z formą były obecne także we wczesnych tomikach, teraz jednak przekraczają granice zabawy poetyckiej, mówią o niemożliwości zamknięcia świata w znanym porządku. Współczesność nie mieści się w dawnych regułach – przerzutnia łamie nie tylko granice wersów, ale i strof; porządek współistnieje z chaosem, ład jest tylko pozorny, tandetny – „z dykty i tektury"; dach nad wieżowcem z płyty betonowej nie daje pewnego schronienia. Refleksja Barańczaka obejmuje duchowość człowieka współczesnego, ale dla jej określenia potrzebna jest „rzeczywistość" – tandetne rzeczy, które nas otaczają, nasze kuchnie, w których przygotowujemy posiłki (wiersz: *Zawrót głowy od sukcesów*), śmietniki i odpady, które świadczą o nas (ważne motywy w tomiku *Chirurgiczna prezyzja*, 1999). Tej zasady nie zmieniają wiersze powstające po 1981 roku poza krajem, w Stanach Zjednoczonych. Weryfikacji podlegają w nich wcześniejsze mity kontestacyjne (wiersze: *Kiedyś, po latach*; *Dyletanci*; *Cóż dzisiaj* z tomiku *Atlantyda*), ale także wyobrażenia o cywilizacyjnej arkadii, uwalniającej człowieka od niepokoju i poczucia osamotnienia (*Wrzesień*, *Garden party*). Te właśnie rozpoznania wywołują restytucję form klasycznego wiersza, także tradycyjnych gatunków wypowiedzi lirycznej. Ważną rolę w tej przemianie odegrały również prace translatorskie Barańczaka. Do łask przywrócona zostaje elegia (w tytułach: *Elegia pierwsza, przedzimowa*; *Elegia druga, urodzinowa*; *Elegia trzecia, noworoczna* z tomiku *Tryptyk z betonu, zmęczenia i śniegu*, a także wiele wierszy z *Atlantydy* i *Widokówki z tego świata*). Restytucjom tradycyjnych form towarzyszy rezygnacja z „nowofalowego" przeświadczenia o obowiązku i potrzebie literatury interweniującej, o jej zdolności do przekształcania życia. Tomiki wierszy humorystycznych (*Zwierzęca zajadłość. Z zapisków zniechęconego zoologa*, 1991; *Zupełne zezwierzęcenie* [...], 1993) uruchamiają tradycję zabawy poetyckiej, popisu sprawności formalnej, poezji „zwolnionej z obowiązków".

Julian Kornhauser, Adam Zagajewski

Krakowska grupa „Teraz" stworzyła trzecią z odmian „nowofalowego" języka poetyckiego. Grupa „Teraz" była najliczniejsza. Współtworzyli ją: Julian Kornhauser, Adam Zagajewski, Stanisław Stabro, Jerzy Kronhold, Jerzy Piątkowski, Wit Jaworski. Postawy społecznej kontestacji łączyły ich z rówieśnikami, ale w swoim programie silniej akcentowali potrzebę ingerencji w życie społeczne, zwrócenia literatury ku rzeczywistości, ku „tu i teraz", „mówienia wprost"; domagali się uwolnienia poezji od metaforycznych ozdób, także od języka aluzyjnego. Za wzorzec, zresztą trochę przypadkowo, wybrali język ekspresjonistów. Opowiadali się za poezją „krzyku", a nie nastroju, za poezją „miasta", a nie „wiejskiej sielanki". Kategorią podstawową stała się nieco zmitologizowana nowoczesność i współczesność. Wymagała ona dopasowania konwencji poetyckich do wymogów epoki. Ten postulat nie był całkiem nowy, oznaczał tylko, że grupa „Teraz" szukała swych antenatów w ruchach awangardowych XX wieku. Trudno nie zauważyć w tym pewnego anachronizmu: w Stanach Zjednoczonych i w Europie Zachodniej zaczęła się już na dobre „ponowoczesność". Ale nasze opóźnienie cywilizacyjne usprawiedliwiało „kontestatorów". Program grupy „Teraz", silniej niż grupy „Próby", zwrócony był przeciwko pokoleniu „Współczesności". Atakowali Brylla, Harasymowicza, Nowaka, stylizacyjne gry Jarosława Marka Rymkiewicza i Grochowiaka, „poezję kultury" itd. Była to, ich zdaniem, poezja bezpieczna – ucieczka od trudnej współczesności. Nie dzielili bowiem z futurystami i Awangardą Krakowską zaufania do nowej cywilizacji, nie dzielili także z katastrofistami ich obsesji i wizji nadciągającej zagłady.

W przekształceniu języka poetyckiego, zwłaszcza w utworach Juliana Kornhausera, ważna okazuje się, jak u futurystów, dynamika, a także wzmocnienie siły wyrazu, poetyka „krzyku". Podstawowe jednak stały się funkcje perswazyjne i mobilizujące. Stąd też w konstrukcji wiersza istotny okazywał się nie podmiot mówiący, lecz adresat, odbiorca. Członkowie grupy preferowali odmianę wypowiedzi lirycznej – lirykę apelu, odezwy; ważną funkcję w konstrukcji wypowiedzi pełniły formy trybu rozkazującego – „weź", „idź", „krzycz". Ta emocjonalność Kornhausera i innych członków grupy, wyprowadzona z doświadczeń ekspresjonistów, zwracała poezję ku retoryce społecznej: mówca ma nadzieję porwać za sobą tłumy. Ale słuchacze, wprawieni w tamtych czasach w wysłuchiwanie mówców, nie byli skorzy do entuzjazmu – tłum był najczęściej obojętny, pogodzony. W wierszach Kornhausera od początku współistnieje entuzjazm ze zniechęceniem i niewiarą. Mówią o tym dwuznaczne tytuły niektórych tomików wierszy: *Nastanie święto i dla leniuchów* (1972), *W fabrykach udajemy smutnych rewolucjonistów* (1973), *Zabójstwo* (1973), *Stan wyjątkowy* (1978), *Zjadacze kartofli* (1978), *Zasadnicze trudności* (1979), *Każdego następnego dnia* (1981), *Wiersze z lat osiemdziesiątych* (1991), oraz wewnętrzne antynomie: „ulicy" przeciwstawiany jest „dom", zamknięty pokój, „marszowi w tłumie" – poszukiwanie azylu, tłumowi – samotność, teraźniejszości – wspomnienia z dzieciństwa itd. Podstawowe dla generacji Kornhausera okazuje się przezwyciężenie obojętności w życiu społecznym, rezygnacji, apatii. Inaczej niż Ewa Lipska rozpoznawał cechy swej generacji, inaczej też oceniał zdominowanie świadomości zbiorowej przez stereotypy wywiedzione z doświadczeń wojennych. Mówi o tym wiersz *Biorą go za mnicha* z tomiku *Nastanie święto i dla leniuchów*:

Biorą go za mnicha

> W oczach tyle skruchy, ręce pęczniejąc
> żywicą, daj nam mężczyzn o silnych ramionach.
> We włosach ogniki wiatru, nic nie mówisz,
> daj nam mężczyzn bez blizn. Tyle miesięcy
> białych jak przędza, tyle sukien z zimnymi
> kwiatami. Porąbani partyzanci próchnieli pod
> drogowskazami, czerwone pnie walały się w śniegu.
> Nie, nie pokazuj swej piersi przestrzelonej
> na wylot. W drewnianych wózkach moje poplamione
> zeszyty, listy z wyrokami śmierci. Brzuch twego
> głodu nie napęcznieje nigdy. Kaptur twojego kłamstwa
> nie ukryje zoranego czoła. Wesoło padaliśmy
> na kolana, ojcze, wyciągnij rewolwer.

Ale doświadczenie życiowe, dramatyczna biografia samego poety ocalonego z pogromu, wpisuje nas w historię, ustala granice i sposoby przeżywania teraźniejszości. Czas jest tylko naszym prywatnym czasem. Mówi o tym wiersz *Zegar*:

Zegar

> Zapukaj do drzwi: światło gnije mi
> w dłoni. Rozdaj lato jak pocałunek.
> Z lustra wyrasta wieczór, ktoś stoi za
> oknem, jeszcze nie umarłem. Zapukaj

> do drzwi: mam tylko kamień, który wierzy
> w Dawida, mam tylko miasteczko, w którym
> stoi szubienica. Słyszysz, to pęka zegar
> jak róg jelenia, to matka liczy kostki
> cukru. Trzy, cztery, na ulicy wojsko
> w rzężące śpiewu, wypluwam gips z
> gardła. Nienawidź mnie do końca rzeczy,
> kalendarz zapłakał.

Uwolnienie się od przeszłości, tej w przypadku Kornhausera najbardziej tragicznej, nie jest do końca możliwe, ale zawsze jest w nas „wąż nadziei". Wiersz *Nasze miejsce* z tomiku *W fabrykach udajemy smutnych rewolucjonistów* określa bliżej sens i zakres obowiązków:

> Nie stójmy na rynku pod zegarem
> Wymierzającym godziny rozwoju ani w słońcu
> Wielkich słów to nie nasze miejsce
> ....
> Wyjdźmy ze zgrabnej obwoluty wyrzućmy wiersze
> Tkliwy obraz dwudziestego wieku [...].

Pominąć można fakt, że wiersz ten mógł być odczytywany jako odpowiedź na znane pytanie: „Pomożecie?". Na początku 1971 roku istniała rzeczywiście krótka faza złudzeń na temat przełamania kryzysu społecznego. Nadzieje związane ze sformułowaniem programu „młodej kultury" wchodziły w zakres pokoleniowych identyfikacji w momencie debiutów. Zostały jednak natychmiast rozwiane. W tomiku *Stan wyjątkowy* jest najkrótszy, ale znaczący wiersz Kornhausera *Kiedyś przychodzi ta chwila*:

> Nagle spostrzegłem,
> że już nie śnię.

W tę fazę twórczości, zaprawionej goryczą, zwątpieniem, niekiedy samokrytycyzmem („Nie do wiary jak krótko trwa młodość / I co w niej jest prawdziwym heroizmem / A co zwykłym szalbierstwem") wnosił Kornhauser swoją niezwykłą wyobraźnię, nieco surrealistyczną, dopuszczającą w języku poetyckim zderzanie ze sobą słów i pojęć odległych. Chroni to jego poezję przed wyjaławiającymi skutkami retoryki społecznej. Łatwiej było mu przejść od liryki apelu do liryki bezpośredniej; konkret nabiera w niej znaczenia metaforycznego, wręcz symbolicznego:

> Gołąb śpi.
> Masarz śpi.
> Wściekłość zasnęła.
> Dlaczego?
> Czy naprawdę jestem
> taki nietowarzyski?
>   (*Chwila niepewności* z tomiku *Zjadacze kartofli*)

Przywołany wiersz Kornhausera jest punktem zwrotnym w późniejszych poszukiwaniach poetyckich, ale mógłby pochodzić ze *Sklepów mięsnych* Adama Zagajewskiego. Jest w nim wspólna precyzja języka, znaczenie konkretu, z Awangardy rodem „pseudonimowanie uczuć". Różnice między Kornhauserem i Zagajewskim polegają na tym, że w języku autora *Sklepów mięsnych* konkret od początku odgrywał rolę zasadniczą. Przywołajmy tu kontestacyjny wczesny wiersz *Próbny alarm*:

Adam Zagajewski
Próbny alarm

> Podczas próbnego alarmu
> dwudziestego drugiego nowego roku
> o drugiej po południu w drodze do stołówki
> w terenie miejskim o zabudowie wysokiej
> typu średniowiecznego
> między drugim śniadaniem a obiadem
> podczas przypływu soków trawiennych
> na dłoni dnia
> twój dziedziczny lęk
> znów okazuje się próbnym lękiem
> a przenikające cię drżenie
> jest rezultatem fałszywego alarmu

Wiersz wymaga szczególnego komentarza – przywołania rzeczywistości, faktów z czasów jego powstania. Do socjotechnik utrzymywania społeczeństwa w posłuszeństwie należały w Polsce Ludowej „ćwiczenia" powszechnej obrony kraju: w miastach włączano wówczas syreny alarmowe – chodziło o wywołanie irracjonalnego lęku, potwierdzenie stale przywoływanego przez propagandę „zagrożenia", przypomnienie przeżyć wojennych. Początek wiersza opisuje wstępną sytuację językiem wojskowym: data dzienna, godzina, miejsce, w którym znajduje się „obiekt" („w drodze do stołówki"), topografia terenu jak z mapy sztabowej („w terenie miejskim o zabudowie wysokiej / typu średniowiecznego") – wszystko to, absurdalne i nieprawdopodobne jak ze złego snu, dzieje się „w biały dzień", nie jest przywidzeniem, lecz zdarzeniem rzeczywistym. Poeta nie komentuje, nie tworzy metafor – absurdy i kłamstwa są obok nas, żyjemy w zakłamanym świecie. W „mówieniu wprost" nie chodzi o fotografowanie rzeczywistości, lecz o rozpoznawanie ukrytych w niej sensów, o obowiązek dociekania, odróżniania kłamstwa od prawdy. Wykonany w „nowofalowej" konwencji liryki apelu, mówi o tym wiersz *Prawda*:

Prawda

> Wstań otwórz drzwi rozwiąż te sznury
> wyplącz się z sieci nerwów
> jesteś Jonaszem który trawi wieloryba
> Odmów podania ręki temu człowiekowi
> wyprostuj się osusz tampon języka
> wyjdź z tego kokonu rozgarnij te błony

zaczerpnij najgłębsze warstwy powietrza
i powoli pamiętając o regułach składni
powiedz prawdę do tego służysz w lewej ręce
trzymasz miłość a w prawej nienawiść.

W języku poetyckim Zagajewskiego od początku nie ma „krzyku", nie ma też gry znaczeniami: jest mówienie poprzez konkret, precyzyjnie skonstruowany obraz – szary, nie uwodzący bogatą paletą barw, lecz gęsty, nabrzmiały pośrednio sygnalizowanymi znaczeniami. Ten język, zachowując cechy podstawowe – przechodzenia od dosłowności do ujęć metaforycznych, a nawet symbolicznych, zmienia się w latach osiemdziesiątych poprzez dobór rekwizytów sygnalizujących i określających cechy współczesnej cywilizacji i dramaty wpisania w jej rytmy jednostki ludzkiej. W kolejnych tomikach wierszy – od *Komunikatu* (1972) i *Sklepów mięsnych* (1975) do emigracyjnych: *Listu. Ody do wielości* (1983), *Jechać do Lwowa* (1985), *Płótna* (1990) i *Ziemi ognistej* (1994) następuje poszerzanie pojemności poznawczej, zakresu obserwacji. Obowiązki poezji: rozpoznawanie sensów ukrytych w rzeczywistości, są te same. Wiersz *Houdson, szósta po południu* z nowych wierszy, pisanych w latach 1995–1997, zamieszczonych w wyborze *Późne święta* (1998), przedstawia tę stale poszerzającą się panoramę świata:

> Europa już śpi pod szorstkim pledem granic
> i dawnych nienawiści; Francja przytulona
> do Niemiec, Bośnia w objęciach Serbii,
> Sycylia samotna w błękitnym morzu.
> ....
> Poezja wzywa do wyższego życia,
> ale to, co niskie, jest równie wymowne,
> głośniejsze niż język indoeuropejski,
> silniejsze niż moje książki i płyty.
>
> Tutaj nie ma słowików ani kosów
> o słodkiej i smutnej kantylenie,
> tylko ptak-szyderca, który naśladuje
> i przedrzeźnia wszystkie inne głosy.
>
> Poezja wzywa do życia, do odwagi
> w obliczu cienia, który się powiększa.

Poezja Zagajewskiego jest chłodna, analityczna, poszukująca ukrytych sensów w różnych przejawach współczesnej cywilizacji, rozpoznająca zagrożenia, ale daleka od katastrofizmu, eksponująca samotność jednostki w pustyniach wielkich miast, ale unikająca marzeń o ucieczce na „wyspy nieznane". Wcześniejsze „tu i teraz" podlega w nowych wierszach wyraźnym zmianom: topografia „terenu miejskiego o zabudowie wysokiej", kojarząca się jednoznacznie z Krakowem, miejscem pobytu poety, ze sterowaniem zachowaniami ludzi poprzez budzenie lęku, w nowych wierszach nabiera innego charakteru. Miasto, jak w wierszu *Wieczorna widokówka*, samo z siebie rodzi lęk, jest ciemne; jego światła „rzucają cień na ogrody rzeczywistości", „ćmy wdowy" nie wiadomo dlaczego garną się do nich, jest tylko ciemność i chłód. Językowy konkret wprzągnięty zostaje w struktury metaforyczne.

Zmiany w języku poetyckim głównych przedstawicieli Nowej Fali, zwłaszcza po 1976 roku, znajdują swoje wyjaśnienie w zawikłaniach ich biografii: młodzieńczy bunt okazał się nieskuteczny, późniejsze postawy elegijne wyrażają nieśmiałą rezygnację, rozrastają się wątki kontemplacyjne, zmierzające do rozpoznania mechanizmów „ciemnego świata", a także kondycji człowieka XX wieku wrzuconego w obcą mu rzeczywistość. Własne doświadczenia biograficzne tracą swą wyjątkowość, wchodzą w zimny porządek historii. Wyraża to najpełniej wiersz Zagajewskiego *Nowe doświadczenie* z tomiku *Płótno*:

Nowe doświadczenie

Zdobyliśmy nowe doświadczenia –
radość, potem smak klęski, smutek,
odrodzenie nadziei –
nowe doświadczenia, które można też
odnaleźć w dziewiętnastowiecznych
pamiętnikach.

Te motywy nadziei i „smaku klęski", ujmowane w bardziej uniwersalnej, egzystencjalnej perspektywie, odnajdziemy u wszystkich poetów Nowej Fali – w tomikach wierszy Stanisława Stabry (*Na inne głosy rozpiszą nasz głos*, 1978; *Korozja*, 1989), Jerzego Kronholda (*Oda do ognia*, 1982; *Niż*, 1990), Wita Jaworskiego (*Machtapparat*, 1989; *Pole Zeppelina*, 1989; *Mumia Meduzy*, 1992; *Popiół i gorycz*, 1993), Jerzego Piątkowskiego (*Skazywani na osobność*, 1981; *Lęk czuwania*, 1985; *Wróżby niepojętego świata*, 1997). Drogi poetów tego pokolenia się rozeszły; program odnowienia języka poetyckiego, tak ważny na przełomie lat sześćdziesiątych i siedemdziesiątych był – w sensie ogólniejszym – pewną pułapką: zasada parodiowania stereotypów języka oficjalnego rodziła niebezpieczeństwa mimowolnych upodobnień. Bo parodia z natury swej jest „bluszczowata", nie może istnieć samodzielnie, owija się na wzorcach kwestionowanych. W języku tworzy więc wewnętrznie sprzeczną zbitkę; parodiując schematy języka publicystyki i propagandy, nasiąka retoryką. Na innej zasadzie staje się to także w liryce apelu. Mówienie „wprost", realizowane naiwnie, bywa dla poezji zabójcze – potwierdzają to modele poezjowania, dominujące w drugim obiegu na przełomie lat siedemdziesiątych i osiemdziesiątych, w okresie stanu wojennego.

Następcy Nowej Fali

Można powiedzieć, że poezja następców Nowej Fali, nastawionych początkowo polemicznie, zwłaszcza z kręgu „nowej prywatności", w latach osiemdziesiątych uległa wyraźnemu upodobnieniu; rodziła się nie z tego, co było rzeczywistą wartością i zdobyczą programu, lecz z tego, co było jego słabością. W różnym stopniu obserwować to można w „drugoobiegowych" tomikach Antoniego Pawlaka (*Czy jesteś gotów*, 1981; *Grypsy*, 1982; *Brulion wojenny*, 1983; *Wbrew nam*, 1983, także w wierszach późniejszych, wydawanych oficjalnie: *Kilka słów o strachu*, 1990; *Nasze kobiety się starzeją*, 1995), Leszka Szarugi (*Nie ma poezji*, 1981; *Przez zaciśnięta zęby*, 1985; *Po wszystkim*, 1991), Tomasza Jastruna (*Na skrzyżowaniu Azji i Europy*, 1982; *Biała Łąka*, 1983; *Czas pamięci i zapomnienia*, 1985; późniejsze tomiki: *Kropla, kropla*, 1985; *Obok siebie*, 1989), Jana Polkowskiego (*To nie jest poezja*, 1980; *Ogień*, 1983; *Drzewa*, 1987; *Elegie z tymowskich gór i inne wiersze*, 1990). Wyjście z prywatności powoduje stylowy eklektyzm ich wypowiedzi, widoczny w próbach połączenia języka poetyckiego konkretu z jego metaforyzacją, moralistycznej przypowieści z odczuciem absurdalności życia. A jednak zdobyczą tego języka jest walor konkretu, podstawa metafory.

Wiersz *Płacz* z tomiku *Obok siebie* Tomasza Jastruna ma w sobie cechy języka Zagajewskiego i Krynickiego zarazem:

> Jest tylko kilka rzeczy
> Można je ułożyć obok siebie
> Lub na krzyż
> Jest głód śmiech płeć
> Miłość i ból
> Droga przy niej dom
> Łóżko i stół

Obraz życia i człowieka ulega wyraźnemu uproszczeniu, zredukowaniu do cząstek elementarnych. To one razem tworzą wzór egzystencji. Ale nie jest to już jednostkowa prywatność. W wierszu *Głód* charakterystycznemu unieważnieniu podlegają dawne rozróżnienia i polemiki. Jest w nim nawiązanie do Kornhausera (do tomiku *Zjadacze kartofli*):

> Zjadacze chleba
> Zmienić się musieli
> W zjadaczy kłamstwa
> Ci którzy tego nie przeżyli
> Też zostali zjedzeni

Polemika teraz, po wielkich wydarzeniach, dotyczy przede wszystkim sensu poezji, jej niezdolności do poprawiania życia, ingerencji w bieg spraw społecznych. Jeszcze ostrzej tę niewiarę demonstruje

Antoni Pawlak w znów polemicznym z Kornhauserem wierszu *Nastanie święto dla swołoczy*:

> zatrzaśnij drzwi samotności
> milcz – słowa nic nie znaczą
> twój czas się skończył
> czy może: nie nadszedł

Polemika dotyczy programowych fomuł grupy „Teraz" – poezji interwencyjnej, obecności, uczestnictwa, ale także jej niespełnień: „kłamstwa" języka poetyckiego. Poezja nie wyprzedza życia, lecz zmęczona wlecze się w jego ogonie. Prawda kryje się nie w słowach, lecz w rzeczach, w ich porządku. Wiersz Jana Polkowskiego *Strumień wieczności* z tomu *To nie jest poezja* tworzy paradoksalną formułę poezji rzeczy a nie słowa:

Strumień wieczności Polkowskiego

> Język rzeczy, poezja czystych przedmiotów,
> bez cienia chęci by mówiąc stół
> powiedzieć coś więcej.
> Ale powiedzieć w sposób tak
> przezroczysty by było widać
> ten jedyny, ciepły, trochę kiwający się stół,
> obarczony zapachami, dziecinnymi dotknięciami
> zmarłych, z jedną szufladą
> podpartą wysuwającymi się z nią nogami
> by zobaczyć to stanie się poezji:
> pierwszy obrót ziemi.

Ten wiersz mógłby napisać Zagajewski, a także Różewicz. Chodzi o to, że następcy Nowej Fali nie wypracowali własnego języka. Program „prywatności" starczał na czas debiutu; w wierszach z okresu stanu wojennego przestali się odróżniać od poprzedników. Formułę „mówienia wprost" zamieniali zbyt łatwo na retorykę społeczno-polityczną. Nie bez znaczenia jest także to, że poeci tej formacji po 1989 roku odchodzili od twórczości poetyckiej albo uprawiali ją już tylko okazjonalnie. Zmiany natomiast formuł poetyckich, o których była mowa, w twórczości Barańczaka, Krynickiego, Kornhausera, Zagajewskiego, są próbą przekroczenia wcześniejszych ograniczeń, ale ciążenie przyjętych konwcncji tworzy model poezji „zmęczonej", zamkniętej.

Nie wszyscy z generacji „urodzonych po wojnie" znaleźli się w kręgu oddziaływania grup programowych Nowej Fali; postawy opozycyjne ukształtowały nie tylko twórczość Ewy Lipskiej, lecz także Józefa Barana (*Nasze najszczersze rozmowy*, 1974; *Dopóki jeszcze*, 1976; *Na tyłach świata*, 1977; *Pędy i pęta*, 1984; *Skarga*, 1988; *Czułość*, 1988), Adama Ziemianina (*Wypogadza się nad naszym domem*, 1975; *Pod jednym dachem*, 1977; *Nasz słony rachunek*, 1980; *W kącie przedzia-

Adam Ziemianin, Andrzej Warzecha, Józef Baran

łu, 1982; *Makatka z płonącego domu*, 1985; *Zdrowaś Matko – łaski pełna*, 1987; *Dwoje na balkonie*, 1989); Andrzeja Warzechy (*Biały paszport*, 1975; *Rodzinny telewizor*, 1977; *Ciało obce*, 1979; *Błędny ognik*, 1982, i późniejsze: *Krótka ballada o wiecznej miłości*, 1992; *Matka atlety*, 1995). Starali się mówić we własnym tylko imieniu: grupowe „my", poetyka „krzyku", ich zdaniem, jest przeciwna naturze poezji – refleksji, intymnego wyznania. „Prywatność" nie oznacza ucieczki od rzeczywistości; kontestacyjna postawa stwarza fałszywą perspektywę poznawczą. Prawda o rzeczywistości objawia się w małych dramatach codzienności, w egzystencji jednostkowej – w domu, w życiu rodzinnym, w związkach ze środowiskiem, z którego się wyszło, nie tyle z „miastem", co z prowincją. Całą tę sferę starali się restytuować w poezji, odnaleźć dla niej właściwy język indywidualny. Mówi o tym wiersz Adama Ziemianina *Piosenka kuchenno--pokojowa*:

Piosenka kuchenno--pokojowa Ziemianina

żyjemy Mario skromnie
ale po naszemu
mamy ważny język
tylko nas obowiązujący
i w mowie i w piśmie
a jednak czasem
nie wiadomo czemu
krzyczeć i wyć chce się

te kwiaty miały być kwiecistsze
te troski miały być mniejsze
ta pralka miała być automatyczna
a tu już jesień przyszła
mamy Mario kolejki
po naszemu wystane

mamy Mario rozmowy
kończące się nad ranem
mamy też zmęczone żylaki
czasem jeszcze dziwne smaki
na żywieckie piwo
czy to – Mario –
jest jeszcze miłość?

Podobny obraz zwykłości i codzienności odnajdziemy w wierszu *Dom* Józefa Barana:

Dom Barana

Obszar ściśle wyznaczony
granicą płotu
funkcję wopisty
i celnika
pełniło bure
niedostępne psisko
opłacane kośćmi

codziennie
w asyscie gwardii przybocznej kur
wyruszała na jego obchód
królowa matka

w naszym państewku
panował na ogół spokój

od czasu do czasu tylko
w księstwie kuchni
wybuchały rozruchy na tle tranu
ale odkąd podrośliśmy
przyzwyczailiśmy się nawet do zupy grzybowej

i choć na świecie
ustroje zmieniały się
jak rękawiczki
u nas trwał niezmiennie
ustrój rodzinny

Prywatność jest w tych wierszach zaprzeczeniem postaw kontestacyjnych, ideowego zaangażowania. Ale oskarżenia o konformizm, zgodę na rzeczywistość, uznać trzeba za nieporozumienie. Rzeczywistość społeczna przełomu lat sześćdziesiątych i siedemdziesiątych odbija się w tych wierszach w całej swojej beznadziejności i biedzie, ale także w tym, co niesie z sobą prywatność. To w niej przechowują się elementarne wartości ludzkiej egzystencji: wolność jednostki zależy nie tylko od „ustrojów zmieniających się jak rękawiczki", lecz także od naszych wewnętrznych predyspozycji, umiejętności dokonywania wyborów, rozróżniania wartości rzeczywistych od wmówionych, pozornych.

Własnymi drogami kroczy Andrzej Warzecha. Jego osobność nie polega na poszukiwaniu azylu: dom jako bezpieczna przestrzeń został także zniszczony:

Warzecha
Rodzinny telewizor

Nawet nie zauważyłem
jak od stołu
przenieśliśmy się
przed rodzinny telewizor
przy którym
nie ma już miejsca
dla tatuowanych marynarzy
i żołnierza samochwała

Nawet nie zauważyłem
że w spisie lektur
znalazła się
instrukcja obsługi
i karta gwarancyjna
którą przechowujemy

jak metrykę
sławnego dziadka

Skłonność do operowania skrótem buduje aforystyczny i gnomiczny charakter wielu jego utworów. Na prawach przykładu przywołajmy tu wiersz *Pokonany* z tomiku *Błędny ognik*:

Przegrałem
powiedział mędrzec
zwyciężając na pięści

Dyskretna ironia, obecna stale w twórczości tych poetów, akcentuje postawę ogólniejszą – obronę samej poezji przed jej uproszczonym, pragmatycznym rozumieniem. Istotną cechą jest także zachowanie związków, a nie odrzucenie, z twórczością bezpośrednich poprzedników. Mówienie w swoim imieniu i swoim językiem było przecież cechą ważną w twórczości Nowaka, Grochowiaka, Harasymowicza.

„Starzy poeci"

To określenie, przejęte z tytułu wiersza Jarosława Iwaszkiewicza, zostało użyte metaforycznie. W wymianach generacyjnych dochodzi zwykle do znaczących polemik, zwłaszcza wówczas, kiedy młodzi ustalają swój zespół idei i norm, kształtują odrębność własnego języka. Nie było sporu między „starymi" i „młodymi" poetami, do którego dochodzi często przy wymianach generacyjnych. Poeci Nowej Fali atakowali wprawdzie swych bezpośrenich poprzedników (głównie Orientację „Hybrydy", także Brylla, Harasymowicza, Nowaka, pośrednio – Jarosława Marka Rymkiewicza), ale chodziło raczej o zaznaczenie swojej odmienności niż o głębsze rozpoznanie odrzucanych konwencji. Tworzyli stereotypowe wizerunki przeciwników – Harasymowicz uciekał „ w krainy łagodności", Nowak tworzył „poezję sielską", Bryll kreował się na „nowego wieszcza telewizyjnego", Jarosław Marek Rymkiewicz zajmował się stylizacjami, imitowaniem języków poetyckich z przeszłości, poeci Orientacji „Hybrydy" byli konformistami. Te uproszczone wizerunki służyły uwydatnieniu zgłaszanych programów. Trudno jednak nie dostrzec pewnej bezradności młodych wobec starszych poetów – tych, którzy zaczynali swą twórczość jeszcze w Dwudziestoleciu, i tych, których zaliczamy do pokolenia wojennego, a więc Iwaszkiewicza, Miłosza, Świrszczyńskiej, a także Różewicza i Białoszewskiego. Samo określenie użyte tu zostało w pewnym uproszczeniu: chodzi o przemilczenia młodych, o ich bezradność w określeniu stosunku do najwybitniejszych z poprzednich generacji, zwłaszcza Miłosza, Różewicza, Szymborskiej, Białoszewskiego. A o całościowym obrazie poezji lat siedemdziesiątych i osiemdziesiątych decydowali także „starzy poeci". Nie chodzi więc tylko o obecność i przewagę u niektórych z nich wątków eschatologicznych, pożegnalnych. „Stary poeta" jest pewną kategorią, rolą w wypowiedzi lirycznej.

Pamiętać trzeba, że w momencie debiutu młodych, także w latach siedemdziesiątych i osiemdziesiątych, kiedy rozwijała się ich twórczość, poeci Nowej Fali nie stanowili zjawiska dominującego. Ukazały się wówczas ważne tomiki wierszy Jarosława Iwaszkiewicza (*Xenie i elegie*, 1970; *Śpiewnik włoski*, 1974; *Mapa pogody*, 1977; *Muzyka wieczorem*, 1980), Aleksandra Wata (*Ciemne świecidło*, 1968), Mieczysława Jastruna (*Wyspa*, 1973; *Błysk obrazu*, 1975; *Scena obrotowa*, 1977; *Punkty świecące*, 1980; *Inna wersja*, 1981; *Wiersze z jednego roku*, 1981; *Fuga temporum*, 1986), Jerzego Zagórskiego (*Rykoszetem*, 1969; *Komputerie i dylematy*, 1975; *Białe bzy*, 1982; *Nie zmrużaj powiek*, 1985), Jana Brzękowskiego (*Spotkanie rzeczy ostatecznych*, 1970; *Nowa kosmogonia*, 1972; *Paryż po latach*, 1977), Jana Twardowskiego (*Znaki ufności*, 1970; *Niebieskie okulary*, 1980; *Rachunek dla dorosłego*, 1982; *Który stwarzasz jagody*, 1983; *Na osiołku*, 1986), Adama Ważyka (*Zdarzenia*, 1977), Anny Świrszczyńskiej (*Jestem baba*, 1972; *Budowałam barykadę*, 1974; *Szczęśliwa jak psi ogon*, 1978); na emigracji – Czesława Miłosza (*Miasto bez imienia*, 1969; *Gdzie wschodzi słońce i kędy zapada*, 1974; *Hymn o perle*, 1984; *Kroniki*, 1987), Wacława Iwaniuka (*Lustro*, 1971; *Nemezis idzie pustymi drogami*, 1978; *Nocne rozmowy*, 1978). Równie bogaty i różnorodny był wówczas dorobek poetów należących do pokolenia wojennego. Wystarczy przypomnieć tomiki wierszy Tadeusza Różewicza (*Regio*, 1969; *Opowiadanie traumatyczne. Duszyczka*, 1979; *Na powierzchni poematu i w środku*, 1983, także wiersze drukowane w czasopismach w latach osiemdziesiątych), Wisławy Szymborskiej (*Wszelki wypadek*, 1972; *Wielka liczba*, 1976; *Ludzie na moście*, 1986), Mirona Białoszewskiego (*Odczepić się*, 1978; *Oho*, 1985; nowe wiersze w tomach *Rozkurz*, 1980; *Obmapywanie Europy*, *AAAmeryka*, *Ostatnie wiersze*, 1985), Zbigniewa Herberta (*Pan Cogito*, 1974; *Raport z oblężonego miasta i inne wiersze*, 1983; *Elegia na odejście*, 1990), Julii Hartwig (*Wolne ręce*, 1969; *Dwoistość*, 1971; *Czuwanie*, 1978; *Obcowanie*, 1987), Anny Kamieńskiej (*Wygnanie*, 1970; *Drugie szczęście Hioba*, 1974; *Milczenia*, 1979; *Wiersze jednej nocy*, 1981; *W pół słowa*, 1983; *Milczenia i psalmy najmniejsze*, 1988).

We wstępnej, kontestacyjnej fazie poeci Nowej Fali nie umieli znaleźć się wobec tego dorobku. Ogólne inspiracje pochodzące od Białoszewskiego, widoczne zwłaszcza u Barańczaka, dotyczyły jego „gry z językiem" we wczesnej fazie eksperymentów artystycznych, w istocie nie obejmowały jego „metafizyki codzienności", ani „obrotów egzystencji" z utworów ostatnich. Dopiero pod koniec lat siedemdziesiątych i w latach osiemdziesiątych szukali wsparcia w twórczości Czesława Miłosza, Zbigniewa Herberta, Wisławy Szymborskiej, wybierając jednak nie tyle ich poetykę, co problematykę moralną, elementy refleksji egzystencjalnej i metafizycznej, także, w ograniczonym zakresie, dialog z kulturą. Gest kontestacyjny z przełomu lat sześćdziesiątych i siedemdziesiątych, zapisany w poszukiwaniu nowego języka poezji, wytworzone wówczas konwencje własne, utrudniały młodym pełne rozpoznanie różnorodnych tendencji ideowych i postaw estetycznych w poezji tego czasu. Ta różnorodność wyznaczała programom „nowofalowym" wcale nie pierwszoplanowe miejsce: był to tylko głos, może ważny, w wielości równie ważnych innych głosów poetyckich, zresztą wyraźnie zdeprecjonowany przez nadużycia naśladowców i następców z okresu stanu wojennego.

Jarosław Iwaszkiewicz

Ostatnie tomiki wierszy Jarosława Iwaszkiewicza – *Xenie i elegie*, *Mapa pogody* i *Muzyka wieczorem* – mają wspólny wielki temat: są to wiersze o przemijaniu, starości i umieraniu. Wyrastają w sposób naturalny z całej jego wcześniejszej twórczości, ale główne motywy ulegają teraz wyraźnym przekształceniom. Nie stanowią już pewnego gestu poetyckiego czy rekwizytu o znaczeniu estetycznym, eksponującym pesymistyczną postawę wobec życia, znakującym kontemplacyjny wzór wypowiedzi poetyckiej. Świadectwem ich przemiany jest przede wszystkim język uproszczony aż do granic, za którymi poetycka ozdobność przestaje cokolwiek znaczyć. Trudno nie dostrzec w późnych utworach Iwaszkiewicza prób prowadzenia sporu czy trudnego dialogu z młodymi, z poetami Nowej Fali, zajętymi polityką i retoryką społeczną, w fazie początkowej niewrażliwymi na pytania uniwersalne, odrzucającymi postawy kontemplacyjne. Ich epoka nabrzmiewała konfliktami i krzykiem, i z tego właśnie „robili" poezję.

Wiersza się nie pisze

„Stary poeta" wyjaśniał:

> Słowa rosną w środku
> jak ciasto na drożdżach
> (drożdżach duszy?)
> . . . .
> każde słowo wyrosło okrzykiem
> ale krzyczeć w nocy nie można
>
> więc ciszej ciszej
> mów wiersze

Niezwykły wiersz *Stary poeta* z tomiku *Mapa pogody* ma więc także swoje przesłanie „do młodych". Ale Iwaszkiewicz wie, że niczego już młodych nie może nauczyć. Utwór więc odczytywać trzeba jako pożegnanie, a w warstwie autobiograficznej jako gorzkie podsumowanie całego życia i oswajanie śmierci. Unieważnieniu ulegają namiętności, pasje życia, miejsca ukochane, które stawały się złudnym azylem przed „bólem życia". Dom poety w Stawisku był takim złudnym azylem, stworzonym w duchu Schopenhauera, mistrza sztuki życia, któremu Iwaszkiewicz pozostawał zawsze wierny. Ale przyszedł czas pożegnań:

> A ten pokój taki śliczny
> stół ogromny chleb pszeniczny
> trochę ludzi do kochania
> trochę piesków do szczekania
> a na górze chmur struktura
> taki – Ogród Epikura

Czas pożegnań z emocjami i marzeniami o szczęściu unieważnia dawne filozofie: przywołanie Zenona z Kition, stoików, nie rozwiązuje niczego. Chodzi już bowiem nie tyle o życie zgodne z rozumem, co o umieranie zgodne z rozumem. Refleksja filozoficzna Iwaszkiewicza wyrasta nie ze znanych systemów, lecz z prywatności; od autobiograficznego centrum rozszerza się stale ku światu, ku innym ludziom. Ale świata, biegu wydarzeń, a także własnego losu, cierpienia, zrozumieć nie można. „Gdybyśmy tylko poznali sztuczkę – podpowiadał, wątpiąc, Schopenhauer – dzięki której tak się dzieje, wszystko byłoby jasne". Schopenhauerowski wymiar w całości ma więc wiersz *Stary poeta*:

Stary poeta

> Patrz mówią do nas obłoki
> zorze gwiazdy
> wiatry
> a my nie rozumiemy
>
> Mówią do nas przestrzenie
> niebieskie
> mówią drzewa rozwijające się
> mówią kwiaty
>
> rosną
> i mówią
> a my nie rozumiemy
>
> I tak już będzie
>
> Będziemy we wszechświecie
> jak dwie martwe muchy
> jak te dwa zdechłe psy
> jak dwie nicości
>
> One też kochały
> i chciały zrozumieć

Pasji życia towarzyszy nieodmiennie cierpienie, pragnienia rodzą się z poczucia pustki. Iwaszkiewiczowskie antynomie nie są „sprzecznościami", ścierającymi się przeciwieństwami, lecz podwójnością jako istotą samego bytu. I on jednak ma swoje drugie oblicze – niebyt, Nicość. Pojęcie Nicości (Nirwany), przejęte z hinduizmu, zeuropeizował Schopenhauer. W Nicość u Iwaszkiewicza wkracza świadomość indywidualna. Nicość jest stanem ostatecznym. Dwubiegunowość: byt i niebyt, określająca istotę egzystencji, daje jej szczególną wizję wielkiego paradoksu. W wierszu *Il tremonto* z tomiku *Krągły rok* ta jedność zostaje określona dokładniej:

> niebieska rzeka czasu ciągnie się w meandrach
> paradoksy na wodzie leżą niby wyspy

Byt, jego paradoksy, „wyspy na rzece czasu", nie poddaje się poznaniu. Samotność człowieka w starości nie jest poetyckim gestem; odchodzenie świata nadaje jej wymiar szczególny, wręcz materialny. Powtarzający się w wierszu zwrot skierowany do żony: „Nie odchodź" jest takim dotykalnym nazwaniem samotności.

Późna poezja Jarosława Iwaszkiewicza zaskakuje swoją wyrafinowaną prostotą, oczyszczeniem z ozdobników, gier stylizacyjnych. Jego jednak „tu i teraz" ma wymiar uniwersalny – zbliżenia się do tajemnic egzystencji rozpiętej między światem rzeczy, prawami biologii i potrzebą metafizyki. W liryce tej nie chodzi o osobiste emocje, o wyznania, o naturalny lęk przed śmiercią, lecz o oswojenie tego, co nieuchronne w losie jednostkowym, co w dziejach ludzkich jest tragiczne i absurdalne. Wiersz *W kościele* z *Mapy pogody* uruchamia stary topos poetycki, biblijny i Mickiewiczowski zarazem: jest to spór z Bogiem o porządek świata, o sens cierpienia. Jakie są przyczyny zła, które stwarza przecież człowiek? Czy Bóg jest bezradny? Bo jego kary, zsyłane plagi, niczego nie zmieniają:

W kościele

> Chcesz powiedzieć: trzęsienia ziemi
> to za mało
> Bomby?
> Ależ dałeś im moc odradzania się
>
> Czy ci nigdy nie przyszło do głowy
> że nam jest coraz ciaśniej coraz straszniej?
> Pozwalasz im mordować się
> ale to mało
>
> Na morza wypływa czarny mazut
> ptaki umierają ze strasznym krzykiem
> krzyk świętej Agaty to była pobożna pieśń
> A to?

Rozmowa z Bogiem, ostatnia rozmowa, nadaje szerszy sens przejmującemu zdaniu z wiersza *Stary poeta*: „A teraz jesteśmy starzy jesteśmy sami... i nic nie rozumiemy":

A kiedy będziemy przed Panem Nicości
już teraz
nic to już nie będzie znaczyło.

Poznanie poetyckie wymija drogi poznania rozumowego, wyraża świat poprzez symbole, doznaje prawdy o nim w nagłym olśnieniu, jest zawsze podmiotowe. Poezja jest zapisem takiego poznania. Późne wiersze Anny Świrszczyńskiej, zwłaszcza z tomików *Jestem baba* i *Szczęśliwa jak psi ogon*, docierają do tajemnic egzystencji od innej niejako strony. Dialog prowadzi ona nie z Bogiem lub Panem Nicości, lecz z naszym ciałem, z jego tajemnicami: w nim przecież mają swe siedlisko nasze emocje, cierpienia, rozkosze, choroby, radości i lęki, słowem – tajemnice bytu. W nim także tkwią różnice w sposobach przeżywania świata, chociażby różnice zależne od płci. Jest Świrszczyńska bowiem poetką, która w sposób niezwykły rozpoznawała odmienności sposobów reagowania na świat przez kobiety. Bo to im natura zleciła najważniejsze funkcje – przedłużania życia, jego ochrony, podtrzymywania ciągłości bytu. I płacą za to wysoką cenę; nie mogą wstydzić się swej biologii, nie mogą jej nie doświadczać, nie mogą także uniknąć wynikającego stąd cierpienia. Anna Świrszczyńska rozpoznawała całą odmienność kobiecego losu, nie tyle jednak w kategoriach obyczajowych, socjalnych, co psychologicznych i egzystencjalnych. Tytuły przywołanych tu tomików wierszy świadczą, że jej feminizm, jawny, wręcz demonstracyjny, wiąże się z aprobatą odmienności lub rezygnacyjną na nią zgodą, nie zaś z buntem, tak charakterystycznym dla współczesnych ruchów feministycznych. Ale jest to mądrość „starej poetki".

Poetyckie, liryczne „my" jest zawsze pewną uzurpacją i ideologizacją. Poznanie, jakie przynosi poezja, dociera do indywidualnego „nie wiem", „nie rozumiem". Ale ma przewagę nad innymi formami poznania: dociera do tego, co w samym poznaniu jest pojedyncze, indywidualne, co korzeniami swymi tkwi w kulturze, jest zależne od historii, cywilizacji, choć nie wyraża jej bezpośrednio. Chcemy zrozumieć świat, ale jesteśmy cząstką tego świata; możemy o nim mówić tylko w swoim imieniu. „Starzy poeci" mieli za sobą złe doświadczenia: „my" zawsze ogranicza i podporządkowuje. Tę prawdę, choć późno odkrytą, wyraża Mieczysław Jastrun w wierszu *Medytacje historiozoficzne* z tomiku *Błysk obrazu*:

Nie należałem do żadnej szkoły filozofów czy poetów.
byłem jak przechodzień, który idzie obok ruin,

ktoś, quidam.
Mój Empedokles dawno skoczył w ogień Etny
i drzewo moje
mogło róść krzywo –
ale osobno.

Poznanie poetyckie ma więc charakter iluminacji, nagłych olśnień, identyfikacji z przedmiotem poznania (w tomiku Jastruna *Punkty świecące* – „traktat" *Zmysł wewnętrznego wzroku*). Poezja zbliżała się do metafizyki. Zmiana ta w latach siedemdziesiątych, w twórczości poetów starszych generacji, ma charakter ekspiacyjny, stanowi niekiedy próbę rozliczenia się z wcześniejszymi złudzeniami, z grzechami dzieciństwa – własnymi i cudzymi. Widoczne jest to w twórczości poetów, którzy przeszli przez złą próbę realizmu socjalistycznego, byli nie tylko jego ofiarami, ale i propagatorami. Nie przemiany ich postaw światopoglądowych są najistotniejsze, lecz poszukiwanie nowej formuły poetyckiej.

W twóczości Anny Kamieńskiej, która pod koniec lat czterdziestych była jedną z pierwszych propagatorek nowej „socjalistycznej wiary", ekspiacja prowadziła do przywrócenia w poezji „widzenia wewnętrznego", naiwnego, wręcz dziecięcego, bliskiego poznaniu religijnemu. W jej wierszach z lat siedemdziesiątych konwersja, głęboka i szczera, przynosi odbudowanie sacrum, a równocześnie w poezji uznanie za jej formę najdoskonalszą – milczenia. Rozliczeniowy i pożegnalny charakter mają wiersze Wiktora Woroszylskiego z tomu *Zagłada gatunków* (1970); piekielny młyn czasu unieważnia idee, demaskuje chwilowe wartości, ale i sens samej poezji:

> Już
> gaszą światła zdzierają afisze Dwadzieścia
> innych począć czeka by je
> pochłonął obrót żaren Spójrz na tę
> nadzieję w rękopisie Do druku Na przemiał
> Wniebowstąpienie Błysk Diabelski młyn
> Tak zima lato schodzi Ze sceny z tapety
> na psy do piekieł z oczu z wysokości
> Czas na tym schodzi Towar jest nietrwały
> Już po sezonie...

Jest to chyba najwcześniejsza w poezji polskiej zapowiedź światopoglądu, który określić możemy jako „światopogląd schyłku wieku". W *Traktacie skłamanym* (1968) Witolda Wirpszy światopogląd ten wyraża się w grach językowych, w odkrywaniu nietrwałości i niejednoznaczności słowa. Tylko pozornie dochodziło do zbliżenia poetyk, upodobnienia języka z młodszym pokoleniem poetów. „Diabelskie młyny" XX wieku zniszczyły wszystko. W kręgu takich postaw i poszukiwań artystycznych kształtować się poczęła nadrzędna wspólnota światopoglądowa „starych poetów". Choć należeli wcześniej do różnych generacji, szkół i grup, odkrywali w latach siedemdziesiątych destrukcyjne działanie ideologii, zagładę wartości, rozpad idei, narastającą pustkę i ciemność. Motywy katastroficzne, charakterystyczne dla świadomości schyłkowej, odnajdziemy nie tylko w wierszach Jerzego Zagórskiego (*Rykoszetem*, 1968), lecz także Jalu Kurka (*Śmierć krajobrazu*, 1973; *Pocztówki*, 1974), Jana Bolesława Ożoga (*Oko*, 1971; *Na święto Kaina*, 1976; *Klinika*, 1978), Anatola Sterna (*Alarm nocny*, 1970), Stefana Flukowskiego (*Po stycznej słońca*, 1971; *Oko Byka*, 1973). W owej wspólnocie zacierały się różnice między poetami krajowymi i emigracyjnymi. Potwierdzają to ostatnie tomiki wierszy Kazimierza Wierzyńskiego (*Czarny polonez*, Paryż 1968; *Sen mara*, 1969), Jana Brzękowskiego (*Styczeń*, 1970; *Nowa kosmogonia*, 1978), Aleksandra Wata (*Ciemne świecidło*, Paryż 1968), Józefa Łobodowskiego (*W połowie wędrówki*, Londyn 1972). Eks-futuryści, członkowie pierwszej i drugiej awangardy, stawali się „klasykami". Widoczne jest to zwłaszcza w twórczości Jerzego Zagórskiego i Aleksandra Wata. Ale klasycyzm ten podszyty jest katastrofizmem, utratą wiary w sens poezji, w jej ocalające funkcje. Czym jest poezja? Pytanie to stawia tytułowy wiersz z tomu Aleksadra Wata *Ciemne świecidło*:

> Platon kazał mnie wyświecić
> z Miasta, w którym Mądrość rządzi.
> W nowej Wieży z Kości (ludzkich)
> dziś astrolog trutynuje
> gwiazd koniunkcję z Marsem oraz
> z Oekonomią bied i brzydot.
> Mrok zapada i Minerwa
> śle swe sowy do Wyroczni.
> Platon kazał mnie wyświecić
> w noc bez Światłych Filozofów.
> Kwiaty szczęściem oddychają,
> chmura ciepło deszczem pachnie,
> w ciszy słyszę swoje kroki,
> idę a nie wiem dokąd?
> Platon kazał mnie wyświecić
> z Miasta, w którym rządzı Zmora.

Wat
Ciemne świecidło

Kryzys w tych schyłkowych wizjach, jeśli lokalizować go dokładniej, dotyczył kultury, jej złej kondycji w nowej cywilizacji – podporządkowania ideologii, ekonomii, państwu. W nowym porządku świata nie było miejsca dla poezji. Obsesyjnie powtarzane motywy „śmierci poezji" u Różewicza zbiegają się z pokrewnymi rozpoznaniami Woroszylskiego i Wata. Ale nie wszyscy podtrzymywali to stanowisko.

Poezja Jana Twardowskiego

Przeżycie religijne jako „zapomniane" w latach poprzednich źródło nabrało znaczenia za sprawą niezwykłej twórczości księdza Jana Twardowskiego. Jego wiara, uwolniona od rytuałów, od zinstytucjonalizowanych form, żarliwa i bezpośrednia, wiąże się ze współczesnym personalizmem chrześcijańskim; w twórczości nabiera jednak cech mitu poetyckiego. W filozofii chrześcijańskiej, w nauce Jana Pawła II, problemem centralnym jest osoba ludzka, interpretowana jako byt natury duchowej, obdarzony świadomością, wolną wolą, zdolnością do kształtowania własnego świata, odpowiedzialnością moralną. Formuła poetycka Jana Twardowskiego wyrasta jednak nie tyle z tomizmu, z filozofii, co z tradycji plebejskich ruchów religijnych w Kościele, z apokryficznych przybliżeń prawd wiary, z ludowej pieśni religijnej. Naturalnym źródłem inspiracji poetyckiej jest św. Franciszek z Asyżu, poeta i kaznodzieja z XIII wieku, który fascynował twórców od dawna; nawoływał do ubóstwa, ośrodkiem swych nauk czynił ideę miłości bliźniego, radości życia, podziwu dla piękna i ładu natury jako dzieła Bożego. Świat we wszystkich przejawach bytu utrwala myśl Boga. W literaturze, w sztuce odnaleźć można głębokie ślady fascynacji postawą i osobą „biedaczyny z Asyżu". Jego idee odnajdziemy u nas w *Hymnie do Boga* Jana Kochanowskiego, w postaci Księdza Piotra z *III części Dziadów*, w *Księdze ubogich* Jana Kasprowicza, w *Modlitwie o sprzyjanie nie znającym cnoty* i innych wierszach Leopolda Staffa. Franciszkanizm oznacza pewną postawę wobec świata, na terenie poezji zaś – nie bunt, lecz pokorę wobec różnorakich przejawów bytu, nie potępienie, lecz współczucie dla tych – powtórzmy za *Modlitwą* Staffa – „którzy są zbyt biedni, by mogli mieć cnoty". Poezja Jana Twardowskiego wpisuje się w ciąg tej tradycji poetyckiej, stanowi jej najnowsze ogniwo. Ksiądz Jan Twardowski współuczestniczył w próbach odrodzenia wiary, nadania jej duchowego, a nie tylko rytualno-obrzędowego oblicza. Chodzi przede wszystkim o jej uwewnętrznienie, przybliżenie zwykłym ludziom. Nie jest to poezja dla teologów i filozofów. W wierszu *O uśmiechu w kościele* z tomiku *Znaki ufności* (1970) to poetyckie uzwyklenie postawy religijnej przynosi uwspółcześnioną wersję franciszkanizmu:

O uśmiechu w kościele

W kościele trzeba się od czasu do czasu uśmiechać
do Matki Najświętszej która stoi na wężu jak na wysokich
                                                     obcasach
do świętego Antoniego przy którym wiszą blaszane wota jak
                                              meksykańskie maski
do skrupulanta który stale dmucha spowiednikowi w pompkę ucha
do mizernego kleryka którego karmią piersią teologii
do małżonków którzy wchodząc do kruchty pluszczą w kropielnicy
                                          obrączki jak złote rybki
do kazania które się jeszcze nie zaczęło a już skończyło

do tych którzy świąt nie przeżywają a przeżuwają
do moralisty który nawet w czasie adoracji chrupie kość morału

W poezji Jana Twardowskiego świat, człowiek i Bóg tworzą nierozdzielną całość; świadomość ludzka rozpoznaje w niej metafizyczny ład, istotę samego bytu. O jego tajemnicy i jedności mówi wiersz *Gdyby* z tomiku *Na osiołku* (1986):

Gdyby

nawet by nie wiedziano
ile razy się biegnie po schodach bez windy
ile czystego piekła może być w nieszczęściu
jak cicho po pierwszym wzruszeniu
nikt by nie wiedział
że najładniej w gnieździe czyżyka
że biały dziwaczek zakwita kiedy deszcz pada
że motyl odróżnia żółte od zielonego
że matkę może przypomnieć jeden krzyżyk włóczki
że rybitwa fruwa z jaskółczym ogonem
że wierzba w fujarce smutna przy krowach wesoła
że świecę się stawia tuż obok śmierci

gdyby Bóg był bez ludzi

Poezja Jana Twardowskiego zyskała wielką popularność czytelniczą. Czym jest przeżycie religijne w poezji księdza Twardowskiego? Nie wyznaniem, nawet nie modlitwą, lecz sposobem bycia, spełniania się człowieka w świecie. W ostatnich jego tomikach świat ulega wyraźnemu zdramatyzowaniu. Nie jest arkadyjskim ogrodem, określają go wzajemnie się dopełniające opozycje. Piękno rozpoznajemy, bo jest brzydota, szczęście – bo jest cierpienie, życie – bo jest śmierć. Wiersz *Osioł* wyraża sens owej dwoistości; wymaga ona pokory w przyjęciu, nie buntu, lecz aprobaty:

Osioł

duch oklapnięty kiedy obok ciało
miłość niecała bo smutek daleko
jeśli śmierć nie przyjdzie
życie jak matołek
wiara niepełna gdy niewiary nie ma
nawet uśmiech jak baran gdy zabraknie płaczu
wszystko Bóg stworzył razem
dlatego osioł wyje
zobaczył osobno

Tomiki wierszy Twardowskiego – *Niebieskie okulary* (1980), *Który stwarzasz jagody* (1983), *Na osiołku* (1986) – poszerzają granice poetyckiego świata, nie zmieniają jego istoty, ukształtowanej w utworach wcześniejszych.

Kilkuletnie milczenie Różewicza jako poety, poprzedzone motywami „śmierci poezji" w utworach wcześniejszych, narastanie wizji katastroficznych w utworach wielu poetów, „ciemne świecidła" i „diabelskie młyny" jako symbole nowej, wrogiej jednostce epoki, świadczą o wygasaniu w naszej kulturze tego pobudzenia, które się zdarzyło w latach 1955–1958. Kryzysy polityczne, a stanowią one zasadnicze tło przemian świadomości zbiorowej w latach 1968–1989, pogłębiały i przyspieszały przeświadczenie o kryzysie kultury, o zużyciu się dotychczasowych konwencji w sztuce, w literaturze. Był to jednak pewien proces przemian, a nie jednorazowy przełom. Poezja z początku lat siedemdziesiątych i z ich końca jest w istocie nieporównywalna. Przemiana ta nie dokonała się za sprawą buntu młodych, upowszechnienia przez nich nowych konwencji; były one, co najwyżej, jednym z przejawów kryzysu – odchodzenia literatury od problemów uniwersalnych ku pragmatycznie rozumianym potrzebom chwili.

"Stary poeta" Czesław Miłosz

W nowych tomikach wierszy Czesława Miłosza nie ma zwątpienia, jest uparte dążenie do obrony poezji, jej walorów intelektualnych, poznawczych i moralnych. Tomiki wierszy: *Miasto bez imienia* (Paryż 1969), *Gdzie wschodzi słońce i kędy zapada* (1974), *Hymn o perle* (Paryż 1982), *Kroniki* (Paryż 1987) i późniejsze: *Dalsze okolice* (1991) oraz *Na brzegu rzeki* (1994), ważne w całym dorobku Miłosza, pogłębiają i rozszerzają krąg problemów filozoficznych i estetycznych, właściwych dla całej jego twórczości, także dla jego eseistyki. Miłosz, prowadząc spór z „likwidatorami" i katastrofistami, także z pragmatystami, odrzuca zarówno „wyświecenie poetów z Miasta", tak dobitnie wyrażone przez Wata, jak i medytacyjne „zamknięcie się w wieży" odosobnienia Jastruna. Zawsze obce mu były zastępcze gry stylizacyjne, imitacje, w których poezja wyczerpuje swe sensy w sprawnościach formalnych. Podstawą jego światopoglądu poetyckiego jest pasja uczestnictwa. Sama gra z formą równa się śmierci poezji, zaprzepaszczeniu jej sensu. Jego poezja charakteryzuje się z jednej strony wiernością rzeczywistości, konkretom, materialnym kształtom bytu, a z drugiej – rozpoznawaniem w tym, co nas otacza, sensów uniwersalnych, znaków mówiących o tajemnicach bytu. O tych sprawach właśnie mówi wiersz *Ars poetica?* z tomiku *Miasto bez imienia*:

Ars poetica

Zawsze tęskniłem do formy bardziej pojemnej,
która nie byłaby zanadto poezją, ani zanadto prozą
i pozwoliłaby się porozumieć nie narażając nikogo,
autora ni czytelnika, na męki wyższego rzędu.

....

Ponieważ co chorobliwe jest dzisiaj cenione,
ktoś może pomyśleć, że tylko żartuję
albo że wynalazłem jeszcze jeden sposób
żeby wychwalać Sztukę z pomocą ironii.

Był czas, kiedy czytano tylko mądre książki
pomagające znosić ból oraz nieszczęście.

> To jednak nie to samo co zaglądać w tysiąc
> dzieł pochodzących prosto z psychiatrycznej kliniki.
>
> A przecież świat jest inny niż się nam wydaje
> i my jesteśmy inni niż w naszym bredzeniu.
> ....
> Ten pożytek z poezji, że nam przypomina
> jak trudno jest pozostać tą samą osobą...

Poezja jest więc czymś, w co się wątpi, a równocześnie okazuje się ważna jako świadectwo naszej egzystencji – zapis sposobów myślenia i przeżywania, urojeń i fałszywych wyobrażeń. Ten zapis ma wartość poznawczą, obiektywną, bo utrwala się w nim i świat, i nasze wyobrażenie o świecie, a także o nas samych. Ironia Miłosza nie jest świadectwem klęski, lecz przede wszystkim pozbawionym naiwnych uproszczeń poszukiwaniem sensu i zadań poezji, którym może ona sprostać: „ten jest pożytek z poezji", że pozwala zrozumieć czy dostrzec zmienność i wielość jako istotę bytu, niepewność naszego poznania, zdziwienie światem; pozwala na zbliżenie się do tego, co niematerialne, wieczne, choć granic tajemnicy nigdy nie przekroczymy. „Świadectwo poezji" jest więc inne niż poznania naukowego; jej zapis może utrwalać to, co nietrwałe, przemijające, dotykać tego, co duchowe, co „z wysokości" i „jasności". Mówi o tym wiersz *Ale książki* z tomiku *Kroniki*:

> Ale książki będą na półkach, prawdziwe istoty,
> Które pojawiły się raz, świeże, jeszcze wilgotne,
> Niby lśniące kasztany pod drzewem jesieni,
> I dotykane, pieszczone, trwać zaczęły
> Mimo łun na horyzoncie, zamków wylatujących w powietrze,
> Plemion w pochodzie, planet w ruchu,
> Jesteśmy – mówiły, nawet kiedy wyrywane z nich karty
> Albo litery zlizywał buzujący płomień.
> O ileż trwalsze od nas, których ułomne ciepło
> stygnie razem z pamięcią, rozprasza się, ginie.
> Wyobrażam sobie ziemię kiedy mnie nie będzie
> I nic, żadnego ubytku, dalej dziwowisko,
> Suknie kobiet, mokry jaśmin, pieśń w dolinie.
> Ale książki będą na półkach, dobrze urodzone,
> Z ludzi, choć też z jasności, wysokości.

Opozycja przemijania i trwania, tego, co cielesne, materialne, i tego, co duchowe, choć „urodzone z ludzi" – wyznacza metafizyczną perspektywę sztuki i poezji. Nie są one dla doraźnych pożytków.

Pierwszy przyjazd Miłosza do kraju po długiej nieobecności, częste później wizyty, odwiedziny Litwy, „kraju lat dziecinnych", osiedlenie się w Krakowie, uruchomiły wspomnieniowy nurt poetyckiej refleksji, obecny wprawdzie wcześniej, chociażby w powieści *Dolina Issy*, jednak teraz mocniej i częściej eksponowany. Wspomnienia mają u Miłosza osobny charakter: są nie tyle utrwalaniem siebie, egocentrycznym zapisem własnych przeżyć, ile utrwalaniem świata, pojedynczych, niekiedy przypadkowych zdarzeń, które obudowane refleksją nabierają cech uniwersalnych. Wiersz *Kuźnia* z tomiku *Dalsze okolice* można określić jako wspomnienie dzieciństwa, ale w istocie dotyczy fascynacji pracą, narzędziami, tworzonymi przez człowieka rzeczami. W nich przecież pozostał „ślad" po kimś, kto przeminął. Poeta, kronikarz utrwalający to, co przemija, zapisuje i siebie w „kronice":

> U wejścia, czując bosą podeszwą klepisko.
> Tutaj bucha gorąco, a za mną obłoki.
> I patrzę, patrzę. Do tego byłem wezwany:
> do pochwalenia rzeczy, dlatego że są.

Retoryczny patos frazy Miłosza, stale ujmowany w nawias ironii, tworzy całość nadrzędną: tajemnica bytu utrwala się nie w wielkich ideach, które mogą być „naszym bredzeniem", lecz w rzeczach małych. Natura, krajobraz, jego zmiany w różnych porach roku, „rytm przesuwających się drzew, ptaka w locie, pociągu na wiadukcie" – to wszystko widziane w zdziwieniu i zachwycie przez „kronikarza", wiedzionego mapą lub pamięcią, wyczerpuje możliwości poznania i współbycia zarazem. Ograniczenie naszego poznania polega na tym właśnie, że jesteśmy cząstką tego, co chcemy poznać, utrwalić, bo przemijamy. Pozostaje rola wędrowca, zachłannie oglądającego to, co ulega zmianie:

To jedno

> Wraca po latach, niczego nie żąda,
> Chce jednej tylko drogocennej rzeczy:
> Być samym patrzeniem bez nazwy,
> Bez oczekiwań, lęków i nadziei,
> Na granicy gdzie kończy się ja i nie-ja

Zestawmy tę niezwykłą postawę z wierszem Iwaszkiewicza *Stary poeta*; Miłosz jest inny – nie wygasa w nim pasja poznania, fascynacja wielkim dziwowiskiem bytu. Wiersz *Dobranoc* z tomiku *Dalsze okolice* nie jest elegijnym pożegnaniem ze światem, lecz podszytym humorem uwolnieniem się od obowiązku zrozumienia, rozwiązania zagadki:

Dobranoc

> Żadnych obowiązków. Nie muszę być głęboki.
> Nie muszę być doskonały.
> Ani podniosły. Ani budujący.
> Wędruję sobie. Powiadam: „Goniłeś,
> No to i dobrze. Był czas po temu".
> A teraz muzyka światów odmienia mnie.
> W inny znak wchodzi moja planeta.

Drzewa i trawniki wyraźnieją.
Jedna po drugiej filozofie gasną.
Lekko, ale i nic nie wiadomo.
Sosy, roczniki win, mięsiwa.
Trochę gawędy o powiatowych festach,
O podróżach krytą bryką z obłokiem pyłu za nami,
O tym, jakie bywały rzeki, jak ajer pachnie.
Lepsze to niż badać swoje sny.
Tymczasem urastało. Już jest, niewidzialne.
Ani zgadnąć jak, tutaj, wszędzie.
Inni tym się zajmą. A ja na wagary,
Buena notte. Ciao. Farewell.

Pojedyncze przemijanie wyjaśnia się w powszechnym trwaniu: tajemnicy istnienia, tajemnicy bytu, ten, który przemija, nigdy nie zrozumie. O bycie powiedzieć można tylko, że jest. Miłosz, inaczej niż egzystencjaliści, wyprowadza z tego nie jednostkowe poczucie tragizmu, lecz podszytą jakimś panteizmem radość:

> Na myśl, że liście będą, kiedy mnie nie będzie,
> Próbuję zrozumieć, co ta radość znaczy.
> („Szerokie palce...", *Dalsze okolice*)

Jaki jest sens sztuki? Dlaczego powstała, co wyraża i czemu służy? Wypełnia przestrzeń między subiektywnym „ja" i obiektywnym „nie-ja", między naszym przemijaniem i pragnieniem trwania, zatrzymania czasu i przemiany. Sztuka ma zdolność utrwalania tego, co chwilowe. Jakaś dziewczynka na obrazie z 1910 lub 1912 roku podziwia kotka: dziewczynki już nie ma i kotka już nie ma, ale jej podziw trwa na obrazie. Z tej antynomii – bytu w wiecznej przemianie i metafizycznej potrzeby trwania, zatrzymania ruchu i czasu rodzi się sztuka. Tkwią w nas stale tajemne moce: tęsknota za niezmiennością, zachłanna radość doznawania samego istnienia i świadomość przemijania:

Moce

> Słabej wiary, jednak wierzę w potęgi i moce
> Których pełen każdy centymetr powietrza,
> Oglądają nas – czy to możliwe, żeby nikt nas nie oglądał?
> Pomyślcie: kosmiczne widowisko i absolutnie nikogo?
> Jest dowód, moja świadomość. Oddziela się ode mnie,
> Szybuje nade mną, nad innymi ludźmi, nad ziemią.
> Najoczywiściej mocom tym pokrewna,
> Zdolna, jak one oglądać, w oderwaniu.

Metafizyczny „dowód" Miłosza wyprowadzony został z przeciwstawienia trwania i przemijania: świadomość jest częścią tego, co istnieje poza „bytem w ruchu", co jest wobec niego zewnętrzne, wieczne. Czysta myśl, czysta świadomość, jako byt osobny, jest antynomiczna w stosunku do wszelkich form bytu materialnego, do „kosmicznego widowiska". Świat jawi się jako wypatrzony w podziwie i zdumieniu, jako utrwalany w pamięci, w świadomości indywidualnej, ale także jako suma bytów osobnych, kryjących wieczną tajemnicę trwania i przemijania. Miłosz nie korzy się przed „Panem Nicości", nie żegna się ze światem:

> Bo w każdym z nas miota się szalony królik i wyje wilcza
> zgraja, aż boimy się, że inni usłyszą.
>
> Z urojenia bierze się poezja i przyznaje się do swojej skazy.
> . . . .
>
> Za każdym wschodem słońca wyrzekam się zwątpień
> nocy i witam nowy dzień drogocennego urojenia.

Wisława Szymborska

Odmiennie wyznacza przestrzeń swojej refleksji Wisława Szymborska. Nie zmierza, jak Miłosz, do scalającej wizji świata – tego co materialne i niematerialne. Przeważa u niej nie zachwyt dla „wielkiego widowiska", lecz nieustające zdziwienie. Niemożliwość scalenia, a dokonuje tego świadomość indywidualna, myśl podmiotu poznającego, wynika z paradoksalnej struktury bytu. Orzekanie o nim jest w istocie niemożliwe, bo realizować się może w sądach prawidłowo pod względem logicznym zbudowanych, mówiących o czymś, jednakże wzajemnie się wykluczających. Paradoksy w poezji Wisławy Szymborskiej mają inny charakter niż u Iwaszkiewicza: dotyczy to przede wszystkim jej języka zanurzonego w codzienności, a także sposobów ich rozpoznawania nie w uniwersaliach, lecz w tym, co zwykłe, nawet banalne. To zdziwienie, widoczne w całej twórczości, podlega pewnej ewolucji; w tomikach *Sto pociech* (1967), *Wszelki wypadek* (1972), *Wielka liczba* (1976) zdziwienie mieszało się z dyskretną ironią, oznaczającą intelektualne panowanie nad tym, co je wywołuje. Warstwa znaczeń filozoficznych, istotna w poezji Wisławy Szymborskiej, rodzi się na drogach, które rozumowaniu wyznaczał Sokrates: u podstaw leży zawsze jego „wiem, że nic nie wiem", a dochodzenie do prawdy przybiera postać żywego dialogu. Odbija się to w wierszach w stawianiu pozornie naiwnych pytań, zmierzających jednak do ustalenia prawdy na drodze racjonalizmu i intelektualizmu etycznego, utożsamiającego szczęście, dobro i cnotę ze zdolnością do odróżniania dobra od zła. Sokratyczna jest metoda odkrywania prawdy, współczesny jednak zakres problematyki filozoficznej. Jeśli iść tą drogą interpretacji, to w tomikach wierszy z lat sześćdziesiątych i siedemdziesiątych dialog ma wyraźnie charakter majeutyczny – pomagający nam, czytelnikom, samodzielnie dochodzić do prawdy. Na prawach przykładu przywołajmy tu wiersz z tomiku *Wszelki wypadek*:

Wszelki wypadek

Czemu w zanadto jednej osobie?
Tej a nie innej? I co tu robię?
W dzień co jest wtorkiem? W domu nie gnieździe?
W skórze nie łusce? Z twarzą nie liściem?
Dlaczego tylko raz osobiście?
Właśnie na ziemi? Przy małej gwieździe?
Po tylu erach nieobecności?
Za wszystkie czasy i wszystkie glony?
Za jamochłony i niebosklony?
Akurat teraz? Do krwi i kości?
Sama u siebie z sobą? Czemu
nie obok ani sto mil stąd,
nie wczoraj ani sto lat temu
siedzę i patrzę w pusty kąt
– tak jak z wzniesionym nagle łbem
patrzy warczące zwane psem?

Paradoks dochodzenia do prawdy u Szymborskiej polega na tym, że w finale zjawia się to, co było początkiem u Sokratesa – „nie wiem". Wiersze z tomików *Sto pociech*, *Wszelki wypadek* i *Wielka liczba* skupiają się na nierozwiązanej tajemnicy życia: wyjaśnienia nie przynoszą teorie naukowe jego powstania i przemian, bo różnorodność form (rośliny, ryby, ptaki – „glony" i „jamochłony") wydaje się nieograniczona. Wymarły olbrzymie i silne dinozaury (*Szkielet jaszczura*), przetrwało, to co małe i słabe (*Tarsjusz*). Ten paradoks tylko pozornie przeczy teorii walki o byt: ślepą grę sił, w której ważną rolę odgrywa przypadek, modyfikuje pozorna mądrość człowieka, „pana natury":

Tarsjusz

Ja tarsjusz, syn tarsjusza,
wnuk tarsjusza i prawnuk,
zwierzątko małe, złożone z dwóch źrenic
i tylko bardzo już koniecznej reszty;
cudownie ocalony od dalszej przeróbki,
bo przysmak ze mnie żaden,
na kołnierz są więksi,
gruczoły moje nie przynoszą szczęścia,
koncerty odbywają się bez moich jelit;
ja tarsjusz
siedzę żywy na palcu człowieka.

Ironia Szymborskiej wiąże się czasem z humorem, bywa łagodna, ale często staje się gorzka. Zdziwienie więc kryje różne sensy. Wiersze z tomików *Ludzie na moście* (1986) oraz *Koniec i początek* (1993) w planie sokratycznego dochodzenia do prawdy wiążą się ze wstępną fazą poznawczego dialogu – dochodzi do zbijania argumentów przeciwnika, obok zdziwienia, ironii, jest także negacja. „Miało być inaczej" i „już się nie spełni". Przedmiotem refleksji nie są już tajemnice życia na naszej planecie „przy prowincjonalnej gwieździe", ale tajemnice cywilizacji, którą tworzy człowiek. Nie wiadomo dokąd ona zmierza, nie poddaje się racjonalnym ocenom, nie ma w niej ładu moralnego. W nowych tomikach niewielką rolę odgrywa tworzenie światów na niby, „wydań drugich, poprawionych", niemożliwych, pozwalających jednak rozpoznawać wady świata realnego.

Zły czas, w którym powstawały ostatnie wiersze, pełen napięć i konfliktów, unieważniał ten typ gry poznawczej. Zdziwieniu towarzyszy przerażenie, ironia traci swoje właściwości humorystyczne, zbliża się do ironii tragicznej. Także w języku poetyckim Wisławy Szymborskiej dokonuje się wyraźna zmiana: przewagę zdobywają nie światy alternatywne, „wydania drugie", lecz „pierwsze" – to wszystko, co rzeczywiste, trywialne, banalne, ale i okrutne. Jako próbę nowego języka przywołajmy tu wiersz z tomiku *Ludzie na moście*:

Odzież

> Zdejmujesz, zdejmujemy, zdejmujecie
> płaszcze, żakiety, marynarki, bluzki
> z wełny, bawełny, elanobawełny,
> spódnice, spodnie, skarpety, bieliznę,
> kładąc, wieszając, przerzucając przez
> oparcia krzeseł, skrzydła parawanów;
> na razie, mówi lekarz, to nic poważnego,
> proszę się ubrać, odpocząć, wyjechać,
> zażywać w razie gdyby, przed snem, po jedzeniu,
> pokazać się za kwartał, za rok, za półtora;
> widzisz, a ty myślałeś, a myśmy się bali,
> a wyście przypuszczali, a on podejrzewał;
> czas już wiązać, zapinać drżącymi jeszcze rękami
> sznurowadła, zatrzaski, suwaki, klamerki,
> paski, guziki, krawaty, kołnierze
> i wyciągać z rękawów, z torebek, z kieszeni
> wymięty, w kropki, w paski, w kwiatki, w kratkę szalik
> o przedłużonej nagle użyteczności.

Scalają się w tym wierszu, w zakresie języka poetyckiego, dwie przeciwstawne tendencje: Różewiczowski konkret, zaznaczony w wyliczeniach, i lingwistyczna „zabawa" w przepływanie znaczeń. Ale inny cel przyświeca całej konstrukcji: wizyta u lekarza ujawnia nasze lęki. Gromadzenie określeń synonimicznych, wyliczanie części ubiorów, przesuwa sferę znaczeń z tego, co jednostkowe, na to, co powszechne, co dotyczy nas wszystkich. W życiu towarzyszy nam nieustanny lęk: żyjemy bowiem „na razie", nie wiemy, co będzie „za kwartał, za rok, za półtora". O lęku, nieodłącznym towarzyszu życia, opowiada Szymborska poprzez zdarzenie banalne, banalne także nasze codzienne czynności i rzeczy, wśród których żyjemy. Nawet aforystyczna pointa całej narracji „zrobiona" została z tego, co banalne i codzienne – z szalika „o przedłużonej nagle przydatności". Długość szalika ma tu inne, metaforyczne znaczenie.

Zmianie podlega język, pozostaje jednak zasadnicza konstrukcja wierszy: Szymborska opowiada nadal swoje minifabuły, choć są one tylko pretekstem, szkieletem nośnym dla refleksji ogólnej, odkrywającej paradoksalną strukturę świata. Trudno określić jednoznacznie, w pojęciach przejętych z poetyki, charakter tych konstrukcji: moglibyśmy nazwać je parabolami, gdyby nie ich uszczegółowienie, obce schematycznym fabułom w paraboli; moglibyśmy je nazwać alegoriami, gdyby nie brak umowności charakterystycznej dla alegorii, której znaczenia rozpoznajemy przez kontekst kulturowy, wielokrotnych skonwencjonalizowanych użyć tego samego znaku czy obrazu. Tymczasem w wierszach Szymborskiej czeka nas zwykle niespodzianka – zawsze nieoczekiwane jest przejście od tego, co szczegółowe, zwykłe, dostępne w naszym doświadczeniu, do tego, co ogólne, niematerialne.

Zdziwienie i przerażenie paradoksami życia unieważnia tak istotną we wcześniejszej twórczości Szymborskiej nadzieję, nie towarzyszy jej wiara, że to wszystko, co się zdarza, „jeszcze się przyda", ułoży się w jakiś ład, że coś da się uratować z morza bezsensu. Wyraża to zwątpienie najpełniej wiersz *Do arki* z tomu *Ludzie na moście*:

> Ze względu na dzieci,
> którymi nadal jesteśmy,
> bajki kończą się dobrze.
> Ale tylko bajki.

Inne sensy przekazuje także tak ważny we wcześniejszej twórczości przypadek jako formuła określająca samą esencję bytu. Przypadek już nie zadziwia, nie mobilizuje do zrozumienia, umieszczenia go w jakimś porządku. Świat jako suma przypadków staje się niepoznawalny, jego bogactwo rodzi obojętność. Odkrycie nowej gwiazdy w kosmosie nie budzi pasji poznawczych:

> Gwiazda bez konsekwencji,
> Bez wpływu na pogodę, modę, wynik meczu,
> Zmiany w rządzie, dochody i kryzys wartości.
>
> Bez skutków w propagandzie i przemyśle ciężkim,
> Bez odbicia w politurze stołu obrad,
> Nadliczbowa dla policzonych dni życia.
> (*Nadmiar*, *Ludzie na moście*)

Ubożenie duchowe człowieka współczesnego, ograniczanie jego wyobraźni za sprawą kultury masowej, mass mediów, ideologii, jest zniewoleniem, choćby jego formy i źródła były różne. Wiersz *Schyłek wieku* z tomiku *Ludzie na moście*, a także utwory zamieszczone w tomiku *Koniec i początek* rozszerzają refleksję nad zmianami zachodzącymi w psychice i świadomości człowieka współczesnego:

Miał być lepszy od zeszłych nasz XX wiek.
Tego już dowieść nie zdąży,
lata ma policzone,
krok chwiejny,
oddech krótki.
Już zbyt wiele się stało,
co się stać nie miało,
a to, co miało nadejść,
nie nadeszło.

Miało się mieć ku wiośnie
i szczęściu, między innymi.

Strach miał opuścić góry i doliny.
Prawda szybciej od kłamstwa
miała dobiec celu.

Z innego wiersza dopowiedzieć można:

Tymczasem ginęli ludzie,
zdychały zwierzęta,
płonęły domy
i dziczały pola
jak w epokach zamierzchłych
i mniej politycznych
  (*Dzieci epoki*, *Ludzie na moście*)

„Schyłek wieku" u Wisławy Szymborskiej nie prowadzi do nastrojów katastroficznych, irracjonalnych przeczuć końca świata, jest tylko okazją do inteletualnych rozpoznań, chłodnego, ironicznego obrachunku, przedstawienia skutków utopii społecznych, kłamstw ideologii, które zapowiadały stworzenie idealnego świata, „naukowo" uzasadnianego. W świecie, w którym „wszystko pędzi i wiruje", unieważnieniu podlega samo poznanie, zacierają się przeciwieństwa, zanika zdolność rozróżniania i wartościowania:

„Rzecz, która spada w przepaść,
spada z nieba w niebo"

  *

„podział na ziemię i niebo
to nie jest właściwy sposób
myślenia o całości"

  *

„niektórzy lubią poezję
...ale lubi się także rosół z makaronem"

  *

„ci, co wiedzieli
o co tutaj szło,
muszą ustąpić miejsca tym,
co wiedzą mało"

Owo unieważnienie przeciwieństw, powtarzające się w wielu wierszach, jest przenikliwym rozpoznaniem kształtowania się nowej postmodernistycznej świadomości. Równoważność przeciwstawnych sądów nie jest już paradoksem; prowadzi do absurdu, uniemożliwia odróżnianie zła od dobra, sensu od bezsensu. Pewne w mijającym stuleciu okazały się nie utopie, nie wzniosłe idee; trwała była tylko nienawiść:

> Religia nie religia –
> byle przyklęknąć na starcie.
> Ojczyzna nie ojczyzna –
> byle się zerwać do biegu.
> Niezła i sprawiedliwość na początek.
> Potem już pędzi sama.
> Nienawiść. Nienawiść.
> Twarz jej wykrzywia grymas
> ekstazy miłosnej.
> Ach te inne uczucia –
> cherlawe i ślamazarne.
> Od kiedy to braterstwo
> może liczyć na tłumy?
> Współczucie czy kiedykolwiek
> pierwsze dobiło do mety?

Nienawiść

Komentarz, jaki dopisała Szymborska do „końca wieku", jest gorzki, podszyty zwątpieniem. W języku, prócz wagi konkretu, szczegółu, wyraźna staje się alegoryzacja (jednak nie sama alegoria), polegająca na zmysłowym przedstawianiu pojęć abstrakcyjnych bądź fikcyjnych cudzych wypowiedzi (liczne personifikacje i prozopopeje). Uwalnia to wypowiedź poetycką od naiwnego moralizatorstwa, nadaje jej cechy refleksji filozoficznej, intelektualnego zwątpienia, a równocześnie samo ukonkretnienie chroni przed pustą retoryką.

Inna jest podstawa światopoglądu poetyckiego Zbigniewa Herberta, a co za tym idzie – inne także rozumienie samej poezji. Jak na konserwatystę przystało, w jego dialogu z tradycją, z dziełami sztuki istnieje tylko przeszłość. Nie ma sztuki XX wieku – ani malarstwa, ani muzyki, ani poezji. Szymborska, osądzając wiek XX, podtrzymuje jako ważną właściwość samą zdolność intelektualnego rozpoznawania jego klęsk; człowiek XX wieku zachowuje więc szansę poprawy. W poezji Zbigniewa Herberta wiek XX w całości został unieważniony; jeśli zjawia się współczesność, to podlega deprecjonującej ocenie przez przeszłość, dawne, zachowujące wartość postawy i myty. Nowe tomiki wierszy: *Pan Cogito* (1974), *Raport z oblężonego miasta* (Paryż 1983), *Elegia na odejście* (Paryż 1990), *Rovigo* (1992) – pogłębiają jeszcze to skrajne stanowisko. Równocześnie w ocenach współczesności niewielką rolę odgrywają refleksje nad charakterem i skutkami przemian

Zbigniew Herbert

cywilizacyjnych, nad zmianami zachodzącymi w świadomości zbiorowej. Reakcja Herberta na współczesność dotyczy, ogólnie mówiąc, postaw etycznych. W stosunku do omawianego wcześniej wiersza *Naprzód pies* sama idea powrotu po wartości zapomniane w cywilizacyjnym pośpiechu uległa konkretyzacji, a równocześnie wyraźnemu ograniczeniu. Nie oznacza to jednak, że Herbert-moralista „ogryza suchą kość morału", jak rzecz nazwał ksiądz Jan Twardowski. Warto tu przypomnieć dwuznaczność postawy moralisty, dostrzeżoną przez Różewicza w *Liście do ludożerców*: pouczający „zgrzytających zębami" i „patrzących wilkiem" sam także przecież należy do stada. Rozwiązaniem tych dylematów jest widoczna od początku w twórczości Herberta dyskretna ironia, a także skłonność do przechodzenia od liryki bezpośredniej do pośredniej liryki roli i maski. Ta postawa znalazła najpełniejszy wyraz w wykreowaniu bohatera lirycznego, Pana Cogito; Herbert raz identyfikuje się z nim, innym razem traktuje pobłażliwie, z humorem, utrzymuje ironiczny dystans zarówno do jego dylematów moralnych, jak i wątpliwych niekiedy decyzji. Uznać go można za współczesnego *Quidama*, bezradnego wobec świata, unikającego niekiedy trudnych decyzji (*Przepaść Pana Cogito*) i odważnych myśli, które „kręcą się w kółko" (*Pan Cogito a ruch myśli*). Jest to szczęśliwe rozwiązanie, bo chroni wypowiedź poetycką przed patosem jednoznacznych rozstrzygnięć. Ale ulubiona przez poetę postać--emblemat, która obecna jest nie tylko w tomiku *Pan Cogito*, lecz także w tomikach następnych, stwarza niebezpieczeństwo stereotypizacji wypowiedzi, bo Pan Cogito ma swoje matryce myślowe, ograniczające różnicowanie wypowiedzi. Ironia, sąsiadująca wcześniej z autoironią, w tomikach ostatnich staje się gorzka, niekiedy sarkastyczna.

Sens gry poetyckiej w „Pana Cogito" nie jest jednoznaczny: z jednej strony pozwala na rozpoznanie konformistycznych zachowań człowieka współczesnego, a z drugiej poprzez ironię daje możliwość sformułowania, już w imieniu autora, ważnego przesłania moralnego. W wielu wierszach tego cyklu istotny okazuje się przepływ znaczeń między „mną" (poetą) i „nie mną" (bohaterem). Dla przykładu przywołajmy tu fragmenty z wiersza *Pan Cogito rozmyśla o cierpieniu*:

Pan Cogito rozmyśla o cierpieniu

Wszystkie próby oddalenia
tak zwanego kielicha goryczy –
przez refleksję
opętańczą akcję na rzecz bezdomnych kotów
głęboki oddech
religię –
zawiodły

należy zgodzić się
pochylić łagodnie głowę

nie załamywać rąk
posługiwać się cierpieniem w miarę łagodnie
jak protezą
bez fałszywego wstydu
ale także bez niepotrzebnej pychy
....
grać
z nim
oczywiście
grać

bawić się z nim
bardzo ostrożnie
jak z chorym dzieckiem
wymuszając w końcu
głupimi sztuczkami
nikły
uśmiech

Co w tym wierszu przynależy do postaci, a co do autora? Czy żarliwa apoteoza stoicyzmu jest „myślą" Pana Cogito, a „gra" w stoicyzm należy do Herberta? A może odwrotnie? Te konstrukcje przekształcają znacznie tradycyjną formę paraboli, narracji nakierowanej na wydobywanie uniwersalnych prawd moralnych czy egzystencjalnych. *Heraldyczne rozważania Pana Cogito* i *Pana Cogito przygody z muzyką* z *Elegii na odejście* nie mają już tej precyzji konstrukcyjnej: narracja się wyraźnie usamodzielnia, zaciera przesłanie moralne, zaciera także ową migotliwą grę identyfikacji i odróżnienia między bohaterem a autorem.

W tomiku *Rovigo*, jednym z najciekawszych w dorobku Herberta, odzyskuje swe prawa liryka osobista; poeta dostrzegł, że Pan Cogito jest trochę zmęczony, że niektóre parabole z tomiku *Elegia na odejście* (*Dęby*) nie krystalizują swoich sensów, toną w narracji, że powrót do „nowych bajek" (*Śmierć lwa*, *Bajka o gwoździu*), tak znaczących i niezwykłych we wczesnej twórczości, jest w pełni niemożliwy. W *Rovigo* wypowiedź bezpośrednia, uruchamiająca wspomnienia, przywołująca postaci mistrzów i przyjaciół, zdarzenia i miejsca z podróży, staje się zaskakująco czysta i bezpośrednia, odsłania prawdziwą twarz poety. Może trzeba być chorym, aby porzucić grę?

Kiedy byłem bardzo chory opuścił mnie wstyd
bez sprzeciwu odsłaniałem obcym rękom wydawałem obcym
oczom
biedne tajemnice mego ciała

Wkraczali we mnie ostro powiększając poniżenie

Wstyd

....
Dlatego – wierny zmarłym szanujący popiół – rozumiem
gniew księżniczki greckiej jej zaciekły opór
miała rację – brat zasłużył na godny pochówek

całun ziemi troskliwie zasunięty
na oczy

„Stara poezja", o której była tu mowa, w latach siedemdziesiątych i osiemdziesiątych, zderzona z propozycjami Nowej Fali i następców, odkrywa swą rzetelność. Utwory Iwaszkiewicza, Miłosza, Szymborskiej, Herberta zawierają wyraziste piętno indywidualności, mówią o postawach osobistych, ale i powszechnych, uniwersalnych; pokazują człowieka współczesnego uwikłanego w własną biologię, historię, kulturę, „szalonego królika" miotającego się na rumowisku idei, zniewolonego i wyzwalającego się, broniącego zażarcie niezależności swej myśli i co krok ponoszącego klęskę. Ale refleksja ta, wyrażona językiem poezji, tworzy wizerunek wielobarwny, skomplikowany, różnorodny. To, co najgorszego mogło się przydarzyć poezji, stało się na przełomie lat siedemdziesiątych i osiemdziesiątych – chodzi o jej nowe upolitycznienie. Było przecież wcześniej zmorą literatury, ale wywoływało opór, pisarze znali wówczas niszczący sens tego podporządkowania. Na przełomie lat siedemdziesiątych i osiemdziesiątych poezja młodszych i najmłodszych często sama oddawała się w niewolę polityki. Nie tylko ich jednak dotyczy wiersz Wisławy Szymborskiej *Dzieci epoki*:

Jesteśmy dziećmi epoki,
epoka jest polityczna.

Wszystkie twoje, nasze, wasze
dzienne sprawy, nocne sprawy
to są sprawy polityczne.

Chcesz czy nie chcesz,
twoje geny mają przeszłość polityczną.
skóra odcień polityczny,
oczy aspekt polityczny.
....

Epoka tworzy zredukowany duchowo model człowieka; może zadaniem poezji jest rozbijanie jego ograniczeń?

Dramat i teatr w latach 1969–1989

Teatr polski ukształtował swoje konwencje i kierunki poszukiwań w latach sześćdziesiątych. Czynnikiem decydującym były podejmowane pod koniec lat pięćdziesiątych różnorakie próby wyjścia z kryzysu spowodowanego doktryną realizmu socjalistycznego. Prowadziły one z jednej strony do ożywienia związków z naszym awangardowym dramatem i z myślą teatralną Dwudziestolecia, a z drugiej – do szybkiego przyswojenia współczesnej dramaturgii amerykańskiej i zachodnioeuropejskiej. Istotnym elementem w tych przemianach okazało się także szerokie wprowadzenie do repertuarów klasyki narodowej – dramatów romantycznych (Mickiewicza, Słowackiego, Krasińskiego, Norwida), utworów Fredry, Wyspiańskiego, uwspółcześnionych adaptacji tekstów staropolskich (*Żywot Józefa* Mikołaja Reja, *Historyja o chwalebnym Zmartwychwstaniu Pańskim* Mikołaja z Wilkowiecka), a także autorów i dramatów zapomnianych, nieobecnych wcześniej na deskach scenicznych (*Bal manekinów* Brunona Jasieńskiego, *Sprawa Dantona* Stanisławy Przybyszewskiej).

Do teatrów wkroczyło wówczas młodsze pokolenie twórców – wybitnych reżeserów, scenografów i aktorów, które decydowało o obliczu teatru w latach siedemdziesiątych. Do historii teatru polskiego weszły na trwałe nazwiska Konrada Swinarskiego, Jerzego Jarockiego, Kazimierza Dejmka, Józefa Szajny, Adama Hanuszkiewicza, Lidii Zamkow, Krystyny Skuszanki, Andrzeja Wajdy, Erwina Axera, Marka Okopińskiego, Jerzego Krasowskiego, Zygmunta Hübnera i innych. Osobne miejsce, już nie tylko w kraju, zajmowały eksperymenty teatralne Jerzego Grotowskiego i Tadeusza Kantora; sukcesy odnosiły zespoły wyłaniające się teatralnych ruchów studenckich (Teatr ST-u z Krakowa).

Lata siedemdziesiąte w dziejach teatru, mimo różnorakich ograniczeń, ingerencji cenzuralnych i politycznych, jakie się wówczas nasiliły, nie są czasem kryzysu: trwa, a nawet poszerza się zainteresowanie teatrem polskim w Europie Zachodniej. Dotyczy to nie tylko teatrów eksperymentalnych Grotowskiego i Kantora, lecz także zaproszeń polskich reżyserów do przygotowania inscenizacji w teatrach wielu krajów, prezentacji polskich zespołów i realizacji teatralnych na festiwalach międzynarodowych. Przykładem znaczącym, wcześniej niewyobrażalnym, było zakończone sukcesem wystawienie *Dziadów* Adama Mickiewicza w reżyserii Konrada Swinarskiego w Londynie. To głośne przedstawienie Starego Teatru z Krakowa odbierane było oczywiście nie poprzez swoje sensy narodowe, obce i niezrozumiałe dla Anglików, lecz niezwykłe rozwiązania teatralne – przede wszystkim przez rozbicie zamkniętej przestrzeni scenicznej, inne jej ukształtowanie, złamanie bariery oddzielającej widownię od sceny.

Sukcesom teatrów polskich towarzyszyło, o czym była już mowa, zainteresowanie polską dramaturgią współczesną. Wystarczy przypomnieć, że *Ślub* Gombrowicza został wówczas przełożony na język angielski, francuski, niemiecki, włoski, hiszpański, holenderski, szwedzki, grecki, węgierski, serbsko-chorwacki, słoweński; doczekał się realizacji scenicznych w USA, we Francji, Holandii, Niemczech, Szwecji, Jugosławii, we Włoszech. Realizacje te wyprzedziły polską prapremierę w teatrze zawodowym. Równie liczne były tłumaczenia i wystawienia dramatów Witkacego, a jeszcze szersze – Sławomira Mrożka (przekładanego na te same języki, co Gombrowicz, a także na norweski, czeski, bułgarski, fiński, duński, rosyjski, słowacki, islandzki, portugalski, mołdawski, macedoński, kataloński, japoński, hinduski, łotewski, białoruski, hebrajski). Jego sztuki wystawiane były nie tylko w Europie, lecz także w Nowym Jorku, Tel Awiwie, Kalkucie, Dehli, Buenos Aires, Tokio. Nie tak szeroka, ale także znacząca była obecność w zagranicznych repertuarach teatralnych dramatów Tadeusza Różewicza. Podsumujmy te niekompletne wyliczenia: nigdy wcześniej nie przydarzyło się to dramaturgii polskiej. Teatr i dramat tego czasu odegrały wielką rolę w upowszechnieniu kultury polskiej, w wychodzeniu jej z izolacji założonej przez system polityczny, w poszerzeniu zainteresowania naszą literaturą współczesną, zwłaszcza dramatem i poezją.

Sztuka teatralna realizuje się w działaniach zbiorowych; w ich przygotowaniu ważna jest rola reżyserów, scenografów, kompozytorów, plastyków, choreografów, ale zasadnicze znaczenie mają grupy aktorskie, ich zawodowa sprawność, umiejętność pracy zespołowej. W latach sześćdziesiątych i siedemdziesiątych o sukcesach teatrów polskich decydowały zespoły aktorów, reżyserów i scenografów o wyraźnie określonych preferencjach programowych i stylach gry. W zespołach były oczywiście wybitne indywidualności aktorskie, ale gra daleka była od „teatru gwiazd", podporządkowana myśli inscenizatora (reżysera, niekiedy reżysera-scenografa). Tym właśnie wyróżniały się: Stary Teatr w Krakowie, Teatr Wybrzeże w Gdańsku, Teatr Nowy w Łodzi, Teatr Polski we Wrocławiu, Teatr Narodowy, Teatr Dramatyczny, Teatr Studio i Ateneum w Warszawie, a także inne placówki, niekiedy nawet prowincjonalne, które na dłużej lub krócej potrafiły utrzymać wysoki poziom realizacji artystycznych.

Jednakże sygnałem pewnych zmian w sytuacji teatrów stało się zawieszenie przedstawień *Dziadów* w Teatrze Narodowym w Warszawie w 1968 roku; był to koniec „naszej małej stabilizacji" – pewnego kompromisu między władzą i teatrem. Okazało się, że teatr odnosić może nie tylko sukcesy zagraniczne, może także zabierać głos w sporach i konfliktach wewnętrznych, wpływać na opinię publiczną, kształtować – znacznie silniej niż literatura, bo bezpośrednio – świadomość zbiorową. Okazało się także, że niezgodę ideową i polityczną może przekazywać nie tylko za pomocą dramatów współczesnych, lecz także romantycznych i modernistycznych. Takim wydarzeniem teatralnym, zrealizowanym przed *Dziadami* z 1968 roku, było wystawienie *Nie-Boskiej komedii* (1965) Krasińskiego przez Konrada Swinarskiego w Starym Teatrze w Krakowie: obraz rewolucji społecznej stawał się w nim niejednoznaczny, daleki od aprobaty. Realizacja wywołała gwałtowne polemiki, choć była w sensie artystycznym dopiero zapowiedzią wielkich inscenizacji Konrada Swinarskiego. Jego *Dziady* (1973) w Starym Teatrze poprzedzały ciąg dyskusji o sprawach narodowych, nasilających się później w czasie projektowanych zmian w konstytucji, oficjalnie sankcjonującym naszą zależność od Związku Radzieckiego. Reżyser nie kładł jednak akcentu na antycarskość, jak Dejmek, lecz na obojętność społeczeństwa i osamotnienie tych, którzy podejmowali walkę. Taki sens miała słynna scena: w czasie wygłaszania *Wielkiej improwizacji* przez Konrada „dziad" pod kulisą wyjmował ze szmat ugotowane jajko i zabierał się do jedzenia. Zbliżeniu idei dramatu do widzów służyły niezwykłe rozwiązania scenograficzne: ucharakteryzowani aktorzy towarzyszyli widzom już w szatni, na schodach prowadzących na pierwsze piętro, w holu przez salą widowiskową, także na widowni, którą dzielił drewniany podest. Byli „wśród widzów", a nie naprzeciwko widzów, którzy w ten sposób bezpośrednio uczestniczyli w rozgrywającym się dramacie. Współczesne przesłanie inscenizacji stawało się oczywiste.

Takie przesłania miały inscenizacje *Kordiana* (1970) i *Balladyny* (1974) w reżyserii Adama Hanuszkiewicza w Teatrze Narodowym w Warszawie, *Lilli Wenedy* (1973) w reżyserii Krystyny Skuszanki, *Nocy listopadowej* (1974) w reżyserii Andrzeja Wajdy i *Wyzwolenia* (1974) w reżyserii Konrada Swinarskiego; wszystkie wiązały się z wielką dyskusją o wolności i zniewoleniu, o marazmie społecznym, o potrzebie wyjścia z zaklętego kręgu niemocy. Te wielkie inscenizacje miały jedną cechę wspólną: łamały świadomie dotychczasowe konwencje teatralnych interpretacji, odkrywały aktualność zawartych w utworach idei. Stawało się to za sprawą nowych możliwości ekspresji wypracowanych w teatrze i dramacie współczesnym.

W repertuarach teatralnych lat siedemdziesiątych trwa nadal „nieustanny festiwal Witkacego". Przypomnieć trzeba głośne realizacje *Szewców* (1971) i *Matki* (1972) w reżyserii Jerzego Jarockiego, *Szewców* (1973) w reżyserii Jerzego Grzegorzewskiego, fragmentów utworów Witkacego w *Umarłej klasie* (1975) Tadeusza Kantora, przedstawienie *Witkacy* (1972) w Teatrze Studio Józefa Szajny. W 1974 roku doszło do prapremiery *Ślubu* Gombrowicza w Teatrze Dramatycznym w Warszawie w reżyserii Jerzego Jarockiego, także do wystawienia *Operetki* (1975) w reżyserii Kazimierza Dejmka, *Iwony, księżniczki Burgunda* (1978) w reżyserii Krystiana Lupy. Stale obecni w repertuarach teatralnych są: Różewicz (wystawienia dramatów: *Stara kobieta wysiaduje*, 1969, 1973, 1978; *Rajskie ogrody*, 1971; *Na czworakach*, 1972; *Białe małżeństwo*, 1976; *Odejście Głodomora*, 1977) i Mrożek (*Szczęśliwe wydarzenie*, 1973; *Rzeźnia*, 1975; *Emigranci*, 1975, 1976; *Garbus*, 1975; *Krawiec*, 1978; *Vatzlav*, 1979).

Helmut Kajzar

Osobowością wybitną wśród dramaturgów młodszego pokolenia był przedwcześnie zmarły w 1982 roku Helmut Kajzar, dramaturg, reżyser i teoretyk teatru. Jego dramaty (*Rycerz Andrzej*, 1970; *Paternoster*, 1971; *Gwiazda*, 1971; *Samoobrona*, 1976; *Villa dei misteri*, 1977; *Wyspy Galapagos*, 1982) trafiły na sceny (niekiedy w własnych realizacjach) i zwracały uwagę swoją oryginalnością, wyraziście zaznaczoną problematyką psychologiczną i autobiograficzną. Kajzar spaja w swoich utworach elementy świata realnego, codzienności, z żywą poetycką wyobraźnią, wizyjnością, marzeniami na pograniczu snu i jawy. Odrealnieniu w jego dramatach podlega przestrzeń sceniczna, także działania bohaterów. Tę szczególną aurę dramatów Kajzara określa informacja umieszczona w *Paternoster*: „Rzecz dzieje się w Kobierzycach Wielkich i w wyobraźni". Chodzi o wieś rodzinną autora, o dom, który opuścił, z całym jego zespołem archaicznych, wręcz rustykalnych norm i obyczajów, o ojca, matkę, krewnych związanych ze środowiskiem ewangelików, żyjących na pograniczu wpływów kultury polskiej i niemieckiej. Odwołania do tradycji rodzinnej budują motywy przewodnie jego dramatów – wędrówki, poszukiwania nowych wzorów, ale także zagubienia. W dramatach Helmuta Kajzara widoczne, choć do końca niespełnione, są próby poszukiwania nowych rozwiązań artystycznych: nie jest to ani egzystencjalny teatr absurdu, ani katastroficzna wizja świata współczesnego. Teatr ten zwraca się ku refleksji nad ludzkimi emocjami, nad tajemnicami osobowości, przyczynami i mechanizmami naszych zachowań, przemianami wewnętrznymi dokonującymi się za sprawą cywilizacji, mitów i norm upowszechnianych przez kulturę masową. Zainteresowania te i kreacje artystyczne, zwłaszcza postaci, nie wynikały u Kajzara z lekcji, jaką młodsi autorzy brali u Witkacego i Gombrowicza, u których postać w dramacie była pewną figurą, często „mówiącą marionetką", stale demonstrującą swoją teatralność. Sięganie do własnej autobiografii w niektórych utworach służyło uwiarygodnieniu refleksji psychologicznej, nadawało nowe znaczenie temu, co działo się „w wyobraźni".

W innym kierunku szły poszukiwania Henryka Bardijewskiego: w jego dramatach i sztukach telewizyjnych (*Spektakl*, 1969; *Rycerz*, 1971; *Skrzydła*, 1971, *Misja*, 1975; *Radość w szczerym polu*, 1977; *Opresje*, 1978; *Mirakle*, 1984; *Łagodna perswazja*, 1987; *Guwernantki*, 1992) dostrzec można próby ożywienia komedii obyczajowo-społecznej, przekroczenia granic groteski, konwencji teatru absurdu. W podobnym kierunku zmierzał Jarosław Abramow-Newerly (*Ucieczka z wielkich bulwarów*, 1969; *Klik-Klak*, 1972; *Skok przed siebie*, 1977; *Maestro*, 1983). Także w twórczości Jerzego Żurka (*Sto rąk, sto sztyletów*, 1978; *Po Hamlecie*, 1981; *Skakanka*, 1985), Władysława Zawistowskiego (*Wysocki*, 1983; *Stąd do Ameryki*, 1988), Eustachego Rylskiego (*Chłodna jesień*, 1989), Tadeusza Słobodzianka (*Obywatel Pekosiewicz*, 1989), Tomasza Łubieńskiego (*Koczowisko*, 1974; *Przez śnieg?*, 1981; *Zegary*, 1981; *Śmierć komandora*, 1983; *Sławek i Sławka*, 1988; *Historia z psem*, 1989), Krzysztofa Wójcickiego (*Księga bałwochwalcza*, 1989) dostrzec można wzrost zaiteresowania tematyką współczesną, często w ujęciu satyrycznym. W budowaniu postaci większą rolę odgrywają motywacje psychologiczne, odmienności ludzkich charakterów, dramaty wynikające z indywidualnych wyborów itd. Często dla tych penetracji autorzy sięgają do postaci historycznych, przetwarzają w fikcje literackie biografie twórców bądź autentyczne wydarzenia. Była to ze strony literatury propozycja powrotu do bezpośredniej obserwacji życia społecznego, refleksji nad zawikłaniami psychiki ludzkiej. Ale teatr w istocie nie przyjął tych propozycji. Niektóre z nowych dramatów znalazły się w teatrach, nie zagościły jednak na dłużej. Wiele z nich istnieje więc dziś jako „dramaty do czytania".

Wygasały także powoli nadzieje wiązane z tzw. dramatem poetyckim (ściślej: dramatem tworzonym przez poetów), którego współtwórcami byli wcześniej Stanisław Grochowiak (z nowych utworów: *Bestia i piękna, czyli Baśń jeszcze raz opowiedziana*, 1972; *Lęki poranne*, 1972; *Okapi*, 1974; *Po tamtej stronie świec*, 1974; *Z głębokiej otchłani wołam*, 1975), Zbigniew Herbert (*Listy naszych czytelników*, 1972; *List*, 1973), Jarosław Marek Rymkiewicz (*Król Mięsopust*, 1970; *Porwanie Europy*, 1971; *Kochankowie z piekła*, 1972; *Dwór nad Narwią*, 1979), Ernest Bryll (*Kto ty jesteś, czyli Małe oratorium na dzień dzisiejszy*, 1970; *Życie-jawą*, 1972; *Ballada łomżyńska*, 1977; *Słowik*, 1978), Jerzy Stanisław Sito (*Potępienie doktora Fausta*, 1972; *Polonez*, 1978; *Słuchaj, Izraelu*, 1988). W znacznej części przeznaczali swoje utwory do teatru radiowego, w którym słowo ma znaczenie podstawowe, nie jest tylko jednym z tworzyw teatralnych. Dla teatru radiowego pisał stale Ireneusz Iredyński; za jego sprawą słuchowisko radiowe

Słuchowiska radiowe

stawało się odrębnym gatunkiem dramatu (*Winda*, 1971; *Jasny pokój dziecinny*, 1971; *Niemowa*, 1973; *Stypa*, 1971; *Wygrana*, 1974; *Koniec stworzenia*, 1975; *Kwadrofonia*, 1977), tworzył również dla teatru pełnego planu (*Oratorium*, 1970; *Sama słodycz*, 1971; *Narkomani*, 1973; *Trzecia pierś*, 1973; *Ołtarz wzniesiony sobie*, 1981; *Terroryści*, 1982).

Pisaniem dramatów, słuchowisk radiowych, widowisk telewizyjnych i scenariuszy filmowych zajęli się prozaicy, m.in. Władysław Lech Terlecki (*Herbatka z nieobecnym*, 1976; *Krótka noc*, 1986; *Rudy*, 1987; *Cyklop*, 1988), Edward Redliński (*Czworokąt*, 1976; *Wcześniak*, 1977; *Pustaki*, 1980), Wiesław Myśliwski (*Złodziej*, 1973; *Klucznik*, 1978; *Drzewo*, 1988), a także reżyserzy filmowi i teatralni, m.in. Filip Bajon (*Wahadełko*, 1980; *Sauna*, 1990), Zygmunt Hübner (*Wizyta Marszałka*, 1990), Tadeusz Bradecki (*Wzorzec dowodów metafizycznych*, 1985), Feliks Falk (*Tama*, 1970; *Pięciokąt*, 1972; *Tam i z powrotem*, 1983; *Aktorki*, 1988). Teatry w latach siedemdziesiątych – także teatr radiowy i telewizyjny – pobudzały rozwój literatury dramatycznej, tworzyły zapotrzebowanie na nowe sztuki, wywoływały różne kierunki poszukiwań artystycznych. Wśród nich współistnieją niejako zainteresowania ciemnymi, niejednoznacznymi kartami naszej przeszłości, kulturą chłopską, martwotą i pustką w życiu społecznym, degradacją jednostki. Obok groteski, satyry społecznej, dramatu postaw etycznych, komedii obyczajowych, dramatu refleksji filozoficznej rozwijały się, zwłaszcza za sprawą teatru telewizji, widowiska, adresowane do szerokiego kręgu odbiorców.

Wielkie inscenizacje z lat siedemdziesiątych świadczą o dojrzałości sztuki teatralnej, ale dobory repertuarowe i coraz mniejsza obecność w nich nowych sztuk pod kobiec lat siedemdziesiątych wydaje się świadczyć o „uklasycznieniu" wypracowanych konwencji. Można wówczas mówić o zapowiedzi kryzysu zarówno w twórczości dramatycznej, jak i o wygasaniu nowych poszukiwań w teatrze. Są to zwykle „naczynia połączone"; teatr stwarzając zapotrzebowanie na nowe sztuki, wpływa na rozwój dramatu jako gatunku literackiego; brak nowych sztuk prowadzi do działań zastępczych, zamykania się w obrębie sprawdzonego już repertuaru. Jest to oczywiście także sprawa talentów indywidualnych: po „latach tłustych" przychodzą „lata chude". W omawianym okresie dają się zauważyć pierwsze sygnały niepokojących zmian. Pod koniec tego okresu, w momencie narastania gwałtownych konfliktów politycznych, teatr wszedł w fazę różnego typu zawirowań, które osłabiły jego znaczenie w życiu kulturalnym i społecznym. Przyczyny były zewnętrzne i wewnętrzne: głęboki kryzys ekonomiczny pod koniec lat siedemdziesiątych zniszczył cały dotychczasowy system finansowania kultury, w tym także działalności teatrów; konflikty polityczne weryfikowały zarówno konwencje teatralne, jak i dominujące dobory repertuarowe. Upolitycznienie teatrów nie mogło wyrazić się w doborze nowych, aktualnych sztuk, bo ich nie było, a gdyby nawet były – nie przeszłyby przez gęste „sito cenzury". W takich okolicznościach protest środowisk teatralnych (głównie aktorów) przybrał postać szczególną – odmowy gry. Protest przeciwko „władzy" miał swoje nieoczekiwane konsekwencje: był także zerwaniem kontaktu z publicznością. Literatura w czasie wielkich konfliktów społecznych pod koniec lat siedemdziesiątych i w okresie stanu wojennego wytworzyła obiegi niezależne. Teatr miał w tym zakresie ograniczone możliwości: nie da się bowiem „wyjść" z teatru z całą jego bazą techniczną, konieczną przy inscenizacjach. Napięcia polityczne spowodowały ponadto skonfliktowanie, a niekiedy rozpad zespołów. Krótki zakaz działalności w stanie wojennym pogłębił frustracje w środowisku; następstwa były więc długotrwałe, a przeobrażenia głębokie. Jeśli w poezji i prozie w tych złych latach można mówić o uratowaniu ciągłości, to w sztuce teatralnej „przerwa" unieważniała niejako wiele wcześniejszych zdobyczy.

Nie ma teatru bez widzów; rzecz w tym, że po stanie wojennym zmienili się także widzowie. Ich doświadczenia i tragiczne niekiedy przeżycia, stwarzały całkiem nowe oczekiwania: literatura, sztuka, także sztuka teatralna, straciły to znaczenie, jakie miały wcześniej, kiedy czytelnicy i widzowie poszukiwali w nich przede wszystkim świadectw duchowej niezależności w sensie indywidualnym i zbiorowym; okazało się jednak, że o niezależności nie decyduje literatura i sztuka. To, co chciała oglądać publiczność w latach sześćdziesiątych i siedemdziesiątych (dramaty egzystencjalne, teatr absurdu i groteski, teatr wielkiej metafory, repertuar romantyczny), stawało się teraz mniej istotne wobec dramatów rozgrywających się w życiu społecznym. W latach 1982–1989 repertuar podstawowy nie uległ wprawdzie zasadniczej zmianie: grano Witkacego, Gombrowicza, Mrożka, Różewicza, Iredyńskiego, z młodszych – Sitę, Abramowa-Newerlego, Łubieńskiego, Zawistowskiego, Kajzara. Jako zapowiedź zmian odnotować można pojawienie się w repertuarach teatralnych oryginalnej twórczości Bogusława Schaeffera (m.in. *Zorza* w Teatrze Nowym w Poznaniu, 1986, w reżyserii Izabelli Cywińskiej, znanej wcześniej z realizacji eksperymentalnych i z teatru telewizyjnego). W 1987 roku ukazał się także *Car Mikołaj. Historia tragi-komiczna* Tadeusza Słobodzianka jako zapowiedź późniejszych jego poszukiwań na terenie dramatu i teatru. Były wśród tych realizacji przedstawienia ważne, znakomite, ale o niewielu z nich można by powiedzieć, że weszły na stałe do dziejów naszego teatru. Odzyskiwanie utraconych pozycji, zwłaszcza publiczności, okazało się zadaniem trudnym do rozwiązania także po 1989 roku. Zmienił się i uległ ograniczeniom system finansowania działalności teatralnej.

Sławomir Mrożek

Od *Tanga* (1964) poczynając, w twórczości Sławomira Mrożka zachodzą zmiany. Dominująca wcześniej groteskowa deformacja świata, rozpoznająca absurdy społeczne, mieszała się z satyrą, sarkastyczną niekiedy ironią. W nowszych utworach to, co śmieszne, absurdalne, nabierało cech dramatycznych, a nawet tragicznych; od obserwacji konkretnych zjawisk społecznych, postaw zbiorowych przechodził Mrożek ku problemom uniwersalnym – ku refleksji nad naturą człowieka, nad mechanizmami jednostkowych zachowań, gier międzyludzkich. Groteska ta jest totalnie antypsychologiczna: występują w niej postaci-kukły, reprezentujące jakąś jedną ideę, ilustrujące wstępne założenie dramatu. W nowych sztukach Mrożka postaci stają się konstrukcyjnie znacznie bardziej skomplikowane: najczęściej, choć nie zawsze, konflikt główny rozwija się na zasadzie gry wzajemnej między dwiema postaciami, swoistej „psychodramy", której celem jest podporządkowanie sobie przeciwnika, zdemaskowanie przywdziewanej przez niego maski, przebicie się przez wszystkie pozy, gesty obronne, kompleksy. Ale za całą tą powłoką ludzkich gier jest pustka, poczucie beznadziejności. W istocie więc człowiek istnieje tylko w swoim aktorstwie, graniu wybranych ról wobec innych. Owo granie przeradza się często w zaprzeczenie samemu sobie, przynosi utratę własnej tożsamości. W *Emigrantach* (1974) grają wobec siebie, stale z chęcią skompromitowania przeciwnika, dwaj nasi emigranci: jeden z nich opuścił kraj z powodów ideowych, drugi wyjechał z nadzieją na dorobienie się. Obaj są przeświadczeni o wyższości własnych racji, choć ich nędza kompromituje te racje jednakowo. W *Garbusie* (1975) grę interpersonalną między gośćmi w eleganckim pensjonacie a właścicielem uruchamia sam fakt jego kalectwa: obsługa jest wzorowa, ale inność, garb tytułowego bohatera, niszczy możliwość beztroskiego odpoczynku gości, ich naturalnych zachowań. To stałe działanie „cudzego garbu" zmusza do demonstrowania wobec gospodarza nadzwyczajnej grzeczności, rodzi podejrzenia, wreszcie wyzwala wzajemną agresję między gośćmi poszukującymi odpoczynku: „innych" nie tolerujemy, nie potrafimy zaaprobować. Z tą samą zasadą psychodramy spotykamy się w *Kontrakcie* (1986): kontrakt zawiązany między zbankrutowanym „Europejczykiem" a „terrorystą ze Wschodu" dotyczy „zamówionego" przez samego bohatera własnego zabójstwa; w istocie paraboliczna akcja dramatu wynika z paradoksalnego odwrócenia stereotypów: „Europejczyk" jest bankrutem, a „terrorysta ze Wschodu" zachowuje ciągle elementarne zasady etyczne. Także w *Portrecie* (1987) podobne są reguły przewrotnego przetworzenia myślowych stereotypów. Chodzi o szczególny typ związków między katem i ofiarą, między stalinowcem i więźniem: uratowanie się więźnia skazanego na śmierć, jego rehabilitacja po 1956 roku odwraca tylko wzajemne powiązania, nie zmienia jednak zależności. Poczucie winy dawnego donosiciela, sprawcy uwięzienia, czyni go teraz niewolnikiem ofiary. Z portretu na ścianie przygląda się swym ofiarom, ich szamotaninie, Stalin, wódz „zwycięskiego komunizmu".

Odmienny charakter mają dramaty: *Lis filozof* (1977), *Polowanie na lisa* (1977), *Lis aspirant* (1978), *Serenada* (1977), utwory krótkie, bliskie powiastce filozoficznej lub też starej formie „przysłowia dramatycznego", rozwijące na prawach paradoksu jakąś potoczną myśl lub uniwersalną prawdę. Poszukiwanie nowej formy przyniosło i inne rozwiązania, widoczne w dramatach *Pieszo* (1980), *Ambasador* (1981), *Alfa* (1984), *Wdowy* (1992). Dopiero jednak *Miłość na Krymie* (1993), dramat obyczajowy, psychologiczny i historyczny zarazem, wydaje się w dorobku Mrożka propozycją nową, choć będącą być może swoistym dialogiem pisarza z ważną w dziejach dramatu XX wieku tradycją Czechowa.

Lata siedemdziesiąte w twórczości Tadeusza Różewicza wiążą się przede wszystkim z dramatem. Tomikiem *Regio* pożegnał się na pewien czas z twórczością poetycką. Był zresztą wówczas przekonany o wyczerpaniu się poezji. W tomikach wcześniejszych pisał stale o „śmierci poezji", choć powrócił do niej w latach osiemdziesiątych i dziewięćdziesiątych. W dramatach podejmował Różewicz od początku jako temat główny zależność jednostki od okoliczności zewnętrznych – cywilizacji, kultury, historii. Ciśnienie tych okoliczności determinuje zachowania jednostki, czyni ją bezsilną wobec świata, wyznacza tragiczne sensy egzystencji. Wyrażało się to najpełniej w koncepcji bohatera; był najdalszym zaprzeczeniem bohaterów w dawnym dramacie, którzy przez swoje działanie (akcję) zmierzali do przekształcenia świata, nadania mu zgodnej ze swoimi wyobrażeniami postaci. Nawet jeśli dążenia te w tragedii kończyły się niepowodzeniem, to wartości, którymi się kierowali w działaniu, nie ulegały unieważnieniu, jeśli przemawiały za nimi względy moralne, poczucie honoru, obowiązku itd. Bohater dramatów Różewicza utracił wiarę w możliwość przekształcania świata, unieważnieniu uległy także dawne wartości: nie wierzy w zmiany, nie wie także, do czego miałyby one prowadzić. Jest bierny, „wrzucony" w swoją biologię, w układy społeczne, w historię. Te właśnie założenia ogólne wywołują – już w dramacie – zmiany w jego konstrukcji, w poetyce. Nowy dramat, zdaniem Róże-

Tadeusz Różewicz

wicza, powinien wyrażać kondycję człowieka współczesnego – jego bezsilność wobec świata, całkowitą bezradność, zniewolenie. Demonstruje się to w „niedziałaniu"; bohaterzy „siedzą", „leżą", „śnią", wegetują, pozorują działanie. W konstrukcji dramatu wynika z tego odrzucenie akcji, działań nakierowanych na wyznaczony cel, którego spełnienie lub niespełnienie zostaje zaznaczone w punkcie kulminacyjnym akcji. Dramaty Różewicza proponowały nowe rozwiązania z jednej strony w sporze z tradycyjnym dramatem, a z drugiej – także w nieustannym kontraście z konwencjami teatru. *Kartoteka* (1960), *Akt przerywany* (1964) i *Stara kobieta wysiaduje* (1968) wyznaczają etapy tego sporu.

W dramatach z lat siedemdziesiątych dostrzec można zmiany zachodzące w koncepcji bohatera. W utworach wcześniejszych był, jak w dawnym moralitecie, Jedermannem, Każdym, jednym z nas, bardziej więc pewną figurą, uogólnieniem, a nie indywidualnością. W nowych dramatach przeważa zainteresowanie osobowością i psychiką ludzką, jej deformacjami i patologiami. Zapowiadały to minidramaty lub „nienapisane dramaty", zgromadzone w tomie *Teatr niekonsekwencji* (1970), m.in. *Przyrost naturalny*, *Straż porządkowa*, *Rajski ogródek*, *Zacieranie rąk*. Znaczące były jednak *Na czworakach* (1971), *Białe małżeństwo* (1974), *Do piachu* (1975), *Odejście głodomora* (1976) i *Pułapka* (1982). Osobne miejsce w tej grupie zajmuje dramat *Do piachu*, pisany przez wiele lat, tematycznie powiązany z wczesnymi opowiadaniami z tomu *Opadły liście z drzew*, także z wierszami wojennymi Różewicza. Mitom kombatanckim przeciwstawiał Różewicz zawsze okrucieństwo wojny – głębokie okaleczenie psychiki ludzkiej, jakie wywołuje w bohaterach: zabija się nie tylko wrogów, ale także swoich. Powody mogą być wzniosłe, a skutki podłe. Ową wzniosłość, sztuczną, podszytą pogardą dla zwykłych żołnierzy, prezentują postawy oficerów (nieprzypadkowe są wyraźne zbieżności z *Warszawianką* Wyspiańskiego); inną prawdę o „zawszonym", umęczonym partyzanckim losie prezentują żołnierze i oczekujący na wykonanie wyroku – jeden z nich nie umie nawet zrozumieć swojej winy. „Wrzucony" został w tragiczne tryby historii i musi zginąć. Biologia, natura człowieka pcha go do czynów nieetycznych, jest źródłem cierpienia i upodlenia, a historia wykonuje wyroki.

Przed ciałem, przed biologią nie ma schronienia: w *Na czworakach* dramat starego pisarza rozpięty zostaje między wzniosłością, jego sławą, a trywialnością, wręcz wulgarnością coraz głębszego zdziecinnienia. Sława pośmiertna („pomnik" w muzeum je ukradkiem zupę!) jest kłamstwem w stosunku do trywialnych okoliczności egzystencji. Romantyczny kult wieszcza zrodził w naszej kulturze stereotyp pozbawiający twórcę cech ludzkich. *Białe małżeństwo*, *Odejście głodomora* i *Pułapka* mają cechę wspólną: sprawdzają zależności między ciałem, jego funkcjami fizjologicznymi (budzącymi przerażenie i obrzydzenie), a świadomością, psychiką ludzką. Dramaty te łączą także odwołania do biografii i twórczości znanych pisarzy: w wypadku *Białego małżeństwa* – do losów Marii Komornickiej, po części Narcyzy Żmichowskiej; w *Odejściu Głodomora* i w *Pułapce* – do Franza Kafki. Zależność między ciałem i psychiką nie musi układać się na zasadzie zgodności, harmonii: świadomość jednostki, zbuntowana przeciwko ciału, jego ograniczeniom, potrzebom, jakie rodzi, może szukać rozładowań zastępczych w twórczości, może prowadzić do obsesji, samozniszczenia, zerwania kontaktu ze światem, z innymi ludźmi. Te dramaty więc kontynuują niejako problematykę *Na czworakach*.

Jeśli w utworach wcześniejszych stawiał Różewicz pytania o zależność jednostki od niszczącego działania historii, cywilizacji, norm życia zbiorowego, to w dramatach ostatnich o cierpieniu i tragizmie egzystencji rozstrzyga zależność wzajemna psychiki i ciała. Tych dwu sfer nie da się rozerwać; nie można ich także przeciwstawiać. Odwołania do biografii twórców pełnią w tych dramatach funkcję uwiarygodniającą psychologiczną refleksję, nie wymyśloną, lecz wspartą na „źródłach". Łączą się także z pokrewnymi odwołaniami do biografii poetów, pisarzy i malarzy z utworów poetyckich lat osiemdziesiątych i dziewięćdziesiątych: chodzi w nich o tragizm ich egzystencji, udokumentowany w twórczości. Artyści należą do ludzi wyjątkowych, bo „przeklętych".

Proza w latach 1969–1989

W prozie z opóźnieniem dały znać o sobie te przemiany światopoglądowe, które w poezji wiązały się z wchodzeniem do literatury pokolenia „urodzonych po wojnie". O charakterze prozy lat siedemdziesiątych decydowały kontynuacje postaw i propozycji wypracowanych wcześniej. Dotyczy to charakterystycznego dla „naszej małej stabilizacji" tzw. małego realizmu. Opowiadania Stanisława Chacińskiego (*Jest jak jest*, 1968), Krzysztofa Coriolana (*Szybkobiegacze*, 1968), powieści Kazimierza Traciewicza (*Za siódmą górą*, 1966; *Pociągi jadą w różne strony*, 1969; *Korniki*, 1971), Anny Gorazd (*Pejzaż z aniołem*, 1965; *Kochaj cierpliwie*, 1968) dotykały duchowości tamtego czasu – szarości życia, przeciętności, marazmu i rezygnacji. Utwory Adama Augustyna (*Wdzięczność. Miłosierdzie*, 1970), Andrzeja Twerdochliba (*Temat*, 1969; *Czterej w lesie*, 1971; *Godzina za godziną*, 1971) są

Proza 1969–1989

prostą kontynuacją wcześniejszych formuł. Mały realizm przetwarzał pewne właściwości prozy produkcyjnej i wcześniejszej powieści środowiskowej. Najważniejsza okazywała się konstrukcja bohatera: nie miał w sobie cech romantycznego buntownika, samotnie walczącego ze złem. Uwikłany w sytuacje dwuznaczne, jakie stwarzały różnorakie układy środowiskowe, nakazy władzy, wchodził w nie na zasadzie małych kompromisów. Nie miał zadatków na kontestatora – był przeciętny i bezbarwny, pogodzony z życiem; sprawdzał się przede wszystkim w pracy. W dyskusji krytycznej, toczącej się wokół „małego realizmu", dotyczącej głównie bohatera, nie zauważono innych, artystycznie ważniejszych kwestii. Pisarze, zwłaszcza młodsi, dostrzegli narastający rozdźwięk między światem przedstawianym w utworach literackich a rzeczywistością. Społeczne i indywidualne ludzkie „tu i teraz" najczęściej nie interesowało twórców. Powieść, proza w ogóle, ze swej istoty bliższa jest rzeczywistości, ale w życiu społecznym wówczas było zbyt wiele tematów „tabu", o których nie należało pisać. Nie ma w prozie lat sześćdziesiątych takich utworów, które poddawałyby krytycznemu oświetleniu paradoksy ówczesnego życia społecznego – wzniosłych haseł o nieustannym rozwoju, nadchodzącym dobrobycie, i zwykłej biedy, dominującego zacofania cywilizacyjnego; prawdziwych osiągnięć w wielu dziedzinach sztuki – i przytłaczającej codzienności. „Mały realizm", choć dość wątpliwy, jeśli chodzi o kreację bohatera i zespół prezentowanych przez niego ideałów życiowych, był w ogólnym sensie wierny rzeczywistości, rejestrował objawy, choć nie poddawał ich intelektualnej analizie. Stawiał ważkie pytania o typ związków między życiem społecznym a jego przetworzeniem w obrazie literackim. Dodać warto, że nie chodziło tylko o wierność zapisu, lecz także – a może przede wszystkim – o wybór nieobecnych w literaturze tematów: jaki jest w sensie duchowym, także moralnym, zwykły Polak – nauczyciel, kierowca ciężarówki, kierownik budowy czy bazy transportowej. W pewnym sensie proza „małego realizmu" nawiązywała do tematów podejmowanych przez Marka Hłaskę we wczesnych opowiadaniach, rezygnowała jednak z jego pasji oskarżycielskich.

Inną prawdę o człowieku tamtego czasu przynosiły opowiadania Marka Nowakowskiego. Nowe jego utwory (*Robaki*, 1968; *Przystań*, 1969; *Mizerykordia*, 1971; *Układ zamknięty*, 1972; *Śmierć żółwia*, 1973; *Wesele raz jeszcze*, 1974; *Książę Nocy*, 1978) kontynuowały zafascynowanie egzotyką przedmieść, światem lumpów, pijaków, prostytutek, starych złodziei; poszerzenie tego świata o drobnych kombinatorów, księgowych, prezesów spółdzielni nie zmieniało obrazu – był to zawsze fragment rzeczywistości. Istotne było jednak w jego prozie nadawanie owym peryferyjnym środowiskom i szczególnym bohaterom znaczeń dodatkowych: dokonywało się to na zasadzie przechodzenia od dosłowności do paraboli. Ważną rolę odgrywała w tym kreacja narratora – ulokowanego w opisywanym środowisku poprzez swą biografię i równocześnie przekraczającego jego ograniczenia dzięki wykształceniu i zawodowi pisarza. Paraboliczny sens tej prozy realizował się w ocenach moralnych, w rozpoznaniach nędzy, patologii społecznej: zło przestawało być jednoznaczne, a dobro niedostępne dla tych, którzy znaleźli się na dnie życia. Proza Marka Nowakowskiego czytana na tle propagandowych deklaracji tamtego czasu nabiera oskarżycielskiego znaczenia.

Z tej koncepcji penetrowania peryferii życia społecznego wyrasta także proza Kazimierza Orłosia (*Ciemne drzewa*, 1970; *Cudowna melina*, Paryż 1973; *Trzecie kłamstwo*, Paryż 1980; *Pustynia Gobi*, Londyn 1983); wprowadzała jako element nowy – postawę satyryczną i demaskacyjną, nie zmieniała jednak podstawowych cech wywiedzionych z „małego realizmu" – uproszczonego, „czarno-białego" rysunku postaci, ubogiej motywacji psychologicznej, schematycznych konstrukcji fabularnych. Podobne właściwości odnaleźć można w opowiadaniach Bogdana Madeja (*Maść na szczury*, Paryż 1977), Andrzeja Brychta (*Marzenia*, 1971), Ernesta Brylla (*Drugi niedzielny autobus*, 1969), Janusza Głowackiego (*Nowy taniec la-ba-da*, 1970; *Polowanie na muchy i inne opowiadania*, 1974). W takim kręgu powstała także głośna, przez wiele lat zatrzymywana przez cenzurę, oskarżycielska powieść *Ucieczka do nieba* (powst. 1975, wyd. 1980) Jana Komolki. Proza, która stawiała sobie za cel takie odtwarzanie różnych aspektów rzeczywistości, nie była mile widziana: spokrewniona z reportażem – często przechodziła od pogodzenia do kontestacji.

Różnice między „małym realizmem" lat sześćdziesiątych a przetworzonymi kontynuacjami w latach siedemdziesiątych są jednak widoczne; postawy konformistyczne ustępowały miejsca krytycznym i satyrycznym. Nie zmieniało to wprawdzie wewnętrznych reguł (sposobów budowania świata przedstawionego i stylu), nadawało jednak całości inne sensy.

Kontynuację, niekiedy bliską poprzedniej, dostrzec można także w prozie „nurtu chłopskiego"; w swej powojennej wersji, o czym była już mowa, nurt ten odwoływał się do kultury chłopskiej albo poprzez rekonstrukcje odmiennej wyobraźni (typ metafory w języku), albo też – odmiennej, ukształtowanej przez tradycję chłopskiej mentalności. Różne wersje chłopskości, kształtujące się w kulturze od końca XIX wieku, zmitologizowane, podlegały w wyniku przemian cywilizacyjnych rozpadowi: nurt chłopski, który nabrał nowych cech w latach sześćdziesiątych, był w sumie „chłopskim lamentem" nad zatratą wsi

„Nurt chłopski"

dawnej oraz kultury i wartości, które wieś wytworzyła. Awansom chłopskim – wyjściom ze wsi, przenosinom do miasta – towarzyszy w prozie lat siedemdziesiątych poczucie przegranej, rodzi się wówczas na prawach mitu literackiego idea powrotu na wieś, ale starcza jej tylko na powieść pastiszową bądź satyryczną. W nacechowanej wybitną odrębnością prozie Tadeusza Nowaka, scalającej dawne wierzenia, mity, rytuały, wytworzone w kulturze chłopskiej, ze współczesnymi przemianami społecznymi, z historią, kontynuacje wiązały się z ukazaniem losów wojennej i powojennej generacji: progiem wstępnym była powieść *A jak królem, a jak katem będziesz* (1968), dotycząca okresu wojny i okupacji; *Diabły* (1971), *Dwunastu* (1974) i *Prorok* (1977) przynosiły obraz przemian cywilizacyjnych, rozpadu kulturowej wspólnoty wsi, dramatów związanych z przechodzeniem bohaterów z „krainy mitu" w powojenną rzeczywistość społeczną. Obok jednak tak pojętego uhistorycznienia obrazu przemian zachodzących na wsi, w powieściach *Półbaśnie* (1976) i *Wniebogłosy* (1982) powraca Nowak do metaforycznych ujęć odrębności dawnej plebejskiej kultury.

Awans społeczny wychodźców ze wsi stawał się często ich klęską. Proza Juliana Kawalca w latach siedemdziesiątych i osiemdziesiątych (*Przepłyniesz rzekę*, 1972; *Wielki festyn*, 1974; *Pierwszy białoręki*, 1979; *Ukraść brata*, 1982; *W gąszczu bram*, 1989; *Gitara z rajskiej czereśni*, 1990) była ciągiem dalszym tych penetracji, które zaznaczyły się wcześniej w powieściach *Ziemi przypisany* i *Tańczący jastrząb*. Kawalec odrzuca literackie wzorce wsi i chłopa, jakie przyniosła literatura z przełomu XIX i XX wieku; dociekliwie drąży psychikę wiejskich bohaterów. Nie określa jej ani metafizyczne wręcz przywiązanie do ziemi, ani nadzwyczajna siła i prawość duchowa. U podstaw odrębności leżała dawna bieda, która rodziła z jednej strony pazerność i chytrość, a z drugiej – oszczędność i pracowitość. Ten świat w powieściach i opowiadaniach Kawalca ulega gwałtownemu rozbiciu. Interesują go nie tyle „wychodźcy ze wsi", ile starzy ludzie przeżywający przemianę jako własną klęskę, rozpoznający we współczesności zaprzeczenie naturalnego ładu – szacunku dla pracy, dla ziemi, dla chleba. W prozie Kawalca, w jego nieśpiesznych, drążących w głąb narracjach, aspekty socjologiczne stanowią tło tylko dla rozpoznań psychologicznych i egzystencjalnych. Skomplikowane techniki narracyjne (monolog wypowiedziany, różne odmiany monologu wewnętrznego, wspomnieniowe, obsesyjne nawroty bohaterów i narratora do wydarzeń z przeszłości) są ściśle podporządkowane rozpoznaniu tego, co w psychice i w egzystencji chłopskiej jest „ludzkie", dramatyczne, a nawet tragiczne, nie tyle odrębne, co uniwersalne.

W prozie „nurtu chłopskiego" w latach siedemdziesiątych nie ma istotniejszych zmian: tworzą go, jak i poprzednio, pisarze należący do kilku generacji. Niektórzy, jak Wincenty Burek (*Nawałnica*, 1969), Józef Morton (*Appassionata*, 1976), i „autentysta" Jan Bolesław Ożóg (*Bracia*, 1969; *Kiedy ptaki odleciały*, 1969; *Elegia weselna i inne opowiadania*, 1977; *Konspekt zawału i inne opowiadania*, 1982) debiutowali jeszcze przed wojną. Młodsi – jak Marian Pilot (*Majdan*, 1969; *Pantałyk*, 1970; *Zakaz zwałki*, 1974; *Jednorożec*, 1978; *W słońcu, w deszczu*, 1981; *Bitnik Gorgolewski*, 1989), Zygmunt Trziszka (*Romansoid*, 1969; *Drewniane wesele*, 1971; *Happeniada*, 1976; *Z dołu w górę*, 1977), Henryk Jachimowski (*Skaza*, 1969), Józef Ratajczak (*Gniazdo na chmurze*, 1971), Zygmunt Wójcik (*Mowy weselne*, 1970; *Zabijanie koni*, 1973; *Odejść z Sodomy*, 1987) – bliżsi „małemu realizmowi", poszukiwali inspiracji w ideach dawnego regionalizmu, ważnego ruchu kulturalnego w Dwudziestoleciu, w wariantowych ujęciach głównych, znanych wcześniej tematów. W istocie jednak „nurt chłopski" wchodził w fazę kryzysu. Sygnałem najwcześniejszym pewnego zmęczenia było pojawienie się ujęć pastiszowych i groteskowych. Taki charakter miały głośne powieści Edwarda Redlińskiego: *Awans* (1973) i *Konopielka* (1973), a także debiutancka powieść Józefa Łozińskiego *Chłopacka wysokość* (1972) i jego utwory późniejsze – *Paroksyzm* (1976) i *Pantokrator* (1979). Dodać warto, że groteskowe przetworzenia podstawowych tematów wystąpiły także w twórczości Mariana Pilota i Zygmunta Trziszki. Te sygnały konwencjonalizacji „nurtu chłopskiego" nie są bez znaczenia: groteskowe konstrukcje podważały przede wszystkim wiarygodność „wsi literackiej", zmitologizowanej i zideologizowanej, w krzywym lustrze ukazywały znane stereotypy fabularne, a także kreacje bohaterów – z jednej strony prymitywnych i zacofanych, a z drugiej takich, co to „mają w sobie coś z Piasta". Na tym tle swą odrębnością wyróżnia się proza (i poezja) Erwina Kruka, związanego z Warmią i Mazurami, przedstawiającego dramaty Mazurów, autochtonów, z którymi po wojnie szczególnie okrutnie obeszła się nowa władza. Urodzili się w niemieckich Prusach Wschodnich, bronili swojej odrębności, także swojego języka, ale po wyzwoleniu stawali się „obcymi". Przeszli gehennę prześladowań, wrogości, zmuszeni byli do opuszczania kraju. *Rondo* (1971), *Pusta noc* (1976), *Łaknienie* (1980) i *Kronika z Mazur* (1988), powieści Erwina Kruka, przedstawiają te dramaty zarówno w perspektywie społecznej, jak i autobiograficznej.

Błędem byłoby uznać cały „nurt chłopski" w literaturze powojennej wyłącznie za pochodną ówczesnego układu politycznego (partia chłopska oficjalnie należała do współrządzących); jego osadzenie jest znacznie głębsze, sięga bowiem podstaw kultury narodowej: obecność tego nurtu znaczyły wcześniej utwory Orkana, Kasprowicza, Młodożeńca, Przybosia, Piętaka. W tym poczcie mają swoje miejsce Julian Kawalec, Tadeusz Nowak i przekraczający ograniczenia Wiesław Myśliwski. Powieści Myśliwskiego (*Nagi sad*, 1967; *Pałac*, 1970; *Kamień na kamieniu*, 1984; *Widnokrąg*, 1996) przynoszą obraz przemian społecznych dokonujących się w naszym kraju; przemiany na wsi są tylko częścią dramatów, nadziei i klęsk, jakie były udziałem całego społeczeństwa. Postawa epicka autora, dążenie do ujęcia całościowego, do syntezy, jest w prozie współczesnej wręcz wyjątkowa.

W opozycji do formuł „małego realizmu" umieścić trzeba te tendencje w prozie, które zmierzały do uwolnienia opowiadanych fabuł od werystycznej reprezentatywności. Chodzi tu o odmienne rozumienie fikcji literackiej, uwalniającej się od podpatrywania życia, naśladowania natury. Jawne, demonstracyjne wręcz okazywanie, że fikcyjna fabuła jest tworem wyobraźni czy intelektu twórcy, a nie konstrukcją analogiczną do rzeczywistości, czystym „zmyśleniem", wyrażonym za sprawą języka, a nie kopią natury, przynosiło nowe rozumienie literackości – albo jako rezultatu wyobraźni twórcy, albo jako jego sprawności warsztatowej przy „robocie w języku".

Science fiction i kreacjonizm

Wielką rolę w uwolnieniu literatury od obowiązku naśladowania odegrała narastająca popularność prozy *science fiction*. Opowiadania i powieści Stanisława Lema (*Bezsenność*, 1971; *Katar*, 1976; *Maska*, 1976; *Powtórka*, 1979; *Wizja lokalna*, 1982; *Fiasko*, 1987; *Pokój na ziemi*, 1987) tworzyły światy hipotetyczne, nieweryfikowalne, stawiające jednak szereg fundamentalnych pytań o kierunki i cele współczesnej cywilizacji, granice poznania naukowego, zagrożeń związanych z rozwojem techniki. W *science fiction* nasiliły się wizje katastroficzne totalitarnych, zbrodniczych eksperymentów itd. Szczególnie jest to widoczne w późnej twórczości Kazimierza Truchanowskiego (*Zatrzaśnięcie bram*, 1973; *Dzwony piekieł*, 1973; *Całowanie ziemi*, 1977). Ale uwalnianie światów przedstawionych w utworach od naśladowania natury miało i inne źródła literackie: przede wszystkim w tradycji prozy kreacyjnej Dwudziestolecia, w poszukiwaniach surrealistów, którzy elementy przejmowane z rzeczywistości uwalniali od naturalnych związków, wprowadzali w inny, najczęściej aburdalny, wyobraźniowy porządek. Powstawała więc inna, „alternatywna rzeczywistość". To, co było istotą kreacji w *Ferdydurke*, kontynuował Gombrowicz w *Trans-Atlantyku*, *Pornografii* i *Kosmosie*. Bliską surrealizmowi wersję kreacji prezentowały utwory Stefana Themersona (*Generał Piesc i inne opowiadania*, Londyn 1976), odmienną – powieści Tadeusza Konwickiego (*Zwierzoczłekoupiór*, 1969, a także, po części, *Kronika wypadków miłosnych*, 1974). Mniej lub bardziej nieprawdopodobne światy budowała także żywa wyobraźnia Michała Choromańskiego (*Makumba, czyli Drzewo gadające*, 1969; *Różowe krowy i szare scandalie*, 1970; *Głownictwo, moglitwa i praktykorze*, 1971; *Miłosny atlas anatomiczny*, 1974; *Polowanie na Freuda*, 1976) i Andrzeja Kuśniewicza (*Stan nieważkości*, 1973). W *Miazdze* (1979) Jerzego Andrzejewskiego, także w jego opowiadaniach *Teraz na ciebie zagłada* (1976) i *Już prawie nic* (1979), ważna staje się sama fabulacja, uwolniona od realistycznej reprezentatywności; w finale opowiadanej w *Miazdze* historii, przynoszącej satyryczną charakterystykę środowisk inteligenckich i „władzy", dowiadujemy się, że do przedstawionych wydarzeń nie doszło: wyobrażony przebieg wydarzeń w sensie poznawczym nie narusza „prawdy utworu": „nierzeczywistość" literacka zrównana zostaje z „odtworzoną rzeczywistością". Ciężar główny w *Miazdze* przesunięty został z odtwarzania rzeczywistości na jej artystyczne konstruowanie: autor na naszych oczach dokonuje, stale niepewny, wyborów z możliwych wariantowych rozwiązań, wskazuje na źródła i sensy swoich pomysłów, wpisuje w narrację dziennikowe zapisy własnych myśli i emocji. Utwór staje się „powieścią o pisaniu powieści", wchodzi w krąg konwencji literackich dobrze znanych od czasów *Fałszerzy* Gide'a. Pasje negowania konwencji prozy realistycznej wyznaczały kierunki poszukiwań artystycznych Leopolda Buczkowskiego (*Uroda na czasie*, 1970; *Kąpiele w Lucca*, 1974; *Oficer na nieszporach*, 1975; *Kamień w pieluszkach*, 1978). Rozbijanie ciągłości fabuły, widoczne już w *Czarnym potoku*, także w utworach późniejszych prawdopodobieństwa w rysunku postaci, przesuwało punkt ciężkości na język powieści, bo rzeczywistość powieściowa jest w sensie artystycznym kreacją językową, zapisującą elementy świata zewnętrznego przetworzone czy zdeformowane przez świadomość artysty, a także przez reguły języka. Nieustanny eksperyment artystyczny w prozie Leopolda Buczkowskiego prowadził w narracji od jednogłosowości (tak jest w jego wczesnych *Wertepach*) do wielogłosowości. Świat przedstawiony krystalizuje się w nowych utworach jako suma dialogowo traktowanych różnych, także cudzych tekstów, scalanych na prawach analogii, podobieństwa bądź przeciwieństwa, dopełniających się i przenikających. „Ciemność" świata, którego nie można opowiedzieć, wyraża się w ciemności języka. Proza Leopolda Buczkowskiego w sensie artystycznym w wielu swoich aspektach wydaje się być zapowiedzią późniejszych posmodernistycznych poszukiwań.

Prawo do swobodnego kreowania świata przedstawionego starał się podkreślać także Teodor Parnicki, musiał jednak przekroczyć konwencje powieści historycznej; u jej podstaw od XIX wieku leżała krępująca wyobraźnię zasada „wierności źródłom". Jej odrzucenie groziło kompromitacją utworu w oczach czytelników. W powieściach „nowobaśniowych" Parnickiego historia istnieje w wersjach wariantowych: fabuły zaczynają się od wstępnego założenia – „co by było, gdyby...". Wydarzenia mogłyby się potoczyć inaczej niż się rzeczywiście potoczyły. „Boczne ścieżki" czasu historycznego wypełnić może wyobraźnia pisarza, jego umiejętność analizy faktów, stawiania hipotez, tworzenia historii możliwej, alternatywnej, choć oczywiście niespełnionej. Na tym założeniu zbudowana została cała grupa powieści fantastyczno-historycznych czy nawet futurystyczno-historycznych. „Nadfikcja" w takich powieściach, jak *Inne życie Kleopatry* (1969), *Tożsamość* (1970), *Muza dalekich podróży* (1970), *Przeobrażenia* (1973), *Staliśmy jak dwa sny* (1973) sprawdza możliwości gatunku, choć towarzyszą jej dążenia likwidacyjne – unieważnienia historii jako pewnej odmiany świadomości zbiorowej. W niej wcześniej ideologie, ale i literatura szukały porządku, objaśniania sensu wydarzeń, odkrywały „prawa rozwoju społecznego", „konieczność dziejową". Światy możliwe, kreowane w utworach, nie respektowały tradycyjnych zasad realizmu, nadawały fikcji literackiej znamiona autonomiczne. Eksperymenty Parnickiego z narratorem i narracją, z czasem powieściowym (swoiste utożsamienie przeszłości z teraźniejszością i przyszłością) czyniły z fabuł powieściowych twory z pogranicza tego, co rzeczywiste (historyczne), i tego, co wymyślone, wykreowane przez język i istniejące tylko w języku. W ten sposób i Parnicki dochodził do progu praktyk postmodernistycznych.

Próbom restytucji realizmu (chodzi o „mały realizm") towarzyszyła więc wyraźna dążność odwrotna, eksponująca umowność światów powieściowych. Popularność prozy iberoamerykańskiej odegrała pewną rolę w upowszechnieniu się różnych koncepcji przetwarzania rzeczywistości w obraz literacki. Istotne było wierne w sensie opisowym przedstawianie konkretów, a z drugiej – nadawanie im znaczeń dodatkowych, wprowadzanie w związki i porządki irrealne. Realizm magiczny, łączony u nas z nazwiskiem argentyńskiego pisarza Julio Cortázara (tłumaczenia, na język polski w latach 1967–1970), zjawiał się w literaturze polskiej albo na zasadzie bliskich trawestacji czy imitacji, jak u Jana Drzeżdżona (*Upiory*, 1975; *Oczy diabła*, 1976; *Okrucieństwo czasu*, 1977; *Wieczność i miłość*, 1977; *Karamoro*, 1983; *Twarz Boga*, 1984; *Twarz lodowca*, 1986), echowych odbić, jak u Stanisława Srokowskiego (*Repatrianci*, 1988; *Chrobaki*, 1989; *Ladacznica i chłopcy*, 1991), albo też literackiej wprawki czy zabawy, jak w *Nic albo nic* (1971) czy w *Kronice wypadków miłosnych* (1974) Tadeusza Konwickiego, gdzie świat przedstawiony, losy bohaterów są realne i nierealne jednocześnie, wszystko rozgrywa się na pograniczu jawy i snu. Warto jednak pamiętać, że sama zasada łączenia realnego z irrealnym, magicznym, wyprowadzona z rodzimej kultury ludowej, określiła, jeszcze przed upowszechnieniem się u nas prozy iberoamerykańskiej, odmienność prozy Tadeusza Nowaka, po części także Tadeusza Konwickiego.

„Mały realizm", określany od początku jako artystycznie i światopoglądowo niewiarygodny, „realizm magiczny", łączony u nas często z groteskową i surrealistyczną deformacją, „nadfikcje" prozy fantastycznej i pokrewne im „historie alternatywne" świadczą o kryzysie zaufania do tradycyjnie rozumianej prozy fikcjonalnej, do jej możliwości poznawczych, wiarygodności w rozpoznawaniu prawdy o życiu zbiorowym i o jednostce. Literatura jest tylko literaturą, kreacją, której sprawca – pisarz – nie powinien udawać czegoś, czego zrobić nie może. Wiarygodny jest wówczas, kiedy ujawnia w utworze zasady kreacji, albo też kiedy poświadcza sobą, swoją biografią, że to, co opowiada, wynika z jego doświadczeń życiowych. Od przełomu lat sześćdziesiątych i siedemdziesiątych wzrasta rola prozy autobiograficznej. Ukazują się pamiętniki i dzienniki pisarzy, różnego typu wspomnienia, zapisy, notatki z przeszłości i teraźniejszości. Warto przypomnieć *Dzienniki czasu wojny* (1970) Zofii Nałkowskiej, *Zapiski bez daty* (1970) Juliana Przybosia, *Nelly. O kolegach i o sobie* (1970) Tadeusza Brezy, *Fantomy* (1971) Marii Kuncewiczowej, *Rodowód literacki* (1974) Teodora Parnickiego, *Mój wiek. Pamiętnik mówiony* (Londyn 1977) Aleksandra Wata, *Dziennik pisany nocą* (Paryż 1973) Gustawa Herlinga-Grudzińskiego, a także jako przykład szczególny – *Pamiętnik moich książek* (1978) Romana Bratnego. Nie rozstrzygajmy tu, w jakim stopniu jest to potomstwo *Dziennika* Witolda Gombrowicza. Różna jest wartość artystyczna utworów, ale wyrażają one tęsknotę za „autentykiem", nieufność do fikcyjnych fabuł. Z tej nieufności rodzi się popularność wypowiedzi ogólniejszych – eseistyczno-wspomnieniowych, charakterystycznych zwłaszcza dla prozy Czesława Miłosza (*Widzenia nad zatoką San Francisco*, 1969; *Prywatne obowiązki*, 1972; *Ziemia Ulro*, 1977; *Ogród nauk*, 1979; *Zaczynając od moich ulic*, 1985; *Szukanie ojczyzny*, 1992). Ucieczkę od fikcji powieściowej odnajdziemy także w esejach historycznych Mariana Brandysa (*Koniec świata szwoleżerów*, 1972–1974) i Aleksandra Krawczuka (*Groby Cheronei*, 1972; *Julian Apostata*, 1973; *Rzym i Jerozolima*, 1974), w reportażach Ryszarda Kapuścińskiego (*Gdyby cała Afryka*, 1969; *Chrystus z karabinem na ramieniu*, 1975; *Cesarz*, 1978; *Wojna futbolowa*, 1978; *Szachinszach*, 1982; *Imperium*, 1993; *Heban*, 1998). Esej i reportaż to gatunki wywodzące się z dziennikarstwa, jednak współcześnie część z nich weszła w obręb literatury pięknej za sprawą obrazowości języka, artystycznego porządku wypowiedzi, refleksji moralnej i egzystencjalnej. Zyskały sobie znaczną popularność czytelniczą, co oznacza, że i odbiorcy utracili zaufanie do historii fikcyjnych, nazywanych przecież wcześniej „bajkami".

Tadeusz Konwicki

Odwołania do własnej biografii widoczne były w twórczości powieściowej Tadeusza Konwickiego od samego początku, jednakże stopień ich ujawnienia był różny. W *Rojstach*, w powieści *Z oblężonego miasta*, w *Dziurze w niebie* i *Senniku współczesnym* istnieją niejako anonimowo, bo wpisane zostały w losy fikcyjnych bohaterów. Inaczej jest w *Kalendarzu i klepsydrze* (1976), w *Nowym Świecie i okolicach* (1986), gdzie żywioł autobiograficzny, wspomnieniowy, stanowi podstawową tkankę utworów. Jednakże wywiad-rzeka, *Pół wieku czyśćca* (1986), przeprowadzony z Tadeuszem Konwickim przez Stanisława Beresia, wskazuje, że w obu utworach nie chodzi o wierność faktograficzną. Sam Konwicki nazwał te utwory „łże-dziennikami": fragmenty autobiografii podlegają przetworzeniom, wchodzą w konstrukcję artystyczną, poddane zostają ufikcyjnieniu. W *Kompleksie polskim* (1977), *Małej apokalipsie* (1979), *Wschodach i zachodach księżyca* (1982), *Rzece podziemnej* (1984), powieściach ukazujących się w wydawnictwach drugiego obiegu, gry autobiograficzne, jawne („Tadzia Konwicki" bywa w nich narratorem i bohaterem), bądź ukryte, uzasadniają ów szczególny świat z pogranicza wspomnień, snu, mitów, halucynacji i jawy. Jest on realny, bo wpisany w wydarzenia współczesne (wielkie konflikty polityczne przełomu lat siedemdziesiątych i osiemdziesiątych) i nierealny zarazem, bo zjawiający się w świadomości narratora-bohatera z całą swoją absurdalnością i okrucieństwem: jak ze złego snu. Nie znajdziemy w tych powieściach kronikarskiego zapisu wydarzeń: strajków, manifestacji ulicznych, interwencji policji i wojska, zorganizowanych działań tajnych służb, aresztowań itd., choć równocześnie wydarzenia te wikłają losy bohaterów, wpływają na ich zachowania, niekiedy absurdalne i groteskowe. Bohaterzy do czegoś dążą, przed czymś uciekają, raz po raz jednak zapominają o celach swoich przedsięwzięć. Powieści te nazywano często „antyutopiami"; z tą odmianą powieści łączy je jednak tylko zagubienie bohatera w obcym mu duchowo, narzuconym z zewnątrz porządku. To co decyduje o jego osobowości, jest zbitką bieżących wydarzeń politycznych i dawnych przeżyć osobistych, przeszłości, która, przywoływana z pamięci, powiększa przerażenie i zagubienie. A jednak powieści te, właśnie przez ową atmosferę strachu, zagubienia w absurdalnym świecie, paradoksów, zacierania granicy między złym snem i równie złą jawą, w których poruszają się fikcyjni bohaterzy, przynoszą artystyczną prawdę o epoce wielkich konfliktów politycznych, głębszą nawet niż rozwijająca się od 1976 roku proza dokumentalna (dzienniki, raporty, zapiski).

We wczesnych utworach Konwickiego o zachowaniach bohaterów decydowała „zła pamięć" o smutnym dzieciństwie (*Dziura w niebie*, *Kronika wypadków miłosnych*), o przeżyciach w oddziałach partyzanckich (*Rojsty*, *Sennik współczesny*), o opuszczeniu Litwy, wykorzenieniu z „doliny ludzi osiadłych" i poszukiwaniu nowego, choć nigdy do końca nie oswojonego miejsca na ziemi. Elementy autobiograficzne podlegały w tych konstrukcjach obiektywizacji, wpisywane były w historyczny porządek. Osobowości bohaterów kształtowała przeszłość, wyniesione z niej urazy, pamięć o wydarzeniach powracająca na jawie i w snach. Ta przeszłość właśnie, podlegająca mitologizacji, wzmacniana nostalgią za „krajem lat dziecinnych", uniemożliwiała bohaterom rozpoznanie ich własnych przeznaczeń: wśród swoich czują się obcy, są „ludźmi w drodze". Konwicki jest mistrzem w kreowaniu nie fabuł (stale powtarza te same motywy autobiograficzne), lecz atmosfery, którą współtworzą ujęcia liryczne i humorystyczne, emocje i urazy. W istocie jest pisarzem rozpoznającym poprzez własną biografię stan świadomości zbiorowej – sposoby myślenia Polaków, ich uwikłanie w historię. Można jego powieści czytać jako „neopsychoanalityczne" (w kontekście uspołecznionej psychoanalizy Fromma), można także czytać jako „polityczne", ujawniające nasze urazy, fobie, idiosynkrazje, przejawiające się w zachowaniach zbiorowych. Nie podlegają one jednak politycznym, jednoznacznym ocenom: po prostu są i wpływają na nasze życie. W nowych powieściach – *Kompleksie polskim*, *Małej apokalipsie*, *Wschodach i zachodach księżyca*, *Rzece podziemnej*, a także w *Bohini* (1987) – istotna jest nie obciążająca pamięć przeszłość, lecz owe ukryte polskie kompleksy, ujawniające się w okresie wielkich napięć i konfliktów społecznych. Ujawnienie i wypowiedzenie tego, co „podziemne", ukryte, o czym publicznie nie wolno było mówić, jest zdaniem psychologów jedynym sposobem powrotu do normalności, do zdrowia. Trudno jednak powiedzieć, aby to było jednoznaczne przesłanie w powieściach Konwickiego. Ma on bowiem pełną świadomość ograniczonych możliwości literatury: pisarz nie poucza, lecz co najwyżej zaprasza czytelnika do gry literackiej. Konwicki należy do pisarzy dążących stale do żywego kontaktu z czytelnikiem, do porozumienia przez uruchamianie jego kompleksów, liczenie się z jego nawykami i oczekiwaniami. *Kronika wypadków miłosnych*, *Bohiń* i *Czytadło* (1992) są wyraźną propozycją dla czytelnika romansów, „historii miłosnych"; ożywienie konwencji starego gatunku, a równocześnie przekroczenie jego ograniczeń rozszerza granice

Proza Mirona Białoszewskiego
Pamiętnik z powstania warszawskiego

wąskiego tematu, nadaje całości sens metaforyczny – społeczny i egzystencjalny.

Motywy autobiograficzne, „autentyk codzienności" i fikcja literacka inaczej splatają się w prozie Białoszewskiego. Jego *Pamiętnik z powstania warszawskiego* (1970) nie jest tylko prostym zapisem wspomnień, lecz ich wyraźnym artystycznym uporządkowaniem. Decyduje o tym podwójna świadomość narratora – z jednej strony tego, który pod koniec lat sześćdziesiątych postanawia spisać swoje wspomnienia o wydarzeniach sprzed dwudziestu paru lat, z drugiej – pragnącego zrekonstruować swoją świadomość, sposób przeżywania wydarzeń w tamtym czasie. „Młody Białoszewski" i „starszy Białoszewski" dysponują różną wiedzą i doświadczeniem: starszy raz po raz stwierdza, że „nie pamięta dokładnie", choć jego pamięć jest zdumiewająca – rekonstruuje przeszłość dzień po dniu, godzina po godzinie; przywołuje niekiedy cudze świadectwa, zdobytą później wiedzę o wydarzeniach, ale tylko dla uwiarygodnienia obrazu. Młody nie jest świadom sensu wszystkich wydarzeń, przeżywa „śmierć miasta", zburzenie kościołów, gmachów publicznych i domów, gehennę ludności cywilnej, strach i nieustanną ucieczkę wśród ruin, kłopoty z wodą, gotowaniem, zaspokajaniem najprostszych, także tych przyziemnych potrzeb, ale wszystko we własnym zasięgu biograficznym: ważne jest co zobaczył i co przeżył osobiście, istotna jest także rekonstruowana z pamięci chronologia tych przeżyć. W jego reakcjach przeplatają się stale strach uczestnika i ciekawość świadka. Nie jest to „pamiętnik", jakich powstało wiele: nie ma tu, lub prawie nie ma, heroicznej wersji wydarzeń – samej walki, determinacji żołnierzy, dramatu skazanych na przegraną, oceny słuszności podjętych działań. „Codzienność" powstańcza, owo opowiedzenie powstania z perspektywy cywilów, domagała się innego języka – codziennego właśnie, kolokwialnego, potocznego. W tekście utworu, najpierw nagrywanym na taśmę, a później spisywanym, pozostały wyraźne ślady owej codzienności – języka mówionego, a nie pisanego. Na tej właśnie zasadzie, wyrazistej konstrukcji i jakości języka „autentyk" stawał się dziełem literackim.

Jak z takiej materii codzienności, prywatności, rozpadu miasta, strachu zrobić dzieło literackie? Co oznacza w takim wypadku sztuka? Opisać rozpad, totalną destrukcję bliskiego świata – materialnego i duchowego – oznacza opisać śmierć, nazwać coś, co jest przeciwieństwem bytu, zaprzeczeniem kształtu i form, przechodzeniem w nicość. Ten temat, jak w utworze muzycznym, ma w *Pamiętniku z powstania warszawskiego* wariantowe ujęcia: destrukcji ulegają ulice, domy, meble, pierzyny, ubrania, giną także ludzie. Ale zmianom podlega także psychika „młodego Mirona": w jego zachłannym oglądaniu jest fascynacja samym faktem wielkiej destrukcji, która ujawnia to, co nie było wcześniej dostępne poznaniu (zdziwienie wywołuje na przykład to, że w ruinach gmachów, jest pełno desek, wiklinowych wiązek, z których zrobione były „fałszywe mury") zarówno ze świata materialnego, zewnętrznego, jak i z ludzkiej psychiki. Jeśli tradycyjnie rozumiana sztuka jest tworzeniem, „budowaniem" światów, to w koncepcjach współczesnych, powtarzanych wielekroć przez plastyków, akt twórczy może wyrażać się w destrukcji tego, co zostało stworzone: historia ma swoje zdumiewające happeningi. Twórcy pierwszego happeningu, Kaprov, a u nas Kantor i Hasior, nie wymyślili tak zdumiewającego i przerażającego widowiska. W każdym happeningu uczestniczy publiczność, która jest zarazem jego współtwórcą. Taka też wydaje się rola cywilów, anonimowych lub znanych tylko z imion, taka także – Swena (Czachorowskiego, poety, przyjaciela Białoszewskiego z czasów powstania) oraz „Mironka", głównych widzów i uczestników wydarzeń. Są cywilami, a nie żołnierzami: prawda o zagładzie miasta, widziana z takiej perspektywy, nie jest bez znaczenia. Najwięcej ofiar w czasie powstania było wśród ludności cywilnej: w walkach zginęło około 20 000 żołnierzy i ponad 150 000 cywilów. Ci, którzy nie mieli broni, ginęli w masowych egzekucjach, pod walącymi się domami, w zasypanych piwnicach, podczas nieustannych ucieczek. *Pamiętnik z powstania warszawskiego* w swych sensach metaforycznych, choć unika ocen jednoznacznych, dociera do tragizmu i absurdu historii.

Dążność do przemiany zwykłego, codziennego, w literackie poprzez sam wybór elementów z rzeczywistości, zawsze w perspektywie autobiograficznej, i ich obróbkę, połączenie z innymi „fragmentami świata" według reguł narzuconych przez twórcę, określa wszystkie utwory prozatorskie Białoszewskiego: zarówno *Donosy rzeczywistości* (1973), *Szumy, zlepy, ciągi* (1978), najbardziej „pamiętnikarski" *Zawał* (1977), jak i łączące prozę i wiersze tomy *Rozkurz* (1980), *Obmapywanie Europy*, *AAAmeryka*, *Ostatnie wiersze* (1988). Proza Białoszewskiego trudno poddaje się klasyfikacjom gatunkowym: można powiedzieć, że *Pamiętnik z powstania warszawskiego* i *Zawał* powstały „zamiast" powieści. Ich fabuły układało samo życie. *Donosy rzeczywistości* oraz *Szumy, zlepy, ciągi* są „zamiast" opowiadań i nowel, bo i w nich „historie" (fabuły) układała rzeczywistość, „donosiła" jak korespondent gazety lub też dwuznaczny „informator-konfident". „Rzeczywistość" tworzy swoje „ciągi", ważną rolę odgrywa w nich przypadek, zbieg okoliczności. Powstają niejasne w swych sensach „szumy" i „zlepy", qusi-fabuły: ich zapisywanie (ale i artystyczna obróbka) oznacza utrwalanie samej egzystencji, która także w swych sensach nie

Powieść historyczna

jest jasna, nie ma swych prawideł i celów: okazuje się przypadkiem wśród przypadków.

Lata pięćdziesiąte i sześćdziesiąte przyniosły znaczącą popularność powieści historycznej. Była w tym obrona tożsamości narodowej przed agresją totalitaryzmów – faszystowskiego i komunistycznego. Wielki cykl powieściowy Antoniego Gołubiewa *Bolesław Chrobry* (1947–1974), utwory Teodora Parnickiego, Hanny Malewskiej, Karola Bunscha, Tadeusza Łopalewskiego (*Kroniki polskie*, 1952–1956; *Kaduk czyli Wielka niemoc*, 1962; *Brzemię pustego morza*, 1965; *Berło i desperacja*, 1969) dotykały bądź odległej przeszłości, początków naszego państwa, jego siły, bądź też rozpadu i upadku w XVII i XVIII wieku. Towarzyszyła temu wielka popularność czytelnicza wznawianych wówczas powieści Kraszewskiego i Sienkiewicza, a także filmy o tematyce historycznej Andrzeja Wajdy (*Popioły*, 1965), Jerzego Hoffmana (*Pan Wołodyjowski*, 1969; *Potop*, 1974), Jerzego Kawalerowicza (*Matka Joanna od Aniołów*, 1961; *Faraon*, 1966). W latach siedemdziesiątych zauważyć można wyraźną zmianę zainteresowań: przedmiotem penetracji staje się wiek XIX, czasy naszych powstań, ale i w znaczeniu szerszym – przemian w Europie, powolne rozpadanie się jej porządku politycznego ustalonego na kongresie wiedeńskim w 1815 roku, zakończone wybuchem I wojny światowej. W istocie to wówczas rodziły się i dojrzewały idee i postawy, które ucieleśniły się w wielkich dramatach XX wieku: idee rewolucji społecznej, socjalizmu i komunizmu, także skrajnego nacjonalizmu, podszytego nienawiścią rasową bądź religijną, uzasadniającą agresję i podbój. Szczególne zainteresowanie budzi *la belle époque*, przełom XIX i XX wieku.

Andrzej Kuśniewicz

Charakterystyczna dla tych tendencji jest twórczość Andrzeja Kuśniewicza. Po debiutanckiej *Korupcji* (1963), utrzymanej w groteskowym duchu historii kryminalnej z czasu niemieckiej okupacji we Francji i artystycznie pokrewnej *W drodze do Koryntu* (1964), Kuśniewicz zwraca się ku historii ostatnich lat monarchii austro-węgierskiej. Cykl powieści tworzą: *Eroica* (1969), *Król Obojga Sycylii* (1970), *Lekcja martwego języka* (1977). Tylko w *Strefach* (1971) przekracza Kuśniewicz te granice czasowe, przedstawiając późniejsze, już ściśle współczesne losy bohatera. Monarchia austro-węgierska była państwem wielonarodowym, we wschodniej Galicji zaś szczególnym terenem, gdzie mieszały się narodowości i kultury: żyli tu w miarę zgodnie obok siebie Ukraińcy, Polacy, Żydzi, Ormianie, Austriacy, Niemcy, pod „miłościwym panowaniem" Franciszka Józefa I. Kuśniewicza nie interesują wydarzenia polityczne, historia w wąskim znaczeniu: uwagę skupia na tych przejawach rozkładu, które w świadomości ludzi „końca wieku" wiązały się z poszukiwaniem nowych emocji, z intensyfikacją przeżyć poprzez zadawanie i doznawanie cierpienia. Czynienie zła, uwolnione od klasyfikacji moralnych, staje się źródłem nowych doznań estetycznych, rozpoznaniem podświadomych instynktów, bądź też poczucia własnej wyższości ludzi z elit austriackich w stosunku do innych narodowości i grup społecznych. Wysoka kultura nie chroni przed patologiami – przed ciemną sferą biologii i instyktów. To właśnie w rozkładzie kultury, tradycyjnych norm współżycia między różnymi grupami społecznymi, tkwią korzenie nacjonalizmu i faszyzmu. Bohater powieści *Eroica* w faszyzmie odkryje formy życia intesywnego, stanie się SS-manem; bohater *Króla Obojga Sycylii* dozna satysfakcji erotycznej i estetycznej w zamordowaniu pięknej Cyganki. Przeżycia estetyczne, łączące się z sadyzmem, agresją, zbrodnią i polityką są próbą objaśnienia i nazwania nowej duchowości, która rodziła się na przełomie XIX i XX wieku i stworzyła zbrodnicze ideologie, tragiczne w swych późniejszych ucieleśnieniach. Bo faszyzmu i komunizmu nie stworzyli ludzie przeciętni, prymitywni. W tym sensie kontynuacją rozpoznań dotyczących przełomu wieków są zarówno *Strefy*, doprowadzone do współczesności, jak i *Trzecie królestwo* (1975), powieść poświęcona młodzieżowym protestom w Republice Federalnej Niemiec pod koniec lat sześćdziesiątych; z postaw lewackich wyłaniał się później terroryzm, jedna z plag społecznych drugiej połowy XX wieku.

Julian Stryjkowski, podobnie jak Kuśniewicz, a także Stanisław Vincenz i Włodzimierz Odojewski, powraca na tereny pogranicza polsko-ukraińskiego. Ujęcia jednak są różne. W świecie powieściowym Vincenza nieistotna jest historia: ważniejszy okazuje się „czas mityczny", utrwalony w podaniach, legendach, wierzeniach, obyczajach Huculszczyzny, w kulturze izolowanej, odciętej od świata, samowystarczalnej. Życie codzienne Huculów powtarza odwieczne rytuały kultury pasterskiej, ukształtowanej w zgodzie z naturą, ze starymi wzorami postępowania. Swą „epopeję huculską" zaczynał Vincenz pisać jeszcze przed wojną (*Prawda starowieku*, 1936, część pierwsza *Na wysokiej połoninie*), części dalsze – *Zwada* (1970), *Listy z nieba* (1974) i *Barwinkowy wianek* (1979) skupiają się na powolnym rozpadzie i obumieraniu tej kultury. „Epopeja huculska" daje zrodzoną z zauroczenia i nostalgii optymistyczną wersję pogranicza. Proza Włodzimierza Odojewskiego natomiast przynosi wersję tragiczną: inne jest miejsce wydarzeń (Podole) i inny czas (okres II wojny światowej), jednakże to wówczas idee, które sprawdzał Kuśniewicz w postawach jednostek, ucieleśniły się w zachowaniach zbiorowych. Nienawiść, okrucieństwo, mordy z pobudek prywatnych i etnicznych, masowe rzezie tworzą obraz „miejsc nawiedzonych", gdzie zło nabiera cech metafizycznych – jest nie do ogarnięcia i nie do zrozumienia. Motywy te zjawiają się już w powieści *Miejsca nawiedzone* (1959), w opowiadaniach z tomów *Kwarantanna* (1960) i *Zmierzch świata* (1962), stają się dominujące w powieściach *Zasypie wszystko, zawieje...* (1967), *Oksana* (1999), w opowiadaniach: *Zabezpieczenie śladów* (1984), *Zapomniane, nieuśmierzone...* (1987), *„Jedźmy, wracajmy..."* (1993). Kresy zajmują ważne miejsce w prozie lat siedemdziesiątych i osiemdziesiątych; zjawiły się wcześniej w emigracyjnej eseistyce Jerzego Stempowskiego (*Eseje dla Kasandry*, 1961; *Od Berdyczowa do Rzymu*, 1971), w opowiadaniach Zygmunta Haupta (*Szpica*, Paryż 1989, wydanie pośmiertne).

Julian Stryjkowski

Julian Stryjkowski w wyborze miejsca i czasu jest bliższy Kuśniewiczowi. Jednakże w swoich powieściach nie daje tak szerokiego obrazu owego konglomeratu nacji, kultur i religii, który przed rozpadem na przełomie wieków wytworzył zasady w miarę zgodnego pożycia i wzajemnego szacunku. Stryjkowski przedstawia, podobnie jak Vincenz, kulturę odrębną, izolowaną, która również, choć z całkiem innych powodów, uległa zagładzie. Chodzi o kulturę żydowską, rozwijającą się na naszych ziemiach od wielu wieków; rozwój ten przerwany został zagładą Żydów w czasie II wojny światowej. Ale holokaust nie jest tematem podejmowanym przez Stryjkowskiego: w czasie wojny przebywał w Związku Radzieckim, nie przeżył bezpośrednio największej zbrodni hitlerowskiej. Do kraju wrócił w 1946 roku, już po zagładzie. Powieści *Czarna róża* (1962) i *Wielki strach* (1979) powstały ze wspomnień pisarza z lat trzydziestych we Lwowie, kształtowania się postaw prokomunistycznych w środowisku inteligencji żydowskiej jako reakcji na ówczesne przejawy antysemityzmu, i „praktykowania" nowej ideologii po wkroczeniu do Lwowa wojsk radzieckich. W opowiadaniach z tomu *Na wierzbach... nasze skrzypce* (1974) echa zagłady odbijają się w postawach i zachowaniach tych, którzy ocaleli i osiedlili się później w Stanach Zjednoczonych.

Tematem głównym prozy Stryjkowskiego są obyczaje i kultura diaspory żydowskiej na ziemiach polskich. Tu właśnie rodził się i rozwijał ruch religijny chasydów, podejmujących ważną problematykę filozoficzną i moralną, dotyczącą zgodności życia ludzkiego z nakazami religii, a równocześnie nakazującą zamknięcie społeczności żydowskiej, izolację od „niewiernych". W kręgu tej sprzeczności – rozważanej w kategoriach wierności i zdrady – kształtują się postawy bohaterów powieściowych: przemiany cywilizacyjne powodują, wręcz wymuszają odchodzenie od gminy, od wspólnoty, także od nakazów wiary. Pierwsza powieść z trylogii Stryjkowskiego, *Głosy z ciemności*, powstała jeszcze w latach 1943-1946 (wydana w 1956 r.), następnie ukazały się: *Austeria* (1966) i *Sen Azrila* (1975). Ortodoksyjna wiara stale stawia przed bohaterami trudne dylematy wyboru zwłaszcza w momencie narastających zagrożeń przed I wojną światową – między czystością i grzechem, wiernością i odstępstwem. Najważniejszym jednak nakazem jest obrona życia. W *Śnie Azrila* dramat głównego bohatera polega na niemożliwości ponownego zjednoczenia się z opuszczoną wcześniej wspólnotą; w *Przybyszu z Narbony*, powieści o prześladowaniach Żydów przez inkwizycję w XV-wiecznej Hiszpanii, uzasadniony zostaje sens wierności: wymuszone sankcjami przejścia Żydów na katolicyzm nie zmieniały ich losu, asymilacja więc była ślepym zaułkiem, nie zmieniającym ogólnych dziejów społeczności żydowskiej żyjącej „wśród obcych".

W powieściach Stryjkowskiego istnieje kilka warstw znaczeniowych: jedną z nich stanowi wierny, szczegółowy zapis życia codziennego społeczności żydowskiej, jej obyczajów, kultury, rytuałów wprowadzających i podtrzymujących związki z tradycją, szacunku dla nauki, dla „pisma", dla „starszych" w gminie. Inny poziom stanowią sensy filozoficzne, refleksje nad życiem ludzkim, nad dramatami wynikającymi z warunków diaspory, z poczucia stałego zagrożenia. Inną wreszcie warstwą są stale obecne metaforyczne odesłania do największej tragedii narodowej: do zagłady. Stryjkowski dotyka najbardziej wstydliwych problemów kultury europejskiej – istniejącego w niej od średniowiecza antysemityzmu. To o czym opowiada w powieściach przedstawiających wydarzenia sprzed I wojny światowej, ma swój ciąg dalszy: kultura europejska wydała w czasach II wojny światowej swój spotworniały owoc, to zaś, że wyrósł na dzikim szczepie, jest sprawą drugorzędną. Nieprzypadkowo *Przybysza z Narbony* dedykował pisarz pamięci obrońców getta warszawskiego. Była to powieść historyczna i współczesna zarazem.

Szolem Alejchem (Szalom Rabinowicz), Isaac Singer i Julian Stryjkowski należą do najwybitniejszych pisarzy przedstawiających kulturę żydowską w diasporze: Szolem Alejchem pisał w jidysz i po hebrajsku, Isaac Singer także po angielsku, Stryjkowski po polsku. Łączy ich to, że sięgają w swych utworach literackich do kultury Żydów na ziemiach polskich. Zasługą Stryjkowskiego jest jej objaśnienie i przyswojenie naszej kulturze.

Powieści Kuśniewicza, Stryjkowskiego, Vincenza, Odojewskiego rekonstruują przeszłość, ale w istocie nie należą do powieści historycznych, opierają się bowiem na wspomnieniach, bezpośrednich przeżyciach autorów bądź na „pamięci środowiska", z którego się wywodzą. Inaczej jest w utworach Władysława Terleckiego. Jego wczesne

Władysław Lech Terlecki

powieści skupiają się na wydarzeniach związanych z powstaniem styczniowym. Nie chodzi jednak o rekonstrukcję wydarzeń historycznych, lecz o odtworzenie sposobów myślenia i przeżywania spiskowców i ich przeciwników. Powstanie styczniowe od momentu wybuchu stawało się interesującym tematem powieści i opowiadań. Wystarczy przypomnieć utwory Kraszewskiego, Bałuckiego, Korzeniowskiego, Sabowskiego, Narzymskiego, Żeromskiego, Choynowskiego; współcześnie sięgali po ten temat Jarosław Iwaszkiewicz (*Heydenreich*, *Zarudzie*), Witold Zalewski (*Ostatni postój*, 1979), Maria Kuncewiczowa (*Leśnik*, 1951; wyd. krajowe 1957), Tadeusz Łopalewski (*Kroniki polskie*), epizody poświęcone powstaniu umieszczał w swych powieściach Tadeusz Konwicki (*Rojsty*, *Kompleks polski*, *Bohiń*). Tak zadomowiony w literaturze temat wymaga, przy kolejnym podjęciu, wyraźnie określonych założeń ideowych i artystycznych. Powieści Terleckiego – *Spisek* (1966), *Dwie głowy ptaka* (1970), *Powrót z Carskiego Sioła* (1973) i opowiadania z tomu *Rośnie las* (1977) – mają bardzo skomplikowaną strukturę narracyjną: celem jest odtworzenie świadomości, stąd też przewagę zyskują różne formy narracji personalnej, niekoniecznie jednak prowadzonej przez głównych bohaterów, częściej poprzez użycie mowy pozornie zależnej, z punktu widzenia zaciekawionych świadków bądź dociekliwych następców. Podstawą konstrukcji powieściowej czyni Terlecki biografie lub też wybrane epizody z biografii znanych postaci, jak Bobrowski, powstańczy Naczelnik Warszawy (*Spisek*), margrabia Wielopolski (*Powrót z Carskiego Sioła*); w innych powieściach są to Stanisław Ignacy Witkiewicz (*Gwiazda Piołun*, 1968), Stanisław Brzozowski (*Zwierzęta zostały opłacone*, 1980), Józef Ignacy Kraszewski (*Laur i cierń*, 1989). Niekiedy pretekstem do konstruowania fabuły bywa skandal obyczajowy (*Czarny romans*, 1974) lub afera kryminalna (*Odpocznij po biegu*, 1975). Powieści poświęcone powstaniu styczniowemu mają rzetelną dokumentację źródłową, ale Terleckiemu nie chodzi o wierność historyczną: w powieściach *Gwiazda Piołun*, *Zwierzęta zostały opłacone* oraz *Laur i cierń*, także w *Czarnym romansie* i *Odpocznij po biegu* daje się rozpoznać autentyczne wydarzenia, równocześnie jednak pierwowzory postaci ulegają zatarciu, niekiedy na prawach żartu literackiego wręcz zaprzeczeniu.

Gry literackie (z pogranicza historii, autentyku i fikcji) mają swój głębszy sens: Terlecki nie zatrzymuje uwagi czytelnika ani na biografiach, ani też nie stara się rekonstruować języka i atmosfery obyczajowej epoki. Opowiada historie z przeszłości językiem współczesnym, w sposób chłodny, analityczny. Ta niewspółmierność tematu i języka jest zamierzona – nadaje przeszłości wymiar współczesny, wskazuje na trwanie pewnych wątków i sposobów myślenia. To, co łączy wszystkie powieści (i dramaty) Terleckiego, wiąże się z jego krytycznym i rewizjonistycznym stosunkiem do przeszłości, z odrzuceniem zarówno wersji heroicznej, jak i martyrologicznej naszej historii. Wiek XIX ukształtował naszą mentalność; przez niewolę nie przechodzi się bezkarnie. Bohaterzy powieści o powstaniu podejmują walkę, ale nie wierzą w możliwość zwycięstwa; w *Spisku* Bobrowski, wyzwany na pojedynek przez Polaka, jedzie na pewną śmierć pod opieką carskiego szpiega, w *Powrocie z Carskiego Sioła* margrabia Wielopolski, faktyczny sprawca wybuchu powstania, uzasadnia swe postępowanie pragnieniem zapobieżenia „nieszczęściu", ale równocześnie jest wykonawcą carskich zamiarów: łączy go z mocodawcą jego władzy pogarda dla narodu. W powieści *Zwierzęta zostały opłacone* to Polacy formułują oskarżenie o współpracę bohatera z wrogiem; winy nie muszą udowadniać, ofiara nie ma żadnych szans obrony i uwolnienia się od pomówień. Tyrania podejrzeń i pomówień, dopatrywanie się zdrady narodowej w romansie aktorki z carskim oficerem, a w romansie zakonnika – złamania porządku społecznego – wszystko to są przejawy ograniczeń i patologii, ukształtowanych za sprawą niewoli.

Proza Terleckiego, powściągliwa i surowa, tworzy nie tyle wizję przeszłości, co poddaje przeszłość intelektualnej analizie, dociekliwie rozpoznaje psychologiczne motywy działania ludzi, ich uwikłanie w konwencje i stereotypy społeczne. Wielopłaszczyznowe fabuły, pełne zawikłań, ciemnych ścieżek, dramatów jednostkowych, przedstawiają historię jako wieczne krzyżowanie się ludzkich namiętności, egoizmu, zła i zbrodni. Takie ujęcie staje się oczywistą polemiką pisarza z fałszywymi mitologizacjami. Racjonalizm, rygor poznawczy zbliża te powieści, mimo fabuł, do eseju historycznego. Postawy ludzkie, zdaniem Terleckiego, nie dają się ująć w układzie jednobiegunowym. Ofiarności, poświęceniu, patriotyzmowi, walce o wolność, wartościom utrwalonym w kulturze, towarzyszy jednak prywata, zawiść, zdrada, egoizm. Prawda o czasach niewoli nie jest jednoznaczna. Czy Bobrowski winien przyjąć wyzwanie polskich konserwatystów na pojedynek? Jako krótkowidz wiedział, że nie ma żadnych szans. Ale nieprzyjęcie wyzwania kompromitowało nie tylko jego, lecz cały ruch spiskowy. Czy zamachowiec składający szczegółowe zeznania w śledztwie jest tylko złamaną ofiarą, czy też kimś, kto nie wierząc w powodzenie, stara się zapobiec katastrofie? Czy Wielopolski był niespełnionym mężem opatrznościowym, czy też naiwnym i zadufanym politykiem, ślepym narzędziem w rękach zaborcy? Terlecki nie rozstrzyga tych dylematów. Politycy, nawet wybitni, nie mogą odnaleźć własnej drogi. Ich idee zostają uwięzione w biegunowym układzie ocen: patriotyzm – zdrada. Każda myśl niezależna, jak w przypadku Brzozowskiego, dostając się w tryby tego układu zostaje zniszczona i odrzucona. Powieści Terleckiego o naszych postawach, gorzkie i demaskujące, przez podwójne odesłanie do przeszłości i teraźniejszości nabierają cech paraboli.

Parabole historyczne

Parabolą historyczną, jak wcześniej u Andrzejewskiego (*Bramy raju*, *Ciemności kryją ziemię*) jest powieść Andrzeja Szczypiorskiego *Msza za miasto Arras* (1971), która na podstawie autentycznych wydarzeń z lat 1458–1461 (zarazy, głodu, prześladowania za te klęski Żydów i heretyków) przedstawia rodzenie się psychoz zbiorowych. Powieść była reakcją na wydarzenia z 1968 roku, na demonstrowany wówczas w życiu publicznym antysemityzm. Paraboliczny charakter mają powieści i opowiadania Andrzeja Kijowskiego (*Dziecko przez ptaka przyniesione*, 1968; *Grenadier-król*, 1972; *Dyrygent i inne opowiadania*, 1983), Kazimierza Brandysa (*Wariacje pocztowe*, 1972; *Nierzeczywistość*, Paryż 1978; *Rondo*, 1982); fabuły w nich opowiadane mają charakter pretekstowy, pozwalają na przekazywanie prawd ogólnych o postawach Polaków, kształtujących się w kraju w latach siedemdziesiątych i osiemdziesiątych.

Innymi drogami podążała młoda proza. Dla „urodzonych po wojnie" przeżyciem generacyjnym stały się wydarzenia z marca 1968 roku. Ale literackie przedstawienia tych doświadczeń, w istocie epizodycznych, nie przynosiły znaczących osiągnięć artystycznych. W młodej prozie z początku lat siedemdziesiątych dominują ozdobione postawami buntowniczymi kontynuacje „małego realizmu": ta sama martwota i nuda codzienności, ten sam klimat zapyziałej prowincji, ten sam wymiar duchowy bohaterów: seks uprawiany bez przekonania, picie wódki „na znak protestu". Różnią się jednak od poprzedników niechęcią do pracy. Debiutanci nie mają szansy uwiarygodnienia prawd przez odwołania do własnej biografii, udowodnienia przede wszystkim swojej odmienności. Ich sposób przeżywania nie zdążył się jeszcze zadomowić w świadomości zbiorowej. Potwierdzają to próby powieściowe Juliana Kornhausera (*Kilka chwil*, 1975) i Adama Zagajewskiego (*Ciepło, zimno*, 1975). Zmitologizowane wersje odmienności generacyjnej odnaleźć można także w utworach Janusza Andermana (*Zabawa w głuchy telefon*, 1976; *Gra na zwłokę*, 1979; *Brak tchu*, Londyn 1983), Marka Pastuszka (*Łowca gołębi*, 1976; *Zgubiłeś mnie w śniegu*, 1977), Marka Sołtysika (*Domiar złego*, 1976; *Sztuczne ruiny*, 1978; *Kukła*, 1981; *Gwałt*, 1981; *Moloch*, 1987), Filipa Bajona (*Niedźwiedzie nie lubią słonecznej pogody*, 1971; *Proszę za mną na górę*, 1975). Hasła wyartykułowane w poezji Nowej Fali – zwrot do rzeczywistości, do społecznego „tu i teraz", do parodiowania propagandowej „nowomowy", przyniosły w prozie mniej wybitne rezultaty. „Rzeczywistość jaka jest, każdy widzi", nie wystarcza jej zapis, konieczne jest artystyczne przetworzenie. Z taką propozycją spotkać się można w powieściach Ryszarda Schuberta (*Trenta tre*, 1975; *Panna Lilianka*, 1979) i Sławomira Łubińskiego (*Ballada o Januszku*, 1979; *Profesjonaliści*, 1984). Chodziło w nich o ogląd rzeczywistości społecznej z perspektywy zwykłych ludzi – sprzątaczek, robotników zatrudnionych przy rozładunku wagonu – i opowiedzenie świata ich językiem. Prawdziwym bohaterem tych powieści, przy banalnych fabułach, stawał się język bohaterów: nieporadny, chropawy, bełkotliwy, którym wyrazić chcieli swoje życiowe dramaty, bezradność i zagubienie.

Z tych koncepcji wyrasta twórczość Tadeusza Siejaka, nieco młodszego i przedwcześnie zmarłego. W jego powieściach (*Oficer*, 1981; *Próba*, 1984; *Pustynia*, 1987; *Dezerter*, 1992) przetworzeniu podlega, charakterystyczny dla „małego realizmu" wzór „powieści dyrektorskiej". Chodzi jednak nie tylko o dyrektorów, lecz także sekretarzy partyjnych, o całe środowisko zakładów wielkoprzemysłowych, o robotników „dorabiających" kradzieżami i oszukiwaniem nadzoru, związkowców organizujących protesty itd. Nieudolni kierownicy produkcji, zdemoralizowana załoga, nieustanne braki materiałowe, rzeczywiste bądź sprowokowane awarie sprzętu – wszystko to opisuje stan rozkładu, destrukcji gospodarki i niewydolności systemu politycznego. Dba się jednak o zachowanie pozorów, powtarza zużyte slogany propagandowe: rzeczywistość zmienia się w ponurą groteskę. I jest to prawda o końcu lat siedemdziesiątych. Ale jej charakter określają stylizacje językowe – żargon partyjny z cechami gwary śląskiej nadaje całości wyraziste cechy groteski i satyry społecznej, jest „tematem" osobnym w utworze: określa zarówno stan świadomości zbiorowej, jak osobowościowe cechy głównych postaci. Brutalizacja tego języka, odwołanie się do żargonowych, mówionych jego form, nie jest naśladowaniem, lecz świadomą kreacją artystyczną.

Język jako przedmiot kreacji artystycznej, poprzez którą rozpoznajemy cechy rzeczywistości, dokonujemy jej ocen, ma i tę właściwość, że pozwala na samookreślenie twórcy, zaakcentowanie językowego charakteru samego tekstu. W prozie Józefa Łozińskiego gry językowe, ściśle związane z tematem, są immanentną częścią kreacji artystycznej. W *Chłopackiej wysokości* (1972), *Paroksyzmie* (1974) i *Pantokratorze* (1978) dominują parodystyczne imitacje współczesnych stylów literackich, barokowo napuszonych, demaskujących własną sztuczność i fałszywość, w *Scenach myśliwskich z Dolnego Śląska* (1985) konflikt polityczny między Solidarnością i „władzą"

Tadeusz Siejak

rozgrywa się na płaszczyźnie językowej: obie strony mówią odrębnymi językami, slangiem propagandowym, wiodą wielki pojedynek na słowa. Nie chodzi o wzajemne zrozumienie racji, o dialog, nawet nie o pokonanie przeciwnika: konflikt zmienia się w wielki słowotok. Inne powieści Łozińskiego – *Za zimny wiatr na moją wełnę* (1981), *Apogeum* (1982), *Paulo Apostolo Mart* (1986), *Statek na Hel* (1988) – poświadczają cechę podstawową jego prozy: ironiczne i satyryczne komentowanie wszelkiego typu mistyfikacji w życiu społecznym, póz i gestów aktorskich. Widać w tym wpływ Witolda Gombrowicza, do czego zresztą Łoziński chętnie się przyznaje. Jeśli można było odnaleźć pewne cechy wspólne w początkowej fazie twórczości Redlińskiego i Łozińskiego, to ich drogi w latach osiemdziesiątych całkiem się rozeszły. Łoziński demaskował literackość, ale nie porzucał literatury; Redliński w *Nikiformach* (1982), *Dolorado* (1985) i *Szczuropolakach* (1994) odchodził od literackości ku dokumentowi, zabawnemu montażowi cudzych, kalekich tekstów, albo ku esejowi i reportażowi.

W powieściach i opowiadaniach Piotra Wojciechowskiego, starszego od „urodzonych po wojnie", dokonywała się inna zmiana, znacząca w późniejszych poszukiwaniach. Unieważnieniu, choć nie porzuceniu, ulegała fabuła: jej porządków nie uzasadniała ani zasada naśladowania natury, ani logika kreacyjnych ciągów. W istocie sens utworów tłumaczy się najpełniej na płaszczyźnie czysto literackiej – gry z konwencjami gatunkowymi i stylowymi. Powieści *Kamienne pszczoły* (1967), *Czaszka w czaszce* (1970), *Wysokie pokoje* (1976) i opowiadania z tomu *Ulewa, kometa, świński targ* (1974), *Obraz napowietrzny* (1988) przy całej absurdalności fabuł, utrzymanych w logice majaczeń sennych, mają jedną wartość nie do zakwestionowania: umiejętność żywej narracji. To samo można powiedzieć o prozie Dariusza Bitnera (*Ptak*, 1981; *Cyt*, 1982; *Owszem*, 1984; *Kfazimodo*, 1989) i Andrzeja Łuczeńczyka (*Przez puste ulice*, 1982; *Kiedy otwierają się drzwi*, 1985; *Gwiezdny książę*, 1986); ich wyobraźnia, kreująca nowe światy, pełne okrucieństwa, przypadków losu, antynomii uniwersalnych (odwiecznej walki dobra ze złem, życia i śmierci) wyznacza metafizyczny porządek świata. Proza ta zbliża się często do wypowiedzi poetyckiej przez metaforyzację języka, operowanie symbolami.

Kontaminacją zasady „unieważnienia fabuły" i przeświadczeń o czysto językowym charakterze rzeczywistości w utworze literackim, a równocześnie zachowania samej umiejętności opowiadania, są poszukiwania młodych z końca lat siedemdziesiątych i z początku lat osiemdziesiątych, określane przez jednych krytyków jako „rewolucja w prozie" (Henryk Bereza), przez innych uznawane za artystyczne nieporozumienie (Jan Błoński). Skrajnym przykładem mogą być powieści Marka Słyka – *W barszczu przygód* (1980), *W rosole powikłań* (1982) i *W krupniku rozstrzygnięć* (1986): fabuła nie może się w nich skrystalizować, przebić przez język, w którym jedynym porządkiem (poza gramatycznym) są swobodne i przypadkowe skojarzenia: trochę jak u dadaistów. Nawet surrealiści w przypadkowym porządku słów dopatrywali się ukrytych przejawów podświadomości. Świat w prozie innych autorów Wojciecha Czerniawskiego (*Puszkin w Paryżu*, 1981; *Katedra w Kolonii*, 1985; *Meduzy wloką się za mną*, 1989), Krystyny Sakowicz (*Zbrodnie kobiet*, 1984; *Sceny miłosne, sceny miłosne*, 1986; *Jaśmiornica*, 1987), Romana Wysogląda (*Moskwa za trzy dni*, 1985; *Przekrętka*, 1986; *Obudzony o zmierzchu*, 1988; *Dzieci niespecjalnej troski*, 1989) – istnieje najczęściej jako przepływ obrazów, migotliwych i niejasnych, trochę jak w złym śnie, jak w malignie. Jest tworem rozdygotanej świadomości narratora, w której zapisują się strzępy jakiś dokumentów, informacji gazetowych, wiadomości o zbrodniach politycznych. Zawieszeniu ulga czas i przestrzeń (jak w zdaniu: „Nad nimi przelatywały samoloty sprzed czterdziestu lat"). W utworach Sakowicz motywem scalającym przepływ obrazów jest często choroba, wywołująca gonitwę luźnych obrazów i myśli. Może jest w tym jakaś prawda psychologiczna, emocjonalna o rozbiciu ludzkiej osobowości, ale brak pogłębionej refleksji intelektualnej. Całość przypomina twory współczesnej cywilizacji obrazkowej – komiksy, wideoklipy.

    O czym mówi ta proza? Najłatwiej byłoby powiedzieć: o niczym. Ale ludzkie „nic" ma swoje tajemnice. Może być metafizyczne i absurdalne, jak w *Kosmosie* Witolda Gombrowicza, może oznaczać pustkę, utratę „środka", punktu scalenia. Młoda proza z początku lat osiemdziesiątych jest zapewne odreagowaniem, ucieczką od absurdów rzeczywistości. Stanowi jednak przede wszystkim manifestację nieufności do literatury upolitycznionej, wprzągniętej w konflikty społeczne. Młodzi przestali w nią wierzyć, przestali jej ufać, nie przestali jednak bawić się jej konwencjami, wymyślaniem nowych ich kombinacji.

    Sama różnorodność poszukiwań i propozycji artystycznych, nasilająca się od połowy lat siedemdziesiątych w prozie, nie świadczy o jej sile, jest raczej sygnałem dezorientacji i zagubienia. Konflikty społeczne i polityczne, ich siła i znaczenie, demaskowały niejako samą literaturę. To, co działo się w życiu społecznym, nie mieściło się w dotychczasowych konwencjach. Ich ujęcie wymuszało rezygnację zarówno z obiektywizującego dystansu, koniecznego w ujęciach realistycznych, jak i charakterystycznego dla prozy XX wieku odtwarzania nie tyle rzeczywistości, ile jej subiektywnego obrazu w świadomości narratora. W masowych ruchach społecznych nikogo nie interesuje świadomość indywidualna: świat dzieli się na „my" i „wy". Ten podział właśnie modelował „literaturę gorącą" przełomu lat siedemdziesiątych i osiemdziesiątych, funkcjonującą w dwu równoległych obiegach – oficjalnym i nieoficjalnym. Jest ona bliższa rzeczywistości społecznej w tym sensie, że tworzy, często aluzyjny, system odesłań do konkretnych faktów, ale nie poddaje ich głębszej analizie intelektualnej: na taką analizę było jeszcze za wcześnie. W prozie Mirona Białoszewskiego „rzeczywistość donosiła", jej zapis nie wykluczał czynności kreacyjnych: polegały one zarówno na wyborze charakterystycznych zdarzeń (zawsze z doświadczenia osobistego), jak i na obróbce, dopasowaniu do innych i montażu znaczącej, metaforycznej całości. Nieufność Białoszewskiego do „zmyśleń" i do „bajek", fragmentaryzacja obrazu świata wiąże się ściśle z zachowaniem podwójnej perspektywy – świadomości potocznej i nadrzędnej, autorskiej, łagodnie ironicznej. Filmowa technika montażu u Białoszewskiego chroni przed komentarzem bezpośrednim – sensy wynikają z zestawień i zderzeń elementów składowych. Tego komplikującego obraz świata porządku, odkrywającego wieloznaczność rzeczywistości, brak w „literaturze gorącej".

Widoczne jest to w prozie Romana Bratnego. Cała seria jego powieści i opowiadań z początku lat osiemdziesiątych – *Kiepskie zmartwychwstanie* (1980), *Koszenie pawi* (1983), *Rok w trumnie* (1983), *Cdn* (1986), *Miłowanie kata* (1986), *Żarty* (1987), *Przyducha* (1988), *Rok 199? czyli Dziura w Płocie* (1991), *Tryptyk paradoksalny* (1992) i inne – ujmuje przeszłość i teraźniejszość w uproszczonych schematach: polityka łączy się z seksem, postawy światopoglądowe z interesem, dylematy moralne rozwiązuje „konieczność dziejowa". Jest w tym jakaś prawda o degradacji człowieka, zubożeniu jego osobowości zarówno w okresie wojny, stalinizmu, jak i realnego socjalizmu Polski Ludowej, ale prawda ta trudno przebija się przez „ostry montaż" fabuły, gwałtowne w niej zwroty, upodobanie w sensacjach i skandalach. W rezultacie powstaje upolityczniona proza popularna. Tych właściwości nie przekraczają na przeciwnym biegunie układu politycznego powieści Marii Nurowskiej (*Kontredans*, 1883), Jarosława Marka Rymkiewicza (*Rozmowy polskie latem 1983*, 1984), Bogusławy Latawiec (*Ciemnia*, 1989), Jacka Bocheńskiego (*Stan po zapaści*, 1986), choć istotne jest w nich ujęcie stanu wojennego w perspektywie osobistej, prywatnej. Inne, późniejsze próby ujęcia dramatycznych wydarzeń w powieściach Hanny Krall (*Sublokatorka*, Paryż 1985), Czesława Dziekanowskiego (*Frutti di mare*, 1990) i Bogdana Świecimskiego (*Raport o gradowej chmurze*, 1993) z wyraźniejszym dążeniem do psychologicznego pogłębienia rysunku postaci okazały się niewspółmierne do historycznego znaczenia wydarzeń. Pomysł Janusza Głowackiego, by narratorem w opowiadaniu *Moc truchleje* (1981) uczynić robotnika, świadka wydarzeń sierpniowych w stoczni, był o tyle szczęśliwy, że chronił opowiadanie przed ówczesną wiecową retoryką, ale nie pozwalał na głębszą interpretację. W istocie atmosferę, a nie bieg wydarzeń, tamtych lat oddają najwierniej *Wschody i zachody księżyca* (1982), *Rzeka podziemna* (1984), a konsekwencje późniejsze wielkich napięć politycznych – *Zorze wieczorne* (1991) Tadeusza Konwickiego. W utworach tych, mieszających stale „dziennikowe" zapisy z fikcją, utrwalona została świadomość zbiorowa, szczególna mieszanina tragizmu, strachu, przerażenia i poczucia absurdu.

Niewydolność konstrukcji fikcyjnych demaskowała niejako tradycyjnie rozumianą fabularyzację świata, zwracała literaturę ku dokumentowi. Powstawały więc liczne zapisy dziennikowe, „notatki", „raporty", „kroniki". Przypomnieć tu warto *Raport o stanie wojennym* (Paryż 1982, cz. II w obiegu niezależnym, 1983), *Zapiski na gorąco* (1982), *Notatki z codzienności* (1983), *Rachunek* (1984), a także zbiory „dokumentów-opowiadań" *Wilki podchodzą ze wszystkich stron* (Chicago 1985), *Portret artysty z czasu dojrzałości* (1987) i inne Marka Nowakowskiego, *Kadencję* (1986) Jana Józefa Szczepańskiego, *Z dnia na dzień* (1988) Jerzego Andrzejewskiego, *Miesiące* (1980–1987) Kazimierza Brandysa, *Dziennik pisany nocą 1984–1988* (1989) Gustawa Herlinga-Grudzińskiego. Utrwalały się w formach dziennikowo-pamiętnikarskich, eseistycznych, reportażowych, felietonowych przeżycia i doświadczenia indywidualne, dalekie jednak od ujęć całościowych i, co się miało okazać po 1989 roku, tracące na znaczeniu wobec szybkich przemian społecznych. Ale jest to przypadłość tego typu literatury: może stać się podłożem dla powstających później „mitów kombatanckich", szybko jednak traci na znaczeniu, jeśli nie broni się jakością rozwiązań artystycznych.

V. Koniec XX i początek XXI wieku

Kryzys czy przełom

Rok 1989 oznacza niekwestionowaną datę w najnowszych naszych dziejach. Doszło – czego nie spodziewała się znaczna część społeczeństwa – do zmiany ustrojowej. Można mówić o „przełomie" w znaczeniu politycznym. Kojarzymy z nim często zespół gwałtownych wydarzeń, niekiedy krwawych, rewolucyjnych. W latach poprzedzających przełom powstały ruchy społeczne przygotowujące przemianę – poczęły się wyodrębniać zalążki nowych partii politycznych, doszło do powszechnych wyborów, do uchwalenia nowej konstytucji, ułożenia struktur administracyjnych, określenia praw własności. Nie był to akt jednorazowy, lecz ciąg następujących po sobie reform. Pokojowa droga przemian, związana z upadkiem komunizmu, w podobny, w istocie pokojowy sposób przebiegała w wielu krajach należących do tak zwanego obozu socjalistycznego. To oczywiste, że wydarzenia polityczne wpływały na przemiany świadomości społecznej. Jednakże rytmy przemian politycznych, ustrojowych i przemian świadomości, przemian w kulturze nigdy się w pełni nie pokrywają. Na przełomie lat osiemdziesiątych i dziewięćdziesiątych w kulturze doszło u nas do wielu zjawisk, które budziły niepokój, rodziły nastroje katastroficzne. Konwencje artystyczne i stereotypy społeczne utrwalone w umysłach, w psychice nie poddają się gwałtownym zmianom. Są względnie trwałe, jak nawyki, bywają dokuczliwe, rodzą różne emocje. Faza wstępna przemiany budzi frustracje, negatywne odczucia lub zdecydowaną niechęć. Ale też u zwolenników – zmienia się w rodzaj nawiedzenia, w bezkrytyczne potępienie wszystkiego, co było, co powstawało w poprzedniej epoce. W takich momentach rodzi się „sztuka gorąca", którą uznać trzeba za zapis, za „dokument epoki", ale okazuje się pozbawiona trwalszych wartości. Starzeje się już w momencie powstania, bo rejestruje fakty minione, zamknięte, „wczorajsze".

Zmiany w kulturze dotyczyły najpierw instytucji pośredniczących w jej obiegu i upowszechnieniu. Upadały czasopisma społeczno-kulturalne o długiej niekiedy tradycji. Już w 1981 roku, w stanie wojennym, przestała się ukazywać „Kultura", później – „Poezja" (1989), „Miesięcznik Literacki" (1989), „Tygodnik Kulturalny" (1990), „Życie Literackie" (1991), „Literatura" (1992). Po śmierci Jerzego Giedroycia przestała istnieć także „Kultura" [paryska], która od swego powstania odgrywała rolę arbitra – surowego i przenikliwego. W 1990 roku zmarł Tadeusz Kantor i do historii przeszedł jego niezwykły teatr Cricot 2; ze śmiercią Piotra Skrzyneckiego (1997) przeminął także jeden z najsłynniejszych naszych kabaretów – Piwnica pod Baranami. Upadła Estrada, która w swoich wędrówkach po kraju upowszechniała różne formy kultury popularnej. Zajęte sporami politycznymi mass media (radio, telewizja) przestały pełnić swe posłannictwo społeczne – upowszechnienia kultury.

Jaka to była skala zjawiska ważnego w kulturze całego świata? U nas literatura piękna w programach radiowych od samego początku, to jest od 1925 roku, zajmowała jedno z najważniejszych miejsc. Już pierwsze audycje radiowe wiązały się z adaptacjami prozy Stefana Żeromskiego i prezentacją poezji. Teatr Radiowy w Dwudziestoleciu miał wybitnych autorów, m.in. Jerzego Szaniawskiego, i znakomitych wykonawców. Teatr Radiowy w latach sześćdziesiątych i siedemdziesiątych kontynuował tę tradycję, był ważną instytucją upowszechnienia kultury. Przykładowo, tylko w latach 1967–1971 przedstawił 310 premier; ważne miejsce zajmowała w nich literatura współczesna, także jednak klasyka polska i obca. Nie był to teatr „komunistycznej propagandy". Wybitni autorzy i najwybitniejsi aktorzy-wykonawcy wpływali na kształtowanie się świadomości zbiorowej, na uczestnictwo społeczeństwa w kulturze. W latach sześćdziesiątych z chwilą pojawienia się telewizji instytucją upowszechnienia kultury stał się także Teatr Telewizji; wystawiał systematycznie, i rocznie prezentował 40–50 premier. Dodatkowo, w formach sztuki popularnej, działał czwartkowy teatr sensacji „Kobra", istniała osobna „scena" propagująca współczesną poezję, powstała też osobna odmiana gatunkowa dramatu – słuchowisko radiowe. W repertuarze była klasyka narodowa i obca, były sztuki antyczne i współczesne. Reżyserowali wybitni twórcy teatralni, grali najwybitniejsi aktorzy. Żaden teatr „pełnego planu" nie mógł zgromadzić takiej plejady wykonawców. Teatr Radiowy i Teatr Telewizji wychowały dwa pokolenia widzów, wykreowały wybitnych później autorów. Ale to już przeszłość. Późniejsze próby reanimacji, podejmowane na początku XXI wieku, często przez radiostacje prywatne, napotykają na różnego typu przeszkody – finansowe i repertuarowe. Bo nie ma dziś, jak wcześniej, wielu autorów piszących dla radia, także dla teatru telewizji. Telewizję zdominowały seriale upowszechniające byle jakie fabuły i mdławe wzory sztuki aktorskiej. Zanikła świadomość odrębności form literackich właściwych tym środkom przekazu.

Ze strat związanych z fazą destrukcji wymienić trzeba porzucenie wielkich zdobyczy teatru polskiego z lat sześćdziesiątych i siedemdziesiątych: głośnych, nie tylko w Polsce, realizacji przedstawień przygotowywanych przez wybitnych reżyserów: Swinarskiego, Jarockiego, Axera, Bardiniego, Dejmka i innych. Kryzys teatru zaraz po 1989 roku miał podstawy ekonomiczne – wymusił w latach następnych głębokie zmiany organizacyjne i programowe. Ale wstępna destrukcyjna faza przyniosła poważne straty w kulturze. Dotyczyło to także innych pokrewnych instytucji – filharmonii i oper.

Innym z przejawów kryzysu, dotkliwym dla pisarzy, był upadek wielu wydawnictw oraz ograniczenie działalności innych ze względów finansowych. Wydawnictwa stawały się przedsiębiorstwami, produkowały towar – książkę. I to taką, która mogła zapewnić zysk. Autor się nie liczył, jeśli nie zapewniał wysokich nakładów. Powstawała brutalna wręcz preferencja dla literatury popularnej, najczęściej drugorzędnej. Książki niskonakładowe wymagają zewnętrznych dofinansowań. Bo wydawnictwa ze sprzedaży mają się utrzymać, kontynuować swoją działalność. Wcześniej istniały i działały po części z uzyskiwanego zysku, po części – z budżetowych dotacji. W najgorszej sytuacji znalazły się książki naukowe i popularnonaukowe, z literatury – dramaty i tomiki poetyckie. Ale kryzys wielkich wydawnictw spowodował powstanie małych, idących w tysiące wydawnictw prywatnych. Państwo po 1989 ograniczyło subwencje, choć nie mogło ich cofnąć całkowicie. Z dotacji budżetowych utrzymują się niektóre czasopisma, szczególnie ważne dla wybranych dziedzin sztuki. Nie mogą być niedotowane wielkie teatry, opery i filharmonie, bo nie mogłyby się utrzymać ze sprzedaży biletów. Trudna sytuacja budżetowa wymusiła zmiany repertuarowe w teatrach: pierwszeństwo mają dramaty małoobsadowe. Dziś byłoby niemożliwe wystawienie *Dziadów* w takiej realizacji jak głośna Konrada Swinarskiego w Starym Teatrze w 1973 roku. Tylko wybrane teatry, filharmonie i opery mają zabezpieczenie w budżecie ministerstwa kultury, dla innych mecenasami są samorządy. Okazało się jednak, że mogą istnieć i funkcjonować teatry prywatne finansowane przez indywidualnych „przedsiębiorców" bądź przez różnego typu towarzystwa i fundacje. Kryzys w teatrze z początku lat dziewięćdziesiątych został przezwyciężony, nie obyło się jednak bez dotkliwych strat w zakresie reżyserii i scenografii.

Fakty negatywne, których nie da się objaśnić „zerwaniem z kulturą komunistyczną", nakładając się w ostatnim dziesięcioleciu

XX wieku, tworzyły katastroficzną wizję upadku, wywoływały bezradność i zamilknięcia wielu twórców. Mogli, z perspektywy własnych doświadczeń, powtarzać za Kazimierzem Tetmajerem: „Ale czyż mrówka rzucona na szyny / Może walczyć z pociągiem nadchodzącym w pędzie?". Analogie między końcem (fin de siècle) XIX i ostatnią dekadą XX wieku, popularne w publicystyce, w sądach prywatnych i wystąpieniach publicznych, niewiele mają wspólnego ze stanem faktycznym. Pod koniec XIX wieku nic się ważnego w historii nie zdarzyło, doszło jednak wówczas do wielkiej wymiany idei i konwencji w sztuce. To wówczas rodził się europejski modernizm. Katastrofizm młodopolski był nie tyle reakcją na bieżące wydarzenia, co antycypacją, przeczuciem katastrofy lat 1914–1918. Zmiany, jakie nastąpiły w wyniku I wojny światowej w naszej kulturze, nie miały tego ciężaru, co we Francji, w Niemczech czy w Rosji – przyniosły nam, jak to nazwał Juliusz Kaden-Bandrowski, „radość z odzyskanego śmietnika".

Nowy fin de siècle?

Wiek XX, który w kulturze zaczyna się od zakończenia I wojny światowej, rozpadu i klęski „trzech policjantów Europy", ukształtował nową europejską mapę. Stanowiła ona pretekst i zarzewie do nowego, jeszcze groźniejszego konfliktu w latach 1939–1945. To wzmożenie sił destrukcji na początku XX wieku wiązało się z powstaniem zbrodniczych ideologii i systemów politycznych – faszyzmu i komunizmu. Ideologie te i towarzyszące im lub opozycyjne wobec nich konwencje w literaturze i sztuce, funkcjonujące pod nazwami różnych awangard, określają zawartość i znaczenie pojęcia modernizmu. Upadek Mussoliniego, Hitlera, a później generała Franco w Hiszpanii nie wyzwolił Europy od niepokojów. Koniec XX wieku nie mógł być u nas eksplozją nowej radości, choć odzyskiwaliśmy niepodległość, ale w świadomości zbiorowej zadomowiła się – w wyniku doświadczeń całego XX wieku – nieufność do wszelkich form ideologii. Ten sceptycyzm jest podstawową cechą nowej postmodernistycznej świadomości. Składa się na nią niechęć, ale i obawa przed ideologiami, które na swoich sztandarach wypisywały, z czasem coraz bardziej puste, hasła nowoczesności i postępu. Kojarzono je najczęściej z różnymi odmianami totalitaryzmu. Postmodernizm (ponowoczesność) przynosił wiele zmian w kulturze. Sam termin pojawił się w krytyce amerykańskiej pod koniec lat pięćdziesiątych (Irwing Howe, *Społeczeństwo masowe a proza postmodernistyczna*, 1958), ale zjawiska krytyki i rozpadu konwencji awangardowych zaistniały znacznie wcześniej. Były, najogólniej rzecz ujmując, reakcją literatury i sztuki na zbrodnie z okresu II wojny światowej. O destrukcji konwencji awangardowych można u nas mówić w poezji i w dramatach Różewicza, w powieści – w *Czarnym potoku* Leopolda Buczkowskiego.

Postmodernistyczne labirynty

Postmodernizm jako typ świadomości nie został nigdy i nigdzie sformułowany jako system filozoficzny czy społeczny, a w sztuce jako program artystyczny. Unieważnieniu w niej podlegało „myślenie historyczne", jeszcze o proweniencji romantycznej, zakwestionowaniu także – romantyczne w swym rodowodzie przeświadczenie, że rewolucja jest koniecznym sposobem dokonywania przemian. Zniwelowaniu uległy mity awangardowe z pierwszej połowy XX wieku: wiara w zdobycze cywilizacji technicznej, w naukę, w nową Arkadię zrodzoną z cywilizacyjnego postępu. Ważnym ogniwem w krytyce mitów modernistycznych stało się sformułowanie zagrożenia naturalnego środowiska, wyczerpywania się źródeł energetycznych, narastającego ocieplenia klimatu. Był to próg zamykający granice wielkich „rewolucji industrialnych" z XIX i XX wieku. Wybuchające w różnych miejscach wojny lokalne, przeprowadzane poprzez masowe rzezie czystki etniczne, niszczące przejawy nacjonalistycznych ideologii – wszystko to powodowało, że koniec stulecia nie był lepszy od jego początku. W odczuciach społecznych nie było radości, pozostawała niepewność, świat odbierano jako dokuczliwy, rozrastający się śmietnik.

W sztuce szczególne miejsce zajął hiperrealizm, polegający na wyrywaniu rzeczy z ich naturalnych kontekstów i wprowadzaniu w nowe, arbitralnie założone, wywołujące grozę. W literaturze jako rezultat wpływu twórczości „nowoczesnej" dostrzeżono odległość jej konwencji od prawdy. Jeśli o literaturze decydują konwencje, to jedną z jej kontestacyjnych nowych zasad i reguł może być dekonstrukcja, znaczące w sensie poznawczym opisanie i rozpoznanie faktu przez jego rozbiór, „unicestwienie". Inną zasadą, respektującą umowność tkwiącą w każdej konwencji, jest „gra" z czytelnikiem, któremu, niejako na wstępie, przedstawia się określone zasady (*Gra w klasy* Julio Cortázara). Taką zasadą w literaturze postmodernistycznej stał się intertekstualizm – swoista gra nowego tekstu z tekstami z przeszłości, gra ironiczna, traktująca literaturę i sztukę jako zjawisko ludyczne. Ale nie ma jednego kodu gry w literaturze, w sztuce: jest wiele konwencji. Estetyka ponowoczesna zakłada więc wielość form, eklektyzm, zakłada swoistą zabawę przywoływanymi konwencjami, pełne równouprawnienie wszelkich przejawów sztuki, w tym także kiczu.

Można mówić o ponowoczesnej etyce, w której zasady zależą tylko od indywidualnych wyborów i postaw; o specyficznym traktowaniu religii: powstawanie sekt, rozpad wspólnot religijnych, powstawanie „laickich" interpretacji – dyskordianizm polegający na odnajdywaniu w religiach świata wspólnego centrum określającego zespoły prostych zasad moralnych, i towarzyszącej im otoczki dziwacznych rytuałów. Można mówić o wyprowadzeniu ze sfery tabu, ze wstydliwych zaułków ludzkiej psychiki, seksu jako faktu nie tylko biologicznego, lecz także kulturowego; o powstaniu krytyki i literatury feministycznej, o emancypacji wszelkich grup mniejszościowych.

Postmodernizm ma swoją bogatą literaturę filozoficzną (Jacques Derrida, *Pismo i różnica*, 1967; *O gramatologii*, 1967), socjologiczną i psychologiczną (Michel Foucault, *Słowa i rzeczy: archeologia nauk humanistycznych*, 1966; także Zygmunt Bauman, *Nowoczesność i zagłada*, wyd. pol. 1992; *Etyka ponowoczesna*, 1996). Główne prace filozoficzne, socjologiczne, z zakresu etyki i estetyki zostały u nas upowszechnione w przekładach i antologiach (*Postmodernizm: antologia przekładów*, 1997, red. R. Nycz).

W drugiej połowie XX wieku w refleksji filozoficznej, w sposobach myślenia o życiu, także w jego prezentacji w sztuce i w literaturze usadowił się więc inny sposób przeżywania – zrodzony ze zwątpień i niewiary. Nie powstawały nowe, wyraziste zespoły idei, całościowe światopoglądy. Ważniejsze od całości okazywały się fragmenty. Różewicz stworzył metaforę „rozbitego lustra" – człowiek współczesny z rozpierzchniętych fragmentów usiłuje stworzyć całościowy obraz, ale „to się złożyć nie może". Istotniejsze od całości staje się rozpoznawanie fragmentów – osobnych, niepewnych, bo niejako obok pojawiają się ich pełne zaprzeczenia. Od całości ważniejszy jest fragment, od jednoznaczności wieloznaczność, od narzuconego przez podmiot poznający ładu – naturalny chaos. Jest w tej postmodernistycznej świadomości sprawdzanie i demaskowanie złudzeń odziedziczonych po pierwszej połowie XX wieku. Powstawała literatura i sztuka „negatywna", eksponująca poczucie braku, dojmującą pustkę. Była ona jednak rozpoznawana i budowana z gotowych, istniejących obok fragmentów-stereotypów. Postmodernizm nie jest antymodernizmem, gdyż przekształca i wykorzystuje tropy i konwencje wytworzone w epoce awangardyzmów, zmienia jednak ich sensy symboliczne i konteksty użycia. Artysta przestaje tworzyć, on tylko zestawia, prowadzi grę za pomocą znanych fragmentów i konwencji. „Śmierć historii", „śmierć sztuki", „śmierć metafizyki" – w różnych mutacjach i postawach – tworzą zręby postmodernizmu jako nowej postawy wobec rzeczywistości, wobec świata.

Polskie przeobrażenia mają swoją specyfikę. To, co poprzedzało w kulturze rok 1989, nie było bez wpływu na przemiany samej literatury. Miał zapewne rację German Ritz, szwajcarski polonista, że o charakterze polskiej liryki ostatnich lat XX wieku decydowało skrzywienie naturalnych przeobrażeń na przełomie lat siedemdziesiątych i osiemdziesiątych, w okresie więc stanu wojennego i jego negatywnych następstw w kulturze:

Gry językowe i literackie

Spóźniony model literatury zaangażowanej politycznie, która wspierała się na przekonaniach etycznych i moralnych, zahamował w późnych latach siedemdziesiątych naturalny rozwój kierunku postmodernistycznego, tzn. zrywającego z hieratycznością pojęcia kultury w Polsce. Doprowadziło to w latach osiemdziesiątych do pogłębionego kryzysu literatury, który paradoksalnie pojawił się jako kapitulacja kultury w obliczu bieżących konieczności politycznych (*Polska liryka współczesna a postmodernizm*, „Odra" 1994, nr 2).

Uwagi o patologiach w rozwoju liryki rozciągnąć można na prozę i dramat, ale dotyczy to głównie początku lat dziewięćdziesiątych. „Kryzys literatury" dawał już wcześniej różne przejawy, m.in. manifestowaną wówczas niechęć do prozy fikcjonalnej, rozprzestrzenianie się literatury wspomnieniowej, memuarystyki. Nieufność do fikcji odnawiała stare dyskusje o upadku powieści, jej przeżyciu się i bankructwie. Udowadniano, że świat przedstawiony w utworach fabularnych ma byt wyłącznie językowy, że jeśli motywem konstrukcyjnym jest „podróż", to podróżuje się tylko „do ostatniej strony" (Adam Ubertowski), że w wersji komputerowej utwór istnieje w określonej liczbie znaków (*Aj: mikropowieść w 69 168 znakach* Piotra Czekańskiego-Sporka), że można mnożyć w sposób nieograniczony „pomysły na powieść" (*45 pomysłów na powieść* Krzysztofa Vargi).

Upadek starych czasopism pociągał za sobą upadek krytyki literackiej – w miarę obiektywnych, umotywowanych ocen utworów dawnych i nowych. Przenosiła się ona z łamów prasowych do osobnych książek, z reguły jednak niskonakładowych, o ograniczonym zakresie oddziaływania. Zanik krytyki artystycznej, bo nie tylko literackiej, spowodowany upadkiem czasopism (książkowe wydania tekstów krytycznych nie spełniały warunków „szybkiej reakcji") przynosił w publikacjach wymieszanie kreacji o walorach artystycznych z kiczem. W prasie codziennej poczęła dominować „krytyka użytkowa" propagująca nie dzieła, lecz „towar w obrocie księgarskim" – reklama w opisach dzieł sąsiadowała z różnego typu „streszczeniami". W stosunku do pisarzy starszych dominowały często ostre, pamfletowe ataki polityczne za „współpracę z komunistami", za uległość wobec stalinizmu, niejasność postaw etycznych itp. Podstawą ujęcia w takich ocenach były enigmatyczne, ustalane arbitralnie przez krytyka zasady etyczne. Krytyka popełniała często grzech główny wywodu – posługiwała się *argumentum ad personam*, oceniała wady pisarza a nie dzieł.

Faza sporów i dyskusji związanych z destrukcją poprzedniego porządku nie przyniosła przezwyciężenia, to jest intelektualnego wyboru z dorobku poprzedników, selekcji faktów, aprobaty i negacji kultury PRL-u, a tylko totalne odrzucenie. Jednakże w kulturze, także w literaturze, nie ma przerw: istotą przemian jest ciągłość. Jedne formy zamierają, inne się pojawiają – trwają krócej lub dłużej. Kryzysowi, przesadnie akcentowanemu przez „katastrofistów" z końca XX wieku, towarzyszyły nowe zjawiska i nowe fakty. Powstanie już w połowie lat siedemdziesiątych „drugiego", pozacenzuralnego obiegu literatury, zlikwidowanie „muru" między literaturą krajową a emigracyjną, krajowe edycje pisarzy emigracyjnych jeszcze przed 1989 rokiem – wszystko to wyprzedziło znacznie i przygotowało fazę przemian w ostatnim dziesięcioleciu XX wieku. Upadały jedne czasopisma, powstawały nowe. Miały jednak inny charakter i inny zasięg – związane z różnymi ośrodkami w kraju: we Wrocławiu ukazywała się „Obecność", w Warszawie „Vacat", w Krakowie „Kultura Niezależna" – miały regionalne, a nie ogólnopolskie obiegi. Niektóre z licznych czasopism „nielegalnych" przekształciły się później w czasopisma oficjalne, znaczące dla młodych twórców, jak „bruLion" czy „Czas Kultury". Osobną formę miały „czasopisma mówione", „NaGłos" czy „Struktury", prezentowane na spotkaniach twórców i „czytelników". Przed rokiem 1989 powstały także nowe czasopisma emigracyjne, jak „Puls" czy „Zeszyty Literackie", w których publikowano utwory pisarzy krajowych. Dodać trzeba również wielką falę „artzinowych" publikacji, związanych często z młodzieżową subkulturą, w których debiutowało całe pokolenie poetów i prozaików urodzonych po 1950 roku. Innymi słowy, rozpadowi starych struktur, upadkowi niektórych instytucji kulturalnych, towarzyszyło powstawanie nowych. Obniżenie progu literackości w języku dzieł, zmiana kanonów artyzmu w malarstwie i rzeźbie (happeningi, kolaże i instalacje), eksplozja muzyki popularnej, wypieranie przez nią muzyki poważnej z szerszego obiegu – wszystko to jest pochodną ponowoczesności. Zatarciu uległa nie tylko granica między sztuką a kiczem, lecz także między artystą a imitatorem. Chaos okazuje się podstawowym i niezbywalnych stanem; możemy go oswajać na swój użytek, według indywidualnych reguł, nie mamy prawa wymagać, aby inni uznali nasze rozpoznanie za prawidłowe, jedynie obowiązujące. W takim znaczeniu ponowoczesna świadomość zbiorowa staje się sumą świadomości indywidualnych, wielką kakofonią. Głosy indywidualne są tylko „fragmentami", nie dążą do harmonii, do całości. To raczej muzyka aleatoryczna, dopuszczająca dowolność zestawianych dźwięków, niż konstrukcja przestrzegająca zasad harmonii i artystycznego porządku.

Takie pojęcie sztuki, jak chętnie tłumaczono, jest wyrazem demokratyzmu społecznego, ma swoje umocowanie w obronie praw jednostki, wszelkich zachowań „mniejszościowych", także łamiących konwencje obyczajowe w różnego typu kontestacjach artystycznych. Ale w tym sformułowaniu jest intencjonalnie szlachetne kłamstwo: sztuka nigdy nie była i nie mogła być demokratyczna – skażona jest od swoich narodzin piętnem indywidualizmu, narcyzmu, a niekiedy skrajnego egotyzmu. Bo to również nieprawda, że świat, rozbity w sztuce, nie ulega dziś scalaniu poprzez mass media. Kto nie zaistniał w radiu, w telewizji, w Internecie – w istocie nie istnieje w świadomości społecznej. Książki, czasopisma fachowe stały się prywatną sprawą nielicznych. O twórcach, nawet wybitnych „mówi się", bo dostali ważną nagrodę, wywołali skandal, czasem – nie zawsze, bo zmarli. Kultura masowa kształtuje nasze otoczenie, „dzieła sztuki" powstają z gotowych elementów, często pochodzą ze złomowisk. Trwa w niej nieustanny „recykling", odzyskiwanie „surowców wtórnych": zapchane są nimi reklamy, opakowania towarów, seriale telewizyjne. Było to od dawna królestwo pop-artu: niosło z sobą zwrot ku codzienności, tworzyło miejską subkulturę. Kojarzono ową tendencję z powrotem do realizmu, ale realizm przeprowadzał zawsze ostrą selekcję odtwarzanych rzeczy, nie przejmował, lecz wybierał i przetwarzał. Pop-art i jego późniejsze modyfikacje przyniosły, najogólniej mówiąc, unieważnienie starej maksymy: *ars longa, vita brevis*. Nie chodzi tylko o zmianę jakości tworzywa, o przysłowiowe zastąpienie brązu i marmuru papierową papką i styropianem. Przeciwieństwem aktu twórczego w eksperymencie artystycznym Hasiora stało się spalenie powstałego dzieła, jego anihilacja.

W 1989 roku pytanie o przyszłość kultury i sztuki wydawało się przedwczesne. „Krajobraz po bitwie" utrwalał procesy destrukcji, nie był jednak nacechowany samą destrukcją i śmiercią. Zamykała się pewna epoka, odchodziły właściwe jej konwencje literackie i artystyczne, odchodziło także rozumienie kultury jako bastionu wymagającego nieustannej obrony przed władzą, zagrażającą przed 1989 rokiem nie tylko ekonomicznym, lecz także duchowym interesom społeczeństwa. Wolność bywa trudna, warto pytać, czy sprzyja sztuce. Przypomnieć trzeba, że najwybitniejsze dzieła naszego romantyzmu powstały w okresie niewoli i politycznych prześladowań. A kiedy wolno, kiedy wszystko wolno, kiedy każdy może być twórcą, powstają niebezpieczne dążności; aby zaistnieć – trzeba szokować, mówić – posługując się stereotypami, bo tylko stereotypy docierają do masowego odbiorcy. Wyobraźnię zbiorową poczęły zdobywać formy agresywne, często żałośnie tandetne, przekazywano je w czasie wielkich widowisk muzycznych i plastycznych w halach sportowych, na stadionach, placach miejskich itd. Jednakże deprecjonowanie tych nowych zjawisk z perspektywy abstrakcyjnej „sztuki wysokiej" przypomina zachowanie Don Kichota na widok wiatraków. A one kręcą się prawie od pół wieku.

Ponowoczesność, którą starali się opisać socjologowie, kulturoznawcy, literaturoznawcy, jest przede wszystkim rozwijającym się od lat typem świadomości zbiorowej, wyrastającej na skrzyżowaniu współczesnych przemian cywilizacyjnych i wielkich zanegowań różnych form ideologii, które wytworzył XX wiek. Opozycją do nich jest w sztuce konceptualizm, są „przedmioty znalezione" (ready-made), jest banalizm Franka O'Hary, dekonstrukcjonizm Jacques'a Derridy, demityzacja samej sztuki masowej, jak w multiplikacjach Andy'ego Warhola (słynne portrety Marilyn Monroe), wystawianie odlewów gipsowych żywych ludzi w salach wielkich galerii malarstwa i rzeźby, próby przestrzennych inscenizacji (environments – imitacje stacji benzynowych, łazienek, starych szop zbijanych z desek). „Rzeczy" codziennego użytku stawały się dziełem sztuki przez sam fakt umieszczenia ich w salach wystawowych, w zaznaczonych jako osobne przestrzeniach publicznych itd. Wyjście z sal na ulicę stworzyło już wcześniej zasady „wydarzenia artystycznego" (happeningu), w którym ważne było nie tylko dalsze zacieranie różnicy między sztuką a codziennością, lecz także rezygnacja z tradycyjnego fachowego odbioru – z opinii koneserów, krytyków i zwykłych snobów. W happeningu odbiorcą i współtwórcą wydarzenia stawał się, przynajmniej w założeniach teoretycznych, zwykły, przypadkowy przechodzień.

Różnorakie odmiany i formy rozwijającej się kultury masowej odegrały główną rolę w dokonujących się przemianach. Sprawcami byli nie tylko twórcy, ale i odbiorcy. Mają zapewne rację ci krytycy, którzy przyczyny przełomu widzą w przemianie gustów i upodobań odbiorców (J. Jarzębski, *Apetyt na Przemianę. Notatki o prozie współczesnej*, Kraków 1997), a także ci, którzy za objaw normalności uznają zmniejszenie społecznej roli literatury (P. Czapliński, *Efekt bierności: literatura w okresie normalnym*, Kraków 2004; P. Śliwiński, *Świat na brudno: szkice o poezji i krytyce*, Warszawa 2007). Źródło przemian widzieć trzeba również w modach artystycznych – uleganiu im przez samych twórców, bo przestała się liczyć oryginalność ujęcia. Słabością literatury nowszej i najnowszej okazuje się jej zwrot ku formom sztuki popularnej, a także fakt, że odcięta ona została, na prawach przeciwwagi, od najbliższej tradycji, od ważnych powieści, takich jak *Czarny potok* Leopolda Buczkowskiego (bo nie ma w naszej literaturze lepszego utworu o holokauście i o kryzysie powieści jako gatunku literackiego), jak *Trans-Atlantyk* Witolda Gombrowicza (bo jest to powieść wyzwalająca z polskiego prowincjonalizmu), jak *Sennik współczesny* Tadeusza Konwickiego (bo nie ma u nas bardziej świadomej gry perspektywami przestrzenno-czasowymi w narracji powieściowej), od trylogii powstańczej Władysława Lecha Terleckiego (*Spisek*, *Dwie głowy ptaka*, *Powrót z Carskiego Sioła* – bo jest w nich nowoczesna formuła powieści historycznej), od *Austerii* Juliana Stryjkowskiego (bo jest to powieść o zależnościach jednostki i grupy ludzkiej od historii). Do znaczenia i jakości, w sensie intelektualnym i artystycznym, nie da się dojść, wychodząc od dominującej obecnie powieści popularnej.

Poezja w latach 1989–2009

Poezja
1989–2009

Kontynuacje
poetyckie

Poezja po 1989 roku nie skorzystała ze swojej szansy. Zwykle przełomowe historyczne wydarzenia w życiu społeczeństwa wywołują falę debiutów poetyckich. Bo emocje zbiorowe uzewnętrzniają się najpełniej w poezji, dodajmy: emocje młodego pokolenia przeżywającego swoje „wejście do historii". Epickie, prozatorskie relacje o owym wejściu rodzą się zwykle później, wymagają czasowego dystansu. Były oczywiście debiuty, wyprzedzające nieco rok 1989 lub następujące bezpośrednio po nim, ale przez ostatnie dziesięciolecie XX wieku o charakterze poezji decydowali przedstawiciele starszych generacji. Nie bez znaczenia był fakt, że na poezję polską, raczej niespodziewanie, „spadły" dwie Nagrody Nobla (1980 – Czesław Miłosz; 1996 – Wisława Szymborska). Obok noblistów tworzyli nadal Tadeusz Różewicz i Zbigniew Herbert. Przemianie podlegli poeci Nowej Fali (debiutanci z przełomu lat sześćdziesiątych i siedemdziesiątych) – osobne pokolenie „urodzonych po wojnie", którzy, przekształcając język wypowiedzi poetyckiej, wpłynęli nie tylko na wymianę rekwizytorni, lecz także na znaczące przemiany świadomości zbiorowej, na ukształtowanie się postaw opozycyjnych. W połowie lat siedemdziesiątych to pokolenie zostało rozbite, pozbawione tożsamości, poddane różnego typu represjom cenzuralnym i politycznym. Niektórzy opuścili kraj (Barańczak, Zagajewski, Gizella), po 1989 roku wracali lub pozostawali na emigracji. Rozpadła się jednak ich generacyjna wspólnota, rozpoczynali swoje indywidualne drogi twórcze. Dotyczy to także tych, którzy pozostawali w kraju (Kornhauser, Krynicki, Ziemianin, Warzecha, Zadura). Odkryto niezwykłość feministycznej i zakorzenionej w wydarzeniach historycznych poezji Anny Świrszczyńskiej (*Jestem baba*, 1972; *Budowałam barykadę*, 1974; *Szczęśliwa jak psi ogon*, 1978; *Cierpienie i radość*, 1985); przekonanie o niezwykłości jej języka utwierdziła książka Czesława Miłosza pt. *Jakiego to gościa mieliśmy: o Annie Świrszczyńskiej* (1996). Rozbłysła prawdziwym blaskiem poezja Julii Hartwig o przemijaniu, o degradacji elementarnych wartości humanistycznych, o niemożliwości porozumienia się między ludźmi (*Obcowanie*, 1987; *Czułość*, 1992; *Zobaczone*, 1999; *Bez pożegnania*, 2004;

Jasne niejasne, 2009). Wielką popularność zyskały – pełne franciszkańskiej pokory – wiersze Jana Twardowskiego (m.in.: *Sumienie ruszyło*, 1989; *Stukam do nieba*, 1990; *Nie bój się kochać*, 1991).

Przywołajmy daty określające ich biografie: Anna Świrszczyńska (1909–1984), Czesław Miłosz (1911–2004), Jan Twardowski (1915–2006), Zbigniew Herbert (1924–1998), Tadeusz Różewicz (1921), Julia Hartwig (1921), Wisława Szymborska (1923). Z dat tych wynika jedno – ci poeci, należący do dwu następujących po sobie pokoleń, zapisywali w swej poezji reakcje emocjonalne i intelektualne na całe zło historii XX wieku. Doświadczyli wielu wydarzeń bezpośrednio, byli świadkami klęsk i zwycięstw, narodzin i upadku systemów politycznych, katastrof wojen światowych, zbrodni ludobójstwa. Dla nich rok 1989 nie był „nadzwyczajnym", wyjątkowym, lecz jedną tylko z dat niewiadomych i niepewnych w historycznych meandrach. Poezja – dodajmy: dobra poezja – wychodziła ze złego czasu jednak niezależna. Drugorzędne znaczenie miało, czy powstawała w kraju, czy też na emigracji. Wiersze poetów emigracyjnych: Wacława Iwaniuka, Adama Jerzego Niemojowskiego, Bolesława Taborskiego, zaczęły się ukazywać w kraju. Po 1989 roku ten podział utracił jakikolwiek sens. Trzeba więc odrzucić upolitycznione oceny o totalnym zniewoleniu literatury krajowej w całym okresie powojennym i przewadze wolnej literatury emigracyjnej. To, co było zniewoleniem w okresie stalinowskim, w latach 1949–1955, wywoływało następnie w literaturze krajowej różne formy obrony niezależności – „walki o oddech". Owa „walka" była podstawą wartości zapisanych w poezji po 1956 roku, wyjaśnia ona także naturalne przejście, bez zanegowań i przełomu, nad progiem 1989 roku. Tego doświadczenia i tej wiedzy o całości przeklętych meandrów historii nie mieli w 1989 roku młodsi i najmłodsi. Ich postawy i diagnozy, pozbawione dystansu czasowego, były „gorące", ale nietrwałe. Dotyczy to upolitycznionej poezji okresu stanu wojennego. Organizowała ona opinię publiczną, ale ograniczała funkcję poezji do prostych deklaracji ideowych i politycznych.

Wiersze Czesława Miłosza z ostatnich tomików (*Kroniki*, 1987; *Dalsze okolice*, 1991; *Na brzegu rzeki*, 1994; *To*, 2000; *Druga przestrzeń*, 2002; *Wiersze ostatnie*, 2006) organizują i scalają motywy obecne, w postaci rozproszonej, w całej jego twórczości. Swoista pasja zapisywania zdarzeń – świadka, kronikarza – przynosi teraz wielką falę wspomnień obejmujących miejsce urodzenia, ludzi z przeszłości, zmysłowe doznawanie rzeczy dawnych, które były i przeminęły, które utrwaliła pamięć, zapisały dzieła sztuki. Do końca pozostaje w poecie

Czesław
Miłosz

potrzeba docierania do tajemnicy bytu, konieczność zmagania się z tym, co niewyrażalne:

> Żebym wreszcie powiedzieć mógł, co siedzi we mnie.
> Wykrzyknąć: ludzie, okłamywałem was
> Mówiąc, że tego we mnie nie ma,
> Kiedy TO jest tam ciągle, we dnie i w nocy.
> Chociaż właśnie dzięki temu
> Umiałem opisywać wasze łatwopalne miasta,
> Wasze krótkie miłości i zabawy rozpadające się w próchno,
> Kolczyki, lustra, zsuwające się ramiączko,
> Sceny w sypialniach i na pobojowiskach.
> (wiersz tytułowy z tomiku *To*)

Wiersze z ostatnich tomików tworzą ramy ludzkiej egzystencji – pasji życia, potrzeby nazwania i zrozumienia własnego losu. Stary poeta szuka wyjaśnienia we wspomnieniach dzieciństwa i młodości. Te wątki dominują w tomiku *Na brzegu rzeki*, obecne są także w tomiku *To*. Przemijanie i iluzja trwania, jaką daje „pisanie" poezji (rozumiane jako „zacieranie śladów"), tworzą złudną ambiwalencję. Obok nurtu wspomnieniowego, powrotu pamięcią na Wileńszczyznę, w rodzinne strony, jest w ostatnich tomikach i drugi nurt – poezji metafizycznej, pełen zwątpień, zanegowań. Dotyczy wiary, ale poeta wyznaje, że „religia przestała być dla [niego] narodowym obrzędem". Nie przestał być katolikiem, śledził jednak przejawy skostnienia w polskim katolicyzmie – przewagę obrzędowości, rytuału, zewnętrznych pozorów. Tytułowy wiersz tomiku *Druga przestrzeń* mówi o utracie podstawowych wartości metafizycznych w świecie współczesnym:

> Czy naprawdę zgubiliśmy wiarę w drugą przestrzeń?
> I znikło, przepadło i Niebo, i Piekło?
>
> Bez łąk pozaziemskich jak spotkać Zbawienie?
> Gdzie znajdzie sobie siedzibę związek potępionych?
> ....
> Błagajmy, niech nam będzie wrócona
> Druga przestrzeń.

To z tej perspektywy prowadził Miłosz spór z Różewiczem, wątpiącym w Swedenborga i metafizykę. Umieszczony w tomiku *To* wiersz *Różewicz* unieważnia sens samego sporu:

> on to wziął pow,ażnie
> poważny śmiertelnik
> nie tańczy

ryje w czarnej ziemi
jest łopatą i zranionym przez łopatę kretem.

Spór ten jako przejaw „pasji życia" zamyka szczególna *Modlitwa*:

Pod dziewięćdziesiątkę, i jeszcze z nadzieją,
Że powiem, wypowiem, wykrztuszę.

Dotyczy to sensu poezji, wątpliwego statusu poety walczącego z „dajmonem" sztuki, z niewydolnością słowa, ze złem zapisanym w „czarnej rzece czasu".

W istocie pokrewna była, w sensie ogólnym, postawa młodszego o całe pokolenie Zbigniewa Herberta. Jego wiersze pożegnalne (*Elegia na odejście*, 1990; *Rovigo*, 1992; *Epilog burzy*, 1998) w swoisty sposób szyfrują współczesne wydarzenia w ciąg analogii kulturowych (z częstym odwoływaniem się do starożytności), w parabole wyrażające dylematy moralne człowieka XX wieku. Poezja ta ma wymiar nie tyle emocjonalny, co intelektualny; jej mocną stroną jest klasycystyczny umiar, odwaga w podejmowaniu problemów, a słabością – skłonność do posługiwania się pojęciami abstrakcyjnymi, ogólnymi. Brakuje w nich tego głębokiego osadzenia w codzienności, zafascynowania odbieranym „wszystkimi zmysłami" światem realnym, jak u Miłosza. W wierszu *Babcia* z tomiku *Epilog burzy* pojawia się pokrewne przypominanie dzieciństwa i młodości, ale pożegnanie bywa zabarwione gorzką ironią. W wierszu *Pan Cogito. Aktualna pozycja duszy* bohater liryczny już tylko czeka:

Zbigniew Herbert

Od pewnego czasu
Pan Cogito
nosi duszę
na ramieniu

oznacza to
stan gotowości

A prawda o umieraniu jest trywialna i niepoetycka. Wiersz *Życiorys* z tomiku *Rovigo* kończy fraza okrutna w swej dosłowności:

Leżę teraz w szpitalu i umieram na starość.
Tu także ten sam niepokój udręka.

Nowe tomiki wierszy Wisławy Szymborskiej (*Ludzie na moście*, 1986; *Koniec i początek*, 1993; *Widok z ziarnkiem piasku*, 1996; *Chwila*, 2002; *Dwukropek*, 2005; *Tutaj*, 2009) przynoszą pewną zmianę w stosunku do utworów wcześniejszych: mniej jest w konstrukcji zderzeń paradoksów, retorycznych „pytań bez odpowiedzi", nawet ironii,

Wisława Szymborska

więcej „pewników", najprostszych stwierdzeń nie wymagających dowodu. Ale podstawowa reguła poetycka nie została naruszona. Dominującą formą pozostaje przypowieść, osadzona w tradycji literatury moralistycznej, a równocześnie negująca tę tradycję. Przypowieść ma swój temat, realizującą go narrację, minifabułę porządkującą przykłady przejęte z życia. Te przykłady potwierdzać mają określoną tezę, pointowaną w zakończeniu utworu w postaci uogólnienia, ostatecznego morału. Literatura moralistyczna poszukiwała – na prawach analogii lub wybranego przykładu – ogólnych prawidłowości ludzkiego losu. W przypowieści mogły występować schematycznie ukształtowane postaci bądź personifikacje pojęć ogólnych (nędza, cierpliwość, pycha, złość itp.). Warto sprawdzić, jak wiele z dawnej formy przypowieści ma wiersz *Nienawiść* z tomiku *Koniec i początek*:

> Spójrzcie, jaka wciąż sprawna,
> jak dobrze się trzyma
> w naszym stuleciu nienawiść.
> Jak lekko bierze wysokie przeszkody.
> Jakie to łatwe dla niej – skoczyć, dopaść.
>
> Nie jest jak inne uczucia.
> Starsza i młodsza od nich równocześnie.
> Sama rodzi przyczyny,
> które ją budzą do życia.
> Jeśli zasypia, to nigdy snem wiecznym.
> Bezsenność nie odbiera jej sił, ale dodaje.
>
> Religia nie religia –
> byle przyklęknąć na starcie.
> Ojczyzna nie ojczyzna –
> byle się zerwać do biegu.
> Niezła i sprawiedliwość na początek.
> Potem już pędzi sama.
> Nienawiść. Nienawiść.
> Twarz jej wykrzywia grymas
> ekstazy miłosnej.
>
> Ach, te inne uczucia –
> cherlawe i ślamazarne.
> Od kiedy to braterstwo
> może liczyć na tłumy?
> Współczucie czy kiedykolwiek
> pierwsze dobiło do mety?

A jednak nie jest to średniowieczny „moralitet" (formalnie raczej jego część), lecz znaczący komentarz do współczesności, do wielu sytuacji po 1989 roku. Podstawowym sygnałem sensów współczesnych w tym wierszu jest wykorzystanie języka sportowego – startu, biegu, pokonywania przeszkód, dopadania mety. Nic się nie liczy w walce o zwycięstwo, nienawiść nie brzydzi się „schludnym oprawcą / nad splugawioną ofiarą".

A pointa paraboli?

> Do nowych zadań w każdej chwili gotowa.
> Jeżeli musi poczekać, poczeka.

Sens przypowieści nie kryje się w dosłowności przedstawionych sytuacji, lecz w znaczeniach alegorycznych. Ważny jest i „bieg z przeszkodami", i „miłosny grymas na twarzy" zawodników. Jest w tym prawda o następstwie wydarzeń społecznych i politycznych po 1989 roku, ale taka interpretacja upraszcza sens narracji.

Przypowieści Szymborskiej mają swoje punkty orientacyjne: z jednej strony teraźniejszość – prywatna i codzienna, jak w wierszu *Może być bez tytułu*, który zaczyna się od banalnej informacji: „Doszło do tego, że siedzę pod drzewem / na brzegu rzeki / w słoneczny poranek". Ta rzeka i drzewo zostają ukonkretnione:

> To drzewo to topola zakorzeniona od lat.
> Rzeka to Raba nie od dziś płynąca.
> Ścieżka nie od przedwczoraj
> wydeptana w krzakach.

Czy z takiego usytuowania fabuły możliwe okaże się rozwinięcie paraboli? Jest cisza, unieważnieniu podlegają wielkie wydarzenia – wędrówki ludów, tajne spiski, orszaki koronacyjne, rocznice powstań itd., bo nad poetką przelatuje motyl.

> Na taki widok zawsze opuszcza mnie pewność,
> że to co ważne
> ważniejsze jest od nieważnego.

Nie ma tu rozstrzygnięć: pytanie o sens egzystencji, o skalę wartości pozostaje bez odpowiedzi. Bo sama egzystencja, nasz byt indywidualny, jest tylko przypadkiem – rodzącym zdumienie, zachwyt i bezradność. Nasze „być" jest pochodną przypadku, bo mogło „nie być". Wiersz *Nieobecność* z tomiku *Dwukropek* zaczyna się od prywatnego wyznania:

> Niewiele brakowało,
> a moja matka mogłaby poślubić
> pana Zbigniewa B. ze Stalowej Woli.
> I gdyby mieli córkę – nie ja bym nią była.
> ....
> Niewiele brakowało,
> a mój ojciec mógłby w tym samym czasie poślubić
> pannę Jadwigę R. z Zakopanego.
> I gdyby mieli córkę – nie ja bym nią była.

Przypadek w wierszach wcześniejszych uzyskiwał często kosmiczną perspektywę, bo ziemia jest, najprawdopodobniej, zdumiewającym przypadkiem w układzie planet wokół „prowincjonalnej gwiazdy" w naszej galaktyce. Tu, i może tylko tu, powstała największa z tajemnic – życie zwierząt, ludzi i roślin. Jesteśmy częścią tej tajemnicy i nigdy jej nie zrozumiemy. Wiemy, że jesteśmy, ale tylko „na chwilę". Ważne jest więc owo „na chwilę" i „tutaj". W nowych wierszach „gwiezdna" perspektywa ustępuje miejsca prywatnemu „tutaj". Tę zmianę perspektywy w nowych wierszach kwituje poetka autoironicznym komentarzem. Bohaterami narracji bywali „ludzie na moście", zrozpaczeni, starzy, zmarli, ale także – tarsjusze, koty, żółwie, jaszczury, zwierzęta cyrkowe, a nawet kamień, ziarenko piasku czy odzież. W nowych wierszach z tomików *Chwila, Dwukropek* czy *Tutaj* podmiotem lirycznym, narratorem jest najczęściej poetyckie „ja":

> Źle sprawowałam się wczoraj w kosmosie.
> Przeżyłam całą dobę nie pytając o nic,
> nie dziwiąc się niczemu.
>
> Wykonywałam czynności codzienne,
> jakby to było wszystko, co powinnam.
> (*Nieuwaga*; *Dwukropek*)

Samo „bycie" – jako największa z tajemnic – obserwowane z perspektywy kosmosu nie objaśnia się lepiej niż wśród „ruchliwych szczegółów" codzienności. Pozostaje nam jednak stawianie pytań o sens. W wierszu *W zatrzęsieniu* z tomiku *Chwila* tajemnicą pozostaje wielość form bytu, nieobjaśnialny przypadek:

> Jestem kim jestem.
> Niepojęty przypadek
> jak każdy przypadek.
> ....
> W garderobie natury
> jest kostiumów sporo.
> Kostium pająka, mewy, myszy polnej.
> Każdy od razu pasuje jak ulał
> i noszony jest posłusznie
> aż do zdarcia.
>
> Ja też nie wybierałam,
> ale nie narzekam.
> Mogłam być kimś
> o wiele mniej osobnym.
> ....
> Mogłam być sobą – ale bez zdziwienia,
> a to by oznaczało,
> że kimś całkiem innym.

Pretekstem, punktem wyjścia do snucia parabolicznej narracji, może być – jak w wierszu *Nazajutrz – bez nas* – prognoza pogody na dzień następny: ma być chłodno i ślisko, „od zachodu, przemieszczać się deszczowe chmury", później, „w ciągu dnia" możliwe „lokalne przejaśnienia", „temperatura znacznie się obniży, za to ciśnienie wzrośnie". A pointa do tej przepowiedni jest prosta:

> Kolejny dzień
> zapowiada się słonecznie,
> choć tym, co ciągle żyją
> przyda się jeszcze parasol.

Pointy-morały w przypowieściach Szymborskiej nie powtarzają wzorców biblijnych, średniowiecznych narracji umoralniających. Zapisują refleksję filozoficzną, mają najczęściej – na tle poprzedzających je narracji – postać paradoksu, ironicznego zanegowania czy zaskakującego dopowiedzenia. Bo „bycie w świecie" (tylko na chwilę) jest niewytłumaczalnym zdarzeniem, przypadek „stale zagląda nam w oczy" (*Seans* z tomiku *Koniec i początek*). Co może poetka, której istnienie jest także przypadkiem? W wierszu *Niebo* powie najkrócej: „Moje znaki szczególne / to zachwyt i rozpacz". I nic więcej. Tytułowy wiersz z tomiku *Tutaj* określa granice egzystencji – nie przyzwolenia, ale konieczności. Pozbawieni jesteśmy bowiem swobodnego wyboru:

> Nie wiem jak gdzie,
> Ale tutaj na Ziemi jest sporo wszystkiego.
> Tutaj wytwarza się krzesła i smutki,
> nożyczki, skrzypce, czułość, tranzystory,
> zapory wodne, żarty, filiżanki.
> ....
> I wiem, co myślisz jeszcze.
> Wojny, wojny, wojny.
> Jednak i między nimi zdarzają się przerwy.

Osobne miejsce w przemianach poezji po 1989 roku zajmują nowe tomiki wierszy Tadeusza Różewicza. Już z tego powodu, że wyrastał – inaczej niż Miłosz i Herbert, a po części także Szymborska – z innej tradycji poetyckiej, jest osobny. W momencie debiutu Julian Przyboś, współtwórca krakowskiej Awangardy, uważał go za swojego ucznia. Od początku jednak był to uczeń nie dość pokorny, by iść drogą wytyczoną przez mistrza. Już w tomikach debiutanckich (*Niepokój*, *Czerwona rękawiczka*) można było dostrzec zarówno kontynuacje, jak i rozbijanie zasad awangardowej poetyki. W latach siedemdziesiątych zamilkł jako poeta – pisał dramaty, opowiadania i minipowieści. Na początku lat dziewięćdziesiątych wydał jednak tomik *Płaskorzeźba* (1991), który po części był wyborem dawnych utworów, ale zawierał także wiersze nowe, ogłaszane w czasopismach. *Płaskorzeźba* otwiera nową fazę twórczości poetyckiej Różewicza. Ukazały się po niej kolejne tomiki: *Zawsze fragment* (1996), *Zawsze fragment: recycling* (1998), *Nożyk profesora* (2001), *Szara strefa* (2002), *Wyjście* (2004), *Nauka chodzenia* (2007), *Kup kota w worku* (2008). Istotną właściwością nowych wierszy jest zmiana języka. Jeśli wcześniej język autora *Twarzy trzeciej* realizował wzór neopozytywistów – konkretu, zdań orzekających, sprawdzalnych sądów o rzeczywistości, to teraz dochodzi do głębokiej relatywizacji zdań-sądów. Ta nowa formuła daje się wywieść z refleksji Ludwiga Wittgensteina nad językiem, który w *Dociekaniach filozoficznych* kwestionował istnienie „jednego języka" orzekającego o rzeczywistości; jako zasadę przyjmował wielość języków funkcjonujących w obiegu społecznym, współuczestniczących w grze, kreujących własne wersje „prawdy". Egzystencja indywidualna i życie społeczne istnieją i przejawiają się w języku i poprzez język. Nowa poezja Różewicza nie operuje językiem emocji ani suchej argumentacji, nie ma w niej jednoznacznych rozstrzygnięć, łatwych pouczeń. Jej cechą dominującą staje się przywoływanie, imitowanie, parodiowanie cudzych wypowiedzi, co tworzy szczególny typ dialogowości. W grę wchodzą nie tylko artystycznie ukształtowane wypowiedzi językowe w ścisłym znaczeniu, lecz także „wypowiedzi" twórców w obrazach, rzeźbach, w utworach muzycznych. „Czytanie" cudzych obrazów, częste u Różewicza – niespełnionego historyka sztuki, jest rozpoznawaniem „głosów", gry twórców ze światem. W obszernym poemacie *Francis Bacon czyli Diego Velázquez na fotelu dentystycznym* z tomu *Zawsze fragment: recycling* odnaleźć można taki fragment „czytania cudzego języka":

Bacon osiągnął transformację
ukrzyżowanej osoby
w wiszące martwe mięso
wstał od stolika i powiedział cicho
tak oczywiście jesteśmy mięsem
jesteśmy potencjalną padliną
kiedy idę do sklepu rzeźniczego
zawsze myślę jakie to zdumiewające
że to nie ja wiszę na haku
to chyba czysty przypadek
Rembrandt Velázquez
no tak oni wierzyli w zmartwychwstanie
ciała oni się modlili przed malowaniem
a my gramy
sztuka współczesna stała się grą
od czasów Picassa wszyscy gramy
lepiej gorzej

czy widziałeś rysunek Dürera
dłonie złożone do modlitwy
oczywiście pili jedli mordowali
gwałcili i torturowali
ale wierzyli w ciała zmartwychwstanie
w żywot wieczny

szkoda że... my...

Pełne ekspresji figuratywne obrazy Francisa Bacona są jego grą z obrazami innych mistrzów z przeszłości – parafrazą, dopowiedzeniem, polemiką. Ale głównie grą. Ta zasada uległa zwielokrotnieniu i spotęgowaniu w okresie postmodernizmu. Przestała znaczyć i liczyć się oryginalność dzieła, indywidualny styl wypowiedzi językowej. Wszystko zdominowała imitacja, przywoływanie cudzych sądów jako własnych, ważny okazuje się koncept w ich przekształcaniu. Wielość języków to także wymieszanie kiczów, reklamowej tandety, radiowych i telewizyjnych bredzeń redaktorów, polityków, szamanów-uzdrowicieli itd. *Walentynki (poemat z końca XX wieku)*, z tego samego tomu, dają ironiczną, satyryczną wersję „gier":

w dniu Świętego Walentego
roku pańskiego 1994
słuchałem ćwierkania
pani redaktorki „radia bzdet"

z czarnej skrzynki
promieniował ciepły głos
cip cip cip cipki
– tak wabiły gospodynie
w przedpotopowych czasach
drób – kurki i koguciki
kikiriki
cip cip cip dziewczynki
życzymy wszystkiego naj naj naj
wszystkim zakochanym
bo to dzisiaj ich święto
cip cip cip

Komentarzem do tej parodii jest dopowiedzenie i objaśnienie: „szaleństwo w wielkich domach towarowych [...] / epidemia „ejds" sprawiła / że obyczajem stało się / wręczanie zakochanym prezerwatyw / ozdobionych serduszkami".

Wymieszanie głosów funkcjonujących we współczesnej kulturze masowej, utrwalanych przez mass media, kształtujących wyobraźnię, style myślenia i przeżywania prowadzi do degradacji życia zbiorowego i do degradacji *homo sapiens*, który coraz mniej jest *sapiens*, ulega nowego typu zniewoleniu. Wzrost specyficznego szamanizmu pod koniec XX wieku, popularność znachorów i uzdrowicieli, recept na „długie i szczęśliwe życie", quasi-metafizycznych teorii wywołuje sprzeciw Różewicza, rodzi jego polemikę z Czesławem Miłoszem zauroczonym mistyką Swedenborga:

> szkoda że pism Swedenborga
> nie mógł osądzić Arystoteles
> i Tomasz z Akwinu
>
> wystawiam sobie
> świadectwo ubóstwa
> ale nie mogę
> gasić światła rozumu
> tak obelżywie traktowanego
> pod koniec naszego wieku
>   (*Zaćmienie światła*; *Zawsze fragment: recykling*)

Pojęcie „gry" niekoniecznie kojarzy się z kłamstwem, oszustwem: jest tylko układem różnych języków, czyimś widzeniem świata, wersją indywidualnej „prawdy", bo „biel nie jest tu absolutnie biała / czerń nie jest absolutnie czarna" (*Szara strefa*). „Świat w którym żyjemy / to kolorowy zawrót głowy", ale jest jedynie grą. Intelektualny w swym charakterze spór Różewicza ze światem, ze współczesną cywilizacją jest – właściwość to całej jego twórczości – przejawem nieustannego niepokoju. Poeta wspiera się na doświadczeniach własnych, na tragicznych przeżyciach okresu wojny, czasu, w którym zostały unieważnione podstawowe wartości etyczne, mity utrwalane przez kulturę, religię, sztukę. Współczesna kultura masowa utkana ze stereotypów, fałszywych prawd, propagandy politycznej, reklam handlowych zatarła całkowicie samo pojęcie prawdy.

Zasadą dominującą w nowych tomikach Różewicza, wręcz techniką wypowiedzi, jest nieustanny wewnętrzny dialog podmiotu mówiącego z otoczeniem, z teraźniejszością i szeroko rozumianą przeszłością kultury. Towarzyszy temu szczególnemu dialogowi utrata czy ograniczenie głosu podmiotu mówiącego: zjawiają się wprawdzie przywoływane fragmenty dawnych własnych wierszy (często w zmienionej wersji), ale przeważają ukryte lub jawne cytaty z cudzych tekstów. Nie chodzi o aluzje literackie, o „mówienie cudzym głosem", lecz o specyficznie zmontowaną wielogłosowość. Cytaty nie dotyczą wyłącznie utworów poetyckich, lecz także esejów filozoficznych, a nawet dzieł plastycznych – w interpretacji poety. Tylko w ostatnich tomikach zostali przywołani: Francis Bacon, Diego Velázquez, Rembrandt, Poussin, Luca Della Robbia, Picasso, Bruno Schulz, Leonardo da Vinci, Celan, Nikifor, Rafael, Chełmoński, Heidegger, Klaus Mann, August von Goethe, Miriam, Staff, Tuwim, Lechoń, Jastrun, Freud, Swedenborg, Tomasz z Akwinu, Wondratschek, Beckett, Rimbaud, Schiller, Pound, Miłosz, Kafka, Keats, Dostojewski. Przywołaniom towarzyszą wypowiedzi bohaterów, prawdziwe lub wyimaginowane, fragmenty ich życiorysów. Tworzą razem zbiór „głosów świata". Nie ma w tym zbiorze porządku, hierarchii. Istotna jest sama wielogłosowość, chaos. Tak rozpoznana została przez Różewicza właściwość współczesnej kultury poddanej destrukcyjnemu ciśnieniu przemian cywilizacyjnych. Każdy twórca daje własną wersję świata, ale jest ona tylko cząstką, pojedynczym głosem, a nie całością. Bo nie ma całości. Dawna Różewiczowska koncepcja poezji jako zapisu rzeczywistości nabiera teraz nowego sensu: sztuka – *vox humana* – istnieje jako zbiór fragmentów, także jako „recycling" (śmietnik, gdzie trwa praca nad odzyskiwaniem „surowców wtórnych"). Różewicz nie zamknął się w obrębie tych konstatacji: dąży do stworzenia własnej całości, choć wie, że „to się złożyć nie może". W tle utrwalonego w pamięci jego obrazu świata jest bydlęcy „wagon-pomnik" (z poematu *Nożyk profesora*), w którym wieziono ofiary holokaustu do obozów koncentracyjnych. Wagon-pomnik stoi, utrwala i przypomina, jest jednak dla następców naładowany tylko „banalnym Złem / banalnym strachem / rozpaczą". Ale i to przemija: pojawiają się przecież głosy, że obozów koncentracyjnych nie było, nie było komór gazowych, łagrów itd. Nad wagonem-pomnikiem, nad całą cywilizacją żelaza władzę ma Robigus, mityczny demon rdzy, trawiący metale; zardzewieje i zniknie nożyk profesora zrobiony w obozie koncentracyjnym z obręczy od beczki, zniszczeniu ulegnie wagon-pomnik. Ten nożyk leży na stoliku historyka sztuki (Mieczysława Porębskiego) między jego pracami o Matejce, Kantorze, Jaremiance, Sternie, Brzozowskim, Nowosielskim. Zaraża swoje otoczenie, i sztuka więc podlega władzy Robigusa.

Nowy świat zagospodarują produkty kultury masowej – święto „walentynek" przyczyni się do wzrostu obrotów handlowych; „śmietnik kultury" wzbogacą tandetne „widowiska historyczne", organizowane na stadionach występy gwiazd popkultury, sprzedawane z zyskiem imitacje „żołnierskich strojów" z drugiej wojny światowej. W tle, za plecami tych wydarzeń, trwa walka o „złote koronki", „złote pierścionki" odzyskiwane w czasach holokaustu z ludzkich popiołów, przetopione w sztaby i zdeponowane w bankach. Trzeba wmawiać wszystkim, że krematoriów nie było:

> odbywa się liczenie
> żydów cyganów niemców
> ukraińców polaków rosjan
> czasem rachunek się nie zgadza

popioły wymieszane z ziemią
zaczynają powstawać przeciw sobie
za sprawą żywych
dzielą się i biją

Można by powiedzieć, że poemat *Recycling* przez swoją wielogłosowość, przywołanie (cytowanie) znaków naszej cywilizacji ma kształt utworu orkiestrowego, przewrotnej ekspresjonistycznej symfonii, której trzy części – *Moda*, *Złoto*, *Mięso* – przeczą najpełniej mitom postępu cywilizacyjnego. Pozorny paradoks tekstów z ostatnich tomików wierszy Tadeusza Różewicza polega na tym, że wchłaniają one i przewrotnie wykorzystują podstawowe cechy tekstu postmodernistycznego – fragmentaryczność, wielogłosowość, wymieszanie tekstów obcych i własnych, równouprawnienie kiczu, banału i „sztuki wysokiej", gatunkową niejednoznaczność form. Równocześnie jednak to, co jest podobne do form sztuki postmodernistycznej, służy krytyce, wyrażeniu sprzeciwu, okazuje się sporem. Jest i paradoks drugi: ten, który obwieszczał śmierć poezji spowodowanej przez przemiany cywilizacyjne, staje się żarliwym jej obrońcą. Poezja nie musi bawić odbiorców, nie można jej łączyć z widowiskiem; ironia, którą stale posługuje się Różewicz, jest kategorią intelektualną, oczyszczającą nasze poznanie z mitów, uproszczeń i wmówień.

Miłosz, Szymborska, Różewicz, Herbert tworzą znaczący i niekiedy kłopotliwy horyzont odniesień dla młodszych i najmłodszych. Oczywiście twórcy, którzy próbują zmienić i rozszerzyć mapę poezji po 1989 roku, zmuszeni są do podjęcia dialogu czy sporu z tą tradycją. Nie są z samego zestawienia skazani na rolę poetów *minorum gentium*. Mają swoje indywidualne biografie, drogi twórcze. W różny też sposób doświadczyła ich historia. Wydają jeszcze nowe wiersze poeci należący do pokolenia socrealistów z przełomu lat czterdziestych i pięćdziesiątych, jak Wiktor Woroszylski, który w okresie stanu wojennego należał do antykomunistycznej opozycji (*W poszukiwaniu utraconego ciepła i inne wiersze*, 1988; *Ostatni raz*, 1995), czy urodzony w Szanghaju Andrzej Mandalian (*Strzęp całunu*, 2003; *Poemat odjazdu*, 2007). Rozliczają się nie tyle ze swoją młodością, co z późniejszymi uwikłaniami społecznymi.

Z licznej grupy debiutantów 1956 roku, nazywanych często w uproszczeniu „pokoleniem «Współczesności»", odeszli już najbardziej reprezentatywni – Stanisław Grochowiak i Tadeusz Nowak. Pod koniec życia wydał ostatnie tomiki Jerzy Harasymowicz (m.in. *Zimownik*, 1994; *Samotny jastrząb*, 1995; *Srebrne wesele*, 1997). Kontynuowali twórczość ich rówieśnicy: Jarosław Marek Rymkiewicz (*Zachód słońca w Milanówku*, 2002; *Do widzenia gawrony*, 2006); Urszula

Kozioł (*Wielka pauza*, 1996; *W płynnym stanie*, 1998; *Supliki*, 2005); Ernest Bryll (*Nie proszę o wielkie znaki*, 2002; *W ciepłym wnętrzu kolędy*, 2007). Ale kontynuacje te wyczerpywały się w obrębie wcześniejszych formuł poetyckich, takich jak gra z tradycją, powrót do dawnych form wiersza, negowanie formuł awangardowych.

Nieco młodsi od nich lub tylko później debiutujący, należący po części do Orientacji „Hybrydy" lub też istniejący osobno, bardziej odporni na stylizacyjne imitacje poprzedników (na „antyk", na „barok", na „ludowość"), poszukiwali swego miejsca w układach społecznych bądź w powstających licznych grupach poetyckich. Warto przywołać Krystynę Szlagę (*Spotkanie z manichejczykiem*, 1994; *Czas zyskany*, 2006), Mariana Grześczaka (*Snutki*, 2006), Krzysztofa Gąsiorowskiego (*Powrót Atlantów*, 1992; *Gorgona, mamka bogów*, 2002), Krzysztofa Karaska (*Lekcja biologii i inne wiersze*, 1990), Wojciecha Kawińskiego (*Wieczorne śniegi*, 1989; *Powroty słów*, 1991; *Żelazna rosa*, 1995; *Kręgi zdarzeń*, 1999; *Widok z okna*, 2002; *Dwa lata wierszy*, 2008). I oni, podobnie jak debiutujący nieco wcześniej rówieśnicy, zostali na przełomie lat sześćdziesiątych i siedemdziesiątych poddani ostrej krytyce przez twórców Nowej Fali w głównych manifestach pokolenia „urodzonych po wojnie" – Stanisława Barańczaka (*Nieufni i zadufani: romantyzm i klasycyzm w młodej poezji lat sześćdziesiątych*, 1971; *Ironia i harmonia*, 1973) oraz Juliana Kornhausera i Adama Zagajewskiego (*Świat nie przestawiony*, 1974). Ten spór – jeden z najciekawszych w krytyce literackiej owego czasu – zakończył się zwycięstwem młodych, ale, jak się miało niebawem okazać, było to pyrrusowe zwycięstwo.

Konieczne staje się dziś bliższe określenie Nowej Fali: nie chodzi o dwie grupy poetyckie – „Próby" i „Teraz", lecz o wejście do literatury nowego pokolenia mającego wyraźną świadomość swojej odrębności – urodzonych po wojnie. Za Julianem Kornhauserem (*Międzyepoka*) do Nowej Fali zaliczyć trzeba poetów grupy „Tylicz", a także rówieśników pozostających poza grupami, jak Ewa Lipska (*Ludzie dla początkujących*, 1996; *Sklepy zoologiczne*, 2002; *Drzazga*, 2006; *Pomarańcza Newtona*, 2007; umieszczony w Internecie cykl wierszy *Takie czasy*); Józef Baran (*Dom z otwartymi ścianami*, 2001; *Zielnik miłosny i inne liryki*, 2005; *Taniec z Ziemią*, 2006) czy Janusz Szuber (*Lekcja Tejrezjasza*, 2003; *Glina, ogień, popiół*, 2003; *Czerteż*, 2006; *Pianie kogutów*, 2008; *Wpis do ksiąg wieczystych*, 2009). Nowe wiersze Adama Ziemianina (*List do zielonej ścieżki*, 1993; *Ulica Ogrodowa*, 1996; *„Plac Wolności": wiersze całkiem nowe*, 1999; *Na głowie staję*, 2002; *Co za szczęście*, 2008), pełne życzliwego humoru, opowiadają o emocjonalnym rozpięciu między krainą dzieciństwa (Muszyną) a miejscem

Nowa Fala – ciągi dalsze

zamieszkania (Krakowem). Józef Baran i Adam Ziemianin, powracający pamięcią na swoją prowincję, tworzący mit „krainy szczęśliwości", przekraczają konwencję zamknięcia w wierszach z wczesnych tomików we wcale licznych utworach z podróży po świecie: w tomiku *A wody płyną i płyną* (2004) Józefa Barana są wiersze z podróży do Stanów Zjednoczonych i Australii; w *Notesiku amerykańskim* (2004) Adama Ziemianina – zapiski poetyckie z jego podróży do USA. Nie ma już dawnego zamknięcia w kręgu domu rodzinnego na wsi, zapamiętanej ulicy w miasteczku – świat stanął otworem. Chyba że choroba, jak Januszowi Szuberowi, uniemożliwia opuszczanie rodzinnego Sanoka. Z prezentacji, z przypomnień i odwołań do rodzinnych stron powstaje współczesna wersja poetyckiego regionalizmu – prywatna, emocjonalna, a nie kulturowa. Odwrotne sensy „podróżowania" kryje tomik *Tu ciało, tam dusza* (2004) Jerzego Gizelli, zawiera bowiem dylematy wewnętrzne dotyczące powrotu do kraju z emigracji. Taka jest też zawartość tomiku *Powrót* (2003) Adama Zagajewskiego.

Co łączy tych poetów? W momencie debiutu (z wyjątkiem spóźnionego debiutu Janusza Szubera) na przełomie lat sześćdziesiątych i siedemdziesiątych manifestacyjnie porzucili „cień wojny", którym manipulowała władza dla „utrzymania porządku". Zakwestionowali „nieustanny stan zagrożenia" podtrzymywany w ówczesnej propagandzie, poddając jej język parodystycznej negacji. Prawda o życiu współczesnym, zmitologizowana nieco w wyobrażeniach miasta, buntu, marszu w utworach Kornhausera, Zagajewskiego, Kronholda, Stabry, uzyskiwała polemiczne dopełnienie w wierszach Adama Ziemianina – w obrazie prowincji, domowej biedy, codziennych kłopotów. Grupę „Tylicz" należy traktować jako wewnętrzną opozycję w obrębie tego samego pokolenia. Na prowincji życie toczyło się w innym rytmie niż u Zagajewskiego i Kornhausera; wyglądało jak w wierszu *Rekolekcje* Andrzeja Warzechy:

> Wielki post
> przywożą do miasta misjonarze
> Wypuszczają go ze swej podróżnej torby
> przed samą rogatką
> i w cywilu
> przechodzą przez rynek
>
> Na placu przed kościołem
> jak wrona przez sen
> zaczyna skrzeczeć głośnik
> Kościelny drobno miele popiół
> Placowy poborca przestaje palić
>
> A może nawróci się
> sam przewodniczący

myśli proboszcz
i maluje rekolekcyjny plakat

Po rekolekcjach
misjonarze zabierają ze sobą
wielki post
Głośnik zapada
w letni sen
Poborca zaciąga się mocno
przewodniczący
organizuje nowy wiec

Tego typu wiersze Ziemianina, Warzechy, Gizelli były poetyckim komentarzem do „propagandy sukcesu" po „zmianie władzy" w 1971 roku. Nie wywoływały ostrych reakcji politycznych, ale współtworzyły demaskatorski nurt w stosunku do ówczesnej „nowomowy" – retoryki politycznej. Kontestacyjne programy i wiersze poetów grup „Teraz" i „Próby" przekształcały świadomość społeczną, poszukiwały nowego języka. Zasługą Nowej Fali jest właśnie przygotowanie nowego języka wypowiedzi publicznej. Można powiedzieć, że to, co działo się w poezji na początku lat siedemdziesiątych, a szerzej – w kulturze – fundowało język późniejszej opozycji politycznej. Zagrożenie ze strony tych poetów władza rozpoznała bezbłędnie. Stłamszenie niezależności grup poprzez zakazy druku, ostre interwencje cenzury i represje administracyjne zmieniło całkowicie losy przedstawicieli Nowej Fali już w drugiej połowie lat siedemdziesiątych. Zwycięstwo poetów – pobudzenie świadomości zbiorowej – stało się pyrrusowe, bo poeci musieli zamilknąć. Nieliczni, przymuszeni lub dobrowolnie, opuszczali kraj (Barańczak, Zagajewski, Gizella), ci, którzy pozostali, milczeli lub wydawali swoje utwory w „drugim obiegu" – w wydawnictwach „nielegalnych", pozostających poza kontrolą cenzury.

Pyrrusowe zwycięstwo zmieniło jednak wszystkich. Po 1989 roku nie było już powrotu do entuzjazmu i siły kontestacji z początku lat siedemdziesiątych. Zanikł etos działania grupowego – wypowiedzi poetyckich, w których przeważało zbiorowe „my". Nastał czas lirycznego „ja", znaczonego niekiedy goryczą, elegijną melancholią. Nowe wiersze Adama Zagajewskiego (*Płótno*, 1990, w kraju: 2002; *Ziemia ognista*, 1994; *Trzej aniołowie*, 1998; *Pragnienie*, 1999; *Powrót*, 2003; *Anteny*, 2005; *Niewidzialna ręka*, 2009) prezentują typ poezji refleksyjnej, poezji myśli, a nie emocji, ujmowanych w frazie spokojnej, w stylu wysokim, czystym, bez potocznych frazeologizmów i wulgaryzmów. Jego poezja jest chłodna, oczyszczona z emocji. Bo w poezji liczą się nie emocje, nie sam język – specjalnie uporządkowany – lecz sens. „W poezji – wyjaśniał w szkicu *Uwagi o wysokim stylu* – chodzi bowiem o precyzję i konkretność, słowa są tu poświadczone [...] przez egzystencjalną gotowość, przez doświadczenie, przez nasze życie, przez refleksję, przez chwilę olśnienia" (*Obrona żarliwości*, Kraków 2002, s. 29). To wyznanie określa drogę, jaką odbył poeta od debiutu (*Komunikat*, 1972; *Sklepy mięsne*, 1975), związku z krakowską grupą „Teraz", dawną wiarą w możliwość stworzenia nowego języka poezji, do szczególnej ascezy słowa, niechęci do jego nadużywania, do jego ozdobności. „Doświadczenie życiowe" narastało, wiązało się z pobytem w USA, w Houston, osiedleniem się później w Paryżu, i wreszcie powrotem w 2002 roku do Krakowa. „Egzystencjalna gotowość" kształtowała się na rozległych drogach życiowych, w dokonywanych wyborach, w doskwierającym poczuciu samotności w wielkich miastach, w świecie. W głębokim tle jego wierszy, oprócz samotności, jest zakryta nostalgia. Wyrażana jednak dyskretnie, bez deklamacji. Taki sens ma wiersz *Daleko od domu* z tomiku *Ziemia ognista*:

> Rano niebo było zasłonięte, czarne
> – chmury o nieprzeniknionych,
> orientalnych twarzach,
> nie śpieszyły się nigdzie.
> W południe długie ostrza promieni słonecznych
> zaczęły przechadzać się po dachach miasta
> jak nożyce szukające ofiar.
> Płonęły ogniska, dym kłaniał się władcom,
> a krew – ten wielki nieobecny –
> intonowała swój śpiew gregoriański.

Model liryki pośredniej, dominujący w całej twórczości poetyckiej Zagajewskiego, polega na utrwalaniu emocji w opisach, w rzeczach, w zdarzeniach, w nadawaniu im sensów dodatkowych, metaforycznych i symbolicznych.

Wiersz *Miasto, w którym chciałbym zamieszkać* z tomu *Pragnienie* kreuje – z perspektywy emigranta – semantycznie naznaczoną przestrzeń:

> To miasto zostało zbudowane
> według preludiów Chopina,
> wzięło z nich tylko smutek i radość.
> Niewielkie wzgórza otaczają je
> szerokim pierścieniem; rosną tam
> polne jesiony i smukła topola,
> sędzia pośród narodu drzew.
> Wartka rzeka, płynąca przez śródmieście,
> szepcze w dzień i w nocy
> niezrozumiałe pozdrowienia
> od źródeł, od gór, od błękitu.

Wykreowane miasto zapisuje niewyrażone i nienazwane myśli, pejzaż utrwala skrywane emocje, eksponuje samotność, elegijną zadumę. Jest to pejzaż miasta – bez ruchu, bez ludzi. Inny z wierszy tego tomu, zatytułowany *Długie popołudnia*, daje, jak w fotografii, negatyw tego obrazu:

> To były długie popołudnia, kiedy zanikała poezja
> i zostawałem sam z nieprzejrzystym molochem miasta,
> jak ubogi podróżny, stojący przed Gare du Nord
> ze zbyt ciężką, powiązaną sznurkiem walizką.

Wiersze z tomów wydanych po powrocie do Krakowa nie wymazują emigracyjnego doświadczenia, bo stanowi ono część niezbywalną jednostkowej egzystencji. Czy indywidualne doświadczenie coś znaczy? Czy daje się ono wyrazić w słowach? Bo jednym z wątków w poezji Zagajewskiego jest powracające w różnych konfiguracjach zwątpienie w samą poezję. W wierszu *Idź przez miasto* z tomu *Anteny* wyrazi się to w retorycznych pytaniach: „Czy umiałeś wyrazić choćby małą część całości?", „Czy nie nadużyłeś wysokiego słowa?". Takie nieustanne strofowanie samego siebie („Zbyt wiele elegii. Za dużo pamięci" – *Dym*) tworzy w wierszach Zagajewskiego szczególną antynomię (a może ambiwalencję?) wątpiących i niepewnych myśli zderzanych z niezmiennością i siłą otaczającego świata.

W pamięć, w świadomość poety wpisują się na trwałe miejskie „molochy", pejzaże, odesłania do tradycji, do antycznej Grecji. W swoim doświadczeniu poeta gromadzi przede wszystkim „fakty" utrwalone w kulturze. Nad poezją Adama Zagajewskiego unosi się duch Czesława Miłosza. Poeta różni się od swojego poprzednika, ale wspólny pozostaje wzór poezji refleksyjnej, eksponującej ludzką myśl i kulturową pamięć.

Inną drogą potoczyła się poezja Stanisława Barańczaka (*Widokówka z tego świata i inne rymy z lat 1986–1988*, 1988; *Zwierzęca zajadłość: z zapisków zniechęconego zoologa*, 1991; *Podróż zimowa*, 1994). Jego nadwrażliwość językowa znajdowała ujście w zabawach poetyckich, wierszowankach, lecz także w tonie serio: w interpretacjach poprzez słowo muzyki poważnej. Ryszard Krynicki (*Magnetyczny punkt*, 1996; *Kamień, szron*, 2005; *Wiersze wybrane*, 2009), związany początkowo, jak Barańczak, z poznańską grupą „Próby", osiadły później w Krakowie, od barokowych wierszy z okresu debiutu zmierza do coraz większej zwięzłości – poezji aforystycznej, gnomicznej, operującej paradoksem, antytezą, ujmującej w aspekcie filozoficznym zawikłania w poznawaniu prawdy. Nowe wiersze Stanisława Stabry (*Życie do wynajęcia*, 1996; *Oko Thery*, 2008), rzadko wydawane, sytuują podmiot liryczny w sporze z różnymi przejawami współczesnej kultury. Ale także z samym sobą z przeszłości. Rachunek bywa gorzki, jak w wierszu bez tytułu zaczynającym się od słów – „Przepraszam cię":

> Przepraszam cię że byłem
> rewolucyjnym gówniarzem
> psem gończym
> twojego sprawiedliwego życia
> ....
> twoja wina
> wasza wina
> nasza wielka wielka wina
>
> Teraz moja wina
> przywołuje hańbiący obraz
> ciebie milczącej i nagle
> spokorniałej
>
> oraz kiepskiego Piłata
> z wodą z miednicą
> z ręcznikiem frazesów

Poetyckie rozliczenia Stabry z sobą, z przeszłością, rozliczenia rygorysty, tworzą znaczące napięcia emocjonalne jego wierszy.

Najwierniejszy postulatom grupy „Teraz" pozostał Julian Kornhauser (*Wiersze z lat osiemdziesiątych*, 1991; *Było minęło*, 2001; *Origami*, 2006). Nie oznacza to braku przemiany i rozwoju: chodzi o mówienie wprost, unikanie metaforycznych ozdób i wieloznaczności. Nie ma już jednak młodzieńczego aktywizmu, jest jednoznaczność w ocenie zaobserwowanych faktów. Nie mamy wątpliwości, czego dotyczy wiersz *Teczki* z tomu *Origami*:

> Półtora miliona nazwisk.
> Dwieście czterdzieści tysięcy skatalogowanych.
> Funkcjonariusze i pokrzywdzeni.
> Agenci i kandydaci na agentów.
> A wśród teczek tylko jeden
> żywy mól bez sygnatury.

Uważny obserwator teraźniejszości z rejestrowanych faktów, ich najprostszego zapisu buduje sensy szersze. Wiersz *Spacer z Holubem w maju 1996 roku* ma swoje jednoznaczne przesłanie, choć wynika ono nie z samego nazwania, ale z konstrukcji utworu:

> Na murach w centrum Krakowa
> oślepiające napisy:
> *Jude raus! Tu rządzi Wisła.*
> Po drugiej stronie ulicy:

Jude gang. Cracovia pany!
Miroslav Holub, który mnie pyta, co to znaczy,
nie widzi za sobą wielkiego hasła:
Polska dla Polaków
i dopisanego białą farbą zdania –
Kaczor Donald też był Polakiem.

Umiejętność nadawania podpatrzonym w codzienności szczegółom znaczeń szerszych na prawach metonimii, rozszerzonej metafory, tak ważnej w twórczości Różewicza i Szymborskiej, jest zjawiskiem dość powszechnym w poezji współczesnej. Za Ewą Lipską z wierszy opublikowanych w Internecie można powtórzyć – *Takie czasy*:

> Idę podwórkiem. I nagle
> Podbiega do mnie sześcioletni chłopczyk
> W poziomkach policzków.
> W ręce trzyma drewniany pistolet.
> „Pif! Paf!" strzela w moim kierunku.
> Potem chowa broń do kieszeni.
> „Robota skończona" mówi i odchodzi.

Jaki do tego można dopisać komentarz? Rosną nowe kadry – kształtowane przez współczesną kulturę masową. W kolejnych tomikach wierszy (*Gdzie indziej*, 2005; *Drzazga*, 2006; *Pomarańcza Newtona*, 2007) poetycki katastrofizm stale obecny w wierszach Lipskiej zmienia się w bezradność podmiotu lirycznego, tłamszonego przez nieustanne zderzenia rzeczy wielkich z małymi. Paradoks obejmuje wszystkie przejawy współczesnego życia.

O charakterze poezji w okresie stanu wojennego i przełomu ustrojowego nie decydowały nowe debiuty, choć było ich sporo. Bieg wydarzeń społecznych i politycznych ułatwiał zaistnienie, zamieniając refleksję intelektualną na publicystyczne deklaracje. Wiersze Jana Polkowskiego, Antoniego Pawlaka, Tomasza Jastruna, Romana Chojnackiego, po części także Józefa Barana (*Skarga*, 1988) i Jarosława Marka Rymkiewicza (*Mogiła Ordona*, 1984) nie wnoszą do poezji niczego nowego. Stają się jednak punktem odniesienia dla następców. Poezja stanu wojennego – jednoznacznych deklaracji, wyraźnie upolitycznionych stereotypów, niszczyła to, co akcentował Miłosz, co nazywał „momentem wiecznym" w sztuce. To uwikłanie zmieniło się w rodzaj uzależnienia. Wyjść z owego kręgu uzależnień udało się nielicznym – Krzysztofowi Lisowskiemu (droga od *Ciemnej doliny*, 1986, przez *Wieczorny spacer i inne wiersze*, 1992, do *Niewiedzy*, 2007), który w nowych tomach wierszy, także w prozie, rozwija trudną lekcję zgody na świat. Ale dawne nadzieje i rozczarowania zapisują się w jego poezji tonem elegijnym. Podobnie jest także w poezji Bronisława Maja (*Światło*, 1994; *Elegie, treny, sny*, 2003).

Poezja i cienie polityki

Poezja jest zawsze grą ze światem, nadmierny rozrost poetyckiego ja – w radościach i smutkach – ogranicza rozpoznawanie zewnętrznych uwarunkowań. Z tego zawężenia perspektywy widocznej w twórczości „urodzonych po 1950 roku" inaczej wychodzi Zbigniew Machej (*Kraina wiecznych zer*, 2000; *Prolegomena: nieprzyjemne wiersze dla dorosłych*, 2003; *Wiersze przeciwko opodatkowaniu poezji*, 2007), ożywia współcześnie tradycję poezji kpiarskiej, sowizdrzalskiej. Inaczej także – Kazimierz Brakoniecki (*Moralia*, 2002; *Warmiński budda*, 2007; *Europa minor*, 2007), budując nową formułę warmińskiego regionalizmu. Cieszyn Macheja, Olsztyn Brakonieckiego, Sanok Szubera, Gdańsk Huellego – to nowa konfiguracja geograficzna w literaturze. Będzie się ona rozszerzać w przypadku następnej grupy debiutantów.

Kontynuacje i debiuty

Stan wojenny, który miał zlikwidować narastające od połowy lat siedemdziesiątych konflikty polityczne i ekonomiczne, wyostrzone z chwilą powstania Solidarności, nie mógł być w pełni skuteczny, albowiem od połowy lat siedemdziesiątych rozbudowywał się w kulturze niezależny system ochronny, funkcjonujący poza kontrolą ówczesnych władz. W „drugim obiegu", z narażeniem na aresztowania, funkcjonowały wydawnictwa, czasopisma, w ograniczonym zakresie nawet teatry itd. Sprawą drugorzędną była jakość kolportowanych wierszy, pierwszorzędną – ich użyteczność. Wrogiem stawała się nie tylko ideologia i praktyka realnego socjalizmu, lecz także twórczość poetów i pisarzy tworzących w poprzednim okresie. „Drugi obieg", kiedy już przestał istnieć, wywołał prawdziwą falę prywatnych, manufakturowych druków, czasopism literackich, artzinów, o prowokacyjnie niekiedy bulwersujących tytułach, jak „Przegięcie Pały", „Kau Gryzoni na Serze", „Drut", „Już jest Jutro", „Dobry Jaśko", „Czerwony Kapturek". Czasopisemka te wyrażały opinie skupionych wokół nich wąskich grup młodzieżowych – nie tylko literackich, lecz także muzycznych. Niektóre z nich wyodrębniły się, stały się oficjalnymi ważnymi czasopismami literackimi młodych. Już pod koniec lat osiemdziesiątych zaczął się kształtować „trzeci obieg literacki" – w odróżnieniu od oficjalnego (komunistycznego) i opozycyjnego (solidarnościowego). „Trzeci obieg" atakował oba te opozycyjne wobec siebie układy. W walce z nimi posługiwano się skandalem – poprzez odwołania do języka wulgarnego, do parodii „zadęć" ideologicznych, martyrologicznej stylistyki i zapowiedzi nowego „kombatanctwa".

Z „artzinowych" kontestacji poczęła się wyłaniać już na początku lat dziewięćdziesiątych twórczość poetów urodzonych po 1960 roku. Są inni niż ich starsi o dziesięć lat poprzednicy. Nie tworzyli grup, ale łączył ich „program" porzucenia wielkich haseł i słów – powrót do codzienności. Mistrzem stawał się Frank O'Hara, kontestator negujący „sztuczność" sztuki, odwołujący się do nudy „zdarzeń" na wielkomiejskiej ulicy. *Co nowego w poezji?* – pytał w imieniu swoich rówieśników Sławomir Matusz w tomiku *Mistyka zimą* (1990):

> Frank O'Hara jeszcze
> śpi – sierpień tego lata
> był zimny piwo
> które piłem
> także
>
> kiedy idę moja lewa
> i prawa
> ręka mijają się
> w tym chłodnym powietrzu
>
> stojąc przed tłumem
> będę musiał je skrzyżować
> na piersi lub wsadzić
> do kieszeni [...]

W tym wierszu jest tylko codzienność – najprostsze czynności, banalne sytuacje, banalne spostrzeżenia. „Tłum" (ten z wierszy Kornhausera?) nie wywołuje emocji. Jest w tym przypomnienie, że o egzystencji nie decydują wielkie słowa, głośne deklaracje, mgławicowe idee, lecz banalne czynności. Wiersz *Przeciw romantyzmowi* wyjaśnia sens tak pomyślanej kontestacji:

> 1.
> jeżeli śmierć to jak kocięta
> topione w bagnie i pastylki
> relanium popijane winem
> 2.
> jeżeli śmierć to samemu
> we dwoje a nie za
> Kościół Partię i Ojczyznę
> papierowi kapłani będą
> potem zarzucać nihilizm
> i dekadencję

Sławomir Matusz (*Nie podaję nikomu ręki*, 1985; *Mistyka zimą*, 1990; *Szare mydło*, 1993; *Wakacje*, 1995; *Przewrotka aniołów*, 1999; *Mięśnie twarzy*, 2002; *Cycek Boży*, 2006) wystarczająco wcześnie wyciągnął własne wnioski z ideologicznego i politycznego klinczu końca lat osiemdziesiątych. A równocześnie, co charakterystyczne, eksponował swoje miejsce zadomowienia – region (Sosnowiec, Jaworzno). *Wiersze miłosne i nie* (1994) Andrzeja Stasiuka dopełniały ów sygnał rozproszenia o miejsca odległe – o Czarne i Wołowiec, które ukształtują później jego prozę. Wtórował temu eksponowaniu miejsca zadomowienia – Warmii, Śniardw, Gołdapi – Zbigniew Chojnowski (*Śniardwy*, 1993; *Cztery strony domu*, 1996; *Ląd gordyjski*, 2006). Marcin Świetlicki i Adam Ziemianin, związani z Krakowem, prezentowali nie miasto, lecz jego ulice: Gołębią, Krupniczą, Plac Szczepański, Mały Rynek. Aby zrozumieć wiersz Marcina Świetlickiego *Etos pracy* z tomiku *Zimne kraje* (1992), konieczna jest ścisła lokalizacja:

> Zamiatam schody prowadzące do
> Pałacu Sztuki. Żadna metafora:
> autentyczna historia. Dodatkowe pieniądze.
> Poezja musi jakoś żyć. Poezja
> musi jeść.
> Jest wiosna. Z zimy został brud,
> To białe się tak łatwo przeistacza w mokre,
> ciemne i lepkie. Masa
> niedopałków, ptasich gówien, psich i
> jedno jest prawdopodobnie ludzkie.
> To żadna metafora: autentyczna historia.
> Mój język doprowadził mnie
> do tego miejsca. Chmurzy się,
> deszcz nie zmyje wszystkiego.

Marcin Baran (*Pomieszanie*, 1990; *Sosnowiec jest jak kobieta*, 1992; *Zabiegi miłosne*, 1996; *Bóg raczy wiedzieć*, 2000; *Gnijąca wisienka i inne wcielenia*, 2003; *Mistyka i zmysły*, 2008), Marcin Sendecki (*Z wysokości*, 1992; *Parcele*, 1998; *Trap*, 2008; *22*, 2008) i Marcin Świetlicki mimo epizodu wspólnego pisania nie tworzyli grupy. Ich drogi się rozeszły. Codzienność i banalizm u Marcina Barana przekształcały się w fascynację sferą zmysłową życia, „brudną miłością", autor zdaje się szokować trawestowaniem różnego typu wzorców literackich. U Marcina Sendeckiego „fragmenty rzeczywistości" poddane zostają ironicznym dopełnieniom, w istocie jednak „bohaterem lirycznym" jest sam język, jego niewydolności, i poeta borykający się z wierszem. Postmodernistyczne totemy, takie jak fragmentaryczność, banalizm, gra aluzjami literackimi, nie zmieniły się w stylową odrębność, nie przyniosły osobnego języka poetyckiego dla całej grupy. Odrębną jednak pozycję wśród rówieśników zachowuje Eugeniusz Tkaczyszyn-Dycki (*Nenia i inne wiersze*, 1990; *Peregrynarz*, 1992; *Młodzieniec o wzorowych obyczajach*, 1994; *Liber mortuorum*, 1997; *Przewodnik dla bezdomnych niezależnie od miejsca zamieszkania*, 2000; *Piosenka o zależnościach i uzależnieniach*, 2008), który ze swojego miejsca zadomowienia, pogranicza polsko-ukraińskiego, wyniósł nieco bizantyńską ozdobność frazy, barokowe wymieszanie rekwizytów miłości i śmierci, odwagę mówienia o rzeczach prywatnych.

Poszukiwanie nowego języka wypowiedzi jest w poezji sprawą ważną i niezwykle trudną. Udało się to w znacznym stopniu Marcinowi Świetlickiemu. Jego tomiki wierszy: *Zimne kraje* (1992, także późniejsze dopełnienia *Zimne kraje 2* i *Zimne kraje 3*), *Trzecia połowa* (1996), *Pieśni profana* (1998), *Czynny do odwołania* (2001), *Nieczynny* (2003), *Muzyka środka* (2006), *Niskie pobudki* (2009), przekraczają progi frustracji, kontestacji literackiej z czasów debiutu, prowadzą gorzką i ironiczną grę ze światem. Poetyckie „ja", stale eksponowane, nie jest jednak ekstrawertyczną demonstracją osobowości, lecz rodzajem medium, przez które nieustannie przemawia rzeczywistość. W wierszach Świetlickiego ważna okazuje się przekora, niezgoda na obowiązujące konwencje, ale jeszcze ważniejsza staje się pasja rozpoznawania współczesności. Takie wiersze, jak *Polska*, *Etos pracy* czy *Dla Jana Polkowskiego* z tomiku *Zimne kraje* wyznaczały krąg negacji poezji z okresu stanu wojennego. Odrzucenie formuł poetyckich poprzedników zamanifestował Świetlicki najpełniej w wierszu *Dla Jana Polkowskiego*:

Marcin Świetlicki

> Trzeba zatrzasnąć drzwi z tektury i otworzyć okno,
> otworzyć okno i przewietrzyć pokój.
> Zawsze się udawało, ale teraz się nie
> udaje. Jedyny przypadek,
> kiedy po wierszach
> pozostaje smród.
>
> Poezja niewolników żywi się ideą,
> idee to wodniste substytuty krwi.
> Bohaterowie siedzieli w więzieniach
> a robotnik jest brzydki, ale wzruszająco
> użyteczny – w poezji niewolników.
>
> W poezji niewolników drzewa mają krzyże
> wewnątrz – pod korą – z kolczastego drutu.
> Jakże łatwo niewolnik przebywa upiornie
> długą i prawie niemożliwą drogę
> od litery do Boga, to trwa krótko, niby
> splunięcie – w poezji niewolników.
>
> Zamiast powiedzieć: ząb mnie boli, jestem
> głodny, samotny, my dwoje, nas czworo,
> nasza ulica – mówią: Wanda
> Wasilewska, Cyprian Kamil Norwid,
> Józef Piłsudski, Ukraina, Litwa,
> Tomasz Mann, Biblia i koniecznie coś
> w jidysz.

W tomiku *Schizma* (1994) jest wiersz *Przed wyborami*, dedykowany Marcinowi Sendeckiemu. Tytuł sugeruje konteksty polityczne, określenie się wobec propagandowego sztafażu martyrologicznego ostatnich lat, wobec obiegowych stereotypów w języku społecznym.

Tymczasem „wybory" dotyczą wyrywanych jesienią warzyw („wychodzą z podziemia"), ich przetwarzania. Bo „poezja musi jeść":

> Dzisiaj kupiłem dwa pory na kolację,
> niosłem je za plecami, trzymając jak kwiaty.
> Lato się gryzie z jesienią. Forma ocalała
> i wychodzi z podziemia. Wszystko się układa
> w jeden, wyraźny, doskonały kształt:
> ogród koncentracyjny.

Słowa w tym „banalnym" wierszu przestają być jednoznaczne: zwrot „lato się gryzie z jesienią" odsyła do walki partii politycznych, które zatraciły sens w swoich programach (tylko „forma ocalała"), a „ogród koncentracyjny" mówi nie tylko o produkcji warzywnych koncentratów, lecz także o zniewoleniu, o martyrologicznych skojarzeniach naszej wyobraźni. Świetlicki dokonywał licznych korekt w swoich wierszach, stąd powstawały różne wersje w *Zimnych krajach 2* i *Zimnych krajach 3*. Nie chodziło o złagodzenie kontestacji, zmiany wynikały raczej z samego przekształcania się rzeczywistości. Miasto w pierwszych tomikach wierszy Świetlickiego jest – podobnie jak u Kornhausera czy Zagajewskiego – naturalną przestrzenią poetycką, jeszcze jednak nie wrogą i obcą, nie zanegowaną. Na prawach *pars pro toto* w tomikach następnych jego synonimami stają się powoli piwnice, strychy, brudne podwórza, puste ulice. W kolejnych wersjach *Zimnych krajów* narasta poczucie obcości tego świata, samotności poety. Postulat „powrotu do rzeczywistości", który miał chronić poezję przed „wodnistymi substytutami krwi", zakładał przynajmniej minimalny stopień tolerancji, poszanowania dla „autentycznych historii". Jeśli wszystko podlega negacji – szare ulice pokrywa brud i kurz, słoneczniki (od van Gogha?) leżące w mieszkaniu są „nie do dziobania", ptak okazuje się papierowy, a „okładki książek coraz bardziej zniszczone" (*Późna jesień*; *Schizma*) – to dla poezji nie ma ratunku. Rzeczywistość zostaje zdegradowana, odrzucona, nie jest przeciwwagą dla tego, co w sensie poetyckim podlegało zanegowaniu. Poecie pozostaje zapisywać proces własnego zdegradowania. W tomikach *37 wierszy o wódce i papierosach* (1996), *Pieśni profana*, *Czynny do odwołania* i *Nieczynny* narasta emocjonalne zdegustowanie podmiotu lirycznego, coraz głębsze unieważnienie rzeczywistości, poszukiwanie spełnień zastępczych. Jaki jest więc „bohater naszych czasów" – zagubiony, zmienny emocjonalnie, sfrustrowany:

> obrzydzenie, nienawiść, wiadomo, to zawsze
> było w nim, bo nie umiał kochać, mówił kocham,
> a nie umiał kochać, przyszedł rok temu z chlebakiem

i odszedł z chlebakiem, nie ma nic, niczego
ci nie zostawi [...].

Ten wiersz z tomu *37 wierszy o wódce i papierosach* rozszerza i pseudonimuje sferę odrzuceń – już nie tylko ideologie („wodniste substytuty krwi"), polityka, lecz także nieudane próby emocjonalnych związków świadczą o wewnętrznej pustce w człowieku współczesnym, o pogłębiającej się degradacji i destrukcji. Cytowany wiersz nie jest intymnym wyznaniem poety, lecz obserwacją szerszą, mówiącą o procesach społecznych. Ta obserwacja i postawa, pokrewna gestom zbuntowanych romantyków, zapisuje się w języku Świetlickiego ożywieniem turpistycznej rekwizytorni: ze złamanego drzewa „wyłażą robaki", w piwnicach, na śmietnikach można dotknąć ręką „ciepłych szczurów" itp. Surogatami życia stają się – picie wódki, palenie papierosów, seks uprawiany bez przekonania, bezmyślne wałęsanie się, błądzenie bez celu:

> Kopce byłego śniegu. Były dzień byłego
> życia. Jutro się zmienią dekoracje. Dzisiaj
> krążyć i kluczyć po krótkim odcinku
> ulicy, drzwi otwierać, wchodzić,
> tonąć, na klamce brzytwa, pić gdzie indziej, szybciej,
> nierozsądniej. O końcu wiem, nie wiem
> co pomiędzy.
>
> (*W starym, dobrym stylu*; Pieśni profana)

Jest w tym zapis świadomości generacyjnej urodzonych po 1960 roku, dla których przestała mieć znaczenie ideologia solidarnościowej opozycji po zwycięstwie, po przełomie ustrojowym. Można wskazać źródło pewnej teatralizacji zniechęcenia. Miasto okazuje się rozbudowanym labiryntem współczesnej cywilizacji; jest takim postmodernistycznym „kłączem", w którym nie istnieje żadne centrum, a pędy są tylko samodzielnymi „fragmentami"; jest i pustynią bez granic i historii, a wreszcie – labiryntem. Te ulubione metafory postmodernistów stały się w pokoleniu Świetlickiego toposami w budowanym obrazie świata. Z miasta-labiryntu nie można uciec:

> Wyjechać, żeby odbyć
> rozmowę, żeby odbyć
> stosunek płciowy. Odbić
> i wrócić.
>
> Miasto stoi jak stało. A my
> w skurczach, w odbiciach
> wjeżdżamy.
>
> (*Odbycia*; Pieśni profana)

Zapowiadana w wierszach debiutanckich wierność rzeczywistości, nawet zimnej i zawsze obcej, potęguje w tomiku *Czynny do odwołania* nieustannie narastającą frustrację, wyrażającą się w ciągu „wymiotnych" rzeczowników określających monotonię i nudę życiowych czynności. Mówią o tym tytuły wierszy: *Bolenie, Brejkanie, Burzenie, Chcenie, Delikatnienie, Dnienie, Gadanie, Golenie, Kłamanie* itd. Istotny w języku poetyckim Świetlickiego jest ruch – stały przepływ znaczeń od dosłownego do metaforycznego, od konkretów, wulgaryzmów, do pojęć abstrakcyjnych, od rzeczy do stanów psychicznych. Jest to język poetycki w pełni ukształtowany, błyskotliwy, celny w nazywaniu zjawisk społecznych i psychicznych. Wsłuchajmy się w gorzkie sensy pokoleniowego wiersza *Baczność* z tomiku *Czynny do odwołania*:

> Skończyło się dzieciństwo. Baczność – mówi Pani!
> Skończyło się! – od teraz będziemy chadzali
> czwórkami. Lub parami. Już się nie schowamy.
> Już będziemy zmuszeni głosować. I tańczyć
> wszystkie przedziwne narodowe tańce.
> Będziemy jednym ogromnym różańcem.
> ....
> Więc wywalczymy sobie dostęp
> do ciepłych zagranicznych mórz i internetu.
> Stworzymy jedną supersprawną zgodną
> sieć komórkową. Baczność! Lepsze papierosy,
>
> lepszy alkohol. Wciąż lepsze i lepsze
> podpaski i pampersy, samochody, proszki.

Ostatnie tomiki wierszy (trzeba mieć nadzieję, że nie „ostatnie") *Muzyka środka* i *Niskie pobudki* zapowiada utwór *Świetlicki – reaktywacja*:

> Po rozpadzie, rozkładzie, niebycie, pobycie
> nigdzie – oto już wygrzebuje się
> znikąd i wydobywa się na światło dzienne,
> żeby postraszyć nieco tych zadowolonych,
> że go nie było [...]

Muzyka środka jest tomikiem wyjątkowym w dorobku poety; nie chodzi tylko o prawdziwą maestrię formy, lecz także o stale obecną w poezji Świetlickiego „grę" ze światem zewnętrznym. Bo prawdziwy poeta nie może ograniczać się do analizowania i prezentowania własnych przeżyć i emocji. Narcyz zapatrzony we własne odbicie może być żałosny, wywoływać nie podziw, lecz uśmiech politowania. Jest oczywiste *iunctim* między cytowanym na początku wierszem *Dla Jana Polkowskiego* a wierszem *Wiśniowy garnitur* z tomiku *Muzyka środka*:

I jeszcze powiem: pan nadal należy do partii.
Partia się panu rozpostarła na cały krajobraz.

Partia na pana ramieniu przysiadła i karmi
się wszystkim, co pan czyni i co pan napotka.

Panu partia osiadła normalnie we krwi.
Panu partia usztywnia normalnie kręgosłup.

I jeszcze panu powiem: nie wystarczy się myć,
bo partii się nie zmyje nawet i najnowszą

generacją mydełek.

W *Niskich pobudkach* ten ton sporu ze współczesnością ulega pogłębieniu. Świetlicki nie jest anarchistą, lecz uważnym obserwatorem naszego życia, w którym niezależne myślenie zostało zastąpione różnego typu frazesami „gadających głów" w programach telewizyjnych. Autor *Muzyki środka* i *Niskich pobudek* jest dziś dojrzałym poetą, świadomym swoich możliwości. Wie, że poezja nie polega na eksponowaniu ulotnych wrażeń i prywatnych emocji. Pisanie powieści, którym się ostatnio zajął, pozostaje pracą „na drugim etacie" – ciekawą, ale nie zasadniczą.

Inne drogi do „metafizyki codzienności" (określenie Mirona Białoszewskiego) prowadziły Jacka Podsiadłę. Wydane w 1998 *Wiersze zebrane* (t. 1–2) przyniosły szeroką prezentację jego dorobku poetyckiego. Wydał wcześniej kilkanaście tomików wierszy, ponadto publikował w czasopismach oficjalnych, „artzinowych", w wydawnictwach-efemerydach. Pierwszy tomik – *Nieszczęście doskonałe* – ukazał się w 1987 roku. W twórczości Podsiadły można mówić o pewnym nadmiarze, o brulionowości. Wiąże się to jednak ściśle, przynajmniej w fazie wstępnej, z założeniami programowymi „urodzonych po 1960 roku", z ich buntem przeciwko „poezji doskonałej", skupionej na wypracowywaniu formy, na grze z konwencjami poetyckimi, na imitacjach stylizacyjnych. Poezja, ich zdaniem, winna być wierna życiu, wyprana z naiwnej metafizyki, totalnie podmiotowa; winna zapisywać egzystencję czystą, jednostkową, z jej emocjami, ale i nudą, „bylejakością". Człowiek, ujmowany w kontekście najbliższego otoczenia społecznego i cywilizacyjnego, produktów kultury masowej, jej śmietników, reklam handlowych, nadmiaru zbytecznych informacji, traci zdolność wartościowania. Jedynie pewny jest sam fakt istnienia, bycia wśród rzeczy. Za patrona tych tendencji uznawano Franka O'Harę, za propagatora zaś u nas – Piotra Sommera. W krytyce literackiej lat dziewięćdziesiątych upowszechniły się określenia „oharyzm" i „personizm" (błędnie także – „personalizm").

Jacek Podsiadło

W poezji Jacka Podsiadły tendencje te znalazły wzorcowe, ale i samodzielne odbicie. W pierwszych tomikach widać wyraźne odwołania do twórczości Edwarda Stachury, do jego „życiopisania" (zbliżenie poezji do życia, zapisywanie własnej egzystencji). To Stachura przenosił na nasz grunt mity kultury amerykańskiej – wiecznego trampa, uciekającego przed nudą codzienności, wędrującego z marzeniem o wielkiej miłości. Tramp musi wędrować, bo chce być wolny od konwencji społecznych, od retoryki politycznej, także od posiadania, gromadzenia majątku, od ideałów kultury mieszczańskiej. Ruch hipisów w Ameryce usankcjonował tę mitologię. We wczesnych wierszach Podsiadły bardziej od Stachury niż od hipisów pochodzą „wiersze z drogi", z nieustannej wędrówki po Polsce. Jest i wielka miłość, Anna Maria, zapewne siostra przyrodnia powieściowej Jabłoneczki (*Siekierezada albo zima leśnych ludzi*), choć może również – z niezwykle popularnej wówczas piosenki „Czerwonych Gitar", śpiewanej przez Seweryna Krajewskiego. Także oczywiście z życia, choć imiona „ideału" u Podsiadły często się zmieniały; przeżycia erotyczne – u niego i u rówieśników – nabierały z reguły rysów realnych. Był to przecież czas „rewolucji seksualnej", u nas spóźnionej; warto jednak dodać, że Podsiadło jest prawdziwym mistrzem w subtelnym, śmiałym, ale nie wulgarnym przedstawianiu przeżyć erotycznych. I inne tematy w liryce poety mają taki rodowód – protest przeciwko wojnie, przeciwko państwu ograniczającemu wolność jednostki, przeciwko niszczeniu naturalnego środowiska tworzą kontestacyjną tkankę tej poezji.

Podstawowy jednak okazuje się zapis jednostkowej egzystencji: świata nie daje się zrozumieć, racjonalnie uporządkować. Jednostka musi w sobie wyrobić odwagę bycia w chaosie. W wielu wierszach Podsiadły pojawiają się depresje, myśli samobójcze, zawsze jednak zamyka je aprobujące i najważniejsze: „jestem", a także romantyczna w swym rodowodzie – jak u Stachury – niezgoda na świat i jego zakłamanie moralne. Wyraża to wiersz *Miecz* z tomiku *Odmowa współudziału* (1989):

> kiedy pytali
> za czym głosuję
>   – za Prawdą czarno na białym
>   czy biało na czarnym
>   za Murzynem w fabryce
>   czy na plantacji
>   za Wołgą
>   czy za Missisipi –
> nie mogłem dobyć głosu
> dobyłem miecza:
>   jestem za tym
>   żeby mi wolno być przeciw

„Odmowa współudziału" ma we wczesnych wierszach Podsiadły charakter totalnej, anarchizującej negacji, ironicznej wizji świata rządzonego prawem bezprawia:

historia złodziejstwa
zwana też historią cywilizacji
zaczęła się niewinnie –
od kradzieży małego rajskiego jabłuszka

zakończy ją kradzież
tej wielkiej dyni – globu
a może wszechświata

skąd przyjdzie złodziej
po wszechświat?
kto odczyta
pozostawione przezeń
ślady linii papilarnych?
(***, *Odmowa współudziału*, 1989).

Postawy buntu wygasają w następnych tomikach: w *Arytmii* (1993), *Językach ognia* (1994), w *Niczyje, boskie* (1998), w *Wychwycie Grahama* (1999) i innych. W ich miejsce zjawia się nie tyle zgoda na świat, co na samego siebie, na owo „jestem", poczucie współistnienia, współbycia wśród ludzi. Już tomik *Tak* (1999) zapowiada nową fazę twórczości, jest próbą określenia siebie wobec chaosu:

Jak korek wepchnięty do butelki wina,
jak kamień odrzucony przez budujących,
jak szczur zjadający zatrute ziarno
w piwnicy, pod schodami, którymi chodzą ludzie
– jak wszystko, co żyje
mam tu maleńką sprawę do załatwienia

Zapisać siebie nie tyle w świecie, co wobec świata, utrwalić zdarzenia i myśli, bo w nich kryje się tajemnica życia, jego sens i bezsens, dać świadectwo prawdzie – oto odnaleziony przez Podsiadłę cel poezji. W tej fazie wyrasta ona z kontestacji jak ze zbyt ciasnego ubrania, nie chce być ani protestem, ani naiwną aprobatą. Było to pożegnanie z mistrzem młodości – Stachurą, i zbliżenie się do „życiopisania" Białoszewskiego. Coraz większa jest rola językowych penetracji. Samo pisanie wierszy zmienia się w rodzaj dziennika intymnego, zapisu egzystencji. Poeta z upodobaniem notuje daty dzienne, niekiedy nawet godziny powstania wierszy. Istotną treścią jego „wierszo-pisania" jest samo przeżycie banalnych niekiedy zdarzeń, ważnych jednak jako cząstka „maleńkiej sprawy do załatwienia". Mówi o tym wiersz *Ktoś, kto ma dużo czasu* z tomiku *Tak*:

> Idę przez las, szpalerem drzew.
> Idę, kroczę, niemal maszeruję:
> dobrze mi samemu i staram się nie wierzyć,
> że ktoś, kto ma dużo czasu,
> towarzyszy mi na wszystkich ścieżkach.
> Ze wszystkich sił nie potrzebować.
> Ani Boga, ani kobiety, ani towarzysza broni.
>
> Jednak przedzierając się przez krzaki
> podtrzymuję gałązki, by nie biły po twarzy
> tego z tyłu, podążającego tuż za mną.

Jest to już nie tyle porządkowanie świata, co odwaga bycia pojedynczym, nieustannego zderzania się z tym, co niejasne. Znaczący jest wiersz *Najwyższy porządek: chaos* z tomiku *To all the whales I'd love before* (1996):

> Latami uczyłem skupiać się na jednym.
>
> Aby ujrzeć rzeczy tam, gdzie się zbiegają
> ich nieuporządkowane intencje, łamanie linii ich Dróg,
> przyłapywać je na ostrzeniu konturów,
> w przededniu, w chwili gdy przymierzają się.
> Przez co podzielić swoją uwagę – przez zero logicznego świata?

Jednak w jakiś sposób wyczerpała się formuła poetycka „dziennika intymnego". Ostatnie tomiki – *I ja pobiegłem w tę mgłę* (2000) oraz *Kra* (2005), akcentują wagę formy i wyrafinowanych konstrukcji językowych: jest w nich rozstanie z „banalizmem" i „brulionowością". Może także zniechęcenie do poezji, bo poeta zwraca się ku wypowiedziom prozatorskim.

Od innej strony do podobnych konstatacji dochodzi Marek Czuku. Fizyk z wykształcenia, jest wierny Arystotelesowskiej definicji prawdy – fakty i rzeczy istnieją obiektywnie, niezależnie od świadomości podmiotu poznającego. To, co poza fizyką (metafizyka), w języku wyraża się w trybie warunkowym, w formie pytań, domysłów, przypuszczeń. Ale to nie jest rzeczywistość. A rozpowszechnione obecnie symulakry – symulacje rzeczywistości – odbiera trzeźwo, ironicznie, bo to tylko słowa, złe sny, halucynacje:

> Ileż tu słów zatrutych spływa do morza,
> które pomieści każdy śmieć.
> Ileż tu upadłych świętych
> u wylotu ulic żebrzących o deszcz.
>
> Po co te bunty durne,
> buta butami zdeptana,
> siwe brody zrywane z nastaniem świtu.

Obudźcie się: hardzi i młodzi,
słońca, księżyce i kwiaty
weźcie w osłabłe dłonie,
tak mocno, jak rodak z rodakiem,
i już.
(*Halucynacje*; *Ziemia otwarta do połowy*)

Tomiki wierszy Marka Czuku: *W naszym azylu* (1989), *Książę Albański* (1991), *Jak kropla deszczu* (1998), *Ziemia otwarta do połowy* (2000), *Którego nie napiszę* (2003), *Ars poetica* (2006), zachowują stylową odrębność, ale z rówieśnikami łączy go umiejętność „czytania" miejskiej codzienności, wędrówki po ulicach „wielkiego miasta". Ta codzienność – z obserwacji bezpośrednich, z natłoku medialnych informacji, z „zatrutych słów" – rodzi gorzkie refleksje. Co przyniosła przemiana ustrojowa, czym jest nasze „zburzenie Bastylii"?

Francja subtelnie wtargnęła pod strzechy.
Nasza wymodlona ojczyzna
pławi się teraz w zbytku.
Ptaki poczuły wolność
i latają horyzontalnie.
Mnie nie ma –
zginąłem pod Waterloo.
(*Burzenie Bastylii*; *Ziemia otwarta do połowy*)

Tomik *Ars poetica* podejmuje dialog dotyczący sensu sztuki, sensu poezji, samego pojęcia kultury:

Warstwa na warstwie – tysiące lat.
Mędrca szkiełko i oko.
Zdawkowe uwagi, przypadkowe związki.
A może to tylko sfera psychiki?
Tomy i tony książek, pokolenia
Mnichów i wojowników. Brak słów.

Opisz to, co zobaczyłeś.
W globalnej wiosce mrówki
mrowią się w mrowisku,
faluje firanka, pieje kogut

To tyle szczegółów na teraz.
(*Kamienne kręgi*; *Ars poetica*)

Wiersz tytułowy tomu *Ars poetica* ma charakterystyczne dopowiedzenie: „dom wariatów". Zaczyna się od wielekroć przywoływanego przez poetów zdania Miłosza: „Czym jest poezja, która nie ocala / narodów ani ludzi" (*Przedmowa* z tomu *Ocalenie*, 1945). Zdanie to otwierało długi spór o sens poezji. Podejmował go Różewicz w wierszu *Moja poezja* z tomu *Twarz trzecia*. Twierdził, że jego poezja: „niczego nie tłumaczy / niczego nie wyjaśnia / niczego się nie wyrzeka / nie ogarnia sobą całości / nie spełnia nadziei". Ale też „nie bierze udziału w zabawie", ma określone miejsce i sens. W 1988 roku w tomie wydanym w „drugim obiegu" Ryszard Krynicki wiersz *Silniejsze od lęku* zaczyna od umieszczonego jako motto zdania Miłosza. Ale pytania zadawane przez Krynickiego są już sporem:

> Czym jest poezja, co ocala?
> Jedynie imiona, cienie
> ludzi i rzeczy?
>
> Czym więcej być może, jeżeli nie trwożnym
> jak bicie śmiertelnego serca,
> silniejszym od lęku przed nędzą i śmiercią
> głosem
>
> sumienia? którego narody i ludzie,
> którego nieludzkie wojny i pogromy
> nie potrafią zabić ni
>
> zniweczyć?

Wersja odpowiedzi Marka Czuku na te pytania jest wręcz demaskatorska. Wiara w moc poezji, w jej boskie czy szatańskie pochodzenie, przepadła:

> Niech nam będą wybaczone
> te niepoprawne słowa.
>
> Wiara w dajmoniona
> stała się bowiem przeżytkiem
>
> a poszczególne państwa demonów
> zaludniają kliniki psychiatryczne.
>
> Poezja nie ocali człowieka poczciwego,
> tam gdzie cielec-misiu-cielec
>
> To tylko słodkawe zapaszki
> rozkładającej się twórczości
>
> i świeżego mięska fa-artu
> (*Ars poetica*)

Przywołanie tytułu śląskiego czasopisma, obwieszczającego nadejście epoki postmodernizmu, wyjaśnia tylko, że „mówienie wprost" Marka Czuku jest ostrzeżeniem przed „kłamstwami poezji". Bo ona nic nie może – głos mają wiecowi populiści.

A inni z „urodzonych po 1960 roku"? Paweł Marcinkiewicz, Marcin Baran, Andrzej Niewiadomski, Roman Nowak, Janusz Orlikowski, Katarzyna Szeloch, Mariusz Grzebalski, Tomasz Tikow, Andrzej Samborski, Dariusz Sośnicki, Marzanna Bogumiła Kielar – „opętani dajmonem poezji", prezentujący świadomość swego pokolenia, wydają kolejne tomiki; niektórzy zamilkli, ci, co tworzą nadal, coraz częściej ograniczają się do zapisu przeżyć wewnętrznych. Z zapowiedzi Krzysztofa Koehlera, który poszukiwał swojego języka w powrocie do wzorca poezji kultury, zostało niewiele; tomiki *Nieudana pielgrzymka* (1993), *Trzecia część* (2003) przyniosły więcej programowych zapowiedzi niż spełnień. Artur Szlosarek, „zamieszkały w Berlinie i Krakowie", kojarzony początkowo ze współczesnym nurtem neoklasycyzmu (*Wiersze różne*, 1993; *Popiół i miód*, 1996; *Camera obscura*, 1998), staje się w ostatnich tomikach (*List do ściany*, 2000; *Pod obcym niebem*, 2005) poetą refleksji egzystencjalnej. Paweł Marcinkiewicz, kojarzony z Jackiem Podsiadłą, autor tomików: *Świat dla opornych* (1997), *Tivoli* (2000), *Real* (2004), *Dni* (2009), swoje zapisy codzienności ubarwia humorem i ironią. Jednym z powtarzających się tematów jest pisanie wiersza o niemożliwości napisania wiersza.

Wyczerpywały się więc inspiracje twórcze tej grupy rówieśników. Niektórzy zamknęli się w swoim świecie, zrezygnowali ze sporu czy dialogu z rzeczywistością, zajęli się krytyką literacką. Autor znaczących tomików wierszy – *Oswajanie* (1993), *Okruchy* (1997), *W drodze do Delft* (1998), *Skarby dni ostatecznych: psalmy, epigramaty, lamenty, litanie* (2005), *Victoria: wiersze ostatnie* (2009) – Jarosław Klejnocki, poeta i prozaik, stał się krytykiem literackim swojej generacji. Inni, w tym Marcin Świetlicki, zwrócili się ku powieści, ku prozie.

Z debiutantów urodzonych po 1970 roku niewielu można wyróżnić takich, którzy zbudowali własny język i rozwijali twórczość w następnych latach. Poprzednicy tworzyli swoje światy poetyckie naznaczone postawą kontestacyjną. Spór ze światem otwierał poezję na sprawy społeczne, rzadziej – polityczne, otwierał się także na bliższą i dalszą tradycję. Przynosił aprobatę bądź spór z Miłoszem, Herbertem, także z twórczością poetów Nowej Fali. Ale te dialogowe konteksty wygasały. Młodsi wierzą, że poezja polega wyłącznie na zapisywaniu własnych emocji. Niechęć do tradycji awangardowych, z wyjątkiem odwołań do Różewicza i Białoszewskiego, przyniosła rozszerzenie się tendencji klasycyzujących, widocznych w twórczości Wojciecha Wencla (*Wiersze*, 1995; *Oda na dzień św. Cecylii*, 1997; *Oda chorej duszy*, 2000; *Imago mundi*, 2005), Arkadiusza Frani (*Na przykład mnie nie ma*, 1994; *Na zimnym uczynku*, 1999; *Ale się nie budzę*, 2004) i innych. Ale jest to swoista teatralizacja własnych wyznań, a nie gra z tradycją.

Poetą poszukującym własnego języka był – od momentu debiutu – Jerzy Franczak (*Samoobsługa*, 1997; *Języki lodowca*, 2000; *Król rdzy*, 2006); zmagały się w nim dwie strony jego natury: poety i prozaika. Tomik *Niewidy* (1999) zacierał różnice rodzajowe, a wyobraźnia poetycka zapisywała się później w powieściach i opowiadaniach. Własny język stworzył także Tadeusz Dąbrowski (*Wypieki*, 1999; *Wiersze dla każdego i nie tylko*, 2000; *e-mail*, 2000; *Te Deum*, 2005; *Czarny kwadrat*, 2009); chwalony przez krytykę (może przesadnie?) pozostaje poetą mówiącym o prywatnych emocjach, a uproszczona delikatna fraza sugeruje szczerość, wyzbycie się teatralizacji. Poetką oryginalną, która zbudowała swój świat i język, jest Jolanta Stefko. Odosobniona (mieszka w Lipowej koło Żywca), poza „kawiarnią literacką", patrzy na świat ironicznym i gorzkim spojrzeniem osoby samoistnej, dojrzałej. W jej tomikach – *Po stronie niczyjej* (1998), *Ja nikogo nie lubię prócz siebie* (2001), *Dobrze, że jesteś* (2006), *Przyjemne nieistnienie* (2007), *Omnis moriar* (2008), *Pół książki o psie, pół książki o kocie* (2009) – przeplatają się wątki metafizyczne (fascynacja tajemnicą śmierci) i ironiczne spojrzenie na współczesne pragnienia, wzorce i „wartości" podszyte egoizmem. Tomiki te przynoszą rzetelny dyskurs o jakości emocji, o marzeniach i frustracjach zrodzonych z niespełnień, przede wszystkim o samotności i zwątpieniu:

> Lata dojrzałe lata głupie.
> Kształt świata jak wyrzuconego
> Do przepaści snu. O co i kogo
> Warto prosić. Ludzi by byli dla mnie
> Trochę bliżsi na odległość współczucia.
> Zwierzęta by zabijane mniej
> Cierpiały.
> Boga by nie istniał. Chociaż i
> Tak nie istnieje, chyba.
> Siebie o większą miłość, obojętność.
> (*10 wersów*; *Omnis moriar*)

Poezja kontemplacji nie jest lamentem zagubionej w świecie, lecz demonstracją odwagi w wypowiadaniu tego, co jest niewyrażalne. Odwagi także w odrzucaniu współczesnych postaw, fałszywej skali wartości utrwalonych w życiu społecznym:

> Mieć dziesięć albo
> Dwadzieścia błyszczących aut
> I do tego
> – Kartę rowerową.

Mieć sto albo dwieście
Telewizorów w każdym
Kącie domu o objętości
Dwóch tysięcy mil morskich [...].

Mieć święty spokój dość czyste
Ręce mieć dużo
Głupoty, tyle głupoty
Leniwej i upartej. I całkiem, ale to

Całkiem
– Bezinteresownej
(... a wszystkie rozumy kto
Pozjada?)
(*Bardzo konkretne marzenia*; *Ja nikogo nie lubię prócz siebie*)

W świadomości zbiorowej po 1989 roku zanikła taka postawa. Stoicyzm, smakowanie życia, pozostawanie przy małym – jest czymś podejrzanym. Chronić winniśmy się przed inwazją barbarzyńców, przed zdobywaniem i podbojem, chronić wartości elementarne. Ale jak? Ucieczką od „gonitwy szczurów" w poezji może być wyobraźnia. I wyobraźnia właśnie odzyskuje swoje prawa w twórczości „urodzonych po 1970 roku". Jest widoczna w wierszach Jerzego Franczaka, Jolanty Stefko, a w wersji nieco naiwnej, dziecięcej, w twórczości Eryka Ostrowskiego. Jego tomiki – *Śnieżne Góry* (1996), *Ultramaryna* (1997), *Ludzie, których obecność wystarczy* (2003), *Mięta* (2004), *Muzyka na wzgórzu* (2005) – prezentują nieustający zachwyt nad urodą świata, a równocześnie jest w nich postawa wolontariusza spieszącego z pomocą i opieką w cierpieniu bliźnich. Czy rodzi się nowe poczucie nie kontestacji, lecz zwykłej empatii?

Poezję młodszych i najmłodszych – urodzonych w latach osiemdziesiątych i na początku dziewięćdziesiątych – jest w oczywisty sposób trudno porządkować i weryfikować. Jej formułą główną wydaje się totalna prywatność, niechęć do uczestniczenia w dialogu publicznym. Powstają mniej lub bardziej szczęśliwe zapisy chwilowych wrażeń i przeżyć indywidualnych, rzadko jednak intymnych, sięgających w głąb, demaskujących lub prezentujących ukryte mechanizmy i sprężyny działań jednostkowych, docierających do ciemnej strony natury ludzkiej. Jest coś, co można by nazwać deflacją poezji – nadmierna podaż i zmniejszający się popyt. W ciągu zaledwie kilku ostatnich lat wydano ponad 3000 nowych tomików poetyckich. To już nie małe „zdmuchnięcie" (deflacja) wartości – rygoru językowego i myślowego, właściwego „mowie wiązanej", kondensacji znaczeń, wypracowywania od nowa własnej formy, lecz raczej niezachęcające popowodziowe rozlewisko. Niedostatki niezależnej krytyki literackiej, bo jeśli są ja-

Młodsi i najmłodsi

kieś komentarze, to najczęściej „handlowe", hiperbolizujące, wyraźnie „zamówione", brak merytorycznych osądów, zatrzęsienie „wieczorów poetyckich", których celem okazuje się przede wszystkim nie ocena, lecz marketingowa promocja kolejnego tomiku – wszystko to decyduje o utrwalaniu się popkulturowej magmy. Wydobyć się z niej jest wstępnym zadaniem dla odważnych. W istocie nie działa rynkowy mechanizm selekcji: wszystkie lub prawie wszystkie nowe tomiki są sponsorowane przez samorządy, powstające *ad hoc* fundacje, małe wydawnictwa żyjące z dotacji. Nie liczy się sprzedaż nakładu, ważne są zabiegi o pieniądze na nowe wydanie. Tak kształtuje się pozorowany społeczny obieg nowszej i najnowszej poezji.

W tej grupie poetów są debiutanci, autorzy pierwszego tomiku, są także tacy, którzy wydali już kilka tomików. Karol Samsel jest autorem *Labiryntu znikomości* (2003), *Czasu teodycei* (2007), tomiku *Manetekefar* (2009), ciągle jednak nie odkrył jeszcze własnej drogi, nie wyzwolił się spod zależności od Zbigniewa Herberta. Jacek Dehnel, autor *Żywotów równoległych* (2004), *Brzytwy okamgnienia* (2007), *Ekranu kontrolnego* (2009), pozostaje w kręgu wcześniejszych klasycystycznych formuł poetyckich. Podobny jest typ inspiracji Dominika Górnego (*Delficka przepowiednia*, 2007; *Rozpalić strofy*, 2008), eksponującego z upodobaniem swoją grę z kulturą Hellady. Ale to wakacyjna, wycieczkowa Hellada. Bliżej współczesności umieszcza swoje wiersze Arkadiusz Buczek (*Głęboka czerń: chaos kieszeni*, 2002; *Świat z małej litery*, 2006; *Ptasia grypa i inne rojenia*, 2007), jednak opisywaniu zdarzeń nie towarzyszy ich metonimiczne przetworzenie i dowartościowanie. To samo da się powiedzieć o wierszach Kaspra Bajona (*Pomarańczowy pokój*, 2005; *Miłość do poranków*, 2008). Julia Szychowiak (*Poprawiny*, 2006; *Po sobie*, 2007; *Wspólny język*, 2009) zapewnia, że poezja „dzieje się w środku", że „pisze o tym, czym żyje" – i to jest znacząca propozycja liryki intymnej, jednak tego typu założenia, nazwijmy je programowymi, potęgują trudności. Można uniknąć postawy zakochanego w sobie Narcyza, jeśli własnym wewnętrznym przeżyciom nada się znaczenie bardziej uniwersalne, pozwalające czytelnikom odnaleźć swoje problemy w czytanych wierszach. Czy „znikanie", „niebycie", „nieobecność" jest wyrazem nieautentyczności wewnętrznych przeżyć najmłodszego pokolenia? Zagubienia we współczesnym świecie? To zagubienie wyczytać można z debiutanckich wierszy Karoliny Górniak (*Hegemonia liryki*, 2007), Marcina Biesa (*Atrapizm*, 2009), Michała Wróblewskiego (*Skurcze*, 2008), Magdaleny Krawczak (*Ze zzieleniałymi oczami*, 2009), Rafała Gawina (*Przymiarki*, 2009), Martyny Dudy (*Ze sobą na ty*, 2009), Radosława Sławomirskiego (*Których nie znam*, 2008), Jana Kuliga (*Cisza o wymiarach*

2x5, 2006). W wielu wierszach debiutantów odbijają się na prawach echa młodzieńcze, by nie powiedzieć: szkolne lektury – Herberta, Wojaczka, Białoszewskiego, a nawet Harasymowicza. Jakie będą następne tomiki wierszy całej grupy debiutantów urodzonych po 1990 roku, m.in. Katarzyny Spławskiej (*Co się święci*, 2009) i Krzysztofa Szeremety (*Długi dystans*, 2009)?

Jest coś, co niepokoi w literaturze ostatniego dwudziestolecia, a mianowicie swoista utrata wiary w znaczenie poezji, ucieczka od rygorów formy, od kondensacji jej języka. Wielu poetów porzuca „ogrody" poetyckie, ucieka ku prozie. Ale bywają i wyprawy w przeciwnym kierunku: Kornel Filipowicz, znakomity prozaik, pozostawił tomik wierszy, wydany pośmiertnie, *Powiedz to słowo* (1992); Julian Kawalec wydał tomik *Kochany smutek* (1992), Ryszard Kapuściński – *Prawa natury* (2006). Przetrwało w nich zaufanie do „mowy wiązanej"?

Dramat i teatr w latach 1989–2009

Ze stanu wojennego teatr wychodził osłabiony i to z wielu powodów. Rozpadał się w okresie głębokiego kryzysu gospodarczego dawny układ: budżetowe zabezpieczenia państwowych teatrów stawały się iluzoryczne. Konflikty polityczne lat osiemdziesiątych rozbijały wcześniejsze struktury organizacyjne życia teatralnego; rozsypywały się zespoły skupione wokół wybitnych reżyserów. Zamknięcie teatrów w momencie ogłoszenia stanu wojennego, protesty aktorów w formie „odmowy gry", m.in. w Teatrze Telewizji, a także odmowy pracy pod kierunkiem niektórych reżyserów, „bojkot" dyrektorów itp. – wszystko to osłabiło teatr, ograniczyło jego rolę społeczną, przede wszystkim zerwało stare więzy z widownią. Grzechem środowiska pozostanie, a nie da się tego niczym usprawiedliwić, że poza zespołem teatralnym znalazł się wówczas jeden z najwybitniejszych aktorów polskich – Tadeusz Łomnicki. Nie można w sztuce teatru, w sztuce w ogóle, ustalać właściwych hierarchii na zasadzie „demokratycznego głosowania"; sztuka ze swej natury jest niedemokratyczna – powstaje za sprawą wybitnych indywidualności i stałego sporu z panującymi normami w życiu społecznym.

Sytuacja teatru w okresie wielkich przemian ustrojowych była z wielu względów odrębna, inna niż literatury; nie mógł on wytworzyć w pełni równoważnych form w obiegu pozacenzuralnym. Decydowały o tym uzależnienia tej dziedziny sztuki od warunków materialnych: konieczność właściwej sceny z odpowiednim wyposażeniem

Dramat i teatr 1989–2009

Teatr pod koniec XX wieku

technicznym, z oświetleniem, ze scenografią itd. Przedstawienia realizowane w kościołach, w halach produkcyjnych musiały dostosować się do nieteatralnych warunków. Próby powoływania „teatrów alternatywnych" (Teatr Ósmego Dnia i inne), tworzenia zespołów amatorskich nie wpływały teraz, jak wcześniej po 1956 roku, na przeobrażenia sztuki teatralnej.

W ostatniej dekadzie XX wieku odchodzili lub w sposób naturalny ograniczali swą działalność twórcy, którzy wcześniej decydowali o obliczu teatrów. Nie było Konrada Swinarskiego, z końcem 2002 roku odszedł Kazimierz Dejmek, swą działalność teatralną ograniczyli Jerzy Jarocki, Erwin Axer i Kazimierz Kutz. Do teatrów wchodziło nowe pokolenie reżyserów. Wśród nich można wymienić Jerzego Grzegorzewskiego, Mikołaja Grabowskiego, Krystiana Lupę, Macieja Wojtyszkę, Julię Wernio, Krystynę Jandę, Piotra Cieplaka, Krzysztofa Babickiego, a także – Andrzeja Dziuka, Piotra Tomaszuka, których nazwać można nie tylko reżyserami, lecz również, posługując się starą nazwą „przedsiębiorców teatralnych", antreprenerami; stworzyli bowiem własne teatry w Zakopanem i w Białymstoku. Po 1989 roku, jeśli przyjąć, że jedną z cech postmodernistycznej świadomości jest osłabienie więzi z tradycją, swoiste unieważnienie historii, to teatr nasz nie był gotowy do tej zmiany.

W repertuarach teatralnych końca lat dziewięćdziesiątych obecne są nadal dramaty romantyczne i modernistyczne, choć wyraźnie w innych, egzystencjalnych odczytaniach. Charakterystycznym przykładem mogą tu być inscenizacje Jerzego Grzegorzewskiego (*Dziady – dwanaście improwizacji*, 1995, Stary Teatr; *Noc listopadowa*, 1997, Teatr Narodowy; *Sędziowie*, 1999, Teatr Narodowy; *Nie-Boska komedia*, 2002, Teatr Narodowy). Próby powrotu do repertuaru narodowego, widoczne w latach dziewięćdziesiątych (*Balladyna*, Teatr Narodowy, 1997, reż. A. Hanuszkiewicza; *Nie-Boska komedia*, Teatr Nowy, Poznań 1997, reż. K. Babickiego; *Klątwa*, Stary Teatr, 1997, reż. A. Wajdy; *Wesele*, Teatr Polski, Wrocław 2002, reż. M. Grabowskiego), wygasają z początkiem XXI wieku.

Większą nośność i odporność na działanie czasu wykazywał dramat rodzący się z inspiracji awangardowych: w repertuarach pozostawały dłużej dramaty Witkacego (*Wyzwolenie Nowe*, Teatr im. Witkiewicza, Zakopane 1992, reż. A. Dziuka; *Sonata Belzebuba*, Teatr Miejski, Gdynia 1995, reż. J. Wernio; *Panna Tutli-Putli*, Teatr Powszechny, Warszawa 1997, reż. K. Jandy; *Bzik tropikalny*, Teatr Rozmaitości, Warszawa 1998, reż. G. Horsta). Obecny w repertuarach był także Witold Gombrowicz (*Iwona, księżniczka Burgunda*, Teatr Ludowy, Kraków 1990, reż. J. Stuhra; *Ślub*, Stary Teatr, 1991, reż. J. Jarockiego; *Operetka*, Stary Teatr, 1997, reż. T. Bradeckiego; *Ślub*, Teatr Narodowy, 1998, reż. J. Grzegorzewskiego). Ale zarówno Witkacy, jak i Gombrowicz, jako twórcy nowoczesnego dramatu, z początkiem XXI wieku tracili gwałtownie na znaczeniu. Dokonywało się wyraźne postmodernistyczne przewartościowanie. W repertuarach zachowywali swoje uprzywilejowane miejsca Tadeusz Różewicz i Sławomir Mrożek. W latach dziewięćdziesiątych wystawiano wiele sztuk Różewicza, m.in. *Do piachu*, *Pułapkę*, *Kartotekę*, *Świadków albo Naszą małą stabilizację*, *Spaghetti i miecz*, *Na czworakach*, *Grupę Laokoona* w reżyserii Kazimierza Kutza, Jerzego Jarockiego, Julii Wernio, Jarosława Kiliana i innych. Stale obecny w repertuarach był także Sławomir Mrożek; wystawiono jego *Miłość na Krymie*, *Ambasadora*, *Emigrantów*, *Wielebnych*, *Tango*, *Rzeźnię*, *Pieszo* w reżyserii Erwina Axera, Kazimierza Kutza, Macieja Wojtyszki, Macieja Englerta, Grzegorza Wiśniewskiego. Dramaty Różewicza i Mrożka pozostają w repertuarach teatralnych także w pierwszym dziesięcioleciu XXI wieku. Warto tu przypomnieć realizację *Pułapki* (Teatr im. Horzycy, Toruń 2005, reż. P. Gothára), *Starej kobiety...* (Teatr Ludowy, Kraków 2006, reż. H. Baranowskiego; także: Teatr Mały, Warszawa 2007, reż. S. Różewicza), *Kartoteki* (Teatr Zagłębia, Sosnowiec 2007, reż. J. Wernio), *Śmiesznego staruszka* (Teatr Ludowy, Kraków 2008, reż. J. Porcari) Tadeusza Różewicza; *Miłości na Krymie* (Teatr im. Osterwy, Lublin 2006, reż. K. Babickiego; także: Teatr Narodowy, 2007, reż. J. Jarockiego), *Emigrantów* (Teatr Powszechny, Radom 2007, reż. K. Galosa) Sławomira Mrożka. Ci autorzy tworzą główną kładkę łączącą nowy teatr i młodych reżyserów z tradycją. Rozstanie z dramaturgią romantyczną, modernistyczną, z teatrem Witkacego i Gombrowicza nabiera cech programowych. Są jednak i nawiązania do autorów znanych przed 1989 rokiem: w repertuarach pozostaje Janusz Głowacki (*Antygona w Nowym Jorku*, Teatr Ludowy, Kraków 2004, reż. P. Szalszy), Andrzej Stasiuk (*Czekając na Turka*, Stary Teatr, 2009, reż. M. Grabowskiego), zjawiają się ponownie prawie zapomniani: Ireneusz Iredyński (*Żegnaj, Judaszu*, Teatr Telewizji, 2005, reż. B. Suchockiej; *Seans*, Teatr Bagatela, Kraków 2005, reż. W. Nurkowskiego; *Sama słodycz*, Teatr Współczesny, Szczecin 2006, reż. J. Kowalskiej) i Stanisław Grochowiak (*Szalona Greta*, Teatr Nowy, Łódź 2005, reż. M. Pasiecznego). Obecny jest także surrealistyczny dramat Bogusława Schaeffera (*Kaczo, byczo, indyczo*, Bałtycki Teatr Dramatyczny, Koszalin 2005, reż. E. Żentary; *Multimedialne coś*, Teatr Bajka, Warszawa 2007, reż. K. Piwowarskiej), trochę na prawach przypadku zjawia się Miron Białoszewski (*Wiwisekcja*, Teatr im. Węgierki, Białystok 2008, reż. J. Malinowskiego).

Różewicz, Mrożek

Poza historią

Rozstanie z „myśleniem poprzez historię" jako wyrazista cecha świadomości postmodernistycznej decydowało o głębokich zmianach w sposobach widzenia i rozumienia świata we współczesnej dramaturgii. Dramaty o tematyce historycznej znikły ze sceny, pojawiały się jeszcze w wydaniach książkowych bądź w czasopismach jako narracje historyczne (*Sztuki o Polakach* Kazimierza Brauna, 2006), bądź też jako paraboliczne ujęcia współczesnych konfliktów (*Ogniwo* Witolda Zalewskiego, 2004; *Sarmacja: fantazja historyczna* Pawła Huellego, 2008), niekiedy także jako pretekst do snucia zbyt prostych analogii – zestawiania wydarzeń z 1981 i 1848 roku (*Ostatni rozdział* Krzysztofa Puławskiego, 2005), w wersji specyficznego horroru, jak wydobywanie serca z ciała Fryderyka Chopina w czasie sekcji zwłok w 1849 roku (*Zjedz serce wroga* Michała Bajera, 2005), czy fikcyjnego spotkania Żeromskiego, Wyspiańskiego i Piłsudskiego w 1905 roku i wiecznego „polskiego piekiełka" (*Chryje z Polską* Macieja Wojtyszki, 2007). Pamięć historyczna młodego pokolenia dramaturgów opiera się na mitach domowych, sięga najdalej do doświadczeń dziadków, do echowych odbić różnego typu przypadków z okresu II wojny światowej, jak historia niedźwiedzia, który „chodził" z partyzantami po lasach (*Stefek Partyzant* Mateusza Sidora, 2007), jak analogia między dziadkiem, pijanymi partyzantami, członkiem plutonu egzekucyjnego, i wnukiem (*Refren* Antoniego Wincha, 2007). „Domowe mity", choć rzadziej, dotyczą także okresu stalinowskiego. Winch wyjaśniał w imieniu młodego pokolenia przyczyny dystansu do historii: „Moje pokolenie [...] nie ma potrzeby uzyskania takiej świadomości, po prostu jej nie chce. Cała ta lustracyjna gmatwanina, dawne rozgrywki Urzędu Bezpieczeństwa i te obecne – polityczne – napawają młodych ludzi wstrętem do historii". Nieobecne, co charakterystyczne, w dramaturgii młodszych i najmłodszych są mity pokolenia ojców – Solidarności, „zwycięstwa nad komunizmem". W dramacie Pawła Demirskiego *Wałęsa: historia wesoła a ogromnie przez to smutna* (2005) zjawia się groteskowa wersja wydarzeń; w pustej hali stoczni Maryna Miklaszewska chce odegrać „musical" *Strajk* (2005), nawet nie dramat, lecz musical właśnie – rozśpiewany, wesoły, „a ogromnie przez to smutny".

W dramaturgii młodych dominuje społeczne i polityczne – szeroko rozumiane – „teraz". Byłaby to godna najwyższej pochwały zaleta, gdyby za owym „teraz" postępowała pogłębiona, samodzielna analiza rzeczywistości społecznej, postaw etycznych, stanu świadomości zbiorowej. To, o czym opowiadają młodzi autorzy dramatów, opiera się często na newsach prasowych, telewizyjnych, na atakujących nas zewsząd informacjach o wypadkach, kradzieżach, zabójstwach, aferach gospodarczych, demoralizacji młodych ludzi, o „nadejściu barbarzyńców". Dramat młodych z reguły – w sensie artystycznym – budowany wokół pojedynczego zdarzenia, przypadku, pozbawiony jest najczęściej znaczących prób uniwersalizacji, wyczerpuje się w przedstawieniu jakiejś tezy, w opowiedzeniu pewnej fabuły. Z drugiej jednak strony – jest zapisem, niekiedy prawie reportażowym naszego życia. Przeważają „krzywe lustra", podkreślające przez deformacje różnego typu przejawy choroby. Dramaty przedstawiające przejawy patologii społecznych nie są, jak niekiedy reportaże, interwencyjne, ograniczają się do rejestrowania i prezentacji przypadków, jak w dramacie Małgorzaty Rokickiej *Nieopłacalne* (2007), opartym na głośnym w prasie wyrzuceniu z pociągu młodej dziewczyny przez dwóch zdegenerowanych jej rówieśników. Wylęgarniami zła są patologiczne rodziny, niczego nie mogą zmienić więzienia, psycholodzy, prokuratorzy – jak w dramacie Wacława Holewińskiego *Znieczuleni* (2004); bohaterowie są porażeni złem, bezradni wobec niego okazują się nawet ci, którzy chcieliby zmienić swoje życie; skazani, nawet po wyjściu na wolność, są bezsilni wobec otaczającego ich zewsząd zła. Rzeczywistość zarażona złem obejmuje nie tylko bandytów, także tych, którzy winni dbać o przestrzeganie norm społecznych. Taki jest świat w dramatach i scenariuszach Pawła Sali (m.in. w scenariuszu przygotowywanego filmu *Matka Teresa od kotów* o młodocianych matkobójcach; o nocnych wyścigach samochodowych młodych ludzi ulicami miasta – *Ciemno wszędzie*, 2005; o gangu rodzinnym i „rzeczywistości zarażonej złem" – *Mortal kombajn*, 2004). W dramacie Krzysztofa Bizia (*Śmieci*, 2004) padają gorzkie oskarżenia: przemiany społeczne w kraju spychają na margines nie tylko starych ludzi, lecz także młodych, dotkniętych bezrobociem. Starzy ciągle mają nadzieję, młodzi poddają się wewnętrznym frustracjom, jest w nich pustka i beznadzieja. Te dramaty społeczne, rozgrywające się „gdzieś w Polsce", gdzie rośnie bezrobocie, gdzie powstają „biedaszyby", gdzie „menele" grzebią w wysypiskach, są zapisem rzeczywistości społecznej; rodzą się w niej złe pragnienia; hasło: „lać prokuratorów, sędziów, bogatych" nie jest prostym przejawem anarchii. Bo „gdzieś w Polsce" „policja udaje, że łapie bandytów, prokuratura udaje sprawiedliwość, tylko bandyci są w tym kraju autentyczni".

„Czarne dramaty" i „czarne komedie" dominują w twórczości najmłodszych. Te więzienno-sądowe motywy, także z okresu stalinowskiego, powtarzają się w wielu utworach, mówią o zdruzgotaniu psychiki jednostkowej nie tylko poprzez dawny terror, lecz także przez współczesne uwarunkowania, m.in. w *Nad* (2006) Mariusza Bielińskiego, w *Nocy: słowiańsko-germańskiej tragifarsie medycznej* (2005) Andrzeja Stasiuka, w *Kufehku: dramacie na scenę i film* (2004) Jana

Purzyckiego. Destrukcji ulegają zwykli ludzie: bohaterka dramatu *Greta* (2006) Lidii Amejko jest opiekuńczą matką, prowadzi dom, jednakże co jakiś czas „idzie w tango" – pojawia się nowy konkubent, rodzi się kolejne dziecko. Zło towarzyszy nędzy, jest jej pochodną, ale jest także zakodowane w ludzkich genach, bo „złe oko" miała prababka Grety (Czartoryjańska!), dziedziczy je także Greta. W *Czarnym punkcie* (2008) Andrzeja Dziurawca bezrobotni żyją z okradania ofiar katastrof drogowych na złym zakręcie.

Konflikty polityczne i ideologiczne, wyrastające z przeszłości, pasje lustracyjno-rozliczeniowe pogłębiają patologie życia społecznego: trafiają do nawy kościelnej, do wyimaginowanych obrzędów pogrzebowych, dotykają „grzechu" kobiety, która za uległość wobec „ubeka" chciała uwolnić męża z więzienia (Ireneusz Kozioł, *Pokropek*, 2006). Takie zawikłania budują konflikty w dramacie *Norymberga* (2005) Wojciecha Tomczyka, w *Lustracji* (2007) Krzysztofa Kopki, w scenariuszu filmowym Sławomira Idziaka *Kontakt z hańbą* (2006).

Zwrot w nowych dramatach ku teraźniejszości i ku rzeczywistości społecznej – niezależnie od wielu braków formalnych, niedostatków artystycznych – jest autentyczną wartością. Tworzy nową formułę dialogu z publicznością; treści dramatów uruchamiają bowiem codzienne doświadczenie widzów, którzy „znają to skądinąd", rozpoznają własne przypadki życiowe. Jest to sytuacja trochę jak w teatrze antycznym: widzowie oglądali na proscenium artystycznie ukształtowaną wersję któregoś mitu, ale przychodzili do teatru ze znajomością mitów, które były częścią ich wierzeń. W teatrze antycznym nie chodziło więc o „co", lecz „jak" się opowiada. Trudno byłoby jednak powiedzieć, że owo „jak" jest wartością samoistną w nowych dramatach. Nie można w nich znaleźć tego, co decyduje o wartości utworów na miarę *Na dnie* Maksyma Gorkiego. Materiału przejętego z rzeczywistości starcza jednak – co najwyżej – na gogolowską komedię (*Narty Ojca Świętego* Jerzego Pilcha, 2004). Ponad publicystyczne w swym rodowodzie schematy i konflikty wyrasta *Kopalnia* (2004) Michała Walczaka – przedstawia nie tylko dramat wielopokoleniowej rodziny górniczej, lecz także degradację życia w osadzie, bo kiedy kopalnię zamknięto, wszyscy utracili sens życia, nawet ksiądz stał się „bezrobotnym".

Nowością w młodym dramacie, zwłaszcza w utworach Pawła Sali (*Ifigenia, moja siostra*, 2005) i Anny Burzyńskiej (*Najwięcej samobójstw zdarza się w niedzielę, Nicland*, 2004), jest psychologiczna penetracja postaw młodego pokolenia. Świat po przełomie ustrojowym został już – pełen bezwzględności i okrucieństwa – „zagospodarowany": dla następców pozostają puste gesty, wewnętrzne poczucie niespełnienia, pustka.

Teatr na początku XXI wieku

Głębokim zmianom, może nawet jeszcze głębszym niż dramat, podlegały teatry, zwłaszcza w pierwszym dziesięcioleciu XXI wieku. Skończył się czas stagnacji, zaskoczenia i oczekiwania, nazywanego często kryzysem, wynikającym z rezygnacji państwa z funkcji bezpośredniego mecenasa. Tylko kilka teatrów pozostawało „na garnuszku" ministerialnym, nad innymi opiekę przejmowały samorządy. Ograniczenia finansowe dotyczyły wszystkich. W realizacjach teatralnych, także telewizyjnych, zaczęły przeważać inscenizacje niskoobsadowe i niskonakładowe. Zanikły wielkie sceny zbiorowe, charakterystyczne dla dramatów romantycznych, ograniczeniu uległa scenografia, zmianie także przestrzeń sceniczna – teraz zamknięta, łatwiejsza do zabudowania: wnętrza mieszkań w bloku, wnętrze pubu, baru, celi więziennej, nawy kościelnej, nawet samochodu, wagonu kolejowego nabierają w tych dramatach metaforycznego znaczenia. Przestrzeń sceniczna jest semantycznie nacechowana – mówi o ograniczeniu, zamknięciu, zdeterminowaniu losu bohaterów, o zniewoleniu, o niemożliwości wyrwania się, o utracie wolności i tożsamości. W zamkniętej przestrzeni ograniczeniu ulega także ruch; w sensie teatralnym dramat „staje się" głównie przez tekst, przez dialog postaci. Winien on „prowadzić" akcję, akcentować odpowiednio punkty zwrotne, budować napięcie. Tej trudnej sztuce nie zawsze potrafią sprostać młodzi autorzy. Niekiedy przeważają więc w tekstach „gadające głowy".

Nowy teatr nie ma w inscenizacjach rozmachu teatrów z lat sześćdziesiątych i siedemdziesiątych, ale poczyna wytwarzać własne wartości – dotyka głębiej rzeczywistości społecznej; „kryzys" przemiany przekuł już na nowe, niespotykane wcześniej zjawisko. W kryzysie zaczęły się rodzić – paradoksalnie: jak grzyby po deszczu – nowe teatry: samorządowe, prywatne, uliczne. W samej tylko Warszawie powstało ich ponad dwadzieścia. Przejmowały do swojego użytku opuszczone hale fabryczne, upadające domy kultury, sale kinowe (Teatr Stara ProchOFFnia, Teatr Wytwórnia, Centrum Artystyczne Fabryka Trzciny, Teatr Montownia, Teatr Kamienica, Teatr Komedia, Teatr za Daleki w Warszawie; Teatr Łaźnia Nowa, Teatr KTO, Teatr Mumerus, Teatr Barakah, Teatr Atelier, Teatr Nowy w Krakowie; Teatr na Barce – w Bydgoszczy; Teatr Atelier – Sopot; Teatr Krypta – Szczecin; Teatr pod Gryfami – Wrocław). Za sprawą samorządów bądź prywatnych inicjatyw powstają lub rozwijają szerzej działalność teatry w wielu miastach o mniejszych tradycjach teatralnych: w Elblągu (Teatr Dramatyczny), w Wałbrzychu (Teatr im. Szaniawskiego), w Płocku (Teatr Dramatyczny im. Szaniawskiego), w Zabrzu (Teatr Nowy), w Tarnowskich Górach (Teatr za Lustrem), w Gorzowie Wielkopolskim (Teatr im. Osterwy). Teatry te mają swoje repertuary i swoich widzów, zmieniają wyraźnie mapę teatralną Polski. Powstają w nich znaczące przedstawienia.

Ten gwałtowny wzrost liczby ekip teatralnych wywołał wielkie zapotrzebowanie na nowe sztuki, wpłynął na przemiany zachodzące w dramacie i szerzej – w literaturze. Zapotrzebowanie to miało swoje dobre i złe strony – do dobrych należy liczba powstających tekstów, obecna w nich penetracja rzeczywistości społecznej, do złych – jakość artystyczna utworów, schematyczna kreacja bohaterów i publicystyczno-reportażowa forma konfliktów. W wielu miastach dawne teatry, od lat obecne w życiu teatralnym, wzięły na siebie obowiązek sprawdzania nowych tekstów, dokonywania ich przedwstępnej selekcji. Wykształciły się odrębne formy realizacyjne. W Warszawie Teatr Narodowy prowadzi Studium Dramatu Współczesnego, gdzie nowe utwory są realizowane w postaci „prób czytanych", bez ruchu scenicznego i innych form scenicznego wyrazu. Takie realizacje prowadzą także teatry w Olsztynie (Teatr przy Stoliku), w Gdańsku (Szybki Teatr Miejski), w Sopocie (Teatr przy Stole), w Częstochowie (Teatr im. Mickiewicza). Laboratorium Dramatu w Warszawie, Teatr Logos w Łodzi sprawdzają także jakość konstrukcji dramatu i nośność samego tekstu. Jest w tych realizacjach nawiązanie do dawnej formuły Teatru Rapsodycznego Mieczysława Kotlarczyka, gdzie jedynymi tworzywami były teksty literackie i recytacyjna ich interpretacja przez wykonawców.

Osobnym problemem jest obecnie sposób istnienia nowych tekstów dramatycznych. Wydania dramatów w formie książkowej należą do rzadkości, bo zanikła prawie całkowicie sztuka prywatnego czytania dramatów. Nie dotyczy to oczywiście takich autorów, jak Różewicz, Mrożek, Głowacki, Schaeffer, od lat obecnych w życiu teatralnym. W wypadku młodszych – do ewenementów można zaliczyć: *Lament i inne dramaty* (2003) Krzysztofa Bizia; *Nicland: cztery sztuki teatralne* (2004) Anny Burzyńskiej; *Dwoje biednych Rumunów mówiących po polsku* (2006) i *Między nami dobrze jest* (2008) Doroty Masłowskiej; *Ciemny las* (2007), wydanie własne Andrzeja Stasiuka; *Podróż do wnętrza pokoju* (2009, dwa tomy) Michała Walczaka. „Dialog", miesięcznik poświęcony sztuce teatru, publikuje w ciągu roku 10–11 sztuk; wrocławski „Notatnik Teatralny", kwartalnik, zajmujący się prezentacją i krytyką sztuki teatralnej, sporadycznie publikował nowe sztuki, ale podstawowa część nowych dramatów trafia bezpośrednio do teatrów jako „scenariusz" poddawany inscenizacyjnym obróbkom. Te konkretyzacje tekstów istnieją więc tylko w przedstawieniach, dostępne są na pewnym terenie, gdzie działa dany teatr, i znane są ograniczonej grupie odbiorców. Ich jakość poznawać można prawie wyłącznie z recenzji teatralnych.

Spośród debiutantów, urodzonych po 1960 roku, wyłoniła się już grupa autorów o znaczącym dorobku, którzy przekroczyli barierę „jednego dzieła", nie zamilkli, stale poszerzają swój dorobek. Należą do nich Krzysztof Bizio (1970), autor *Lamentu*, *Śmieci*, *Toksyn*, *Porozmawiajmy o życiu i śmierci*, *Autoreverse*; Anna Burzyńska (1957) – autorka *Mężczyzn na skraju załamania nerwowego*, *Niclandu*, *Najwięcej samobójstw zdarza się w niedzielę*, *Akompaniatora* i in.; Lidia Amejko (1955) – autorka sztuki telewizyjnej *Dwadrzewko*, dramatów *Nondum*, *Farrago*. Utrwaliła się pozycja dwóch młodych dramaturgów: Pawła Sali (1968), autora sztuk *Od dziś będziemy dobrzy*, *Gang Bang*, *Mortal kombajn*, *Ciemno wszędzie*, *Spalenie matki*, i Michała Walczaka (1979), autora *Podróży do wnętrza pokoju*, *Piaskownicy*, *Pierwszego razu*, *Babci*, *Smutnej królewny*, *Kopalni*, *Polowania na łosia*. Sala i Walczak są stale obecni w repertuarach teatralnych. Debiutowali na deskach teatrów także Paweł Demirski (1979) utworami *Wałęsa: historia wesoła a ogromnie przez to smutna*, *From Poland with love*, *Śmierć podatnika czyli Demokracja musi odejść, bo jak nie, to wycofuję swoje oszczędności*; Marek Pruchniewski (1962) – *Wesołe miasteczko: prawie bajka*, *Łucja i jej dzieci*; Marek Kochan (1969) – *Szczęście Kolombiny*, *Karaoke*. Swoją twórczość kontynuuje nieco starszy Andrzej Dziurawiec (1953), dramaturg i scenarzysta, autor *Czarnego punktu*, *Mostu*. Debiutuje prowokacyjną sztuką feministyczną *Macica* Maria Wojtyszko (1982), jest ona także autorką scenariuszy filmowych do seriali telewizyjnych *Doręczyciel* i *Egzamin z życia*.

W dramatach Sławomira Mrożka z lat dziewięćdziesiątych dawne operowanie „typami" w teatrze groteski, absurdu, ustępuje miejsca pogłębieniu psychologicznego rysunku postaci – tak jest w *Miłości na Krymie*, *Wielebnych*, w *Pięknym widoku*. Podobnie jest w *Odejściu Głodomora* i *Pułapce* Różewicza, dramatach nawiązujących do biografii Franza Kafki – tematem właściwym stają się tajemnice psychiki artysty, w jej zawikłaniach tkwią źródła twórczości. Jednakże *Kartoteka rozrzucona* (1994), teatralny gest Różewicza-dekonstrukcjonisty, który na własnym utworze sprawdza nośność współczesnego dramatu, wydaje się bardziej znacząca dla zachodzących przemian. Okoliczności powstania tego dramatu („próby czytane" prowadzone w teatrze przez autora), jak i informacja zawarta w tekście drukowanym, że sztuka nie może być grana w teatrze, wskazują na rozstawanie się Różewicza z teatrem, uznanie jego „śmierci", jak wcześniej „śmierci poezji", odrzucenie konwencji, także tych, których był twórcą, okazały się bowiem niewystarczające dla wyrażenia „nowej realności". Ironia, istotna kategoria konstrukcyjna w *Kartotece rozrzuconej*, każe

„Nowa fala" dramaturgów

Różewicz i Mrożek raz jeszcze

czytać ten dramat jako potwierdzenie wcześniejszej diagnozy – „spadania" człowieka współczesnego „we wszystkich kierunkach". Ogłoszony w 2005 roku „fragment dramatyczny" *Trelemorele* jest parafrazą zamkniętej przestrzeni scenicznej nowego dramatu: swoich bohaterów umieszcza Różewicz w basenie kąpielowym – z wody wystają dwie „gadające głowy". Jest w tym zjadliwa parodia widowisk telewizyjnych.

Cechą kompozycji dramatów Różewicza jest szczególna rola „sytuacji dramatycznych", osobnych, pozornie zamkniętych, stawianych obok siebie, tworzących razem – w wyniku napięć semantycznych między nimi – znaczeniową całość. W *Kartotece rozrzuconej* przechodzi Różewicz do innej formuły, do wielogłosowości będącej zapisem znaczącej cechy współczesnego świata, w której unieważnieniu ulegają granice między „zmyśleniem" i „prawdą", utwierdza się równoważność sprzecznych dyskursów, bytów realnych i wirtualnych. Wielogłosowość przejawia się w tym dramacie także w zderzaniu ze sobą różnych – cudzych i własnych tekstów: głosów świata. Na tej zasadzie mamy sparodiowane fragmenty przemówień naszych posłów w sejmie obok *Kazań sejmowych* Piotra Skargi, wypowiedzi Józefa Piłsudskiego na temat parlamentu obok bełkotu kolejnych mówców sejmowych. W dramat włączone zostały cudze teksty publicystyczne na temat szkolnictwa, kondycji teatru współczesnego, patologii w życiu społecznym itd. Okazuje się, że chaos, wielogłosowość świata, nie jest nagłą chorobą, lecz „stanem naturalnym" trwałym, do którego już przywykliśmy.

Dyskusja o kondycji dramatu współczesnego, wpisywana przez Różewicza w dramat na prawach poetyki immanentnej, okazuje się bliska młodym dramaturgom – znajdziemy ją w utworach Pawła Sali, Michała Walczaka, Anny Burzyńskiej, Lidii Amejko. Mają oni przygotowanie teatralne: piszą scenariusze, reżyserują, zajmują się teoretycznie i praktycznie sztuką teatru. Sama dyskusja przybiera różne postaci – trochę za Januszem Głowackim, który w tytułach swoich utworów na prawach aluzji literackiej przywoływał głośne dzieła sławnych autorów (*Fortynbras się upił*, *Antygona w Nowym Jorku*, *Czwarta siostra*) – pojawiają się dramaty Andrzeja Stasiuka (*Czekając na Turka*) i Marka Kochana *Szczęście Kolombiny* (2009), gdzie tytułowa bohaterka z komedii dell'arte jest we współczesnej firmie „konsultantką do spraw sprzedaży", Arlekin – referentem handlowym, Pantalone – rencistą, „chłopcem do bicia". W dramacie Pawła Sali *Ciemno wszędzie* bohaterowie doświadczają dojmującej pustki we własnym życiu, wypełniają ją „grą ze śmiercią" w szaleńczej jeździe samochodami. W dramacie *Czekaj* Iwony Kusiak, którego akcja zlokalizowana została „w mieszkaniu średniozamożnych ludzi", bohaterka odkrywa „tygrysa w łazience" – to oczywiście gatunek dobrze znany – „tygrys łazienkowy" Sławomira Mrożka. Krzysztof Kopka swój dramat *Palę Rosję!* dedykuje Rosjanom, ofiarom stalinizmu, ale tytuł przywołuje utwór polskiej ofiary terroru – Brunona Jasieńskiego, jego powieść *Palę Paryż*. W dramacie Jakuba Roszkowskiego *Morze otwarte* (2009) krytyka dopatrzyła się analogii z *Nożem w wodzie*, filmem Romana Polańskiego, itd. Aluzje literackie, przywoływanie innych utworów, gra międzytekstowa – to strategie literackie zadomowione w literaturze współczesnej. Odnaleźć je można w dramatach Tadeusza Słobodzianka, w *Śnie pluskwy* (2001) i w *Naszej klasie* (2009), w których nie ograniczają się tylko do przywołań i aluzji literackich, stają się natomiast istotnym elementem oceny współczesności.

Po Gombrowiczu, Różewiczu, Mrożku, Schaefferze, Iredyńskim, Głowackim nowy dramat, prócz fragmentarycznej, nieciągłej akcji, dziedziczy ironię jako postawę światopoglądową, przejawiającą się w konstrukcji dramatu. Małgorzata Sikorska-Miszczuk w „czarnej komedii" *Szajba* (2009) przedstawia szczęśliwą Polskę, która szczyci się dożywotnim premierem i totalną frustracją obywateli. Paweł Passini w dramacie *Odpominanie* (2009) mówi o naszych fałszywych mitach, o „Wielkim Polaku w stanie Postępującej Mineralizacji", o opłakujących wodza „Narodowych Sierotkach". Scena przedstawia „kawał zaoranej ziemi", na której stoi fotel dentystyczny zamiast katafalku. Surrealistyczna makabreska korzeniami swymi sięga do dramatów Witkacego. Marta Spiss w dramacie *Ja TXT* (2007) umieszcza akcję we wnętrzu pustego kościoła, w którym gra organista, tańczy zakonnica, a katechezę i spowiedź prowadzi Czesław Kiszczak, nawrócony „dorabiający" emeryt. Znamiona groteski, stworzonej przez bieg wydarzeń historycznych, nosi dramat *Strajk* (2005) Maryny Miklaszewskiej.

Komedię o cechach satyry społecznej, prezentowaną w latach dziewięćdziesiątych m.in. przez Eustachego Rylskiego (*Zapach wistarii*, 1990; *Netta*, 1997), Filipa Bajona (*Sauna*, 1990), Tadeusza Słobodzianka (*Obywatel Pekosiewicz*, 1989), Pawła Mossakowskiego (*Krótka historia literatury dla klasy wstępującej*, 1991; *Wieczory i poranki*, 1997), Henryka Bardijewskiego (*Guwernantki*, 1992; *Mniejsze dobro*, 1994), Ryszarda Grońskiego (*Bezpruderyjna para*, 1993), Władysława Zawistowskiego (*Farsa z ograniczona odpowiedzialnością*, 1993), zastąpiła groteska eksponująca absurdy współczesnego świata. To nie tylko tradycja Witkacego, Mrożka, lecz także „twórczości dla teatru" Bogusława Schaeffera, wybitnego muzykologa i kompozytora, którego utwory od lat były obecne na deskach teatrów, nie tylko eksperymentalnych. Surrealistyczna groteska Schaeffera-dramaturga „rozgrywa się" zwykle na scenie: dotyczy autora dramatu, tekstu, aktorów, którzy starają się zapanować nad niejednoznaczną materią języka. W *Multimedialnym coś*, w którym ma się zdarzyć benefis kompozytora, siedzącego przy fortepianie, wszystko jest chaosem – aktorzy nie znają tekstu, nie rozumieją swoich ról, autor nie panuje ani nad muzyką, ani nad „pociętym" tekstem dramatu. Chaos, wielogłosowość staje się jednak nowym typem „porządku" na scenie. Wcześniejsze dramaty Schaeffera w formie drukowanej ukazały się razem na początku lat dziewięćdziesiątych (*Utwory sceniczne*, Salzburg, 1992). Nowe realizacje teatralne (*Kaczo, byczo, indyczo*, 2005; *Multimedialne coś*, 2005) pokazują trwałość niezwykłej koncepcji dramatu i teatru autora przewrotnej sztuki *Grzechy starości*. Swoją odrębność zachowują dramaty Tadeusza Słobodzianka, reżysera, współtwórcy Teatru Wierszalin w Białymstoku, (*Ilia Prorok*, 1992; *Merlin – inna historia*, 1993; *Sen Pluskwy, czyli towarzysz Chrystus*, 2000), nawiązującego do tradycji średniowiecznych moralitetów, w realizacji teatralnej – do ludowego widowiska. Jego *Car Mikołaj* trawestuje elementy średniowiecznego widowiska: sceny mansjonowej, w której w czasie uroczystości kościelnych związanych ze Zmartwychwstaniem Chrystusa prezentowano w „domach-scenach" fragmenty Męki Pańskiej. Wierni, zgromadzeni przed kościołem, byli nie tylko widzami, lecz także uczestnikami teatralnych wydarzeń. Formuła teatru Tadeusza Słobodzianka nawiązuje do takich osobnych scen-zdarzeń, choć nie w układzie symultanicznym, prezentowanych równolegle, lecz w scenach następujących po sobie. „Lud" bierze udział w tajemnicy zmartwychwstania „cara Mikołaja". Dramaturgia Słobodzianka zawdzięcza wiele teatrowi Kazimierza Dejmka, jego głośnym realizacjom dramatów staropolskich (*Żywot Józefa* Mikołaja Reja, 1958; *Historya o Chwalebnym Zmartwychwstaniu Pańskim* Mikołaja z Wilkowiecka, 1961). Moralitet Słobodzianka wyprowadza niekiedy przedstawienie z budynku teatralnego, postuluje udział „współwyznawców", zaciera granice między widownią i sceną, między aktorami i widzami. Jest to inna konwencja teatralna, nie tak znów nowa, jeśli przypomnieć *II część Dziadów*.

Schaeffer i Słobodzianek akcentują walor i wagę sztuki teatralnej – realizującej się na scenie poprzez umowność przestrzeni, gest i ruch aktorów, tekst literacki, znaki plastyczne i muzyczne. Te tworzywa teatralne, scalając się – budują semantykę „utworu" scenicznego. Jest w utworach Schaeffera i Słobodzianka obrona odrębności sztuki teatralnej przed „dramaturgią" filmową.

Mass media wyjaławiają naszą świadomość, zamieniają środki teatralnej ekspresji na inne jakości w odbiorze. Patrzymy na „obraz", odbieramy rzecz „wizualnie", „multimedialne coś" – jeśli istnieje – jest więc inne, ograniczone, bardziej jednowymiarowe, bliskie publicystyce. Z telewizyjnej dyskusji o lustracji, od której huczy w „blokach--mrowiskowcach", bo wszystkie telewizory są czynne i słychać je na korytarzach, wynika tylko jedno: „ludzie znów mają hopla, że są śledzeni" (*Lustracja* Krzysztofa Kopki, 2007). W małym sennym miasteczku, gdzie jest rynek, ratusz, karuzela, pomnik, ławki, na których śpi bezdomny i siedzą staruszkowie, realizuje się inny wzór więzi społecznych – plakaty, ulotki wrzaskliwie zachęcają do „głosowania na panią burmistrz" – to inna forma publicznego widowiska: nic się nie zmieniło i nic się nie zmieni (*Wesołe miasteczko: prawie bajka* Marka Pruchniewskiego, 2004). Współczesne mass media kształtują naszą świadomość, ograniczają wyobraźnię i wrażliwość.

Przemiany społeczne, nowe dążenia i nowe mity modelują życie prywatne klasy średniej – konieczny jest „duży dom", „rajdowa bryka", w salonie Kossak i „pędzące konie", mieszczański luksus, kręcąca się „karuzela sukcesu" (Piotr Wojciechowski, *Kraj średniej wielkości*, 2004). Formuła nowego porządku moralnego jest prosta: „zero współczucia, tylko zawiść"; jeśli seks to tylko w sobotę. W niedzielę należy odpocząć, „bo jutro trzeba iść do pracy" (*Karaoke* Marka Kochana, 2006).

Relacje między teatrem, filmem i telewizją nabierają – jak się wydaje – trwałych właściwości świadczących o nowej cywilizacji. Są oczywistą nieuchronnością. To ważna przemiana w kulturze. Co stanie się w przyszłości? Godną uwagi cechą świadczącą o zacieraniu się różnic między teatrem a filmem jest występowanie reżyserów w różnych dziedzinach sztuki. Reżyserzy filmowi tworzą często w teatrach, chętnie także piszą scenariusze filmowe, telewizyjne i sztuki teatralne (Konwicki, Zanussi, Kutz, Wojtyszko). Scenariusz filmowy stał się gatunkiem literackim, istnieje samodzielnie jako tekst. Nie musi być „przenoszony" na ekran. Film wcześniej często adaptował wybitne dzieła literackie. Scenariusze stawały się „gatunkiem literackim", a jednocześnie utwory epickie (powieści i opowiadania) tworzyły podstawę adaptacji filmowych. W latach dziewięćdziesiątych nakręcono *Ogniem i mieczem* (Hoffman), *Wielki Tydzień*, *Pana Tadeusza* (Wajda). Ten typ związku między literaturą a filmem ulega obecnie wyraźnemu ograniczeniu. Trwają jeszcze adaptacje dzieł literackich: Magdalena Piekorz nakręciła *Pręgi* (2005) według scenariusza Wojciecha Kuczoka, opartego na motywach jego powieści *Gnój*; Małgorzata Szumowska swój film *Ono* (2004) oparła na powieści Doroty Terakowskiej; Witold Adamek film *Samotność w sieci* (2006) oparł na motywach powieści Janusza L. Wiśniewskiego; Izabella Cywińska w fil-

Literatura i film

mie *Kochankowie z Marony* (2006) wykorzystała opowiadanie Jarosława Iwaszkiewicza; Janusz Morgenstern w filmie *Mniejsze zło* (2009) – powieść Janusza Andermana; Xawery Żuławski w filmie *Wojna polsko-ruska* (2009) powieść Doroty Masłowskiej. Najczęściej jednak reżyserzy są scenarzystami własnych filmów. Nie utrwalił się u nas jako osobny zawód scenarzysty – autora tekstu. Według własnych scenariuszy kręcili ostatnio filmy: Piotr Matwiejczyk (*Homo Father*, 2005), Paweł Wendorff (*Szaleńcy*, 2005), Krzysztof Zanussi (*Persona non grata*, 2005), Marek Koterski (*Wszyscy jesteśmy Chrystusami*, 2006), Krzysztof Krauze wspólnie z Joanną Kos-Krauze (*Plac Zbawiciela*, 2006), Jacek Bromski (*U Pana Boga w ogródku*, 2007), Andrzej Jakimowski (*Sztuczki*, 2007), Andrzej Wajda (*Katyń*, 2007), Waldemar Krzystek (*Mała Moskwa*, 2008), Jerzy Skolimowski (*Cztery noce z Anną*, 2008), Wojciech Smarzowski (*Dom zły*, 2009). Nie wszystkie fabuły reżyserów odznaczają się wysokimi walorami filmowymi. Czy w tym jest jedna z przyczyn słabości naszej kinematografii?

Proza w latach 1989–2009

"Koniec wieku" w prozie

Inaczej niż w poezji i po części także w dramacie, rok 1989 wyznaczał w prozie "przełom", choć był on tylko gwałtowną wymianą generacyjną, a nie pełną przebudową konwencji literackich, wynikającą ze zmiany ustrojowej. Na początku lat osiemdziesiątych zmarli: Jarosław Iwaszkiewicz (1980), Henryk Worcell (1982), Jerzy Andrzejewski (1983), Miron Białoszewski (1983), Hanna Malewska (1983), Leopold Tyrmand (1985), nieco wcześniej – Jan Parandowski (1978), Stanisław Dygat (1978), Janusz Meissner (1978), Edward Stachura (1979), Antoni Gołubiew (1979). Tuż przed i po 1989 odeszli inni wybitni prozaicy, którzy decydowali o poszukiwaniach artystycznych w dwudziestoleciu międzywojennym, a także po drugiej wojnie światowej. Odeszli: Teodor Parnicki (1988), Leopold Buczkowski (1989), Karol Bunsch (1987), Tadeusz Nowak (1991), Bohdan Czeszko (1988), Maria Kuncewiczowa (1989), Marian Czuchnowski (1991), Andrzej Kuśniewicz (1993), Bogdan Wojdowski (1994), Julian Stryjkowski (1996), Stanisław Czycz (1996), Władysław Lech Terlecki (1999), Marian Brandys (1999), Kazimierz Brandys (2000), Wojciech Żukrowski (2000). Te odejścia prowadziły już w ostatnim dziesięcioleciu XX wieku do zerwania pokoleniowej ciągłości. Debiutanci wchodzili do literatury bez generacyjnego sporu, co – wbrew pozorom – nie ułatwiało debiutów, nie gwarantowało ich jakości.

Inną z przyczyn zerwania ciągłości był kryzys prozy fabularnej w okresie stanu wojennego. Już wcześniej, w 1976 roku, zniechęcenie do prozy fabularnej sygnalizował Tadeusz Konwicki. W *Kalendarzu i klepsydrze* wyznawał: „Wiele lat trzymałem się fabuły, tego mocnego łańcucha, co skuwa rozwichrzone słowa [...]. Ta fabuła prowadziła mnie jak ślepca po trzęsawiskach powieściopisarstwa. No i wreszcie znudziła się, znudziła się zwykle i po prostu [...]. Trzeba złego trafu, że to moje osobiste, incydentalne znudzenie przyszło w takiej chwili, kiedy i inni romansopisarze, i inne mrówy tego mozolnego fachu, kiedy wszyscy wyrobnicy pióra jęli ukradkiem wypuszczać spod siebie tę fabułę jak niepotrzebny już nikomu balast wieziony na wszelki wypadek nie wiadomo dokąd". Wydawało się wówczas, że proza fabularna nie może sprostać dramatyzmowi wydarzeń politycznych, że tylko „literatura faktu" będzie wiarygodna, że fikcja ze swojej niejako natury jest moralnie podejrzana – bo „zmyślenie" łatwo przerodzić się może w „kłamstwo". Powstawały „zapisy", „dzienniki", „notatki z codzienności", „wspomnienia". Jednak tylko Konwicki miał odwagę przyznać, że w swoich „łże-dziennikach" nie pisze prawdy, że daje subiektywną wersję wydarzeń. Przestrzegał przed pułapką „obrzydliwego, minoderyjnego egotyzmu".

Zanika powoli reportaż literacki, przegrywa z reportażem filmowym i telewizyjnym. Od klasycznego reportażu odszedł pod koniec życia Ryszard Kapuściński. Jego *Podróże z Herodotem* (2004), ostatnie tomy *Lapidariów* i *Spacer poranny* (2009) należą już do eseistyki. *Lapidaria* tworzą typ „wypisów" ze zdarzeń, z myśli ludzkich, z kultury. W sumie owe „fragmenty" scala prywatna filozofia Kapuścińskiego. W *Podróżach z Herodotem* pisarz buduje szczególny pomost między wielkim podróżnikiem i *sui generis* reporterem ze starożytności, który opisał świat starożytny, jaki się jawił i jaki był dostępny Grekom, a światem współczesnym – rozszerzonym i równie niepoznawalnym.

Z nowym typem reportażu-eseju spotykamy się u Andrzeja Stasiuka w *Jadąc do Babadag* (2004), a także u Mariusza Szczygła w jego czeskim *Gottland* (2006) i u Krzysztofa Vargi w węgierskim *Gulaszu z turula* (2008). Były to próby opisania krajów Europy Środkowej po odzyskaniu niezależności. Mamy w tych przypadkach do czynienia z wyraźnym usamodzielnieniem się reportażu literackiego, odejściem od jego odmiany publicystycznej, dziennikarskiej. Reportaże-eseje Stasiuka, Szczygła i Vargi łamią zadomowiony w polskiej świadomości potocznej stereotyp „bogatego Zachodu": mówią o krajach i terenach opuszczonych, zaniedbanych, bądź uwikłanych we własne mity etniczne i historyczne. Życie toczy się w nich w innych rytmach i w mniej wystawnych scenografiach – i przez to jest ciekawsze. Jednak eseje i reportaże w latach 2001–2009 nie były wyróżniającą się częścią naszego piśmiennictwa. Czy przemawiały za powrotem do literatury fikcjonalnej? Raczej nie. Niedościgniony wzór *Cesarza* Ryszarda Kapuścińskiego był niemożliwy do powtórzenia. Reportaże jako formy publicystyczne, „gazetowe" – jak się wydaje – przegrywają z filmem dokumentalnym, z reportażem telewizyjnym. Ale to tylko przypuszczenia.

Warto przypomnieć, że próg 1989 roku przekracza jednak grupa pisarzy młodszych, związanych z tak zwaną rewolucją w prozie, skupionych nie tyle na przedstawianiu dramatyzmu zachodzących przemian, co na eksponowaniu językowego charakteru światów przedstawianych, przepływu obrazów rodzących się w świadomości i podświadomości, wreszcie na fascynacji iberoamerykańskim realizmem magicznym. Taki charakter mają utwory Dariusza Bitnera (*Kfazimodo*, 1989; *Bulgulula*, 1996; *Psie dni*, 2001; *Książka*, 2006), Wojciecha Czerniawskiego (*Meduzy wloką się za mną*, 1989), Romana Wysogląda (*Codziennie i przez cały czas*, 1989; *Dzieci niespecjalnej troski*, 1989; *Nie ma w nas ciepła*, 1990), po części także Jerzego Nowosada (*Opowieści przy gasnących świecach*, 1989), Jana Drzeżdżona (*Złoty pałacyk*, 1990; *Szary człowiek*, 1993) i Tadeusza Siejaka (*Dezerter*, 1992; *Książę Czasu*, 1995). Ten typ prozy akcentujący językowy charakter światów przedstawianych, poruszający się na pograniczu rzeczywistości i snu – tworów wyobraźni – ma swoje zmodyfikowane kontynuacje w utworach debiutantów po 1989 roku.

Literatura afikcjonalna – dominująca w prozie „drugiego obiegu" – prezentowana po 1989 roku we wznowieniach i przedrukach, obrastała patyną wspomnień i kombatanctwa. Reprezentatywne dla tych tendencji utwory Marka Nowakowskiego (*Dwa dni z Aniołem*, 1990; *Wilki podchodzą ze wszystkich stron*, 1990; *Raport o stanie wojennym*, nowe wydanie: 1990; *Notatki z codzienności*, 1993) poświadczają tylko, jak trudna była do literackiej fabularyzacji rzeczywistość lat osiemdziesiątych. W „zapisach rzeczywistości" nie tyle utrwalały się fakty polityczne czy społeczne tego czasu, co prywatne interpretacje autorów, ich emocje i frustracje. Tego typu zapisy, należące do „literatury gorącej", szybko tracą na znaczeniu, unieważnia je sam bieg nowych wydarzeń. Można jednak mówić także o próbach powrotu do literatury fikcjonalnej, realistycznej, więc respektującej wyniki obserwacji społecznych. W utworach Tadeusza Siejaka, wcześnie zmarłego, scaleniu podlegała także językowa kreacja groteskowych absurdów ostatnich lat Polski Ludowej – z rozpoznaniami patologicznych i nierozwiązywalnych konfliktów między załogą, związkowcami, nadzorem inżynierskim. „Pozytywny bohater" – rodem jeszcze z wcześniejszego „małego realizmu" – musi przegrać, bo nie ma dla niego miejsca między nakazami władzy politycznej a zbuntowaną i zdemoralizowaną załogą. Prawdę o ostatnich latach Polski Ludowej można odnaleźć także w *Futbolistce* (1998) Mirosława Olędzkiego, historii rodziny robotniczej, powieści bliskiej prozie Siejaka. Do prozy Brunona Schulza i do Dwudziestolecia nawiązuje Piotr Szewc w swoich powieściach *Zagłada* (1987) i *Bociany nad powiatem* (2005); jego umiejętność dostrzegania najdrobniejszych szczegółów otaczającego świata, ich obróbki i interpretacji, poświadcza siłę artystyczną kreacji realistycznych i psychologicznych. Jednakże jest to świat dawny, miniony – małych miasteczek, prowincji, i ludzi, którzy przeminęli. W tych utworach można odnaleźć zalążki współczesnych konfliktów i postaw. Utwory Siejaka, Olędzkiego, Szewca przekonują więc, że proza fikcjonalna może „zapisywać" rzeczywistość intensywniej i bardziej dojmująco niż „dzienniki", „zapiski", „notatki". Utwory Tomka Tryzny: *Panna Nikt* (1994), a zwłaszcza *Taniec w skorupkach* (2007) – „fotoproza" – demonstrują możliwości tego typu ujęć w przedstawianiu dramatów dorastania i dojrzewania bohaterów.

Z twórczością Szewca, Olędzkiego, Siejaka wiąże się w literaturze po 1989 roku wyraźna skłonność do eksponowania i interpretowania najbliższych przestrzeni – miejsca urodzenia lub zamieszkania. Przynosi to umocowanie obrazu literackiego w realnych kontekstach, utwierdza w codzienności, w znanym autorowi pejzażu i bliskiej duchowo przestrzeni. Można w tym widzieć odmianę literackiego regionalizmu. Ma on w poezji i w prozie cechy szczególne. Samo pojęcie „zadomowienia" w określonej przestrzeni tuż po wojnie przeciwstawiane było wielkim „wędrówkom ludów" – ze wschodu na zachód, ze wsi do miasta, kojarzone z opuszczaniem ziem wschodnich i zasiedlaniem terenów przyznanych Polsce na konferencji w Poczdamie. Pozostawała przekształcająca się w mit pamięć o miejscach opuszczonych. Była więc Wileńszczyzna Konwickiego, Kresy Wschodnie Stryjkowskiego, Kuśniewicza i Odojewskiego. Najbardziej dramatyczną wersję „wypędzenia" znajdziemy w poezji i w prozie Erwina Kruka, Mazura, który na terenie swojej „małej ojczyzny" poszukuje śladów po najbliższych, ich dramatów w czasie przesuwających się frontów wojennych, późniejszych prześladowań, wymuszonych wyjazdów do Niemiec. Bo byli „inni" jako ewangelicy i mówiący regionalną gwarą lub po niemiecku.

W młodej prozie po 1989 roku mamy do czynienia z odrębną formułą „literatury regionalnej", inną niż w dwudziestoleciu międzywojennym i w powojennych nostalgiach. Nie chodzi o tereny porzucone, ani o „odzyskane", lecz o „zasiedlone" przez przybyszów, mające swoją przeszłość, swoją odrębną historię, której nie da się unieważnić.

Nowa formuła regionalizmu

W 1990 roku powstaje w Olsztynie Stowarzyszenie Wspólnota Kulturowa „Borussia", eksponujące w poezji i w prozie region Warmii i Mazur. To ziemia, na której warstwami odkładały się dramatyczne losy dawnych Prusów, zniszczonych przez Krzyżaków i Polaków, później – opuszczających swoje ziemie Mazurów-autochtonów po II wojnie światowej. Ziemia ta ma swojego piewcę – Erwina Kruka, autora wstrząsającej *Kroniki z Mazur* (1989); miała wcześniej samorodnego pisarza ludowego Michała Kajkę. Tę tradycję kultywują poeci – Kazimierz Brakoniecki i Zbigniew Chojnowski oraz bliski sąsiad, prozaik – Mariusz Sieniewicz (*Prababka*, 1999; *Czwarte niebo*, 2003; *Żydówek nie obsługujemy*, 2005; *Rebelia*, 2007). Bliskim sąsiadem jest także Ryszard Chodźko (*Anioły*, 1991; *Gadające głowy*, 1991). Literatura kresów północno-wschodnich mówi o trudnych okolicznościach „zasiedlenia", o konieczności tolerancji dla „wysiedlonych", ale także o współczesnym kryzysie społecznym i gospodarczym, przebiegającym ze wzmożoną siłą w tym regionie.

W literaturze przed 1989 rokiem powstawały przestrzenie mityczne – bo to, co opuszczone, co niepożegnane rodzi nostalgie, utrwala się w literaturze. Może być doświadczeniem osobistym pisarza, jak w wypadku Konwickiego, Stryjkowskiego i Kuśniewicza, lub też tylko wyobrażonym, jak u Wielkopolanina z urodzenia Włodzimierza Odojewskiego. Ta mityzacja przestrzeni utraconych miała w naszej historii swoje sensy społeczne i polityczne, wyrażała i nazywała bowiem emocje tych, którzy z konieczności rozpoczynali wielkie wędrówki.

Z podobnymi problemami próbuje się uporać „literatura Pomorza" – Kaszub, Żuław, Gdańska. Znalazła ona swe odbicie wcześniej w prozie Jana Drzeżdżona, a nowe realizacje w powieściach i eseistyce Stefana Chwina (*Krótka historia pewnego żartu*, 1991; *Hanemann*, 1995; *Esther*, 1999; *Złoty pelikan*, 2002; *Dziennik dla dorosłych*, 2008) oraz w powieści Adama Ubertowskiego (*Rezydenci*, 2006). Osobne miejsce zajmuje w gdańskiej literaturze Paweł Huelle. Jego utwory – *Weiser Dawidek* (1987), *Opowiadania na czas przeprowadzki* (1991), *Inne historie* (1999), *Mercedes-Benz: z listów do Hrabala* (2001), *Ostatnia Wieczerza* (2007), *Opowieści chłodnego morza* (2008) – zatopione są w topografii Wybrzeża, w historii jego dawnych i nowych mieszkańców. Akcentują przede wszystkim wielonarodową historię tej przestrzeni, uczą tolerancji wobec „innych".

Swoją „zasiedloną" (w sensie literackim) przestrzeń ma Wrocław (Roman Praszyński, powieści kryminalne Marka Krajewskiego, *E.E.* Olgi Tokarczuk); ma Kraków – m.in. w powieściach Sławomira Łuczaka, Sławomira Shutego i Marcina Świetlickiego (*Dwanaście*, 2006; *Trzynaście*, 2007; *Jedenaście*, 2008). Kraków w tych powieściach traci swoją sakralność, staje się miastem knajp, pijaków, drobnych przestępców. To inne – nocne, ciemne, a nie turystyczne miasto. Swoich pisarzy ma także Warszawa – Marka Nowakowskiego (z nowszych opowiadań – *Stygmatycy*, 2005), z młodszych – Dorotę Masłowską (*Wojna polsko-ruska pod flagą biało-czerwoną*, 2002; *Paw królowej*, 2005), Juliusza Strachotę (*Oprócz marzeń warto mieć papierosy*, 2006; *Cień pod blokiem Mirona Białoszewskiego*, 2009), Tomasza Piątka (*Pałac Ostrogskich*, 2009), Magdalenę Tulli (*Sny i kamienie*, 1995; *W czerwieni*, 1998) i wielu innych. Co kryje się za tym regionalizmem? Diagnoza życia społecznego – inna niż w oficjalnych programach i deklaracjach? Może. Ale także próba oswojenia przestrzeni miejskiej, przemian cywilizacyjnych, tragicznej historii wielu regionów kraju. Nie chodzi o jej odtworzenie, lecz o oswojenie.

Młodzi prozaicy po 1989 roku mogliby – za Marcinem Świetlickim – powtórzyć: „trzeba otworzyć okno i przewietrzyć pokój". Ale nie mogą zlekceważyć poszukiwań bezpośrednich poprzedników. Trzy powieści Wiesława Myśliwskiego – *Kamień na kamieniu* (1984), *Widnokrąg* (1996) i *Traktat o łuskaniu fasoli* (2006) – mówią więcej o dramatach i przeżyciach ludzi uwikłanych w polityczne absurdy minionego czasu niż „literatura dokumentarna" lat osiemdziesiątych. A równocześnie jest w nich wykreowany najbliższy pisarzowi region – Sandomierszczyzna. Istnieje on w wymiarze współczesnym, wspomnieniowym, mitycznym. Proza Wiesława Myśliwskiego, także jego dramaty (*Złodziej*, *Klucznik*, *Drzewo*, *Requiem dla gospodyni*), mają wymiar szczególny – mieszczą się w nurcie prozy realistycznej, ale równocześnie stale przekraczają jego ograniczenia. Czy doświadczenia powieści XX wieku prowadzą do odrzucenia realizmu jako metody twórczej, do jej unicestwienia? Czy też jest możliwe stworzenie nowej postaci – scalającej tradycję z nowoczesnością? Czy nowa powieść musi się rzeczywiście rozstawać ze swym naturalnym przeznaczeniem – fabularyzacją doświadczeń społecznych, historycznych, egzystencjalnych człowieka, ich artystycznym wyrażeniem i scaleniem? Każda z powieści Myśliwskiego w momencie ukazania się była wydarzeniem literackim, wywoływała entuzjastyczne opinie krytyki. Poszukiwania na terenie powieści w XX wieku skupiały się na proponowaniu nowych form narracji („narracja personalna", „strumień świadomości", „monolog wypowiedziany"), na eksperymentach z czasem powieściowym („czas narracji", „czas zdarzeń", „czas środowiska"), na łączeniu narracji ciągłej z formami wypowiedzi właściwymi dramatom, liryce, reportażom, esejom. Te eksperymenty nie naruszyły jednak podstaw gatunku, uelastyczniły go i zwiększyły jego możliwości.

Wiesław Myśliwski

Wiesław Myśliwski sceptycznie odnosi się do wszelkich mód literackich, takich, w których poszukiwanie formy zmienia się w cel i staje się etykietą reklamową utworu. Ale określenie „powieściopisarstwo tradycyjne" w wypadku Myśliwskiego jest w istocie fałszywe. Bo są to powieści tradycyjne przez fakt, że respektują zasady epickości; są nowoczesne zarazem – dokonuje się w nich bowiem szczęśliwe scalenie niezbywalnych reguł epiki i zasad wyrastających z XX-wiecznych poszukiwań artystycznych. W każdej powieści Myśliwskiego ważny staje się nie tylko temat, problem, lecz także osobne „zadanie warsztatowe" – cała rozległa sfera ujęć artystycznych. Myśliwski unika powtórzeń, nowa powieść jest niejako „pierwszą" jego powieścią, prawie debiutem, zadaniem artystycznym rozwiązywanym od początku. W przeszłości tylko w prozie Wacław Berenta można by odnaleźć pewne analogie. Ta dyscyplina warsztatowa, ostry rygor tłumaczą rozmiary pisarstwa Myśliwskiego: między kolejnymi utworami upływały lata. I taki jest status jednego z najwybitniejszych twórców w prozie współczesnej. Wyrastał z nurtu chłopskiego, żywo rozwijającego się od końca XIX wieku. Jednak tylko nieliczni (Kawalec, Nowak) przekroczyli ideologiczne ograniczenia tego nurtu. Podstawową przestrzenią poszukiwań artystycznych Myśliwskiego pozostaje kultura chłopska, ale nie jako zmitologizowana folklorystyczna skamielina, wartość bezwzględna, lecz punkt wyjścia wielkich historycznych przemian. Ów „punkt wyjścia" w dorobku Myśliwskiego stanowi pierwsza powieść, *Nagi sad* (1967), poświęcona kulturowym przemianom – narodzinom pasji edukacyjnych w klasie chłopskiej. W *Pałacu* (1970), powieści podobnie jak poprzednia metaforycznej i parabolicznej, zostaje zapisany ważny moment przemiany: po II wojnie światowej: do magnackiego pałacu po ucieczce właścicieli wkracza „pastuch". Zwycięzca, którego historia i rewolucja wprowadziły na pałacowe salony, zdolny jest jednak tylko do imitowania i naśladowania poprzednich właścicieli. Nie potrafi wypełnić zdobytej przestrzeni nowymi formami – może naśladować lub w geście buntu spalić pałac. *Nagi sad* i *Pałac* były powieściami-parabolami, ewokującymi znaczenia nadbudowane nad strukturami fabularnymi. Ta właściwość ulega zmodyfikowaniu w kolejnych powieściach: *Kamieniu na kamieniu*, *Widnokręgu* i *Traktacie o łuskaniu fasoli*. Narracja paraboliczna zostaje cofnięta w głąb fabuły, zakodowana w jej porządku, w doborze epizodów, a na plan pierwszy – wydobyty zapis rzeczywistości społecznej i historycznej. Zawsze jednak przeprowadzany przez doświadczenia konkretnej postaci, przez jej przeżycia, klęski życiowe, ale i jej osadzenie w codzienności, w warunkach dyktowanych jednostce przez otoczenie, przez historię.

Wielka epika w wykonaniu Myśliwskiego realizuje się nie w prezentowaniu ważnych wydarzeń historycznych niejako *ex cathedra*, lecz w doświadczaniu historii przez jednostkę, w organizowaniu i determinowaniu jej egzystencji przez zdarzenia zewnętrzne. Bo historii nie możemy wyminąć, stanąć obok, przyglądać się biegowi wydarzeń. Jesteśmy jej podmiotem i przedmiotem równocześnie. Zaznacza się to w wyborze i usytuowaniu narratorów: w *Kamieniu na kamieniu* narratorem jest chłop, doświadczony przez los, zdruzgotany, który chce już tylko wybudować na cmentarzu grobowiec dla rozproszonej po kraju rodziny, i przy okazji niejako opowiada zdarzenia ze swojego życia; w *Widnokręgu* narrator prezentuje swoje życie poprzez stałe poszerzanie przestrzeni egzystencjalnej – domu rodzinnego, na poły wiejskiego, edukacji w małym mieście i życia „w świecie"; w *Traktacie o łuskaniu fasoli* narracja zostaje sprowadzona do pierwszego kręgu: stary człowiek już tylko czeka i wspomina. Ta ostatnia powieść tytuł zawdzięcza zapewne trzem „traktatom" Miłosza (*Traktat poetycki*, *Traktat moralny*, *Traktat teologiczny*), w których poeta rozstrzygał sprawy sztuki, etyki i metafizyki. „Traktat" oznaczał nie tylko rozprawę, diagnozę, lecz także swoistą kodyfikację prawd uniwersalnych. „Łuskanie grochu" jest gorzką, ironiczną diagnozą naszych starań, błądzeń, prób zrozumienia egzystencji. Można o niej powiedzieć tylko, że jest, że jej przebiegi są indywidualne, że rządzi nimi przypadek.

Walorem prozy Myśliwskiego, podstawą jej formuły epickiej, jest umiejętność wypełniania narracji niezliczoną ilością szczegółów – podpatrzonych, zapisanych w pamięci, utrwalonych, a zarazem uwolnionych od literackiego autobiografizmu. W *Widnokręgu* rozpoznajemy zarówno przedmieścia, podmiejskie rudery, schody drewniane (już dziś nieistniejące) prowadzące po skarpie do miasta, gimnazjum i liceum, kościoły i zabytki. Ale jawny autobiografizm w literaturze uniemożliwia obiektywizację obrazu świata, zmienia poszukiwanie tego, co ogólne, co jest nakazem w relacji epickiej, co stanowi doświadczenie wielu ludzi, w prywatne, indywidualne. I schody, i miasto na wzgórzu w *Widnokręgu*, i zabytki są realne – to Sandomierz, miasto młodości pisarza. Jednakże ani razu w powieści nie pojawia się nazwa tego miasta, jest tylko określenie ogólne: miasto. Bo powieść mówi o przemianach społecznych w kraju, o cywilizacyjnym znaczeniu edukacji i awansów tych ludzi z „dołów społecznych", którzy wkraczali na „drewniane schody". Myśliwskiego interesują nie tyle własne losy, co doświadczenia całej generacji. Ta sama uniwersalna, epicka perspektywa widoczna jest w *Traktacie o łuskaniu fasoli*. Cechą wspólną omawianych powieści jest narracja personalna – opowieść prowadzona z perspektywy bohatera, niezwykle uszczegółowiona, drobiazgowa, rejestrująca wydarzenia banalne, które nabierają znaczenia w kontekście i związku z innymi. Problemem artystycznym, stale od nowa niejako rozwiązywanym przez Myśliwskiego, jest wzbogacanie narracji personalnej o przywoływane z pamięci szczegóły, tak jednak wybrane, aby znaczyły, aby nadawały się do ujęć epickich, całościowych. Narracja zaczyna się zwykle od jakiegoś szczegółu, przypadku, banalnego epizodu, wokół którego rozrasta się długie opowiadanie, uzyskuje dość szybko pozorną autonomię. Przypomnijmy tylko niektóre z owych epizodów – w *Widnokręgu* ciąg wspomnieniowy rozpoczyna odnaleziona stara fotografia, epizodem pozornie osobnym jest „dzielenie" ugotowanej kury w czasie niedzielnego obiadu w wiejskim domu, poszukiwanie z matką zagubionego buta w czasie podróży z dzieckiem, wynoszenie łbów z rosyjskiej polowej rzeźni, w której żołnierze przeprowadzali „selekcję" pędzonych na Wschód „zdobycznych" krów.

Jak z takich drobiazgów powstaje epicka całość? Przecież epopeja (powieść starała się wielekroć być jej współczesną wersją) ma przedstawiać świat w ważnym momencie przełomu historycznego, wybierać istotne wydarzenia, reprezentatywne postaci itd. Wcześniejsze próby realizacji tej formuły, zbyt dosłowne, decydowały o niepowodzeniach Andrzejewskiego w *Popiele i diamencie* i Iwaszkiewicza w *Sławie i chwale*. Myśliwski odkrył inną, choć starą prawdę, która buduje przecież intensywność świata przedstawionego w *Panu Tadeuszu*. Historia staje się ważna w sensie epickim, kiedy załamuje się w doświadczeniach zwykłych ludzi, odbija w zdarzeniach banalnych, codziennych. Historia może się mieścić w „łuskaniu fasoli" i wielkim monologu starego człowieka.

Powieści Myśliwskiego przedstawiają świat i życie od drugiej wojny światowej do 1989 roku. Jest w nich dojmująca prawda o złych czasach, o biedzie, upodleniu ludzkim, ale jest to obraz epicki – także w tym sensie, że poszukuje nie tylko przejawów zła, łatwych potępień, dostrzega też znaczenie przemian cywilizacyjnych, które się dokonywały – nie tyle z łaski władzy, co z ludzkiego oporu i wysiłku. Obiektywizm ujęcia jest przyrodzoną cnotą prawdziwej epiki.

„Skandaliści"

Nie tą drogą poszły przemiany w literaturze po 1989 roku. Gest sprzeciwu wobec literatury PRL-u i afabularnej prozy z okresu stanu wojennego prowadził debiutantów przez „skandalizowanie" – obyczajowe i stylistyczne, podobnie zresztą jak to się działo w poezji. „Skandal" bywał i dawniej jednym z narzędzi, którym posługiwało się nowe pokolenie w momencie wchodzenia do literatury; towarzyszył wcześniej futurystom, skamandrytom, Witkacemu, Chwistkowi i wielu innym. Współcześnie tego typu zabiegi mają mniejszą siłę oddziaływania. Prowokacje skandalizujące budowano zawsze na zasadzie przekraczania językowego lub obyczajowego tabu. Zmiany w kulturze współczesnej potwierdzają zacieranie się granicy między kulturą wysoką i masową, językiem artystycznie ukształtowanym, stylem wysokim, i niskim – językiem potocznym, trywialnym. Trudno dziś być skandalistą w dawnym stylu, trudno przekraczać jakieś normy, jeśli nie są one ostre w postmodernistycznym modelu świadomości. Ale kontestacje tego typu mają niekiedy głębsze znaczenie: odkrywają ciemne strony natury ludzkiej, zwalczają pruderię i zwykłe zakłamanie – docierają do instynktów, do patologii i dewiacji. Zwracają uwagę na charakter samej literatury, która, skupiając się na propagowaniu dobra i piękna, tworzyła fałszywy obraz człowieka i równie nieprawdziwy obraz życia społecznego. Oczyszczanie wypowiedzi literackiej ze zużytych stereotypów jest zadaniem podejmowanym przez „skandalistów". Na prawach przykładu przywołajmy tu powieści Krzysztofa Bieleckiego – *Fistaszek, czyli Nadzwyczajna Księga Czynów Fistaszka Podlotka oraz dziejów arcygłupich. Powieść dla dorosłych* (1987) oraz *End & Fin Company* (1992). Podstawą konstrukcji świata przedstawionego jest nie tyle parodia, ile deformująca zbitka różnorakich tekstów współczesnej kultury masowej. Opowieść o Fistaszku ma dedykację: „Mikołajowi Kopernikowi w dowód sympatii", a rozdziały, jak w powieści XVIII wieku, tytuły zapowiadające ich treść: *Rozdział II, który ukazuje narodziny bohatera w aspekcie kubistycznym oraz zawiera propedeutykę do historii pupy Lidii Pieszczochy, gwiazdy pierwszej wielkości*. Wszystko z wszystkim zostaje wymieszane: Kopernik z Lidią Pieszczochą (Marilyn Monroe?), kubizm z domem publicznym. „Wróbelka" (znak męskości) zastąpił w sztuce „duch":

– Czy wróbelka można od człowieka oddzielić? – spytała filozoficznie Kobita, zdradzając tym samym niechęć do dalszego słuchania opowieści Fistaszka. Tenże zastanowił się chwilę, po czym odparł:
– Ależ skądże, jak można oddzielić człowieka od jego istoty, esencji. Owszem, wróbelek istnieć może nieuświadomiony, zabijany przez kulturę, lecz nie może istnieć z człowiekiem osobno, obok człowieka, egzystować jak śmierć, miłość, piękno – czyli te wartości, które, znajdując często swe ukryte miejsce w nas, decydują równocześnie o naszym człowieczeństwie i rozpaczliwej dążności do wolności (s. 39).

Czy to jeszcze żart tylko, czy już filozofia?
W wypadku Bieleckiego dość łatwo wskazać na odwołania do Gombrowicza. Jeszcze silniej z Gombrowiczem związana jest druga powieść Bieleckiego, *End & Fin Company*:

Nie ja – wyznaje narrator, Kronikarz Dziejów Przyszłych – odtrąciłem rzeczywistość i podałem Rękę Zmyśleniom. Nie ja zbratałem się z Kosmosem, Kosmiczną Fikcją i Kosmiczną Katastrofą. To on – Bardzo Wielki Wolnomyśliciel End (s. 16).

Po długiej przerwie ukazująca się kolejna powieść Krzysztofa Bieleckiego, *Gagatek a sprawa polska* (2005), przynosi podobny styl i technikę przetwarzania rzeczywistości w satyryczny obraz dnia dzisiejszego. Groteskowa wizja nie tylko śmieszy, ale i przeraża.

Powieści skandalizujące uruchamiały dla potrzeb współczesnych tradycję powieści pikarejskiej i błazeńskiej. W błazenadzie i kpinie kryło się jednak ważne pytanie – jaki jest człowiek? „Zasługą" skandalistów jest uwolnienie literatury od pruderii, jej otwarcie się na sprawy ludzkiej biologii, seksu, podważanie nakazów i zakazów obyczajowych itd. Powieści Romana Praszyńskiego, *Na klęczkach* (1992), *Miasto sennych kobiet* (1996) i *Jajojad* (1998) wyrastają z tych samych inspiracji: w jego fabułach zawieszeniu ulega czas, zdarzenia mogą się rozgrywać w teraźniejszości, przeszłości i przyszłości, mogą przypominać rzeczywistość lub być prowokacyjnym „czystym zmyśleniem", wywołującym jednak skojarzenia ze współczesnością. Literatura jest sprawą wyobraźni i intelektu – ma wartość, jeśli łamie stereotypy, przyzwyczajenia, społeczne tabu. Powstaje często na pograniczu herezji, a nawet bluźnierstwa. Wtedy dociera głębiej do różnego typu ograniczeń i zniewoleń. Pierwszą powieść ogłosił Praszyński pod pseudonimem Reda Vonneguta, podawał się za nieślubnego syna pisarza amerykańskiego, Kurta Vonneguta; w *Na klęczkach* skandalizującym przetworzeniom została poddana nie tyle ideologia, co retoryka społeczna Solidarności i Kościoła po 1989 roku. Narratorem jest ktoś, kto trafił na „bezludną", dziwną, irracjonalną wyspę, jakiś Robinson Crusoe, a może nawet Piętaszek. Tworzy to osobny styl tej powieści. Oto kilka przykładów:

Mieszkam w Zakrzowie. Zakrzów to zadupie Wrocławia. Wrocław to miasto w Polsce. Polska to zadupie Europy. Czy dwa zadupia znoszą się? Czy dają jedno wielkie? (s. 11). Mężczyźni i kobiety, dzieci i starcy, a także członkowie klubu lotniarzy [księża, bo rozkładają ręce] – wszyscy chcą kochać. Kochanie to czynność polegająca na osiąganiu przyjemności poprzez głaskanie, dotykanie i wzajemne pocieranie (s. 8). Orzeł jest symbolem narodu. Naród to ludzie mieszkający na zadupiu, którym podoba się nowa władza. Symbol to takie coś, na co nie wolno pluć [...]. Do karania plwaczy służą ubrani na niebiesko. I specjalne pomieszczenie (s. 31).

Postawa satyryczna, inna niż u Kurta Vonneguta, służy demaskowaniu obłudy i kłamstwa w życiu publicznym, nie wynika, jak u amerykańskiego pisarza, z rozpoznawania skutków przemian cywilizacyjnych w degradacji jednostki, lecz z naszego zacofania. W dwu następnych powieściach kontestacja zostaje wzmocniona – zbliża się do tradycji ekspresjonizmu, do obecnych w nim wątków katastroficznych, niekiedy surrealistycznych.

Z inną formą kontestacji spotykamy się w opowiadaniach Nataszy Goerke, zwłaszcza w jej debiutanckim tomie *Fractale* (1994).

Opowiadania te są także prowokacją, realizowaną jednak nie tyle w grze z rzeczywistością społeczną, co z literaturą i kulturą. Parodystyczno-pastiszowe przetwarzanie znanych utworów literackich, otoczonych szacunkiem, wzorców utrwalonych w kulturze, w rejestrze zdobyczy cywilizacyjnych, w dogmatach religijnych, stereotypów funkcjonujących w kulturze masowej – wszystko to łamie nasze schematy automatycznego „bezmyślnego" myślenia. Zbiór krótkich, niekiedy kilkuzdaniowych opowiadań, o klasycznej – chciałoby się powiedzieć – budowie: zawsze z wyraźnie zaznaczoną ekspozycją i dyskretną pointą, najczęściej przewrotną, będącą nie wynikiem, lecz zaprzeczeniem wcześniejszego biegu wydarzeń, jest grą i zabawą literacką. Groteska, humor i ironia tworzą aurę absurdu. A przedstawiane wydarzenia nabierają cech paraboli. Autorka przekracza granice kultur narodowych, zderza ze sobą myślenie Chińczyków, Anglików, Niemców, Australijczyków, Słowian itd. Zderzenia te odkrywają różnorodność, wielość form i wzorców. Służą przede wszystkim rozbijaniu polskich stereotypów, prowincjonalnego naszego polonocentryzmu. Obracamy się w świecie bez granic, ale ludzi dzielą wytwarzane w kulturach narodowych stereotypy. Wszyscy oczywiście marzą o „odkomplikowaniu" swojego życia, komplikując je jeszcze bardziej. Niepokój, prawie metafizyczny, może w nas rodzić wszystko: na jaki kolor ma być pomalowany korytarz; dlaczego nie można mieć dwóch mężów, dwóch religii i jednego świata wartości; dlaczego fikcyjna postać utworu nie chce podporządkować się woli autora itd. „Odkomplikować życie" znaczy w tych utworach przezwyciężać stereotypy w myśleniu, a to okazuje się zawsze gestem skandalizującym. Fabułki Nataszy Goerke z pierwszego tomu opowiadań są przede wszystkim trywializacją stereotypów. Zdobywcy Mont Everestu – Sir Hillary i Szerpa Tenzing – myją (przed wejściem na szczyt) zęby: są odważni, nie boją się gór, ale mały kamyk, który, spadając, wywołał lawinę i porwał szczoteczkę do zębów, wywołuje ich rozpacz (*Poza lękiem*). W innym opowiadaniu, w *Upiornej strofie*, Adam i Maryla prowadzą spór na temat stylu poetyckiego i celów poezji. „Ty masz – przekonuje Maryla – gawiedź prowadzić jak męski Beatrycze, jak prezydent, jak duchowy Führer: symbolicznie, uparcie, do końca". Ale Adam pisze taką strofę:

> Kochanko moja! Na co nam rozmowa?
> Nie chcę ust trudzić daremnym użyciem;
> Nie jedenastozgłoskowcem całować
> Cię zamierzam, nie w wersy ciąć życie,
> Lecz życie w jednym pragnę zawrzeć wersie
> I milczeć, i całować twoje piersi.

Opowiadanie to składa się z przywołań, aluzji, cytatów, parafraz i parodii utworów Mickiewicza. Dotyczy jednak przede wszystkim stereotypu „romantycznej miłości" – idealnej, pozazmysłowej, i „wieszczego" charakteru poezji. *Upiorna strofa* przypomina, że Mickiewicz w *Sonetach odeskich* był piewcą miłości zmysłowej i owo „całowanie piersi" jest w istocie prawie wiernym cytatem. W stereotypach, w naszym „bezmyślnym myśleniu", zapisują się cechy całej kultury, bo to ona wytwarza takie całostki, fraktale, trwają one w jej symbolicznym języku. Stereotypy – zderzane ze sobą – ułatwiają rozpoznawanie absurdów i paradoksów. „Logika absurdu" u Nataszy Goerke, inna niż u surrealistów, bo nie uruchamiająca podświadomości, bliższa jest racjonalistycznej tradycji powiastki filozoficznej. I w niej także „skandal" odgrywał ważną rolę, sama zaś negacja wspierała się na zdrowym rozsądku.

Późniejsze utwory Nataszy Goerke (*Księga pasztetów*, 1997; *Pożegnania plazmy*, 1999; *47 na odlew*, 2002) nie mają już siły jej debiutu. Ograniczeniu ulegają gry z cudzymi tekstami, na plan pierwszy wysuwa się absurdalność jednostkowych zachowań i emocji, niemożliwość przekroczenia barier między ludźmi, niemożliwość porozumienia.

Andrzej Stasiuk

W kręgu gestu negacji można umieścić także *Mury Hebronu* (1992) Andrzeja Stasiuka – brutalny obraz życia więźniów w zakładzie karnym, w którym cierpienie i zło nie pochodzi od strażników, jest emanacją okrucieństwa tkwiącego w samych więźniach. Język narracji, zbrutalizowany, ekspresywny, jest zapowiedzią zmian nasilających się w literaturze ostatnich lat. Wybory tematów, takich jak w *Murach Hebronu* czy w *Spisie cudzołożnic* (1993) Jerzego Pilcha, wyzwalają w latach następnych odwagę w przedstawianiu zjawisk wstydliwych, ekstremalnych, patologicznych. Może to być związane także z ucieczką od rzeczywistości, z zanegowaniem, z porzuceniem. W 1987 roku Andrzej Stasiuk opuszcza Warszawę, gdzie się urodził, i osiada w Beskidzie Niskim, najpierw w Czarnem, a następnie w Wołowcu, w pobliżu Gorlic. To rejon szczególny, który przeżył swoje dramaty po drugiej wojnie światowej – walk zbrojnych, wysiedleń Łemków, terenów przekształconych w cywilizacyjną pustynię, naznaczonych biedą przybywających tu osadników. W istocie tylko pierwsze opowiadania – *Mury Hebronu* i literacka próba powrotu do Warszawy w powieści *Dziewięć* (1999) – nie wiążą się bezpośrednio z wykreowaną przez Stasiuka jego „małą ojczyzną". Wewnętrzne antynomie prozy Stasiuka wynikają z jego rozdwojenia: opuszczonego miejsca i nowej zasiedlanej przestrzeni. Po wyjściu z więzienia (skazany za dezercję z wojska), wcześniejszym wyrzuceniu ze szkół, osiedleniu się w Czarnem, oswaja swoją nową przestrzeń. Dukla – brama prowadząca w tajemnicze i zdziczałe Bieszczady – staje się miejscem magicznym. Łączą z nim pisarza jakieś wspomnienia osobiste, rodzinne, ale ważniejsze okazuje się zauroczenie surowym, bezludnym pejzażem. Z tych opozycji – Warszawa i Dukla, metropolia i przygraniczne miasteczko, gdzie się kończą wszystkie drogi – nie buduje Stasiuk żadnych wartościujących ocen. W jego wyborach życiowych nie ma naiwnego antyurbanizmu, ideologii ruchu „zielonych", nie ma pacyfistycznych deklaracji. I „ucieczka z miasta", i samo pisarstwo są wyborem prywatnym, poszukiwaniem niezależności, wyciągnięciem wniosków z własnych postaw życiowych. Taki punkt wyjścia, dochodzenia do literatury ma w przeszłości znakomite wzorce: Dostojewski, London, Gorki, Singer. Wybrana droga decyduje o charakterze kreacji artystycznych, o ostrości i surowości stylu. Doświadczenie życiowe uwalnia twórców tego pokroju od uległości wobec konwencji literackich, wymusza poszukiwanie rozwiązań niezależnych, narzuca wierność rzeczywistości, skierowuje ku realizmowi jako metodzie twórczej. Niesie jednak także różne niebezpieczeństwa, przede wszystkim w selekcji materiału autobiograficznego, podnoszenia tego, co szczegółowe, co prywatne do rangi ogólnego, bo dopiero wówczas doświadczenie indywidualne staje się literacko i społecznie znaczące, kiedy przekracza granice wyznania czy intymnego dziennika.

Debiut Andrzeja Stasiuka, opowiadania więzienne *Mury Hebronu*, kojarzono z Dostojewskim i jego *Wspomnieniami z domu umarłych*; Stasiuk jednak niewiele mówi o sobie, interesują go losy współwięźniów, ludzi, którzy znaleźli się „na dnie". Na prawach analogii można zestawić te opowiadania z *Innym światem* Gustawa Herlinga-Grudzińskiego. Jednakże świata współwięźniów u Stasiuka nie objaśniają mechanizmy przemocy zewnętrznej, które relatywizują, a nawet uwzniośłają cierpienie, zmieniają skazanego w ofiarę. Poprzez losy więźniów Stasiuk stara się rozpoznać naturę ludzką, psychikę jako pochodną instynktów, zachowanie jako wynik nakazów i norm środowiskowych, wreszcie – status ludzi skłóconych ze światem. Zło, które wyzwoliło się w postępowaniu skazanych, nie likwiduje nigdy okruchów ludzkich. *Biedni ludzie* Dostojewskiego i *Na dnie* Gorkiego mogą być tłem opowiadań Stasiuka: każdy więzień dźwiga swój los, w upodleniu stara się zachować jakiś rys własnej osobowości, rys człowieczeństwa.

Między *Murami Hebronu*, opowiadaniami z tomu *Przez rzekę* (1996) i powieścią *Dziewięć* (1999) istnieje pewne ogólne pokrewieństwo: chodzi o ten sam krąg degradacji osobowości, patologii indywidualnych, jednakże lokalizowanych w tych utworach w otwartej przestrzeni miejskiej. Obraz miasta w *Dziewięć* ulega charakterystycznej redukcji: Warszawa istnieje tu poprzez nazwy ulic i placów, numery tramwajów i autobusów, przez zatłoczone ulice, „widoki z okna", zaśmiecone targowiska, nudne bary i knajpy. Nad takim „widokiem" unosi się cień Pałacu Kultury. Fabuła nie może się scalić w żaden porządek artystyczny – jest szara i nudna jak jej wielkomiejskie tło. Motywem scalającym życie bohaterów jest nieustanne przemieszczanie się, „wędrówka po piekle", pogoń za rzeczywistymi czy urojonymi interesami. Na tych drogach nieustannej pogoni pewnymi punktami są knajpy, gdzie trwa nieustannie amok pijacki, gdzie są narkotyki, drobne kradzieże, ucieczki przed wierzycielami, i seks, wyuzdany i banalny, pogłębiający nudę.

Jedną z zasad obowiązujących w prozie Stasiuka jest „zapisywanie życia", jego brzydoty i nudy, przedstawianie ludzi okaleczonych psychicznie, zagubionych i zdegradowanych. Służy temu, w omawianej grupie utworów, styl protokolarny, narracja zobiektywizowana, bez emocji – w języku, zgodnie z dewizą: „same fakty, zero przymiotników". Równocześnie jednak mistrzami, do których Stasiuk się przyznaje, są Bruno Schulz i Zygmunt Haupt. Ale to spokrewnienie dotyczy innych utworów Stasiuka. Warszawa z *Dziewięć* nie przypomina starego Drohobycza, nie ma w niej „sklepów bławatnych" i „ulicy krokodyli", jest „wyścig szczurów".

Związki z Schulzem stają się oczywiste w powieści *Biały kruk* (1995), w *Opowieściach galicyjskich* (1995), w *Dukli* (1997), w *Zimie* (2001) i w *Taksim* (2009). Nie chodzi o to, że fabuły tych utworów umieszcza Stasiuk w pejzażu zapamiętanym z dzieciństwa i odnowionym w okresie dojrzałości. W *Białym kruku* „uciekinierzy z miasta" przynoszą w świat zabity deskami swoje obsesje i psychiczne patologie; zdolni są tylko do zagrania, do inscenizacji tego, czym żyli dotychczas. Zmiana dekoracji nie zmienia niczego: nie wydorośleli, są dawnymi „chłopcami". „Zgrywa", zabawa, życie na niby zmienia się w prawdziwy dramat kończący się katastrofą. O znaczeniu tej powieści decyduje nie fabuła, stale oscylująca między zdarzeniami realistycznie umotywowanymi a istniejącymi tylko w świadomości i w wyobraźni bohaterów, lecz intensywnie i poetycko ujęte tło wydarzeń, wyraźna i całkiem nowa metaforyzacja języka. Sam pejzaż nie leczy ludzi, noszą w sobie scenariusze, pisane przez doświadczenie, okaleczenia, jakich doznali. W *Opowieściach galicyjskich,* umieszczonych w takim samym krajobrazie jak w *Dukli,* w owym zakątku świata, degradacja bohaterów okazuje się w istocie podobna. Ich życie nie jest jednak grą, lecz dramatyczną walką biednych ludzi, pozbawionych pracy po upadku firm państwowych, ludzi zniszczonych nieustannym wysiłkiem i alkoholizmem. Poszczególne opowiadania są portretami bohaterów żyjących na południowym pograniczu kraju, w najbardziej opuszczonym i zaniedbanym rejonie. Portrety – Józka, Władka, kowala Kruka, Janka, Kościejnego, Maryśki, Rudego Sierżanta – tworzą osobne całostki. Opowiadanie o nich scala historia Kościejnego, zabójcy, więźnia, dziadygi, który zamarzł w zimie, ale po śmierci, jak w opowiadaniach ludowych, powraca i plącze się wśród żywych. Części układają się w spójny cykl: granice dosłowności zostają i nie zostają przekroczone, bo świat bohaterów żywych niewiele różni się od świata Kościejnego. Opowiadania z tomu *Zima* kontynuują tę wizję kalekich ludzi, zdegradowanych rzeczy, rozpadających się tworów cywilizacji. Targ – „pchli targ" – gromadzi ludzi, prezentuje ich pragnienia „zdobyczy", zakupu. Powieść *Taksim* jest kontynuacją obserwacji zawartych w *Zimie*. Pisarz przenosi nas z Gorlic na bazar w Stambule, na plac, gdzie handluje się starzyzną, rzeczami używanymi, kalekimi, od których odeszli ich pierwsi właściciele. Rzeczy zniszczone zapisują przepływ, przemijanie, ale recykling jest wieczny.

Istotną warstwą w pisarstwie Stasiuka jest autobiografizm. Tom *Dukla* w stosunku do *Opowieści galicyjskich*, *Zimy* i *Taksim* wiąże się z osobistymi przeżyciami autora, z powrotami pisarza do „stron ukochanych", a ściślej – wybranych i w którymś momencie porzuconych. *Jak zostałem pisarzem* (*Próba autobiografii intelektualnej*, 1998) dotyczy okresu warszawskiego w życiu pisarza, *Dukla* – późniejszych decyzji związanych z procesem powolnego zakorzeniania się w nowym miejscu; opowiadania z tomu *Zima* – z Wołowcem i okolicami Gorlic – poświadczają pogłębiające się „zadomowienie". Ale, jak zwykle u Stasiuka, zadomowieniu przeciwstawione zostaje podróżowanie. W *Jadąc do Babadag* (2004) przemierzamy zapomniane od ludzi zakątki środkowej Europy, gdzie gromadzą się na targowiskach, na drogach, w opuszczonych zakładach pracy odpady z błyszczącego i bogatego Zachodu. Samochody-składaki stają się pożądanym towarem dla biedaków. To ta sama wizja świata, którą rozpoznawał pisarz na targowisku w Gorlicach, na bazarze w Stambule, w ubogich domach i tandetnych sklepikach, w których i obok których żyją bohaterzy *Opowieści galicyjskich*. „Mała ojczyzna" Stasiuka, którą wykreował, uderza intensywnością barw i historii – na poły prawdziwych, na poły fantastycznych – czasami sarkastycznych, czasami okraszonych humorem, zawsze owiniętych w melancholię i współczucie.

Na antypodach świata, który wykreował Stasiuk – zagubionego w szczególnych pejzażach barwnej natury i kalekich tworów cywilizacji – mieści się świat Jerzego Pilcha. I on ma swoją przestrzeń sakralną: okolice Wisły i Cieszyna, skąd pochodzi, osobną nie tylko ze względu na uroki natury, lecz także ewangelicką wiarę, obyczaje i kulturę. To świat u Pilcha opuszczony, istniejący jednak w pamięci, w psychice, tworzący prywatną mitologię pisarza. Proza Jerzego Pilcha stanowi odrębne zjawisko w literaturze ostatnich lat dwudziestu. Jest dość trudna do kwalifikacji: granice gatunkowe ulegają wyraźnemu zatarciu – między fabułą, esejem, felietonem trwa nieustanny, niczym nie hamowany przepływ i to w obu kierunkach. W istocie trwałą strukturą okazuje się tylko pozycja narratora: powieściopisarza, eseisty, felietonisty. W całej prozie Pilcha narrator jest nie tyle sprawcą, kreatorem, co pewną rolą, funkcją w konstrukcji świata przedstawionego: raz jego częścią, przedmiotem narracji, to znów autorem, który z zewnątrz niejako dekonspiruje to, co opowiada, odkrywa fikcyjność prezentowanych historii i samych postaci. Środowisko rodzinne, z którego się wywodzi, „mała ojczyzna", region Wisły i Cieszyna, poszerzona następnie o Kraków z okresu studiów i debiutu literackiego, oraz o Warszawę po przenosinach w 1987 roku z Krakowa, osadzają narracje Pilcha w konkretnych przestrzeniach w sensie geograficznym i społecznym. Ale jest to tylko tło enigmatycznie znaczone w samej narracji. Zdarzeń jako tradycyjnych cząstek powieściowej fabuły jest niewiele – przygody miłosne, uwodzenie młodych kobiet (jako ewangelik z prawdziwą przyjemnością uwodzi tylko katoliczki), oprowadzanie po „nocnym Krakowie" gości zagranicznych, drobne machinacje z „pinami" i kartami do bankomatów itd., itd. Te historie nie niosą jakiś głębszych treści dotyczących życia społecznego. Prawdziwym bohaterem i tematem opowieści jest narrator i sam proces opowiadania. Narracja przypomina nieuporządkowaną materię gawędy, a narrator ciągnie swoje opowieści przez niezliczone dygresje. To rozluźnienie rygorów kompozycyjnych, wysunięcie na plan pierwszy samej czynności opowiadania i narratora-autora jako skomplikowanej osobowości, więc w istocie głównego bohatera, zaowocowało zatarciem granicy między utworami fikcjonalnymi i afikcjonalnymi. Od debiutanckiego tomu opowiadań *Wyznania twórcy pokątnej literatury erotycznej* (1988) rozrasta się grupa utworów fabularnych. Wyliczyć trzeba: *Spis cudzołożnic* (1993), *Inne rozkosze* (1995), *Tysiąc spokojnych miast* (1997), *Pod Mocnym Aniołem* (2000), *Miasto utrapienia* (2004), *Moje pierwsze samobójstwo* (2006), *Marsz Polonia* (2008). W tym zestawieniu niepewny jest status gatunkowy *Monologu z lisiej jamy* (1996) – czy jest to esej o samotności, czy opowiadanie. Felietony, publikowane w prasie, wydawane później w osobnych tomach, tworzą ważną część dorobku – ta publicystyczna forma skazana jest na szybkie przemijanie, na zapominanie już niejako w momencie pierwszej publikacji. Nie dotyczy to felietonów Pilcha, które dłużej zachowują wartość. Czy jest to kwestia poruszanych problemów, wybranych tematów? Raczej niezwykłej umiejętności opowiadania i stylu wypowiedzi. Tomy: *Rozpacz z powodu utraty furmanki* (1994), *Tezy o głupocie, piciu i umieraniu* (1998), *Bezpowrotnie utracona leworęczność* (1998), *Upadek człowieka pod Dworcem Centralnym* (2002), *Pociąg do życia wiecznego* (2007), przekraczają gatunkowe granice publicystyki, wchodzą do literatury pięknej przez styl i przez uroki narracji – nonszalanckiej, podszytej humorem, ironią i autoironią. Umiejętność opowiadania to ważna sprawność w literaturze pięknej, w prozie fabularnej i afabularnej. W niej, w tej umiejętności, kryje się osobowość Pilcha-autora, i tajemnica jego „sztuki słowa".

„Skandalizowanie" jako cecha literatury przełamującej zastane konwencje było wcześniej związane z fazą debiutu grupy twórców, oznaczało czasem głębszą przemianę, często jednak zanikało w utworach późniejszych. Po 1989 roku oznaczało przede wszystkim odrzucenie literatury martyrologicznej i kombatanckiej, likwidację „tematów zakazanych" w literaturze PRL-u, służyło jednak także zanegowaniu panoszącego się autobiografizmu w zapisach dziennikowych, we „wspomnieniach", „notatkach", „miesiącach" itd. Miało swój pozytywny wpływ na wyzwalanie się literatury spod nakazów politycznych i ideologicznych. Dotykało także choroby – głębokiego zmitologizowania naszej kultury. Każda kultura tworzy mity, to one organizują świadomość zbiorową. Ale kultura zmitologizowana wymaga, dla zdrowia społecznego, demitologizacji. Taki jest sens, który niosły z sobą debiuty młodych prozaików z początku lat dziewięćdziesiątych. Kontestację, negowanie wielu konwencji, podejmowali w imię wolności. Ale za wolność przychodziło płacić niekiedy wysoką cenę – przede wszystkim jakością utworów. Nie wszystkie propozycje wytrzymywały próbę czasu.

Powieść jako szczególny gatunek literacki, który nie miał swojej poetyki normatywnej, nie ustalił reguł kompozycji i stylu, wielekroć w przeszłości wchodził w fazę kryzysu: o „śmierci powieści" pisano często. „Znudzony" Konwicki w *Bohini* (1987) i w *Czytadle* (1992) sprawdzał pewną właściwość powieści – jej miejsce w literaturze popularnej, adresowanej do szerokiego kręgu czytelników. Centrum tematycznym, jak w dawnym romansie, była historia szczęśliwej czy nieszczęśliwej miłości. Ten typ powieści ma swoje kontynuacje po 1989 roku w utworach Marii Nurowskiej (*Innego życia nie będzie*, 1987; *Hiszpańskie oczy*, 1990; *Listy miłości*, 1991; *Miłośnica*, 1998; *Dwie miłości*, 2006), Katarzyny Grocholi (*Nigdy w życiu*, 2001; *Serce na temblaku*, 2002; *Ja wam pokażę!*, 2004; *Trzepot skrzydeł*, 2008; *Kryształowy Anioł*, 2009), Małgorzaty Kalicińskiej (*Dom nad rozlewiskiem*, 2006; *Miłość nad rozlewiskiem*, 2008). Tego typu fabuły zadomowiły się – niekiedy w bezpośrednich adaptacjach – w serialach telewizyjnych. Nie ma dobrej literatury, w znaczeniu ogólnym, bez utworów

Czas „czytadeł"

Fantastyka

funkcjonujących w obiegu popularnym, bez właściwego poziomu i swoistego uroku „czytadeł".

W kręgu literatury popularnej – obok współczesnego potomstwa dawnych romansów – mieści się także bardzo poczytna grupa opowiadań i powieści z kręgu fantastyki oraz fantasy. Nie była to bezpośrednia kontynuacja niezwykle poczytnej prozy Stanisława Lema. Jego ostatnie powieści (*Fiasko*, 1987; *Pokój na ziemi*, 1987) utonęły w zgiełku wydarzeń, a młodsi pisarze odwoływali się najczęściej nie do Lema, lecz do filmowych „wojen gwiezdnych", fantasy, horrorów itp. Warto przypomnieć, że powieść *Władca Pierścieni* Johna Ronalda Reuela Tolkiena ukazała się w latach 1954–1955 i nie wywołała szczególnego poruszenia; dopiero sfilmowana znacznie później przez Petera Jacksona otworzyła prawdziwą puszkę Pandory. Powieści Joanne Kathleen Rowling, prawie natychmiast filmowane, biły wszelkie rekordy tłumaczeń i nakładów, a filmy gromadziły wielkie rzesze młodzieżowej i nie tylko młodzieżowej widowni. W obu jednak wypadkach to filmy przyczyniały się do pomnażania wysokości nakładów wydawniczych i wywoływały niewątpliwy wzrost czytelnictwa. Literatura popularna, funkcjonująca w kulturze masowej, nie jest tylko zagrożeniem dla sztuki wysokiej. Jednakże redukuje, w wersji filmowej, warstwę refleksji intelektualnej na rzecz ekspresywności obrazów, często z pogranicza horroru, kosmicznych katastrof itd. Odbieramy świat – taka jest natura człowieka – w dominującej części za pomocą wzroku. Przepływ obrazów, gotowych, nie wymagających dopowiedzeń, rodzi odbiór bierny, redukuje naszą wyobraźnię, powoduje jej „kostnienie". I to są negatywne skutki „mówienia" obrazami w filmach i widowiskach telewizyjnych.

Fantastyka jako składowa część literatury popularnej, współistniejąca z tego typu filmami, wykształciła wcale liczną grupę swoich odbiorców i naśladowców. Współcześnie wyobraźnia twórców jest wyraźnie zależna od filmu: dotyczy to w konstrukcji fabuły swobodnego, „cudownego", bo nie uzasadnianego logicznie łączenia elementów, także ostrego, pełnego przeskoków i luk montażu. Bo fabuła jest tylko swobodną grą wyobraźni. Postacią pierwszoplanową w tego typu literaturze stał się u nas – uważany za następcę Lema – Jacek Dukaj. Jest autorem licznych powieści i tomów opowiadań, pomnażanych od debiutu w 1997 roku. *Xavras Wyżryn* (1997), *Czarne oceany* (2001), *Córka łupieżcy* (2002), *Inne pieśni* (2003), *W kraju niewiernych* (2004), *Lód* (2007), *Wroniec* (2009) były często wznawiane, więc i czytane. Trudno byłoby jednak powiedzieć o ich odkrywczości. Stylową i myślową precyzję w powieściach Lema zastępują nieobjaśnialne, w sensie hipotezy naukowej, zdarzenia jako najmniejsze ogniwa budowanej fabuły: nie wiemy dlaczego, skąd się wzięły, co zapowiadają. Eksperymenty stylistyczne i językowe Lema, jego neologizmy, znaczone humorem i ironią, zmieniają się u następców w leksykalne i frazeologiczne dziwactwa. Bo jak rozumieć zniekształcone formy gramatyczne we fragmencie *Perfekcyjnej niedoskonałości; pierwszej tercji progresu* (2008)? Rzecz rozgrywa się w XXIX wieku, likwidacji ulegają nie tylko czas i przestrzeń, ale i zasady gramatyki:

> U granic phoeble'u błysnął na cesarskim trakcie laufer protokołu. De la Roche wpuściłu go. Laufer przyniósł zaproszenie od Tutenchamonu do Ogrodów Cesarskich. De la Roche potwierdziłu i rozwinęłu drugi zestaw zmysłów – drugie preceptorium – i sprzężoną z nim drugą manifestację, równie bezceremonialną, co cała Artificial Reality Ogrodów.

Co oznaczają zniekształcone formy fleksyjne – nowy rodzaj gramatyczny na określenie języka robotów? Przewidywany zanik różnic ze względu na płeć, a może także przewidywany zanik płci w XXIX wieku? Piętrzenie nieobjaśnianych pojęć i terminów, stawianie obok siebie Tutenchamona, De la Roche'a i Adama Zamojskiego, cesarza i Artificial Reality, eksponuje chaos po kosmicznej katastrofie, ale nic więcej z owego faktu nie wynika. W *Córce łupieżcy* bohaterka, która próbuje rozwiązać tajemnicę zaginięcia czy śmierci ojca, otrzymuje urodzinowe prezenty od osób, które już nie żyją, i tych, które się jeszcze nie narodziły. Niesamowitość powstaje z samego przekroczenia granic zdrowego rozsądku. Co się za tym kryje, prócz pustego efektu? Tego typu literatura od science fiction – gdzie człon „science" był w sensie poznawczym fundamentalny – zmierza ku swobodzie i dowolności skojarzeń w narracjach fantasy.

Autorów fantastyki przybywa: sięgają do magii, do czarowników, korzystają z filmów, przerabiają motywy z podań ludowych, postaci z historii itp. Andrzej Pilipiuk (zbiory opowiadań: *Kroniki Jakuba Wędrowycza*, 2001; *Czarownik Iwanow*, 2002; *Czerwona gorączka*, 2007; *Wieszać każdy może*, 2008; *Pan wilków*, 2009) w powieści *Księżniczka* (2004) fabułę lokalizuje we współczesnym Krakowie, jednakże w tajemnym jego zakątku, którego nie ma na planach miasta ani w hipotecznych rejestrach posiadłości. Są tajemnicze morderstwa, jest komisarz policji, są dziwne zdarzenia w Muzeum Archeologicznym, zwłaszcza w dziale mumii egipskich. Telewizor plazmowy i komputer sąsiadują z wampiryzmem, średniowiecznymi metodami zwalczania „krwiopijców", z tajnymi bractwami itd. Taki jest podstawowy model polskiej fantastyki. Rafał Dębski (*Łzy Nemezis*, 2005; *Gwiazdozbiór kata*, 2007; *Kiedy Bóg zasypia*, 2007), Jakub Ćwiek (*Kłamca*, 2005; *Liżąc ostrze*, 2007; *Ciemność płonie*, 2008) nie wprowadzają nowych rozwiązań, a sama narracja stale zmierza do poszukiwania efektów z pogranicza horroru. Fantastyka w wielu utworach młodych pisarzy traci całkowicie odesłania do zdobyczy nauki – do mechaniki, astrofizyki, biochemii i innych dyscyplin, jest ich zlekceważeniem i zaprzeczeniem. To zbyt trudne dla młodych autorów, aby kontynuować linię science fiction, łatwiejsze są różnorakie odmiany fantasy, sięgające do przyszłości i przeszłości. W utworach Jacka Piekary (*Labirynt*, 1986; *Arivald z Wybrzeża*, 2000, *Młot na czarownice*, 2003; *Łowcy dusz*, 2006), także twórcy gier komputerowych, jako zasada konstrukcji fabuły zjawia się symulacja, alternatywne przebiegi wydarzeń, inne niż znane z historii i z kultury. W cyklu opowieści o Mordimerze Madderdinie, inkwizytorze, Chrystus schodzi z krzyża i obejmuje władzę nad światem. I nie jest to zwycięstwo dobra nad złem. Łukasz Orbitowski w powieści *Święty Wrocław* (2009) buduje swoją fantastyczną opowieść ze świata realnego: konkretne miasto, jego osiedle, okazuje się miejscem niesamowitych wydarzeń, tajemnicy „czarnych murów" (śladów po II wojnie światowej?) i podziemi, gdzie leżą umarli, których „nie imało się gnicie". Miejsce cudu, otoczone kordonem policji, staje się celem pielgrzymek, wędrówki uczestników trawestujących litanie i pieśni religijne – „litanie do Świętego Wrocławia". Tłum zostaje zaatakowany przez oddziały policji, ma jednak swoich sprzymierzeńców, więc dochodzi do wojny. Relacja nabiera cech filmowych:

> Pociekła benzyna, a wybuch, który wstrząsnął zakleszczonymi samochodami, nie mógł się równać nawet w połowie z widywanymi na filmach sensacyjnych. Huknęło, błysnęło, ogień smagnął gałęzie kasztanowca, a w jego blasku ukazały się kolejne auta rozwalające barierki kordonu w drobny mak, rozpierzchający się policjanci i niekontrolowany ogień za drzewami i samochodami.

Jest to przywołanie i streszczenie sceny filmowej, w której efekty pirotechniczne są po to, by wzbudzić emocje. Ale przywykliśmy. Tego typu sceny w utworach należących do fantastyki literackiej nie przerażają, są tylko narracyjnymi gadżetami.

Andrzej Sapkowski wydarzenia w swych powieściach umieszcza w przeszłości, w mitycznych czasach (saga o Wiedźminie od *Krwi elfów*, 1994, do *Pani Jeziora*, 1999), bądź w bliżej historycznie określonych, jak w trylogii husyckiej (*Narrenturm*, 2002; *Boży bojownicy*, 2004; *Lux perpetua*, 2006). A nowa powieść, *Żmija* (2009), przenosi nas i w przeszłość, i w teraźniejszość krwawej historii Afganistanu. Fantasy Sapkowskiego należą, podobnie jak utwory wcześniej przywołane, do literatury popularnej, warto jednak podkreślić, że cechuje je nie tylko sprawność w budowaniu przygodowych fabuł, umiejętność interesującego opowiadania, ale także dbałość o walory estetyczne i stylistyczne. Nie jest to cecha jednocząca nowsze utwory prozatorskie z kręgu fantastyki i fantasy.

Stanisław Lem był i pozostał jako jeden w naszej literaturze. Jego proza przekraczała bowiem granice obiegu popularnego.

W obrębie powieści popularnej znalazła się także nowsza powieść historyczna. Gry symulacyjne jako sposób budowania fabuły unieważniają historię, bo istnieje ona przecież – w zapisach źródłowych – jako wiązka równoległych opowieści, prowadzonych z różnych punktów widzenia. To samo wydarzenie ma inny sens w oczach zwycięzców, inny – w oczach pokonanych, inny z punktu widzenia uczestników wydarzeń, inny – świadków tylko. Każde jednak przekroczenie zasady odpowiedniości w relacji fikcja i historia, wymyślenie innego ciągu wydarzeń likwiduje historię, opowieść nabiera cech fantasy. Przy takim usytuowaniu odmiany gatunkowej gruntownym przemianom podległa dawna powieść historyczna. W XIX wieku, kiedy się kształtowała, szczególnie ważna okazywała się „prawda historyczna", nie można jej było naruszyć. Dla bezpieczeństwa fakty historyczne umieszczano w tle, rzadko wprowadzano do fikcyjnej konstrukcji fabuły. Prawdę rozumiano jako zgodność z przekazem źródłowym. W prozie historycznej XX wieku dostrzeżono relatywizację prawdy, jej zależność od niejednorodnych przekazów źródłowych. I jest to światopoglądowy fundament prozy historycznej Teodora Parnickiego, Władysława Lecha Terleckiego, Hanny Malewskiej, Jacka Bocheńskiego. W powieściach ich następców „prawda historyczna" zostaje o tyle unieważniona, że sama historia staje się rodzajem umownych dekoracji na powieściowej scenie. Wierność wobec źródeł ustąpiła miejsca grze wyobraźni. Fakty współistnieją z tajemniczymi demonami, potworami morskimi, ze zjawiskami nadprzyrodzonymi. Ważniejsza od prawdy okazuje się fikcja. Walter Scott wyprawiał swoich bohaterów w liczne podróże, co pozwalało mu na opisywanie ich przygód, tak jest jeszcze we wczesnych powieściach Parnickiego; w nowszych i najnowszych jego utworach trwa jednak „śledztwo", dochodzenie do prawdy, nawet jeśli zawsze nieosiągalnej. Ale dociekanie, dochodzenie, poznawanie przeszłości pozostaje założonym celem narracji. „Gospodarzem" narracji w powieściach Władysława Lecha Terleckiego bywa sędzia śledczy, detektyw, oficer policji, zeznający więzień. Konstrukcja ta pozwalała na relatywizację narracji historycznej, wymagała jednak rzetelnej wiedzy autora, krytycznej lektury źródeł.

Historia w powieści została współcześnie „unieważniona" w tym sensie, że poznanie naukowe ustąpiło miejsca symulakrom i mitom. Tak jest w powieściach i opowiadaniach Jacka Komudy (*Wilcze gniazdo*, 2002; *Imię Bestii*, 2005; *Bohun*, 2006; *Diabeł Łańcucki*, 2007; *Herezjarcha*, 2008). Nasz XVII wiek i we Francji epoka François Villona dostarczają okazji do budowania powieściowych thrillerów. Bo były

Powieść historyczna i quasi--historyczna

to czasy wojen, chaosu, mistyfikacji, zdrad, okrucieństwa. Komuda kroczy ścieżkami tematycznymi wydeptanymi przez wielu poprzedników. Tło powieściowych narracji wypełniają fakty historyczne, mity, zmyślenia – prawda przestaje być rozpoznawalna. „Dekoracje historyczne" ustawia Jacek Piekara w swojej powieści *Charakternik* (2009); autor prozy fantastycznej sięga po powieść historyczną trochę na zasadach konkurencji z Jackiem Komudą: ten sam XVII wiek, ta sama kreacja bohatera – awanturnika i warchoła, w istocie podobny typ narracji. U Komudy w *Imieniu Bestii* można odnaleźć zapożyczenia od Wiktora Hugo, od Umberta Eco i od innych autorów, bo za historią fikcyjną nie stoi wiedza, lecz chęć potęgowania nastroju tajemniczości i grozy. Dekoracje historyczne ustawia także w swoich powieściach kryminalnych Marek Krajewski (*Śmierć w Breslau*, 1999; *Koniec świata w Breslau*, 2003; *Dżuma w Breslau*, 2007; *Głowa Minotaura*, 2009). Breslau-Wrocław i jego świat przestępczy wprowadził wcześniej do powieści Roman Praszyński w *Jajojadzie*. Jego śladami podążają i inni autorzy „kryminałów na tle historycznym". Mariusz Wollny w powieści *Kacper Ryx* (2007) i Krzysztof Maćkowski w powieści *Raport Badeni* (2007) przypominają modnego w XIX wieku Eugeniusza Sue, autora *Tajemnic Paryża*. Jesteśmy jednak w Krakowie – u Wollnego w XVI wieku, u Maćkowskiego – na przełomie XIX i XX wieku. Powieści te można nazwać parahistorycznymi, poddanymi w swej poetyce innym odmianom gatunku. Należą, podobnie jak „romanse" i „fantasy", do literatury popularnej, mającej swoich czytelników. Czy z tych czytelników wyrosną odbiorcy bardziej ambitnych utworów? Literatura popularna ma się u nas dobrze, choć sama nie odkrywa nowych reguł, częściej naśladuje cudze wzorce, niż poszukuje własnych, oryginalnych rozwiązań. Jej „dopełnienie" przynosi telewizja w zabijających wyobraźnię serialach, będących w sporej części przeróbkami drugorzędnych seriali zagranicznych, w podobnie nieoryginalnych „nowelach telewizyjnych" itd.

Rzetelną powieść historyczną – w duchu Waltera Scotta – napisał Eustachy Rylski. W jego *Warunku* (2005) jest intryga generała wojsk napoleońskich pod Moskwą, jest pojedynek „na śmierć i życie" dwu Polaków, dezercja obu pojedynkujących się oficerów, ich ucieczka w głąb Rosji i później wspólne, już zgodne, przedzieranie się na Litwę. Powieść przygodowa Rylskiego, bo taki był model powieści historycznej w chwili jej narodzin, zachowuje i przygodowość, i rzetelność tła społeczno-obyczajowego, i walory klarownego stylu. Ale to ostatni, co tak rozumie reguły powieści historycznej.

Satyra społeczna

Prześmiewcze narracje Bieleckiego i Praszyńskiego z początku lat dziewięćdziesiątych mają swoje realizacje wcześniejsze i wyraźne kontynuacje późniejsze. Zmienia się tylko cel poczynań – dotyczy rzeczywistości społecznej i politycznej po przełomie ustrojowym. Zwycięstwo nad komunizmem wytworzyło nową mitologię: grupy opozycyjne, dawne i nowe, poczęły wydzierać sobie zasługi. Ci, którzy zadecydowali o zwycięstwie, płacili później niekiedy wysoką cenę – poddani różnego typu pomówieniom, a zwykli uczestnicy wydarzeń, robotnicy, doświadczyli utraty pracy, środków do życia. Kapitalizm *redivivus*, co oczywiste, okazał się daleki od solidarnościowej utopii. Godna uwagi jest powieść społeczna i polityczna zarazem – rejestrująca wilcze prawa walki o zyski. „Rezydent", hotel w Sopocie, daje tytuł powieści *Rezydenci* (2006) Adama Ubertowskiego, bo w nim chętnie przebywają mali i wielcy „rekini biznesu", aferzyści, ludzie bez zasad etycznych; alkohol, seks, ciemne afery finansowe tworzą żałosną namiastkę ich prywatnej kultury i towarzyskiej ogłady. Cechą szczególną „ludzi sukcesu" w tej powieści jest hochsztaplerstwo, demonstrowanie bogactwa. Za taką zasłoną kryje się nieumiejętność w prowadzeniu interesów, zwykła blaga, narastające zadłużenie, a równocześnie pozorna religijność, antysemityzm, pogarda dla słabszych. Powieść Sławomira Łuczaka „*Polska*" (2005) opowiada o ludziach przegranych, zadłużonych, poddanych terrorowi specjalistów od windykacji długów; nazwisko specjalisty, Demonewicz, sygnalizuje psychiczny sadyzm i bezwzględność w postępowaniu. A kariera cinkciarza, później przedsiębiorcy i cwaniaka w *Barbarze Radziwiłłównie z Jaworzna-Szczakowej* (2007) Michała Witkowskiego, ugruntowuje żałosny stereotyp powieściowy „bohatera naszych czasów". *Zwał* (2004), *Cukier w normie z ekstrabonusem* (2005) i szczególny komiks dla dorosłych, recykling – *Produkt Polski* (2005) Sławomira Shutego są, jak to określiła krytyka, wściekłym atakiem na konsumpcjonizm, na bezwzględną walkę o stanowiska w firmie – ów wyścig szczurów – na nieautentyczność „plastikowego blichtru" w bankach: elegancji, obowiązkowych uniformów, pozorów życzliwości w rozmowach z klientami i chamstwa prywatnego, objawiającego się w wulgarnym, rynsztokowym języku. Język w *Zwale* demaskuje i system, i zniewolonych w nim ludzi. Powieść Jacka Piekary *Przenajświętsza Rzeczpospolita* (2006) podtrzymuje, podobnie jak utwory Shutego, nurt skandalizujący w prozie współczesnej, tym razem jednak atak skierowany został na grzechy główne Polaków, na groźne przejawy patologii. W libertyńskiej powieści, której zdarzenia rozgrywają się w nieodległej przyszłości w naszym kraju – jest to więc symulacja – utrwala się model państwa wyznaniowego: system polityczny określony zostaje jako „narodowo--katolicki-liberalny socjalizm". Wszechwładny jest Kościół, władzę samorządową pełnią proboszczowie parafii, wspomagają ich Ochotniczy Pomocnicy Kościoła, o bezpieczeństwo „aktywistów" troszczy się policja państwowa, a niepokornych zsyła się – wobec braku własnej Syberii – do obozów na Śląsku. To oczywiście gorzka, jak ją nazwano, „zniesmaczona groteska". Ale jest ona osadzona w sposobach publicznego manifestowania się niektórych relacji między państwem i Kościołem. Model państwa wyznaniowego, jak w niektórych krajach arabskich, nam nie grozi. Fabuła sygnalizuje narastanie opinii krytycznych wobec Kościoła, którego autorytet wcześniej był niepodważalny, wobec rytualnych i archaicznych form polskiego katolicyzmu. Tego typu opinie w krytycznych przetworzeniach i groteskowych prezentacjach odnajdziemy w *Transformejszen czyli jak golonka z hamburgerem tańcowała* (2002) Edwarda Redlińskiego, w *Lenorze* (2004) Jerzego Łukosza, w *Ostatniej Wieczerzy* (2007) Pawła Huellego, w której – znów w niedalekiej przyszłości – panoramę Gdańska oprócz kościołów zdobić będą liczne meczety, a terrorystyczne eksplozje wybuchające w mieście mogą być dziełem szaleńca albo islamskich terrorystów.

Przenajświętsza Rzeczpospolita Jacka Piekary i *Transformejszen* Edwarda Redlińskiego prezentują pewien typ fabuł i sposobów traktowania fikcji: przy ich opisie pomocna jest teoria Baudrillarda dotycząca „społeczeństwa informatycznego". Jego praca *Symulakry i symulacja* (przekład polski – 2005) mówi o zacieraniu się różnic w wiadomości zbiorowej między tym, co rzeczywiste, a tym, co nie tyle wyobrażone, co wykreowane przez media. Świadomość społeczną kształtują nie „fakty", lecz „symulakry" – konstrukcje fabularne o innym sposobie istnienia – trudno orzekać o ich fałszu czy prawdziwości, bo sprawdzają możliwość zaistnienia pewnych zdarzeń. Można prowadzić komputerowe symulacje przebiegu zjawiska, którego nie ma. Owe „założone" przebiegi zjawisk czy ciągi zdarzeń mają więc inny status niż dawne fikcje literackie. Ale takie konstrukcje w powieści obecne były przed sformułowaniami Baudrillarda. Dość wcześnie pojawiły się u Teodora Parnickiego (od *Labiryntu*, 1964, poczynając) – fabuły były budowane na „bocznych", niespełnionych „drogach historii". Narracja zaczynała się od założenia: „co by było, gdyby".

W takim znaczeniu symulakrami są obie wczesne powieści Edwarda Redlińskiego – *Awans* i *Konopielka* – nie przedstawiają żadnej konkretnej rzeczywistości, lecz dwie równoległe symulacje: wsi zacofanej i wsi porażonej cywilizacyjnym postępem. Tę zasadę odnajdziemy także w *Krfotoku* (1998), w *Transformejszen* (2002), w *Telefrenii* (2006) i w *Bziku prezydenckim* (2008). Punktem wyjścia w *Krfotoku* jest założenie, że stan wojenny się udał, generał zwyciężył – jak potoczyłaby się wówczas najnowsza historia? W *Transformejszen* natomiast „komunistyczny reformator" z *Awansu* zostaje ze wsi wypędzony, zakłada bar „na skrzyżowaniu dróg", ale firmie zagraża budowa wielobranżowego supermarketu. Cwany „przedsiębiorca" szuka ochrony u proboszczów i wnet pod ich opieką buduje całą sieć „przykościelnych barów". W *Telefrenii* mamy swoisty wykład teorii Baudrillarda: rzeczywistość nie istnieje, bo nie można jej odróżnić od wykreowania. Uzależnienie współczesnego człowieka od radia, telewizji, Internetu pustoszy indywidualną i zbiorową świadomość. O owym spustoszeniu opowiada chory i uzależniony narrator: bo „telefrenia" (jednostka chorobowa – jak schizofrenia) nabrała cech epidemii. W *Bziku prezydenckim* satyra dotyczy polskich fascynacji Stanami Zjednoczonymi. Nasze uwielbienie dla USA przybiera postać groteskową: Polak, zafascynowany Ameryką, na moment przed prokreacją rozważa wszystkie warunki konieczne, aby syn mógł zostać w przyszłości prezydentem tego kraju. Warto zwrócić uwagę, że kategoria symulakry pozwala w powieściach na ostre, satyryczne przedstawianie naszej najbliższej przyszłości.

Mutacje i pochodne tej zasady budowania fabuły znajdziemy u wielu młodych prozaików. Elementy takich konstrukcji – same z siebie – niewiele znaczą, ale mają zdolność rozpoznawania i oceny faktów doświadczanych przez czytelników. „Symulakry" demaskują się same w zderzeniu z doświadczeniem części społeczeństwa, jednak dla części – są nierozróżnialne i w pełni „oczywiste". Gra w możliwe należy do stałych sposobów uprawiania propagandy i jest jednym z przejawów nowego „zniewolenia" naszej świadomości. W powieściach Mariusza Sieniewicza (*Czwarte niebo*, 2003; *Żydówek nie obsługujemy*, 2005; *Rebelia*, 2007) współczesność obserwujemy z perspektywy prowincji: jej marazmu i beznadziei, codziennych bezsensownych wędrówek bezrobotnych po ulicach miasta, gorzkiego losu emerytów, wrogości wobec „obcych" i „innych", nietolerancji. Jak opowiedzieć ten nowy świat? Można go odtworzyć z perspektywy psychicznie chorego, bo surrealiści na początku XX wieku twierdzili, że w oszalałym świecie tylko wariat ma rację. Coś z tego jest w powieści Tomasza Piątka *Dobry pan* (2005). Można także, jak zrobił to Jacek Dehnel w zbiorze pastiszowych minipowieści *Balzakiana* (2008), przystąpić do pisania nowej *Komedii ludzkiej*.

Przełom ustrojowy 1989 roku zapowiadał „odrodzenie moralne" społeczeństwa, znaczący „głos ludu" w zarządzaniu państwem, wolność i równość społeczną. Ale każda taka przemiana niesie nowe niebezpieczeństwa. Powieści, o których można powiedzieć, że podejmują – niekiedy ostre – rozpoznania i diagnozy naszego życia, że kwestionują mity nowej kapitalistycznej sprawiedliwości, tworzą ciekawą formułę współczesnej powieści społecznej. I dodać trzeba – autorzy uciekają od polityki, interesuje ich stan świadomości, patologie życia zbiorowego, typ bohatera: zdegradowanego, prymitywnego, niezdolnego do samodzielnego myślenia, żyjącego wśród meneli, w młodzieżowych subkulturach. Operowanie slangiem, językiem wulgarnym, okazuje się zapisem duchowego ubóstwa: bo język w naszym myśleniu i przeżywaniu jest nie tylko biernym narzędziem, lecz także – kreatorem. Jesteśmy tacy – jak myślimy, a myślimy jak mówimy.

Subkultury i patologie

Można oczywiście, posługując się odpowiednią stylizacją, kreować wewnętrzny świat bohaterów, ich sposoby werbalizowania emocji. Powieści – jak je nazwano – dreserskie Doroty Masłowskiej (*Wojna polsko-ruska pod flagą biało-czerwoną*, 2002; *Paw królowej*, 2005) mogą „znaczyć" poprzez budowę młodzieżowego języka, kłopoty bohaterów z werbalizowaniem swoich emocji, mogą kreować ich agresję, bezradność i pustkę. Ale to tylko kreacja artystyczna, stylizacja językowa pochłaniająca cały myślowy wysiłek. Nie uwiarygodnia jej nawet wprowadzenie w językowy obszar narracji własnego nazwiska autorki. Karol Irzykowski, znakomity krytyk, kwestionował kiedyś „szczerość" i „bezpośredniość", bo sztuka – jak sama nazwa wskazuje – jest nie powtarzaniem życia, lecz kreacją. „Sztuczność" staje się znacząca tylko wówczas, kiedy przekazuje jakiś ogólniejszy sens. Że młodzi ludzie utracili zdolność rozumienia świata, że są zbuntowani lub zagubieni? Niewielka i trochę banalna to prawda.

Można śledzić patologie społeczne: zapisywać świat widziany oczyma pijaka (nie każdy potrafi z tego zrobić literaturę, jak Pilch w powieści *Pod Mocnym Aniołem*) czy narkomana (jak Tomasz Piątek w *Heroinie*, 2000, czy w *Pałacu Ostrogskich*, 2008); nowość w wyborze tematu nie gwarantuje wartości intelektualnej utworu. Bo to już inna kategoria literatury.

Manuela Gretkowska

Manueli Gretkowskiej towarzyszy zadawniona – z czasów debiutu – opinia „skandalistki", „feministki", autorki epatującej seksem w konstruowanych fabułach, prowokatorki w felietonach i w wypowiedziach publicznych. Nie da się z niej zrobić współczesnej Gabrieli Zapolskiej, bo strefy jej kontestacji są rozległe. Dotyczą kondycji społecznej i obyczajowej kobiet, choć utrzymuje ona dystans do ideologii skrajnego feminizmu. Za część złego losu kobiet odpowiada natura, która „kazała" im rodzić, dbać o podtrzymanie gatunku, o przekazywanie genów następcom. Tu nie ma wyboru. Sfera instynktów, biologii jest nam dana od natury, i niewielkie mamy możliwości zmiany. Biologiczna strona natury człowieka nie jest rzeczą wstydliwą, złą; to kultura, doktryny religijne, konwencje obyczajowe uczyniły z niektórych jej przejawów sferę zakazaną. Pierwsze utwory Gretkowskiej dadzą się wpisać w schemat literatury skandalizującej, choć ściślej byłoby powiedzieć: dadzą się czytać w takim kontekście. Jednakże wczesne jej powieści-nie-powieści – *My zdies' emigranty* (1992), *Tarot paryski* (1993), *Kabaret metafizyczny* (1994), nie budują jawnie fikcyjnych i ciągłych fabuł. Mogą uchodzić za luźne zbiory zapisów dziennikowych, fragmentów, miniopowiadań scalonych poprzez osobę narratorki, rodzaj jej – także fragmentarycznej – autobiografii. Ten osobisty ton wypowiedzi łączy utwory fabularne z esejami i felietonami. *Podręcznik do ludzi* (1996), *Światowidz* (1998), *Silikon* (2000), *Na dnie nieba* (2007) prezentują autorkę o znakomitym stylu, precyzyjnym formułowaniu myśli, o odwadze wygłaszaniu niepopularnych opinii. *Polka* (2001) i *Europejka* (2004) należą do owych „powieści--nie-powieści", na poły dzienników czy pamiętników, w których odrzucona została strategia intymistyki, charakterystyczna dla tych gatunków piśmiennictwa. W *Polce* tematem właściwym jest zapis fizjologii ciąży, wszystkich niepokojów psychicznych, zaburzeń hormonalnych i samego porodu. To doświadczenie osobiste autorki. W takim stopniu nigdy nie było tematem narracji powieściowej. Ale dlaczego nie powinno być? Czy jest to temat wstydliwy? A *Europejka* jest dalszym ciągiem *Polki*, bo powinności kobiety nie kończą się na urodzeniu, obejmują troskę o rodzinę, o wychowanie dziecka. Gretkowska jest prawdziwą kobietą – człowiekiem myślącym, o rzetelnej i rozległej wiedzy z zakresu psychologii, antropologii, biologii, filozofii kultury. Skala form gatunkowych w jej twórczości jest szeroka: *Namiętnik* (1998) należy uznać za zbiór „klasycznych" w swej budowie nowel; *Kobieta i mężczyźni* (2007) jest znakomitą powieścią obyczajową. Inne przywołane tu utwory o rozmytych granicach gatunkowych wzajemnie się warunkują i dopełniają. Świadczą o nieustannym poszukiwaniu nowych form wypowiedzi, jednak nie dla samej formy, lecz ujęć dogodnych do wyrażenia problemu czy tematu. Trudności pojawiają się jednak przy bliższym określeniu relacji między narratorem, jako pewną rolą w utworze (należy przecież do przedstawionego w nim świata jako jego sprawca), a autorką. Autorka raz po raz podpowiada, że to są jej przygody. To ona przecież znalazła się na emigracji w Paryżu, nie była jednak emigrantką polityczną, unikała więc środowisk solidarnościowych, obracała się w kręgach bohemy artystycznej, przybyszów z różnych stron świata, wyzbywała się polskiego prowincjonalizmu, uczyła się otwarcia na innych. Do Paryża przyciągały tych przybyszów różne sytuacje życiowe, ale także stary mit kulturalnej stolicy Europy i świata. Owi artyści *in spe* czepiają się najróżnorodniejszych zajęć, by żyć, są często „na dnie", ale odwiedzają muzea, budują dziwaczne koncepcje artystyczne, rozpoznają na wiele sposobów śmierć sztuki we współczesnym świecie. Narratorka utworów Gretkowskiej współuczestniczy w tym zbiorowym doświadczeniu: styl życia (seks pozbawiony pruderyjnych zasłon, narkotyki, stałe przekraczanie konwencji społecznych i obyczajowych) nie jest pochodną miejskiego piekła, lecz atrybutem oznaczającym status artysty – tradycyjną więc grą, konwencją, teatralizacją. Gretkowska nie ufa tym postawom, otacza je ironią, humorystycznym dystansem, patrzy na świat, na ludzkie udawanie sceptycznie, poddaje ocenie intelektualnej. To bycie w środku wydarzeń i bycie jednocześnie na zewnątrz jest istotną właściwością całej twórczości Gretkowskiej, także jej publicystyki.

W powieściach i opowiadaniach wielu młodych twórców miasto bywa czarną metaforą świata, cywilizacji współczesnej, obrazem piekła. Gretkowska nie tworzy takiej katastroficznej wizji. Jej ironia, inteligencja, wyobraźnia, erudycja skupiają się nie tyle na cywilizacyjnych rekwizytach miasta, na jego patologiach (jeśli je wyjaskrawia, to raczej dla absurdalnego żartu, śmiechu), ile na rozpoznaniu świadomości „pokrzywdzonych" i niespełnionych ludzi, tworzących własne mitologie, wyobrażone światy. Żadna formuła nie scala obrazu świata w obrębie tych indywidualnych mitologii – rządzi w nich zasada przypadku, potocznej analogii, wielkiego chaosu, powszechnej mistyfikacji. Gretkowska-narratorka współuczestniczy w tej grze, bierze na siebie wszystkie grzechy świata, ale Gretkowska-autorka bezbłędnie rozpoznaje mistyfikacje. Autobiografizm w jej powieściach jest kreacją artystyczną, w części mistyfikacją, sposobem na scalenie odrębnych cząstek fabularnych, prezentacją stanu świadomości środowiska. I niewiele wspólnego ma z zasadą intymnego wyznania. Gretkowska-autorka jest ironiczna, chłodna, wie, czym jest śmiech w rozbijaniu stereotypów myślowych, konwencji w sztuce, wie, czemu służy prowokacja intelektualna. Jej wczesnych utworów nie objaśniały do końca ani parodystyczno-pastiszowe gry z innymi, wcześniejszymi utworami (uznawano w tym jedną z cech postmodernistycznej literackości), ani próby łączenia z prozą feministyczną („feministycznego szowinizmu"), niczego nie wyjaśnia także uznanie jej za skandalistkę, choć nie unika skandalizowania. Nie jest nawiedzoną feministką, lecz kobietą o wielkiej odwadze w odkłamywaniu życia.

Znaczące w pierwszych utworach jest zderzanie narracji rodem z intymnego dziennika pensjonarki, którą ponosi erotyczna wyobraźnia, z narracją naukową czy quasi-naukową, układającą się we wzór traktatu czy eseju; quasi-naukową, bo traktaty o metafizycznych sensach kart tarota, liczb i liter w kabale, o Marii Magdalenie, uzyskują razem ironiczne określenie – „kabaret metafizyczny". Czego on dotyczy? Horyzonty intelektualne w *Kabarecie metafizycznym* nie są zbyt rozległe, a gusta estetyczne bohaterów raczej podejrzane. Jednakże jako zapis współczesnych tendencji w kulturze – dzieł sztuki, których nie można odróżnić od kiczu, świadomości potocznej, indywidualnych sposobów myślenia i przeżywania, tego wszystkiego, co produkuje kultura masowa, to wówczas diagnoza Gretkowskiej staje się gorzka. Chodzi o degradację symbolicznych zapisów świadomości. Gretkowska bawi się często w interpretację obrazów. Wówczas w tkance narracji powstają „traktaty" – eseje z historii sztuki. Dzieło sztuki okazuje się – w jej interpretacjach – zawsze zapisem świadomości autora.

Podręcznik do ludzi jest eseistyczną konstrukcją, dotyczącą kultur, ich charakteru i sposobu funkcjonowania, a tytuł – znaczący, bo to „podręcznik", który objaśnia człowieka, klucz pozwalający zrozumieć jego tajemnice. Umieszczony w nim „traktat" ma charakterystyczny tytuł: *Więźniowie układu nerwowego*, bo człowiek to ciało z jego naturalnymi potrzebami, lecz także – świadomość. Ta zaś jest pochodną czy wytworem układu nerwowego. Dualizm takiego ujęcia eliminuje interpretacje metafizyczne w tradycyjnym znaczeniu, nie eliminuje jednak samej metafizyki – tajemnicy świadomości. Układ nerwowy może produkować obrazy „realne", ale i nierealne, urojone i paranoiczne:

> Dualny mózg stworzył na swój obraz i podobieństwo: lewo-prawo, racjonalne-nieracjonalne, dobro-zło, życie-śmierć. Dualny w swej symetrii półkul, w funkcji oddzielania tego, co świadome, od tego, co zepchnięte w głąb czaszki przez warstwy nieświadomości i instynktów. Nasz obraz świata jest oszustwem biologicznego mózgu żerującego na ludzkim organizmie. Mózg zużywa najwięcej z wchłanianego przez nas tlenu. Gdy zagłodzony organizm wyczerpuje wszystkie zapasy cukru, ostatni kapituluje system nerwowy [...].
> Jednakże układ nerwowy działa w obronie całego organizmu. Czyżby? Nie dajmy się oszukać, on dba wyłącznie o siebie, nie o nas [...].
> Perfidia układu nerwowego jest tym subtelniejsza, że oprócz fizycznych tortur używa on także perswazji psychicznej. Zmusza nas do pokory i uwielbienia, gdyż to dzięki niemu powstała inteligencja (s. 43–45).

Ten traktat lub jeśli kto woli – quasi-traktat, wyraża najpełniej jedną z fundamentalnych cech postmodernistycznego światopoglądu. Unieważnia on wszelkie odmiany metafizyki w tym sensie, że czyni je produktami indywidualnych i zbiorowych „systemów nerwowych". Bo kultura jest produktem kreatywnych systemów nerwowych. To z egoizmu systemu nerwowego powstawała w niej pogarda dla ciała, widoczna zwłaszcza w chrześcijaństwie i judaizmie. *Światowidz*, oparty na tradycyjnym schemacie literackiej podróży, poszukuje w wielkich systemach religijnych i w wyrastających w ich cieniu rytuałach i kulturach odpowiedzi na jedno pytanie: jak wielkie religie świata rozwiążą opozycję między ciałem i świadomością. Podróż (nie jest istotne: rzeczywista czy wyobrażona) do Indii, Nepalu, Australii, Chin, także – choć migawkowo tylko – w świat islamu wiąże się z odkrywaniem podobieństw, zbieżności, ale i odmienności. Te same, w sensie biologicznym, systemy nerwowe stworzyły mozaikową strukturę stylów myślenia i przeżywania, zbiory symboli, będących zasadniczą tkanką świadomości. Najbardziej harmonijne, nie zakłócające zasady symetrii między duszą a ciałem, naturą a jednostką, okazują się wierzenia i rytuały Aborygenów... Bo nie mają bogów.

Wyobraźnia i inteligencja Gretkowskiej bywa prowokacyjna, ostra. Tnie w miejscach, które w wyobrażeniach potocznych są uważane za tabu; penetrowanie ich uchodzi za bluźniercze, nieprzyzwoite, nawet wulgarne. Ale autorka *Namiętnika* nie epatuje ujęciami. Opowiadania z tego tomu w swej warstwie metaforycznej stają się powiastkami filozoficznymi czy też parabolami mówiącymi o ludzkiej psychice, o tajemnicach umysłu. Nadzwyczajne zdolności bohaterki w opowiadaniu *Sandra K.*, wzmacniane ideą fixe z poradników dla kobiet („dieta odchudzająca", „maseczki kosmetyczne"), prowadzą do choroby; układ nerwowy wytworzył nadzwyczajne zdolności, ale niszczył jej ciało. Kłopoty z umysłem i ciałem znają bohaterzy opowiadań *Latin Lover*, *Namiętnik*, *Ikona*; z ciałem – kochankowie z opowiadania *Mur*.

Autorka z pasją i fascynacją śledzi różnorakie przejawy nierównowagi między prawami ciała i „tworami systemów nerwowych", to jest kulturą. Wyłania się z tego inna koncepcja postaci literackiej – określanej nie przez historię, układy społeczne, psychologię, lecz przez antropologię jako ogólną wiedzę o człowieku, o jego podwójnym wpisaniu: w naturę i kulturę. Powieść *Kobieta i mężczyźni* rozpoznaje te uwarunkowania, przebiegi emocji i działań, w wyraźnym uzależnieniu od biologii, od płci. Kobiety są silniejsze, bardziej odporne na przeciwności losu – zarówno wtedy, kiedy poddają się swojemu przeznaczeniu, jak i wtedy, kiedy się buntują.

Proza Manueli Gretkowskiej jest głęboko zakorzeniona we współczesności. Autorka niechętnie – wyjątkiem są niektóre opowiadania z *Namiętnika* – wyprawia się w krainy mityczne, w przestrzenie w sensie społecznym obce. Wędrówki po świecie w *Światowidzu* mogły się zwerbalizować w reportażach i esejach, a nie w opowiadaniach czy w powieści. Znów jednak wyjątkiem są „chińskie epizody" w *Kobiecie i mężczyznach*.

Inaczej jest w powieściowym świecie Zyty Rudzkiej (*Białe klisze*, 1991; *Uczty i głody*, 1995; *Mykwa*, 1999; *Ślicznotka doktora Josefa*, 2006), w którym przestrzeń i czas ulegają różnorakim przekształceniom – fabuła może scalać starożytny Egipt i współczesne Włochy, małą miejscowość w Polsce i w Gruzji. Rudzka „mówi" intensywnymi obrazami, w których ciało, siedziba głodów i namiętności, ulega degradacji, znaczenia nabiera sfera duchowa. Ku paraboli i ku mitowi ewoluuje kobieca proza Izabeli Filipiak (*Śmierć i spirala*, 1992; *Absolutna amnezja*, 1995). Jej *Alma* (2003), w której przeszłość przeplata się z przyszłością, przekształca się w quasi-mit – bogowie i śmiertelni rozwiązują współzależności; bóg-mężczyzna przecina i niszczy duchowy związek między matką i córką. Niezwykłą kondensacją obrazów i znaczeń charakteryzuje się proza Magdaleny Tulli (*Sny i kamienie*, 1995; *W czerwieni*, 1998; *Tryby*, 2003; *Skaza*, 2006). Rzeczą drugorzędną okazuje się rozbudowywanie fabuł, ważniejszą – swoista rytmizacja obrazów, narastanie znaczeń symbolicznych. Jest w tym geście ograniczenie i schematyzacja konstrukcji fabularnych, którymi przepełnione są powieści i filmy, dyskretna ironia i niewiara w samą literaturę. Konstruujemy, wbijamy „srebrne gwoździe", ale zawsze dzieło ma swoje wady i rysy.

Dylematy Izabeli Filipiak, Zyty Rudzkiej, Magdaleny Tulli są stale obecne w pisarstwie Olgi Tokarczuk – nawet w wyraźnym spotęgowaniu, zawsze jednak w innych rozwiązaniach. Olga Tokarczuk, podobnie jak Zyta Rudzka i Magdalena Tulli, myśli nie tyle lingwistycznie (poprzez konstrukcje językowe, jak to jest w skrajnym przypadku u Doroty Masłowskiej), co „obrazami". Jej wyobraźnia jest zarówno „filmowa", jak i bardziej tradycyjna – zadomowiona w dawnym malarstwie. Pierwsze utwory (opowiadania i wiersze) publikowała w czasopismach od 1979 roku, ale za debiut powieściowy trzeba uznać *Podróż ludzi Księgi* (1993). Następnie wydała *E.E.* (1995), *Prawiek i inne czasy* (1996), tom wczesnych opowiadań *Szafa* (1997), *Dom dzienny, dom nocny* (1998), *Grę na wielu bębenkach* (2001), *Ostatnie historie* (2004), *Annę In w grobowcach świata* (2006), *Biegunów* (2007), *Prowadź swój pług przez kości umarłych* (2009). Proza ta – powieści i opowiadania – ma swoje dwa bieguny: jeden skupia się wokół współczesności, drugi – cofa się w przeszłość. W tym drugim wypadku nie powstają jednak tradycyjne powieści historyczne, bo mamy do czynienia z fabułami umieszczonymi poza czasem, a ściślej – w niezmiennym, stałym, wiecznym czasie mitu. Powieści *Podróż ludzi Księgi*, *Prawiek i inne czasy*, *Anna In w grobowcach świata* – niezależnie od pojawiających się niekiedy sygnałów historii – rozgrywają się w czasie i przestrzeni mitycznej, w owym „zawsze i wszędzie", bo mówią o ludzkich pragnieniach, namiętnościach, pasjach poznawczych, o rozczarowaniach, o walce z przeznaczeniem, z przekraczaniem progu śmierci. W powieściach tych widziano oddziaływanie prozy Tolkiena (*Władca Pierścieni*), różnych odmian fantasy (także filmowej), głośnej

Olga Tokarczuk

i spopularyzowanej przez film dawnej powieści Jana Potockiego *Pamiętnik znaleziony w Saragossie*. Ale Tokarczuk w swoich mitycznych konstrukcjach zachowuje oryginalność przede wszystkim przez psychologiczne walory kreowanych postaci. Nie są to jednowymiarowe konstrukcje fabularne, lecz skomplikowane w swym postępowaniu osobowości. Skojarzenia więc z Tolkienem czy Potockim nie przekraczają granicy potocznej analogii. Prozę Tokarczuk łączono najczęściej z tradycją realizmu magicznego. Z tych zestawień także niewiele wynika. Istotniejsze wydaje się samo rozumienie literatury i powieści. Wątpliwości Magdaleny Tulli co do literackiego, językowego charakteru kreacji przyjmują u Olgi Tokarczuk inną postać. W tomie *Gra na wielu bębenkach* jest grupa opowiadań, w których przenikanie się obrazów rzeczywistych i „dotkniętych" literackością otwiera dyskurs na temat statusu świata przedstawianego w utworach, ale są i takie, które mają charakter reportażowego zapisu ludzkich losów. „Pisanie powieści – wyznawała autorka – jest dla mnie przeniesionym w dojrzałość opowiadaniem sobie samemu bajek. Tak jak to robią dzieci, nim zasną. Posługują się przy tym językiem z pogranicza snu i jawy, opisują i zmyślają. Taka jest właśnie ta książka [*Podróż ludzi Księgi*], pisana z naiwną wiarą dwudziestokilkuletniego dziecka, że cokolwiek przydarza się ludziom, ma swój sens. Ku mojemu zdziwieniu powstała gorzka, może nawet okrutna historia złudzeń i wszelkiego niespełnienia".

Podróż ludzi Księgi, choć są w niej sygnały realnego czasu z przeszłości, osadzona została w micie; zdarzenia mogą się rozegrać „zawsze i wszędzie", bo dążenie ludzkie do poznania tajemnicy, wysiłek „wyprawy w nieznane" jest metafizyczną przypadłością naszego gatunku.

To, co niemożliwe, spełnić się może w bajce lub we śnie, w powieści, w literaturze. Sumeryjska bogini z powieści *Anna In w grobowcach świata*, wchodząca w krainę śmierci, którą włada jej siostra, przekracza, mimo bezradności bogów, jej ojców i krewnych – granicę ciemności. Powieść została zbudowana na podstawie dawnych mitów, także greckich o Orfeuszu wdzierającym się do krainy zmarłych, chrześcijańskich i judejskich.

Światy przedstawione w powieściach i opowiadaniach Olgi Tokarczuk mieszczą się stale na pograniczu rzeczywistości, bajki i snu. Taki był jednak początek gatunku literackiego, który dopiero w XIX wieku chciał uchodzić za „zwierciadło przechadzające się po gościńcu". Wcześniej jego cechą konstytutywną były „bajki" (*fabulae*), „historie zmyślone", w których rzeczywistość mieszała się z cudownością, przypadek popychał bieg zdarzeń, nabierał znamion tajemniczego znaku.

Podróż ludzi Księgi jest więc nie tylko współczesną wersją *Pamiętnika znalezionego w Saragossie*, lecz także *Don Kichota*. Do mitu, do „prawieku" samej powieści wracają współcześnie nie tylko utwory Tolkiena, ale i Umberta Eco. Przedromantyczna powieść grozy, ważna także u romantyków, odkrywała „złe moce" wpływające na losy ludzi, kwestionowała możliwość racjonalnego wyjaśnienia tajemnic świata. To ta tradycja uruchamia wyobraźnię współczesnych. Posłużmy się cytatem z *Podróży ludzi Księgi*:

> Szkoda, że nie wiadomo, w jaki sposób dzieją się rzeczy. Czy wynikają jedna z drugiej według jakichś trudnych do ogarnięcia prawideł? Czy są jak mniejsze pudełka, które wyjmuje się z większych? Czy rządzą nimi siły zależne tylko od boskiej, nieprzewidywalnej dla człowieka woli? A może nie ma między nimi związku, może dzieją się, jak chcą, przypadkowo i chaotycznie.

Można by w tym dopatrzyć się światopoglądowej postmodernistycznej deklaracji. Ale Olga Tokarczuk jest grzeszną, penetrującą światy mityczne, racjonalistką. Cytowane zdanie pochodzi ze świata przedstawionego powieści, jest zapisem świadomości bohaterów. Zostaje podporządkowane zasadzie kreacji artystycznej – rozpoznawaniu natury człowieka, jego zależności od ciała i od myśli, od świadomości, od marzeń, od siły wewnętrznej, która wymusza na nim stałe przekraczanie biologicznych ograniczeń. W swoich powieściach Tokarczuk dyskretnie, ale raz po raz przypomina, że to, o czym opowiada, nie jest rzeczywistością, zostało napisane, powołane do życia w języku, że jedyny byt „realny" w powieści to narrator, ukrywający się za nim autor i jego zdolność fabularyzacji świata. Tak powstaje literatura – inna wersja Księgi pierwszej, której nie udaje się odnaleźć. Olga Tokarczuk jest także psychologiem, który zbytnio nie ufa samej dyscyplinie (w powieści *Prowadź swój pług przez kości umarłych* wspomina się, że w psychologii jest tyle prawdy, co w astrologii) – parabolę, przypowieść jako strukturę schematyczną przekształca, dopełnia; dobrze wie, że nie ma jednej Księgi, że każdy człowiek nosi w sobie inną jej wersję. Tajemnica Erny Eltzner w *E.E.* nie zostaje rozwiązana, ważniejsze okazują się różne wersje „tłumaczeń", które noszą w sobie świadkowie wydarzeń. Olga Tokarczuk unika ułatwień; wielekroć, zwłaszcza w *Domu dziennym, domu nocnym*, zapisuje sny, proponuje ich internetową rejestrację, ale odrzuca teorię Freuda, jego symboliczną lekcję snów. Nie ufa także w tym zakresie Jungowi, choć chętnie korzysta z jego rozumienia roli mitów. Sny są tylko zamazaną i zniekształconą repetycją wcześniejszych przeżyć – jest to w istocie tłumaczenie bliskie koncepcji Alfreda Adlera. Do wnętrza człowieka można wejść przez mowę, ale ona rodzi się wewnątrz ciała. Te wyprawy autorki po „księgę wewnętrzną" materializują się we śnie zapisanym w *Domu dziennym, domu nocnym*:

> Wchodzę do wnętrza ludzi przez usta.
> Ludzie są w środku zbudowani jak domy – mają klatki schodowe, obszerne halle, sienie zawsze oświetlone zbyt słabo, tak że nie można zliczyć drzwi do pokojów, amfilady pomieszczeń, wilgotne komory, wykaflowane śluzowate łazienki z żeliwnymi wannami, schody z poręczami naprężonymi jak żyły, węzły korytarzy, przeguby półpięter, pokoje gościnne, pokoje przechodnie, pokoje przewiewne, w które wpada nagle prąd ciepłego powietrza, schowki, załomy i skrytki, spiżarnie, w których zapomniano o zapasach [...].

Te domy od środka wydają się niezamieszkane.

Nie ma w nich Księgi. Ale śmierć, która zamyka dom-ciało, niszczy nasze zmysły, receptory świata, wchodzi do tego domu. Którędy? Oczami? Nosem?

> Albo przez usta. Śmierć wpycha słowa z powrotem do gardła i mózgu. Umierającym nie chce się mówić, bo są zbyt zajęci. O czym mieliby opowiadać, co przekazywać pokoleniom. Banalne bzdury, komunały. Kim trzeba być, żeby w ostatniej chwili wysilać się na przesłania do ludzkości. Żadna mądrość na koniec nie jest tyle warta, co milczenie tam, po drugiej stronie, na początku.

Krytyka literacka ma kłopot z określeniem twórczości Olgi Tokarczuk. Ze względu na zachowaną ciągłość fabuły w pierwszych utworach pisano o respektowaniu zasad tradycyjnej powieści, ze względu na niespieszną narrację i walor szczegółowych opisów miejsc, przebieg wydarzeń – kojarzono z tradycjami realizmu magicznego; dodawano i inne określenia: powieść psychologiczna, powieść metafizyczna. Ale pytania, które stawia Tokarczuk, są szersze: czym jest literatura? Wieloksięgą, sumą tekstów, jaką pozostawili po sobie ludzie? Zapisem ich istnienia w słowie? Wielką biblioteką kultury, której każdy tekst trzeba czytać osobno, bo jednej Księgi nie ma? Określenie „ludzie Księgi" pochodzi z kultury islamu, interpretowanie liczb z Kabały, kosmogonia Archemanesa filozofii greckiej – przywoływane przez Tokarczuk: razem są zapisem sposobów myślenia i przeżywania przez „wiecznego" człowieka.

Czym jest *Dom dzienny, dom nocny*, chyba najważniejsza książka w dotychczasowym dorobku Tokarczuk? Czy to jeszcze powieść? Narratorka, bliska autorce – znów ta szczegółowa topografia miejsca (wyraźny ślad autobiografizmu, domu pisarki w Kotlinie Kłodzkiej?) – opowiada swoje przygody z cudzymi „księgami", także tymi, które nie zostały przez bohaterów do końca spisane. Owe „księgi" cudzych losów utrwaliły się w rozmowach, w miniopowiadaniach. Takimi osobnymi „księgami" są: historia Marka Marka, pijaka, Krysi z Banku Spółdzielczego, która miała sen decydujący o jej losie, Ergo Suma, który gdzieś pod Workutą jadł ludzkie mięso, Lwa jasnowidza, Franza Frosta, Petera Dietera, von Goetzenów, którzy po wojnie musieli opuścić swoje strony rodzinne, Takiego-a-Takiego, który codziennie jeździ rowerem do sklepu po papierosy, tajemniczego obojnaka Agni itd. Jedne z tych historii są krótkie, zamknięte, inne powracają i ciągną się przez całą powieść. Jedne mieszczą się w konwencji realistycznej, inne niespostrzeżenie przechodzą w opowieść mityczną, niesamowitą. Do realistycznych należy historia Marty-perukarki, do „niesamowitych" – apokryficzna opowieść o Wilgefortis, zwanej także Kummernis, miejscowej świętej, zamordowanej przez ojca, utrwalonej na jednej ze stacji Męki Pańskiej w miejscowym kościele. Historia Kummernis przechodzi w historię autora jej żywota, ojca Paschalisa itd. Następstwo tych opowieści jest przypadkowe, dłuższe z nich przerywane i podejmowane na nowo, tworzą wrażenie ciągłości, ale w istocie jedynym spoiwem jest sam proces opowiadania, więc nadrzędna „księga" samej narratorki. Opowiadane historie raz po raz są przerywane przepisami kucharskimi (np. tort z czerwonego muchomora), zapisami snów, informacjami o powodzi, o koszeniu trawy, o przyjęciach imieninowych itd. Z dawnej powieści – jako gatunku literackiego – pozostało niewiele. Zawieszeniu uległo następstwo czasowe: fragmenty współczesne przeplatają się ze średniowiecznymi, z wydarzeniami z Dwudziestolecia i z końca II wojny światowej. Scala owe opowieści miejsce: „na peryferiach" świata, gdzie mieści się zakątek, ziemia prawie nieznana.

Utwór przypomina dawną powieść szkatułkową, ale dość swobodnie przetwarzaną – i to jest jego formuła ostateczna. Z destrukcji tradycyjnego gatunku rodzi się nowa jego postać – bardzo pojemna i wieloznaczna, rozpięta między realistycznie przedstawianą codziennością a tajemniczym niedopowiedzeniem, symboliką snów i marzeń. Proza Olgi Tokarczuk, jej różnorodność, świadczy o niezwykłej wyobraźni, jest jednak zaprzeczeniem kalejdoskopowego chaosu, „przepływu obrazów", ma swój artystyczny porządek. Nie burzy go nieciągłość i fragmentaryczność samej fabuły. W zwykłym zestawieniu epizodów rodzą się sensy nadbudowane całej powieści.

W powieści *Bieguni* kompozycyjna zasada *Domu dziennego, domu nocnego* – rozpadu, rozsypywania się cząstkowych historii, chaosu i ponownego spinania w całość – zostaje jeszcze bardziej rozszerzona. Jest w nich także nawiązanie do *Podróży ludzi Księgi*. Podróż bowiem, jako pasja czy przypadłość naszego gatunku, leży u podstaw literatury, utrwaliła się w jej różnych odmianach, w wielkiej potrzebie fabularyzacji świata. Obejmuje więc rozległe przestrzenie ludzkiej kultury, w której siłą główną jest dążenie ludzi do „zdobycia", „poznania", dotarcia do założonego celu – niejasnego i niezrozumiałego. Tytuł powieść zawdzięcza prawosławnej sekcie starowierców, którzy uważali, że nieustanny ruch, przemieszczanie się, pozwala wymknąć się ludziom z niewoli szatana. „Bieguni" to ludzie opętani pasją poznania, świadomi niespełnień, żyjący w nieustannym ruchu, dążeniu, „pielgrzymi" czasu i przestrzeni. Jest to przypadłość nie tylko bohaterów poszczególnych historii w tej powieści, lecz także autorki. Jej podróże – rzeczywiste i wyobrażone – dokonywane realnie i „palcem" po starych mapach scalają osobne narracyjne całostki. Bo przywołane historie, nazwiska podróżników i kartografów, losy zbiorów Filipa Verheyena, XVII-wiecznego anatoma, który chciał zgłębić tajemnice ludzkiego ciała, patologicznych przypadków różnego typu deformacji, nagłego znikania, gubienia się; także historie współczesnych uczonych – wszystkie spaja nierozwiązywalna ambiwalencja czy antynomia: cielesności i duchowości człowieka. Są przeciwieństwem czy jednością? Czy ten problem może wyjaśnić monizm Barucha Spinozy? Czy biologia może udzielić właściwej odpowiedzi? Czy znaleźć ją można w systemach religijnych? Pytania te zostają wpisane w autobiograficzną opowieść narratorki-podróżniczki, w której psychice trwa nieustanny ruch, bieganina. Całość i „postój" są niemożliwe. To cecha, która jednoczy i nazywa to co zewnętrzne, zmienne, chaotyczne, z tym co wewnętrzne – równie chaotyczne i nietrwałe. *Bieguni* to powieść, jak ją nazwała autorka, konstelacyjna: jej wątki, motywy, są fragmentami krążącymi po własnych orbitach, scalającymi się w wielkim i niezrozumiałym kosmosie egzystencji.

Powieść kolejna – *Prowadź swój pług przez kości umarłych* – ma inny wymiar. Jakby dla odpoczynku po *Domu dziennym, domu nocnym* i *Biegunach* autorka opowiada skomplikowaną historię kobiety, miłośniczki zwierząt, zafascynowanej astrologią i zodiakowymi wróżbami, wcześniej – inżyniera, budowniczego mostów, biegłej więc w naukach ścisłych. W jej geście – osiedleniu się w Kotlinie Kłodzkiej w osadzie na płaskowyżu, z dala od świata i ludzi – jest zapis zanegowania, opuszczenia, rezygnacji. To powieść prawie kryminalna, z wątkiem tajemniczych zabójstw kłusowników i myśliwych. Ale historia ta zostaje opowiedziana przy niezwykłym rozbudowaniu tła społecznego i obyczajowego, dobrze znanego „prowincjonalnego" zakątka z *Domu dziennego, domu nocnego*, w którym kryją się niejasne zdarzenia i dziwne ludzkie historie. Tworzą one osobny – by nie powiedzieć: główny – nurt narracji. Złamanie konwencji powieści kryminalnej widoczne jest także w wyborze pierwszoosobowej narracji. Tego „ja" narracyjnego nie można, jak w innych utworach Tokarczuk, przybliżać do „ja" autorskiego: narratorka – Janina Duszejko – jest jednocześnie główną bohaterką. Proponuje współpracę z policją, zgłasza swoje astrologiczne hipotezy, uczestniczy w odnajdywaniu i badaniu ofiar, dopiero w finale okazuje się, że jest główną sprawczynią wydarzeń. Dziwna to „powieść kryminalna", w której – w jednej osobie – mamy narratorkę, detektywa i sprawczynię zbrodni. Zbrodni zresztą, która nie została ukarana, a sprawczyni budzi naszą sympatię. *Prowadź swój pług przez kości umarłych* warto więc czytać także jako wyrafinowaną grę i zabawę autorki z konwencjami powieści kryminalnej.

Nieco młodsi od Stasiuka, Pilcha, Gretkowskiej i Tokarczuk, urodzeni w latach siedemdziesiątych, szukali dość gremialnie ułatwień w fantastyce, w powieściach quasi-historycznych, przygodowych, sensacyjnych i kryminalnych. Powieści Jacka Komudy (*Bohun*, 2006; *Galeony wojny*, 2007; *Diabeł Łańcucki*, 2007; *Samozwaniec*, 2009) w wyborze tematów idą wytartymi śladami w historii naszej powieści: przygodowość – trochę jak u Aleksandra Dumasa – bywa kojarzona z fantastyką. Oprócz Pilipiuka, Komudy, Dukaja warto przywołać wspomnianego już Łukasza Orbitowskiego (*Złe Wybrzeża*, 1999; *Horror show*, 2006; *Tracę ciepło*, 2007). Jego powieści poświadczają, że autor waha się ciągle między fantastyką, kryminalną fabułą a pogłębioną obserwacją patologii społecznych. Bardziej jednoznaczny w swych wyborach tematycznych jest Sławomir Łuczak (*Archipelag Rynek czyli Dziennik Brygida Dżonsa*, 2001; *Fetyszysta*, 2002; *Chłopcy*, 2003; *Namiętność w miejscu publicznym*, 2008); pasje satyryczne, prowokowanie i skandalizowanie, penetracja środowisk młodzieżowych lumpów, zabijających nudę burdami i agresją, upodabnia tę prozę do utworów Sławomira Shutego, Adama Wiedemanna, po części także Michała Witkowskiego zarówno w jego głośnej, „gejowskiej" powieści *Lubiewo* (2005), jak i w *Margot* (2009), w której głównym tematem staje się, prócz popędu seksualnego, pośpiech, nieustanny „bieg", cwaniactwo, bezrefleksyjność. Poza tym typem wyborów tematycznych mieści się „wyobraźniowa", surrealistyczna proza Jerzego Franczaka (*Trzy historye*, 2001; *Szmermele*, 2004; *Przymierzalnia*, 2008), poety, eseisty, krytyka literackiego. Jego fabuły utkane są z medialnych newsów, poddanych jednak wszechogarniającej absurdalnej degradacji. Osobne, wyciszone, dojrzałe stylistycznie i ciekawe pod względem obserwacji są opowiadania Juliusza Strachoty, czego nie można powiedzieć o powieści Sylwii Chutnik; jej *Kieszonkowy atlas kobiet* (2008) pod względem literackim, stylistycznym – a chce być manifestacją polskiego feminizmu – raczej zniechęca niż zaciekawia: bazarowy początek fabuły i bazarowa argumentacja nie sprzyjają przedstawieniu ważnej problematyki społecznej.

Wojciech Kuczok

Na tle twórczości rówieśników od początku osobne miejsce zajmowały opowiadania, a później także powieści Wojciecha Kuczoka. *Opowieści samowite* (1996), *Opowieści słychane* (1999), *Szkieleciarki* (2002), *Widmokrąg* (2004) i powieści – *Gnój* (2003) oraz *Senność* (2008) stanowią dorobek autora uderzający swoją dojrzałością i oryginalnością ujęć. Każde z opowiadań i obie powieści mają precyzyjnie przemyślany i prowadzony porządek artystyczny. Nie jest on jednak ani ozdobą, ani wyróżniającą się osobno warstwą utworu – ściśle przylega do tematu. I nie wiadomo, co w tych utworach jest ważniejsze: usadowienie tematów w życiu, w codzienności, drastyczne niekiedy, a nawet brutalne; przekraczanie granicy dosłowności ku „niesłychanemu" i „niesamowitemu", polegające na metonimicznym i symbolicznym dowartościowaniu tego, co zwykłe, pozornie proste i naturalne; czy językowa wirtuozeria ujęcia, demonstrująca umowność świata przedstawionego, jego lingwistyczny status. Kuczok ma wręcz nadwrażliwość słuchową na język, na mowę żywą, operuje swobodnie odmianami współczesnej polszczyzny – slangiem środowiskowym, gwarą, ozdobną metaforą, słowotwórczym rozbijaniem frazeologizmów – skądkolwiek by pochodziły. Robi to jednak zawsze dla określonych celów, dla wyrazistego dopowiedzenia jakiegoś fragmentu fabuły, dla pełniejszej – w sensie socjologicznym i psychologicznym – charakterystyki postaci, nigdy dla popisu. „Wynalazczość" leksykalna, o czym mogą świadczyć już tytuły tomów opowiadań, jest w jego narracjach prawie niezauważalna, wtopiona w naturalny i pozornie prosty tok opowiadania. Ale sygnalizuje nie tylko fabularny, lecz także językowy status utworu.

Ważną rolę w opowiadaniach Kuczoka odgrywa prowadzenie narracji z perspektywy postaci i poszerzanego nagle narratorskiego, najczęściej ironicznego, dystansu wobec nich, nagłego przejścia od dosłowności do metafory czy symbolu. Prowadzi to do zacierania granicy między mową zależną i niezależną, między „wspominaniem" i „przedstawianiem" bezpośrednim. Monologowe wypowiedzi służą kreowaniu postaci, powolnemu odkrywaniu jej tajemnic i zawikłań wewnętrznych. Narracyjne i stylistyczne eksperymenty tworzą w opowiadaniach, w których bohaterami bywają dzieci, mroczną aurę cierpienia, przemocy, wszechobecnego zła. Jest to „ciemna" narracja, ciemna opowieść o dojrzewaniu. Stąd też tom opowiadań *Widmokrąg* przywołuje – na prawach aluzji literackiej – *Widnokrąg* Wiesława Myśliwskiego. Dzieciństwo i dojrzewanie nie jest żadną arkadią u Kuczoka, cudowną, nostalgicznie później wspominaną krainą. Opowiadania z debiutanckiego tomu *Diabeł, Pieron ognisty, Ttadzik, Cobyś widział* pokazują świat zła i cierpienia. Jednakże nadawanie tym utworom ironicznie traktowanych określeń genologicznych (*Malizm reagiczny*, *Ikra Boża*) przenosi nas z „życia" na teren literatury. Powieść *Gnój* o charakterystycznym podtytule: *Antybiografia* rozwija wątek jednego z wczesnych opowiadań. Narracja prowadzona jest z perspektywy dziecka i dojrzewającego chłopca, który w „toksycznej rodzinie", w stałym konflikcie z ojcem tyranem, gromadzi w sobie pokłady agresji i nienawiści. Nie jest to jednak ilustracja sformułowanego przez Freuda „kompleksu Edypa" – konieczności przezwyciężenia i pokonania, „zabicia", warunku usamodzielnienia się, rozwiązania ambiwalencji uczuć: podziwu i nienawiści. Takiej interpretacji przeczy cała drobiazgowo konstruowana, traktowana realistycznie otoczka „złego", mieszczańskiego domu – zakłamania, pazerności, bigoterii i głupoty. Wtedy bliżej jest do Balzaka niż do Freuda.

Co kryje się za kotarami domu, za zasłonami i firankami, za którymi kiszą się tajemnice „szczęśliwej rodziny"? Nowa powieść Kuczoka, *Senność*, rozszerza perspektywę ujęcia *Gnoju*. Tytuł pochodzi od dziwnej przypadłości jednej z bohaterek, u której każde podniecenie kończyło się zapadaniem w kataleptyczny sen. Relacje rodzinne między parami małżeńskimi, rodzicami a dziećmi, także między parą gejów, są wielorako skomplikowane, choć wszystkie pary łączy jedno – nie miłość, lecz chłód, prywatne ambicje, egoizm. Teść czuje się dowartościowany, bo wydał córkę za popularnego pisarza, choć ten „jest najpopularniejszym w kraju pisarzem niepiszącym". Sam pisarz ożenił się może dla pieniędzy, może z powodu znaczenia teścia, posła na sejm z jakiejś partii. Bo z jakiej – to nie jest ważne, choć nietrudno snuć przypuszczenia. Powracającego pisarza-niepisarza po nocnej nieobecności do domu oczekuje powitalny komitet kobiet – Teściowa i Żona. Jedną z nich poznajemy bliżej, bo „wsparta pod boki Teściowa wyraża na co dzień dezaprobatę wobec tego, jak się sprawy mają (co dzień od świtu wsparta pod boki wysłuchuje, jak ojciec dobrodziej na swojej częstotliwości uczula na częstotliwość świętokradztw, niemoralnych postępków, polakożerstw i żydłaczych rozpanoszeń, które się dokonują w ojczyźnie gorejącej, Teściowa wsparta pod boki i kiwająca głową codziennie od świtu słucha i zgadza się, że orzeł piastowski cierniową ma teraz koronę, Teściowa czeka na instrukcje, jakimi sposobami wspierać można walkę o ratunek dla deprawowanego i rozgrabianego kraju, jak dotąd chodzi wyłącznie o wsparcie finansowe dla ojca dobrodzieja, który także w imieniu Teściowej, jak i wszystkich przyjaciół radyjka zbiera środki, by bronić krzyża przed pogaństwem), sprawy się mają tak [...]" (s. 215–216). To zdanie prześmiewcze, jakby żywcem wydarte z *Trans-Atlantyku* Gombrowicza, ukazuje w pełni podstawową cechę narracji Kuczoka w *Senności*: mowa pozornie zależna rekonstruuje sposób myślenia postaci (o określonych poglądach politycznych), a bełkotliwa składnia tego zdania przeprowadza – już z perspektywy autora – ironiczną degradację i kompromitację całości. Posługiwanie się różnymi odmianami polszczyzny (gwarą śląską, językiem chłopskim, slangiem gangów młodzieżowych) służy zawsze pogłębieniu wizerunku psychologicznego postaci. Powieść ta, przenikliwa w rozpoznaniu choroby „świętych polskich rodzin", mówi o braku uczuć, o przerażającym chłodzie, egoizmie wszystkich. Radość ojca i matki, ludzi prostych, szczęśliwych, bo wykształcili syna na lekarza, kończy się ich klęską: syn jest gejem i wybiera sobie partnera z kręgu drobnych przestępców; oszukiwana żona podtruwa męża i w ten sposób – z jego wypowiedzi w stanie amoku – poznaje prawdę o swoim małżeństwie. *Senność* nie jest dalszym ciągiem *Gnoju*, choć dotyczy także toksyczności współczesnych relacji rodzinnych, mistyfikacji związanych z tą „ostoją" porządku społecznego. Okazuje się, że relacje i związki rodzinne kształtują: wyrachowanie, egoizm, snobizm, prywatne ambicje. Nawet gejowski związek jest fałszywy, oparty na wyrachowaniu jednego z partnerów, na poszukiwaniu „łatwych pieniędzy". Jakiej próby nie wytrzyma miłość rodziców do dziecka, prostaków do wykształconego syna? Co jest silniejsze – miłość czy wstyd z powodu przekroczenia konwencji obyczajowych? Tytułowa „senność" to także nuda, chłód, wzajemna obcość – brak prawdziwych emocjonalnych związków między ludźmi.

Zmianie ulegają techniki narracyjne – miejsce monologu, narracji pierwszoosobowej, jak było często w opowiadaniach, zajmuje konsekwentnie narracja z perspektywy postaci, stale zmienna, zależna od cech charakteru, od osobowości, od powikłań wewnętrznych. Bo wszyscy w istocie są „skrzywieni". W każdym, i to jest już refleksja ogólna, główną siłą sprawczą jest egoizm, są chore ambicje, ale i rodzące się stąd dramaty najprostsze. Znakomitą sceną jest „odejście" Roberta od żony, opuszczenie mieszczańskiego domu, porzucenie protestującej i zdziwionej kobiety: bohater pakuje walizkę, najpotrzebniejsze rzeczy, „odchodzi", by umrzeć. Bo wie o zabijającej go chorobie. Nie wie o niej żona. „Bo śmierci nie da się przeżyć". Ta prawda otwiera metafizyczne sensy powieści – jej urodę i wieloznaczność. *Senność* jest powieścią o niezwykłej precyzji w budowie, przejrzystości intencji. Jej prostota i „zwykłość" emituje sensy głębsze, dotyczące prawdy o ludziach, o społeczeństwie zakłamanym, sennym, odwróconym od głębszych wartości.

Debiutanci

A młodsi i najmłodsi? To dziś spora już grupa debiutantów urodzonych po 1980, a nawet po 1990 roku. Mają za sobą nie tylko debiuty, ale i kolejne tomy opowiadań i powieści. Kontynuują, jak Milena

Wójtowicz (*Podatek*, 2005; *Wrota*, 2006), Piotr Rogoża (*Po spirali*, 2008), Krzysztof Piskorski (*Najemnik*, 2006; *Poczet dziwów miejskich*, 2007; *Prorok*, 2007; *Zadra*, 2008–2009) fantastykę, raczej banalną, bez większych ambicji intelektualnych. Sięgają do powieści detektywistycznej i kryminalnej, jak Olga Rudnicka (*Martwe jezioro*, 2008), do „horroru", jak Jakub Małecki (*Błędy*, 2008; *Przemytnik cudu*, 2008). Tworzą powieść historyczną nowego typu, jak Bartłomiej Misiniec (*Pretorianin*, 2008). Ich wyobraźnię pisarską ukształtowały czy poraziły filmy i telewizja – odwagi w podejmowaniu własnej drogi jeszcze nie mają, a jeśli się zdarzy, jak u Ewy Berent (*Rdza*, 2008), bo jest i homoseksualizm, i naturalistyczne prezentowanie seksu, i konflikt z rodziną, to ujęcie odstręcza niedojrzałością artystyczną. Przekroczenie zauroczenia fantastyką, gdyż proza tego typu uległa zbanalizowaniu, jest warunkiem określenia i skutecznego poszukiwania własnej drogi. Może debiutujący w 2007 roku (urodzony w 1990) tomem opowiadań Adrian Zwoliński (*Nieświat*, 2007) ze swoim ostrym widzeniem przeszłości i teraźniejszości odnajdzie tę drogę; może Dawid Kain (*Prawy, lewy, złamany*, 2007) z nostalgiczną wizją pustki wewnętrznej bohaterów dotkniętych powszechną „telefrenią"? Może oni? Ale trudno o pewność w przewidywaniach.

Chronologiczne zestawienie
utworów literackich, scenicznych realizacji dramatów, esejów, scenariuszy i adaptacji filmowych
(wybór)

Poezja	Proza fabularna
1939-1944	
S. Młodożeniec, *Na zwady dzień* [wiersz powst. marzec 1939]. W. Broniewski, *Bagnet na broń* [wiersz powst. 3 kwietnia 1939; druk: kwiecień 1939. K. I. Gałczyński, *Żołnierze z Westerplatte* [powst. 17 września 1939] „Walka" 1940 nr 29.	S. Flukowski, *Urlop bosmanmata Jana Kłębucha*. Warszawa 1939. W. Gombrowicz, *Opętani*. „Kurier Czerwony" 1939 nry 152–243. Z. Nałkowska, *Niecierpliwi*. Lwów 1939
K. K. Baczyński, *Zamknięty echem*. Warszawa 1940 [druk konspiracyjny]. K. K. Baczyński, *Dwie miłości*. Warszawa 1940 [druk konspiracyjny]. M. Hemar, *Cztery wiersze*. Bukareszt 1940. Cz. Miłosz, *Wiersze*. Warszawa 1940. J. Pietrkiewicz, *Znaki na niebie*. Londyn 1940. A. Słonimski, *Alarm*. Londyn 1940. K. Wierzyński, *Barbakan warszawski*. Nicea 1940.	
S. Baliński, *Wielka podróż*. Londyn 1941. J. Łobodowski, *Z dymem pożarów*. Nicea 1941. M. Pawlikowska-Jasnorzewska, *Róża i lasy płonące*. Londyn 1941. M. Pawlikowska-Jasnorzewska, *Gołąb ofiarny*. Londyn 1941. W. Szewczyk, *Noc. Poemat*. Katowice 1941 [druk konspiracyjny]. K. Wierzyński, *Ziemia-Wilczyca*. Londyn 1941. K. Wierzyński, *Róża wiatrów*. Nowy Jork 1941.	J. Pietrkiewicz, *Po chłopsku*. Londyn 1941. K. Pruszyński, *Droga wiodła przez Narvik*. Londyn 1941.
K. K. Baczyński, *Wiersze wybrane*. Warszawa 1942 [druk konspiracyjny]. T. Borowski, *Gdziekolwiek ziemia*. Warszawa 1942 [druk konspiracyjny]. M. Hemar, *Dwie Ziemie Święte*. Londyn 1942. K. Iłłakowiczówna, *Wiersze bezlistne*. Budapeszt 1942. J. Lechoń, *Lutnia po Bekwarku*. Londyn 1942. A. Słonimski, *Popiół i wiatr*. Londyn 1942.	J. Andrzejewski, *Apel* [powst. 1942]. Wyd.: *Noc. Opowiadania*. [Bmw.] 1945. A. Fiedler, *Dywizjon 303*. Londyn 1942. J. Iwaszkiewicz, *Bitwa na równinie Sedgemoor* [powst. 1942]. Wyd.: *Nowa miłość i inne opowiadania*. Warszawa 1946.

Dramaty, scenariusze, realizacje teatralne	Reportaże, pamiętniki, eseje, adaptacje filmowe
1939–1944	
S. Flukowski, *Odys u Feaków*. Warszawa 1939.	
S. Flukowski, *Tęsknota za Julią* [powst. 1940, wyst. w teatrze jenieckim Arnswalde Offlag II B , 1940] K. Wojtyła, *Jeremiasz* [powst. 1940]. K. Wojtyła, *Hiob* [powst. 1940]. Wyd.: *Poezje i dramaty*. Kraków 1980. E. Zegadłowicz, *Domek z kart* [powst. 1940].	
A. Cwojdziński, *Piąta kolumna w Warszawie* [wyst.: Nowy Jork 1942]. M. Hemar, *Cud biednych ludzi*. Londyn 1942 [„Nowa Polska" 1942 z. 2–5]. J. Zawieyski, *Masław* [powst. 1941; nagroda na konspiracyjnym konkursie 1942].	Z. Kossak-Szczucka, *W piekle*. Warszawa 1942 [druk konspiracyjny].

Poezja	Proza fabularna
1939-1944	
S. Baliński, *Tamten brzeg nocy*. Londyn 1943. W. Broniewski, *Bagnet na broń*. Jerozolima 1943. T. Gajcy, *Widma*. Warszawa 1943 [druk konspiracyjny]. A. Janta-Połczyński, *Psalmy*. Londyn 1943. J. Pietrkiewicz, *Pokarm cierpki*. Londyn 1943. J. Przyboś, *Póki my żyjemy*. [wyd. rękopiśmienne przygotowane przez poetę, 1943]. Z. Stroiński, *Okno*. Warszawa 1943 [druk konspiracyjny]. S. Themerson, *Dno nieba*. Londyn 1943. A. Ważyk, *Serce granatu*. Moskwa 1943.	J. Andrzejewski, *Wielki Tydzień* [powst. 1943]. Wyd.: *Noc. Opowiadania*. [Bmw.] 1945. J. Iwaszkiewicz, *Matka Joanna od Aniołów* [powst. 1943]. Wyd.: *Nowa miłość i inne opowiadania*. Warszawa 1946. J. Iwaszkiewicz, *Stara cegielnia* [powst. 1943]. „Twórczość" 1945 nr 1. A. Kamiński, *Kamienie na szaniec*. Warszawa 1943 [druk konspiracyjny]. J. Pietrkiewicz, *Umarli nie są bezbronni. Opowiadania z życia pod okupacją niemiecką*. Glasgow 1943. S. Themerson, *Wykład profesora Mmaa*. Londyn 1943.
K. K. Baczyński, *Arkusz poetycki nr 1* [wydaw. Droga]. Warszawa 1944 [druk konspiracyjny]. K. K. Baczyński, *Śpiew z pożogi*. Warszawa 1944 [druk konspiracyjny]. T. Borowski, *Arkusz poetycki* [wydaw. Droga]. Warszawa 1944 [druk konspiracyjny]. W. Broniewski, *Wybór poezji*. Jerozolima 1944. T. Gajcy, *Grom powszedni*. Warszawa 1944 [druk konspiracyjny]. M. Jastrun, *Godzina strzeżona*. Lublin 1944. J. Przyboś, *Do ciebie o mnie*. Kraków 1944 [wyd. konspiracyjne]. T. Różewicz, *Echa leśne* [druk konspiracyjny 1944, wiersze i proza]. L. Szenwald, *Z ziemi gościnnej do Polski*. Moskwa 1944. J. Tuwim, *Kwiaty polskie* [powst. Rio de Janeiro 1940 – Nowy Jork 1944]. Wyd.: Warszawa 1949.	T. Parnicki, *Srebrne orły*. Jerozolima 1944--1945.

Dramaty, scenariusze, realizacje teatralne	Reportaże, pamiętniki, eseje, adaptacje filmowe
1939–1944	
A. Cwojdziński, *Polska podziemna* [wyst.: Nowy Jork 1943] T. Gajcy, *Homer i Orchidea. Dramat w 3 aktach* [powst. 1943]. W. Gorecki, *Uprasza się o wycieranie obuwia* [wyst.: konspiracyjny Teatr Jednoaktówek, Kraków 1943]. Z. Kossak-Szczucka, *Gość oczekiwany* [wyst. konspiracyjne 1943; druk: Lens 1944]. H. L. Morstin, *Penelopa* [wyst.: Pawłowice 1943, reż. A. Szyfman]; Teatr im. J. Słowackiego, Kraków 1945.	
M. Choromański, *Noce bez tchu* [utwór nagrodzony na konkursie w Londynie 1944]. „Polska Walcząca" 1945 nr 36.	J. Czapski, *Wspomnienia starobielskie*. Rzym 1944 [powst.: 1943]. Cz. Miłosz, *Eseje okupacyjne* [powst. 1942––1943, czytane na zebraniach konspiracyjnych]. Wyd.: *Legendy nowoczesności*. Kraków 1996. K. Pruszyński, *Margrabia Wielopolski. 1803–1874*. „Nowa Polska" 1944 z. 1–5. Londyn. K. Pruszyński, *Wspomnienia normandzkie*. „Nowa Polska" 1944 nr 9. Londyn. M. Wańkowicz, *Wrześniowym szlakiem*. Palestyna 1944.

Poezja	Proza fabularna
1945-1955	
W. Broniewski, *Drzewo rozpaczające*. Londyn 1945. J. Lechoń, *Aria z kurantem*. Nowy Jork 1945. Cz. Miłosz, *Ocalenie*. Warszawa 1945. B. Obertyńska, *Otawa*. Jerozolima 1945.	J. Andrzejewski, *Noc*. Warszawa 1945. K. Bunsch, *Dzikowy skarb*. Warszawa 1945. P. Gojawiczyńska, *Krata*. Kraków 1945. H. Naglerowa, *Ludzie sponiewierani. Opowiadania z Rosji*. Rzym 1945.
M. Czuchnowski, *Pożegnanie jeńca*. Newton 1946. K. I. Gałczyński, *Wiersze*. Warszawa 1946. M. Hemar, *Lata londyńskie*. Londyn 1946. P. Hertz, *Dwie podróże*. Warszawa 1946. M. Jastrun, *Rzecz ludzka*. Warszawa 1946. J. Niemojowski, *Najkosztowniejszy poemat. Partie napisane*. Hanower 1946. M. Pankowski, *Pieśni pompejańskie*. Bruksela 1946. L. Staff, *Martwa pogoda*. Warszawa 1946. K. Wierzyński, *Krzyże i miecze*. Londyn 1946.	T. Borowski [współaut.:] J. Nel Siedlecki, K. Olszewski, *Byliśmy w Oświęcimiu*. [Monachium] 1946. K. Brandys, *Drewniany koń*. Warszawa 1946. K. Brandys, *Miasto niepokonane*. Warszawa 1946. R. Bratny, *Ślad*. Warszawa 1946. T. Breza, *Mury Jerycha*. Warszawa 1946. K. Bunsch, *Ojciec i syn*. Warszawa 1946. J. Dobraczyński, *W rozwalonym domu*. Warszawa 1946. J. Dobraczyński, *Najeźdźcy*. Warszawa 1946--1947. S. Dygat, *Jezioro Bodeńskie*. Warszawa 1946 [powst. 1943]. J. Iwaszkiewicz, *Nowa miłość i inne opowiadania*. Warszawa 1946. M. Kuncewiczowa, *Zmowa nieobecnych*. Londyn 1946. J. Morton, *Inkluzowe wiano*. Bydgoszcz 1946. Z. Nałkowska, *Medaliony*. [Bmw.] 1946. S. Otwinowski, *Czas nieludzki*. Katowice 1946. K. Pruszyński, *Trzynaście opowieści*. Warszawa 1946. J. Putrament, *Święta kulo*. Warszawa 1946. W. Żukrowski, *Z kraju milczenia*. Warszawa 1946.
J. Łobodowski, *Modlitwa na wojnę*. Londyn 1947. B. Ożóg, *Jej Wielki Wóz*. Kraków 1947. S. Piętak, *Dom rodzinny*. Kraków 1947. S. Piętak, *Linia ognia*. Łódź 1947. T. Różewicz, *Niepokój*. Kraków 1947.	J. Dobraczyński, *Dwa stosy*. Warszawa 1947. K. Filipowicz, *Krajobraz niewzruszony*. Warszawa 1947. A. Gołubiew, *Bolesław Chrobry*. Warszawa 1947. J. Iwaszkiewicz, *Nowele włoskie*. Warszawa 1947.

Dramaty, scenariusze, realizacje teatralne	Reportaże, pamiętniki, eseje, adaptacje filmowe
1945–1955	
Fantazy J. Słowackiego. Teatr Wojska Polskiego, Łódź 1945, reż. J. Osterwa.	M. Czuchnowski, *Cofnięty czas*. Londyn 1945. M. Czuchnowski, *Z Moskwy do... Moskwy*. Londyn 1945. H. Herling-Grudziński, *Żywi i umarli*. Rzym 1945. M. Wańkowicz, *Bitwa o Monte Cassino*. Rzym 1945–1947.
S. Flukowski, *Chwila królewskiej niemocy*. „Twórczość" 1946 nr 10. S. Flukowski, *Gwiazda dwóch horyzontów*. „Przegląd Artystyczny" 1946 nry 10–11/12. S. Otwinowski, *Wielkanoc*. Kraków 1946. J. Szaniawski, *Dwa teatry*. „Twórczość" 1946 nr 12. J. Zawieyski, *Mąż doskonały*. „Znak" 1946 nry 2–3; 1947 nry 4–5. *Dwa teatry* J. Szaniawskiego. Teatr Powszechny, Kraków 1946, reż. I. Grywińska. *Homer i Orchidea* T. Gajcego, Teatr Wybrzeże, Gdańsk 1946, reż. I. Gall. *Krakowiacy i górale* W. Bogusławskiego, Warszawa 1946, reż. L. Schiller.	B. Obertyńska, *W domu niewoli*. Rzym 1946.
J. Szaniawski, *Dwa teatry*. Kraków 1947. *Dwa teatry* J. Szaniawskiego. Teatr Śląski, Katowice 1947, reż. E. Wierciński. *Powrót syna marnotrawnego* R. Brandstaettera. Stary Teatr, Kraków 1947.	*Zakazane piosenki*, film 1947, reż. L. Buczkowski.

Poezja	Proza fabularna
1945–1955	
A. Ważyk, *Wiersze wybrane*. Warszawa 1947 [także wiersze z lat 1945–1946].	S. Kisielewski, *Sprzysiężenie*. Warszawa 1947. H. Malewska, *Stanica. Opowieści rzymskie*. Warszawa 1947. A. Rudnicki, *Wielkanoc*. Warszawa 1947. W. Żukrowski, *Piórkiem fleminga, czyli Opowiadania przewrotne*. Katowice 1947.
A. Braun, *Szramy*. Warszawa 1948. W. Broniewski, *Wiersze warszawskie*. Warszawa 1948. K. I. Gałczyński, *Zaczarowana dorożka*. Warszawa 1948. J. Iwaszkiewicz, *Ody olimpijskie*. Warszawa 1948. M. Jastrun, *Sezon w Alpach i inne wiersze*. Kraków 1948. Cz. Miłosz, *Traktat moralny*. „Twórczość" 1948 nr 4. T. Różewicz, *Czerwona rękawiczka*. Kraków 1948.	J. Andrzejewski, *Popiół i diament*. Warszawa 1948. T. Borowski, *Pożegnanie z Marią*. Warszawa 1948. T. Borowski, *Kamienny świat*. Warszawa 1948. K. Brandys, *Między wojnami* [*Samson, Antygona*]. Warszawa 1948. J. Dobraczyński, *Wybrańcy gwiazd*. Poznań 1948. S. Dygat, *Pożegnania*. Warszawa 1948. P. Hertz, *Sedan*. Warszawa 1948 Z. Nałkowska, *Charaktery dawne i ostatnie*. Warszawa 1948. J. Pytlakowski, *Fundamenty*. Warszawa 1948 A. Rudnicki, *Szekspir*. Warszawa 1948. J. Wiktor, *Zbuntowany*. Wrocław 1948.
K. I. Gałczyński, *Ślubne obrączki*. Warszawa 1949. W. Wirpsza, *Stocznia*. Warszawa 1949. W. Woroszylski, *Noc komunarda*. Warszawa 1949. W. Woroszylski, *Śmierci nie ma! Poezje z lat 1945–1948*. Warszawa 1949.	K. Brandys, *Między wojnami* [*Troja, miasto otwarte*]. Warszawa 1949. T. Breza, *Niebo i ziemia*. Warszawa 1949––1950. K. Bunsch, *Imiennik*. Warszawa 1949. J. Parandowski, *Godzina śródziemnomorska*. Warszawa 1949. J. Wilczek, *Nr 16 produkuje*. Warszawa 1949. S. Zieliński, *Dno miski*. Warszawa 1949. S. Zieliński, *Przed świtem*. Warszawa 1949.
A. Braun, A. Mandalian, W. Woroszylski, *Wiosna sześciolatki*. Warszawa 1951. W. Broniewski, *Nadzieja*. Warszawa 1951. M. Czuchnowski, *Pola minowe*. Londyn 1951. K. I. Gałczyński, *Niobe*. Warszawa 1951. M. Jastrun, *Barwy ziemi*. Warszawa 1951. M. Pankowski, *Podpłomyki*. Bruksela 1951. T. Różewicz, *Czas, który idzie*. Warszawa 1951.	K. Brandys, *Między wojnami* [*Człowiek nie umiera*]. Warszawa 1951. M. Brandys, *Początek opowieści*. Warszawa 1951. B. Czeszko, *Pokolenie*. Warszawa 1951. M. Czuchnowski, *Tyfus, teraz słowiki*. Londyn 1951. J. Dobraczyński, *Listy Nikodema*. Warszawa 1951. S. Lem, *Astronauci*. Warszawa 1951.

Dramaty, scenariusze, realizacje teatralne	Reportaże, pamiętniki, eseje, adaptacje filmowe
1945–1955	
R. Brandstaetter, *Powrót syna marnotrawnego*. Warszawa 1948. T. Hołuj, *Dom pod Oświęcimiem*. Warszawa 1948. L. Kruczkowski, *Odwety*. Warszawa 1948. *Dom pod Oświęcimiem* T. Hołuja, Teatr Polski, Warszawa 1948. *Kowal, pieniądze i gwiazdy* J. Szaniawskiego, Teatr w Bydgoszczy, 1948 [druk: „Dialog" 1957 nr 1].	L. Rudnicki, *Stare i nowe*. Warszawa 1948. K. Wyka, *Pogranicze powieści*. Kraków 1948. *Ostatni etap,* film 1948, reż. W. Jakubowska.
L. Kruczkowski, *Odwety. Niemcy*. Warszawa 1950. A. Tarn, *Zwykła sprawa*. Warszawa 1950. J. Zawieyski, *Sokrates*. „Tygodnik Powszechny" 1950 nr 26, 40, 44. *Chwała Puszkina* S. Flukowskiego, Teatr Śląski im. S. Wyspiańskiego, Katowice 1950.	J. Przyboś, *Czytając Mickiewicza*. Warszawa 1950.
J. Lutowski, *Wzgórze 35*. Warszawa 1951.	J. Parandowski, *Alchemia słowa*. Warszawa 1951.

Poezja	Proza fabularna
1945–1955	
K. Wierzyński, *Korzec maku*. Nowy Jork 1951. W. Wirpsza, *Polemiki i pieśni*. Warszawa 1951. W. Woroszylski, *Pierwsza linia pokoju. Poezje 1949–1950*. Warszawa 1951.	M. Wańkowicz, *Ziele na kraterze*. Nowy Jork 1951.
W. Broniewski, *Mazowsze i inne wiersze*. Warszawa 1952. M. Czuchnowski, *Rozłupany przez perłę*. Londyn 1952. M. Jastrun, *Poemat o mowie polskiej*. Warszawa 1952. J. Przyboś, *Rzut pionowy*. Warszawa 1952. T. Różewicz, *Wiersze i obrazy*. Warszawa 1952. W. Szymborska, *Dlatego żyjemy*. Warszawa 1952.	J. Bocheński, *Zgodnie z prawem*. Warszawa 1952. H. Boguszewska, *Czarna kura*. Warszawa 1952. A. Braun, *Lewanty*. Warszawa 1952. T. Breza, *Uczta Baltazara*. Warszawa 1952. K. Bunsch, *Zdobycie Kołobrzegu*. Warszawa 1952. K. Koźniewski, *Piątka z ulicy Barskiej*. Warszawa 1952. M. Kuncewiczowa, *Leśnik*. Paryż 1952. I. Newerly, *Pamiątka z Celulozy*. Warszawa 1952. J. Putrament, *Wrzesień*. Warszawa 1952. A. Rudnicki, *Żywe i martwe morze*. Warszawa 1952 W. Żukrowski, *Dni klęski*. Warszawa 1952.
Cz. Miłosz, *Światło dzienne*. Paryż 1953. T. Nowak, *Uczę się mówić*. Warszawa 1953. F. Śmieja, *Czuwanie u drzwi*. Londyn 1953. J. Śpiewak, *Doświadczenia*. Warszawa 1953. A. Ważyk, *Wiersze. 1940–1953*. Warszawa 1953. W. Woroszylski, *Ojczyzna*. Warszawa 1953.	T. Borowski, *Czerwony maj*. Warszawa 1953. J. Broszkiewicz, *Powrót do Jasnej Polany*. Warszawa 1953. K. Bunsch, *Psie Pole*. Warszawa 1953. K. Bunsch, *Wawelskie wzgórze*. Kraków 1953. W. Gombrowicz, *Trans-Atlantyk*. Paryż 1953 [wyd. krajowe: Warszawa 1957]. G. Herling-Grudziński, *Inny świat*. Londyn 1953. Z. Kossak-Szczucka, *Błogosławiona wina*. Londyn 1953. Cz. Miłosz, *Zdobycie władzy*. Paryż 1953. J. Wiktor, *Papież i buntownik*. Warszawa 1953.
A. Braun, *Młodość*. Warszawa 1954. J. Iwaszkiewicz, *Warkocz jesieni i inne wiersze*. Warszawa 1954. A. Kamieńska, *Bicie serca*. Warszawa 1954. T. Nowak, *Porównania*. Kraków 1954. T. Różewicz, *Równina*. Kraków 1954.	K. Brandys, *Obywatele*. Warszawa 1954. L. Buczkowski, *Czarny potok*. Warszawa 1954 [powst.: 1946]. K. Filipowicz, *Profile moich przyjaciół*. Kraków 1954. T. Konwicki, *Godzina smutku*. Warszawa 1954. T. Konwicki, *Władza*. Warszawa 1954.

Dramaty, scenariusze, realizacje teatralne	Reportaże, pamiętniki, eseje, adaptacje filmowe
1945–1955	
R. Brandstaetter, *Król i aktor*. Warszawa 1952. A. Tarn, *Sprawa rodzinna*. „Po prostu" 1952 nry 28–36, 38–39, 41.	J. Andrzejewski, *Partia i twórczość pisarza*. Warszawa 1952.
R. Brandstaetter, *Znaki wolności*. Warszawa 1953 W. Gombrowicz, *Ślub*. Paryż 1953 [wydanie krajowe: Warszawa 1957].	Cz. Miłosz, *Zniewolony umysł*. Paryż 1953.
J. Lutowski, *Kret*. Warszawa 1954. A. Tarn, *Stajnia Augiasza*. Warszawa 1954.	*Celuloza*, film 1954, reż. J. Kawalerowicz. *Pod gwiazdą frygijską*, film 1954, reż. J. Kawalerowicz.

Poezja	Proza fabularna
1945–1955	
L. Staff, *Wiklina*. Warszawa 1954. W. Szymborska, *Pytania zadawane sobie*. Kraków 1954. K. Wierzyński, *Siedem podków*. Nowy Jork 1954. J. Zagórski, *Męska pieśń*. Kraków 1954.	H. Malewska, *Przemija postać świata*. Warszawa 1954. J. Szaniawski, *Profesor Tutka i inne opowiadania*. Kraków 1954. J. J. Szczepański, *Portki Odysa*. Warszawa 1954. M. Wańkowicz, *Tworzywo*. Nowy Jork 1954.
A. Ważyk, *Poemat dla dorosłych*. „Nowa Kultura" 1955 nr 34. W. Woroszylski, *Wiersze i poematy*. Warszawa 1955.	J. Andrzejewski, *Złoty lis*. Warszawa 1955. K. Bunsch, *Olimpias*. Kraków 1955. M. Dąbrowska, *Gwiazda zaranna*. Warszawa 1955. J. Jasieńczyk [S. Poray-Biernacki], *Słowo o bitwie*. Londyn 1955. Cz. Miłosz, *Dolina Issy*. Paryż 1955. T. Parnicki, *Koniec „Zgody Narodów"*. Paryż 1955. T. Różewicz, *Opadły liście z drzew*. Warszawa 1955. J. J. Szczepański, *Polska jesień*. Kraków 1955 [powst.: 1940–1949]. A. Ścibor-Rylski, *Cień i inne opowiadania*. Warszawa 1955. L. Tyrmand, *Zły*. Warszawa 1955. M. Wańkowicz, *Droga do Urzędowa*. Nowy Jork 1955. J. Wiktor, *Wyznania heretyka*. Warszawa 1955.
1956–1968	
M. Białoszewski, *Obroty rzeczy*. Warszawa 1956. W. Broniewski, *Anka*. Warszawa 1956. A. Czerniawski, *Polowanie na jednorożca*. Londyn 1956. B. Drozdowski, *Jest takie drzewo*. Warszawa 1956. S. Grochowiak, *Ballada rycerska*. Warszawa 1956. J. Harasymowicz, *Cuda*. Warszawa 1956. Z. Herbert, *Struna światła*. Warszawa 1956. M. Jastrun, *Gorący popiół*. Warszawa 1956. A. Kuśniewicz, *Słowa o nienawiści*. Warszawa 1956.	K. Brandys, *Czerwona czapeczka. Wspomnienia z teraźniejszości*. Warszawa 1956. M. Czuchnowski, *Pierścień i zamieć*. Londyn 1956. M. Hłasko, *Pierwszy krok w chmurach*. Warszawa 1956. M. Hłasko, *Ósmy dzień tygodnia*. „Twórczość" 1956 nr 11. J. Iwaszkiewicz, *Sława i chwała*. Warszawa t. I. 1956, t. II. 1958, t. III. 1962. T. Konwicki, *Rojsty*. Warszawa 1956 [powst.: 1947]. Z. Kossak-Szczucka, *Dziedzictwo*. Londyn 1956.

Dramaty, scenariusze, realizacje teatralne	Reportaże, pamiętniki, eseje, adaptacje filmowe
1945–1955	
Pierwszy program Teatru na Tarczyńskiej, 1955 [zawierał utwory M. Białoszewskiego – *Wiwisekcję, Pieśni na krzesło i głos*]. *Ostry dyżur* Jerzego Lutowskiego. Teatr Narodowy, Warszawa 1955. *Dziady* A. Mickiewicza, Teatr Polski, Warszawa 1955, reż. A. Bardini.	*Pokolenie*, film 1955, reż. A. Wajda.
1956–1968	
R. Brandstaetter, *Król Stanisław August*. Kraków 1956. Z. Herbert, *Jaskinia filozofów*. „Twórczość" 1956 z. 9. T. Konwicki, *Zimowy zmierzch. Nowela filmowa*. „Dialog" 1956 nr 1. J. Lutowski, *Ostry dyżur*. Warszawa 1956. *Balladyna* J. Słowackiego. Teatr Ludowy w Nowej Hucie, 1956, reż. K. Skuszanka. *Kordian* J. Słowackiego. Teatr im. J. Słowackiego, Kraków 1956, reż. B. Dąbrowski. *Noc listopadowa* S. Wyspiańskiego. Teatr Nowy, Łódź 1956, reż. K. Dejmek. *Mątwa* S. I. Witkiewicza. Cricot II, Kraków 1956, reż. T. Kantor.	

Poezja	Proza fabularna
1956–1968	
J. Niemojowski, *Źrenice*. Londyn 1956. T. Nowak, *Prorocy już odchodzą*. Kraków 1956. T. Różewicz, *Poemat otwarty*. Kraków 1956.	H. Malewska, *Sir Tomasz More odmawia*. Kraków 1956. A. Rudnicki, *Niebieskie kartki. Ślepe lustro naszych lat*. Kraków 1956. J. Stryjkowski, *Głosy w ciemności*. Warszawa 1956. J.J. Szczepański, *Buty i inne opowiadania*. Kraków 1956.
B. Czaykowski, *Trzciny czcionek*. Londyn 1957. S. Czycz, *Tła*. Kraków 1957. J. Harasymowicz, *Powrót do kraju łagodności*. Kraków 1957. Z. Herbert, *Hermes, pies i gwiazda*. Warszawa 1957. J. Iwaszkiewicz, *Ciemne ścieżki*. Warszawa 1957. T. Karpowicz, *Gorzkie źródła*. Wrocław 1957. U. Kozioł, *Gumowe klocki*. Wrocław 1957. Cz. Miłosz, *Traktat poetycki*. Paryż 1957. T. Nowak, *Jasełkowe niebiosa*. Warszawa 1957. J. M. Rymkiewicz, *Konwencje*. Łódź 1957. L. Staff, *Dziewięć Muz*. Warszawa 1957. W. Szymborska, *Wołanie do Yeti*. Kraków 1957. J. Śpiewak, *Karuzela*. Warszawa 1957. B. Taborski, *Czas mijania*. Londyn 1957. A. Wat, *Wiersze*. Kraków 1957.	J. Andrzejewski, *Ciemności kryją ziemię*. Warszawa 1957. K. Brandys, *Matka Królów*. Warszawa 1957. R. Bratny, *Kolumbowie. Rocznik 20*. Warszawa 1957. L. Buczkowski, *Dorycki krużganek*. Warszawa 1957. M. Leja, *Umiejętność krzyku*. Warszawa 1957. S. Lem, *Dzienniki gwiazdowe*. Warszawa 1957. S. Mrożek, *Słoń*. Kraków 1957. T. Nowakowski, *Obóz Wszystkich Świętych*. Paryż 1957. A. Rudnicki, *Niebieskie kartki. Przedświty*. Warszawa 1957. S. Zieliński, *Stara szabla*. Warszawa 1957.
E. Bryll, *Wigilie wariata*. Warszawa 1958. A. Bursa, *Wiersze*. Kraków 1958. S. Swen Czachorowski, *Ani litera, ani ja*. Warszawa 1958. S. Swen Czachorowski, *Echo przez siebie*. Warszawa 1958. B. Czaykowski, *Reductio ad absurdum i przezwyciężenie*. Londyn 1958. S. Grochowiak, *Menuet z pogrzebaczem*. Kraków 1958. J. Harasymowicz, *Przejęcie kopii*. Kraków 1958. J. Harasymowicz, *Wieża melancholii*. Kraków 1958. T. Karpowicz, *Kamienna muzyka*. Warszawa 1958.	K. Brandys, *Listy do pani Z.* Warszawa 1958. K. Bunsch, *Wywołańcy*. Kraków 1958. S. Dygat, *Podróż*. Warszawa 1958. S. Grochowiak, *Lamentnice*. Warszawa 1958. M. Hłasko, *Cmentarze. Następny do raju*. Paryż 1958. A. Minkowski, *Błękitna miłość*. Warszawa 1958. M. Nowakowski, *Ten stary złodziej*. Warszawa 1958. W. L. Terlecki, *Podróż na wierzchołku nocy*. Warszawa 1958.

Dramaty, scenariusze, realizacje teatralne	Reportaże, pamiętniki, eseje, adaptacje filmowe
1956–1968	
Kordian J. Słowackiego. Teatr Narodowy, Warszawa 1956, reż. E. Axer.	
Bal manekinów B. Jasieńskiego. Teatr im. S. Wyspiańskiego, Katowice 1957, reż. J. Jarocki. *Iwona, księżniczka Burgunda* W. Gombrowicza. Teatr Domu Wojska Polskiego, Warszawa 1957. *Wyzwolenie* S. Wyspiańskiego. Teatr im. J. Słowackiego, Kraków 1957, reż. B. Dąbrowski.	W. Gombrowicz, *Dziennik*. Paryż cz. I 1957, cz. II 1962, cz. III 1966. *Człowiek na torze*, film 1957, reż. A. Munk. *Kanał*, film 1957, reż. A. Wajda. *Ewa chce spać*, film 1957, reż. T. Chmielewski.
Z. Herbert, *Drugi pokój*. „Dialog" 1958 nr 4. S. Mrożek, *Policja*. „Dialog" 1958 nr 6 [inna wersja tytułu: *Policjanci*]. J. M. Rymkiewicz, *Odys w Berdyczowie*. „Dialog" 1958 nr 3. *Żywot Józefa* według M. Reja. Teatr Nowy, Łódź 1958, reż. K. Dejmek.	S. Cat Mackiewicz, *Zielone oczy*. Warszawa 1958. *Eroica*, film 1958, reż. A. Munk. *Baza ludzi umarłych*, film 1958, reż. Cz. Petelski. *Pociąg*, film 1958, reż. J. Kawalerowicz. *Popiół i diament*, film 1958, reż. A. Wajda. *Pożegnania*, film 1958, reż. W. Has.

Poezja	Proza fabularna
1956–1968	
T. Nowak, *Ślepe koła wyobraźni*. Kraków 1958. A. Pogonowska, *Kręgi*. Warszawa 1958. H. Poświatowska, *Hymn bałwochwalczy*. Kraków 1958. T. Różewicz, *Formy*. Warszawa 1958. J. S. Sito, *Wiozę swój czas na ośle*. Warszawa 1958. R. Śliwonik, *Ściany i dna*. Warszawa 1958. J. Śpiewak, *Zielone ptaki*. Warszawa 1958. B. Taborski, *Ziarna nocy*. Warszawa 1958.	
M. Białoszewski, *Rachunek zachciankowy*. Warszawa 1959. J. Brzękowski, *Przyszłość nieotwarta*. Londyn 1959. S. Grochowiak, *Rozbieranie do snu*. Warszawa 1959. I. Iredyński, *Wszystko jest obok*. Warszawa 1959. W. Iwaniuk, *Milczenia*. Paryż 1959. J. Łobodowski, *Pieśń o Ukrainie*. Paryż 1959. T. Nowak, *Psalmy na użytek domowy*. Kraków 1959. A. Słonimski, *Nowe wiersze*. Warszawa 1959.	T. Konwicki, *Dziura w niebie*. Warszawa 1959. M. Leja, *Histeryczka*. Warszawa 1959. S. Lem, *Eden*. Warszawa 1959. S. Lem, *Inwazja z Aldebarana*. Kraków 1959. W. Mach, *Życie duże i małe*. Łódź 1959. H. Malewska, *Opowieść o siedmiu mędrcach*. Warszawa 1959. S. Mrożek, *Wesele w Atomicach*. Kraków 1959. T. Nowakowski, *Syn zadżumionych*. Paryż 1959. M. Patkowski, *Skorpiony*. Warszawa 1959. J. J. Szczepański, *Dzień bohatera*. Warszawa 1959. S. Zieliński, *Statek zezowatych*. Warszawa 1959.
E. Bryll, *Autoportret z bykiem*. Warszawa 1960. S. Swen Czachorowski, *Białe semafory*. Warszawa 1960. S. Czycz, *Berenais*. Warszawa 1960. M. Grześczak, *Lumpenezje*. Poznań 1960. J. Harasymowicz, *Mit o świętym Jerzym*. Kraków 1960. M. Jastrun, *Większe od życia*. Warszawa 1960. A. Kamieńska, *W oku ptaka*. Warszawa 1960. T. Karpowicz, *Znaki równania*. Warszawa 1960. J. Niemojowski, *Koncert na głos kobiecy*. Londyn 1960. T. Różewicz, *Rozmowa z księciem*. Warszawa 1960.	J. Andrzejewski, *Bramy raju*. Warszawa 1960. K. Brandys, *Romantyczność*. Warszawa 1960. T. Breza, *Urząd*. Warszawa 1960. K. Filipowicz, *Romans prowincjonalny*. Kraków 1960. K. Filipowicz, *Biały ptak*. Kraków 1960. W. Gombrowicz, *Pornografia*. Paryż 1960. G. Herling-Grudziński, *Skrzydła ołtarza*. Paryż 1960. J. Iwaszkiewicz, *Tatarak i inne opowiadania*. Warszawa 1960. I. Newerly, *Leśne morze*. Warszawa 1960. T. Parnicki, *Słowo i ciało*. Warszawa 1960. T. Różewicz, *Przerwany egzamin*. Warszawa 1960. W. Tarnawski, *Ucieczka*. Paryż 1960.

Dramaty, scenariusze, realizacje teatralne	Reportaże, pamiętniki, eseje, adaptacje filmowe
1956–1968	
R. Brandstaetter, *Medea*. „Dialog" 1959 nr 4. M. Choromański, *Cztery sztuki bez znaczenia*. Warszawa 1959. A. Cwojdziński, *Einstein wśród chuliganów*. „Dialog" 1959 nr 5. J. Iwaszkiewicz, *Wesele pana Balzaca*. „Dialog" 1959 nr 1. L. Kruczkowski, *Pierwszy dzień wolności*. „Dialog" 1959 nr 11. S. Mrożek, *Męczeństwo Piotra Oheya*. „Dialog" 1959 nr 6. J. Zawieyski, *Wicher na pustyni*. „Dialog" 1959 nr 3.	Cz. Miłosz, *Rodzinna Europa*. Paryż 1959. J. Przyboś, *Linia i gwar*. Kraków 1959. A. Sandauer, *Bez taryfy ulgowej*. Warszawa 1959. K. Wyka, *Rzecz wyobraźni*. Warszawa 1959. *Zezowate szczęście*, film 1959, reż. A. Munk.
J. Broszkiewicz, *Dziejowa rola Pigwy*. „Dialog" 1960 nr 8. B. Drozdowski, *Kondukt*. „Dialog" 1960 nr 11. S. Mrożek, *Indyk*. „Dialog" 1960 nr 10. T. Różewicz, *Kartoteka*. „Dialog" 1960 nr 2. K. Wojtyła, *Przed sklepem jubilera*. „Znak" 1960 nr 12. *Męczeństwo z przymiarką* I. Iredyńskiego. Teatr Wybrzeże, Sopot 1960. *Olbrzym* I. Iredyńskiego. Teatr Telewizji 1960.	T. Breza, *Spiżowa brama*. Warszawa 1960. M. Brandys, *Nieznany książę Poniatowski*. Warszawa 1960. P. Jasienica, *Polska Piastów*. Warszawa 1960. *Krzyżacy*, film 1960, reż. A. Ford.

Poezja	Proza fabularna
1956–1968	

J. M. Rymkiewicz, *Człowiek z głową jastrzębia*. Łódź 1960.
J. S. Sito, *Zdjęcie z koła*. Warszawa 1960.
K. Wierzyński, *Tkanka ziemi*. Paryż 1960.

M. Białoszewski, *Mylne wzruszenia*. Warszawa 1961. S. Flukowski, *Napomknięte cieniem*. Warszawa 1961. Z. Herbert, *Studium przedmiotu*. Warszawa 1961. A. Pogonowska, *Gąszcze*. Warszawa 1961. T. Różewicz, *Głos Anonima*. Katowice 1961. T. Różewicz, *Zielona róża* [także dramat: *Kartoteka*]. Warszawa 1961. R. Śliwonik, *Rdzewienie rąk*. Warszawa 1961.	J. Bocheński, *Boski Juliusz*. Warszawa 1961. B. Czeszko, *Tren*. Warszawa 1961. B. Czeszko, *Makatka z jeleniem*. Warszawa 1961. K. Filipowicz, *Pamiętnik antybohatera*. Warszawa 1961. A. Kuśniewicz, *Korupcja*. Warszawa 1961. S. Lem, *Powrót z gwiazd*. Warszawa 1961. S. Lem, *Księga robotów*. Warszawa 1961. S. Lem, *Solaris*. Warszawa 1961. W. Mach, *Góry nad Czarnym Morzem*. Warszawa 1961. H. Malewska, *Panowie Leszczyńscy*. Warszawa 1961. M. Nowakowski, *Benek Kwiaciarz*. Warszawa 1961. T. Parnicki, *Twarz księżyca*. Warszawa 1961. K. Truchanowski, *Młyny boże*. Warszawa 1961–1965.
A. Czerniawski, *Topografia wnętrza*. Paryż 1962. J. Harasymowicz, *Ma się pod jesień*. Warszawa 1962. M. Jastrun, *Intonacje*. Warszawa 1962. A. Kamieńska, *Źródła*. Warszawa 1962. T. Karpowicz, *W imię znaczenia*. Warszawa 1962. Cz. Miłosz, *Król Popiel i inne wiersze*. Paryż 1962. T. Nowak, *Kolędy stręczyciela*. Warszawa 1962. J. Przyboś, *Więcej o manifest*. Warszawa 1962. T. Różewicz, *Nic w płaszczu Prospera*. Warszawa 1962 [wiersze i dramaty]. W. Szymborska, *Sól*. Warszawa 1962. R. Śliwonik, *Wyspa galerników*. Kraków 1962. R. Taborski, *Przestępując granicę*. Kraków 1962. A. Wat, *Wiersze śródziemnomorskie*. Warszawa 1962.	I. Iredyński, *Dzień oszusta*. Warszawa 1962. J. Kawalec, *Ziemi przypisany*. Warszawa 1962. J. Kawalec, *Zwalony wiąz*. Kraków 1962. T. Nowak, *Przebudzenia*. Warszawa 1962. T. Parnicki, *Tylko Beatrycze*. Warszawa 1962. T. Parnicki, *Nowa baśń*. T. I–VI. Warszawa 1962–1970. S. Piętak, *Matnia*. Warszawa 1962. M. Pilot, *Panny szczerbate*. Warszawa 1962. J. Stryjkowski, *Czarna róża*. Warszawa 1962. B. Wojdowski, *Wakacje Hioba*. Warszawa 1962.

Dramaty, scenariusze, realizacje teatralne	Reportaże, pamiętniki, eseje, adaptacje filmowe
1956-1968	

H. Bardijewski, *Zasadzka*. „Dialog" 1961 nr 5. J. Broszkiewicz, *Skandal w Hellbergu*. „Dialog" 1961 nr 11. S. Grochowiak, *Szachy*. „Dialog" 1961 nr 2. Z. Herbert, *Lalek* „Dialog" 1961 nr 12. L. Kruczkowski, *Śmierć gubernatora*. „Dialog" 1961 nr 4–5. S. Mrożek, *Karol*. „Dialog" 1961 nr 3. S. Mrożek, *Na pełnym morzu*. „Dialog" 1961 nr 2. T. Różewicz, *Grupa Laokoona*. „Dialog" 1961 nr 5. *Historyja o chwalebnym Zmartwychwstaniu Pańskim* Mikołaja z Wilkowiecka. Teatr Nowy, Łódź 1961, reż. K. Dejmek.	J. Błoński, *Zmiana warty*. Warszawa 1961. K. Wyka, *Krzysztof Kamil Baczyński 1921– –1944*. Kraków 1961. *Matka Joanna od Aniołów*, film 1961, reż. A. Wajda. *Zaduszki*, film 1961, reż. T. Konwicki.
J. Broszkiewicz, *Sześć sztuk scenicznych*. Kraków 1962. B. Drozdowski, *Klatka, czyli Zabawa rodzinna*. „Dialog" 1962 nr 8. S. Grochowiak, *Partita na instrument drewniany*. „Dialog" 1962 nr 3. I. Iredyński, *Jasełka-moderne*. „Dialog" 1962 nr 11. S. Mrożek, *Zabawa*. „Dialog" 1962 nr 10. T. Różewicz, *Świadkowie albo Nasza mała stabilizacja*. Kraków 1962.	Z. Herbert, *Barbarzyńca w ogrodzie*. Warszawa 1962. A. Krawczuk, *Gajusz Juliusz Cezar*. Wrocław 1962. Cz. Miłosz, *Człowiek wśród skorpionów*. Paryż 1962. *Jak być kochaną*, film 1962, reż. W. Has. *Nóż w wodzie*, film 1962, reż. R. Polański.

Poezja	Proza fabularna
1956–1968	

W. Wirpsza, *Komentarze do fotografii*. Kraków 1962.

E. Bryll, *Twarz nie odsłonięta*. Warszawa 1963. S. Grochowiak, *Agresty*. Warszawa 1963. J. Iwaszkiewicz, *Jutro żniwa*. Warszawa 1963. Z. Jerzyna, *Lokacje*. Warszawa 1963. A. Kamieńska, *Rzeczy nietrwałe*. Warszawa 1963. U. Kozioł, *W rytmie korzeni*. Wrocław 1963. J. Niemojowski, *Epigramaty*. Londyn 1963. S. Piętak, *Zaklinania*. Warszawa 1963. H. Poświatowska, *Dzień dzisiejszy*. Kraków 1963. J. M. Rymkiewicz, *Metafizyka*. Warszawa 1963. A. Słonimski, *Wiersze 1958–1963*. Warszawa 1963. E. Stachura, *Dużo ognia*. Warszawa 1963. J. Śpiewak, *Zstąpienie do krateru*. Warszawa 1963.	J. Andrzejewski, *Idzie skacząc po górach*. Warszawa 1963. K. Brandys, *Sposób bycia*. Warszawa 1963. K. Filipowicz, *Mój przyjaciel i ryby*. Warszawa 1963. S. Grochowiak, *Trizmus*. Warszawa 1963. M. Hłasko, *Opowiadania*. Paryż 1963. G. Herling-Grudziński, *Drugie przyjście*. Paryż 1963. J. Kawalec, *W słońcu*. Warszawa 1963. T. Konwicki, *Sennik współczesny*. Warszawa 1963. A. Kuśniewicz, *Eroica*. Warszawa 1963. T. Nowak, *Obcoplemienna ballada*. Warszawa 1963. M. Nowakowski, *Silna gorączka*. Warszawa 1963. S. Piętak, *Plama*. Warszawa 1963.
B. Czaykowski, *Spór z granicami*. Paryż 1964. J. Harasymowicz, *Podsumowanie zieleni*. Warszawa 1964. M. Jastrun, *Strefa owoców*. Warszawa 1964. T. Karpowicz, *Trudny las*. Warszawa 1964. T. Nowak, *Ziarenko trawy*. Warszawa 1964. T. Różewicz, *Twarz*. Warszawa 1964. J. M. Rymkiewicz, *Animula*. Warszawa 1964. F. Śmieja, *Powikłane ścieżki*. Londyn 1964. K. Wierzyński, *Kufer na plecach*. Paryż 1964. W. Woroszylski, *Niezgoda na ukłon*. Warszawa 1964.	A. Augustyn, *Orzeł i orzełek*. Kraków 1964. K. Filipowicz, *Jeniec i dziewczyna*. Kraków 1964. M. Hłasko, *Wszyscy byli odwróceni. Brudne czyny*. Paryż 1964. J. Kawalec, *Tańczący jastrząb*. Warszawa 1964. U. Kozioł, *Postoje pamięci*. Warszawa 1964. A. Kuśniewicz, *W drodze do Koryntu*. Warszawa 1964. S. Lem, *Bajki robotów*. Kraków 1964. W. Odojewski, *Wyspa ocalenia*. Warszawa 1964. Z. Romanowiczowa, *Szklana kula*. Paryż 1964.
M. Białoszewski, *Było i było*. Warszawa 1965. S. Grochowiak, *Kanon*. Warszawa 1965. J. Harasymowicz, *Budowanie lasu*. Warszawa 1965. U. Kozioł, *Smuga i promień*. Warszawa 1965.	S. Dygat, *Disneyland*. Warszawa 1965. K. Filipowicz, *Ogród pana Nietschke*. Warszawa 1965. W. Gombrowicz, *Kosmos*. Paryż 1965. H. Grynberg, *Zwycięstwo*. Warszawa 1965. J. Kawalec, *Czarne światło*. Warszawa 1965. S. Lem, *Cyberiada*. Kraków 1965.

Dramaty, scenariusze, realizacje teatralne	Reportaże, pamiętniki, eseje, adaptacje filmowe
1956–1968	
J. Broszkiewicz, *Koniec księgi VI*. „Dialog" 1963 nr 12. S. Grochowiak, *Król IV*. „Dialog" 1963 nr 1. J. Hen, *Toast*. „Dialog" 1963 nr 10 [scenariusz filmowy]. S. Mrożek, *Czarowna noc*. „Dialog" 1963 nr 2. S. Mrożek, *Śmierć porucznika*. „Dialog" 1963 nr 5. T. Różewicz, *Spaghetti i miecz*. Kraków 1963–1964.	P. Jasienica, *Polska Jagiellonów*. Warszawa 1963. J. Turowicz, *Chrześcijanin w dzisiejszym świecie*. Kraków 1963 [przedmowa K. Wojtyły].
J. Abramow-Newerly, *Anioł na dworcu*. „Dialog" 1964 nr 9. S. Grochowiak, *Chłopcy*. „Dialog" 1964 nr 8. T. Karpowicz, *Dziwny pasażer*. „Dialog" 1964 nr 6. T. Konwicki, *Salto*. „Dialog" 1964 nr 7 [scenariusz filmowy]. S. Mrożek, *Tango*. „Dialog" 1964 nr 11. T. Różewicz, *Akt przerywany*. „Dialog" 1964 nr 1. T. Różewicz, *Śmieszny staruszek*. „Dialog" 1964 nr 2. J. M. Rymkiewicz, *Lekcja anatomii profesora Tulpa*. „Dialog" 1964 nr 7. *Kurka wodna* Witkacego. Teatr Narodowy, Warszawa 1964.	M. Brandys, *Oficer największych nadziei*. Warszawa 1964. A. Krawczuk, *Cesarz August*. Warszawa 1964. *Życie raz jeszcze*, film 1964, reż. J. Morgenstern.
S. Grochowiak, *Kaprysy Łazarza*. „Dialog" 1965 nr 5. I. Iredyński, *Żegnaj, Judaszu*. „Dialog" 1965 nr 9. J. Krasiński, *Czapa*. „Dialog" 1965 nr 6.	S. Cat Mackiewicz, *Europa in flagranti*. Warszawa 1965. A. Krawczuk, *Neron*. Warszawa 1965. *Popioły*, film 1965, reż. A. Wajda. *Rękopis znaleziony w Saragossie*, film 1965, reż. W. Has.

Poezja	Proza fabularna
1956–1968	
Cz. Miłosz, *Gucio zaczarowany.* Paryż 1965. J. Przyboś, *Na znak.* Warszawa 1965. W. Wirpsza, *Drugi opór. Poezje 1960–1964.* Warszawa 1965.	H. Malewska, *Apokryf rodzinny.* Warszawa 1965. T. Nowak, *W puchu alleluja.* Warszawa 1965. M. Nowakowski, *Zapis.* Warszawa 1965. T. Parnicki, *I u możnych dziwny.* Warszawa 1965. M. Pilot, *Sień.* Warszawa 1965. Z. Trziszka, *Wielkie świniobicie.* Warszawa 1965. A. Twerdochlib, *Małe punkty.* Warszawa 1965.
E. Bryll, *Sztuka stosowana.* Warszawa 1966. A. Czerniawski, *Sen. Cytadela. Gaj.* Paryż 1966. J. Harasymowicz, *Pastorałki polskie.* Kraków 1966. T. Nowak, *W jutrzni.* Warszawa 1966. R. Śliwonik, *Zapisy z codzienności.* Warszawa 1966.	A. Brycht, *Dancing w kwaterze Hitlera.* Warszawa 1966. L. Buczkowski, *Pierwsza świetność.* Warszawa 1966. M. Hłasko, *Nawrócony w Jaffie. Opowiem wam o Esther.* Londyn 1966. S. Lem, *Wysoki Zamek.* Warszawa 1966. T. Nowak, *Takie większe wesele.* Kraków 1966. T. Parnicki, *Śmierć Aecjusza.* Warszawa 1966. M. Pilot, *Opowieści świętojańskie.* Warszawa 1966. T. Różewicz, *Wycieczka do muzeum.* Warszawa 1966. E. Stachura, *Falując na wietrze.* Warszawa 1966. J. Stryjkowski, *Austeria.* Warszawa 1966. J. J. Szczepański, *Ikar.* Warszawa 1966. W. L. Terlecki, *Sezon w pełni.* Warszawa 1966. W. L. Terlecki, *Spisek.* Warszawa 1966. W. Żukrowski, *Kamienne tablice.* Warszawa 1966.
E. Bryll, *Mazowsze.* Warszawa 1967. J. Iwaszkiewicz, *Krągły rok.* Warszawa 1967. A. Kamieńska, *Odwołanie mitu.* Warszawa 1967. U. Kozioł, *Lista obecności.* Warszawa 1967. E. Lipska, *Wiersze.* Kraków 1967. W. Szymborska, *Sto pociech.* Warszawa 1967. J. Śpiewak, *Anna.* Warszawa 1967. B. Taborski, *Lekcja trwająca.* Kraków 1967.	R. Brandstaetter, *Jezus z Nazaretu.* Warszawa 1967–1974. M. Choromański, *Schodami w górę, schodami w dół.* Poznań 1967. S. Czycz, *Ajol.* Kraków 1967. K. Filipowicz, *Mężczyzna jak dziecko.* Warszawa 1967. T. Konwicki, *Wniebowstąpienie.* Warszawa 1967. M. Kuncewiczowa, *Tristan 46.* Warszawa 1967.

Dramaty, scenariusze, realizacje teatralne	Reportaże, pamiętniki, eseje, adaptacje filmowe
1956–1968	
Matka Witkacego. Stary Teatr, Kraków 1965, reż. J. Jarocki. *Nie-Boska komedia* Z. Krasińskiego. Stary Teatr, Kraków 1965, reż. K. Swinarski. *Tango* S. Mrożka. Teatr Współczesny, Warszawa 1965, reż. E. Axer.	*Salto*, film 1965, reż. T. Konwicki.
J. Abramow-Newerly, *Derby w pałacu*. „Dialog" 1966 nr 4. W. Gombrowicz, *Operetka*. Paryż 1966. T. Konwicki, *Ostatni dzień lata*. Warszawa 1966 [scenariusze filmowe]. W. L. Terlecki, *Myśliwi*. „Dialog" 1966 nr 1.	M. Hłasko, *Piękni dwudziestoletni*. Paryż 1966. *Bariera*, film 1966, reż. J. Skolimowski. *Faraon*, film 1966, reż. J. Kawalerowicz.
F. Falk, *Winda*. „Dialog" 1967 nr 6. J. Iwaszkiewicz, *Kosmogonia*. „Dialog" 1967 nr 3. S. Mrożek, *Poczwórka*. „Dialog" 1967 nr 1. S. Mrożek, *Dom na granicy*. „Dialog" 1967 nr 5. S. Mrożek, *Testarium*. „Dialog" 1967 nr 11. *Sprawa Dantona* S. Przybyszewskiej. Teatr Polski, Wrocław 1967, reż. J. Krasowski.	M. Brandys, *Kozietulski i inni*. Warszawa 1967. P. Jasienica, *Rzeczpospolita Obojga Narodów*. Warszawa 1967–1972. J. Lechoń, *Dziennik*. Londyn 1967–1973. J. M. Rymkiewicz, *Czym jest klasycyzm. Manifesty poetyckie*. Warszawa 1967. *Westerplatte*, film 1967, reż. S. Różewicz.

Poezja	Proza fabularna
1956–1968	
	W. Myśliwski, *Nagi sad.* Warszawa 1967. E. Redliński, *Listy z Rabarbaru.* Warszawa 1967. P. Wojciechowski, *Kamienne pszczoły.* Warszawa 1967.
S. Barańczak, *Korekta twarzy.* Poznań 1968. E. Bryll, *Muszla.* Warszawa 1968. K. Iłłakowiczówna, *Liście i posągi.* Poznań 1968. W. Iwaniuk, *Ciemny czas.* Paryż 1968. R. Krynicki, *Pęd pogoni, pęd ucieczki.* Warszawa, Poznań 1968. T. Różewicz, *Twarz trzecia.* Warszawa 1968. E. Stachura, *Po ogrodzie niech hula szarańcza.* Warszawa 1968. E. Stachura, *Przystępując do ciebie.* Warszawa 1968. A. Wat, *Ciemne świecidło.* Paryż 1968. K. Wierzyński, *Czarny polonez.* Paryż 1968. W. Wirpsza, *Traktat skłamany.* Kraków 1968. B. Zadura, *W krajobrazie amfor.* Warszawa 1968.	J. Andrzejewski, *Apelacja.* Paryż 1968. M. Choromański, *Makumba, czyli Drzewo gadające.* Poznań 1968. S. Czycz, *Nim zajdzie księżyc.* Kraków 1968. S. Dygat, *Karnawał.* Warszawa 1968. J. Głowacki, *Wirówka nonsensu.* Warszawa 1968. J. Iwaszkiewicz, *O psach, kotach i diabłach.* Warszawa 1968. J. Kawalec, *Wezwanie.* Warszawa 1968. S. Lem, *Głos Pana.* Warszawa 1968. S. Lem, *Opowieści o pilocie Pirxie.* Warszawa 1968. T. Nowak, *A jak królem, a jak katem będziesz...* Warszawa 1968. M. Nowakowski, *Robaki.* Warszawa 1968. Z. Romanowiczowa, *Łagodne oko błękitu.* Paryż 1968. J. J. Szczepański, *Wyspa.* Warszawa 1968. W. L. Terlecki, *Gwiazda Piołun.* Warszawa 1968. Z. Wójcik, *Kochany.* Warszawa 1968. B. Zadura, *Lata spokojnego słońca.* Warszawa 1968.
1969–1988	
E. Bryll, *Fraszka na dzień dobry.* Kraków 1969. J. Brzękowski, *Erotyki.* Kraków 1969. M. Buczkówna, *Jutrzejsze śniegi.* Warszawa 1969. A. Busza, *Znaki wodne.* Paryż 1969. N. Chadzinikolau, *Godzina znaczeń.* Poznań 1969. S. Grochowiak, *Nie było lata.* Warszawa 1969. J. Harasymowicz, *Madonny polskie.* Warszawa 1969. J. Harasymowicz, *Zielony majerz.* Warszawa 1969. J. Hartwig, *Wolne ręce.* Warszawa 1969.	J. Bocheński, *Nazo poeta.* Warszawa 1969. A. Braun, *Próżnia.* Warszawa 1969. E. Bryll, *Drugi niedzielny autobus.* Warszawa 1969. W. Burek, *Nawałnica.* Warszawa 1969. M. Choromański, *Słowacki wysp tropikalnych.* Poznań 1969. H. Grynberg, *Zwycięstwo.* Paryż 1969. H. Jachimowski, *Skaza.* Warszawa 1969. T. Konwicki, *Zwierzoczłekoupiór.* Warszawa 1969. J. Krzysztoń, *Panna Radosna.* Warszawa 1969. T. Łopalewski, *Berło i desperacja.* Warszawa 1969.

Dramaty, scenariusze, realizacje teatralne	Reportaże, pamiętniki, eseje, adaptacje filmowe
1956–1968	
E. Bryll, *Rzecz listopadowa*. „Dialog" 1968 nr 2. E. Bryll, *Po górach, po chmurach*. „Dialog" 1968 nr 10. T. Łubieński, *Zegary*. „Dialog" 1968 nr 10. S. Mrożek, *Drugie danie*. „Dialog" 1968 nr 5. T. Różewicz, *Stara kobieta wysiaduje*. „Dialog" 1968 nr 8. *Dziady* A. Mickiewicza. Teatr Narodowy, Warszawa 1968, reż. K. Dejmek.	S. Lem, *Filozofia przypadku*. Kraków 1968. *Lalka*, film 1968, reż. W. Has. *Żywot Mateusza*, film 1968, reż. W. Leszczyński.
1969–1988	
J. Abramow-Newerly, *Ucieczka z wielkich bulwarów*. „Dialog" 1969 nr 3. E. Bryll, *Na szkle malowane*. „Dialog" 1969 nr 11. K. Iłłakowiczówna, *Rzeczy sceniczne*. Warszawa 1969. A. Ścibor-Rylski, *Rodeo*. „Dialog" 1969 nr 10. *Rzecz listopadowa* E. Brylla. Teatr Narodowy, Warszawa 1969, reż. A. Hanuszkiewicz. *Stara kobieta wysiaduje* T. Różewicza. Teatr Współczesny, Wrocław 1969, reż. J. Jarocki. *Wesele* S. Wyspiańskiego. Teatr im. J. Słowackiego, Kraków 1969, reż. L. Zamkow.	M. Brandys, *Kłopoty z panią Walewską*. Warszawa 1969. W. Kapuściński, *Gdyby cała Afryka...* Warszawa 1969. Cz. Miłosz, *Widzenie nad zatoką San Francisco*. Paryż 1969. M. Wańkowicz, *W pępku Ameryki*. Warszawa 1969. *Pan Wołodyjowski*, film 1969, reż. J. Hoffman. *Sól ziemi czarnej*, film 1969, reż. K. Kutz. *Wszystko na sprzedaż*, film 1969, reż. A. Wajda. *Struktura kryształu*, film 1969, reż. K. Zanussi.

Poezja	Proza fabularna
1969–1988	

Z. Herbert, *Napis*. Warszawa 1969. M. Jastrun, *Godła pamięci*. Warszawa 1969. E. Kruk, *Zapisy powrotu*. Warszawa 1969. R. Krynicki, *Akt urodzenia*. Poznań 1969. Cz. Miłosz, *Miasto bez imienia*. Paryż 1969. J. B. Ożóg, *Ziemia wielkanocna*. Warszawa 1969. M. Piechal, *Być*. Warszawa 1969. T. Różewicz, *Regio*. Warszawa 1969. T. Śliwiak, *Czytanie mrowiska*. Warszawa 1969. K. Wierzyński, *Sen-mara*. Paryż 1969. R. Wojaczek, *Sezon*. Kraków 1969. J. Zagórski, *Rykoszetem*. Warszawa 1969.	J. B. Ożóg, *Kiedy ptaki odleciały*. Warszawa 1969. T. Parnicki, *Inne życie Kleopatry*. Warszawa 1969. J. Putrament, *Bołdyn*. Warszawa 1969. E. Stachura, *Cała jaskrawość*. Warszawa 1969. S. Szmaglewska, *Odcienie miłości*. Warszawa 1969. K. Traciewicz, *Pociągi jadą w różne strony*. Kraków 1969. Z. Trziszka, *Romansoid*. Warszawa 1969. A. Twerdochlib, *Temat*. Warszawa 1969. S. Zieliński, *Sny pod Fumarolą*. Warszawa 1969.
S. Barańczak, *Jednym tchem*. Warszawa 1970. J. Chadzinikolau, *Bezsenność*. Poznań 1970. B. Drozdowski, *Piołun*. Kraków 1970. M. Grześczak, *Jasność*. Warszawa 1970. L. Herbst, *Pejzaże*. Warszawa 1970. J. Iwaszkiewicz, *Xenie i elegie*. Warszawa 1970. H. Jachimowski, *Pieśni wyśpiewane*. Łódź 1970. Z. Jerzyna, *Coraz słodszy piołun*. Warszawa 1970. A. Kamieńska, *Biały rękopis*. Warszawa 1970. K. Karasek, *Godzina jastrzębi*. Warszawa 1970. W. Kawiński, *Pole widzenia*. Kraków 1970. E. Lipska, *Drugi zbiór wierszy*. Warszawa 1970. J. Niemojowski, *Karnet indygowłosej*. Kraków 1970. H. Raszka, *Liczba pojedyncza*. Warszawa 1970. J. M. Rymkiewicz, *Anatomia*. Warszawa 1970. A. Stern, *Alarm nocny*. Warszawa 1970. K. Szlaga, *Dialog*. Kraków 1970. B. Szymańska, *Trzciny*. Kraków 1970. A. Świrszczyńska, *Wiatr*. Warszawa 1970. J. Twardowski, *Znaki ufności*. Kraków 1970.	A. Augustyn, *Wdzięczność. Miłosierdzie*. Kraków 1970. M. Białoszewski, *Pamiętnik z powstania warszawskiego*. Warszawa 1970. K. Brandys, *Jak być kochaną i inne opowiadania*. Warszawa 1970. R. Bratny, *Trzech w linii prostej*. Warszawa 1970. L. Buczkowski, *Uroda na czasie*. Warszawa 1970. M. Choromański, *Różowe krowy i szare scandalie*. Poznań 1970. M. Choromański, *Kotły beethovenowskie*. Poznań 1970. M. Dąbrowska, *Przygody człowieka myślącego*. Warszawa 1970. J. Głowacki, *Nowy taniec la-ba-da*. Warszawa 1970. L. Gomolicki, *Arka*. Warszawa 1970. J. Hen, *Mgiełka*. Warszawa 1970. J. Hen, *Twarz pokerzysty*. Warszawa 1970. I. Iredyński, *Związki uczuciowe*. Warszawa 1970. A. Kuśniewicz, *Król Obojga Sycylii*. Warszawa 1970. J. Morton, *Wielkie kochanie*. Warszawa 1970. S. Mrożek, *Dwa listy i inne opowiadania*. Paryż 1970. W. Myśliwski, *Pałac*. Warszawa 1970. T. Nowakowski, *Heppy-end*. Paryż 1970. K. Orłoś, *Ciemne drzewa*. Warszawa 1970.

Dramaty, scenariusze, realizacje teatralne	Reportaże, pamiętniki, eseje, adaptacje filmowe
1969–1988	

E. Bryll, *Kto ty jesteś? czyli Małe oratorium.* „Dialog" 1970 nr 12.
Z. Herbert, *Dramaty.* Warszawa 1970.
H. Kajzar, *Rycerz Andrzej.* „Dialog" 1970 nr 10.
T. Różewicz, *Przyrost naturalny,* w: *Teatr niekonsekwencji.* Kraków 1970.
J. M. Rymkiewicz, *Król Mięsopust.* „Dialog" 1970 nr 3.

Oratorium I. Iredyńskiego. Teatr Nurt, Poznań 1970.
Król Mięsopust J. M. Rymkiewicza. Stary Teatr, Kraków 1970, reż. B. Hussakowski.

T. Breza, *Nelly. O kolegach i sobie.* Warszawa 1970.
S. Lem, *Fantastyka i futurologia.* Kraków 1970.
Z. Nałkowska, *Dzienniki czasu wojny.* Warszawa 1970.
J. Przyboś, *Zapiski bez daty.* Warszawa 1970.
T. Różewicz, *Teatr niekonsekwencji. Dramaty i szkice.* Warszawa 1970.

Brzezina, film 1970, reż. A. Wajda.
Krajobraz po bitwie, film 1970, reż. A. Wajda.

Poezja	Proza fabularna
\multicolumn{2}{c}{**1969–1988**}	

Poezja	Proza fabularna
R. Wojaczek, *Inna bajka*. Wrocław 1970. W. Woroszylski, *Zagłada gatunków*. Warszawa 1970.	Z. Oryszyn, *Najada*. Warszawa 1970. J. B. Ożóg, *Cienie ziemi*. Warszawa 1970. T. Parnicki, *Muza dalekich podróży*. Warszawa 1970. T. Parnicki, *Tożsamość*. Warszawa 1970. M. Pilot, *Pantałyk*. Warszawa 1970. J. Ratajczak, *Gniazdo na chmurze*. Warszawa 1970. T. Różewicz, *Śmierć w starych dekoracjach*. Warszawa 1970. W. L. Terlecki, *Dwie głowy ptaka*. Warszawa 1970. S. Vincenz, *Na wysokiej połoninie. Nowe czasy: Zwada*. Londyn 1970. P. Wojciechowski, *Czaszka w czaszce*. Warszawa 1970. Z. Wójcik, *Mowy weselne*. Warszawa 1970.
W. Dąbrowski, *Ognicha*. Warszawa 1971. S. Flukowski, *Po stycznej słońca*. Łódź 1971. J. Harasymowicz, *Znaki nad domem*. Warszawa 1971. J. Hartwig, *Dwoistość*. Warszawa 1971. I. Iredyński, *Muzyka konkretna*. Kraków 1971. W. Iwaniuk, *Lustro*. Londyn 1971. J. Markiewicz, *Podtrzymując radosne pozory trwania pochodu*. Kraków 1971. R. Milczewski-Bruno, *Poboki*. Olsztyn 1971. J. Niemojowski, *Appassionata*. Warszawa 1971. T. Nowak, *Psalmy*. Kraków 1971. B. Obertyńska, *Plebania, której nie było*. Londyn 1971. J. B. Ożóg, *Oko*. Warszawa 1971. R. Śliwonik, *Wyprzedaż*. Warszawa 1971. B. Zadura, *Podróż morska*. Warszawa 1971.	F. Bajon, *Białe niedźwiedzie nie lubią słonecznej pogody*. Warszawa 1971. K. Bunsch, *Powrotna droga*. Kraków 1971. M. Choromański, *Głownictwo, moglitwa, praktykorze*. Poznań 1971. Cz. Dziekanowski, *Zaklęte światło*. Warszawa 1971. K. Filipowicz, *Co jest w człowieku?* Warszawa 1971. T. Konwicki, *Nic albo nic*. Warszawa 1971. U. Kozioł, *Ptaki dla myśli*. Warszawa 1971. E. Kruk, *Rondo*. Warszawa 1971. A. Kuśniewicz, *Strefy*. Warszawa 1971. S. Lem, *Bezsenność*. Kraków 1971. T. Nowak, *Diabły*. Warszawa 1971. M. Nowakowski, *Mizerykordia*. Warszawa 1971. A. Rudnicki, *Teksty małe i mniejsze*. Warszawa 1971. B. Rutha, *Wyspa psów*. Warszawa 1971. E. Stachura, *Siekierezada albo zima leśnych ludzi*. Warszawa 1971. S. Themerson, *Kardynał Pölätüo*. Kraków 1971. Z. Trziszka, *Dopala się noc*. Warszawa 1971. A. Twerdochlib, *Godzina za godziną*. Kraków 1971. B. Wojdowski, *Chleb rzucony umarłym*. Warszawa 1971.

Dramaty, scenariusze, realizacje teatralne	Reportaże, pamiętniki, eseje, adaptacje filmowe
1969–1988	

M. Białoszewski, *Teatr osobny*. Warszawa 1971.
B. Drozdowski, *Pasja doktora Fausta*. „Dialog" 1971 nr 2.
I. Iredyński, *Sama słodycz*. „Dialog" 1971 nr 3.
H. Kajzar, *Gwiazda*. „Dialog" 1971 nr 10.
T. Konwicki, *Jak daleko stąd, jak blisko*. „Dialog" 1971 nr 10 [scenariusz filmowy].
T. Różewicz, *Na czworakach*. „Dialog" 1971 nr 9.
J. M. Rymkiewicz, *Porwanie Europy*. „Dialog" 1971 nr 5.

Rajskie ogrody T. Różewicza. Teatr im. W. Bogusławskiego, Kalisz 1971, reż. H. Kajzar.
Paternoster H. Kajzara. Teatr Współczesny, Wrocław 1971, reż. J. Jarocki.
Szewcy S. I. Witkiewicza. Stary Teatr, Kraków 1971, reż. J. Jarocki.
Thermidor S. Przybyszewskiej. Teatr Polski, Wrocław 1971, reż. J. Krasowski.

S. Barańczak, *Nieufni i zadufani*. Wrocław 1971.
M. Kuncewiczowa, *Fantomy*. Warszawa 1971.
S. Lem, *Doskonała próżnia*. Warszawa 1971.
T. Różewicz, *Przygotowanie do wieczoru autorskiego*. Warszawa 1971 [dramaty, opowiadania i szkice].

Jak daleko stąd, jak blisko, film 1971, reż. T. Konwicki.
Perła w koronie, film 1971, reż. K. Kutz.

Poezja	Proza fabularna
1969–1988	

S. Barańczak, *Dziennik poranny.* Poznań 1972.
J. Bierezin, *Lekcja liryki.* Łódź 1972.
J. Brzękowski, *Nowa kosmogonia.* Warszawa 1972.
S. Swen Czachorowski, *Klęczniki oriońskie.* Warszawa 1972.
E. Dyczek, *Cień.* Wrocław 1972.
E. Dusza, *Losy wielokrotne.* Rzym 1972.
H. Gała, *Biały blues.* Wrocław 1972.
K. Gąsiorowski, *Wyspa oczywistości.* Warszawa 1972.
S. Grochowiak, *Polowanie na cietrzewie.* Warszawa 1972.
J. Harasymowicz, *Bar na Stawach.* Warszawa 1972.
A. Janta-Połczyński, *Po samo dno istnienia.* Londyn 1972.
A. Kamieńska, *Herody.* Warszawa 1972.
K. Karasek, *Drozd i inne wiersze.* Warszawa 1972.
J. Kornhauser, *Nastanie święto i dla leniuchów.* Warszawa 1972.
J. Kronhold, *Samopalenie.* Kraków 1972.
E. Lipska, *Trzeci zbiór wierszy.* Warszawa 1972.
J. Łobodowski, *W połowie wędrówki.* Londyn 1972.
B. Obertyńska, *Miód i piołun.* Londyn 1972.
W. Szymborska, *Wszelki wypadek.* Warszawa 1972.
A. Świrszczyńska, *Jestem baba.* Kraków 1972.
R. Wojaczek, *Nie skończona krucjata.* Kraków 1972.
A. Zagajewski, *Komunikat.* Kraków 1972.
J. Zych, *Pochwała kolibrów.* Kraków 1972.

K. Brandys, *Wariacje pocztowe.* Warszawa 1972.
M. Czuchnowski, *Żal po czeremchach.* Londyn 1972.
H. Danilczyk, *Świątek z gruszy.* Warszawa 1972.
K. Filipowicz, *Śmierć mojego antagonisty.* Kraków 1972.
T. Hołuj, *Raj.* Warszawa 1972.
J. Kawalec, *Przepłyniesz rzekę.* Warszawa 1972.
A. Kijowski, *Grenadier-król.* Warszawa 1972.
S. Kisielewski, *Romans zimowy.* Paryż 1972.
J. Łoziński, *Chłopacka wysokość.* Warszawa 1972.
D. Mostwin, *Ja za wodą, ty za wodą...* Paryż 1972.
M. Nowakowski, *Układ zamknięty.* Warszawa 1972.
Z. Oryszyn, *Gaba-Gaba czyli 28 części wielkiego okrętu.* Warszawa 1972.
J. Ozga-Michalski, *Sowizdrzał świętokrzyski.* Warszawa 1972.
Z. Romanowiczowa, *Groby Napoleona.* Londyn 1972.
B. Rutha, *Ciekawe czasy.* Kraków 1972.
A. Stojowski, *Kareta.* Warszawa 1972.
B. Zadura, *Ażeby ci nie było żal.* Warszawa 1972.

M. Buczkówna, *Dwie przestrzenie.* Warszawa 1973.
A. Czerniawski, *Widok Delf.* Kraków 1973.
S. Flukowski, *Oko Byka.* Olsztyn 1973.
M. Jastrun, *Wyspa.* Warszawa 1973.
W. Kawiński, *Białe miasto.* Kraków 1973.
J. Kornhauser, *W fabrykach udajemy smutnych rewolucjonistów.* Kraków 1973.

H. Auderska, *Ptasi gościniec.* Warszawa 1973.
M. Białoszewski, *Donosy rzeczywistości.* Warszawa 1973.
R. Bratny, *Losy.* Warszawa 1973.
H. Danilczyk, *Faun i sikorka.* Warszawa 1973.
S. Dygat, *Dworzec w Monachium.* Warszawa 1973.

Dramaty, scenariusze, realizacje teatralne	Reportaże, pamiętniki, eseje, adaptacje filmowe

1969–1988

E. Bryll, *Wołaniem wołam cię*. „Dialog" 1972 nr 12.
F. Falk, *Pięciokąt*. „Dialog" 1972 nr 9.
I. Iredyński, *Okno*. „Radio" 1972.
I. Iredyński, *Terrarium*. „Teatr Polskiego Radia" 1972 nr 1.
J. M. Rymkiewicz, *Kochankowie z piekła*. „Dialog" 1972 nr 3.
J. S. Sito, *Potępienie doktora Fausta*. „Dialog" 1972 nr 2.

Lęki poranne S. Grochowiaka. Teatr Polski, Warszawa 1972, reż. A. Kowalczyk.
Na czworakach T. Różewicza. Teatr Dramatyczny, Warszawa 1972, reż. J. Jarocki.

M. Brandys, *Koniec świata szwoleżerów*. Warszawa 1972–1979.
A. Kijowski, *Szósta dekada*. Warszawa 1972.
Cz. Miłosz, *Prywatne obowiązki*. Paryż 1972.
M. Wańkowicz, *Karafka La Fontaine'a*. Kraków 1972–1974.

Wesele, film 1972, reż. A. Wajda.

J. Broszkiewicz, *Utwory sceniczne*. Kraków 1973.
I. Iredyński, *Trzecia pierś*. „Dialog" 1973 nr 1.
J. Krasiński, *Czapa i inne dramaty*. Warszawa 1973.
S. Mrożek, *Szczęśliwe wydarzenie*. „Dialog" 1973 nr 4
S. Mrożek, *Rzeźnia*. „Dialog" 1973 nr 9.
W. Myśliwski, *Złodziej*. „Dialog" 1973 nr 7.

S. Barańczak, *Ironia i harmonia*. Warszawa 1973.
G. Herling-Grudziński, *Dziennik pisany nocą*. Paryż 1973.
A. Janta-Połczyński, *Nowe odkrycie Ameryki*. Paryż 1973.
M. Jastrun, *Eseje. Mit śródziemnomorski*. Warszawa 1973.
S. Kisielewski, *Materii pomieszanie*. Londyn 1973.

Poezja	Proza fabularna
1969–1988	
R. Krynicki, *Drugi projekt organizmu zbiorowego*. Warszawa 1973. J. Kurek, *Śmierć krajobrazu*. Kraków 1973. A. Pogonowska, *Wizerunek*. Kraków 1973. J. Ratajczak, *Ballada dziadowska*. Warszawa 1973. J. M. Rymkiewicz, *Co to jest drozd*. Warszawa 1973. W. Słobodnik, *Barwobranie*. Łódź 1973. S. Stabro, *Requiem*. Kraków 1973.	S. Dygat, *W cieniu Brooklynu*. Warszawa 1973. J. Głowacki, *Paradis*. Warszawa 1973. J. Hen, *Przeciw diabłu i infamisom*. Warszawa 1973–1974 [7 części]. J. P. Krasnodębski, *Dużo słońca w szybach*. Katowice 1973. A. Kuśniewicz, *Stan nieważkości*. Warszawa 1973. T. Łopalewski, *Zatańczmy karmaniolę*. Warszawa 1973. W. Odojewski, *Zasypie wszystko, zawieje...* Paryż 1973. K. Orłoś, *Cudowna melina*. Paryż 1973. H. Panas, *Według Judasza*. Olsztyn 1973. T. Parnicki, *Przeobrażenie*. Warszawa 1973. T. Parnicki, *Staliśmy jak dwa sny*. Warszawa 1973. E. Redliński, *Awans*. Warszawa 1973. E. Redliński, *Konopielka*. Warszawa 1973. B. Rutha, *Szczurzy pałac*. Warszawa 1973. A. Stojowski, *Zamek w Karpatach*. Warszawa 1973. W. L. Terlecki, *Powrót z Carskiego Sioła*. Warszawa 1973. K. Truchanowski, *Zatrzaśnięcie bram*. Warszawa 1973. H. Worcell, *Pan z prowincji*. Warszawa 1973. Z. Wójcik, *Zabijanie koni*. Warszawa 1973.
J. Baran, *Nasze najszczersze rozmowy*. Kraków 1974. J. Bierezin, *Wam*. Paryż 1974. W. Faber, *Przyjmowanie*. Kraków 1974. J. Harasymowicz, *Żaglowiec i inne wiersze*. Warszawa 1974. Z. Herbert, *Pan Cogito*. Warszawa 1974. J. Iwaszkiewicz, *Śpiewnik włoski*. Warszawa 1974. W. Jaworski, *Adres zwrotny*. Warszawa 1974. Z. Jerzyna, *Modlitwa do powagi*. Warszawa 1974. A. Kamieńska, *Drugie szczęście Hioba*. Warszawa 1974. A. Kowalska, *Spojrzenia*. Warszawa 1974. U. Kozioł, *W rytmie słońca*. Warszawa 1974.	H. Auderska, *Babie lato*. Warszawa 1974. L. Buczkowski, *Kąpiele w Lucca*. Warszawa 1974. M. Choromański, *Miłosny atlas anatomiczny*. Poznań 1974. K. Filipowicz, *Gdy przychodzi silniejszy*. Kraków 1974. J. Głowacki, *Polowanie na muchy i inne opowiadania*. Warszawa 1974. A. Gołubiew, *Wnuk* [tom VII *Bolesława Chrobrego*]. Warszawa 1974. J. Hen, *Jokohama*. Warszawa 1974. J. Iwaszkiewicz, *Sny. Ogrody. Sérénité*. Warszawa 1974. J. Kawalec, *Wielki festyn*. Warszawa 1974. T. Konwicki, *Kronika wypadków miłosnych*. Warszawa 1974. T. Nowak, *Dwunastu*. Kraków 1974.

Dramaty, scenariusze, realizacje teatralne	Reportaże, pamiętniki, eseje, adaptacje filmowe
1969–1988	
Dziady A. Mickiewicza. Stary Teatr, Kraków 1973, reż. K. Swinarski. *Nadobnisie i koczkodany* S. I. Witkiewicza. Cricot II, Kraków 1973, reż. T. Kantor. *Stara kobieta wysiaduje* T. Różewicza, Teatr im. J. Osterwy, Lublin 1973, reż. K. Braun. *Szewcy* S. I. Witkiewicza. Teatr im. S. Jaracza, Łódź 1973, reż. J. Grzegorzewski.	S. Lem, *Wielkość urojona*. Warszawa 1973. *Sanatorium pod klepsydrą*, film 1973, reż. W. Has. *Iluminacja*, film 1973, reż. K. Zanussi.
J. Głowacki, *Obciach*. „Dialog" 1974 nr 4. S. Grochowiak, *Po tamtej stronie świec*. „Dialog" 1974 nr 9. S. Grochowiak, *Okapi*. „Dialog" 1974 nr 1. I. Iredyński, *Głosy*. Warszawa 1974 [słuchowiska radiowe]. H. Kajzar, *Koniec pół świni*. „Dialog" 1974 nr 3. T. Łubieński, *Koczowisko*. „Dialog" 1974 nr 11. S. Mrożek, *Emigranci*. „Dialog" 1974 nr 8. T. Różewicz, *Białe małżeństwo*. „Dialog" 1974 nr 2. *Balladyna* J. Słowackiego. Teatr Narodowy, Warszawa 1974, reż. A. Hanuszkiewicz. *Noc listopadowa* S. Wyspiańskiego. Stary Teatr, Kraków 1974, reż. A. Wajda.	J. Kornhauser, A. Zagajewski, *Świat nie przedstawiony*. Kraków 1974. A. Krawczuk, *Rzym i Jerozolima*. Warszawa 1974. W. Łysiak, *Wyspy zaczarowane*. Warszawa 1974. T. Parnicki, *Rodowód literacki*. Warszawa 1974. W. Tarnawski, *Wyznania i aforyzmy*. Londyn 1974. *Ziemia obiecana*, film 1974, reż. A. Wajda. *Potop*, film 1974, reż. J. Hoffman.

Poezja	Proza fabularna
1969–1988	
J. Kurek, *Pocztówki*. Kraków 1974. E. Lipska, *Czwarty zbiór wierszy*. Warszawa 1974. R. Milczewski-Bruno, *Jesteś dla mnie taka umarła*. Wrocław 1974. Cz. Miłosz, *Gdzie wschodzi słońce i kędy zapada*. Paryż 1974. S. Stabro, *Dzień twojego urodzenia*. Warszawa 1974. A. Szymańska, *Imię ludzkie*. Gdańsk 1974. T. Śliwiak, *Znaki wyobraźni*. Kraków 1974. A. Świrszczyńska, *Budowałam barykadę*. Warszawa 1974. B. Zadura, *Pożegnanie Ostendy*. Warszawa 1974.	M. Nowakowski, *Śmierć żółwia*. Warszawa 1974. M. Pilot, *Zakaz zwałki*. Warszawa 1974. J. Ratajczak, *O świcie, o zmierzchu*. Warszawa 1974. B. Rutha, *Dozorcy słowików*. Kraków 1974. J. Stryjkowski, *„Na wierzbach... nasze skrzypce"*. Warszawa 1974. J. J. Szczepański, *Rafa*. Warszawa 1974. W. L. Terlecki, *Czarny romans*. Warszawa 1974. S. Vincenz, *Na wysokiej połoninie, Nowe czasy: Listy z nieba*. Londyn 1974.
M. Bocian, *Narastanie*. Wrocław 1975. E. Bryll, *Zwierzątko*. Warszawa 1975. M. Buczkówna, *Planeta miłości*. Kraków 1975. K. Gąsiorowski, *Bardziej niż ty*. Warszawa 1975. S. Grochowiak, *Bilard*. Warszawa 1975. M. Grześczak, *Sierpień, tętnienie*. Warszawa 1975. J. Harasymowicz, *Barokowe czasy*. Kraków 1975. M. Jastrun, *Błysk obrazu*. Kraków 1975. E. Kruk, *Tam, gdzie o poranku czyhają nasze sny*. Toruń 1975. R. Krynicki, *Organizm zbiorowy*. Kraków 1975. K. Nowosielski, *Miejsce na brzegu*. Gdańsk 1975. T. Śliwiak, *Totemy*. Kraków 1975. A. Warzecha, *Biały paszport*. Kraków 1975. A. Zagajewski, *Sklepy mięsne*. Kraków 1975. J. Zagórski, *Komputerie i dylematy*. Kraków 1975. A. Ziemianin, *Wypogadza się nad naszym domem*. Kraków 1975.	F. Bajon, *Proszę za mną na górę*. Warszawa 1975. L. Buczkowski, *Oficer na nieszporach*. Kraków 1975. A. Chciuk, *Emigrancka opowieść*. Londyn 1975. B. Czeszko, *Powódź*. Warszawa 1975. B. Czeszko, *Sygnaturki*. Warszawa 1975. J. Czopik-Leżachowski, *Góra-dół*. Wrocław 1975. J. Drzeżdżon, *Upiory*. Warszawa 1975. H. Grynberg, *Życie ideologiczne*. Londyn 1975. J. Hen, *Crimen*. Warszawa 1975. I. Iredyński, *Manipulacja*. Warszawa 1975. A. Kuśniewicz, *Trzecie królestwo*. Warszawa 1975. T. Nowakowski, *Byle do wiosny*. Paryż 1975. B. Rutha, *Sala pełna księżyców*. Poznań 1975. R. Schubert, *Trenta tre*. Warszawa 1975. E. Stachura, *Wszystko jest poezją*. Warszawa 1975. J. Stryjkowski, *Sen Azrila*. Warszawa 1975. W. L. Terlecki, *Odpocznij po biegu*. Warszawa 1975. L. Tyrmand, *Siedem dalekich rejsów*. Londyn 1975. P. Wojciechowski, *Ulewa, kometa, świński targ*. Warszawa 1975. B. Wojdowski, *Mały człowieczek, nieme ptaszę, klatka i świat*. Warszawa 1975.

Dramaty, scenariusze, realizacje teatralne	Reportaże, pamiętniki, eseje, adaptacje filmowe
1969–1988	

Wyzwolenie S. Wyspiańskiego. Stary Teatr, Kraków 1974, reż. K. Swinarski.
Ślub W. Gombrowicza. Teatr Dramatyczny, Warszawa 1974, reż. J. Jarocki.

J. Abramow-Newerly, *Dramaty*. Warszawa 1975.
T. Karpowicz, *Dramaty zebrane*. Wrocław 1975.
S. Mrożek, *Wyspa róż*. „Dialog" 1975 nr 5 [scenariusz filmowy].
T. Różewicz, *Białe małżeństwo i inne dramaty*. Kraków 1975.

Operetka W. Gombrowicza. Teatr Nowy, Łódź 1975, reż. K. Dejmek.
Umarła klasa wg tekstów B. Schulza i S. I. Witkiewicza. Cricot II, Kraków 1975, reż. T. Kantor.
Rzeźnia S. Mrożka. Teatr Dramatyczny, Warszawa 1975, reż. J. Jarocki.

R. Kapuściński, *Chrystus z karabinem na ramieniu*. Warszawa 1975.
M. Kuncewiczowa, *Natura*. Warszawa 1975.
Z. Nałkowska, *Dzienniki 1899–1905*. Warszawa 1975.
J. J. Szczepański, *Przed nieznanym trybunałem*. Warszawa 1975.

Tylko Beatrycze, film telewizyjny 1975, reż. S. Szlachtycz.
Noce i dnie, film 1975, reż. J. Antczak.

Poezja	Proza fabularna
1969–1988	
	A. Zagajewski, *Ciepło, zimno*. Warszawa 1975.
J. Baran, *Dopóki jeszcze*. Warszawa 1976. L. Długosz, *Na własną rękę*. Kraków 1976. J. Harasymowicz, *Banderia Prutenorum*. Kraków 1976. J. Markiewicz, *W ciałach kobiet wschodzi słońce*. Warszawa 1976. J. B. Ożóg, *Na święto Kaina*. Kraków 1976. A. Rozenfeld, *Świat oczu moich*. Kraków 1976. A. Szuba, *Karnet na życie*. Katowice 1976. W. Szymborska, *Wielka liczba*. Warszawa 1976.	J. Anderman, *Zabawa w głuchy telefon*. Warszawa 1976. J. Andrzejewski, *Teraz na ciebie zagłada*. Warszawa 1976. F. Bajon, *Serial pod tytułem*. Warszawa 1976. M. Białoszewski, *Szumy, zlepy, ciągi*. Warszawa 1976. A. Braun, *Bunt*. Warszawa 1976. M. Choromański, *Polowanie na Freuda*. Poznań 1976. J. Drzeżdżon, *Oczy diabła*. Warszawa 1976. L. Gomolicki, *Taniec Eurynome*. Warszawa 1976. J. Iwaszkiewicz, *Noc czerwcowa. Zarudzie. Heydenreich*. Warszawa 1976. S. Kisielewski, *Ludzie w akwarium*. Paryż 1976. E. Kruk, *Pusta noc*. Warszawa 1976. B. Latawiec, *Ogród rozkoszy ziemskich*. Poznań 1976. S. Lem, *Katar*. Kraków 1976. J. Łoziński, *Paroksyzm*. Wrocław 1976. J. Morton, *Appassionata*. Warszawa 1976. T. Nowak, *Półbaśnie*. Warszawa 1976. T. Parnicki, *Sam wyjdę bezbronny*. Warszawa 1976. M. Pastuszek, *Łowca gołębi*. Warszawa 1976. J. Ratajczak, *Wianek z baranich kiszek*. Poznań 1976. Z. Safjan, *Pole niczyje*. Warszawa 1976. Z. Trziszka, *Happeniada*. Kraków 1976. P. Wojciechowski, *Wysokie pokoje*. Warszawa 1976.
J. Baran, *Na tyłach świata*. Kraków 1977. S. Barańczak, *Ja wiem, że to niesłuszne*. Paryż 1977. M. Bocian, *Proste nieskończone*. Wrocław 1977. J. Brzękowski, *Paryż po latach*. Kraków 1977. J. Gizella, *Obustronne milczenie*. Kraków 1977. S. Gola, *Skrzyżowania*. Katowice 1977.	M. Białoszewski, *Zawał*. Warszawa 1977. T. Bojarska, *Byłam królewną*. Gdańsk 1977. S. Czycz, *Pawana*. Kraków 1977. J. Drzeżdżon, *Leśna Dąbrowa*. Łódź 1977. K. Filipowicz, *Kot w mokrej trawie*. Kraków 1977. T. Konwicki, *Kompleks polski*. Warszawa 1977 [obieg niezależny], Londyn 1977. A. Kuśniewicz, *Lekcja martwego języka*. Kraków 1977.

Dramaty, scenariusze, realizacje teatralne	Reportaże, pamiętniki, eseje, adaptacje filmowe

1969–1988

F. Falk, *Wodzirej*. „Dialog" 1976 nr 7 [scenariusz filmowy].
J. Głowacki, *Mecz*. „Dialog" 1976 nr 10.
S. Grochowiak, *Dialogi*. Warszawa 1976.
H. Kajzar, *Samoobrona*. „Dialog" 1976 nr 3.
E. Redliński, *Czworokąt*. „Dialog" 1976 nr 12.
T. Różewicz, *Odejście Głodomora*. „Dialog" 1976 nr 9.
W. L. Terlecki, *Herbatka z nieobecnym*. Warszawa 1976 [słuchowiska].

Białe małżeństwo T. Różewicza. Teatr Współczesny, Wrocław 1976, reż. K. Braun.
Ślub W. Gombrowicza. Teatr Polski, Wrocław 1976, reż. J. Grzegorzewski.
Emigranci S. Mrożka. Teatr Wybrzeże, Gdańsk 1976, reż. M. Okopiński.

T. Konwicki, *Kalendarz i klepsydra*. Warszawa 1976.

Blizna, film 1976, reż. K. Kieślowski.
Człowiek z marmuru, film 1976, reż. A. Wajda.

I. Iredyński, *Kwadrofonia*. „Dialog" 1977 nr 6.
I. Iredyński, *Wizyta*. „Dialog" 1977 nr 8.
H. Kajzar, *Villa dei misteri*. „Dialog" 1977 nr 9.
H. Kajzar, *Sztuki i eseje*. Warszawa 1977.
S. Mrożek, *Serenada*. „Dialog" 1977 nr 2.
S. Mrożek, *Lis filozof*. „Dialog" 1977 nr 3.
S. Mrożek, *Polowanie na lisa*. „Dialog" 1977 nr 5.
S. Mrożek, *Krawiec*. „Dialog" 1977 nr 11.

H. Krall, *Zdążyć przed Panem Bogiem*. Kraków 1977.
W. Łysiak, *Empirowy pasjans*. Warszawa 1977.
Cz. Miłosz, *Ziemia Urlo*. Paryż 1977.
K. Moczarski, *Rozmowy z katem*. Warszawa 1977.
T. Różewicz, *Przygotowanie do wieczoru autorskiego*. Warszawa 1977 [wyd. 2, rozszerzone].

Poezja	Proza fabularna
1969–1988	
J. Harasymowicz, *Polowanie z sokołem*. Kraków 1977.	T. Nowak, *Prorok*. Warszawa 1977.
J. Iwaszkiewicz, *Mapa pogody*. Warszawa 1977.	M. Nurowska, *Po tamtej stronie śmierć*. Warszawa 1977.
M. Jastrun, *Scena obrotowa*. Kraków 1977.	A. Pastuszek, *Zgubiłeś mnie w śniegu*. Warszawa 1977.
W. Jaworski, *Sale sztuki realistycznej*. Kraków 1977.	A. Rudnicki, *Noc będzie chłodna, niebo w purpurze*. Kraków 1977.
R. Krynicki, *Nasze życie rośnie*. Poznań 1977 [powielone z napisem: „do użytku wewnętrznego"!]	M. Sołtysik, *Domiar złego*. Warszawa 1977.
	E. Stachura, *Się*. Warszawa 1977.
E. Kruk, *Moja północ*. Warszawa 1977.	S. Szmaglewska, *Wilcza jagoda*. Warszawa 1977.
E. Kruk, *Powrót na wygnanie*. Warszawa 1977.	W. Tarnawski, *Ksiądz Antoni*. Londyn 1977.
K. Lisowski, *Wiersze*. Warszawa 1977.	W. L. Terlecki, *Rośnie las*. Warszawa 1977.
K. Nowosielski, *Stan skupienia*. Gdańsk 1977.	K. Truchanowski, *Całowanie ziemi*. Warszawa 1977.
T. Różewicz, *Duszyczka*. Kraków 1977 [proza poetycka].	W. Woroszylski, *Literatura*. Paryż 1977.
	Z. Wójcik, *Pojedynek*. Warszawa 1977.
P. Sommer, *W krześle*. Kraków 1977.	
A. Warzecha, *Rodzinny telewizor*. Kraków 1977.	
A. Ważyk, *Zdarzenia*. Warszawa 1977.	
W. Woroszylski, *Jesteś i inne wiersze*. Poznań 1977.	
B. Zadura, *Małe muzea*. Warszawa 1977.	
A. Ziemianin, *Pod jednym dachem*. Kraków 1977.	
S. Barańczak, *Sztuczne oddychanie*. Londyn 1978.	K. Brandys, *Nierzeczywistość*. Paryż 1978.
U. M. Benka, *Dziwna rozkosz*. Wrocław 1978.	L. Buczkowski, *Kamień w pieluszkach*. Kraków 1978.
M. Białoszewski, *Odczepić się*. Warszawa 1978.	M. Nowakowski, *Książę Nocy*. Warszawa 1978.
E. Bryll, *Rok polski*. Warszawa 1978.	M. Pilot, *Jednorożec*. Warszawa 1978.
S. Grochowiak, *Haiku-images*. Warszawa 1978.	A. Rudnicki, *Daniela naga*. Warszawa 1978.
	B. Rutha, *Cudowne, wspaniałe życie*. Poznań 1978.
S. Grochowiak, *Biały bażant*. Warszawa 1978.	M. Sołtysik, *Sztuczne ruiny*. Warszawa 1978.
J. Hartwig, *Czuwanie*. Warszawa 1978.	A. Stojowski, *Kanonierka*. Warszawa 1978.
W. Iwaniuk, *Nemezis idzie pustymi drogami*. Londyn 1978.	J. Stryjkowski, *Przybysz z Narbony*. Warszawa 1978.
T. Jastrun, *Bez usprawiedliwienia*. Warszawa 1978.	J. J. Szczepański, *Kipu*. Kraków 1978.
	W. L. Terlecki, *Złoty wąwóz*. Warszawa 1978.
A. Kamieńska, *Rękopis znaleziony we śnie*. Warszawa 1978.	W. L. Terlecki, *Wczesny powrót*. Warszawa 1978.
J. Kornhauser, *Stan wyjątkowy*. Warszawa 1978.	P. Wojciechowski, *Manowiec*. Warszawa 1978.
	Z. Wójcik, *Zła miłość*. Warszawa 1978.

Dramaty, scenariusze, realizacje teatralne	Reportaże, pamiętniki, eseje, adaptacje filmowe
1969-1988	

E. Redliński, *Wcześniak.* „Dialog" 1977 nr 1. *Dziewięćdziesiąty trzeci* S. Przybyszewskiej. Teatr im. J. Słowackiego, Kraków 1977, reż. J. Krasowski. *Iwona, księżniczka Burgunda* W. Gombrowicza. Teatr Wybrzeże, Gdańsk 1977, reż. R. Major. *Odejście Głodomora* T. Różewicza. Teatr Współczesny, Wrocław 1977, reż. H. Kajzar. *Sen srebrny Salomei* J. Słowackiego. Teatr Narodowy, Warszawa 1977, reż. A. Hanuszkiewicz. *Wesele* S. Wyspiańskiego. Stary Teatr, Kraków 1977, reż. J. Grzegorzewski.	A. Wat, *Mój wiek. Pamiętnik mówiony.* Londyn 1977. *Barwy ochronne,* film 1977, reż. K. Zanussi. *Tańczący jastrząb,* film 1977, reż. G. Królikiewicz.
H. Bardijewski, *Opresje.* „Dialog" 1978 nr 2. S. Mrożek, *Lis aspirant.* „Dialog" 1978 nr 7. S. Mrożek, *Amor.* „Dialog" 1978 nr 3. W. Myśliwski, *Klucznik.* „Dialog" 1978 nr 6. J. S. Sito, *Polonez.* „Dialog" 1978 nr 8. J. Żurek, *Sto rąk, sto sztyletów.* „Dialog" 1978 nr 6. *Iwona, księżniczka Burgunda* W. Gombrowicza. Stary Teatr, Kraków 1978, reż. K. Lupa. *Stara kobieta wysiaduje* T. Różewicza. Teatr Narodowy, Warszawa 1978, reż. H. Kajzar.	R. Bratny, *Pamiętnik moich książek.* Warszawa 1978. R. Kapuściński, *Cesarz.* Warszawa 1978. S. Kisielewski, *Moje dzwony trzydziestolecia.* Chicago 1978. T. Parnicki, *Szkice literackie.* Warszawa 1978. A. Zagajewski, *Drugi oddech.* Kraków 1978. *Wodzirej,* film 1978, reż. F. Falk. *Bez znieczulenia,* film 1978, reż. A. Wajda.

Poezja	Proza fabularna
1969-1988	
J. Kornhauser, *Zjadacze kartofli*. Kraków 1978. R. Krynicki, *Nasze życie rośnie*. Paryż 1978. E. Lipska, *Piąty zbiór wierszy*. Warszawa 1978. R. Milczewski-Bruno, *Nie ma zegarów*. Poznań 1978. T. Nowak, *Nowe psalmy*. Warszawa 1978. J. B. Ożóg, *Klinika*. Kraków 1978. M. Pogonowska, *Zaprzęg*. Warszawa 1978. J. M. Rymkiewicz, *Thema regium*. Warszawa 1978. S. Stabro, *Na inne głosy rozpiszą nasz głos*. Kraków 1978. A. Zagajewski, *List*. Poznań 1978 [tekst powielony].	
J. Baran, *W błysku zapałki*. Warszawa 1979. Cz. Bednarczyk, *Rodzaje niezgodności*. Londyn 1979. M. Bocian, *Actus hominis*. Warszawa 1979. J. Ficowski, *Odczytywanie popiołów*. Londyn 1979. J. Ficowski, *Gryps*. Warszawa 1979 [obieg niezależny]. A. Frajlich, *Tylko ziemia*. Londyn 1979. J. Gizella, *Gorzko*. Warszawa 1979. K. Karasek, *Prywatna historia ludzkości*. Kraków 1979. W. Kawiński, *Twoja noc bezsenna*. Warszawa 1979. J. Kornhauser, *Zasadnicze trudności*. Warszawa 1979. E. Lipska, *Żywa śmierć*. Kraków 1979. B. Loebl, *Kwiat odwrócony*. Kraków 1979. L. A. Moczulski, *Oddech*. Kraków 1979. J. Stańczakowa, *Niewidoma*. Warszawa 1979. A. Szymańska, *To pierwsze*. Warszawa 1979. B. Taborski, *Obserwator cieni*. Kraków 1979. A. Warzecha, *Ciało obce*. Kraków 1979.	J. Anderman, *Gra na zwłokę*. Kraków 1979. J. Andrzejewski, *Już prawie nic*. Warszawa 1979. D. Bitner, *Proza*. Szczecin 1979. A. Bojarska, *Lakier*. Kraków 1979. K. Bunsch, *Bezkrólewie*. Kraków 1979. H. Grynberg, *Życie osobiste*. Londyn 1979. J. Kawalec, *Pierwszy białoręki*. Warszawa 1979. T. Konwicki. *Mała apokalipsa*. Warszawa 1979 [obieg niezależny], Londyn 1979. J. Krzysztoń, *Obłęd*. Warszawa 1979. S. Lem, *Powtórka*. Warszawa 1979. J. Łoziński, *Pantokrator*. Wrocław 1979. S. Łubiński, *Ballada o Januszku*. Warszawa 1979. M. Nowakowski, *Chłopiec z gołębiem na głowie*. Warszawa 1979. T. Nowakowski, *Wiza do Hrubieszowa*. Londyn 1979. A. Rudnicki, *Zabawa ludowa. Niebieskie kartki*. Warszawa 1979. R. Schubert, *Panna Lilianka*. Warszawa 1979. J. J. Szczepański, *Autograf*. Warszawa 1979. Z. Trziszka, *Oczerety*. Poznań 1979. S. Vincenz, *Na wysokiej połoninie. Nowe czasy: Barwinkowy wianek*. Londyn 1979. W. Zalewski, *Ostatni postój*. Warszawa 1979.

Dramaty, scenariusze, realizacje teatralne	Reportaże, pamiętniki, eseje, adaptacje filmowe
1969–1988	

I. Iredyński, *Dacza*. „Dialog" 1979 nr 5.
T. Różewicz, *Teatr niekonsekwencji*. Wrocław 1979 [dramaty i szkice].
J. M. Rymkiewicz, *Dwór nad Narwią*. „Dialog" 1979 nr 1.
K. Wojtyła, *Brat naszego Boga*. „Tygodnik Powszechny" 1979 nr 51/52.

Vatzlav S. Mrożka. Teatr Nowy, Łódź 1979, reż. K. Dejmek.
Krawiec S. Mrożka. Teatr Współczesny, Warszawa 1979, reż. E. Axer.
Wesele pana Balzaca J. Iwaszkiewicza. Teatr Kameralny, Warszawa 1979, reż. S. Pieniak.

S. Barańczak, *Etyka i poetyka*. Paryż 1979.
Cz. Miłosz, *Ogród nauk*. Paryż 1979.
E. Stachura, *Fabula rasa*. Olsztyn 1979.
W. Woroszylski, *Powrót do kraju*. Londyn 1979.

Amator, film 1979, reż. K. Kieślowski.
Panny z Wilka, film 1979, reż. A. Wajda.
Lekcja martwego języka, film 1979, reż. J. Majewski.
Pałac, film 1979, reż. T. Junak.
Aktorzy prowincjonalni, film 1979, reż. A. Holland.

Poezja	Proza fabularna
1969–1988	

M. Białoszewski, *Rozkurz*. Warszawa 1980 [wiersze i proza].	E. Dusza, *Kolor klonowego liścia*. Londyn 1980.
J. Gizella, *Szkoła winowajców*. Kraków 1980.	K. Filipowicz, *Między snem a snem*. Kraków 1980.
H. Grynberg, *Wiersze z Ameryki*. Londyn 1980.	H. Grynberg, *Życie codzienne i artystyczne*. Paryż 1980.
M. Grześczak, *Kwartał wierszy*. Warszawa 1980.	K. Karasek, *Wiosna i demony*. Warszawa 1980.
J. Hartwig, *Chwila postoju*. Kraków 1980.	J. Komolka, *Ucieczka do nieba*. Warszawa 1980.
J. Iwaszkiewicz, *Muzyka wieczorem*. Warszawa 1980.	J. Kornhauser, *Stręczyciel idei*. Kraków 1980.
M. Jastrun, *Punkty świecące*. Warszawa 1980.	E. Kruk, *Łaknienie*. Warszawa 1980.
T. Jastrun, *Promienie błędnego koła*. Kraków 1980.	J. Krzysztoń, *Noweletki*. Warszawa 1980.
W. Jaworski, *Czerwony motocykl*. Warszawa 1980.	A. Kuśniewicz, *Witraż*. Warszawa 1980.
J. Kronhold, *Baranek lawiny*. Kraków 1980.	T. Łubieński, *Pod skórą*. Warszawa 1980.
K. Lisowski, *Drzewko szczęścia*. Kraków 1980.	K. Orłoś, *Trzecie kłamstwo*. Paryż 1980.
B. Obertyńska, *Perły*. Brighton 1980.	M. Pankowski, *Rudolf*. Londyn 1980.
J. Polkowski, *To nie jest poezja*. Warszawa 1980 [obieg niezależny].	A. Pastuszek, *Dobranoc*. Warszawa 1980.
P. Sommer, *Pamiątki po nas*. Kraków 1980.	M. Pilot, *Wykidajło*. Warszawa 1980.
A. Szuba, *Wejście zapasowe*. Katowice 1980.	M. Słyk, *W barszczu przygód*. Warszawa 1980.
J. Twardowski, *Niebieskie okulary*. Kraków 1980.	M. Sołtysik, *Ulica Maska*. Warszawa 1980.
A. Ziemianin, *Nasz słony rachunek*. Warszawa 1980.	J. Stryjkowski, *Wielki strach*. Warszawa 1980 [obieg niezależny], Londyn 1980.
	W. L. Terlecki, *Zwierzęta zostały opłacone*. Warszawa 1980.
	S. Themerson, *Generał Piesc i inne opowiadania*. Warszawa 1980.
	K. Traciewicz, *Rzeczy codziennego użytku*. Kraków 1980.
	B. Wojdowski, *Maniuś Bany*. Warszawa 1980.
	B. Zadura, *Do zobaczenia w Rzymie*. Warszawa 1980.
S. Barańczak, *Tryptyk z betonu, zmęczenia i śniegu*. Paryż 1981.	J. Andrzejewski, *Miazga*. Warszawa 1981.
J. Ficowski, *Śmierć jednorożca*. Warszawa 1981.	A. Augustyn, *Wywyższenie i upadek Joachima Heltzla*. Kraków 1981.
J. Harasymowicz, *Z nogami na stole*. Kraków 1981.	D. Bitner, *Ptak*. Kraków 1981.
M. Jastrun, *Wiersze z jednego roku*. Warszawa 1981.	W. Czerniawski, *Puszkin w Paryżu*. Warszawa 1981.
M. Jastrun, *Inna wersja*. Warszawa 1981.	J. Drzeżdżon, *Rozkosze miłości*. Łódź 1981.
A. Kamieńska, *Wiersze jednej nocy*. Warszawa 1981.	J. Iwaszkiewicz, *Utwory ostatnie*. Warszawa 1981.
T. Kijonka, *Śnieg za śniegiem*. Warszawa 1981.	M. Józefacka, *Gorczyca*. Lublin 1981.
	J. Łoziński, *Martwa natura*. Warszawa 1981.
	J. Łoziński, *Za zimny wiatr na moją wełnę*. Warszawa 1981.

Dramaty, scenariusze, realizacje teatralne	Reportaże, pamiętniki, eseje, adaptacje filmowe

1969–1988

F. Bajon, *Wahadełko*. „Dialog" 1980 nr 2.
E. Redliński, *Pustaki*. „Dialog" 1980 nr 1.
J. M. Rymkiewicz, *Dwie komedie*. Warszawa 1980.

Brat naszego Boga K. Wojtyły. Teatr im. J. Słowackiego, Kraków 1980, reż. K. Skuszanka.
Kopciuch J. Głowackiego. Teatr Powszechny, Warszawa 1980, reż. K. Kutz.
Wielopole, Wielopole... Cricot II, 1980 [wyst.: Florencja, Paryż], reż. T. Kantor.

G. Herling-Grudziński, *Dziennik pisany nocą 1973–1979*. Paryż 1980.
T. Hołuj, *Ciąg dalszy*. Kraków 1980.
L. Tyrmand, *Dziennik 1954*. Londyn 1980 [wersja zmieniona].

Ryś, film 1980, reż. S. Różewicz.

F. Bajon, *Engagement*. „Dialog" 1981 nr 3.
H. Bardijewski, *Dramaty*. Warszawa 1981.
E. Bryll, *Kolęda-nocka*. „Dialog" 1981 nr 1.
I. Iredyński, *Ołtarz wzniesiony sobie*. „Dialog" 1981 nr 6.
H. Kajzar, *Obora*. „Scena" 1981 nr 1.
E. Lipska, *Nie o śmierć tu chodzi, lecz o biały kordonek*. „Dialog" 1981 nr 5.
T. Łubieński, *Przez śnieg*. Dialog" 1981.
J. Żurek, *Po Hamlecie*. „Dialog" 1981 nr 4.

Obora H. Kajzara. Teatr Narodowy, Warszawa 1981, reż. H. Kajzar.

M. Brandys, *Moje przygody z historią*. Londyn 1981.
A. Gołubiew, *Największa przygoda mojego życia*. Kraków 1981.
A. Fiut, *Rozmowy z Miłoszem*. Kraków 1981.
S. Lem, *Golem XIV*. Kraków 1981.
A. Rudnicki, *Rogaty warszawiak*. Warszawa 1981.

Bołdyn, film 1981, reż. E. i Cz. Petelscy.
Człowiek z żelaza, film 1981, reż. A. Wajda.

Poezja	Proza fabularna
1969–1988	
J. Kornhauser, *Każdego następnego dnia.* Kraków 1981 [obieg niezależny].	W. Łysiak, *Flet z mandragory.* Warszawa 1981.
R. Krynicki, *Niewiele więcej.* Kraków 1981 [obieg niezależny].	A. Momot, *Zabieg.* Olsztyn 1981.
B. Maj, *Wspólne powietrze.* Kraków 1981.	S. Mrożek, *Opowiadania.* Kraków 1981.
L. A. Moczulski, *Głosy powrotu.* Kraków 1981.	S. Mrożek, *Małe listy.* Kraków 1981.
	T. Parnicki, *Dary z Kordoby.* Poznań 1981.
	T. Siejak, *Oficer.* Warszawa 1981.
K. Nowosielski, *Dotkliwa obecność.* Warszawa 1981.	M. Sołtysik, *Kukła. Pakiet Pandory.* Warszawa 1981.
A. Pawlak, *Obudzimy się nagle w pędzących pociągach.* Gdańsk 1981.	Z. Trziszka, *Piaszczysta skarpa.* Poznań 1981.
J. Piątkowski, *Skazywani na osobność.* Kraków 1981.	
M. Piechal, *Góra Ocalenia.* Kraków 1981.	
H. Raszka, *Miłość.* Gdańsk 1981.	
S. Srokowski, *Świadectwo urodzenia.* Wrocław 1981.	
S. Stabro, *Pożegnanie księcia.* Warszawa 1981.	
L. Szaruga, *Nie ma poezji.* Kraków 1981.	
A. Tchórzewski, *Reportaż z wieży babel.* Warszawa 1981.	
M. Bocian, *Ograniczone z nieograniczonego.* Wrocław 1982.	D. Bitner, *Cyt.* Kraków 1982.
E. Bryll, *Sadza.* Warszawa 1982.	K. Brandys, *Rondo.* Warszawa 1982.
A. Czerniawski, *Wiek złoty.* Paryż 1982.	A. Braun, *Rzeczpospolita chwilowa.* Warszawa 1982.
W. Faber, *Jakiekolwiek zdarzenie.* Kraków 1982.	K. Filipowicz, *Koncert f-moll i inne opowiadania.* Kraków 1982.
H. Grynberg, *Po zmartwychwstaniu.* Londyn 1982.	J. Kawalec, *Ukraść brata.* Kraków 1982.
J. Harasymowicz, *Wesele rusałek.* Warszawa 1982.	S. Kisielewski, *Podróż w czasie.* Paryż 1982.
	T. Konwicki, *Wschody i zachody księżyca.* Warszawa 1982 [obieg niezależny].
T. Jastrun, *Na skrzyżowaniu Azji i Europy.* Warszawa 1982 [obieg niezależny].	S. Lem, *Wizja lokalna.* Kraków 1982.
K. Karasek, *Trzy poematy.* Warszawa 1982.	J. Łoziński, *Apogeum.* Warszawa 1982.
J. Kornhauser, *Hurraaa!* Kraków 1982.	J. Łoziński, *Złote Góry i inne opowiadania.* Warszawa 1982.
K. Lisowski, *Pewne kręgi mistyków.* Kraków 1982.	A. Łuczeńczyk, *Przez puste ulice.* Warszawa 1982.
Cz. Miłosz, *Hymn o perle.* Paryż 1982.	T. Nowak, *Wniebogłosy.* Kraków 1982.
A. Pawlak, *Grypsy.* Warszawa 1982 [obieg niezależny].	M. Nowakowski, *Wesele raz jeszcze. Zdarzenie w Miasteczku.* Warszawa 1982.
H. Raszka, *Liczba mnoga.* Warszawa 1982.	E. Redliński, *Nikiformy.* Warszawa 1982.
L. Szaruga, *Czas morowy.* Warszawa 1982 [obieg niezależny].	M. Słyk, *W rosole powikłań.* Warszawa 1982.
	A. Twerdochlib, *Numer zastrzeżony.* Warszawa 1982.
K. Szlaga, *Słowo Wilka.* Kraków 1982.	
T. Truszkowska, *Życie drzewa nocą.* Kraków 1982 [wiersze i proza].	J. Zajdel, *Limes inferior.* Warszawa 1982.
	S. Zieliński, *Lot Werminii.* Warszawa 1982.

Dramaty, scenariusze, realizacje teatralne	Reportaże, pamiętniki, eseje, adaptacje filmowe
1969–1988	
Garbus S. Mrożka. Teatr Polski, Wrocław 1981, reż. W. Górski. *Pieszo* S. Mrożka. Teatr Dramatyczny, Warszawa 1981, reż. J. Jarocki. *Polonez* J. S. Sity. Teatr Ateneum, Warszawa 1981, reż. J. Warmiński. *Kartoteka* T. Różewicza. Teatr im. S. Jaracza, Łódź 1981, reż. R. Major. *Ołtarz wzniesiony sobie* I. Iredyńskiego. Teatr Polski, Warszawa 1981, reż. J. Bratkowski. *Zdążyć przed panem Bogiem* H. Krall. Teatr Popularny, Warszawa 1981, reż. K. Dejmek. *Vatzlav* S. Mrożka. Teatr Narodowy, Warszawa 1981, reż. K. Dejmek.	*Konopielka*, film 1981, reż. W. Leszczyński. *Matka Królów*, film 1981, reż. J. Zaorski.
I. Iredyński, *Terroryści*. „Dialog" 1982 nr 5. H. Kajzar, *Wyspy Galapagos*. „Dialog" 1982 nr 7. U. Kozioł, *Trzy światy*. Warszawa 1982. S. Mrożek, *Vatzlav. Ambasador*. Paryż 1982. T. Różewicz, *Pułapka*. Warszawa 1982. *Hiob* K. Wojtyły. Teatr Ludowy, Nowa Huta 1982, reż. T. Malak. *Koniec Europy*. Teatr Narodowy, Poznań 1982, reż. J. Wiśniewski.	K. Brandys, *Miesiące 1980–1982*. Paryż 1982. R. Kapuściński, *Szachinszach*. Warszawa 1982. S. Kołakowski, *Czy diabeł może być zbawiony i 27 innych kazań*. Londyn 1982. *Dolina Issy*, film 1982, reż. T. Konwicki. *Danton*, film 1982, reż. A. Wajda. *Wierna rzeka*, film 1982, reż. T. Chmielewski. *Wojna światów*, film 1982, reż. P. Szulkin.

Poezja	Proza fabularna
1969-1988	

J. Twardowski, *Rachunek dla dorosłego*. Warszawa 1982.
A. Warzecha, *Błędny ognik*. Kraków 1982.
J. Zagórski, *Białe bzy*. Kraków 1982.
A. Ziemianin, *W kącie przedziału*. Kraków 1982.

S. Barańczak, *Przywracanie porządku*. Paryż 1983.
E. Bryll, *Pusta noc*. Warszawa 1983.
R. Chojnacki, *Apel poległych i inne wiersze*. Poznań 1983 [obieg niezależny].
Z. Herbert, *Raport z oblężonego miasta*. Paryż 1983.
T. Jastrun, *Zapiski z błędnego koła*. Warszawa 1983 [obieg niezależny].
A. Kamieńska, *W pół słowa*. Warszawa 1983.
R. Krynicki, *Jeżeli w jakimś kraju*. Warszawa 1983 [obieg niezależny].
J. Kurek, *Boże mojego serca*. Kraków 1983.
K. Nowosielski, *Codzienna zapłata*. Gdańsk 1983.
A. Pawlak, *Brulion wojenny*. Kraków 1983 [obieg niezależny].
J. M. Rymkiewicz, *Ulica Mandelsztama*. Kraków 1983 [obieg niezależny].
A. Szuba, *Na czerwonym świetle*. Katowice 1983.
B. Szymańska, *Wiersze*. Kraków 1983.
R. Śliwonik, *Potęgowanie dramatu*. Warszawa 1983.
B. Taborski, *Cudza teraźniejszość*. Kraków 1983.
J. Twardowski, *Który stwarzasz jagody*. Kraków 1983.
B. Zadura, *Zejście na ląd*. Warszawa 1983.
A. Zagajewski, *List. Oda do wielości*. Paryż 1983.
W. Zawistowski, *Geografia*. Kraków – Wrocław 1983.

J. Anderman, *Brak tchu*. Londyn 1983.
J. Andrzejewski, *Nikt*. Warszawa 1983.
R. Brandstaetter, *Prorok Jonasz*. Warszawa 1983.
R. Bratny, *Rok w trumnie*. Warszawa 1983.
H. Danilczyk, *Skład porcelany*. Warszawa 1983.
J. Drzeżdżon, *Karamoro*. Warszawa 1983.
L. Gomolicki, *Terapia przestrzenna*. Łódź 1983.
I. Iredyński, *Ciąg*. Kraków 1983.
A. Momot, *Nie lubię białych skwarków*. Warszawa 1983.
M. Nurowska, *Kontredans*. Warszawa 1983.
K. Orłoś, *Pustynia Gobi*. Londyn 1983.
T. Parnicki, *Rozdwojony w sobie*. Warszawa 1983.
J. Ratajczak, *Dzień mojej matki*. Poznań 1983.
J. Stryjkowski, *Martwa fala*. Kraków 1983.
W. L. Terlecki, *Cień karła, cień olbrzyma*. Warszawa 1983.
K. Traciewicz, *Meandry*. Kraków 1983.
A. Twerdochlib, *Pod parasolem*. Gdańsk 1983.
A. Zagajewski, *Cienka kreska*. Kraków 1983.

J. Baran, *Pędy i pęta*. Kraków 1984.
K. Boczkowski, *Twarze czekają na wieczność*. Kraków 1984.
J. Gizella, *Rozstrój*. Kraków 1984.
S. Gola, *Dzień z jawnogrzesznicą*. Katowice 1984.

D. Bitner, *Owszem*. Warszawa 1984.
K. Bunsch, *Odnowiciel*. Kraków 1984.
J. Drzeżdżon, *Miasto automatów*. Łódź 1984.
U. Kozioł, *Noli me tangere*. Wrocław 1984.
S. Łubiński, *Profesjonaliści*. Warszawa 1984.

Dramaty, scenariusze, realizacje teatralne	Reportaże, pamiętniki, eseje, adaptacje filmowe
1969–1988	

J. Abramow-Newerly, *Maestro*. „Dialog" 1983 nr 1.
J. Iwaszkiewicz, *Kardynałowie*. „Dialog" 1983.
T. Łubieński, *Śmierć komandora*. „Dialog" 1983 nr 10.
S. Mrożek, *Letni dzień*. „Dialog" 1983 nr 10.
W. Zawistowski, *Wysocki*. „Dialog" 1983 nr 10.

Iwona, księżniczka Burgunda W. Gombrowicza. Teatr Powszechny, Warszawa 1983, reż. Z. Hübner.
Koczowisko T. Łubieńskiego. Teatr Narodowy, Warszawa 1963, reż. T. Minc.
Maestro J. Abramowa-Newerlego. Teatr Polski, Warszawa 1983, reż. K. Dejmek.
Żegnaj, Judaszu I. Iredyńskiego. Teatr Polski, Wrocław 1983, reż. J. Bunsch.
Ślub W. Gombrowicza. Teatr Wybrzeże, Gdańsk 1983, reż. R. Major.

S. Barańczak, *Czytelnik ubezwłasnowolniony*. Paryż 1983.
S. Kisielewski, *Bez cenzury*. Warszawa 1983 [obieg niezależny].
Cz. Miłosz, *Świadectwo poezji*. Paryż 1983.
M. Nowakowski, *Notatki z codzienności*. Paryż 1983.

Kamienne tablice, film 1983, reż. E. i Cz. Petelscy.
Dziś tylko cokolwiek dalej..., film 1983, reż. I. Gogolewski.
Prognoza pogody, film 1983, reż. A. Krauze.

H. Bardijewski, *Przyzwolenie*. „Dialog" 1984 nr 2.
H. Bardijewski, *Mirakle*. „Dialog" 1984 nr 7.
H. Bardijewski, *Pangea: małe dramaty*. Warszawa 1984.
H. Kajzar, *Sztuki teatralne*. Wrocław 1984.

K. Brandys, *Miesiące 1982–1984*. Paryż 1984.
M. Brandys, *Strażnik królewskiego grobu*. Warszawa 1984.
G. Herling-Grudziński, *Dziennik pisany nocą 1980–1982*. Paryż 1984.

Poezja	Proza fabularna
1969–1988	

Cz. Miłosz, *Nieobjęta ziemia*. Paryż 1984 [także proza].	W. Myśliwski, *Kamień na kamieniu*. Warszawa 1984.
A. Pawlak, *Zmierzch i grypsy*. Warszawa 1984 [obieg niezależny].	M. Nowakowski, *Dwa dni z Aniołem*. Paryż 1984.
J. M. Rymkiewicz, *Mogiła Ordona i inne wiersze*. Warszawa 1984 [obieg niezależny].	W. Odojewski, *Zabezpieczenie śladów*. Paryż 1984.
S. Stabro, *Dzieci Leonarda Cohena*. Kraków 1984.	T. Parnicki, *Sekret trzeciego Izajasza*. Warszawa 1984.
J. Stańczakowa, *Magia niewidzenia*. Warszawa 1984.	E. Redliński, *Dolorado*. Chicago 1984.
M. Wawrzkiewicz, *Aż tak*. Warszawa 1984.	E. Rylski, *Stankiewicz. Powrót*. Warszawa 1984.
	J. M. Rymkiewicz, *Rozmowy polskie latem 1983*. Paryż 1984.
	K. Sakowicz, *Zbrodnie kobiet*. Warszawa 1984.
	T. Siejak, *Próba*. Warszawa 1984.
	M. Sołtysik, *Intymne zwierzenia kilkunastu osób*. Warszawa 1984.
	J. Stryjkowski, *Król Dawid żyje!* Poznań 1984.
	W. L. Terlecki, *Pismak*. Warszawa 1984.
	W. L. Terlecki, *Lament*. Kraków 1984.
	P. Wojciechowski, *Półtora królestwa*. Kraków 1984.
	J. Zajdel, *Paradyzja*. Warszawa 1984.
S. Barańczak, *Atlantyda i inne wiersze z lat 1981–1985*. Londyn 1985.	W. Czerniawski, *Katedra w Kolonii*. Warszawa 1985.
M. Białoszewski, *Oho*. Warszawa 1985.	K. Filipowicz, *Miejsce i chwila*. Kraków 1985.
N. Chadzinikolau, *Słoneczny żal*. Poznań 1985.	A. Gołubiew, *W żółtej poczekalni dworcowej pod zegarem*. Kraków 1985.
J. Harasymowicz, *Na cały regulator*. Kraków 1985.	J. Hen. *Milczące między nami*. Warszawa 1985.
T. Jastrun, *Kropla, kropla*. Kraków 1985.	W. Jaworski, *Krótki lont*. Kraków 1985.
J. Kornhauser, *Inny porządek. 1981–1984*. Kraków 1985.	T. Konwicki, *Rzeka podziemna, podziemne ptaki*. Londyn 1985.
J. Kornhauser, *Za nas, z nami*. Warszawa 1985.	H. Krall, *Sublokatorka*. Londyn 1985.
E. Lipska, *Przechowalnia ciemności*. Warszawa 1985 [obieg niezależny].	A. Kuśniewicz, *Mieszaniny obyczajowe*. Warszawa 1985.
J. B. Ożóg, *Gdzie świeci noc*. Warszawa 1985.	J. Łoziński, *Sceny myśliwskie z Dolnego Śląska*. Warszawa 1985.
J. Piątkowski, *Lęk czuwania*. Warszawa 1985.	A. Łuczeńczyk, *Kiedy otwierają się drzwi*. Warszawa 1985.
A. Pogonowska, *Albo i albo*. Warszawa 1985.	I. Newerly, *Za Opiwardą, za siódmą rzeką*. Warszawa 1985.
W. Wirpsza, *Apoteoza tańca*. Kraków 1985 [obieg niezależny].	M. Pankowski, *Pątnicy z Macierzyzny*. Londyn 1985.

Dramaty, scenariusze, realizacje teatralne	Reportaże, pamiętniki, eseje, adaptacje filmowe
1969–1988	
S. Mrożek, *Alf.* Paryż 1984. *Pułapka* T. Różewicza. Teatr Współczesny, Wrocław 1984, reż. K. Braun. *Zabawa* S. Mrożka. Teatr Dramatyczny, Warszawa 1984, reż. W. Krygier.	H. Kajzar, *Z powierzchni*. Warszawa 1984. J. M. Rymkiewicz, *Umschlagplatz*. Paryż 1984. W. Woroszylski, *Na kurczącym się skrawku i inne zapiski z kwartalnym opóźnieniem*. Londyn 1984. *Austeria*, film 1984, reż. J. Kawalerowicz. *Rok spokojnego słońca*, film 1984, reż. K. Zanussi. *Pismak*, film 1984, reż. W. Has.
T. Łubieński, *Skarbuś*. „Dialog" 1985 nr 5. J. Żurek, *Skakanka*. „Dialog" 1985 nr 8. J. Żurek, *Para za parą*. „Dialog" 1985 nr 10. *Białe małżeństwo* T. Różewicza. Teatr Współczesny, Szczecin 1985, reż. R. Major. *Wzorzec dowodów metafizycznych* T. Bradeckiego. Stary Teatr, Kraków 1985, reż. T. Bradecki.	*C.K. dezerterzy*, film 1985, reż. J. Majewski. *Jezioro Bodeńskie*, film 1985, reż. J. Zaorski.

Poezja	Proza fabularna
1969–1988	

A. Zagajewski, *Jechać do Lwowa i inne wiersze*. Londyn 1985.
J. Zagórski, *Nie mrużmy powiek*. Warszawa 1985 [obieg niezależny].
A. Ziemianin, *Makatka z płonącego domu*. Kraków 1985.

K. Sakowicz, *Sceny miłosne, sceny miłosne*. Warszawa 1985.
R. Wysogląd, *Moskwa za trzy dni*. Warszawa 1985.

E. Bryll, *Adwent*. Londyn 1986.
R. Chojnacki, *Noc*. Warszawa 1986.
J. Harasymowicz, *Wiersze beskidzkie*. Warszawa 1986.
M. Jastrun, *Fuga temporum*. Warszawa 1986.
K. Lisowski, *Ciemna dolina*. Katowice 1986.
B. Maj, *Zagłada Świętego Miasta*. Londyn 1986.
B. Maj, *Zmęczenie*. Kraków 1986.
J. S. Pasierb, *Czarna skrzynka*. Warszawa 1986.
J. Polkowski, *Wiersze 1984–1985*. Londyn 1986.
K. Szlaga, *Ziemia*. Kraków 1986.
A. Szuba, *Postscripta*. Kraków 1986.
W. Szymborska, *Ludzie na moście*. Kraków 1986.
B. Taborski, *Cisza traw*. Kraków 1986.
J. Twardowski, *Na osiołku*. Lublin 1986.
B. Zadura, *Starzy znajomi*. Warszawa 1986.

J. Andrzejewski, *Intermezzo i inne opowiadania*. Warszawa 1986.
R. Brandstaetter, *Patriarchowie*. Warszawa 1986.
R. Bratny, *Cdn*. Warszawa 1986.
J. Dobraczyński, *Świat popiołów*. Warszawa 1986.
J. Drzeżdżon, *Twarz lodowca*. Łódź 1986.
J. Kawalec, *Panie koniu...* Kraków 1986.
S. Kisielewski, *Wszystko inaczej*. Londyn 1986.
J. Łoziński, *Paulo Apostolo Mart*. Warszawa 1986.
A. Łuczeńczyk, *Gwiezdny książę*. Warszawa 1986.
I. Newerly, *Wzgórze błękitnego snu*. Warszawa 1986.
M. Nowakowski, *„Grisza, ja tiebie skażu..."*. Paryż 1986.
M. Słyk, *W krupniku rozstrzygnięć*. Warszawa 1986.
J. Stryjkowski, *Juda Makabi*. Poznań 1986.
A. Szczypiorski, *Początek*. Paryż 1986.

J. Harasymowicz, *Lichtarz ruski*. Warszawa 1987.
J. Hartwig, *Obcowanie*. Warszawa 1987.
W. Iwaniuk, *Nocne rozmowy*. Londyn 1987.
M. Jastrun, *Z innego świata światło*. Poznań 1987.
K. Karasek, *Świerszcze*. Warszawa 1987.
E. Kruk, *Z krainy Nod*. Warszawa 1987.
B. Loebl, *Zaciśnięta pięść róży*. Kraków 1987.
A. Międzyrzecki, *Koniec gry*. Warszawa 1987.
Cz. Miłosz, *Kroniki*. Paryż 1987.
A. Pawlak, *Trudny wybór – wierszy*. Berlin 1987.
A. Rozenfeld, *Nie bądź mi Polsko macochą*. Rzym 1987.

R. Bratny, *Klapa, czyli Pan Bóg rozdaje karty*. Warszawa 1987.
N. Chadzinikolau, *Niebieskooka Greczynka*. Warszawa 1987.
W. Czerniawski, *Challenger ląduje na twoich ustach*. Warszawa 1987.
B. Czeszko, *Nostalgie mazurskie*. Warszawa 1987.
S. Czycz, *Nie wierz nikomu. Baza*. Kraków 1987.
H. Grynberg, *Kadisz*. Kraków 1987.
P. Huelle, *Weiser Dawidek*. Gdańsk 1987.
T. Konwicki, *Bohiń*. Warszawa 1987.
A. Kuśniewicz, *Nawrócenie*. Warszawa 1987.
S. Lem, *Pokój na ziemi*. Kraków 1987.
S. Lem, *Fiasko*. Kraków 1987.

Dramaty, scenariusze, realizacje teatralne	Reportaże, pamiętniki, eseje, adaptacje filmowe

1969–1988

H. Bardijewski, *Czułość*. „Dialog" 1986 nr 7.
J. Hen, *Czkawka*. „Dialog" 1986 nr 8.
S. Mrożek, *Kontrakt*. „Dialog" 1986 nr 1.
W. L. Terlecki, *Krótka noc*. „Dialog" 1986 nr 5/6.

Trzecia pierś I. Iredyńskiego. Stary Teatr, Kraków 1986, reż. J. Czernecki.
Śmierć komandora T. Łubieńskiego. Teatr Dramatyczny, Warszawa 1986, reż. M. Okopiński.

T. Konwicki, *Nowy Świat i okolice*. Warszawa 1986.
Pół wieku czyśca. Rozmowa S. Beresia z T. Konwickim. Londyn 1986.
I. Newerly, *Zostało z uczty bogów*. Paryż 1986 [także obieg niezależny].
A. Rudnicki, *Krakowskie Przedmieście pełne deserów*. Warszawa 1986.
J. J. Szczepański, *Kadencja*. Warszawa 1986 [obieg niezależny].
J. Trznadel, *Hańba domowa. Rozmowy z pisarzami*. Warszawa 1986 [obieg niezależny].

Cudzoziemka, film 1986, reż. R. Ber.
Kronika wypadków miłosnych, film 1986, reż. A. Wajda.

H. Grynberg, *Kronika*. Berlin 1987.
S. Łubiński, *Zwykły dzień pewnego lata*. „Dialog" 1987 nr 9.
S. Mrożek, *Portret*. „Dialog" 1987 nr 9.
W. L. Terlecki, *Rudy*. „Dialog" 1987 nr 1 [scenariusz filmowy].

Gwiazda H. Kajzara. Teatr Polski, Wrocław 1987, reż. P. Olędzki.
Portret S. Mrożka. Teatr Polski, Warszawa 1987, reż. K. Dejmek.
Wiosna Ludów w cichym zakątku A. Nowaczyńskiego. Stary Teatr, Kraków 1987, reż. T. Bradecki.
Ułani J. M. Rymkiewicza. Teatr Dramatyczny, Warszawa 1987, reż. M. Okopiński.
Odejście Głodomora T. Różewicza, Teatr Nowy, Warszawa 1987, reż. Z. Wardejn.

J. Andrzejewski, *Gra z cieniem*. Warszawa 1987.

Krótki film o zabijaniu, film 1987, reż. K. Kieślowski.
Anioł w szafie, film 1987, reż. S. Różewicz.

Poezja	Proza fabularna
1969–1988	

J. Stańczakowa, *Na żywo*. Warszawa 1987.
R. Śliwonik, *Listopady, grudnie, stycznie*. Warszawa 1987.
A. Ziemianin, *Zdrowaś Matko – łaski pełna*. Nowy Sącz 1987.

M. Nurowska, *Innego życia nie będzie*. Warszawa 1987.
W. Odojewski, *Zapomniane, uśmierzone...* Berlin 1987.
B. Rutha, *Lawendowe wzgórze*. Warszawa 1987.
E. Rylski, *Tylko chłód*. Warszawa 1987.
K. Sakowicz, *Jaśmiornica*. Warszawa 1987.
T. Siejak, *Pustynia*. Warszawa 1987.
P. Szewc, *Zagłada*. Warszawa 1987.
Z. Trziszka, *Wędrówka*. Warszawa 1987.
B. Wojdowski, *Krzywe drogi*. Warszawa 1987.
Z. Wójcik, *Odejść z Sodomy*. Warszawa 1987.
W. Woroszylski, *Historie*. Warszawa 1987.

J. Baran, *Skarga*. Szczecin 1988.
S. Barańczak, *Widokówka z tego świata i inne rymy z lat 1986–1988*. Paryż 1988.
M. Bocian, *Spojenie*. Wrocław 1988.
K. Boczkowski, *Apokryfy i fragmenty*. Warszawa 1988.
T. Ferenc, *Nóż za ptakiem*. Warszawa 1988.
J. Harasymowicz, *Ubrana tylko w trawy połonin*. Kraków 1988.
T. Jastrun, *Węzeł polski*. Kraków 1988.
Z. Jerzyna, *Moment przesilenia*. Łódź 1988.
A. Kamieńska, *Milczenia i psalmy najmniejsze*. Kraków 1988.
R. Krynicki, *Niepodlegli nicości*. Warszawa 1988 [obieg niezależny].
T. Nowak, *Pacierze i paciorki*. Warszawa 1988.
J. Ratajczak, *Liryki małżeńskie*. Poznań 1988.
T. Truszkowska, *Ornitologia kosmiczna*. Kraków 1988.
W. Woroszylski, *W poszukiwaniu utraconego ciepła i inne wiersze*. Kraków 1988.

R. Bratny, *Nagi maj*. Warszawa 1988.
J. Hen, *Powiernik serc*. Kraków 1988.
M. Józefacka, *Godzina Oriona*. Lublin 1988.
S. Lem, *Ciemność i pleśń*. Kraków 1988.
J. Łoziński, *Statek na Hel*. Wrocław 1988.
M. Nowakowski, *Karnawał i post*. Paryż 1988.
T. Parnicki, *Kordoba z darów*. Poznań 1988.
Z. Safjan, *A – jak absurd*. Warszawa 1988.
T. Socha, *Widok znad Hudsonu*. Kraków 1988.
S. Srokowski, *Repatrianci*. Warszawa 1988.
J. Stoberski, *Pogromca smutku i inne opowiadania*. Kraków 1988.
J. Stryjkowski, *Echo*. Warszawa 1988.
W. L. Terlecki, *Drabina Jakubowa albo Podróż*. Warszawa 1988.
W. L. Terlecki, *Wieniec dla sprawiedliwego*. Warszawa 1988.
P. Wojciechowski, *Obraz napowietrzny*. Kraków 1988.
R. Wysogląd, *Obudzony o zmierzchu*. Kraków 1988.

Dramaty, scenariusze, realizacje teatralne	Reportaże, pamiętniki, eseje, adaptacje filmowe
1969–1988	

W. Myśliwski, *Drzewo*. „Twórczość" 1988 nry 7–8.	J. Andrzejewski, *Z dnia na dzień*. Warszawa 1988.
T. Łubieński, *Sławek i Sławka*. „Dialog" 1988 nr 2.	*Kolory kochania*, film 1988, reż. W. Jakubowska.
J. S. Sito, *Słuchaj, Izraelu*. „Dialog" 1988 nr 9, 11/12.	*Krótki film o miłości*, film 1988, reż. K. Kieślowski.
K. Szlaga, *Utwory sceniczne*. Kraków 1988.	
A. Ścibor-Rylski, *Człowiek z marmuru*. Warszawa 1988 [scenariusze filmowe].	
W. L. Terlecki, *Cyklop*. „Dialog" 1988 nr 6.	
W. Zawistowski, *Stąd do Ameryki*. „Dialog" 1988 nr 8.	
W. Zawistowski, *Podróż do krańca mapy. Wysocki*. Warszawa 1988.	
Drzewo W. Myśliwskiego. Teatr Polski, Warszawa 1988, reż. K. Dejmek.	
Stąd do Ameryki W. Zawistowskiego. Teatr Wybrzeże, Gdańsk 1988, reż. M. Grabowski.	

Poezja	Proza fabularna
1989–1999	
K. Biculewicz, *Ognisty Żółw Bengalski*. Kraków 1989. M. Bocian, *Stan stworzenia*. Warszawa 1989. A. Janko, *Koronki na rany*. Gdańsk 1989. T. Jastrun, *Obok siebie*. Warszawa 1989. W. Jaworski, *Pole Zeppelina*. Kraków 1989. M. Józefacka, *Ziemia spotkania*. Warszawa 1989. W. Kawiński, *Wieczorne śniegi*. Warszawa 1989. W. Kazanecki, *List na srebrne wesele*. Białystok 1989. U. Kozioł, *Żalnik*. Kraków 1989. K. Nowosielski, *Uparte oddychanie*. Warszawa 1989. J. Podsiadło, *Odmowa współudziału*. Opole 1989. A. Rozenfeld-Bożeński, *Wiersze z tamtego świata*. Poznań 1989. S. Stabro, *Korozja*. Warszawa 1989. T. Śliwiak, *Dotyk*. Warszawa 1989. R. Śliwonik, *Tamten wiek*. Warszawa 1989. J. Twardowski, *Sumienie ruszyło*. Warszawa 1989.	P. Bednarski, *Parsifal*. Poznań 1989. D. Bitner, *Kfazimodo*. Kraków 1989. A. Bolecka, *Leć do nieba*. Warszawa 1989. K. Filipowicz, *Rozmowy na schodach*. Kraków 1989. H. Grynberg, *Życie osobiste*. Warszawa 1989 [wyd. krajowe]. J. Hen, *Królewskie sny*. Warszawa 1989. J. Kawalec, *W gąszczu bram*. Warszawa 1989. E. Kruk, *Kronika z Mazur*. Warszawa 1989. B. Latawiec, *Ciemnia*. Warszawa 1989. J. Nowakowski, *Portret artysty z czasu dojrzałości*. Warszawa 1989. J. Nowosad, *Opowieści przy gasnących świecach*. Katowice 1989. M. Nurowska, *Postscriptum*. Kraków 1989. M. Pilot, *Bitnik Gorgolewski*. Warszawa 1989. B. Rutha, *Zimowy spacer*. Warszawa 1989. R. Sadaj, *Mały człowiek*. Kraków 1989. Z Safjan, *Powracająca, czyli Zapiski Monique Ducos*. Łódź 1989. K. N. Sakowicz, *Ujrzeć diabła w Głęboszowie*. Warszawa 1989. S. Srokowski, *Chrobaki*. Warszawa 1989. S. Srokowski, *Płonący motyl*. Warszawa 1989. J. Stryjkowski, *Wielki strach*. Warszawa 1989 [wyd. oficjalne]. K. Strzelewicz, *Z taśmy*. Kraków 1989. J. Szczygieł, *Zejść z traktu*. Lublin 1989. W. L. Terlecki, *Cierń i laur*. Kraków 1989. A. Wat, *Ucieczka Lota*. Warszawa 1989 [przedruk: Londyn 1988]. R. Wysogląd, *Dzieci niespecjalnej troski*. Wrocław 1989.
M. Baran, *Pomieszanie*. Katowice 1990. Cz. Bednarczyk, *Wiersze wybrane*. Warszawa 1990 [wyd. krajowe]. M. Broda, *Światło przestrzeni*. Kraków 1990. H. Gordziej, *Sługi rozdroży*. Kraków 1990. Z. Herbert, *Elegia na odejście*. Paryż 1990. W. Jaworski, *Płonąca pagoda*. Kraków 1990. K. Karasek, *Lekcja biologii i inne wiersze*. Warszawa 1990.	J. Abramow-Newerly, *Alianci*. Białystok 1990. J. Anderman, *Brak tchu. Kraj świata*. Poznań 1990 [wyd. krajowe]. J. Bocheński, *Retro*. Chotomów 1990. K. Brandys, *Sztuka konwersacji*. Londyn 1990. R. Bratny, *Szaleństwo Rewizora*. Warszawa 1990. A. Braun, *Wallenrod*. Warszawa 1990. R. Chodźko, *Anioły*. Warszawa 1990.

Dramaty, scenariusze, realizacje teatralne	Reportaże, pamiętniki, eseje, adaptacje filmowe

1989–1999

M. Domańska, *Siła przebicia*. Warszawa 1989.
J. Hen, *Justyn! Justyn!...* „Dialog" 1989 nr 4.
U. Kozioł, *Zgaga*. „Dialog" 1989 nr 1.
J. Kuśmierek, *Rok 1979. Fragment autobiografii w III aktach*. „Dialog" 1989 nr 2.
T. Łubieński, *Historia z psem*. „Dialog" 1989 nr 2.
E. Rylski, *Chłodna jesień*. „Dialog" 1989 nr 7.
T. Słobodzianek, *Obywatel Pekosiewicz*. „Dialog" 1989 nr 5.
K. Wójcicki, *Księga bałwochwalcza*. „Dialog" 1989 nr 7.

Słuchaj, Izraelu... J. S. Sity. Stary Teatr, Kraków 1989, reż. J. Jarocki.
Hamlet (IV) Szekspira. Stary Teatr, Kraków 1989, reż. A. Wajda.
Obywatel Pekosiewicz T. Słobodzianka. Teatr im. Jaracza, Łódź 1989, reż. M. Grabowski.
Cyklop W. L. Terleckiego. Teatr Polski, Warszawa 1989, reż. A. Łapicki.

M. Fik, *Kultura polska po Jałcie. Kronika lat 1944–1981*. Londyn 1989.
G. Herling-Grudziński, *Dziennik pisany nocą (1984–1988)*. Paryż 1989.
H. Krall, *Hipnoza*. Warszawa 1989.
Cz. Miłosz, *Metafizyczna pauza*. Kraków 1989.

Lawa, film 1989, reż. T. Konwicki.
Dekalog, film 1987–1989, reż. K. Kieślowski.
300 mil do nieba, film 1989, reż. M. Dejczer.
Stan strachu, film 1989, reż. J. Kijowski.
Marcowe migdały, film 1989, reż. R. Piwowarski.

F. Bajon, *Sauna. Komedia w trzech aktach*. „Dialog" 1990 nr 4.
J. Głowacki, *Fortynbras się upił*. „Dialog" 1990 nr 1.
J. Głowacki, *Polowanie na karaluchy*. „Dialog" 1990 nr 5.
K. Kieślowski. K. Piesiewicz, *Chórzystka*. „Dialog" 1990 nr 12 (scenariusz filmowy).
K. Kieślowski, K. Piesiewicz, *Dekalog*. Chotomów 1990 (scenariusze filmowe).

A. Bojarska, *Pięć śmierci*. Warszawa 1990.
Cz. Miłosz, *Zaczynając od moich ulic*. Wrocław 1990.
S. Nowicki [Bereś], *Pół wieku czyśca: rozmowy z T. Konwickim*. Warszawa 1990.
H. Markiewicz, A. Romanowski, *Skrzydlate słowa*. Warszawa 1990.

Pożegnanie jesieni, film 1990, reż. M. Treliński.
Korczak, film 1990, reż. A. Wajda.

Poezja	Proza fabularna
1989-1999	
K. Karwat, *Dowód osobisty*. Katowice 1990. K. Koehler, *Wiersze*. Kraków 1990. J. Kurylak, *Ziemskie prochy*. Rzeszów 1990. E. Lipska, *Strefa ograniczonego postoju*. Kraków 1990. K. Lisowski, *Wspomnienie o nas*. Kraków 1990. S. Matusz, *Mistyka zimą*. Gliwice 1990. P. Matywiecki, *Światło jednomyślne*. Warszawa 1990. E. Najwer, *Pożółkłe fotografie*. Poznań 1990. A. Pawlak, *Kilka słów o strachu*. Kraków 1990. J. Podsiadło, *W lunaparkach smutny, w lupanarach śmieszny*. Warszawa 1990. J. Polkowski, *Elegie z tymowskich gór i inne wiersze*. Kraków 1990. W. Różański, *Oddech i gest*. Poznań 1990. A. Rybałko, *Wilno, ojczyzno moja*. Warszawa 1990. A. Sikorski, *Motyl na wieży Babel*. Poznań 1990. K. Szlaga, *W pobliżu*. Kraków 1990. J. Twardowski, *Tak ludzka*. Poznań 1990. B. Zadura, *Prześwietlone zdjęcie*. Lublin 1990. A. Zagajewski, *Płótno*. Paryż 1990. A. E. Zalewska, *Zaklęte koła*. Poznań 1990.	Cz. Dziekanowski, *Frutti di mare*. Warszawa 1990. H. Grynberg, *Szkice rodzinne*. Warszawa 1990. J. Hen, *Nikt nie woła*. Kraków 1990. A. Kalinowska, *Krótka smycz*. Warszawa 1990. J. Kawalec, *Gitara z rajskiej czereśni*. Warszawa 1990. L. Kołakowski, *Bajki różne. Opowieści biblijne. Rozmowy z diabłem*. Warszawa 1990. R. Kurylczyk, *Jeruzalem, Jeruzalem...* Warszawa 1990. Z. Oryszyn, *Historia choroby, historia żałoby*. Warszawa 1990. S. Stanuch, *Modlitwa o szczęśliwą śmierć*. Warszawa 1990. R. Wysogląd, *Nie ma w nas ciepła*. Bydgoszcz 1990.
S. Barańczak, *Zwierzęca zajadłość: z zapisków zniechęconego zoologa*. Poznań 1991. M. L. Bednarek, *Kawałek życiorysu*. Katowice 1991. U. M. Benka, *Ta mała Tabu*. Warszawa 1991. A. Biskupski, *Piosenka o potrzebie*. Łódź 1991. M. Bocian, *Z czasu jedni jest JESTEŚ jestem*. Wrocław 1991. K. Brakoniecki, *Idee*. Olsztyn 1991. A. Grabowski, *Z didaskaliów*. Kraków 1991. J. Harasymowicz, *Kozackie buńczuki*. Kraków 1991.	R. Bratny, *Rok 199? czyli Dziura w płocie*. Warszawa 1991. R. Bugajski, *Przyznaję się do winy*. Warszawa 1991. R. Chodźko, *Gadające głowy*. Białystok 1991. S. Chwin, *Krótka historia pewnego żartu*. Kraków 1991. F. Czernyszewicz, *Nadbereżyńscy*. Lublin 1991 [wyd. krajowe]. K. Filipowicz, *Wszystko, co mieć można*. Warszawa 1991. P. Huelle, *Opowiadania na czas przeprowadzki*. Londyn 1991. T. Nowakowski, *Nie umiera się w Miami*. Londyn 1991. M. Nurowska, *Panny i wdowy*. Warszawa 1991.

Dramaty, scenariusze, realizacje teatralne	Reportaże, pamiętniki, eseje, adaptacje filmowe
1989–1999	
T. Słobodzianek, P. Tomaszuk, *Turlajgroszek*. „Dialog" 1990 nr 12. *Fortynbras się upił* J. Głowackiego. Stary Teatr, Kraków 1990, reż. J. Stuhr. *Opis obyczajów*, wg J. Kitowicza. Teatr ST-u, Kraków 1990, reż. M. Grabowski. *Iwona, księżniczka Burgunda* W. Gombrowicza. Teatr Ludowy, Kraków 1990, reż. J. Stuhr.	*Femina*, film 1990, reż. P. Szulkin. *Ucieczka z kina „Wolność"*, film 1990, reż. W. Marczewski.
J. Anderman, *Choroba więzienna*. „Dialog" 1991 nr 8 [scenariusz filmowy]. A. Holland, *Korczak*. Warszawa 1991 [scenariusz filmowy]. T. Łubieński, *Trzeci oddech*. „Dialog" 1991 nr 3. P. Mossakowski, *Krótka historia literatury dla klasy wstępującej*. „Dialog" 1991 nr 7 [słuchowisko radiowe]. *Ślub* W. Gombrowicza. Stary Teatr, Kraków 1991, reż. J. Jarocki. *Dziś są moje urodziny* T. Kantora. Cricot II, Kraków 1991, reż. T. Kantor. *Do piachu* T. Różewicza. Teatr Telewizji 1991, reż. K. Kutz.	T. Kantor, *Lekcje mediolańskie*. Lublin 1991. A. Kijowski, *Granice literatury*. Warszawa 1991. P. Szewc, *Rozmowy z J. Stryjkowskim. Ocalony na Wschodzie*. Montricher 1991. A. Zagajewski, *Dwa miasta*. Paryż 1991. *Ferdydurke*, film 1991, reż. J. Skolimowski. *Podwójne życie Weroniki*, film 1991, reż. K. Kieślowski.

Poezja	Proza fabularna
1989–1999	

J. Harasymowicz, *Za co jutro kupimy chleb*. Warszawa 1991.
W. Iwaniuk, *Moje obłąkanie*. Lublin 1991 [wyd. krajowe].
Z. Jankowski, *Spokojnie, wodo*. Gdynia 1991.
Z. Jerzyna, *Erotyki*. Warszawa 1991.
W. Kazanecki, *Wiersze ostatnie*. Białystok 1991.
J. Kornhauser, *Wiersze z lat osiemdziesiątych*. Kraków 1991.
J. Kurylak, *Jasno ciemno jasno ciemno*. Warszawa 1991.
Cz. Miłosz, *Dalsze okolice*. Kraków 1991.
R. Nowak, *Dzień życiem uśpiony*. Poznań 1991.
R. Nowak, *Przeznaczenie bez znaczenia*. Poznań 1991.
M. Pieniążek, *Widziałem ptaka*. Katowice 1991.
A. Pogonowska, *Klucząc za prawdą*. Warszawa 1991.
A. Rozenfeld-Bożeński, *Ojcze nasz*. Łódź 1991.
T. Różewicz, *Płaskorzeźba*. Wrocław 1991.
A. Rybałko, *Listy z Arki Noego*. Wilno 1991.
J. Stańczakowa, *Refugium*. Warszawa 1991.
L. Szaruga, *Po wszystkim*. Kraków 1991.
A. Szlosarek, *Wiersze napisane (1987–1991)*. Kraków 1991.
B. Taborski, *Dobranoc bezsensie*. Kraków 1991.
J. Twardowski, *Nie bój się kochać*. Szczecin 1991.
A. Zabacka, *Światłocienie*. Poznań 1991.

M. Pankowski, *Powrót białych nietoperzy*. Lublin 1991.
S. Srokowski, *Ladacznica i chłopcy*. Wrocław 1991.
A. Szczypiorski, *Noc, dzień i noc*. Poznań 1991.
A. Ścibor-Rylski, *Pierścionek z końskiego włosia*. Warszawa 1991.
W. L. Terlecki, *Lament*. Poznań 1991.
T. Truszkowska, *Opowiadania niepokojące*. Kraków 1991.

H. Banasiewicz, *Obłoki pełne popiołu*. Szczecin 1992.
M. Baran, *Sosnowiec jest jak kobieta*. Kraków-Warszawa 1992.
M. Bocian, *Gnoma*. Wrocław 1992.
K. Brakoniecki, *Olśnienia*. Olsztyn 1992.
T. Chróścielewski, *Głosy*. Łódź 1992.
R. Częstochowski, *Mnie już nie ma*. Bydgoszcz 1992.
K. Gąsiorowski, *Powrót Atlantów*. Warszawa 1992.

K. Bielecki, *End & Fin Company*. Katowice 1992.
A. Bojarska, *Biedny Oskar, czyli dwa razy o miłości*. Warszawa 1992.
R. Bratny, *Tryptyk paradoksalny*. Warszawa 1992.
B. Budzińska, *Sezon na pomarańcze*. Gdańsk 1992.
I. Filipiak, *Śmierć i spirala*. Warszawa 1992.
T. Konwicki, *Czytadło*. Warszawa 1992.

Dramaty, scenariusze, realizacje teatralne	Reportaże, pamiętniki, eseje, adaptacje filmowe
1989–1999	

H. Bardijewski, *Guwernantki. Komedia.* „Dialog" 1992 nr 1.
A. Bojarska, *Meeting.* „Dialog" 1992 nr 8.
H. Grynberg, *Pamiętnik pisany w stodole.* „Dialog" 1992 nr 5.
P. Kokociński, *Samowolka.* „Dialog" 1992 nr 4 [scenariusz filmowy].
T. Łubieński, *Strefa nadgraniczna.* „Dialog" 1992 nr 4.
J. Niemczuk, *Wyrodek.* „Dialog" 1992 nr 5.

R. Kapuściński, *Lapidarium.* Warszawa 1992.

Kafka, film 1992, reż. Z. Rybczyński.
Wszystko, co najważniejsze, film 1992, reż. R. Gliński.
Trzy kolory: niebieski, film 1992, reż. K. Kieślowski.

Poezja	Proza fabularna
1989–1999	

J. Hartwig, *Czułość*. Kraków 1992.
Z. Herbert, *Rovigo*. Wrocław 1992.
K. Jaworski, *Wiersze 1988–1992*. Kraków 1992.
W. Jaworski, *Mumia meduzy*. Kraków 1992.
M. B. Kielar, *Sacra conversazione*. Suwałki 1992.
K. Kuczkowski, *Trawa na dachu*. Sopot 1992.
J. Kulka, *Nie ma wyjścia z labiryntu*. Warszawa 1992.
B. Latawiec, *Powidok*. Warszawa 1992.
K. Lisowski, *Wieczorny spacer i inne wiersze*. Kraków 1992.
Cz. Miłosz, *Haiku*. Kraków 1992.
A. Niewiadomski, *Panopticum i inne wiersze*. Lublin 1992.
A. Rybałko, *Będę musiała być prześliczna*. Warszawa 1992.
M. Sendecki, *Z wysokości: wiersze z lat 1985–1990*. Kraków – Warszawa 1992.
K. Szeloch, *Wiersze*. Lublin 1992.
M. Świetlicki, *Zimne kraje*. Kraków 1992.
A. Warzecha, *Krótka ballada o wiecznej miłości*. Kraków 1992.
A. Zabacka, *Wyciszyć drogę*. Poznań 1992.

M. Nowakowski, *„Homo polonicus"*. Warszawa 1992.
K. Orłoś, *Drugie wrota w las*. Warszawa 1992.
T. Parnicki, *Opowieść o trzech metysach*. Warszawa 1992.
[R. Praszyński] R.Vonnegut, *Na klęczkach*. Warszawa 1992.
A. Sapkowski, *Miecz przeznaczenia*. Warszawa 1992.
T. Siejak, *Dezerter*. Warszawa 1992.
A. Stasiuk, *Mury Hebronu*. Warszawa 1992.
J. Stryjkowski, *Sarna albo Rozmowa Szatana z chłopcem, aniołem i Lucyferem*. Warszawa 1992.
Z. Żakiewicz, *Saga wileńska*. Gdańsk 1992.

S. Barańczak, *Zupełne zezwierzęcenie [...]*. Poznań 1993.
K. Brakoniecki, *Metaxu*. Warszawa 1993.
Z. Chojnowski, *Śniardwy*. Olsztyn 1993.
A. Frajlich, *Ogrodem i ogrodzeniem*. Warszawa 1993.
H. Grynberg, *Pomnik nad Potomakiem*. Warszawa 1993.
Z. Jerzyna, *Pieczęcie*. Warszawa 1993.
S. Jurkowski, *Poszerzanie przestrzeni*. Warszawa 1993.
K. Koehler, *Nieudana pielgrzymka*. Kraków 1993.
K. Lisowski, *99 haiku*. Kraków 1993.
S. Matusz, *Szare mydło*. Katowice 1993.
J. Niemojowski, *Posępne wina*. Warszawa 1993.
R. Nowak, *Rozpierzchnięcia*. Poznań 1993.
R. Pawlak, *Ja, samogłoska*. Ostrołęka 1993.

J. Drzeżdżon, *Szary człowiek*. Gdańsk 1993.
L. Elektorowicz, *Być i nie być*. Kraków 1993.
M. Gretkowska, *Tarot paryski*. Kraków 1993.
K. Kleczkowska, *Bilety do Rio*. Kraków 1993.
W. Odojewski, *„Jedźmy, wracajmy..."*. Kraków 1993.
J. Pilch, *Spis cudzołożnic*. Londyn 1993.
Z. Rudzka, *Białe klisze*. Wrocław 1993.
O. Tokarczuk, *Podróż ludzi Księgi*. Warszawa 1993.
W. Zalewski, *Major, śmierć i diabeł*. Warszawa 1993.

Dramaty, scenariusze, realizacje teatralne	Reportaże, pamiętniki, eseje, adaptacje filmowe

1989–1999

B. Schaeffer, *Utwory sceniczne*. Salzburg 1992.
T. Słobodzianek, *Prorok Ilja*. „Dialog" 1992 nr 11.
K. Zanussi, *Scenariusze III*. Warszawa 1992.

Pułapka T. Różewicza. Teatr Polski, Wrocław 1992, reż. J. Jarocki.
Tutam B. Schaeffera. Teatr Powszechny, Warszawa 1992, reż. M. Sikora.
Wyzwolenie Nowe Witkacego. Teatr im. S. I. Witkiewicza, Zakopane 1992, reż. A. Dziuk.

R. Groński, *Bezpruderyjna para*. „Dialog" 1993 nr 5.
T. Łubieński, *Śniadanie do łóżka*. „Dialog" 1993 nr 10.
S. Mrożek, *Miłość na Krymie*. „Dialog" 1993 nr 12.
M. Piwowski, *Szkarłatne godło honoru*. „Dialog" 1993 nr 9 [scenariusz filmowy].
M. Piwowski, *Uprowadzenie Agaty; Przepraszam, czy tu biją; Żyjesz, póki dymasz*. Warszawa 1993 [scenariusze filmowe].
T. Słobodzianek, *Merlin. Inna historia*. „Dialog" 1993 nr 3.
T. Słobodzianek, *Kowal Malambo. Argentyńska historia*. „Dialog" 1993 nr 7.
W. Zawistowski, *Farsa z ograniczoną odpowiedzialnością*. „Dialog" 1993 nr 3.

Scenariusz dla trzech aktorów B. Schaeffera. Teatr STU, Kraków 1993, reż. M. Grabowski.

S. Barańczak, *Zaufać nieufności: osiem rozmów o sensie poezji 1990–1993*. Kraków 1993.
Z. Herbert, *Martwa natura z wędzidłem*. Wrocław 1993.

Dwa księżyce, film 1993, reż. A. Barański.
Sauna, film 1993, reż. F. Bajon.
Mała Apokalipsa, film 1993, reż. Costa-Gavras.
Trzy kolory: biały, film 1993, reż. K. Kieślowski.
Pożegnanie z Marią, film 1993, reż. F. Zylber.
Białe małżeństwo, film 1993, reż. M. Łazarkiewicz.

Poezja	Proza fabularna
1989–1999	
J. M. Rymkiewicz, *Moje dzieło pośmiertne.* Kraków 1993. R. Rżany, *Upływ.* Rzeszów 1993. A. Szlosarek, *Wiersze różne.* Kraków 1993. A. Szymańska, *Kamień przydrożny.* Wrocław 1993. W. Szymborska, *Koniec i początek.* Poznań 1993. A. Świrszczyńska, *Radość i cierpienie.* Kraków 1993. J. Twardowski, *Krzyżyk na drogę.* Kraków 1993. A. E. Zalewska, *Oddech światła.* Poznań 1993.	
J. Adamczyk, *Stargane trzciny.* Szczecin 1994. S. Barańczak, *Podróż zimowa.* Poznań 1994. K. Biculewicz, *Mrówka muzyczna.* Kraków 1994. K. Brakoniecki, *Jednia.* Olsztyn 1994. J. Dumicz, *Krople tęczy.* Warszawa 1994. K. Gąsiorowski, *Milczenie Minotaura.* Kraków 1994. J. Gizella, *Ballady, sielanki, elegie.* Kraków 1994. J. Harasymowicz, *Zimownik.* Warszawa 1994. P. Huelle, *Wiersze.* Gdańsk 1994. W. Iwaniuk, *Moje strony świata.* Paryż 1994. S. Jurkowski, *Cierpliwość.* Warszawa 1994 K. Karasek, *Czerwone jabłuszko.* Warszawa 1994. J. Koryl, *Klęski.* Rzeszów 1994. J. Kulka, *Traktat o szarej godzinie.* Łomża 1994. E. Lipska, *Stypendyści czasu.* Kraków 1994. B. Maj, *Światło.* Kraków 1994. K. Maliszewski, *Młody poeta pyta o.* Wrocław 1994. Cz. Miłosz, *Na brzegu rzeki.* Kraków 1994. A. Niewiadomski, *Niebylec.* Warszawa 1994. K. Nowosielski, *Wilga i deszcz.* Gdańsk 1994.	F. Bajon, *Podsłuch.* Warszawa 1994. M. Bieńczyk, *Terminal.* Warszawa 1994. A. Bolecka, *Biały kamień.* Warszawa 1994. N. Goerke, *Fractale.* Poznań 1994. M. Grabski, *Senator.* Warszawa 1994. M. Gretkowska, *Kabaret metafizyczny.* Warszawa 1994. G. Herling-Grudziński, *Sześć medalionów i Srebrna szkatułka.* Warszawa 1994. D. Kłosowska, *Ciąg dalszy nastąpił.* Lublin 1994. J. J. Kolski, *Jańcio Wodnik i inne nowele.* Wrocław 1994. S. Mrożek, *Opowiadania 1990–1993.* Warszawa 1994. M. Nowakowski, *Honolulu.* Warszawa 1994 M. Pankowski, *Putto.* Poznań 1994. E. Redliński, *Szczuropolacy.* Warszawa 1994. Z. Safjan, *Zabić producenta złudzeń.* Białystok 1994. J. J. Szczepański, *Mija dzień.* Kraków 1994. A. Szczypiorski, *Autoportret z kobietą.* Poznań 1994. A. Szczypiorski, *Lustra.* Poznań 1994. T. Tryzna, *Panna Nikt.* Warszawa 1994. W. Zalewski, *Wyspa umarłych, wyspa miłości.* Warszawa 1994.

Dramaty, scenariusze, realizacje teatralne	Reportaże, pamiętniki, eseje, adaptacje filmowe
1989–1999	

Farsa z ograniczoną odpowiedzialnością W. Zawistowskiego. Teatr Wybrzeże, Gdańsk 1993, reż. R. Major.
Merlin T. Słobodzianka. Tow. Wierszalin, Białystok 1993, reż. P. Tomaszuk.
Antygona w Nowym Jorku J. Głowackiego. Ateneum, Warszawa 1993, reż. I. Cywińska.

H. Bardijewski, *Mniejsze dobro*. „Dialog" 1994 nr 1.
P. Huelle, *Kto mówi o czekaniu?* „Dialog" 1994 nr 7.
J. Iwaszkiewicz, *Samobójstwo*. „Dialog" 1994 nr 2.
S. Mrożek, *Powrót*. „Dialog" 1994 nr 9 [scenariusz filmowy].
A. Mularczyk, *Kochaj albo rzuć*. Katowice 1994 [scenariusz filmowy].
W. Odojewski, *Trzy szkice miłosne*. „Dialog" 1994 nr 3.
T. Różewicz, *Kartoteka rozrzucona*. „Dialog" 1994 nr 10.
W. Szturc, *Magnificat*. „Dialog" 1994 nr 12.
W. L. Terlecki, *Zabij cara!* „Dialog" 1994 nr 9 [scenariusz filmowy].

Popołudnie kochanków J. Hena. Teatr Polski, Wrocław 1994, reż. J. Bratkowski.
Villa dei misteri H. Kajzara. Teatr Polski, Wrocław 1994, reż. J. Orłowski.
Kartoteka T. Różewicza. Teatr Miejski, Gdynia 1994, reż. J. Kilian.
Miłość na Krymie S. Mrożka. Teatr Współczesny, Warszawa 1994, reż. E. Axer.

H. Grynberg, *Dzieci Syjonu*. Warszawa 1994.
P. Matywiecki, *Kamień graniczny*. Warszawa 1994.

Trzy kolory: czerwony, film 1994, reż. K. Kieślowski.
Śmierć jak kromka chleba, film 1994, reż. K. Kutz.
Zawrócony, film 1994, reż. K. Kutz.
Nastazja, film 1994, reż. A. Wajda.
Spis cudzołożnic, film 1994, reż. J. Stuhr.

Poezja	Proza fabularna
1989-1999	

J. Orlikowski, *Geometria światła*. Kraków 1994.
M. Pieniążek, *Zasypiam w twoich oczach*. Kraków 1994.
H. Raszka, *Biała muzyka*. Szczecin 1994.
A. Stasiuk, *Wiersze miłosne i nie*. Poznań 1994.
L. Szaruga, *Klucz od przepaści*. Kraków 1994.
W. Szymański, *Rymy pluralisty*. Białystok 1994.
M. Świetlicki, *Schizma*. Poznań 1994.
B. Zadura, *Cisza*. Poznań 1994.
A. Zagajewski, *Ziemia ognista*. Poznań 1994.

T. Agatowski, *Jeśli wytrwasz*. Poznań 1995.
U. M. Benka, *Córka nocy*. Wrocław 1995.
S. Barańczak, *Żegnam cię nosorożcze. Kompletne bestiarium zniechęconego zoologa* [...]. Warszawa 1995.
A. Bednarczyk, *Świątynia kamienia*. Kraków 1995.
K. Brakoniecki, *Poświaty*. Olsztyn 1995.
M. Broda, *Cudzoziemszczyzna*. Poznań 1995.
S. Dąbrowski, *Wiersz z drogą współbieżny*. Gdynia 1995.
G. Dobreńko, *Kreska brzegu*. Kraków 1995.
H. Gordziej, *W obecności gwiazd*. Leszno 1995.
J. Górczyński, *Granice*. Olsztyn 1995.
H. Grynberg, *Rysuję w pamięci*. Poznań 1995.
K. Guzowski, *Obrazy*. Warszawa 1995.
J. Harasymowicz, *Samotny jastrząb*. Łódź 1995.
A. Janko, *Zabici czasem długo stoją*. Wrocław 1995.
Z. Jankowski, *Port macierzysty*. Gdańsk 1995.
A. Januszewski, *Usprawiedliwienie*. Białystok 1995.
A. Jasicki, *Z Kulą u nogi*. Kraków 1995.
T. Jastrun, *42 wiersze*. Gdańsk 1995.
W. Jaworski, *Gnomy i dystychy*. Kraków 1995.

H. Adamowski [A. Ubertowski], *Podróż do ostatniej strony*. Gdańsk 1995.
A. Baczak, *Zapiski z nocnych dyżurów*. Kraków 1995.
A. Bichta, *Papierowy ptak*. Warszawa 1995.
S. Bieniasz, *Sponsor i jego autor*. Katowice 1995.
D. Bitner, *Trzy razy*. Warszawa 1995.
A. Bojarska, *Czego nauczył mnie August*. Warszawa 1995.
R. Bratny, *Anioł w butach z ostrogami*. Warszawa 1995.
M. Bukowski, *Bądźcie gotowi zwariować*. Warszawa 1995.
S. Chwin, *Hanemann*. Gdańsk 1995.
E. Dyczek, *Termity*. Wrocław 1995.
Cz. Dziekanowski, *Projektantka intymności*. Warszawa 1995.
I. Filipiak, *Absolutna amnezja*. Poznań 1995.
J. Gibas, *Gniazda aniołów*. Gdańsk 1995.
S. Giszczak, *Szosa warszawska*. Warszawa 1995.
H. Grynberg, *Drohobycz, Drohobycz*. Warszawa 1995.
J. Hen, *Odejście Afrodyty*. Warszawa 1995.
J. Jaszczuk, *Sponsor*. Olsztyn 1995.
M. Kędzierski, *Modliszka*. Kraków 1995.
J. Kornhauser, *Dom, sen i gry dziecięce*. Kraków 1995.
H. Kowalewska, *Kapelusz z zielonymi jaszczurkami*. Warszawa 1995.

Dramaty, scenariusze, realizacje teatralne	Reportaże, pamiętniki, eseje, adaptacje filmowe
1989–1999	

J. Butrymowicz, *Księstwo*. „Dialog" 1995 nr 2.
F. Falk, *Koncert*. „Dialog" 1995 nr 6.
F. Falk, *Scenariusze filmowe*. Tarnów 1995.
M. Jeżowski, *Cudze życie*. Lublin 1995.
K. Kutz, *Scenariusze śląskie*. Katowice 1995.
J. Łukosz, *Tomasz Mann*. „Dialog" 1995 nr 11.
R. Maciąg, *Błazen*. „Dialog" 1995 nr 4.
M. Pankowski, *Teatrowanie na świętym barszczu*. Kraków 1995.
E. Redliński, *Cud na Greenpoincie*. „Dialog" 1995 nr 12.
W. L. Terlecki, *Mateczka*. „Dialog" 1995 nr 1.
E. Wojnarowska, *Kiedyś był raj*. „Dialog" 1995 nr 8 [scenariusz filmowy].

Operetka W. Gombrowicza. Stary Teatr, Kraków 1995, reż. T. Bradecki.
Wyprawy krzyżowe M. Białoszewskiego. Teatr Dramatyczny, Warszawa 1995, reż. P. Cieplak.
Scenariusz dla trzech aktorów B. Schaeffera. Teatr Polski, Bielsko-Biała 1995, reż. J. Wernio.
Gdyby B. Schaeffera. Teatr Studio, Warszawa 1995, reż. B. Cybulski.
Dziady: dwanaście improwizacji. Stary Teatr. Kraków 1995, reż. J. Grzegorzewski.
Ambasador S. Mrożka. Teatr Współczesny, Warszawa 1995, reż. E. Axer.
Sonata Belzebuba Witkacego. Teatr Miejski, Gdynia 1995, reż. J. Wernio.

R. Kapuściński, *Lapidarium II*. Warszawa 1995.
T. Konwicki, *Pamflet na siebie*. Warszawa 1995.
J. Kornhauser, *Międzyepoka*. Kraków 1995.
S. Lem, *Lube czasy*. Kraków 1995.

Wielki Tydzień, film 1995, reż. A. Wajda.

Poezja	Proza fabularna
1989-1999	

Sz. Kantorski, *Solo*. Poznań 1995.
A. Kaliszewski, *Herezje i inne wiersze*. Kraków 1995.
W. Kawiński, *Żelazna rosa*. Kraków 1995.
P. Klimczak, *Wnętrze spojrzenia*. Wrocław 1995.
J. Koryl, *Daleko i blisko*. Kraków 1995.
M. Kuś, *Rajski pejzaż*. Kraków 1995.
B. Latawiec, *Nigdy całości*. Warszawa 1995.
J. Łączewski, *Dedykacje*. Katowice 1995.
I. Łukszo, *To tylko błysk*. Warszawa 1995.
S. Matusz, *Wakacje*. Mysłowice 1995.
Z. Mikulski, *Obok*. Lublin 1995.
M. Nowak, *Tylko miłość...* Olsztyn 1995.
A. Pawlak, *Nasze kobiety się starzeją*. Kraków 1995.
M. Pieniążek, *Sen nas owiewa*. Kraków 1995.
A. Poprawa, *Koncert na adwent*. Wrocław 1995.
M. Prywer, *Spóźniony sen*. Poznań 1995.
K. Rozpędek-Sowińska, *W aleję cedrów*. Szczecin 1995.
A. Rybałko, *Moim wierszem niech będzie milczenie*. Kraków 1995.
S. Sadurski, *Okno dla orkiestry*. Lublin 1995.
A. Sołbut, *Jak Eurydyka*. Poznań 1995.
E. Sonnenberg, *Hazard*. Wrocław 1995.
T. Soroczyński, *Czas pstrąga*. Opole 1995.
A. Szymańska, *Urojenia*. Warszawa 1995.
W. Szymański, *Dedykacje*. Białystok 1995.
M. Świetlicki, *Zimne kraje II*. Kraków 1995.
J. Twardowski, *Sześć pór roku*. Kraków 1995.
A. Warzecha, *Matka atlety*. Kraków 1995.
J. A. Wątorek, *Prośba o czułość*. Kraków 1995.
W. Wencel, *Wiersze*. Warszawa 1995.
J. Winiarski, *Przenikanie darów*. Warszawa 1995.
W. Wirpsza, *Nowy podręcznik wydajnego zażywania narkotyków*. Poznań 1995.
W. Woroszylski, *Ostatni raz*. Poznań 1995.

J. Lohmann, *Na lewo jest Wschód*. Kraków 1995.
K. Myszkowski, *Kozi róg*. Bydgoszcz 1995.
M. Nowakowski, *Powidoki: chłopcy z tamtych lat*. Warszawa 1995.
K. Orłoś, *Zimna Elka*. Warszawa 1995.
S. Pastuszewski, *Późne majowe popołudnie*. Bydgoszcz 1995.
J. Pilch, *Inne rozkosze*. Poznań 1995.
Z. Romanowiczowa, *Ruchome schody*. Warszawa 1995.
Z. Rudzka, *Uczty i głody*. Warszawa 1995.
K. Sakowicz, *Po bólu*. Warszawa 1995.
A. Sapkowski, *Czas pogardy*. Warszawa 1995.
T. Siejak, *Książę czasu*. Warszawa 1995.
M. Sieprawski, *Mokra zmiana*. Warszawa 1995.
J. Sobczak, *Powieść i inne opowiadania*. Warszawa 1995.
M. Sołtysik, *Debora*. Kraków 1995.
S. Stanuch, *Pies mojego dzieciństwa*. Kraków 1995.
A. Stasiuk, *Biały kruk*. Poznań 1995.
A. Stasiuk, *Opowieści galicyjskie*. Kraków 1995.
R. Stradomski, *Życie seksualne Muminków, czyli Ucieczka ze świata bajki*. Warszawa 1995.
G. Strumyk, *Kino-lino*. Warszawa 1995.
A. Szymańska, *Święty grzech*. Wrocław 1995.
O. Tokarczuk, *E.E.* Warszawa 1995.
M. Tulli, *Sny i kamienie*. Warszawa 1995.
P. Wojciechowski, *Szkoła wdzięku i przetrwania*. Warszawa 1995.
Z. Wójcik, *Zimny wściekły pies*. Kielce 1995.
A. Zaniewski, *Szczur*. Warszawa 1995.

Dramaty, scenariusze, realizacje teatralne	Reportaże, pamiętniki, eseje, adaptacje filmowe
1989–1999	

Antygona w Nowym Jorku J. Głowackiego. Teatr Współczesny, Wrocław 1995, reż. Z. Lesień.
Wznowienie M. Wojtyszki. Stary Teatr. Kraków 1995, reż. M. Wojtyszko.
Kto mówi o czekaniu P. Huellego. Teatr Wybrzeże, Gdańsk 1995, reż. K. Babicki.
Emigranci S. Mrożka. Teatr Telewizji, 1995, reż. K. Kutz.

Poezja	Proza fabularna

1989–1999

J. Baran, *Zielnik miłosny*. Kraków 1996.	W. Bawołek, *Delectatio morosa*. Warszawa 1996.
M. Baran, *Sprzeczne fragmenty*. Poznań 1996.	M. Biegańczyk, *Jeden przeciw Tebom*. Warszawa 1996.
M. Baran, *Zabiegi miłosne*. Kraków 1996.	D. Bitner, *Bulgulula*. Szczecin 1996.
J. Baziak, *Daleka Wenus*. Gdańsk 1996.	Z. Borkowski, *Dom pogodnej śmierci*. Katowice 1996.
E. Bryll, *Widziałem jak odchodzą z nas ci dobrzy ludzie*. Poznań 1996.	S. Czycz, *Ajol i Loar*. Kraków 1996.
S. Burszewski, *Rymarstwo: poezja ekskluzywna*. Warszawa 1996.	W. Dichter, *Koń Pana Boga*. Kraków 1996.
J. Cieszyńska, *Skład mebli i luster*. Kraków 1996.	M. Gajdziński, *Głowa konia*. Warszawa 1996.
Z. Chojnowski, *Cztery strony domu*. Olsztyn 1996.	S. Gieysztor, *Nic więcej*. Warszawa 1996.
T. Chróścielewski, *Antenaci*. Warszawa 1996.	A. Gniewkowska, *Posmak czasu*. Białystok 1996.
S. M. Dalecki, *Z mowy korowody i parady*. Łódź 1996.	M. Gretkowska, *Podręcznik do ludzi*. Warszawa 1996.
G. Dobreńko, *Sztuka życia*. Kraków 1996.	P. Huelle, *Pierwsza miłość i inne opowiadania*. Londyn 1996.
G. Franczak, *Skarga Pigmaliona*. Kraków 1996.	J. Inglot, *Inquisitor*. Poznań 1996.
J. Franczak, *Ma się pod koniec*. Kraków 1996.	M. Jagiełło, *Trójkątna turnia*. Warszawa 1996.
J. Frysztakowa, *Czarne tulipany – i ty*. Tarnów 1996.	S. Karski, *Aneks do Akutagawy i inne opowiadania*. Opole 1996.
I. Górnicka, *Przez Ucho Igielne*. Warszawa 1996.	A. Kołodziejczyk, *Odcięto mi skrzydła*. Opole 1996.
J. Górniewicz, *Ornament*. Olsztyn 1996.	Z. Kruszyński, *Szkice historyczne: powieść*. Gdynia 1996.
M. J. Grabowska, *Tracę pamięć, kiedy księżyc w trzeciej kwadrze*. Lublin 1996.	W. Kuczok, *Opowieści samowite*. Bytom 1996.
J. Janczewski, *Wiersze*. Kraków 1996.	S. Lem, *Człowiek z Marsa*. Kraków 1996.
A. Januszewski, *Drapieżność*. Warszawa 1996.	K. Lutz-Gajewska, *Piąty jeździec*. Kraków 1996.
A. Jasicki, *Wnyki bieszczadu*. Kraków 1996.	S. Łukasiewicz, *Ołtarz całopalenia*. Warszawa 1996.
A. Jasicki, *Nagość dajemy pięknq*. Kraków 1996.	L. Majewski, *Pielgrzymka do grobu Brigitte Bardot cudownej*. Kraków 1996.
J. Klejnocki, *Zagłada ogrodu*. Warszawa 1996.	T. Małyszek, *Światło i cień*. Warszawa 1996.
K. Koehler, *Partyzant prawdy*. Kraków – Warszawa 1996.	A. Mielniczek, *Lalunia*. Warszawa 1996.
J. Kornhauser, *Kamyk i cień*. Kraków 1996.	D. Mostwin, *Nie ma domu*. Lublin 1996.
U. Kozioł, *Wielka pauza*. Kraków 1996.	W. Myśliwski, *Widnokrąg*. Warszawa 1996.
P. Kuszczyński, *Wiedzieć, choćby na chwilę*. Warszawa 1996.	W. Nocny, *Trzynasty kilometr*. Gdańsk 1996.
E. Lipska, *Wspólnicy zielonego wiatraczka*. Kraków 1996.	A. Nowak, *1995*. Warszawa 1996.
K. Lisowski, *Światło lasów*. Kraków 1996.	M. Nowakowski, *Tapeta i inne opowiadania*. Warszawa 1996.
I. Łukszo, *W rozdartej ciszy*. Warszawa 1996.	W. Odojewski, *Bóg z tobą, synu...* Lublin 1996.
	K. Orłoś, *Święci tańczą na łąkach*. Lublin 1996.
	K. Orłoś, *Niebieski szklarz*. Kraków 1996.
	J. Pilch, *Monolog z lisiej jamy*. Kraków 1996.
	R. Praszyński, *Miasto sennych kobiet*. Wrocław 1996.

Dramaty, scenariusze, realizacje teatralne	Reportaże, pamiętniki, eseje, adaptacje filmowe
1989–1999	

M. Bukowski, *Wolność*. Wrocław 1996.
M. Bukowski, *Całopalenie*. „Dialog" 1996 nr 10.
B. Choiński, *Kuszenie św. Antoniego*. „Dialog" 1996 nr 2.
L. Drygalski, *Powstanie w Gaciach*. „Dialog" 1996 nr 10.
I. Kocyłak, *Skansen: Made in Poland*. Lublin 1996.
J. Kurek, *Dante przynosi śmierć*. „Dialog" 1996 nr 12.
E. Lachnit, *Człowiek ze śmieci*. „Dialog" 1996 nr 5–6.
T. Łubieński, *Wzgórze*. „Dialog" 1996 nr 11.
J. Łukosz, *Dwa ognie*. „Dialog" 1996 nr 9.
W. L. Posik, *Pomnik króla Przemysława*. Poznań 1996.
J. Przeździecki, *Pasja*. „Dialog" 1996 nr 8.
L. E. Stefański, *Legenda o sobie*. „Dialog" 1996 nr 5–6.
W. L. Terlecki, *Lament*. „Dialog" 1996 nr 7 [scenariusz filmowy].
P. Tomaszuk, *Głup*. „Dialog" 1996 nr 3.
M. Wojtyszko, *Semiramida*. „Dialog" 1996 nr 1.

Cud na Greenpoincie E. Redlińskiego. Teatr na Woli, Warszawa 1996, reż. B. Augustyniak.
Solaris wg S. Lema. Teatr Polski, Szczecin 1996, reż. S. Szlachtycz.
Zbrodnia z premedytacją wg W. Gombrowicza. Teatr im. Jaracza, Łódź 1996, reż. Z. Brzoza.
Opis obyczajów 2 wg J. Kitowicza. Teatr im. Słowackiego, Kraków 1996, reż. M. Grabowski.
Ręce na szyję zarzucić M. Pankowskiego. Teatr Śląski, Katowice 1996, reż. L. Winnicka.
Semiramida M. Wojtyszki. Teatr Współczesny, Warszawa 1996, reż. E. Axer.
Głup P. Tomaszuka. Tow. Wierszalin, Białystok 1996, reż. P. Tomaszuk.
Bzik tropikalny Witkacego. Teatr Rozmaitości, Warszawa 1996, reż. G. Horst.
Panna Tutli-Putli Witkacego. Teatr Powszechny, Warszawa 1996, reż. K. Janda.

S. Barańczak, *Poezja i duch uogólnienia*. Kraków 1996.
S. Lem, *Dialogi*. Warszawa 1996.
Cz. Miłosz, *Legendy nowoczesności i eseje okupacyjne*. Kraków 1996.

Grający z talerza, film 1996, reż. J. J. Kolski.
Całkowite zaćmienie, film 1996, reż. A. Holland.
Wrzeciono czasu, film 1996, reż. A. Kondratiuk.
Szamanka, film 1996, reż. A. Żuławski.
Pokuszenie, film 1996, reż. B. Sass.
Panna Nikt, film 1996, reż. A. Wajda.
Akwarium, film 1996, reż. A. Krauze.
Sara, film 1996, reż. M. Ślesicki.

Poezja	Proza fabularna
1989-1999	

K. Maliszewski, *Rocznik sześćdziesiąty grzebie w papierach*. Warszawa 1996.
J. Markiewicz, *Papierowy bęben*. Warszawa 1996.
M. Melecki, *Niebezpiecznie blisko*. Warszawa 1996.
P. Pawlak, *Jeśli żyje jak szczęśliwa rana*. Kraków – Warszawa 1996.
D. Pawlicki, *Przebudzenia*. Wrocław 1996.
M. Pieniążek, *Sonety o Francji*. Gliwice 1996.
A. Pierszkała, *Sekretne koła*. Opole 1996.
J. Podsiadło, *To all the whales I'd love before*. Białystok 1996.
S. Popek, *Ku brzegom Styksu*. Lublin 1996.
W. Pyka, *Okolice zdziwienia*. Opole 1996.
W. Różański, *Ciemna rzeka*. Poznań 1996.
T. Różewicz, *Zawsze fragment*. Wrocław 1996.
R. Rżany, *Wtedy nic jeszcze...* Rzeszów 1996.
B. Saba, *Piknik w chmurach*. Lublin 1996.
R. Schönborn, *Nadaję ci imię Róży*. Rzeszów 1996.
M. Siewkowski, *Sztuka patrzenia*. Warszawa 1996.
M. Siwińska, *Dotykając brzegów*. Łódź 1996.
M. Sokołowski, *Zemsta ręki śmiertelnej*. Lublin 1996.
A. Sosnowski, *Oceany*. Wrocław 1996.
S. Stabro, *Życie do wynajęcia*. Wrocław 1996.
M. Stecewicz, *Seans (poematy – dialogi)*. Gdańsk 1996.
J. Styczeń, *Groza wtajemniczenia*. Warszawa 1996.
L. Szaruga, *Skupienie*. Kraków 1996.
A. Szewczyk, *Kromka nieba*. Lublin 1996.
A. Szlosarek, *Popiół i miód*. Kraków 1996.
J. Szuber, *Paradne ubranko i inne wiersze*. Sanok 1996.
J. Szuber, *Gorzkie prowincje*. Sanok 1996.
J. Szuber, *Srebrnopióre ogrody*. Sanok 1996.
A. Szymańska, *Requiem z ptakami*. Wrocław 1996.

A. Sapkowski, *Chrzest ognia*. Warszawa 1996.
M. Sieprawski, *Twist*. Warszawa 1996.
Ch. Skrzyposzek, *Mojra*. Warszawa 1996.
I. Smolka, *Musisz siebie zjeść*. Warszawa 1996.
A. Stasiuk, *Przez rzekę*. Czarne – Gorlice 1996.
J. S. Stawiński, *Głupia miłość*. Warszawa 1996.
J. S. Stawiński, *Pułkownik Kwiatkowski albo Dziura w suficie*. Warszawa 1996.
S. Szponder, *Anhelli w Ruzajewce*. Poznań 1996.
B. Szumowski, *Teofania i inne opowiadania*. Siedlce 1996.
O. Tokarczuk, *Prawiek i inne czasy*. Warszawa 1996.
A. Tuziak, *Księga zaklęć*. Bytom 1996.
T. Tryzna, R. Janikowski, *Syloe: kinomisterium*. Warszawa 1996.
K. Varga, *Chłopaki nie płaczą*. Warszawa 1996.
P. Wojciechowski, *Harpunnik otchłani*. Warszawa 1996.
T. Zubiński, *Dotknięcie wieku*. Warszawa 1996.

Dramaty, scenariusze, realizacje teatralne	Reportaże, pamiętniki, eseje, adaptacje filmowe
1989–1999	
Chłopcy S. Grochowiaka. Teatr Wybrzeże, Gdańsk 1996, reż. B. Sass. *Ciałopalenie* M. Bukowskiego. Teatr Powszechny, Warszawa 1996, reż. W. Kowalski. *Koniec pół świni* H. Kajzara. Teatr Studio, Warszawa 1996, reż. M. Jarnuszkiewicz.	

Poezja	Proza fabularna

1989-1999

J. Ślusarczyk-Latos, *Ptaki zmierzchu*. Kraków 1996.
K. Świegocki, *Przebiśniegi*. Poddębice 1996.
M. Świetlicki, *Trzecia połowa*. Poznań 1996.
A. Titkow, *Zapisy, zaklęcia*. Warszawa 1996.
A. K. Torbus, *Nocne rozmowy*. Kraków 1996.
T. Urgacz, *Gdyby Bóg pisał wiersze*. Warszawa 1996.
W. Wencel, *Oda na dzień św. Cecylii*. Gdańsk 1996.
R. Witek, *Drugi człowiek*. Wrocław 1996
A. Zabacka, *Przekroczyć granicę światła*. Poznań 1996.
A. E. Zalewska, *Księżyc Diany*. Poznań 1996.
E. Zechenter-Spławińska, *Czapka niewidka*. Kraków 1996.
A. Ziemianin, *Ulica Ogrodowa*. Kraków 1996.

T. Agatowski, *Ja, mniejszy brat słowa*. Poznań 1997.
R. Alvarado-Łagunionok, *W słońcu i w chłodzie*. Kraków 1997.
H. Banasiewicz, *Apsara*. Szczecin 1997.
J. Baran, *Majowe zaklęcie*. Kraków 1997.
J. Baziak, *Bezdomni w ciałach*. Bydgoszcz 1997.
A. B. Brzezińska, *Nokturn es-dur*. Kraków 1997.
G. Brzezińska, *Piórem zatkniętym w tęczy*. Kraków 1997.
M. Chorabik, *Blisko prawdy*. Gdańsk 1997.
L. Falecki, *Zmienność uczuć*. Kraków 1997.
K. Fedorowicz, *Martwa natura*. Kraków 1997.
T. Ferenc, *Boże pole*. Poznań 1997.
J. Franczak, *Samoobsługa*. Kraków 1997.
R. Furman, *Ocalenie*. Białystok 1997.
R. Godlewski, *Puls obnażonego lustra*. Białystok 1997.
S. Grabowski, *Keep smiling*. Warszawa 1997.
T. Grzelec, *Łódka z papieru*. Toruń 1997.

A. Augustyn, *Epilog*. Kraków 1997.
S. Bieniasz, *Niedaleko Königsallee*. Katowice 1997.
D. Bitner, *Pst!* Szczecin 1997.
A. Bobkowski, *Spadek*. Lublin 1997.
A. Burzyńska, *Fabulant: powiastka intertekstualna*. Kraków 1997.
J. Dąbała, *Pieszczochy losu*. Warszawa 1997.
E. Dębski, *Krótki lot motyla bojowego*. Poznań 1997.
J. Dukaj, *Xavras Wyżryn*. Warszawa 1997.
B. Dziekan, *Arabali*. Warszawa 1997.
I. Filipiak, *Niebieska menażeria*. Warszawa 1997.
S. Franczak, *Czerwony scyzoryk*. Kraków 1997.
J. Gibas, *Salve theatrum*. Kraków 1997.
N. Goerke, *Księga Pasztetów*. Poznań 1997.
J. Hen, *Niebo naszych ojców i inne opowiadania*. Warszawa 1997.
G. Herling-Grudziński, *Don Ildebrando*. Warszawa 1997.
A. Hollanek, *Mudrahela*. Wrocław 1997.
E. Hołuj, *Pokonać wiatr...* Gdańsk 1997.

Dramaty, scenariusze, realizacje teatralne	Reportaże, pamiętniki, eseje, adaptacje filmowe
1989–1999	

A. Adamowicz-Kędzierska, *Połamany wóz*. „Dialog" 1997 nr 4.
J. Anderman, Ł. Wylężałek, *Darmozjad*. „Dialog" 1997 nr 1 [scenariusz filmowy].
A. Bauman, *Liga mistrzów*. „Dialog" 1997 nr 6 [sztuka telewizyjna].
B. Choiński, *Ściana*. „Dialog" 1997 nr 7.
J. Dąbała, *Mechanizm*. Lublin 1997.
K. Jaworski, *Szeherezada, czyli Disco-polo live!...* „Dialog" 1997 nr 12.
K. Kieślowski, K. Piesiewicz, *Raj*. „Dialog" 1997 nr 3.
M. Komar, *Szczęście*. „Dialog" 1997 nr 4 [scenariusz filmowy].
J. Kurowicki, *Pan Kepler raczy umierać*. Zielona Góra 1997.
E. Lachnit, *Obrażeni*. „Dialog" 1997 nr 10.
R. Maciąg, *Ona*. „Dialog" 1997 nr 3.
J. Marcinkiewicz, *Zbłąkany wiatr*. „Dialog" 1997 nr 2.
P. Mossakowski, *Wieczory i poranki*. „Dialog" 1997 nr 2.
K. Piesiewicz, *Piekło*. „Dialog" 1997 nr 5 [nowela filmowa].

Autoportret z kochanką, film 1997, reż. R. Piwowarski.
Pułapka, film 1997, reż. A. Drabiński.
Słoneczny zegar, film 1997, reż. A. Kondratiuk.
Bandyta, film 1997, reż. M. Drejczer.
Brat naszego Boga, film 1997, reż. K. Zanussi.
Historia Liliany, film 1997, reż. J. Domaradzki.
Kiler, film 1997, reż. J. Machulski.
Historie miłosne, film 1997, reż. J. Stuhr.
Nocne graffiti, film 1997, reż. M. Dutkiewicz.
Odwiedź mnie we śnie, film 1997, reż. T. Kotlarczyk.
Dzień wielkiej ryby, film 1997, reż. A. Barański.
Sztos, film 1997, reż. O. Lubaszenko.
Sara, film 1997, reż. M. Ślesicki.

Poezja	Proza fabularna
1989–1999	

J. Harasymowicz, *Miłość w górach*. Warszawa 1997.
J. Janczewski, *Leśne reminiscencje*. Kraków 1997.
A. Jasicki, *Kochałeś Abla?* Kraków 1997.
T. Jastrun, *Wiersze*. Warszawa 1997.
S. Jurkowski, *Rekonstrukcja*. Poznań 1997.
J. Juszczyk, *Z krukiem na ramieniu*. Łódź 1997.
W. Kawiński, *Planeta ognia*. Kraków 1997.
J. Klejnocki, *Okruchy*. Kraków 1997.
K. Korczak, *Nie kochaj poety*. Poznań 1997.
E. Koroblowski, *Szkice z natury*. Wrocław 1997.
J. Koryl, *Do czego służy niebo*. Warszawa 1997.
D. Kostewicz, *Cudowne prowizorium istnienia*. Warszawa 1997.
E. Lipska, *Ludzie dla początkujących*. Poznań 1997.
T. Lira-Śliwa, *Wiersze przebrane*. Wrocław 1997.
A. Litwiniszyn, *Homo ludens*. Kraków 1997.
J. Łukasiewicz, *Czas niedopełniony*. Warszawa 1997.
I. Łukszo, *Płyniesz światłem poza mną*. Warszawa 1997.
A. Międzyrzecki, *Nieskończona przejrzystość*. Kraków 1997.
L. A. Moczulski, *Elegie o weselu i radosne smutki*. Kraków 1997.
K. Nowosielski, *Z księgi darów*. Gdańsk 1997.
P. Pawlak, *Ciemne skóry owoców*. Poznań 1997.
M. Piątkowska, *Jak na scenie*. Poznań 1997.
J. Piątkowski, *Wróżby niepojętego świata*. Kraków 1997
A. Potocki, *Madonny bieszczadzkie*. Rzeszów 1997.
F. Przybylak, *Poza szumem*. Wrocław 1997.
J. Roszkowska, *Moje pierwsze donikąd*. Warszawa 1997.
A. Sosnowski, *Stancje*. Lublin 1997.

J. Huta, *Dwie pasje*. Warszawa 1997.
J. Inglot, *Quietus*. Poznań 1997.
M. Jurkowska, *Katedra*. Warszawa 1997.
M. Kędzierski, *Bez miary*. Kraków 1997.
J. Łukosz, *Afgański romans; Jedno życie czyli Wędrówka dusz*. Warszawa 1997.
B. Madej, *Półtraktat o lewitacji*. Kraków 1997.
L. Majewski, *Autobus na Golgotę*. Kraków 1997.
G. Musiał, *Al Fine*. Gdańsk 1997.
E. Nejman, *Epitafia*. Warszawa 1997.
M. Nowakowski, *Fortuna liliputa*. Warszawa 1997.
M. Pankowski, *Fara na Pomorzu*. Kraków 1997.
M. Pankowski, *Lida*. Lublin 1997.
S. Pastuszewski, *Nie-do-opowiadania*. Bydgoszcz 1997.
S. Podlaski, *Niesamowite przeżycia*. Kraków 1997.
W. L. Piosik, *Świstki prozy*. Poznań 1997.
W. Pusłowski, *Kropla w brzuchu muchy i inne opowiadania*. Kraków 1997 [także wiersze].
M. Sart, *Krzyż bizantyjski*. Warszawa 1997.
A. Silber, *Lot z pajacem*. Warszawa 1997.
S. Srokowski, *Lęk*. Poznań 1997.
S. Srokowski, *Gry miłosne*. Poznań 1997.
G. Strumyk, *Podobrazie*. Łódź 1997.
J.J. Szczepański, *Jeszcze nie wszystko*. Kraków 1997.
W. L. Terlecki, *Piasek*. Lublin 1997.
O. Tokarczuk, *Szafa*. Lublin 1997.
K. Wróblewski, *Arabia szczęśliwa i inne opowiadania*. Bydgoszcz 1997.
W. Zalewski, *Zaciemnienie*. Warszawa 1997.
A. Zaniewski, *Cień szczurołapa*. Warszawa 1997.
A. Żor, *Alma Mater, czyli Profesorskie dole i niedole*. Warszawa 1997.

Dramaty, scenariusze, realizacje teatralne	Reportaże, pamiętniki, eseje, adaptacje filmowe

1989-1999

M. Radym, *Przysięga Hipokratesa*. Kraków 1997.
T. Różewicz, *Kartoteka: Kartoteka rozrzucona*. Kraków 1997.
W. Szurc, *Samnia*. „Dialog" 1997 nr 7.
M. Wojtyszko, *Kraina kłamczuchów*. „Dialog" 1997 nr 10.
M. Ziółko, *Noctuabundus*. „Dialog" 1997 nr 10.

Balladyna J. Słowackiego. Teatr Nowy, Warszawa 1997, reż. A. Hanuszkiewicz.
Bzik tropikalny S. I. Witkiewicza. Teatr Rozmaitości, Warszawa 1997, reż. J. Cieślak.
Panna Tutli-Putli S. I. Witkiewicza. Teatr Powszechny, Warszawa 1997, reż. K. Janda.
Ciałopalenie M. Bukowskiego. Teatr Powszechny, Warszawa 1997, reż. W. Kowalski.
Cud w Greenpoincie E. Redlińskiego. Teatr Współczesny, Wrocław 1997, reż. Z. Lesień.
Dwie morgi utrapienia M. Rębacza. Teatr Kwadrat, Warszawa 1997, reż. J. Kolbuszewski.
Egzekutor M. Rębacza. Teatr Osterwy, Lublin 1997, reż. Z. Sztejman.
Koniec pół świni H. Kajzara. Teatr Studio, Warszawa 1997, reż. M. Jarnuszkiewicz.
Rodzina A. Słonimskiego. Stary Teatr, Kraków 1997, reż. J. Goliński.
Samoobrona H. Kajzara. Teatr Studio, Warszawa 1997, reż. M. Jarnuszkiewicz.
Wielebni S. Mrożka. Teatr Współczesny, Warszawa 1997, reż. M. Englert.
Gęsi za wodą J. Abramowa-Neverlego. Teatr na Woli, Warszawa 1997, reż. B. Augustyniak.
Lalek Z. Herberta. Teatr Polski, Bydgoszcz 1997, reż. M. Pasieczny.
Obywatel Pekosiewicz T. Słobodzianka. Teatr Słowackiego, Kraków 1997, reż. M. Grabowski.
Dama z jednorożcem; Kuszenie cichej Weroniki K. Lupy. Teatr Polski, Wrocław 1997, reż. K. Lupa.

Poezja	Proza fabularna
1989–1999	

J. M. Strumiński, *Gdzie kwiaty śpiewają.* Poznań 1997.
D. M. Sułkowska, *Czas poezji.* Kraków 1997.
E. J. Surdyk, *Dotykanie.* Warszawa 1997.
K. Szlaga, *Północ.* Kraków 1997.
J. Szuber, *Śniąc siebie w obcym domu.* Sanok 1997.
L. Tomaszewska, *Cisza nad ziemią.* Gdańsk 1997.
J. Wojciechowski, *Kruchy rozejm.* Opole 1997.
Z. Wojdyło, *Transmisja późnej nocy.* Gdańsk 1997.
J. Woliński, *Drzewo skaleczone słowem.* Warszawa 1997.
A. Zabacka, *Nie tylko echo.* Poznań 1997.
A. E. Zalewska, *Uskrzydlona.* Poznań 1997.
F. Zawada, *System jedynkowy.* Wrocław 1997.
K. Zdanowicz, *Poznajmy się.* Białystok 1997.

M. Baran, *Tanero.* Kraków 1998.
S. Barańczak, *Geografioły: z notatek globtrotera-domatora.* Warszawa 1998.
S. Barańczak, *Chirurgiczna precyzja: wiersze i piosenki z lat 1995–1997.* Kraków 1998.
M. Basiaga, *Usłyszeć światło.* Poznań 1998.
W. Bonowicz, *Wybór większości.* Łódź 1998.
D. Bogacz, *Mówiąc prawdę.* Zielona Góra––Wrocław 1998.
K. Brakoniecki, *Atlantyda Północy.* Olsztyn 1998.
R. Częstochowski, *Do początku.* Bydgoszcz 1998.
M. Czuku, *Jak krople deszczu.* Łódź 1998.
T. Falba, *Kapelusz Pana Boga.* Łódź 1998.
G. Franczak, *Palimpsest.* Kraków 1998.

J. Anderman, *Tymczasem.* Lublin 1998.
B. Budzińska, *Trans.* Gdańsk 1998.
M. Bujańska, *Kleszcze.* Kraków 1998.
P. Bednarski, *Marny czas.* Koszalin–Kołobrzeg 1998.
D. Bitner, *Rak.* Szczecin 1998.
M. Del Rio, *Jeżeli życie jest tylko snem i inne opowiadania.* Warszawa 1998.
C. Domarus, *Istoty.* Kraków 1998.
K. Dunin, *Tabu.* Warszawa 1998.
D. Foks, *Orcio.* Wrocław 1998.
J. Głębski, *Kuracja.* Kraków 1998.
W. Grabkowski, *Guz w fiołkach.* Wrocław 1998.
M. Gretkowska, *Światowidz.* Warszawa 1998.
M. Gretkowska, *Namiętnik.* Warszawa 1998.

Dramaty, scenariusze, realizacje teatralne	Reportaże, pamiętniki, eseje, adaptacje filmowe
1989–1999	

Dziewczynki I. Iredyńskiego. Teatr Węgierki, Białystok 1997, reż. A. Jakimiec.
Operetka W. Gombrowicza. Stary Teatr, Kraków 1997, reż. T. Bradecki.
Prawiek i inne czasy O. Tokarczuk. Towarzystwo Wierszalin, Białystok 1997, reż. S. Majewski.
Tango S. Mrożka. Teatr Współczesny, Warszawa 1997, reż. M. Englert.
Nie-Boska komedia Z. Krasińskiego. Teatr Nowy, Poznań 1997, reż. K. Babicki.
Iwona księżniczka Burgunda W. Gombrowicza. Teatr Studio, Warszawa 1997, reż. E. Bułhak.
Arka Noego R. Sułkowskiego. Teatr Witkacego, Zakopane 1997, reż. P. Dąbrowski.
Klątwa S. Wyspiańskiego. Stary Teatr, Kraków 1997, reż. A. Wajda.
Adwokat i róże J. Szaniawskiego. Teatr Współczesny, Warszawa 1997, reż. Z. Zapasiewicz.
Kartoteka T. Różewicza. Teatr Miejski, Gdynia 1997, reż. J. Kilian.
Noc listopadowa S. Wyspiańskiego. Teatr Narodowy, Warszawa 1997, reż. J. Grzegorzewski.
Wariat i zakonnica S. I. Witkiewicza. Teatr Śląski, Katowice 1997, reż. J. Bunsch.
Tango S. Mrożka. Teatr Współczesny, Warszawa 1997, reż. M. Englert.

M. Baran, *Trylogia*. Legnica 1998 [poezja i słuchowisko radiowe]
S. Bieniasz, *Pora zbiorów*. „Dialog" 1998 nr 6.
T. Bradecki, *Saragossa*. „Dialog" 1998 nr 1.
M. Bukowski, *Truposz*. „Dialog" 1998 nr 8.
M. Bujańska, *Krotochwila liryczna*. „Dialog" 1998 nr 9.
A. Lenartowski, *Opowieści wigilijne*. „Dialog" 1998 nr 10.
B. Łazuch-Łazanka, *Do Re My Kla*. „Dialog" 1998 nr 12.
T. Łubieński, *Italiam, Italiam. Słuchowisko telefoniczne*. „Dialog" 1998 nr 5.
T. Man, *Katarantke. Requiem*. „Dialog" 1998 nr 4.

A. Janta-Połczyński, *Duch niespokojny*. Poznań 1998.
M. Kisiel, *Świadectwa znaki. Glosy o poezji najnowszej*. Katowice 1998.
Cz. Miłosz, *Piesek przydrożny*. Kraków 1998.
Cz. Miłosz, *Abecadło Miłosza*. Kraków 1998.
Cz. Miłosz, *Inne abecadło*. Kraków 1998.
R. Rżany, *Pozornie tak bardzo po / dzieleni*. Rzeszów 1998.
A. Zagajewski, *W cudzym pięknie*. Poznań––Kraków 1998.

Złote runo, film 1998, reż. J. Kondratiuk.
Kochaj i ...rób co chcesz, film 1998, reż. R. Gliński.
Historie miłosne, film 1998, reż. Stuhr.

Poezja	Proza fabularna
1989–1999	

J. Franczak, *Półmrok*. Kraków 1998.
J. Gizella, *Sąsiad marnotrawny*. Kraków 1998.
A. Grabowski, *Pojedynek*. Warszawa 1998.
M. Grzebalski, *Widoki*. Legnica 1998.
J. Gutorow, *Wiersze pod nieobecność*. Wrocław 1998.
R. Grzela, *Świat banalny*. Łódź 1998.
E. Habowski, *Listy: od zmierzchu do świtu*. Warszawa 1998.
Z. Herbert, *Epilog burzy*. Wrocław 1998.
I. Kiedyk, *Uczucia, przeżycia, młodość*. Gdańsk 1998.
J. Klejnocki, *W drodze do Delft*. Warszawa 1998.
J. Kurylak, *Dolina poetów nad Wiarem*. Warszawa 1998.
E. Lipska, *Godziny poza godzinami*. Warszawa 1998.
A. Litwiniszyn, *Mistyka brzasku: wraz z objaśnieniami i rozprawą (Nauka Diotimy o miłości platonicznej)*. Kraków 1998.
J. Malinowski, *Jutro przyszło za wcześnie*. Ostrołęka 1998.
R. Matejuk, *Miecz i węzeł*. Lublin 1998.
A. Niewiadomski, *Prewentorium: 21 wierszy i pół*. Lublin 1998.
A. Pawlak, *Zmarli tak lubią podróże*. Kraków 1998.
D. Pawlicki, *Trawy*. Wrocław 1998.
M. Pieniążek, *Dajcie mi ciszę*. Kraków 1998.
W. Różański, *Piąty żywioł*. Białystok 1998.
T. Różewicz, *Zawsze fragment: recycling*. Wrocław 1998.
M. Sendecki, *Muzeum sztandarów ruchu ludowego*. Legnica 1998.
M. Sendecki, *Parcele*. Kraków 1998.
D. Sośnicki, *Ikarus*. Wrocław 1998.
W. Sroczyński, *Wiersze*. Katowice 1998.
M. Stecewicz, *Skały, fale, rafy – chwała żaglowcom*. Gdańsk 1998.
J. Stefko, *Po stronie niczyjej*. Kraków 1998.
K. Szeloch, *Niespełnienia*. Lublin 1998.
A. Szlosarek, *Camera obscura (1994–1997)*. Kraków 1998.

M. Jagiełło, *Za granicą grań*. Warszawa 1998.
H. Kowalewska, *Tego lata w Zawrociu*. Warszawa 1998.
M. Ławrynowicz, *Diabeł na dzwonnicy*. Warszawa 1998.
B. Madej, *Głęboką nocą. Walc*. Lublin 1998.
M. Olędzki, *Futbolistka*. Wrocław 1998.
M. Papuzińska, *Powrót*. Warszawa 1998.
L. Pawlik, *Ankara*. Warszawa 1998.
Z. Piątkowski, *Maski*. Warszawa 1998.
J. Pilch, *Tysiąc spokojnych miast*. Londyn 1998.
J. Pilch, *Bezpowrotnie utracona leworęczność*. Kraków 1998.
H. Podgórska, *Metafizyczny czworonóg*. Kraków 1998.
R. Praszyński, *Jajojad*. Wrocław 1998.
K. Strzelewicz, *Manipulanci i inne opowiadania*. Kraków 1998.
A. Szczypiorski, *Buffalo Bill*. Lublin 1998.
O. Tokarczuk, *Dom dzienny, dom nocny*. Wałbrzych 1998.
M. Tulli, *W czerwieni*. Warszawa 1998.
A. Ubertowski, *Szkice do obrazu batalistycznego*. Warszawa 1998.
K. Varga, *45 pomysłów na powieść*. Czarne 1998.
K. Varga, *Chłopaki nie płaczą; wersja 2.0 zremasterowana*. Warszawa 1998.
J. Waliszewska, *Pszczoły w zimie*. Warszawa 1998.
A. Wiedemann, *Wszędobylstwo porządku*. Kraków 1998.
A. Wiedemann, *Sęk, pies, brew*. Warszawa 1998.
J. W. Witruk, *Lawina strachu*. Wrocław 1998.
M. Wrotny, *Kenza*. Warszawa 1998.
A. Zaniewski, *Król tanga*. Warszawa 1998.
A. Zaniewski, *Śmierć Arlekina*. Warszawa 1998.
A. Zieliński, *Kanalia i inne opowiadania*. Kraków 1998.
A. Zieliński, *Hołobutów*. Kraków 1998.
J. Zielonka, *Antypody*. Warszawa 1998.

Dramaty, scenariusze, realizacje teatralne	Reportaże, pamiętniki, eseje, adaptacje filmowe

1989–1999

A. Miklaszewska, *Huśtawka. Monodram.* „Dialog" 1998 nr 5.
I. Okarmus, *Dramaty.* Kraków 1998.
K. Piesiewicz, *Wiara.* „Dialog" 1998 nr 3 [nowela filmowa].
S. Smoczyński, *Scheda.* „Dialog" 1998 nr 8.
A. Stasiuk, *Dwie sztuki (telewizyjne) o śmierci.* Czarne 1998.
W. Terlecki, *Nieznajomi.* „Dialog" 1998 nr 5.
M. Wojtyszko, *Żelazna konstrukcja.* „Dialog" 1998 nr 3.
W. Zalewski, *Auto-da-fé.* „Dialog" 1998 nr 4 [nowela filmowa].
K. Zanussi, *Scenariusze filmowe IV.* Warszawa 1998.
J. Żurek, *Biała Góra. Sztuka telewizyjna.* „Dialog" 1998 nr 9.

Saragossa T. Bradeckiego. Teatr Narodowy, Warszawa 1998, reż. T. Bradecki.
Ślub W. Gombrowicza. Teatr Narodowy, Warszawa 1998, reż. J. Grzegorzewski.
Halka Spinoza albo Opera Utracona, albo Żal za utraconym życiem. Teatr Narodowy, Warszawa 1998, reż. J. Grzegorzewski.
Rekonstrukcja prawdy Z. Herberta. Teatr Współczesny, Wrocław 1998, reż. B. Kierc.
Bzik tropikalny Witkacego. Teatr Rozmaitości, Warszawa 1998, reż. G. Horst.
Dom wariatów M. Koterskiego. Teatr Ateneum, Warszawa 1998, reż. M. Koterski.
Świadkowie albo Nasza mała stabilizacja. Teatr Współczesny, Wrocław 1998, reż. J. Różewicz.
Dialogus de Passione. Teatr Narodowy, Warszawa 1998, reż. K. Dejmek.
Historia PRL według Mrożka. Teatr Polski, Wrocław 1998, reż. J. Jarocki.
Farrago L. Amejko. Teatr im. W. Bogusławskiego, Kalisz 1998, reż. B. Zaczykiewicz.
Paternoster H. Kajzara. Teatr im. W. Horzycy, Toruń 1998, reż. M. Fiedor.

Młode wilki 1/2, film 1998, reż. Żamojda.
Historia kina w Popielawach, film 1998, reż. J. J. Kolski.

Poezja	Proza fabularna
1989-1999	

W. Ściborski, *Spróbuj się zatrzymać*. Lublin 1998. K. Śliwka, *Gambit*. Kraków 1998. B. Taborski, *Przetrwanie*. Warszawa 1998. K. Torbus, *Nostalgie*. Kraków 1998. A. Warzecha, *Jesień z mostu*. Kraków 1998. J. Wątorek, *Ta sama ziemia*. Kraków 1998. A. Wiedemann, *Rozrusznik*. Kraków 1998. A. Wiedemann, *Ciasteczka z kremem*. Legnica 1998. T. Wyszomirski, *W stronę światła*. Białystok 1998. A. Zagajewski, *Późne święta*. Warszawa 1998.	R. Zwoźniakowa, *Wielkie drzwi*. Katowice 1998.
J. Adamczyk, *Między alfą a omegą*. Lublin 1999. P. Bednarski, *Popiół*. Kołobrzeg 1999. P. Broda, *Piąta pora roku*. Warszawa 1999. E. Bugajska, *Okruchy bursztynu*. Kraków 1999. T. Dąbrowski, *Wypieki*. Gdańsk 1999. K. Dytrych, *Godziny zdarzeń*. Poznań 1999. J. Franczak, *Niewidy*. Warszawa 1999. A. Frania, *Na zimnym uczynku*. Kraków 1999. J. Gizella, *Wpadanie*. Kraków 1999. K. Grzesiak, *Ostrożnie z aniołami*. Kraków 1999. T. Hrynacz, *Partycje oraz 20 innych wierszy miłosnych*. Sopot 1999. Z. Jankowski, *Powiedz, Rabbi*. Poznań 1999. A. Janowski, *Niewidomy pies rymów*. Białystok 1999. T. Karnowski, *Wejście w świat*. Olsztyn 1999 J. Karolak, *Anioł od pragnienia czarny*. Warszawa 1999. B. Kałasa, *Piąta pora roku*. Warszawa 1999. W. Kawiński, *Kręgi zdarzeń*. Kraków 1999. M. Keller, *Ciepło jesieni*. Szczecin 1999. M. B. Kielar, *Materia prima*. Poznań 1999. J. Klejnocki, *Krótka historia przeistoczeń (epigramaty)*. Czarne 1999. K. Kowalewski, *Abdykacja*. Olsztyn 1999.	A. Bart, *Pociąg do podróży*. Warszawa 1999. D. Bitner, *Hm. chcę, żądam. Rozkazuję*. Szczecin 1999 A. Bolecka, *Kochany Franz*. Warszawa 1999. W. Borzestowski, *Nocny sprzedawca owoców*. Poznań 1999. K. Brandys, *Przygody Robinsona*. Warszawa 1999. S. Chwin, *Esther*. Gdańsk 1999. W. Dąbrowa, *Tryptyk alkoholowy*. Warszawa 1999. J. Dehnel, *Kolekcja*. Gdańsk 1999. J. Durski, *Mariacka*. Katowice 1999. Ł. Gorczyca, *Najlepsze polskie opowiadania*. Poznań 1999. J. Górzański, *Zwarcie*. Warszawa 1999. G. Herling-Grudziński, *Biała noc miłości: opowieść teatralna*. Warszawa 1999. B. Jasiński, *Życie i cierpienie młodego W.* Olsztyn 1999. K. Jaworski, *Pod prąd*. Warszawa 1999. M. Jurkowska, *Czarna maska*. Warszawa 1999. I. Kamińska, *Pani świata*. Warszawa 1999. M. Kania, *Kryształowy pająk*. Kraków 1999. J. Kawalec, *Harfa Gorców*. Kraków 1999. K. M. Kołaczkowski, *Nimfa pod Różą i inne takie*. Kraków 1999. J. Komuda, *Opowieści z Dzikich Pól*. Warszawa 1999. M. Krajewski, *Śmierć w Breslau*. Wrocław 1999. K. Krupiński, *Zendra*. Warszawa 1999.

Dramaty, scenariusze, realizacje teatralne	Reportaże, pamiętniki, eseje, adaptacje filmowe

1989-1999

R. Brutter, T. Wiszniewski, *Bal.* „Dialog" 1999 nr 2 [scen. widowiska telewizyjnego].
J. Głowacki, *Czwarta siostra.* „Dialog" 1999 nr 10.
P. Grzesiński, *W pokoju dusznym jak Elsynor.* Kalisz 1999 [wraz z poezją].
K. Jagowska, *Martwa natura z krokodylem.* „Dialog" 1999 nr 1.
O. Kajak, *Pleśń.* „Dialog" 1999 nr 6.
P. Kitrasiewicz, *Morderstwo w senacie. Dramaty i słuchowiska.* Warszawa 1999.
R. Lewandowski, *Pustynia.* „Dialog" 1999 nr 9.
A. Maleszka, *Jasiek. Monodram.* „Dialog" 1999 nr 6.
S. Mrożek, *Piękny widok.* „Dialog" 1999 nr 5.
S. Mrożek, *Wielebni.* „Dialog" 1999 nr 11.
A. Pieczyński, *Sierota.* „Dialog" 1999 nr 10.
E. Rylski, *Co nie jest snem.* „Dialog" 1999 nr 9.
Ch. Skrzyposzek, *Jak łza przy łzie. Tragikomedia w trzech aktach.* „Dialog" 1999 nr 3.
M. Strzembosz, *Arka Noego.* „Dialog" 1999 nr 7.
A. Wróbel, *Co się dzieje z modlitwami niegrzecznych dzieci.* „Dialog" 1999 nr 4.

Kartoteka T. Różewicza. Teatr Narodowy, Warszawa 1999, reż. Kutz.

K. Brakoniecki, *Światowanie.* Warszawa 1999.
A. Fiut, *Być (albo nie być) środkowoeuropejczykiem.* Kraków 1999.
P. Huelle, *Inne historie.* Gdańsk 1999.
Cz. Miłosz, *Wyprawa w dwudziestolecie.* Kraków 1999.
T. Różewicz, *Matka odchodzi.* Wrocław 1999.
A. Stasiuk, *Jak zostałem pisarzem. Próba autobiografii intelektualnej.* Czarne 1999.

Ajlawju, film 1999, scen. i reż. M. Koterski
Na koniec świata, film 1999, reż. M. Łazarkiewicz.
Pan Tadeusz, film 1999, reż. A. Wajda.
Ogniem i mieczem, film 1999, reż. J. Hoffman.
Kinema, film 1999, reż. S. Różewicz.
Fuks, film 1999, reż. M. Dutkiewicz.
Tydzień z życia mężczyzny, film 1999, reż. J. Stuhr.
Egzekutor, film 1999, reż. F. Zylber.
Dług, film 1999, reż. K. Krauze.
Kiler-ów 2-óch, film 1999, reż. J. Machulski.
Operacja Samum, film 1999, reż. W. Pasikowski.

Poezja	Proza fabularna
1989-1999	

U. Kozioł, *Stany nieoczywistości*. Warszawa 1999.
B. Latawiec, *Razem tu koncertujemy*. Poznań 1999.
E. Lipska, *1999*. Kraków 1999.
T. Lira-Śliwa, *Wierszyki na koniec wieku*. Wrocław 1999.
K. Madej, *Von von*. Olsztyn 1999.
J. Masłowski, *Tu gdzie jestem*. Katowice 1999.
E. Michalska, *Tu jest tu, tam jest tam*. Białystok 1999.
B. Myszorek, *Miejsca*. Lublin 1999.
A. P. Nowik, *Słowa rozstajne*. Białystok 1999.
J. Podsiadło, *Cisówka; wiersze i opowiadania*. Białystok 1999.
J. Roszak, *Za dużo ciebie*. Poznań 1999.
A. S. Rozenfeld, *Wiercipięty Boże – Amorki Chromające*. Złotów 1999.
A. Rybaczuk, *Paragraf dno*. Warszawa 1999.
J. M. Rymkiewicz, *Znak niejasny, baśń półżywa*. Warszawa 1999.
K. Sękowska, *Zielone myśli*. Poznań 1999.
A. Sobol, *Café Luna park*. Kraków 1999.
P. Sommer, *Piosenka pasterska*. Legnica 1999.
J. Styczeń, *Wieczna noc miłości*. Wrocław 1999.
J. Szuber, *O chłopcu mieszającym powidła*. Kraków 1999.
J. Szuber, *Biedronka na śniegu*. Poznań 1999.
A. Szymańska, *Opowieści przestrzeni*. Wrocław 1999.
J. Twardowski, *Miłości wystarcza, że jest*. Katowice 1999.
A. Zabacka, *Krzyk jak kamień*. Poznań 1999.
A. Zagajewski, *Pragnienie*. Kraków 1999.
A. Ziemianin, *„Plac Wolności"; wiersze całkiem nowe*. Kraków 1999.

W. Kuczok, *Opowieści słychane*. Kraków 1999.
Z. Lewandowski, *Ostatnie tango z Roksaną*. Warszawa 1999.
T. Nowak, *Jeszcze ich słyszę, widzę jeszcze; Jak w rozbitym lustrze*. Warszawa 1999.
M. Nowakowski *Prawo prerii*. Warszawa 1999
W. Odojewski, *Oksana*. Warszawa 1999.
Ł. Orbitowski, *Złe wybrzeża*. Kraków 1999.
L. Pawlik, *Celina*. Warszawa 1999.
E. Polak, *Na scenie życia*. Kraków 1999.
J. W. Przybysz, *Pustelnia Dżebel*. Warszawa 1999.
E. Redliński, *Krfotok*. Warszawa 1999.
Z. Rudzka, *Mykwa*. Warszawa 1999.
A. Samson, *Miska szklanych kulek*. Warszawa 1999.
M. Saramonowicz, *Lustra*. Warszawa 1999.
M. Sieprawski, *Dni złych zegarów*. Warszawa 1999.
M. Sieniewicz, *Prababka*. Olsztyn 1999.
Ch. Skrzyposzek, *Wolna Trybuna*. Warszawa 1999.
A. Stasiuk, *Dziewięć*. Czarne 1999.
A. Stasiuk, *Dukla*. Czarne 1999.
A. Stojowski, *W ręku Boga*. Warszawa 1999.
P. Szeliga, *Na wariackich papierach*. Kraków 1999.
M. Ślesicki, *Awaria*. Wrocław 1999.
D. Terakowska, *Tam, gdzie spadają anioły*. Warszawa 1999.
W. L. Terlecki, *Wyspa kata*. Warszawa 1999.
Z. Umiński, *Dwa kroki w szaleństwo...* Warszawa 1999.
W. Załęski, *Tykanie słonecznego zegara*. Białystok 1999.
K. M. Załuski, *Szpital Polonia*. Poznań 1999.

Dramaty, scenariusze, realizacje teatralne	Reportaże, pamiętniki, eseje, adaptacje filmowe

1989–1999

Męka Pańska w butelce L. Amejko. Teatr im. J. Kochanowskiego, Opole 1999, reż. W. Hołdys.
Sędziowie S. Wyspiańskiego. Tetar Narodowy, Warszawa 1999, reż. J. Grzegorzewski.
Żelazna konstrukcja M. Wojtyszki. Teatr Śląski, Katowice 1999, reż. B. Zaczykiewicz.
Pora zbiorów S. Bieniasza. Teatr Zagłębia, Sosnowiec 1999, reż. A. Witkowski.
Dziady cz. II A. Mickiewicza. Teatr Współczesny, Szczecin 1999, reż. I. Jun.
Gdyby B. Schaeffera. Teatr im. S. Jaracza, Olsztyn 1999, reż. K. Galos.
Taka ballada scen. i reż. P. Cieplaka. Teatr Studio, Warszawa 1999.
Pułapka T. Różewicza. Teatr Nowy, Poznań 1999, reż. K. Babicki.
Powrót Odysa S. Wyspiańskiego. Teatr Dramatyczny, Warszawa 1999, reż. K. Babicki.
Szewcy Witkacego. Teatr im. W. Bogusławaskiego, Kalisz 1999, reż. A. Dziuk.
Tomasz Mann J. Łukosza. Stary Teatr, Kraków 1999, reż. K. Orzechowski.

Poezja	Proza fabularna

2000-2009

Poezja

J. Baran, *Pod zielonym drzewem życia*. Kraków 2000.
E. Biela, *Haiku*. Warszawa 2000.
K. Brakoniecki, *Muza domowa*. Olsztyn 2000.
E. Bryll, *Kubek tajemny*. Poznań 2000.
M. Buczkówna, *Zauroczenia*. Warszawa 2000.
M. Buczkówna, *Najwyższa Góra*. Warszawa 2000.
M. Bujańska, *Ciała astralne*. Kraków 2000.
A. Chadzinikolau, *Notatnik wielkopolski*. Poznań 2000.
N. Chadzinikolau, *Galop światła*. Poznań 2000.
K. Cyganik, *Nie mam już czasu na koniec świata*. Kraków 2000.
M. Czuku, *Ziemia otwarta do połowy*. Łódź 2000.
T. Dąbrowski, *Wiersze dla każdego i nie tylko*. Gdańsk 2000.
T. Dąbrowski *E-mail*. Gdańsk 2000.
E. Dymowski, *Rozmowy z muszlą*. Szczecin 2000.
I. K. Ferroni, *Kasyno miłości*. Szczecin 2000.
A. Frajlich, *W słońcu listopada*. Kraków 2000.
J. Franczak, *Języki lodowca*. Kraków 2000.
H. Grynberg, *Z księgi rodzaju*. Warszawa 2000.
J. Hałas, *Nocne sprzątanie szafy*. Lublin 2000.
A. Janko, *Świetlisty cudzoziemiec*. Wrocław 2000.
A. Kamiński, *Stąd, czyli z Raju*. Gdańsk 2000.
K. Karasek, *Musi umrzeć, co ma ożyć w pieśni: kronika*. Wrocław 2000.
J. Kronhold, *Wiek brązu*. Kraków 2000.
Z. Machej, *Kraina wiecznych zer*. Legnica 2000.
K. Maliszewski, *Rok w drodze*. Wałbrzych 2000.
P. Marcinkiewicz, *Tivoli*. Kraków 2000.
Cz. Miłosz, *To*. Kraków 2000.
J. Napiórkowski, *Rozjaśnienia*. Warszawa 2000.

Proza fabularna

A. Baran, *Tau tau*. Wrocław 2000.
M. Baran, *Bóg raczy wiedzieć*. Kraków 2000.
A. Braun, *Królestwo konieczności*. Warszawa 2000.
B. Budzińska, *Alkowy Edenu*. Bydgoszcz 2000.
R. Czoch, *Ucieczka z Europy*. Kraków 2000.
Cz. Dziekanowski, *Jasnogród*. Białystok 2000.
J. Głowacki, *Ostatni cieć*. Warszawa 2000.
J. Hen, *Mira L*. Lublin 2000.
M. Karcerowicz, *Nie przypominam sobie pani*. Wołowiec 2000.
W. Karpiński, *Drzewa i ludzie*. Lublin 2000.
J. Kawalec, *Na strunach harfy*. Kraków 2001.
W. Kowalewski, *Bóg zapłacz!* Warszawa 2000.
A. J. Kraśnicki, *Noemi i latające dyski*. Warszawa 2000.
J. Łoziński, *Sponsor*. Wrocław 2000.
S. Łuczak, *Metamorfoza*. Kraków 2000.
I. Menzel, *W poszukiwaniu zapachu snów*. Warszawa 2000.
M. Nowakowski, *Rajski ptak i inne opowiadania*. Warszawa 2000.
M. Nurowska, *Niemiecki taniec*. Warszawa 2000.
M. Pankowski, *Z Auszwicu do Belsen: przygody*. Warszawa 2000.
A. Pastuszek, *Gra w piekło*. Warszawa 2000.
J. Piekara, *Arivald z Wybrzeża*. Warszawa 2000.
J. Pilch, *Pod Mocnym Aniołem*. Kraków 2000.
D. Piórkowski, *Historyje w kuriryku*. Warszawa 2000.
T. Przygucki, *Król króli*. Łódź 2000.
R. Sadaj, *Ławka pod kasztanem*. Kraków 2000.
A. Sapkowski, *Czas Golema*. Warszawa 2000.
A. Silber, *Kalejdoskop*. Warszawa 2000.
J. Stefko, *Możliwe sny*. Kraków 2000.
G. Strumyk, *Łzy*. Warszawa 2000.
P. Szewc, *Zmierzchy i poranki*. Kraków 2000.

Dramaty, scenariusze, realizacje teatralne	Reportaże, pamiętniki, eseje, adaptacje filmowe

2000–2009

A. Alman, *Transakcja z amnezją*. „Dialog" 2000 nr 1.
C. Harasimowicz, *Dziewięć pięter*. „Dialog" 2000 nr 3.
P. Huelle, *Ostatni kwadrans*. „Dialog" 2000 nr 2.
K. Kieślowski, *Duże zwierzę*. Kraków 2000 [scen. filmowy na podstawie opowiadania K. Orłosia].
M. Koterski, *Dzień świra*. „Dialog" 2000 nr 8 [scen. filmowy].
E. Lachnit, *Złodziejka chleba*. „Dialog" 2000 nr 7.
T. Łubieński, *Domy, drzewa, chińska róża*. „Dialog" 2000 nr 7.
T. Man, *Pisi*. „Dialog" 2000 nr 5.
P. Mossakowski, *Przetarg*. „Dialog" 2000 nr 10.
P. Mossakowski, *Siedem dni, ale nie tydzień*. Wrocław 2000.
S. Mrożek, *Utwory sceniczne [Wielebni, Piękny widok]*. Warszawa 2000.
W. Myśliwski, *Requiem dla gospodyni*. „Dialog" 2000 nr 10.
O. Tokarczuk, *Skarb*. „Dialog" 2000 nr 4.
P. Tomaszuk, *Ofiara Wilgefortis*. „Dialog" 2000 nr 5.
A. Wat, *Kobiety z Monte Olivetto*. „Dialog" 2000 nr 12.
W. Zalewski, *Horoskop*. „Dialog" 2000 nr 9 [scen. telewizyjny].
W. Zawistowski, *Witamy w 2002 roku*. „Dialog" 2000 nr 6.

Kronika wypadków miłosnych T. Konwickiego. Teatr im. W. Horzycy, Toruń 2000, reż. S. Majewski.
Requiem dla gospodyni W. Myśliwskiego. Teatr Narodowy, Warszawa 2000, reż. K. Dejmek.
Inne rozkosze J. Pilcha. Teatr Powszechny, Warszawa 2000, reż. R. Zioło.
Zbłąkani trzej królowie G. Walczaka. Teatr Rampa, Warszawa 2000, reż. G. Walczak.
Pieszo S. Mrożka. Teatr im. J. Osterwy, Lublin 2000, reż. M. Kochańczyk.

M. Gretkowska, *Silikon*. Warszawa 2000.
Z. Herbert, *Labirynt nad morzem*. Warszawa 2000.
P. Huelle, *Koniec i początek*. Gdańsk 2000.
R. Kapuściński, *Lapidarium IV*. Warszawa 2000.
Cz. Miłosz, *Eseje*. Warszawa 2000.
Cz. Miłosz, *Wypisy z ksiąg użytecznych*. Kraków 2000.
A. Stasiuk, *Tekturowy samolot*. Wołowiec 2000.
A. Zagajewski, *W cudzym pięknie*. Kraków 2000.

To ja, złodziej, film 2000, reż. J. Bromski.
Pierwszy milion, film 2000, reż. W. Dziki.
Daleko od okna, film 2000, reż. J. J. Kolski.
Noc świętego Mikołaja, film 2000, reż. J. Kondratiuk.
Chłopaki nie płaczą, film 2000, reż. O. Lubaszenko.
Weiser, film 2000, reż. W. Marczewski.
Duże zwierzę, film 2000, reż. J. Stuhr.
Egoiści, film 2000, reż. M. Treliński.
Życie jako śmiertelna choroba przenoszona drogą płciową, film 2000, reż. K. Zanussi.

Poezja	Proza fabularna
2000-2009	
J. Orlikowski, *Martwa natura z pętelką*. Kraków 2000.	K. Waśkiewicz, *Prawda kobiety*. Kraków 2000.
J. Piątkowski, *Hołd dla Wenus*. Kraków 2000.	W. Wiktorski, *Zawiedzione nadzieje*. Koszalin 2000.
T. Pióro, *Wola i Ochota*. Legnica 2000.	P. Wojciechowski, *Próba listopada*. Warszawa 2000.
H. Raszka, *Na poboczu*. Szczecin 2000.	
A. Rozenfeld, *Wiersze na koniec wieku*. Złotów 2000.	E. Zechenter-Spławińska, *Szansa*. Kraków 2000.
M. Skwarnicki, *Wiersze warszawskie*. Kraków 2000.	A. Zieliński, *Twarze*. Kraków 2000.
	J. Zielonka, *Tadzio*. Kraków 2000.
A. Sosnowski, *Zoom*. Kraków 2000.	M. Żerdziński, *Opuścić Los Raques*. Warszawa 2000.
K. Szeloch, *Sztambuch erotyczny*. Lublin 2000.	J. Żurek, *Job*. Kraków 2000.
A. Szlosarek, *List do ściany*. Kraków 2000.	
J. Szuber, *Okrągłe oko pogody*. Kraków 2000.	
A. Szymańska, *Lato 1999*. Warszawa 2000.	
B. Szymańska, *Anioły mojej ulicy*. Kraków 2000.	
E. Tkaczyszyn-Dycki, *Przewodnik dla bezdomnych niezależnie od miejsca zamieszkania*. Legnica 2000.	
J. Twardowski, *Stare fotografie*. Warszawa 2000.	
R. Witek, *Autoportret ze znakiem zapytania*. Wrocław 2000.	
K. Zajdel, *Daję Ci prezent*. Wrocław 2000.	
C. Zalewski, *Przez skórę*. Kraków 2000.	
K. Zwierzyńska, *Spojrzenia*. Łódź 2000	
P. Antoniuk, *Skamieniałości miłości i ości nagości*. Lublin 2001.	D. Bitner, *Psie dni*. Szczecin 2001.
	R. Czoch, *Spadek*. Kraków 2001.
M. Augustyniak, *Dziewczyna z lustra*. Podkowa Leśna 2001.	J. Dąbała, *Diabelska przypadłość*. Warszawa 2001.
J. Baran, *Dom z otwartymi ścianami*. Warszawa 2001.	Z. Domino, *Syberiada polska*. Warszawa 2001.
M. Baran, *Destylat*. Kraków 2001.	P. Dudek, *Opowiadania*. Gdańsk 2001.
K. Buchwald, *Wkładam głowę pod skórę świata*. Zielona Góra–Wrocław 2001.	J. Dukaj, *Czarne oceany*. Warszawa 2001.
	L. Elektorowicz, *Nienawiść*. Kraków 2001.
M. Czuku, *Przechodzimy do historii*. Łódź 2001.	A. Filipiuk, *Błękitny trąd*. Częstochowa 2001.
	J. Franczak, *Trzy historie*. Kraków 2001.
A. Frajlich, *Znów szuka mnie wiatr*. Warszawa 2001.	A. Grabowski, *Ostatnie tango w Paranyju*. Bydgoszcz 2001.
K. Gąsiorowsiki, *Biedne dwunożne mgły*. Gdańsk 2001.	M. Gretkowska, *Polka*. Warszawa 2001.
J. Gizella, *Nocna straż*. Warszawa 2001.	K. Grochola, *Podanie o miłość*. Warszawa 2001.

Dramaty, scenariusze, realizacje teatralne	Reportaże, pamiętniki, eseje, adaptacje filmowe

2000–2009

Białe małżeństwo T. Różewicza. Teatr im. S. Jaracza, Kalisz 2000, reż. J. Nawara.
Spaghetti i miecz T. Różewicza. Stary Teatr, Kraków 2000, reż. K. Kutz.
Trans-Atlantyk W. Gombrowicza. Teatr Polski, Szczecin 2000, reż. W. Górski.
Rzeźnia S. Mrożka. Teatr Współczesny, Wrocław 2000, reż. G. Wiśniewski

---

S. Bieniasz, *Transfer*. „Dialog" 2001 nr 7.
N. Chadzinikolau, *Dziewczyna z Delf*. Poznań 2001.
M. Grzechowiak, *Masztalerz*. „Dialog" 2001 nr 1.
P. Huelle, *Kąpielisko Ostrów*. „Dialog" 2001 nr 2.
P. Kokociński, *Miś Kolabo. Sztuka telewizyjna*. „Dialog" 2001 nr 4.
P. Łukosz, *Hauptmann. Scenariusz widowiska telewizyjnego*. „Dialog" 2001 nr 9.
M. Pankowski, *Pięć dramatów*. Lublin 2001.
M. Pruchniewski, *Pielgrzymi*. „Dialog" 2001 nr 8.
T. Różewicz, *Kartoteka: Kartoteka rozrzucona*. Kraków 2001.
K. Rudowski, *Cz@t*. „Dialog" 2001 nr 2.

Z. Herbert, *Król mrówek: prywatna mitologia*. Kraków 2001.
J. Olczak-Ronikier, *W ogrodzie pamięci*. Kraków 2001.
O. Tokarczuk, *Lalka i perła*. Kraków 2001.

Przedwiośnie, film 2001, reż. F. Bajon.
Wiedźmin, film 2001, reż. M. Brodzki.
Kariera Nikosia Dyzmy, film 2001, reż. J. Bromski.
Quo vadis, film 2001, reż. J. Kawalerowicz.
Cześć, Tereska, film 2001, reż. R. Gliński.
Requiem, film 2001, reż. W. Leszczyński.
Pieniądze to nie wszystko, film 2001, reż. J. Machulski.

Poezja	Proza fabularna

2000-2009

J. Gizella, *Odrywanie Ameryki*. Kraków 2001.
M. Grzebalski, *Drugie dotknięcie*. Legnica 2001.
J. Gutorow, *Aurora*. Łódź 2001.
J. Gutorow, *X*. Legnica 2001.
J. Hartwig, *Nie ma odpowiedzi*. Warszawa 2001.
M. Józefacka, *Czuwanie*. Lublin 2001.
J. Kornhauser, *Było minęło*. Warszawa 2001.
M. Kosińska, *A ty na stole opierasz nogi*. Bydgoszcz 2001.
Z. Jerzyna, *Listy do Edyty*. Warszawa 2001.
E. Jurewicz, *Podróże do granic*. Gdańsk 2001.
E. Lipska, *Sklepy zoologiczne*. Kraków 2001.
K. Lisowski, *Rzeczy widzialne i niewidzialne*. Warszawa 2001.
A. Niewiadomski, *Kruszywo*. Legnica 2001.
A. P. Nowik, *Ścierniska*. Białystok 2001.
A. K. Owczarek, *Prologos*. Warszawa 2001.
P. Pawlak, *Śnieg się czołga całymi dniami*. Kraków 2001.
T. Różewicz, *Nożyk profesora*. Wrocław 2001.
J. Salamon, *Anioł czasu krągłego*. Kraków 2001.
A. Skrzypek, *Kamień*. Łódź 2001.
K. Siwczyk, *Dane dni*. Legnica 2001.
E. Sonnenberg, *Płonący tramwaj*. Kraków 2001.
A. Sosnowski, *Wiersze*. Legnica 2001.
J. Stefko, *Ja nikogo nie lubię oprócz siebie*. Kraków 2001.
L. Szaruga, *Panu Tadeuszowi*. Szczecin 2001.
S. Szczygłowski, *Co ci*. Kraków 2001.
K. Szeloch, *Portrety rzeczy ulotnych*. Lublin 2001.
P. Szubartowicz, *Wieża z kurzu*. Toruń 2001.
W. Szymański, *Niska 13B*. Białystok 2001.
M. Świetlicki, *Czynny do odwołania*. Kraków 2001.

K. Gutowski, *Ślady*. Warszawa 2001.
S. Janke, *Lelek*. Gdańsk 2001.
J. Kawalec, *Stary słoń*. Warszawa 2001.
K. Kofta, *Krótka historia Iwony Tramp*. Warszawa 2001 [powieść internetowa].
J. J. Kolski, *Mikroświaty*. Warszawa 2001.
J. Krasnowolski, *9 łatwych kawałków*. Kraków 2001.
K. T. Lewandowski, *Misja „Ramzesa Wielkiego"*. Warszawa 2001.
K. Lipka, *Wszystko przez Schuberta czyli Mikropowieść wściekle nowoczesna*. Podkowa Leśna 2001.
S. Łuczak, *Archipelag Rynek, czyli Dziennik Brygida Dżonsa*. Kraków 2001.
T. Małyszek, *Kraina pozytywek*. Warszawa 2001.
M. Nowakowski, *Empire*. Warszawa 2001.
K. Orłoś, *Drewniane mosty*. Kraków 2001.
Z. Piątkowski, *Pokonać koszmar*. Warszawa 2001.
P. Przywara, *Euroman: pierwsza powieść eurorealistyczna*. Rzeszów 2001.
K. Rudowski, *Stopy Pana Boga: metafizyczny przewodnik po Tatrach*. Poznań 2001.
J. Sosnowski, *Apokryf Aglai*. Warszawa 2001.
S. Srokowski, *Anioły zagłady*. Poznań 2001.
A. Stasiuk, *Zima*. Wołowiec 2001.
J. J. Szczepański, *Rozłogi*. Kraków 2001.
O. Tokarczuk, *Gra na wielu bębenkach*. Wałbrzych 2001.
K. Varga, *Tequila*. Wołowiec 2001.
J. L. Wiśniewski, *Samotność w Sieci*. Wołowiec 2001.
A. Zagajewski, *Dwa miasta*. Lublin 2001.
W. Zalewski, *Zakładnicy*. Warszawa 2001.
A. Zaniewski, *Roman i Julia*. Warszawa 2001.
T. Zimecki, *Ja, Franek*. Warszawa 2001.
T. Zubiński, *Odlot dzikich gęsi*. Warszawa 2001.

Dramaty, scenariusze, realizacje teatralne	Reportaże, pamiętniki, eseje, adaptacje filmowe

2000-2009

P. Ziniewicz, *Kretowisko. Teatralny scenariusz punkrockowy.* „Dialog" 2001 nr 3.
J. Żurek, *Po Hamlecie i inne sztuki.* Gdańsk 2001

Nondum Lidii Amejko. Teatr im. J. Słowackiego, Kraków 2001, reż. M. Łazarkiewicz.
Hotel dla aniołów P. Cieplaka. Teatr Współczesny, Wrocław 2001, reż. P. Cieplak.
Damy i huzary A. Fredry. Stary Teatr, Kraków 2001, reż. K. Kutz.
Czwarta siostra J. Głowackiego. Teatr Polski, Bydgoszcz 2001, reż. M. Mateja.
Operetka W. Gombrowicza. Teatr Zagłębia, Sosnowiec 2001, reż. J. Bunsch.
Kąpielisko Ostrów P. Huellego. Teatr im. J. Osterwy, Lublin 2001, reż. K. Babicki.
Hamlet wtóry R. Jaworskiego. Teatr Polski, Poznań 2001, reż. M. Prus.
Dziady A. Mickiewicza. Teatr im. J. Osterwy, Lublin 2001, reż. K. Babicki.
Miłość na Krymie S. Mrożka. Teatr Współczesny, Szczecin 2001, reż. A. Augustynowicz.
Wielebni S. Mrożka. Stary Teatr, Kraków 2001, reż. J. Stuhr.
Egzekutor M. Rębacza, Teatr Wybrzeże, Gdańsk 2001, reż. M. Kocot.
Na czworakach T. Różewicza. Teatr Narodowy, Warszawa 2001, reż. K. Kutz.
Sen pluskwy T. Słobodzianka. Teatr Nowy, Łódź 2001 reż. K. Dejmek.

Bigda idzie, film telewizyjny 2001, reż. A. Wajda.
Stacja, film 2001, reż. P. Wereśniak.

Poezja	Proza fabularna
2000-2009	
P. Timofiejuk, *Czmychnięcie bogów*. Warszawa 2001. M. Wawrzkiewicz, *Późne popołudnie*. Warszawa 2001. P. Wątorek, *Trzecia przepaść ziemi*. Kraków 2001, A. Wiedemann, *Konwalia*. Legnica 2001. B. Zadura, *Poematy*. Legnica 2001. A. Zając, *Po prostu jest*. Kraków 2001. A. Zaniewski, *Nadzieja przychodzi o zmierzchu*. Warszawa 2001.	
K. Brakoniecki, *Moralia*. Olsztyn 2002. E. Bryll, *Nie proszę o wielkie znaki*. Warszawa 2002. G. Brzezińska, *Szklane wodospady*. Kraków 2002. A. Buczek, *Głęboka czerń; Chaos kieszeni*. Kraków 2002. M. Cielecki, *Czas przycinania winnic*. Toruń 2002. S. Chorąży, *Pąsowy motyl*. Białystok 2002. S. Chorąży, *I stała się Sylwia*. Białystok 2002. Z. Chojnowski, *Prześwit*. Olsztyn 2002. J. Cieszyńska, *Peregrynacje do miasta Ur*. Wiedeń–Kraków 2002. T. Dąbrowski, *Mazurek*. Gdańsk 2002. K. Gąsiorowski, *Gorgona, mamka bogów*. Warszawa 2002. J. Gizella, *Weteran wojny trojańskiej*. Kraków 2002. J. Hartwig, *Wiersze amerykańskie*. Warszawa 2002. J. Ficowski, *Gorączka rzeczy*. Warszawa 2002. I. Filipiak, *Madame Intuita*. Warszawa 2002. M. Kaczyński, *Warszawa płonie*. Warszawa 2002. K. Karasek, *Maski*. Warszawa 2002. W. Kawiński, *Widok z okna*. Kraków 2002. M. B. Kielar, *Umbra*. Warszawa 2002. J. Klejnocki, *Reporterzy, fotograficy i zawieszeni kochankowie*. Kraków 2002. K. Kulig, *Pomaluję kłamstwem usta*. Kraków 2002. E. Lipska, *Uwaga, stopień*. Kraków 2002.	J. Abramow-Newerly, *Młyn w piekarni*. Warszawa 2002. J. Bator, *Kobieta*. Warszawa 2002. S. Chwin, *Złoty pelikan*. Gdańsk 2002 M. Czerniawska, *Historia pewnego opętania*. Gdańsk 2002. J. Dukaj, *Extenza*. Kraków 2002. D. Foks, *Mer Betlejem*. Legnica 2002. M. Fortuna, *Pasztet z duszami*. Kraków 2002. N. Goerke, *47 na odlew*. Warszawa 2002. J. Górczyński, *Zaklinacze ogrodów*. Olsztyn 2002. I. Grin, *Pamiętnik diabła*. Poznań 2002. K. Grochola, *Serce na temblaku*. Warszawa 2002. P. Huelle, *Mercedes-benz*. Kraków 2002. T. Jastrun, *Gorący lód*. Warszawa 2002. A. Jurewicz, *Prawdziwa ballada o miłości*. Kraków 2002. J. Klejnocki, *Jak nie zostałem menelem (próba biografii antyintelektualnej)*. Warszawa 2002. J. Komuda, *Wilcze gniazdo*. Lublin 2002. S. Łuczak, *Fetyszysta*. Kraków 2002. W. Kuczok, *Szkieleciarki*. Kraków 2002. B. Madej, *Abonament*. Kraków 2002. L. Majewski, *Metafizyka: powieść*. Kraków 2002. D. Masłowska, *Wojna polsko-ruska pod flagą biało-czerwoną*. Warszawa 2002. C. Michalski, *Siła odpychania*. Warszawa 2002.

Dramaty, scenariusze, realizacje teatralne	Reportaże, pamiętniki, eseje, adaptacje filmowe

2000–2009

M. Bieliński, *Cicho*. „Dialog" 2002 nr 10.
K. Bizio, *Toksyny*. „Dialog" 2002 nr 3.
R. Figura, *Cztery na cztery*. Kraków 2002.
R. Gliński, *Sanatorium Gorkiego*. „Dialog" 2002 nr 12 [scen. filmowy].
P. Nowakowski, *Trzy kobiety wokół mego łóżka*. „Dialog" 2002 nr 7.
P. Sala, *Od dziś będziemy dobrzy*. „Dialog" 2002 nr 5/6.
W. Saniewski, *Bezmiar sprawiedliwości*. „Dialog" 2002 nr 4.
W. Tomczyk, *Wampir*. „Dialog" 2002 nr 11.
M. Walczak, *Piaskownica*. „Dialog" 2002 nr 1/2.
M. P. Wójcik, *Wyznanie*. Toruń 2002.

Hanemann S. Chwina. Teatr Wybrzeże, Gdańsk 2002.
Tancerz mecenasa Kraykowskiego W. Gombrowicza. Teatr im. W. Bogusławskiego, Kalisz 2002, reż. D. Sosiński.
Nie-Boska komedia Z. Krasińskiego. Teatr Narodowy. Warszawa 2002, reż. J. Grzegorzewski.
Pułapka T. Różewicza. Teatr Śląski, Katowice 2002, reż. K. Babicki.
Bzik tropikalny S. I. Witkiewicza. Teatr Rozmaitości, Warszawa 2002, reż. Z. Jarzyna.
Wesele S. Wyspiańskiego. Teatr Polski. Wrocław 2002, reż. M. Grabowski.

J. Baran, *Najdłuższa podróż*. Warszawa 2002.
R. Kapuściński, *Lapidarium V*. Warszawa 2002.
J. Pilch, *Upadek człowieka przed Dworcem Centralnym*. Kraków 2002.
J. Pilch, *Tezy o głupocie, piciu i umieraniu*. Kraków 2002.
W. Szymborska, *Nowe lektury nadobowiązkowe*. Kraków 2002.
A. Zagajewski, *Solidarność i samotność*. Warszawa 2002.

Chopin – pragnienie miłości, film 2002, reż. J. Antczak.
Zmruż oczy, film 2002, reż. A. Jakimowski.
Dzień świra, film 2002, reż. M. Koterski.
Pianista, film 2002, reż. R. Polański.
Edi, film 2002, reż. P. Trzaskalski.
Zemsta, film 2002, reż. A. Wajda.
Suplement, film 2002, reż. K. Zanussi.

Poezja	Proza fabularna
2000-2009	

K. Lisowski, *Stróża: wiersze ze światła*. Kraków 2002.
Z. Machej, *Prolegomena: nieprzyjemne wiersze dla dorosłych*. Legnica 2002.
A. Majewski, *Wiersze*. Gdańsk 2002.
Cz. Miłosz, *Orfeusz i Eurydyka*. Kraków 2002.
Cz. Miłosz, *Druga przestrzeń*. Kraków 2002.
J. Napiórkowski, *Podróż na trąbie*. Warszawa 2002.
A. Piwkowska, *Po*. Warszawa 2002.
T. Różewicz, *Szara strefa*. Wrocław 2002.
J. M. Rymkiewicz, *Zachód słońca w Milanówku*. Warszawa 2002.
M. Sendecki, *Szkoci dół*. Kraków 2002.
M. Skwarnicki, *Ptaki*. Warszawa 2002.
T. Stawiszyński, *Rzecz ciemna*. Warszawa 2002.
A. Szlosarek, *Wiersze powtórzone*. Kraków 2002.
S. Szulc, *Miasta*. Zielona Góra–Wrocław 2002.
W. Szymborska, *Chwila*. Kraków 2002.
M. Świetlicki, *Wiersze wyprane*. Legnica 2002.
B. Taborski, *Ułamek istnienia*. Toruń 2002.
W. Wencel, *Ziemia Święta*. Kraków 2002.
A. Wiedemann, *Koty: podręcznik użytkownika*. Legnica 2002.
T. K. Woźniak, *Bałagan*. Warszawa 2002
B. Zadura, *Stąd: wiersze puławskie*. Puławy 2002.
A. Ziemianin, *Na głowie staję*. Kraków 2002.

A. Nasiłowska, *Księga początku*. Warszawa 2002.
M. Nowakowski, *Opowiadania uliczne*. Warszawa 2002.
W. Odojewski, *Bez tchu*. Warszawa 2002.
M. Oramus, *Rewolucja z dostawą na miejsce*. Olsztyn 2002.
T. Piątek, *Heroina*. Wołowiec 2002.
T. Piątek, *Kilka nocy poza domem*. Wołowiec 2002.
M. Pilot, *Na odchodnym*. Warszawa 2002.
E. Redliński, *Transformejszen czyli jak golonka z hamburgerem tańcowała*. Warszawa 2002.
A. Sapkowski, *Narrenturm*. Warszawa 2002.
M. Sieprawski, *Miasteczko z ludzka twarzą*. Warszawa 2002.
R. Socha, *Dzikie rodeo*. Częstochowa 2002.
I. Sowa, *Smak świeżych malin*. Warszawa 2002.
J. Sosnowski, *Linia nocna*. Warszawa 2002.
G. Strumyk, *Pigment*. Wałbrzych 2002.
G. Strumyk, *Patrzeć i patrzeć*. Kraków 2002.
P. Szeliga, *Budzenie opowieści*. Podkowa Leśna 2002.
B. S. Świecimski, *W kolorze indygo*. Warszawa 2002.

J. Baziak, *Coś istnienia*. Bydgoszcz 2003.
M. Czuku, *Którego nie napiszę*. Łódź 2003.
J. Górzański, *Snem przebudzony*. Warszawa 2003.
J. Górzański, *Już rozumie, dobranoc*. Warszawa 2003.
J. Gutorow, *Niepodległość głosu*. Kraków 2003.

L. Amejko, *Głośne historie*. Warszawa 2003.
S. Baczyńska, *Modliszki*. Kraków 2003.
M. Baczyński, *Teraz ja*. Kraków 2003.
A. Czerniawski, *Narracje ormiańskie*. Warszawa 2003.
R. Czok, *Być kochanką*. Gliwice 2003.
J. Durski, *Rok*. Warszawa 2003.
Cz. Dziekanowski, *Taniec z nieświadomością*. Warszawa 2003.

Dramaty, scenariusze, realizacje teatralne	Reportaże, pamiętniki, eseje, adaptacje filmowe
2000–2009	

A. Bartnikowski, *Wolność.* „Dialog" 2003 nr 11.
K. Bizio, *Lament i inne dramaty.* Łódź 2003
A. Dziurowiec, *Czekając.* „Dialog" 2003 nr 9.
M. Karpiński, *Otello umiera.* „Dialog" 2003 nr 1/2.
A. Kopacki, *Kokaina.* „Dialog" 2003 nr 5.

E. Axer, *Czwarte ćwiczenie pamięci.* Kraków 2003.
J. Górzański, *Pimperle.* Kraków 2003.
R. Kapuściński, *Autoportret reportera.* Warszawa 2003.
J. Pilch, *Rozpacz z powodu utraty furmanki.* Kraków 2003.

Poezja	Proza fabularna
2000-2009	

J. Jakubowski, *Wyznania ulicznego sprzedawcy owoców*. Bydgoszcz 2003.	I. Filipiak, *Alma*. Kraków 2003.
Jan Paweł II, *Tryptyk rzymski: medytacje*. Kraków 2003.	A. Filipiuk, *Kuzynki*. Lublin 2003.
T. Jastrun, *Tylko czułość idzie do nieba*. Warszawa 2003.	J. Głowacki, *Nie mogę narzekać*. Warszawa 2003.
Z. Jerzyna, *Mówią i inne wiersze*. Toruń 2003.	M. Gretkowska, P. Pietucha, *Sceny z życia pozamałżeńskiego*. Warszawa 2003.
K. Koehler, *Trzecia część*. Kraków 2003.	I. Grin, *Ze złości*. Warszawa 2003.
M. Kossakowski, *Kształty chwil*. Warszawa 2003.	K. Grochola, *Upoważnienie do szczęścia*. Warszwa 2003.
B. Maj, *Elegie, treny, sny*. Kraków 2003.	K. Grochola, *Podanie o miłość*. Warszawa 2003.
S. Matusz, *Serdeczna mammografia*. Dąbrowa Górnicza 2003.	M. Krajewski, *Koniec świata w Breslau*. Warszawa 2003.
E. Lipska, *Ja*. Kraków 2003.	W. Kuczok, *Gnój: antybiografia*. Warszawa 2003.
K. Lisowski, *Feng shui dla bezdomnych*. Kraków 2003.	B. Loebl, *Złota trąbka*. Wałbrzych 2003.
E. Ostrowski, *Ludzie których obecność wystarczy*. Kraków 2003.	S. Łuczak, *Chłopcy*. Kraków 2003.
K. Siwczyk, *Zdania z treścią*. Legnica 2003.	B. Nowak, *Taniec Koperwasów*. Lublin 2003.
M. Skwarnicki, *Czas bólu i radości*. Kraków 2003.	M. Nurowska, *Gorzki romans*. Warszawa 2003.
K. Smoczyk, *O jedną wiosnę bliżej*. Łódź 2003.	W. Oramus, *Zabawy w twarze*. Szczecin 2003.
A. Sosnowski, *Taxi*. Legnica 2003.	J. Piekara, *Sługa Boży*. Lublin 2003.
A. Szymańska, *In terra*. Kraków 2003.	J. Pilch, *Wyznania twórcy pokątnej literatury erotycznej*. Kraków 2003.
W. Szymborska, *Rymowanki dla dużych dzieci*. Kraków 2003.	K. Rudowski, *Powrót*. Warszawa 2003.
J. Szuber, *Lekcja Tejrezjasza i inne wiersze wybrane*. Kraków 2003.	K. Rudziński, *Mistrz Haftowanego Listowia*. Warszawa 2003.
B. Szurowska, *Rosopoje*. Warszawa 2003.	M. Sieniewicz, *Czwarte niebo*. Warszawa 2003.
M. Świetlicki, *Nieczynny*. Warszawa 2003.	M. Sieprawski, *Ucieczka przed śmiechem*. Warszawa 2003.
E. Tkaczyszyn-Dycki, *Przyczynek do nauki o nieistnieniu*. Legnica 2003.	J. Sosnowski, *Prąd zatokowy*. Warszawa 2003
A. Warzecha, *Zielony ryzykant*. Kraków 2003.	I. Sowa, *Herbatniki z jagodami*. Warszawa 2003.
A. Zagajewski, *Powrót*. Kraków 2003.	B. S. Świecimski, *Ucieczka z Centralnego*. Warszawa 2003.
K. Zajdel, *Szeptem i dotykiem*. Wrocław 2003.	T. Tryzna, *Idź, kochaj*. Warszawa 2003.
	M. Tulli, *Tryby*. Warszawa 2003.
	P. Tymczak, *Po drugiej stronie lustra*. Kraków 2003.

Dramaty, scenariusze, realizacje teatralne	Reportaże, pamiętniki, eseje, adaptacje filmowe
2000–2009	

W. Krzystek, *Mała Moskwa*. „Dialog" 2003 nr 10.
M. Modzelewski, *Zabij mnie*. „Dialog" 2003 nr 3.
E. Rylski, *Sprawa honoru*. „Dialog" 2003 nr 7/8 [scen. filmowy].
P. Tomaszuk, *Świety Edyp*. „Dialog" 2003 nr 12.
M. Walczak, *Rzeka*. „Dialog" 2003 nr 6.
W. Zawistowski, *Dobry adres*. „Dialog" 2003 nr 4.

Do piachu T. Różewicza. Teatr/ Provisorium, 2003, reż. J. Opryński, W. Mazurkiewicz.
Podróż do wnętrza pokoju M. Walczaka. Teatr Powszechny, Warszawa 2003, reż. M. Walczak.
Wampir W. Tomczyka. Teatr Nowy, Zabrze 2003, reż. M. Sławiński.

Żurek, film 2003, reż. R. Brylski.
Nienasycenie, film 2003, reż. W. Grodecki.
Stara baśń – kiedy słońce było bogiem, film 2003, reż. J. Hoffman.
Pornografia, film 2003, reż. J. J. Kolski.
Ciało, film 2003, reż. T. Konecki, A. Saramanowicz.
Superprodukcja, film 2003, reż. J. Machulski.
Pogoda na jutro, film 2003, reż. J. Stuhr.
Show, film 2003, reż. M. Ślesicki.
Ubu Król, film 2003, reż. P. Szulkin.

Poezja	Proza fabularna

2000-2009

K. Brakoniecki, *Całość*. Olsztyn 2004.
A. i N. Chadzinikolau, *Laur olimpijski*. Poznań 2004.
A. Frania, *Ale się nie budzę*. Bydgoszcz 2004.
J. Gizella, *Tu ciało tam dusza*. Kraków 2004.
J. Hartwig, *Bez pożegnania*. Warszawa 2004.
A. Kiemystowicz, *Polowanie na myśli* [aforyzmy]. Nowy Sącz 2004.
J. Korolko, *Nagość nad nagościami i wszystko nagość*. Kraków 2004.
P. Lewicki, *W nieodpowiednich miejscach*. Kraków 2004.
E. Ostrowski, *Mięta*. Kraków 2004.
T. Różewicz, *Wyjście*. Wrocław 2004.
L. Szaruga, *Mówienia*. Toruń 2004.
J. Szuber, *Tam, gdzie niedźwiedzie piwo warzą*. Olszanica 2004.
J. Ślusarczyk-Latos, *Lot nad przepaścią*. Kraków 2004.
A. Wiedemann, *Kalipso*. Warszawa 2004.
B. Zadura, *Kopiec kreta*. Wrocław 2004.
A. Zaniewski, *Nagość*. Kielce 2004.
A. Ziemianin, *Notesik amerykański*. Kraków 2004.

Z. Domino, *Czas kukułczych gniazd*. Warszawa 2004.
J. Dukaj, *Perfekcja niedoskonałości: pierwsza tercja progresu*. Kraków 2004.
M. Gretkowska, *Europejka*. Warszawa 2004.
K. Grochola, *Ja wam pokażę*. Warszawa 2004.
W. Kuczok, *Widmokrąg*. Warszawa 2004.
J. Łukosz, *Lenora*. Warszawa 2004.
T. Piątek, *Ukochani poddani cesarza*. Warszawa 2004.
T. Piątek, *Szczury i rekiny*. Warszawa 2004.
J. Piekara, *Miecz Aniołów*. Lublin 2004.
J. Pilch, *Miasto utrapienia*. Warszawa 2004.
E. Rylski, *Człowiek w Cieniu*. Warszawa 2004.
A. Sapkowski, *Boży wojownicy*. Warszawa 2004.
S. Shuty, *Zwał*. Warszawa 2004.
R. Socha, *Halucynacje*. Częstochowa 2004.
B. Świecimski, *W rozbitym lustrze*. Warszawa 2004.
B. Świecimski, *Nielojalny kundel*. Warszawa 2004.
O. Tokarczuk, *Ostatnie historie*. Kraków 2004.
E. Wojnarowska, *Anemony*. Poznań 2004.

Dramaty, scenariusze, realizacje teatralne	Reportaże, pamiętniki, eseje, adaptacje filmowe

2000-2009

A. Bednarska, *Z twarzą przy ścianie*. „Dialog" 2004 nr 2/3.
K. Bizio, *Śmieci*. „Dialog" 2004 nr 2/3.
M. Broda, *Skaza*. „Dialog" 2004 nr 1.
R. Brutter [A. Grembowicz], *Kantata na cztery skrzydła*. „Dialog" 2004 nr 5.
A. Burzyńska, *Nicland: cztery sztuki teatralne*. Kraków 2004.
W. Holewiński, *Znieczuleni*. „Dialog" 2004 nr 9.
J. Kamiński, *Cienie. Hommage à Jean Paul Sartre*. „Dialog" 2004 nr 12.
P. Kokociński, *Chwasty polskie: sztuka telewizyjna*. „Dialog" 2004 nr 4.
M. Pruchniewski, *Wesołe miasteczko: prawie bajka*. „Dialog" 2004 nr 5.
J. Purzycki, *Kufehek: dramat na scenę i film*. „Dialog" 2004 nr 1.
I. Ruszkowska-Pawłowicz, *Cena milczenia*. „Dialog" 2004 nr 7.
P. Sala, *Mortal kombajn*. „Dialog" 2004 nr 6.
M. Walczak, *Kopalnia*. „Dialog" 2004 nr 8.
P. Wojciechowski, *Kraj średniej wielkości*. „Dialog" 2004 nr 11.
W. Zalewski, *Ogniwo*. „Dialog" 2004 nr 4.

Porozmawiajmy o życiu i śmierci K. Bizia. Teatr Powszechny, Warszawa 2004, reż. T. Man.
Z twarzą przy ścianie A. Bednarskiej. Teatr Polski, Bydgoszcz 2004, reż. M. Strzępka.
Antygona w Nowym Jorku J. Głowackiego. Teatr Ludowy, Nowa Huta 2004, reż. P. Szalsza.
Love me tender J. Koprowicza. Teatr Komedia, Warszawa 2004, reż. D. Stalińska.
Ciućma I. Kozioła. Laboratorium Teatru Teatr Narodowy, Warszawa 2004, reż. P. Łazarkiewicz.
KOMPOnenty M. Owsiany. Stary Teatr, Kraków 2004, reż. M. Borczuch.
Narty Ojca Świętego J. Pilcha. Teatr Narodowy, Warszawa 2004, reż. P. Cieplak.
Gang Bang P. Sali. Stary Teatr, Kraków 2004, reż. K. Jaworski.
Kopalnia M. Walczaka. Teatr Dramatyczny, Wałbrzych 2004, reż. P. Kruszyński.
Smutna królewna P. Walczaka. Teatr Montownia, Warszawa 2004, reż. P. Aigner.

J. Bocheński, *Kaprysy starszego pana*. Kraków 2004.
H. Grynberg, *Uchodźcy*. Warszawa 2004.
Z. Jerzyna, *Katalog życia i śmierci albo przygody pojęć*. Toruń 2004.
A. Krall, *Wyjątkowo długa linia*. Kraków 2004.
T. Łubieński, *Wszystko w rodzinie*. Warszawa 2004.
S. Matusz, *Narkoeseje*. Katowice 2004.
Cz. Miłosz, *Spiżarnia literacka*. Kraków 2004.
W. Panas, *Oko Cadyka*. Lublin 2004.
S. Stasiuk, *Jadąc do Babadag*. Wołowiec 2004.

Sztuka spadania, film anim. 2004, reż. T. Bagiński.
Mój Nikifor, film 2004, reż. K. Krauze.
Vinci, film 2004, reż. J. Machulski.
Pan Dwadrzewko, film 2004, reż. P. Mularuk.
Pręgi, film 2004, reż. M. Piekorz.
Ono, film 2004, reż. M. Szumowska.

Poezja	Proza fabularna

2000-2009

N. Andrycz, *Wczoraj i dziś*. Warszawa 2005.
E. Bryll, *Na dom pada cieniutki blask*. Warszawa 2005.
T. Dąbrowski, *Te Deum*. Kraków 2005.
A. Kaczanowski, *Stany*. Bytom 2005.
U. Kozioł, *Supliki*. Kraków 2005.
R. Król, *Habitat*. Kraków 2005
R. Krynicki, *Kamień, szron*. Kraków 2005.
P. Kuśmirek, *Trio*. Łódź 2005.
E. Lipska, *Gdzie indziej*. Kraków 2005.
Z. Machej, *Wspomnienia z poezji nowoczesnej*. Wrocław 2005.
P. Matywiecki, *Ta chmura powraca*. Kraków 2005.
M. Mieczkowska, *Tam*. Warszawa 2005.
A. Niewiadomski, *Locja*. Kraków 2005.
E. Ostrowski, *Muzyka na wzgórzu*. Kraków 2005.
J. Podsiadło, *Kra*. Kraków 2005.
K. Siwczyk, *W państwie środka*. Wrocław 2005.
A. Sosnowski, *Gdzie koniec tęczy nie dotyka ziemi*. Wrocław 2005.
D. Sośnicki, *Skandynawskie lato*. Wrocław 2005.
A. Szlosarek, *Pod obcym niebem*. Kraków 2005.
B. Szymańska, *Słodkich snów, Europo!* Kraków 2005.
W. Szymborska, *Dwukropek*. Kraków 2005.
M. Wawrzkiewicz, *Coraz cieńsza nić*. Warszawa 2005.
M. Wawrzkiewicz, *Dwanaście listów*. Łódź 2005.
W. Wencel, *Imago mundi*. Warszawa 2005.
E. Wojnarowska, *Kosmogonia miłosna*. Poznań 2005.
A. Zagajewski, *Anteny*. Kraków 2005.

T. Białkowski, *Dłużyzny*. Olsztyn 2005.
P. Cegiełka, *Sandacz w bursztynie*. Kraków 2005.
M. Dzido, *Małż*. Kraków 2005.
J. Górzański, *Od czegoś trzeba zacząć*. Warszawa 2005.
C. Harasimowicz, *Pesel 890604...: mieszkam w Polsce*. Warszawa 2005.
J. Klejnocki, *Przylądek pozerów: powieść antykryminalna*. Warszawa 2005.
J. Komuda, *Imię Bestii*. Lublin 2005.
M. Krajewski, *Widma w mieście Breslau*. Warszawa 2005.
W. Kuczok, *Opowieści przebrane*. Warszawa 2005.
B. Loebl, *Prawo Drakona*. Warszwa 2005.
S. Łubiński, *Jak kulawy ze ślepą*. Toruń 2005.
S. Łuczak, *„Polska"*. Kraków 2005.
D. Masłowska, *Paw królowej*. Warszawa 2005.
M. Miller, *Pozytywni*. Kraków 2005
M. Nowakowski, *Stygmatycy*. Warszawa 2005.
T. Piątek, *Dobry Pan*. Warszawa 2005.
J. Piekara, *Ani słowa prawdy: opowieści o Arivaldzie z Wybrzeża*. Warszawa 2005.
E. Rylski, *Warunek*. Warszawa 2005.
M. Saramowicz, *Sanatorium*. Warszawa 2005.
S. Shuty [S. Mateja], *Cukier w normie z ekstra bonusem*. Kraków 2005.
M. Sieniewicz, *Żydówek nie obsługujemy*. Warszawa 2005.
M. Sieprawski, *Lekko-duszność*. Warszawa 2005.
N. Socha, *Ketchup*. Poznań 2005.
P. Szewc, *Bociany nad powiatem*. Kraków 2005.
B. Świecimski, *Gorycz sierpniowej nocy*. Warszawa 2005.
A. Ubertowski, *Rezydenci*. Bytom–Katowice 2005.
A. Wiedemann, *Sceny łóżkowe*. Kraków 2005.
J. L. Wiśniewski, *Intymna teoria względności*. Kraków 2005.
M. Witkowski, *Lubiewo*. Kraków 2005.
T. Zubiński, *Góry na niebie*. Kielce 2005.
J. Żurek, *Sonia*. Warszawa 2005.
M. Wójtowicz, *Podatek*. Lublin 2005.

Dramaty, scenariusze, realizacje teatralne	Reportaże, pamiętniki, eseje, adaptacje filmowe

2000–2009

M. Bajer, *Zjedz serce wroga*. „Dialog" 2005 nr 12.
K. Bizio, *Autoreverse: słuchowisko*. „Dialog" 2005 nr 7/8.
A. Domańska, *Klara: scenariusz filmowy*. „Dialog" 2005 nr 5.
I. Filipiak, *Księga Em*. Warszawa 2005.
H. Grynberg, *Kroniki*. Lublin 2005.
I. Kozioł, *Spuścizna*. „Dialog" 2005 nr 1.
M. Marczak, *Tysiąc franków Norwida*. Kraków 2005.
M. Miklaszewska, *Strajk: libretto musicalu*. „Dialog" 2005 nr 9.
P. Orzeł, *Defenestracja*. Szczecin 2005.
K. Puławski, *Ostatni rozdział*. „Dialog" 2005 nr 4.
T. Różewicz, *Trelemorele*. „Dialog" 2005 nr 3.
E. Rylski, *Dzień podróży*. „Dialog" 2005 nr 3.
P. Sala, *Ciemno wszędzie*. „Dialog" 2005 nr 11.
A. Stasiuk, *Noc: słowiańsko-germańska tragifarsa medyczna*. „Dialog" 2005 nr 2.
W. Tomczyk, *Norymberga*. „Dialog" 2005 nr 6.
P. Wojcieszek, *Cokolwiek się zdarzy, kocham cię*. „Dialog" 2005 nr 10.

Pan Dwadrzewko L. Amejko. Teatr Telewizji 2005, reż. P. Mularuk.
Śmieci K. Bizia. Teatr Powszechny, Warszawa 2005, reż. T. Man.
Wałęsa: historia wesoła a ogromnie przez to smutna P. Demirskiego. Teatr Wybrzeże, Gdańsk 2005, reż. M. Zadara.
Znieczuleni W. Holewińskiego. Teatr im. Osterwy, Gorzów Wielkopolski 2005, reż. R. Matusz.
Szalona Greta S. Grochowiaka. Teatr Nowy, Łódź 2005, reż. M. Pasicczny.
Żegnaj Judaszu I. Iredyńskiego. Teatr Telewizji 2005, reż. B. Suchocka.
Seans I. Iredyńskiego. Teatr Bagatela, Kraków 2005, reż. W. Nurkowski.
Komponenty M. Owsiany. Teatr Wytwórnia, Warszawa 2005, reż. J. Papis.
Łucja i jej dzieci M. Pruchniewskiego. Teatr Współczesny, Szczecin 2005, reż. M. Pasieczny.
Dzień podróży E. Rylskiego. Teatr Telewizji 2005, reż. K. Kutz.

J. Baran, *Koncert dla nosorożca*. Poznań 2005.
K. Brakoniecki, *Ziemiec: prowincjałki rowerowe*. Olsztyn 2005.
S. Chwin, *Wszystkie dni lata*. Warszawa 2005.
A. Jurewicz, *Popiół i wiatr*. Gdańsk 2005.
R. Kapuściński, *Podróże z Herodotem*. Kraków 2005.
M. Nowakowski, *Nekropolis*. Warszawa 2005.
S. Shuty, *Produkt Polski*. Kraków 2005.
J. Sosnowski, *Ach*. Kraków 2005.

Komornik, film 2005, reż. F. Falk.
Homo Father, film 2005, reż. P. Matwiejczyk.
Szaleńcy, film 2005, reż. P. Wendorff.
Persona non grata, film 2005, reż. K. Zanussi.

Poezja	Proza fabularna
2000–2009	

J. Baran, *Taniec z ziemią*. Poznań 2006.
M. Bielska, *Brzydkie zwierzęta*. Kraków 2006.
A. Buczek, *Świat z małej litery*. Kraków 2006.
Z. Chojnowski, *Ląd gordyjski*. Gołdap 2006.
R. Czoch, *Kasyna gry*. Kraków 2006.
M. Czuku, *Ars poetica*. Warszawa 2006.
U. Dawczyk, *Jestem...* Opole 2006.
S. Dłuski, *Lamentacje syna ziemi*. Rzeszów 2006.
D. Foks, *Ustalenia z Maastrich*. Wrocław 2006.
J. Franczak, *Król rdzy*. Kraków 2006.
J. Górzański, *To drugie światło*. Warszawa 2006.
J. Gutorow, *Linia życia*. Kraków 2006.
Ł. Jarosz, *Soma*. Wrocław 2006.
A. Jasicki, *Kobieta z Deneboli*. Kraków 2006.
A. Jasicki, *Lista ginących gatunków*. Kraków 2006.
R. Kapuściński, *Prawa natury*. Kraków 2006.
K. Karasek, *Gondwana i inne wiersze*. Warszawa 2006.
M. B. Kielar, *Monodia*. Kraków 2006.
K. Kisielewski, *Kiedyś umiałem kochać od prawej do lewej*. Kraków 2006.
J. Kulig, *Cisza o wymiarach 2x5*. Warszawa 2006.
E. Lipska, *Drzazga*. Kraków 2006.
S. Matusz, *Cycek Boży*. Gliwice 2006.
Cz. Miłosz, *Wiersze ostatnie*. Kraków 2006.
J. Napiórkowski, *Głupota krajobrazu*. Rzeszów 2006.
A. Rozenfeld, *W ciągu jednego oddechu*. Złotów 2006.
J. M. Rymkiewicz, *Do widzenia gawrony*. Warszawa 2006.
R. Rżany, *Ruchome pole*. Rzeszów 2006.

J. Anderman, *Cały czas*. Kraków 2006.
H. Bardijewski, *Dzikie anioły i inne*. Warszawa 2006.
D. Bitner, *Książka*. Szczecin 2006.
S. Chwin, *Żona prezydenta*. Gdańsk 2006.
J. Dehnel, *Lala*. Warszawa 2006.
E. Dębski, *Wydrwiząb*. Lublin 2006.
A. Drotkiewicz, *Dla mnie to samo*. Warszawa 2006.
M. Dzido, *Ślad po mamie*. Kraków 2006.
I. Filipiak, *Magiczne oko: opowiadania zebrane*. Warszawa 2006.
A. Grochola, *A nie mówiłam*. Warszawa 2006.
H. Klimko-Dobrzaniecki, *Dom Róży: Krýsuvik*. Wołowiec 2006.
J. Komuda, *Bohun*. Lublin 2006.
H. Krall, *Król kier znów na wylocie*. Warszawa 2006.
J. Krasnowolski, *Klatka*. Kraków 2006.
J. Łoziński, *Holding i reszta albo Jak zostałem bogatym w biednym państwie*. Warszawa 2006.
M. Maślanka, *Kroki*. Warszawa 2006.
C. Michalski, *Gorsze światy*. Lublin 2006.
W. Myśliwski, *Traktat o łuskaniu fasoli*. Kraków 2006.
M. Nurowska, *Dwie miłości*. Warszawa 2006.
Ł. Orbitowski, *Wigilijne psy*. Gliwice 2006.
K. Orłoś, *Dziewczyna z ganku*. Kraków 2006.
M. Pankowski, *Bal wdów i wdowców*. Kraków 2006.
J. Pawluśkiewicz, *Pani na domkach*. Kraków 2006.
T. Piątek, *Błogosławiony wiek*. Warszawa 2006.
J. Piekara, *Łowcy duszy*. Lublin 2006.
J. Piekara, *Świat jest pełen chętnych suk*. Lublin 2006.
J. Piekara, *Przenajświętsza Rzeczpospolita*. Lublin 2006.

Dramaty, scenariusze, realizacje teatralne	Reportaże, pamiętniki, eseje, adaptacje filmowe

2000–2009

Testosteron A. Saramonowicza. Teatr Bagatela, Kraków 2005, reż. P. Urbaniak.
Żegnaj, Judaszu I. Iredynskiego. Teatr Telewizji 2005, reż. B. Suchocka.
Kaczo, byczo, indyczo B. Schaeffera. Bałtycki Teatr Dramatyczny, 2005, reż. E. Żentara.

L. Amejko, *Greta*. „Dialog" 2006 nr 8.
M. Bieliński, *Nad*. „Dialog" 2006 nr 2.
Sz. Bogacz, *Wariacje międzyludzkie*. „Dialog" 2006 nr 7.
K. Braun, *Sztuki o Polakach*. Lublin 2006.
S. Idziak, *Kontakt z hańbą: scenariusz filmowy*. „Dialog" 2006 nr 5/6.
M. Kochan, *Karaoke*. „Dialog" 2006 nr 4.
I. Kozioł, *Pokropek*. „Dialog" 2006 nr 9.
D. Masłowska, *Dwoje biednych Rumunów mówiących po polsku*. Warszawa 2006.
M. Wojtyszko, *Macica*. „Dialog" 2006 nr 10.
Sz. Wróblewski, *Puzzle*. „Dialog" 2006 nr 1.

O matko i córko R. Bolesty. Laboratorium Dramatu, Warszawa 2006, reż. B. Podbielska.
Nicland A. Burzyńskiej. Teatr Polonia, Warszawa 2006, reż. K. Janda i R. Mohr.
Mężczyźni na skraju załamania nerwowego A. Burzyńskiej. Teatr Miejski, Gdynia 2006, reż. P. Łazarkiewicz.
Najwięcej samobójstw zdarza się w niedzielę A. Burzyńskiej. Teatr Telewizji 2006, reż. M. Dejczer.
From Poland with love P. Demirskiego. Teatr Łaźnia Nowa, Kraków 2006, reż. P. Waligórski.
Sama słodycz I. Iredyńskiego. Teatr Współczesny, Szczecin 2006, reż. J. Kowalska.
Pan Gustaw i Matylda S. Kuźnika. Teatr Telewizji 2006, reż. M. Wojtyszko.
Miłość na Krymie S. Mrożka. Teatr im. Osterwy, Lublin 2006, reż. K. Babicki.
Stara kobieta wysiaduje T. Różewicza. Teatr Ludowy, Nowa Huta, 2006, reż. H. Baranowski.
Bóg Niżyński P. Tomaszuka. Teatr Wierszalin, Supraśl 2006, reż. P. Tomaszuk.
Pierwszy raz M. Walczaka. Teatr Narodowy, Warszawa 2006, reż. T. Bradecki.

F. Bajon, *Cień po dniu: opowieść biograficzna*. Warszawa 2006.
J. Baran, *Tragarze wyobraźni*. Rzeszów 2006.
I. Filipiak, *Obszary odmienności*. Gdańsk 2006.
W. Kuczok, *To piekielne kino*. Warszawa 2006.
S. Mrożek, *Baltazar*. Kraków 2006 [Autobiografia].
R. Przybylski, *Ogrom zła i odrobina dobra: cztery lektury biblijne*. Warszawa 2006.
K. Rutkowski, *Ostatni pasaż*. Gdańsk 2006.
M. Sołtysik, *Piękni szaleńcy czyli Sztuka skandalem podszyta*. Warszawa 2006.
M. Szczygieł, *Gottland*. Wołowiec 2006.
O. Tokarczuk, *Lalka i perła*. Kraków 2006.
W. Zalewski, *Czas doliczony: z niepamięci*. Warszawa 2006.

Samotność w sieci, film 2006, reż. W. Adamek.
Kochankowie z Marony, film 2006, reż. I. Cywińska.
Teraz ja, film 2006, reż. A. Jadowska.
Plac Zbawiciela, film 2006, reż. K. Krauze.
Wszyscy jesteśmy Chrystusami, film 2006, reż. M. Koterski.
Ale się kręci, film TV 2006, reż. M. Wojtyszko.

Poezja	Proza fabularna
2000–2009	

J. Stefko, *Dobrze, że jesteś*. Kraków 2006. S. Szczygłowski, *Mgła: wiersze porąbane*. Kraków 2006. K. Szlaga, *Czas zyskany*. Kraków 2006. J. Szuber, *Czerteż*. Kraków 2006. W. Szymański, *Miejsca*. Białystok 2006. R. Śliwonik, *Dom z wierszy*. Toruń 2006. M. Świetlicki, *Muzyka środka*. Kraków 2006. K. Zając, *Między niebem a ziemią*. Poznań 2006.	J. Pilch, *Moje pierwsze samobójstwo i dziewięć innych opowiadań*. Warszawa 2006. A. Pilipiuk, *Wieszać każdy może*. Lublin 2006. M. Pilot, *Cierpki, oboki, nice: bardzo małe opowiadania*. Warszawa 2006. E. Redliński, *Telefrenia*. Warszawa 2006. Z. Rudzka, *Ślicznotka doktora Josefa*. Warszawa 2006. J. Sosnowski, *Tak to ten*. Kraków 2006. J. Strachota, *Oprócz marzeń warto mieć papierosy*. Warszawa 2006. P. Szulkin, *Socjopatia*. Kraków 2006. B. Świecimski, *Chichot papieżycy*. Warszawa 2006. M. Świetlicki, *Dwanaście*. Kraków 2006. O. Tokarczuk, *Anna In w grobowcach świata*. Kraków 2006. M. Tulli, *Skaza*. Warszawa 2006. M. Witkowski, *Fototapeta*. Warszawa 2006. E. Wojnarowska, *Wygnańcy raju*. Poznań 2006. M. Wójtowicz, *Wrota*. Lublin 2006.
M. Biedrzycki, *Sofostrofa i inne wiersze*. Kraków 2007. K. Brakoniecki, *Europa minor*. Warszawa 2007. A. Buczek, *Ptasia grypa i inne rojenia*. Kraków 2007. M. Buczkówna, *Punkt zwrotny*. Warszawa 2007. R. Częstochowski, *Kto nie upada*. Bydgoszcz 2007. J. Dehnel, *Brzytwa okamgnienia i inne wiersze*. Wrocław 2007. A. M. Fiszer, *Cień nadziei*. Warszawa 2007. H. Gordziej, *Piołunowe rozłogi*. Poznań 2007. K. Górniak, *Hegemonia liryki*. Kielce 2007. M. Grzebalski, *Pocałunek na wstecznym*. Wrocław 2007. J. Hartwig, *To wróci*. Warszawa 2007. T. Jastrun, *Powitania i pożegnania*. Warszawa 2007. K. Karasek, *Gry weneckie*. Sopot 2007. Sz. Karaś, *Do przyjaciela*. Lublin 2007 A. Kielan, *Wariant na życie*. Kraków 2007.	L. Amejko, *Żywoty świętych osiedlowych*. Warszawa 2007. J. Anderman, *Nowe fotografie*. Kraków 2007. J. Ćwiek, *Liżąc ostrze*. Lublin 2007. A. Daukszewicz, *Mam marzenie*. Toruń 2007. R. Dębski, *Kiedy bóg zasypia*. Lublin 2007. J. Dukaj, *Lód*. Kraków 2007. Cz. Dziekanowski, *Szkoła wojny*. Warszawa 2007. J. Franczak, *Grawitacje*. Wrocław 2007. M. Gretkowska, *Kobieta i mężczyźni*. Warszawa 2007. I. Grin, *Pan Szatan*. Warszawa 2007. K. Grochola, *Osobowość ćmy*. Warszawa 2007. P. Huelle, *Ostatnia Wieczerza*. Kraków 2007. A. Janko, *Dziewczyna z zapałkami*. Warszawa 2007. D. Kain, *Prawy, lewy, złamany*. Szczecin 2007. H. Klimko-Dobrzaniecki, *Kołysanka dla wisielca*. Wołowiec 2007. J. Komuda, *Diabeł Łańcucki*. Lublin 2007. D. Koziarski, *Socjopata w Londynie*. Warszawa 2007.

Dramaty, scenariusze, realizacje teatralne	Reportaże, pamiętniki, eseje, adaptacje filmowe
2000–2009	

P. Demirski, *Śmierć podatnika czyli Demokracja musi odejść*. Warszawa 2007.
J. Kopka, *Lustracja*. „Dialog" 2007 nr 10.
M. Kowalewski, *Bomba*. Warszawa 2007.
M. Sidor, *Stefek Partyzant*. „Dialog" 2007 nr 11.
A. Stasiuk, *Ciemny las*. Wołowiec 2007. Także: „Dialog" 2007 nr 2.
M. Walczak, *Babcia*. „Dialog" 2007 nr 9.
A. Winch, *Refren*. „Dialog" 2007 nr 6.

Lament K. Bizia. Teatr Uliczny, Warszawa 2007, reż. K. Janda.
Tango Piazzolla A. Burzyńskiej. Teatr im. Słowackiego, Kraków 2007, reż. J. Opalski.
Śmierć podatnika czyli Demokracja musi odejść... P. Demirskiego. Teatr Polski, Wrocław 2007, reż. M. Strzępka.
Emigranci S. Mrożka. Teatr Powszechny, Radom 2007, reż. K. Galos.
Miłość na Krymie S. Mrożka. Teatr Narodowy, Warszawa 2007, reż. J. Jarocki.
Stara kobieta wysiaduje T. Różewicza. Teatr Mały, Warszawa 2007, reż. S. Różewicz.

M. Gretkowska, *Na dnie nieba*. Warszawa 2007.
P. Huelle, *Gdańsk według Pawła Huelle*. Gdańsk 2007 [wybór tekstów: E. Pękała].
T. Karpowicz, *Małe cienie wielkich czarnoksiężników*. Wrocław 2007.
J. Pilch, *Pociąg do życia wiecznego*. Warszawa 2007.
A. Stasiuk, *Dojczland*. Wołowiec 2007.
A. Zagajewski, *W cudzym pięknie*. Kraków 2007.
A. Zagajewski, *Poeta rozmawia z filozofem*. Warszawa 2007.

U Pana Boga w ogródku, film 2007, reż. J. Bromski.
Sztuczki, film 2007, reż. A. Jakimowski.
Testosteron, film 2007, reż. T. Konecki i J. Saramowicz.
Ryś, film 2007, reż. S. Tym.
Katyń, film 2007, reż. A. Wajda.
Ogród Luizy, film 2007, reż. M. Wojtyszko.

Poezja	Proza fabularna
2000-2009	

J[akub] Kornhauser, *Niebezpieczny paragraf.* Rzeszów 2007.
J[ulian] Kornhauser, *Origami.* Kraków 2007.
U. Kozioł, *Przelotem.* Kraków 2007.
B. Latawiec, *Odkrytki.* Warszawa 2007.
E. Lipska, *Pomarańcza Newtona.* Kraków 2007.
K. Lisowski, *Niewiedza.* Kraków 2007.
D. Lizoń, *Ambra.* Kraków 2007.
Z. Machej, *Wiersze przeciwko opodatkowaniu poezji.* Wrocław 2007.
B. Maj, *Gołębia, Krupnicza, Bracka.* Kraków 2007.
M. Niziurski, *W nawiasie.* Warszawa 2007.
K. Piela, *Dobre maniery.* Wrocław 2007.
B. Rokosz, *Mieliśmy umrzeć młodzi.* Katowice 2007.
A. Sosnowski, *Po tęczy.* Wrocław 2007.
J. Stefko, *Przyjemne nieistnienie.* Kraków 2007.
J. Styczeń, *Zamarznięty łabędź.* Wrocław 2007.
J. Szychowiak, *Po sobie.* Wrocław 2007.
A. Szymańska, *Autoportret niedokończony.* Toruń 2007.
R. Śliwonik, *Zachwyt.* Toruń 2007.
J. Twardowski, *Wiersze z szuflady.* Poznań 2007.
A. Ziemianin, *Przymierzanie peruki.* Kraków 2007.

M. Krajewski, *Dżuma w Breslau.* Warszawa 2007.
K. Lisowski, *Budzik Platona.* Kraków 2007.
K. Maćkowski, *Raport Badeni.* Kraków 2007.
W. Odojewski, *Katyń: milczący: niepokonani.* Warszawa 2007.
J. Pawluśkiewicz, *Telenowela.* Kraków 2007.
A. Pilipiuk, *Czerwona gorączka.* Lublin 2007.
K. Piskorski, *Prorok.* Warszawa 2007.
K. Piskorski, *Poczet dziwów miejskich.* Lublin 2007.
E. Rylski, *Wyspa.* Warszawa 2007.
M. Sieniewicz, *Rebelia.* Warszawa 2007.
M. Sołtysik, *Legowisko szakali.* Warszawa 2007.
M. Świetlicki, *Trzynaście.* Kraków 2007.
O. Tokarczuk, *Bieguni.* Kraków 2007.
T. Tryzna, *Taniec w skorupkach.* Warszawa 2007.
K. Varga, *Nagrobek z lastryko.* Wołowiec 2007.
M. Witkowski, *Barbara Radziwiłłowna z Jaworzna-Szczakowej.* Warszawa 2007.
P. Wojciechowski, *Doczekaj nowiu.* Warszawa 2007.
M. Wollny, *Kacper Ryx.* Kraków 2007.
T. Zubiński, *Wieża i inne opowiadania.* Koszalin 2007.
A. Zwoliński, *Nieświat.* Szczecin 2007.
M. Zygmunt, *New Romantic.* Kraków 2007.

K. Bajon, *Miłość do poranków.* Warszawa 2008.
M. Baran, *Mistyka i zmysły.* Kraków 2008.
K. Brakoniecki, *Glosolalie.* Sejny 2008.
Z. Chojnowski, *Rozwidlenia.* Olsztyn 2008.
G. Dobreńko-Falecka, *Nikifor zwycięzca.* Kraków 2008.
D. Górny, *Rozpalić strofy.* Poznań 2008.
M. Grześczak, *Nike niosąca blask.* Warszawa 2008.
J. Gutorow, *Inne tempo.* Wrocław 2008.
J. Hartwig, *Przywoływanie.* Lublin 2008.
A. Kaczanowski, *Nowe zoo.* Poznań 2008.
K. Karasek, *Autostrady i konie.* Warszawa 2008.

J. Anderman, *To wszystko.* Kraków 2008.
E. Berent, *Rdza.* Olsztyn 2008.
T. Białkowski, *Mistrzostwo świata.* Olsztyn 2008.
K. Brakoniecki, *Historie bliskoznaczne.* Warszawa 2008.
S. Chutnik, *Kieszonkowy atlas kobiet.* Kraków 2008.
J. Ćwiek, *Ciemność płonie.* Lublin 2008.
J. Dehnel, *Balzakiada.* Warszawa 2008.
R. Dębski, *Serce teściowej.* Lublin 2008.
J. Dukaj, *W kraju niewiernych.* Kraków 2008.
D. Foks, *Wielkanoc z tygrysem.* Wołowiec 2008.
J. Franczak, *Przymierzalnia.* Kraków 2008.

Dramaty, scenariusze, realizacje teatralne	Reportaże, pamiętniki, eseje, adaptacje filmowe

2000–2009

Kartoteka T. Różewicza. Teatr Zagłębia, Sosnowiec 2007, reż. J. Wernio.
Multimedialne coś B. Schaeffera. Teatr Bajka, Warszawa 2007, reż. K. Piwowarska.
Spalenie matki P. Sali. Teatr Wybrzeże, Gdańsk 2007, reż. M. Kotański.
Chryje z Polską M. Wojtyszki. Teatr Telewizji 2007, reż. M. Wojtyszko.

F. Bajon, M. Mróz, *Cień kopuły: scenariusz filmowy*. „Dialog" 2008 nr 6.
I. Dowlasz, *Idź się leczyć*. „Dialog" 2008 nr 1.
M. Fertacz, *Trash story*. „Dialog" 2008 nr 4.
P. Huelle, *Sarmacja: fantazja historyczna*. „Dialog" 2008 nr 4.
D. Masłowska, *Między nami dobrze jest*. Warszawa 2008.
D. W. Rettinger, *Psychoterapolityka*. „Dialog" 2008 nr 11.
Z. Rudzka, *Cukier Stanik*. „Dialog" 2008 nr 7/8.
M. Sikorska-Miszczuk, *Katarzyna Medycejska*. „Dialog" 2008 nr 3.

H. Grynberg, *Ciąg dalszy*. Warszawa 2008.
R. Kapuściński, *Lapidaria IV–VI*. Warszawa 2008.
M. Nowakowski, *Nekropolis 2*. Warszawa 2008.
R. Przybylski, *Baśń zimowa*. Warszawa 2008.
K. Rutkowski, *Requiem dla moich ulic*. Gdańsk 2008.
K. Varga, *Gulasz z turula*. Wołowiec 2008.

Mała Moskwa, film 2008, reż. W. Krzystek.
Cztery noce z Anną, film 2008, reż. J. Skolimowski.

Poezja	Proza fabularna

2004-2009

D. Klepadło, *Ślady*. Białystok 2008.
K. Koehler, *Porwanie Europy*. Sopot 2008.
B. Konstrat, *Thanatos jeans*. Katowice 2008.
M. Niziurski, *Stany lotne*. Warszawa 2008.
J. Piątkowski, *Księga zachwytu*. Kraków 2008.
M. Piętkiewicz, *Oddział otwarty*. Wrocław 2008.
M. Płaczek, *Opór skóry*. Warszawa 2008.
T. Różewicz, *Kup kota w worku*. Wrocław 2008.
M. Sendecki, *Trap*. Wrocław 2008.
K. Siwczyk, *Centrum likwidacji szkód*. Wrocław 2008.
R. Sławomirski, *Których nie znam*. Warszawa 2008.
S. Stabro, *Oko Thery*. Kraków 2008.
J. Stefko, *Omnis Moriar*. Kraków 2008.
E. Tkaczyszyn-Dycki, *Piosenki o zależnościach i uzależnieniach*. Wrocław 2008.
A. Wiedemann, *Filtry*. Warszawa 2008.
M. Wróblewski, *Skurcze*. Łódź 2008.
B. Zadura, *Wszystko*. Wrocław 2008.
A. Ziemianin, *Co za szczęście*. Rzeszów 2008.

M. Gretkowska, *Obywatelka*. Warszawa 2008.
J. Hen, *Pingpongista*. Warszawa 2008.
P. Huelle, *Opowieści chłodnego morza*. Kraków 2008.
A. Jurewicz, *Dzień przed końcem świata*. Kraków 2008.
J. Karpowicz, *Gesty*. Kraków 2008.
J. Kawalec, *Powrót z nieba i inne utwory* [opow., poezja]. Kraków 2008.
J. Klejnocki, *Południk 21*. Kraków 2008.
J. Komuda, *Herezjarcha*. Lublin 2008.
J. Koryl, *Śmierć nosorożca*. Warszawa 2008.
W. Kuczok, *Senność*. Warszawa 2008.
S. Łuczak, *Namiętność w miejscu publicznym*. Kraków 2008.
J. Małecki, *Błędy*. Lublin 2008.
M. Maślanka, *Jutro będzie lepiej*. Kraków 2008.
B. Misiniec, *Pretorianin*. Kraków 2008.
M. Mostowik, *Historyjki o May*. Warszawa 2008.
M. Nowakowski, *Psie Głowy*. Warszawa 2008.
Ł. Orbitowski i J. Urbaniak, *Tancerz*. Lublin 2008.
K. Orłoś, *Letnik z Mierzei*. Kraków 2008.
T. Piątek, *Pałac Ostrogskich*. Warszawa 2008.
J. Pilch, *Marsz Polonia*. Warszawa 2008.
A. Pilipiuk, *Droga do Nidoras*. Lublin 2008.
P. Przywara, *Zgrzewka Pandory*. Szczecin 2008.
E. Redliński, *Bzik prezydencki*. Warszawa 2008.
P. Rogoża, *Po spirali*. Wrocław 2008.
O. Rudnicka, *Martwe jezioro*. Warszawa 2008.
S. Shuty, *Ruchy*. Warszawa 2008.
I. Sowa, *Ścianka działowa*. Warszawa 2008.
S. Srokowski, *Samotność*. Warszawa 2008.
G. Strumyk, *Nierozpoznani*. Szczecin 2008.
L. Szaruga, *Zdjęcie*. Szczecin 2008.
B. Świecimski, *U schyłku dnia*. Warszawa 2008.
M. Wójtowicz, *Wrota 2*. Lublin 2008.
A. Ziemian, *Chory na studnię*. Rzeszów 2008.
P. Ziętek, *Motel Piekiełko*. Warszawa 2008.

Dramaty, scenariusze, realizacje teatralne	Reportaże, pamiętniki, eseje, adaptacje filmowe
2000–2009	

M. Sikorska-Miszczuk, *Walizka: słuchowisko.* „Dialog" 2008 nr 9.

Wiwisekcja M. Białoszewskiego. Teatr im. Węgierki, Białystok 2008, reż. J. Malinowski.
Czarny punkt A. Dziurawca. Teatr im. Witkiewicza, Zakopane 2008, reż. P. Łazarkiewicz.
Trash story M. Fertacz. Ateneum, Warszawa 2008, reż. E. Pietrowiak.
Sarmacja P. Huellego. Teatr im. Osterwy, Lublin 2008, reż. K. Babicki.
Psychoterapolityka D. W. Rettingera. Teatr Powszechny, Łódź 2008, reż. M. Sławiński.
Śmieszny staruszek T. Różewicza. Teatr Ludowy, Nowa Huta 2008, reż. J. Porcari.

Poezja	Proza fabularna
2000-2009	

A. Agata, *SM: smak młodości*. Kraków 2009.
M. Bielska, *Wakacje, widmo*. Kraków 2009.
M. Bies, *Atrapizm*. Wrocław 2009.
K. Boczkowski, *Tylko Kasandra zna prawdę*. Toruń 2009.
T. Dąbrowski, *Czarny kwadrat*. Kraków 2009.
M. Duda, *Ze sobą na ty*. Kraków 2009.
J. Fiedorczuk, *Tlen*. Wrocław 2009.
R. Gawin, *Przymiarki*. Wrocław 2009.
M. Grzebalski, *Niepiosenki*. Wrocław 2009.
J. Hartwig, *Jasne niejasne*. Kraków 2009.
J. Klejnocki, *Viktoria: wiersze ostatnie*. Warszawa 2009.
M. Krawczak, *Ze zzieleniałymi oczami*. Lublin 2009.
R. Krynicki, *Wiersze wybrane*. Kraków 2009.
Ł. Mańczak, *Pascha 2007/punkstop*. Kraków 2009.
P. Matywiecki, *Powietrze i czerń*. Kraków 2009.
A. Piwkowska, *Farbiarka*. Kraków 2009.
J. Polkowski, *Cantus*. Kraków 2009.
K. Samsel, *Manetekefar*. Warszawa 2009.
M. Sendecki, *22*. Poznań 2009.
P. Sommer, *Wiersze ze słów*. Wrocław 2009.
D. Sośnicki, *Państwo P*. Wrocław 2009.
K. Spławska, *Coś się święci*. Poznań 2009.
J. Stefko, *Pół książki o psie, pół książki o kocie*. Kraków 2009.
K. Szeremeta, *Długi dystans*. Wrocław 2009.
J. Szuber, *Wpis do ksiąg wieczystych*. Kraków 2009.
W. Szymborska, *Tutaj*. Kraków 2009.
M. Świetlicki, *Niskie pobudki*. Kraków 2009.
A. Zagajewski, *Niewidzialna ręka*. Kraków 2009.

A. Bart, *Fabryka muchołapek*. Warszawa 2009.
J. Bator, *Piaskowa góra*. Warszawa 2009.
J. Dehnel, *Fotoplastikon*. Warszawa 2009.
A. Drotkiewicz, *Teraz*. Warszawa 2009.
J. Dukaj, *Wroniec*. Kraków 2009.
J. Franczak, *Nieludzka komedia*. Kraków 2009.
K. Grochola, *Kryształowy Anioł*. Kraków 2009.
K. Gryniewicz, *Truskawki z szamponem*. Warszawa 2009.
J. Komuda, *Samozwaniec*. Lublin 2009.
M. L. Kossowska, *Czas mgieł*. Lublin 2009.
M. Krajewski, *Głowa Minotaura*. Warszawa 2009.
M. Krajewski i M. Czubaj, *Aleja samobójców*. Warszawa 2009.
E. Lipska, *Sefer*. Kraków 2009.
K. Macios, *Pieskie życie mojego kota*. Kraków 2009.
A. Niesiołowska, *Historie miłosne*. Warszawa 2009.
M. Olszewski, *Low-tech*. Kraków 2009.
M. Oramus, *Kankan na wulkanie*. Warszawa 2009.
Ł. Orbitowski, *Święty Wocław*. Kraków 2009.
J. Piekara, *Charakternik*. Lublin 2009.
A. Pilipiuk, *Rzeźnik drzew*. Lublin 2009.
A. Sapkowski, *Żmija*. Warszawa 2009.
P. Sławiński, *Królowa tiramisu*. Warszawa 2009.
J. Sosnowski, *Instalacja Idziego*. Kraków 2009.
J. Strachota, *Cień pod blokiem Mirona Białoszewskiego*. Kraków 2009.
M. Syrwid, *Zaplecze*. Warszawa 2009.
O. Tokarczuk, *Prowadź swój pług przez kości umarłych*. Kraków 2009.
J. L. Wiśniewski, *Bikini*. Warszawa 2009.
M. Witkowski, *Margot*. Warszawa 2009.
M. Wollny, *Oblicze Pana*. Kraków 2009.

Dramaty, scenariusze, realizacje teatralne	Reportaże, pamiętniki, eseje, adaptacje filmowe

2000-2009

Sz. Bogusz, *W imię ojca i syna.* „Dialog" 2009 nr 11.
A. Dziurawiec, *Most.* „Dialog" 2009 nr 4.
M. Kochan, *Szczęście Kolombiny.* „Dialog" 2009 nr 3.
K. Kopka, *Palę Rosję.* „Dialog" 2009 nr 9.
P. Passini, *Odpominanie.* „Dialog" 2009 nr 2.
J. Roszkowski, *Morze otwarte.* „Dialog" 2009 nr 7/8.
Z. Rudzka, *Mechanika werkselek.* „Dialog" 2009 nr 6.
M. Sikorska-Miszczuk, *Zaginiona Czechosłowacja.* „Dialog" 2009 nr 10.
W. Tomczyk, *Fragment większej całości.* „Dialog" 2009 nr 6.
M. Walczak, *Podróż do wnętrza pokoju.* Kraków 2009.

Akompaniator A. Burzyńskiej. Nowy Teatr, Słupsk 2009, reż. R. Matusz.
Koncert życzeń B. Dzianowicz. Teatr Telewizji 2009, reż. B. Dzianowicz.
Czekając na Turka J. Głowackiego. Stary Teatr, Kraków 2009, reż. M. Grabowski.
Roszada P. Mossakowskiego. Teatr Powszechny, Łódź 2009, reż. M. Wojtyszko i P. Aigner.
Nasza klasa T. Słobodzianka. The National Theatre London 2009, reż. Bijan Sheibani [przekład R. Craiga].
Polowanie na łosia M. Walczaka. Teatr Narodowy, Warszawa 2009, reż. I. Gorzkowski.

J. Dehnel, *Fotoplastikon.* Kraków 2009.
R. Kapuściński, *Spacer poranny.* Warszawa 2009.
E. Rylski, *Po śniadaniu.* Warszawa 2009.

U Pana Boga za miedzą, film telewizyjny 2009, reż. J. Bromski.
Las, film 2009, reż. P. Dumała.
Rewers, film 2009, reż. B. Lankosz.
Mniejsze zło, film 2009, reż. J. Morgenstern.
Dom zły, film 2009, reż. W. Smarzowski.
Wojna polsko-ruska, film 2009, reż. X. Żuławski.

Indeks nazwisk*

Abramow-Newerly Jarosław (1933) 275, 277
Adamek Witold (1945) 365
Adamowski Hubert [Adam Ubertowski] (1967) 370, 389
Adler Alfred 399
Amejko Lidia (1955) 358, 361, 362
Anderman Janusz (1949) 300, 366
Andrzejewski Jerzy (1909–1983) 20, 49, 50, 57, 60, 63, 68, 89, 96, 110, 114–116, 120, 189, 192, 193, 201, 209, 216–218, 220, 224, 287, 300, 305, 366, 374
Asnyk Adam (1838–1897) 34
Augustyn Adam (1936) 281
Axer Erwin (1917) 179, 180, 271, 308, 354, 355

Babicki Krzysztof (1956) 354–356
Bacon Francis 324–326
Baczyński Krzysztof Kamil (1921–1944) 18, 21, 37–39, 41–44, 73, 79, 80, 82, 86, 139, 150
Baczyński Stanisław (1890–1939) 38
Baird Tadeusz (1928–1981) 123
Bajer Michał (1981) 356
Bajon Filip (1947) 276, 300, 363
Bajon Kasper (1983) 352
Baka Józef (1707–1780) 157
Baliński Stanisław (1898–1984) 30, 33, 34, 41, 65
Balzac Honoré de 405
Bałucki Michał (1837–1901) 61, 298

Baran Józef (1947) 227, 245, 246, 329, 330, 335
Baran Marcin (1963) 338, 349
Baranowski Henryk (1943) 355
Barańczak Stanisław (1946) 219, 220, 223, 226, 229–232, 235–238, 245, 249, 300, 305, 316, 329, 331, 333
Bardijewski Henryk (1932) 275, 363
Bardini Aleksander (1913–1995) 178, 308
Baudelaire Charles 168
Baudrillard Jean (1929–2007) 390, 391
Bauman Zygmunt 311
Beckett Samuel 179, 181, 182, 327
Bednarczyk Czesław (1912–1994) 65, 66
Bednarczyk Krystyna (1923) 65, 66
Benda Julien 63
Berent Ewa (1985) 407
Berent Wacław (1873–1940) 372
Bereś Stanisław (1950) 290
Bereza Henryk (1926) 198, 302
Białoszewski Miron (1922–1983) 37, 120, 139, 141, 142, 149–156, 160, 163–165, 168, 170, 176, 178, 218, 226, 229, 248, 249, 292–294, 304, 343, 345, 349, 353, 355, 366, 371
Bielecki Krzysztof (1960) 375, 376, 388
Bieliński Mariusz (1968) 357
Bieniarz Maciej 225
Bieńkowska Danuta Irena (1927–1974) 176
Bieńkowski Zbigniew (1913–1994) 72
Bierezin Jacek (1947–1993) 226

---

* W indeksie nie uwzględniono *Chronologicznego zestawienia utworów literackich...*, a także nazwisk działaczy politycznych. Przy nazwiskach Polaków, tam gdzie było to możliwe, podano daty życia.

Bies Marcin (1982) 352
Biskupski Andrzej (1938) 226
Bitner Dariusz (1954) 302, 368
Bizio Krzysztof (1970) 357, 360, 361
Błoński Jan (1931–2009) 119, 120, 302
Bobkowski Andrzej (1913–1961) 65, 193
Bocheński Jacek (1926) 220, 304, 387
Bogusławski Wojciech (1757–1829) 61, 89, 178
Bojarski Wacław (1921–1943) 37
Bonnard Pierre 63
Borejsza Jerzy (1905–1952) 67
Borowski Tadeusz (1922–1951) 21, 37, 44, 49, 65, 68, 69, 86, 95, 99–106, 116, 177, 201, 210
Bosch Hieronimus 168
Bradecki Tadeusz (1955) 276, 355
Brakoniecki Kazimierz (1952) 336, 370
Brandstaetter Roman (1906–1987) 89, 181, 218
Brandys Kazimierz (1919–2000) 57, 96, 110, 189, 190, 192–194, 201, 220, 300, 305, 366
Brandys Marian (1912–1999) 197, 289, 366
Braque Georges 114
Bratny Roman (1921) 37, 38, 122, 189, 191, 210, 289, 304
Braun Andrzej (1923–2008) 57, 70, 126, 127
Braun Kazimierz (1936) 356
Brecht Bertolt 94, 179
Breughel Pieter 168
Breza Tadeusz (1905–1970) 57, 96, 110, 189, 192, 204, 218, 289
Bromski Jacek (1946) 366
Broniewski Władysław (1897–1962) 15, 17, 18, 20, 22, 23, 25–29, 31, 33, 34, 65, 68, 72
Broszkiewicz Jerzy (1922–1993) 181
Brycht Andrzej (1935–1998) 283
Bryll Ernest (1935) 125, 139, 140, 142, 164, 167, 176, 181, 238, 248, 275, 283, 329
Brzękowski Jan (1903–1983) 128, 249, 255
Brzozowski Stanisław (1878–1911) 298
Brzozowski Tadeusz (1918–1987) 61, 120, 327
Buczek Arkadiusz (1979) 352
Buczkowski Leonard (1900–1967) 62

Buczkowski Leopold (1905–1989) 110–114, 120, 189, 193, 201, 224, 287, 309, 315, 366
Bukowska Anna (1930) 225
Bunsch Karol (1898–1987) 191, 196, 294, 366
Burek Wincenty (1905–1988) 198, 285
Bursa Andrzej (1932–1957) 139, 142, 164–168, 170
Burzyńska Anna (1957) 358, 360–362
Busza Andrzej (1938) 176
Byrska Irena (1901–1997) 46
Byrski Tadeusz (1906–1987) 46

Caldwell Erskine 123
Camus Albert 194
Celan Paul 326
Celnikier Izaak (1923) 119
Chaciński Stanisław (1936–1990) 281
Chagall Marc 61
Chałasiński Józef (1904–1979) 121
Chciuk Andrzej (1920–1978) 65
Chełmoński Józef (1849–1914) 326
Chodźko Ryszard (1950) 370
Choiński Bogusław 178
Chojnacki Roman (1954) 335
Chojnowski Zbigniew (1962) 338, 370
Chopin Fryderyk (1810–1849) 134, 356
Choromański Michał (1904–1972) 65, 121, 218, 287
Choynowski Piotr (1885–1935) 298
Chutnik Sylwia (1979) 403
Chwin Stefan (1949) 370
Chwistek Leon (1884–1944) 374
Cieplak Piotr (1960) 354
Conrad Joseph [Józef Teodor Konrad Korzeniowski] (1857–1924) 43, 60
Coriolan Krzysztof (1938) 281
Cortázar Julio 288, 310
Courbet Jean 167
Cwojdziński Antoni (1896–1972) 47, 65
Cywińska Izabella (1935) 277, 365
Czachorowski Stanisław Swen (1920–1994) 178, 293
Czapliński Przemysław (1962) 315
Czapski Józef (1896–1993) 20, 49, 53, 64, 65, 95
Czaykowski Bogdan (1932–2007) 124, 176, 177
Czechow Anton 179, 279

519

Czechowicz Józef (1903–1939) 13, 17, 20, 31, 43, 150
Czekański-Sporek Piotr (1965) 312
Czerniawski Adam (1934) 65, 176, 177
Czerniawski Wojciech (1945) 303, 368
Czernik Stanisław (1899–1969) 31, 198, 199
Czeszko Bohdan (1923–1988) 189, 196, 218, 366
Czuchnowski Marian (1909–1991) 20, 26, 31, 65, 95, 106, 198, 366
Czuku Marek (1960) 346–348
Czycz Stanisław (1929–1996) 120, 139, 164–168, 224
Czyżewski Tytus (1880–1945) 11, 76

Ćwiek Jakub (1982) 385
Ćwiklińska Mieczysława (1880–1972) 88

Dali Salvador 152
Danecki Ryszard (1931) 164
Danilewicz-Zielińska Maria (1907–2003) 65
Dąbrowska Maria (1889–1965) 12, 13, 20, 60, 116, 120, 121, 189
Dąbrowski Bronisław (1903–1992) 179
Dąbrowski Stanisław (1930) 164
Dąbrowski Tadeusz (1979) 350
Dehnel Jacek (1980) 352, 391
Dejmek Kazimierz (1924–2002) 125, 179, 180, 221, 271, 273, 274, 308, 354, 364
Demirski Paweł (1979) 356, 361
Derrida Jacques 311, 315
Dębski Rafał (1969) 385
Dostojewski Fiodor 105, 121, 123, 221, 327, 379
Drozdowski Bohdan (1931) 120, 139, 164, 180
Drzeżdżon Jan (1937–1992) 288, 368, 370
Duda Martyna (1990) 352
Dukaj Jacek (1974) 384, 403
Dumas Aleksander 403
Dürenmatt Friedrich 179
Dyczek Ernest (1935) 225, 229
Dygat Stanisław (1914–1978) 107, 108, 110, 189, 190, 366
Dziekanowski Czesław 304
Dziuk Andrzej (1954) 354
Dziurawiec Andrzej (1953) 358, 361

Eco Umberto 388, 399
Eibisch Eugeniusz (1896–1987) 67
Eichlerówna Irena (1908–1990) 65
Englert Maciej (1946) 355
Erenburg Ilja 121, 123, 179, 191
Estreicher Karol (1906–1984) 121
Falk Feliks (1941) 276
Fangrat Tadeusz (1912–1993) 30
Faulkner William 123
Feliński Alojzy (1771–1820) 179
Fiedler Arkady (1894–1985) 48
Filipiak Izabela (1961) 397
Filipowicz Kornel (1913–1990) 96, 110, 111, 218, 224, 353
Flaszen Ludwik (1930) 70, 71, 119, 120
Flukowski Stefan (1902–1972) 47, 89, 218, 255
Franczak Jerzy (1978) 350, 351, 403
Fredro Aleksander (1793–1876) 21, 46, 61, 88, 271
Freud Sigmund 90, 99, 327, 398, 405
Frycz Karol (1877–1963) 87, 121

Gajcy Tadeusz (1922–1944) 18, 21, 37––40, 43, 44, 47, 79, 82, 89, 139
Gall Iwo (1890–1959) 46, 67, 87, 89
Galos Krzysztof (1959) 355
Gałczyński Konstanty Ildefons (1905––1953) 20, 24, 65, 68, 77–78, 143, 149, 168
Gawin Rafał (1984) 352
Gąsiorowski Krzysztof (1935) 225, 329
Gide André 287
Giedroyc Jerzy (1906–2000) 64, 66, 110, 307
Giraudoux Jean 62, 88
Gizella Jerzy (1949) 316, 330, 331
Głowacki Janusz (1938) 283, 305, 355, 360, 362, 363
Goerke Natasza (1960) 376–378
Goetel Ferdynand (1890–1960) 65
Goethe August von 327
Gogh Vincent van 340
Gojawiczyńska Pola (1896–1963) 61, 70
Gołubiew Antoni (1907–1979) 217, 294, 366
Gombrowicz Witold (1904–1969) 14, 20, 60, 64, 65, 67, 69, 89, 91–93, 107–110, 123, 131, 136, 179–181, 183–186, 193, 209, 216, 218, 221, 272–274, 277, 286,

289, 302, 303, 315, 354, 355, 363, 375, 405
Gomolicki Leon (1903–1988) 67
Gorazd Anna (1932) 281
Gorecki Wiesław (1903–1981) 21
Gorki Maksym 105, 179, 358, 379
Gothár Petér (1947) 355
Górecki Henryk Mikołaj (1933) 123
Górniak Karolina (1990) 352
Górny Dominik (1984) 352
Górska Halina (1898–1942) 20
Górzański Jerzy (1938) 225
Grabowski Mikołaj (1946) 354, 355
Gretkowska Manuela (1964) 392–396, 403
Grochola Katarzyna (1957) 383
Grochowiak Stanisław (1934–1976) 139, 140, 142, 156, 164, 165, 167–171, 180, 218, 238, 248, 275, 328, 355
Groński Ryszard (1939) 363
Grotowski Jerzy (1933–1999) 178, 271
Grubiński Wacław (1883–1973) 65
Grydzewski Mieczysław (1894–1970) 65, 66
Grynberg Henryk (1936) 201, 202
Grzebalski Mariusz (1969) 349
Grzegorzewski Jerzy (1939–2005) 222, 273, 354, 355
Grześczak Marian (1934–2010) 329

Hamera Bogdan (1911–1974) 57
Hanuszkiewicz Adam (1924) 180, 271, 273, 354
Harasymowicz Jerzy (1933–1999) 120, 139, 142, 164, 165, 175, 176, 227, 238, 248, 328, 353
Hartwig Julia (1921) 249, 316, 317
Hasior Władysław (1928–1999) 293, 314
Haupt Zygmunt (1907–1965) 65, 193, 296, 380
Hegel Georg Wilhelm Friedrich 8, 42, 203
Heidegger Martin 326
Hemar Marian (1901–1972) 24, 26, 29, 65
Hemingway Ernest 123
Herbert Zbigniew (1924–1998) 37, 120, 139, 141, 142, 156, 160–163, 165, 176, 180, 234, 249, 250, 267–270, 275, 316, 317, 319, 323, 328, 349, 352, 353
Hering Ludwik 178
Herling-Grudziński Gustaw (1919–2000) 20, 49, 64, 65, 69, 95, 104–106, 124, 193, 221, 289, 305, 379
Hertz Paweł (1918–2001) 110
Hillar Małgorzata (1926–1999) 164
Hłasko Marek (1934–1969) 120, 189, 190, 192, 282
Hoffman Jerzy (1932) 294, 365
Holewiński Wacław (1956)
Holland Agnieszka (1948) 222
Hołuj Tadeusz (1916–1985) 20
Homer 31, 41, 48
Horacy 170
Horst Grzegorz 354
Horzyca Wilam (1889–1959) 61, 67, 87, 89
Howe Irving 309
Hübner Zygmunt (1930–1989) 179–181, 271, 276
Huelle Paweł (1957) 336, 356, 370, 390
Hugo Victor 388
Hussakowski Bogdan (1941) 222

Idziak Sławomir (1945) 358
Ihnatowicz Janusz (1929) 176
Ilf Ilja 123
Iłłakowiczówna Kazimiera (1892–1983) 20, 30, 65
Ionesco Eugène 179, 181, 182
Iredyński Ireneusz (1939–1985) 164, 180, 218, 275, 277, 355, 363
Irzykowski Karol (1873–1944) 392
Iwaniuk Wacław (1915–2001) 65, 249, 317
Iwaszkiewicz Jarosław (1894–1980) 20, 36, 37, 49–51, 53, 59, 67, 76, 88, 96, 116, 130–132, 139, 140, 143, 163, 181, 189, 192–194, 202–205, 218, 248–252, 260, 262, 270, 298, 366, 374

Jachimowski Henryk (1938) 199, 285
Jackson Peter 384
Jakimowski Andrzej (1963) 367
Jakubowska Wanda (1907–1998) 62, 95
Janda Krystyna (1952) 354
Janta-Połczyński Aleksander (1908–1974) 30
Jarema Maria (1908–1958) 61, 67, 120, 327
Jarocki Jerzy (1929) 91, 179, 180, 221, 271, 273, 274, 308, 354, 355

Jarzębski Jerzy (1947) 315
Jasienica Paweł (1909–1970) 121, 197, 216, 218
Jasieńczyk Janusz (1907–1985) 65
Jasieński Bruno (1901–1938) 123, 179, 234, 271, 363
Jasnorzewska Maria zob. Pawlikowska--Jasnorzewska Maria
Jastrun Mieczysław (1903–1983) 37, 120, 132–135, 139, 218, 249, 253, 254, 258, 327
Jastrun Tomasz (1950) 223, 244, 335
Jaworski Krzysztof (1966) 223
Jaworski Wit (1944) 238, 243
Jeleński Konstanty (1922–1987) 65
Jerzyna Zbigniew (1938) 225
Jurewicz Aleksander (1952) 223

Kabatc Eugeniusz (1930) 191
Kaden-Bandrowski Juliusz (1885–1944) 11, 13, 20, 309
Kafka Franz 123, 179, 281, 327, 361
Kain Dawid (1981) 407
Kajzar Helmut (1941–1982) 218, 221, 222, 274, 277
Kalicińska Małgorzata (1956) 383
Kaliszewski Andrzej (1954) 223
Kałużyński Zygmunt (1918–2004) 225
Kamieńska Anna (1920–1986) 37, 127, 139, 218, 249, 254
Kamiński Aleksander (1903–1978) 48
Kantor Tadeusz (1915–1990) 21, 46, 61, 67, 88, 120, 121, 178, 179, 181, 218, 221, 271, 273, 293, 307, 327
Kaprow Allan 293
Kapuściński Ryszard (1932–2007) 289, 353, 367, 368
Karasek Krzysztof (1937) 225, 226, 329
Karpowicz Tymoteusz (1921–2004) 127, 139, 141, 142, 156, 160, 229
Kasprowicz Jan (1860–1926) 46, 256, 286, 317
Kawalec Julian (1916) 198, 200, 213, 284, 286, 353, 372
Kawalerowicz Jerzy (1922–2007) 57, 294
Kawiński Wojciech (1939) 329
Keats John 327
Kielar Bogumiła Marzanna (1963) 349
Kierc Bogusław (1943) 225
Kierczyńska Melania (1888–1962) 71, 88, 90

Kieślowski Krzysztof (1941–1996) 222
Kijonka Tadeusz (1936) 164
Kijowski Andrzej (1928–1985) 125, 216, 300
Kilian Jarosław (1962) 355
Kisielewski Stefan (1911–1991) 110, 216, 218
Klejnocki Jarosław (1963) 349
Kochan Marek (1969) 361, 362, 365
Kochanowski Jan (1530–1584) 35, 173, 256
Koehler Krzysztof (1963) 349
Kołakowski Leszek (1927–2009) 119, 125, 216
Komolka Jan (1947) 283
Komornicka Maria (1876–1949) 281
Komuda Jacek (1972) 387, 388, 403
Konwicki Tadeusz (1926) 37, 57, 116, 189, 193–196, 209, 210–212, 224, 286, 288––292, 298, 305, 315, 365, 367, 369, 370, 383
Kopernik Mikołaj (1473–1530) 375
Kopka Krzysztof (1958) 358, 363, 365
Kornhauser Julian (1946) 219, 223, 226, 227, 238–241, 244, 245, 300, 316, 329, 330, 334, 337, 340
Korzeniowski Józef (1797–1863) 298
Kos-Krauze Joanna 366
Kossak-Szczucka Zofia (1890–1968) 20, 65, 95, 121
Kościelski Wojciech 30
Koterski Marek (1942) 366
Kotlarczyk Mieczysław (1908–1978) 21, 46, 360
Kott Jan (1914–2001) 60
Kozioł Ireneusz (1962) 358
Kozioł Urszula (1931) 139, 142, 164, 166, 329
Krajewski Marek (1966) 370, 388
Krajewski Seweryn 344
Krall Hanna (1937) 304
Krasiński Zygmunt (1812–1859) 46, 88, 122, 179, 271, 273,
Krasowski Jerzy (1925–2008) 180, 271
Kraszewski Józef Ignacy (1812–1887) 205, 294, 298
Krauze Krzysztof (1953) 366
Krawczuk Aleksander (1922) 289
Krawczak Magdalena (1987) 352
Kreczmar Jerzy (1902–1985) 62, 179
Kronhold Jerzy (1946) 226, 238, 243, 330

Kruczkowski Leon (1900–1962) 20, 65, 93–94, 180
Kruk Erwin (1941) 285, 369, 370
Krynicki Ryszard (1943) 220, 223, 226, 229, 232–235, 244, 245, 316, 333, 348
Krzystek Waldemar (1953) 366
Kubiak Tadeusz (1924–1979) 38
Kuczok Wojciech (1972) 365, 404, 405
Kulig Jan (1988) 352
Kuncewiczowa Maria (1895–1989) 65, 121, 123, 124, 217, 289, 298, 366
Kurek Jalu (1904–1983) 76, 255
Kuryluk Karol (1910–1967) 67
Kusiak Iwona (1981) 362
Kuśniewicz Andrzej (1904–1993) 120, 224, 287, 294–297, 366, 370
Kutz Kazimierz (1929) 222, 354, 355, 365
Kwiatkowski Jerzy (1927–1986) 165
Kwiatkowski Tadeusz (1920–2007) 46

Latawiec Bogusława (1939) 304
Lebenstein Jan (1930–1999) 119
Lechoń Jan (1899–1956) 18, 20, 29, 30, 41, 72, 327
Leja Magda (1935–2006) 191
Lem Stanisław (1921–2006) 189, 191, 207–209, 286, 384, 385, 387
Lenica Jan (1928–2001) 67, 119
Leonardo da Vinci 326
Leszczyński Witold (1933–2007) 226
Leśmian Bolesław (1877–1937) 168
Lichniak Zygmunt (1925) 150, 151
Limanowski Mieczysław (1876–1948) 14
Lipska Ewa (1945) 126, 223, 226–229, 239, 245, 329, 335
Lipski Leo (1917–1997) 65
Lisowski Krzysztof (1954) 223, 335
London Jack 379
Lupa Krystian (1943) 274, 354
Lutosławski Witold (1913–1994) 123

Łobodowski Józef (1909–1988) 25, 26, 29, 30–32, 65, 73, 255
Łomnicki Tadeusz (1927–1992) 353
Łopalewski Tadeusz (1900–1979) 294, 298
Łoziński Józef (1945) 285, 301, 302
Łubieński Tomasz (1938) 275, 277
Łuczak Sławomir (1973) 370, 389, 403
Łukosz Jerzy (1958) 390
Łunaczarski Anatolij 55

Mach Wilhelm (1917–1965) 199
Machej Zbigniew (1958) 336
Maćkowski Krzysztof (1971) 388
Madej Bogdan (1934–2002) 283
Maj Bronisław (1953) 223, 335
Majakowski Władimir 79, 153
Makowski Tadeusz (1882–1932) 61
Malewska Hanna (1911–1983) 64, 95, 96, 189, 196, 197, 209, 217, 294, 366, 387
Małecki Jakub (1982) 407
Mandalian Andrzej (1926) 126, 127, 140, 328
Mann Klaus 326
Mann Thomas 123
Marcinkiewicz Paweł (1969) 349
Markiewicz Jarosław (1942) 225, 226
Marks Karol 55
Masłowska Dorota (1983) 360, 366, 371, 392, 397
Matejko Jan (1838–1893) 327
Matisse Henri 63
Matusz Sławomir 337
Matwiejczyk Piotr (1980) 366
Matywiecki Piotr (1943) 225
Mauriac François 123
Meissner Janusz (1901–1978) 53, 366
Miciński Tadeusz (1873–1918) 88
Mickiewicz Adam (1798–1855) 21, 29, 31, 46, 61, 88, 89, 109, 129, 163, 179, 183, 216, 221, 234, 252, 256, 271, 272, 360, 377, 378
Międzyrzecki Artur (1922–1996) 65
Miklaszewska Maryna 356, 363
Mikołaj z Wilkowiecka (1524–1601) 179, 271, 364
Mikołajska Halina (1925–1989) 179
Mikulski Kazimierz (1918–1998) 61, 120
Miller Jan Nepomucen (1890–1977) 59
Miłosz Czesław (1911–2004) 17, 18, 20, 33–36, 43, 67, 69, 72, 76, 79–82, 84–87, 116, 127, 128, 136–139, 143, 150, 161, 163, 165, 176, 177, 192, 193, 216, 221, 234, 249, 250, 258–262, 270, 289, 316–319, 323, 326–328, 333, 335, 347–-349, 373
Minkowski Aleksander (1933) 189, 191
Misiniec Bartłomiej (1985) 407
Młodożeniec Stanisław (1895–1959) 13, 15, 17, 22, 23, 47, 65, 121, 171, 198, 286
Moniuszko Stanisław (1819–1872) 61

Monroe Marilyn 315, 375
Morcinek Gustaw (1891–1963) 65
Morgenstern Janusz (1922) 366
Morstin Ludwik Hieronim (1886–1966) 46, 47, 89
Morton Józef (1911–1994) 199, 285
Mrożek Sławomir (1930) 180–184, 187, 190, 221, 272, 274, 277, 278–279, 355, 360, 361, 363
Munk Andrzej (1921–1961) 119, 122
Murawska Ludmiła 178
Myśliwski Wiesław (1932) 199, 224, 276, 286, 371–374, 404

Naglerowa Herminia (1890–1957) 20, 48, 65, 95
Nałkowska Zofia (1884–1954) 13, 15, 20, 53, 60, 62, 64, 95, 97–99, 110, 201, 289
Narzymski Józef (1839–1872) 298
Newerly Igor (1903–1987) 57, 192, 218
Niemojowski Adam Jerzy (1918–1989) 65, 176, 177, 317
Nietzsche Friedrich Wilhelm 140
Niewiadomski Andrzej (1965) 349
Nikifor Krynicki właśc. Epifaniusz Drowniak (1895–1968) 326
Norwid Cyprian (1821–1883) 21, 30, 32, 46, 61, 63, 89, 132, 168, 271
Nowak Roman 349
Nowak Tadeusz (1930–1991) 127, 139, 140, 142, 164, 165, 171–175, 193, 196, 199, 200, 212–214, 218, 238, 248, 284, 286, 289, 328, 366, 372
Nowakowski Marek (1935) 189, 190, 192, 224, 282, 283, 305, 368, 371
Nowakowski Tadeusz (1917–1996) 65, 192, 221
Nowakowski Zygmunt (1891–1963) 65
Nowosielski Jerzy (1923) 61, 120, 327
Nowowieyski Feliks 67
Nurkowski Włodzimierz 355
Nurowska Maria (1944) 304, 383

O'Hara Frank 337
Obertyńska Beata (1898–1980) 20, 49, 65, 95, 221
Odojewski Włodzimierz (1930) 189, 193, 295, 297, 369, 370
Okopiński Marek (1929–1992) 271
Olędzki Mirosław (1961) 369

Orbitowski Łukasz (1977) 386, 403
Orkan Władysław (1875–1930) 12, 172, 286
Orlikowski Janusz (1960) 349
Orłoś Kazimierz (1935) 220, 224, 283
Orzeszkowa Eliza (1841–1910) 205
Osterwa Juliusz (1885–1947) 14, 87, 89, 90
Ostrowski Aleksandr 179
Ostrowski Eryk (1977) 351
Ożóg Jan Bolesław (1913–1991) 255, 285

Pankowski Marian (1919) 65
Panufnik Andrzej (1914–1991) 69
Parandowski Jan (1895–1978) 64, 366
Parnicki Teodor (1908–1988) 20, 51–53, 65, 69, 121, 123, 124, 192, 193, 197, 205–207, 209, 218, 287–289, 294, 366, 387, 390
Pasek Jan Chryzostom (ok. 1636 – ok. 1701) 109
Pasieczny Marek (1980) 355
Passini Paweł (1977) 363
Pastuszek Andrzej (1948) 300
Patkowski Maciej (1936) 189, 191
Pawlak Antoni (1952) 223, 244, 245, 335
Pawlikowska-Jasnorzewska Maria (1891––1945) 20, 30
Peiper Tadeusz (1891–1969) 13, 20, 31, 76, 82, 218, 226
Penderecki Krzysztof (1933) 123
Piątek Tomasz (1974) 371, 391, 392
Piątkowski Jerzy (1943) 238, 243
Picasso Pablo 63, 114, 152, 326
Piekara Jacek (1965) 386, 388–390
Piekorz Magdalena (1974) 365
Pietrkiewicz Jerzy (1916–2007) 30, 31, 65
Pietrow Jewgienij [J. Katajew] 123
Piętak Stanisław (1909–1964) 198, 199, 213, 286
Pilch Jerzy (1952) 358, 378, 381–383, 392, 403
Pilipiuk Andrzej (1974) 385, 403
Pilot Marian (1936) 199, 285
Piłsudski Józef (1867–1935) 356, 362
Pirandello Luigi 185
Piskor Stanisław (1944) 226
Piskorski Krzysztof (1982) 407
Piwowar Lech (1909–1940) 20
Piwowarska Karina (1972) 355

Piwowski Marek (1935) 222
Pluta Jerzy (1942) 225, 229
Podkowiński Władysław (1866–1895) 169
Podsiadło Jacek (1964) 343–345, 349
Pogonowska Anna (1922–2005) 139
Polański Roman (1933) 363
Polkowski Jan (1953) 223, 244, 245, 335, 339
Porcari Jakub 355
Porębski Mieczysław (1921) 327
Poświatowska Halina (1935–1967) 164
Potocki Jan (1761–1815) 398
Pound Ezra 327
Poussin Nicolas 326
Praszyński Roman (1965) 370, 376, 388
Proust Marcel 123
Pruchniewski Marek (1962) 361, 365
Prus Bolesław (1847–1912) 60, 96
Pruszyński Ksawery (1907–1950) 49, 53, 65, 95
Przyboś Julian (1901–1970) 13, 17, 18, 20, 37, 63, 70, 72, 77, 82, 86, 121, 128––130, 139, 140, 143, 147, 152, 163, 165, 168, 171, 218, 226, 234, 286, 289, 323
Przybyszewska Stanisława (1901–1935) 271
Puławski Krzysztof 356
Purzycki Jan 358
Putrament Jerzy (1910–1986) 20, 110, 190, 204
Pytlakowski Jerzy (1916–1988) 57

Rafael Santi 326
Raszka Helena (1930) 164
Ratajczak Józef (1932–1999) 164, 285
Redliński Edward (1940) 199, 200, 276, 285, 302, 390
Rej Mikołaj (1505–1569) 179, 271, 364
Rembrandt 326
Reymont Władysław Stanisław (1867––1925) 172
Rilke Rainer Maria 132
Rimbaud Jean Arthur 327
Ritz German 311
Robbia Luca della 326
Rogoża Piotr (1987) 407
Rokicka Małgorzata 357
Romanowiczowa Zofia (1922–2010) 65
Roszkowski Jakub (1984) 363
Rowling Joanne Kathleen 384

Różewicz Stanisław (1924–2008) 245
Różewicz Tadeusz (1921) 8, 21, 34, 37, 71, 79, 82–87, 117, 122, 139–150, 153, 156, 160, 162–168, 176, 180, 181, 184––188, 225, 248, 249, 255, 257, 264, 272, 274, 277, 279–281, 309, 311, 316–318, 323, 324, 326–328, 335, 348, 349, 355, 360–363
Rudnicka Olga (1988) 407
Rudnicki Adolf (1912–1990) 49, 96, 110, 120, 193, 201, 218
Rudnicki Lucjan (1882–1968) 57
Rudzka Zyta (1964) 396, 397
Rylski Eustachy (1944) 275, 363, 388
Rymkiewicz Jarosław Marek (1935) 139, 142, 156, 164, 165, 167, 176, 238, 248, 275, 304, 328, 335

Sabowski Władysław (1837–1888) 298
Sakowicz Krystyna (1950) 303
Sala Paweł (1968) 357, 358, 361, 362
Samborski Andrzej (1967) 349
Samsel Karol (1986) 352
Sandauer Artur (1913–1989) 121, 125
Sapkowski Andrzej (1948) 386
Sartre Jean-Paul 62, 88, 123, 153, 154, 170, 179
Schaeffer Bogusław (1929) 123, 277, 355, 360, 362, 364
Schiller Friedrich 327
Schiller Leon (1887–1954) 14, 21, 47, 61, 65, 67, 87, 89
Schopenhauer Arthur 131, 203, 251, 252
Schubert Ryszard (1949) 301,
Schulz Bruno (1892–1942) 14, 20, 64, 123, 221, 326, 369, 380
Scott Walter 51, 206, 387, 388
Sebyła Władysław (1902–1940) 20
Sendecki Marcin (1967) 338, 339
Serocki Kazimierz (1922–1981) 123
Shaw George Bernard 62, 88
Shuty [Mateja] Sławomir (1973) 370, 389, 403
Sidor Mateusz 356
Siejak Tadeusz (1950–1994) 218, 301, 368, 369
Siemaszkowa Wanda (1867–1947) 88
Sieniewicz Mariusz (1972) 370, 391
Sienkiewicz Henryk (1846–1916) 48, 51, 53, 109, 196, 205, 294

Sikorska-Miszczyk Małgorzata (1964) 363
Singer Isaac 297, 379
Sito Jerzy Stanisław (1934) 121, 124, 164, 176, 222, 275, 277
Skarga Piotr (1536–1612) 362
Skarżyński Jerzy (1924–2004) 61, 120
Skolimowski Jerzy (1936) 226, 366
Skuszanka Krystyna (1924) 178–180, 271, 273
Skuza Wojciech (1908–1942) 26
Sławomirski Radosław (1984) 352
Słobodzianek Tadeusz (1955) 275, 277, 363, 364
Słonimski Antoni (1895–1976) 17, 18, 20, 30, 72, 76, 121, 143, 216, 218
Słowacki Juliusz (1809–1849) 21, 29, 30, 42, 46, 61, 88, 89, 129, 179, 183, 234, 271, 273
Słyk Marek (1953) 303
Smarzowski Wojciech (1963) 366
Sobocki Leszek (1934) 225
Sokrates 262, 263
Solski Ludwik (1855–1954) 88
Sołtysik Marek (1950) 300
Sołżenicyn Aleksandr 49
Sommer Piotr (1949) 343
Sośnicki Dariusz (1969) 349
Spiss Marta 363
Spławska Katarzyna (1991) 353
Srokowski Stanisław (1936) 288
Stabro Stanisław (1948) 219, 220, 238, 243, 330, 333, 334
Stachura Edward (1937–1979) 200, 201, 344, 345, 366
Staff Leopold (1878–1957) 72–74, 79, 141, 161, 256, 317, 327
Starowieyski Franciszek (1930–2009) 119
Stasiuk Andrzej (1960) 337, 355, 357, 360, 362, 367, 378–381, 403
Staszewski Stanisław 121
Stefański Lech Emfazy 178
Stefko Jolanta (1971) 350, 351
Steinbeck John 123, 179
Stempowski Jerzy (1894–1969) 65, 95, 193, 221, 296
Stern Anatol (1899–1968) 255, 327
Stern Jonasz (1904–1988) 61, 111, 120,
Strachota Juliusz (1979) 371, 403
Stroiński Zdzisław (1921–1944) 37, 38

Stryjkowski Julian (1905–1996) 120, 192, 193, 295–297, 315, 366, 369, 370
Strzemiński Władysław (1893–1952) 128
Stuhr Jerzy (1947) 354
Suchocka Bożena 355
Sue Eugène 388
Swedenborg Emanuel 318, 326, 327
Swinarski Konrad (1929–1975) 180, 221, 271, 273
Szajna Józef (1922–2008) 180, 271, 273
Szalsza Piotr (1944) 355
Szaniawski Jerzy (1886–1970) 20, 61, 88– –91, 218, 307
Szaruga Leszek (1946) 244
Szczepański Jan Józef (1919–2003) 120, 189, 192, 196, 305
Szczygieł Mariusz (1966) 367
Szczypiorski Andrzej (1924–2000) 300
Szekspir William 62, 88, 147, 179
Szeloch Katarzyna (1966) 349
Szenwald Lucjan (1909–1944) 20, 30, 140
Szeremeta Krzysztof (1990) 353
Szewc Piotr (1961) 369
Szewczyk Wilhelm (1916–1991) 59
Szlaga Krystyna (1938) 329
Szlosarek Artur (1968) 349
Szmaglewska Seweryna (1916–1992) 95, 100
Szolem Alejchem (Szalom Rabinowicz) 297
Szuba Andrzej (1949) 226
Szuber Janusz (1947) 329, 330, 336
Szumowska Małgorzata (1973) 365
Szychowiak Julia (1986) 352
Szyfman Arnold (1882–1967) 46, 47, 67
Szymborska Wisława (1923) 37, 127, 139, 141–143, 156–160, 163, 176, 234, 248– –250, 262–267, 270, 316, 317, 319, 321, 323, 328, 335

Ścibor-Rylski Aleksander (1928–1988) 57
Śliwiński Piotr (1963) 315
Śmieja Florian (1925) 65, 124, 176
Świecimski Bogdan 304
Świegocki Kazimierz (1943) 226
Świetlicki Marcin (1961) 338–343, 349, 370, 371
Świrszczyńska Anna (1909–1984) 47, 218, 248, 249, 253, 316, 317

Taborski Bolesław (1927) 65, 176, 177, 317
Tarasin Jan (1926–2009) 119
Tchórzewski Jerzy (1928–1999) 61, 119
Terlecki Tymon (1905–2000) 65
Terlecki Władysław Lech (1933–1999) 189, 190, 193, 224, 276, 297–300, 315, 366, 387
Tetmajer Przerwa Kazimierz (1865–1940) 309
Themerson Stefan (1910–1988) 14, 31, 65, 286
Tkaczyszyn-Dycki Eugeniusz (1962) 338
Tokarczuk Olga (1962) 370, 397–401, 403
Tolkien John Ronald Reuel 384, 398, 399
Tołstoj Lew 48
Tomasz z Akwinu 327
Tomaszewski Henryk (1924–2001) 178
Tomaszuk Piotr (1961) 354
Tomczyk Wojciech (1960) 358
Traciewicz Kazimierz (1928) 281
Truchanowski Kazimierz (1904–1994) 286
Tryzna Tomek (1948) 369
Trzciński Teofil (1878–1952) 87
Trzebiński Andrzej (1922–1943) 37
Trziszka Zygmunt (1936–2000) 199, 200, 285
Tulli Magdalena (1955) 371, 397, 398
Turowicz Jerzy (1912–1999) 59
Tuwim Julian (1894–1953) 11, 17, 18, 20, 27, 33, 41, 65, 72, 76, 327
Twardowski Jan (1915–2006) 249, 256, 257, 268, 317
Twerdochlib Andrzej (1936–1991) 281
Tyrmand Leopold (1920–1985) 120, 189, 190, 192, 366

Ubertowski Adam (1967) 312, 370, 389
Ujejski Kornel (1823–1897) 25
Uniłowski Zbigniew (1909–1937) 123

Varga Krzysztof (1968) 312, 367
Velázquez Diego 326
Vercors [Jean Bruller] 123
Villon François 168, 387
Vincenz Stanisław (1888–1971) 65, 218, 221, 295–297
Vonnegut Kurt 376

Wajda Andrzej (1926) 119, 121, 122, 220––222, 271, 273, 294, 354, 365, 367
Walczak Michał (1979) 358, 360–362
Waltoś Jacek (1938) 225
Wańkowicz Melchior (1892–1974) 20, 49, 53, 65, 69, 95, 121, 123, 218
Warhol Andy 315
Warmiński Janusz (1922–1996) 222
Warzecha Andrzej (1946) 223, 227, 246, 247, 316, 330, 331
Wat Aleksander (1900–1969) 20, 26, 65, 71, 77, 249, 255, 258, 289
Ważyk Adam (1905–1982) 64, 77, 120, 127, 128, 139, 140, 143, 249
Wencel Wojciech (1972) 349
Wendorff Paweł (1965) 366
Werfel Franz 179
Wernio Julia 354, 355
Wiedemann Adam (1967) 403
Wierciński Edmund (1899–1955) 61, 87
Wierzyński Kazimierz (1894–1969) 15, 17, 18, 20, 23, 25, 29–34, 36, 41, 65, 72, 74–76, 134–136, 143, 163–165, 218, 221, 255
Wilczek Jan (1916–1987) 57
Wirpsza Witold (1918–1985) 69, 78, 126, 127, 140, 254
Wiśniewski Grzegorz (1948) 355
Wiśniewski Janusz Leon (1954) 365
Witkiewicz Stanisław Ignacy [Witkacy] (1885–1939) 14, 20, 64, 88, 92, 122, 123, 179–181, 183–185, 187, 221, 272–274, 277, 298, 354, 355, 363, 374
Witkowski Michał (1975) 389, 403
Wittgenstein Ludwig (1889–1951) 324
Wittlin Józef (1896–1976) 18, 65
Wojaczek Rafał (1945–1971) 126, 226, 228, 353
Wojciechowski Piotr (1938) 302, 365
Wojdowski Bogdan (1930–1994) 189, 202, 366
Wojeński Teofil (1890–1963) 63
Wojtyła Karol (1920–2005) 47
Wojtyszko Maciej (1946) 354, 355, 357, 365
Wojtyszko Maria (1981) 361
Wollny Mariusz (1958) 388
Wondratschek Wolf 327
Worcell Henryk (1909–1982) 199, 200, 213, 366

Woroszylski Wiktor (1927–1996) 69, 78, 120, 126, 127, 140, 254, 255, 328
Wójcicki Krzysztof 275
Wójcik Zygmunt (1935–1995) 199, 285
Wójtowicz Milena (1983) 407
Wróblewski Andrzej (1927–1957) 61, 119
Wróblewski Michał (1985) 352
Wygodzki Stanisław (1907–1992) 68
Wyka Kazimierz (1910–1975) 18, 53, 59, 60, 64, 96, 107, 110, 125, 165
Wyrzykowski Marian (1904–1970) 46
Wysogląd Roman (1949) 303, 368
Wyspiański Stanisław (1869–1907) 21, 23–25, 46, 61, 88, 178, 179, 183, 221, 271, 280, 356

Zachwatowicz Krystyna (1930) 91
Zadura Bohdan (1945) 316
Zagajewski Adam (1945) 219, 220, 223, 226, 238, 241–245, 300, 316, 329, 333, 340
Zagórski Jerzy (1907–1984) 17, 43, 89, 249, 255
Zalewski Witold (1921–2009) 298, 356
Zamkow Lidia (1918–1982) 271

Zanussi Krzysztof (1939) 220, 226, 365, 366
Zapolska Gabriela (1857–1921) 392
Zawieyski Jerzy (1902–1969) 47, 89, 181, 218
Zawistowski Władysław (1954) 275, 277, 363
Zegadłowicz Emil (1888–1941) 47, 123
Zelwerowicz Aleksander (1877–1955) 88
Zieliński Stanisław (1917–1995) 65, 95, 107, 110, 189, 190
Ziemianin Adam (1948) 223, 227, 245, 246, 316, 329–331, 338
Zola Émile 96
Zwoliński Adrian (1991) 407

Żeleński Tadeusz [-Boy] (1874–1941) 20
Żeromski Stefan (1864–1925) 12, 25, 61, 89, 94, 298, 307, 356
Żmichowska Narcyza (1819–1876) 281
Żółkiewski Stefan (1911–1991) 59, 62
Żukrowski Wojciech (1916–2000) 57, 95, 116, 192, 366
Żuławski Xawery (1971) 366
Żurek Jerzy (1946) 275